Avanti!

Avanti!

Beginning Italian

Third Edition

Janice M. Aski
The Ohio State University

Diane Musumeci
University of Illinois at Urbana-Champaign

Mc
Graw
Hill

Connect
Learn
Succeed™

AVANTI! BEGINNING ITALIAN, THIRD EDITION

Published by McGraw-Hill, a business unit of The McGraw-Hill Companies, Inc., 1221 Avenue of the Americas, New York, NY, 10020. Copyright © 2014 by The McGraw-Hill Companies, Inc. All rights reserved. Printed in the United States of America. Previous editions © 2010 and 2007. No part of this publication may be reproduced or distributed in any form or by any means, or stored in a database or retrieval system, without the prior written consent of The McGraw-Hill Companies, Inc., including, but not limited to, in any network or other electronic storage or transmission, or broadcast for distance learning.

Some ancillaries, including electronic and print components, may not be available to customers outside the United States.

This book is printed on acid-free paper.

4 5 6 7 8 9 0 DOW/DOW 1 0 9 8 7 6 5 4

ISBN   978-0-07-338626-3 (Student Edition)
MHID   0-07-338626-X (Student Edition)

ISBN   978-0-07-759564-7 (Instructor's Edition)
MHID   0-07-759564-5 (Instructor's Edition)

Senior Vice President, Products & Markets: *Kurt L. Strand*
Vice President and General Manager: *Michael Ryan*
Vice President, Content Production & Technology Services: *Kimberly Meriwether David*
Managing Director: *Katie Stevens*
Brand Manager: *Kimberley Sallee*
Senior Director of Development: *Scott Tinetti*
Director of Digital Content Development: *Janet Banhidi*
Managing Development Editor: *Susan Blatty*
Development Editor: *Silvia Kunitz*
Executive Marketing Manager: *Craig Gill*
Faculty Development Manager: *Jorge Arbujas*
Director of Market Development: *Helen Greenlea*
Director, Content Production: *Terri Schiesl*
Lead Project Manager: *Jane Mohr*
Production Service: *Chris Schabow, The Left Coast Group*

Manuscript Editor: *Deborah Bruce-Hostler*
Buyer: *Susan K. Culbertson*
Design Manager/Cover Designer: *Preston Thomas, Cadence Design*
Interior Designer: *Maureen McCutcheon*
Cover Image: *Cyclist: © Robert Laberge/Getty Images; Coliseum: © Martin Child/Digital Vision/Getty Images RF*
Photo Researcher: *Jennifer Blankenship*
Media Producers: *Sarah B. Hill and Robin Reed*
Media Project Manager: *Ron Nelms*
Illustrators: *Ayelet Arbel, Dave Bohn, Susan Detrik, Patti Isaacs, Glenda King, and Kathryn Rathke*
Typeface: *10/12 Minion Pro Regular*
Compositor: *Aptara®, Inc.*
Printer: *R.R. Donnelley*

All credits appearing on page C-1 at the end of the book are considered to be an extension of the copyright page.

Library of Congress Cataloging-in-Publication Data
Aski, Janice M., author.
    Avanti!: Beginning Italian / Janice M. Aski, The Ohio State University; Diane Musumeci, University of Illinois at Urbana-Champaign.—Third Edition.
        pages cm
    Includes index.
    Text in English and Italian.
    ISBN 978-0-07-338626-3 (student edition)—ISBN 0-07-338626-X (student edition) — ISBN 978-0-07-759564-7 (instructor's edition) (print)—ISBN 0-07-759564-5 (instructor's edition) (print)
    1. Italian language—Textbooks for foreign speakers—English. I. Musumeci, Diane, author. II. Title.

PC1129.E5A85 2013
458.2'421—dc23

2012039986

The Internet addresses listed in the text were accurate at the time of publication. The inclusion of a Web site does not indicate an endorsement by the authors or McGraw-Hill, and McGraw-Hill does not guarantee the accuracy of the information presented at these sites.

www.mhhe.com

About the Authors

Janice M. Aski is Associate Professor and director of the Italian language program at The Ohio State University. She specializes in foreign language pedagogy and historical Italian/Romance linguistics. Her research in foreign language pedagogy explores a variety of topics, such as testing, teaching reading at the elementary level, and how first-year Italian textbooks and grammar practice activities reflect the most current research in second language acquisition. Her publications in historical Italian/Romance linguistics focus on the social, pragmatic, and cognitive aspects of phonological and morphosyntactic change.

Diane Musumeci is Associate Professor of Italian and SLATE (Second Language Acquisition and Teacher Education) at the University of Illinois at Urbana-Champaign, where she is Associate Dean for Humanities and Interdisciplinary Units in the College of Liberal Arts and Sciences. Her teaching, research, and publications focus on the acquisition of Italian as a second language, content-based instruction, and the history of second language teaching. In addition to *Avanti!,* she is the author of *Il carciofo: Strategie di lettura e proposte di attività* (McGraw-Hill, 1990) and *Breaking Tradition: An Exploration of the Historical Relationship Between Theory and Practice in Second Language Teaching* (McGraw-Hill, 1997).

Contents

Strutture

Cultura

Per saperne di più

Contents **vii**

Contents **ix**

Contents **xi**

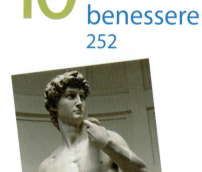

Contents   **xiii**

Contents **XV**

16 Sono famosi 407

Preface

As the fastest growing introductory Italian title, *Avanti! Beginning Italian* continues to evolve to meet the changing needs of instructors and students. Professors are offering more hybrid and online courses, technology is providing functionality we could not envision just a few years ago, and the types of students we teach are ever-changing. Thus, in planning the third edition revision, it was critical to retain the best parts of our program while responding to the changes around us.

The title *Avanti!* conveys the forward-thinking approach of this program, which is designed to guide experienced and new instructors in creating a truly communicative, interactive environment for their students. In preparation for this edition, we employed a wide array of market research tools to identify a number of areas for digital innovation. As a direct result of our research, this new edition offers McGraw-Hill's **Connect**™ and **LearnSmart**™ with their game-changing, adaptive, and digital learning resources. These powerful digital tools, now an integral part of the third edition, complement and support the goals of the *Avanti!* program and address the needs of the evolving Introductory Italian course.

How do Connect and LearnSmart Support the Goals of the *Avanti!* Program?

Communicative Competence: One of the major challenges of any introductory language course is to give students ample exposure to the language and sufficient opportunity for speaking practice to inspire them to communicate with confidence. *Avanti!* satisfies students' desire to communicate in everyday situations right from the start. Each chapter opens with a **Strategie di comunicazione** video in which students see and hear Italians of all ages and backgrounds as they use high-frequency, practical expressions that students in turn practice in interactive activities. The **Lessico** and **Strutture** sections allow students to proceed gradually from working with Italian at the word and sentence level until they arrive at the final section of each chapter, **Cultura**, where they engage in listening, reading, writing, and speaking activities at the discourse level. In **Connect Italian** students have access 24/7 to the digitally enhanced eBook, the interactive textbook activities, the online *Workbook / Laboratory Manual* activities, all of the accompanying audio and video resources, and the voice tools that allow for out-of-class practice of important oral skills. The Blackboard Instant Messaging feature, accessible directly from within **Connect,** allows students to work in pairs online to practice speaking before coming to class, while the Voice Board feature allows individuals to record their own voice and post messages for other students to respond to. In **Connect Italian** students have a myriad of opportunities to listen to and practice Italian outside of class, building their communicative competence and their confidence.

Cultural Competence: *Avanti!*'s meaningful and extensive exploration of Italy's rich and unique culture is fully supported in **Connect Italian** through audio and video resources and interactive activities. Throughout each chapter, brief readings and interactive culture activities promote an understanding of products, practices, and perspectives. All chapters end with reading, listening, and writing activities that explore cultural topics in depth. Each chapter also includes an analysis of film clips where students can see Italian society and culture in action.

Manageable Scope and Sequence: *Avanti!* responds to instructors' concerns that most programs attempt to cover too much material in the first year. We have designed an elementary course that reflects reasonable expectations for the amount of material that most beginning learners can acquire in one year of classroom instruction, while providing the necessary practice students need to acquire these structures. The **Strutture** sections include the structures that are necessary for meaningful communication at the elementary level. Structures that are not expected to be part of students' active repertoire after one year are either presented "for recognition only" or appear in **Per saperne di più** at the end of the printed book, to allow instructors maximum flexibility regarding which structures they wish their students to learn. The **Connect Italian** platform includes an assignment builder feature that allows instructors further flexibility to fully customize the course content to meet the needs of their particular students. Instructors may choose to assign all (or a subset) of the textbook and workbook activities as well as some or all of the grammar points presented in **Per saperne di più,** based on their course goals. The robust reporting feature also allows instructors to quickly identify where their students are struggling and make more effective use of precious class time during the semester.

Review and Recycling: Since introducing and practicing each grammatical structure once in a year-long course is simply not enough to promote acquisition, recycling vocabulary and structures for maximum exposure is a key feature of *Avanti!* Every fourth chapter provides practice of four previously taught grammar points, which are then followed by a related topic. With the addition of **LearnSmart**, a super-adaptive learning system, students can practice key vocabulary and grammatical structures outside of class. This proven system helps students identify what they don't know and provides them with the optimal learning path to help them learn those concepts. **LearnSmart** also identifies the concepts students are most likely to forget and encourages periodic review to ensure that they retain what they have learned. All students, no matter their previous language experience, can benefit from using **LearnSmart**, which includes valuable student reports that, when used, help students study more efficiently. By assigning both **Connect Italian** activities and the **LearnSmart** vocabulary and grammar modules, you are ensuring that your students are more prepared for in-class communication.

Student-centered Classroom: A significant goal of *Avanti!* is to engage the learner inside and outside of the classroom and promote students' personal sense of responsibility to interact with the material and maximize learning. To this end, the inductive presentations of vocabulary and grammar, which encourage language processing and cognitive engagement, can be successfully completed in the classroom or by using the interactive versions in **Connect.** As students work through the **Lessico** and **Strutture** presentations, they are asked to complete short activities or charts to test comprehension and reinforce the concepts, an approach that makes learning active rather than passive. Because the activities are auto-graded in **Connect,** students can complete them at home and come to class better prepared to participate. In *Avanti!* all language practice activities guide learners to construct and exchange meaningful utterances for a purpose. Purposeful interaction keeps students engaged and motivated. The Voice Board and Blackboard Instant Messaging are features in **Connect** that make purposeful communication possible outside the confines of the classroom.

Administrative Challenges: The *Avanti!* program provides the online tools to reduce the amount of time and energy that instructors have to invest in administering their course.

- **Assignment Builder:** When creating assignments, instructors can easily sort according to a variety of parameters that are important to them: by learning objective, language skill, topic, vocabulary theme, amount of time on task, or by activity type (multiple-choice, fill-in-the-blank, and so on).

- **Reports Feature in** *Connect Italian:* Instructors will be able to pull full administrative reports about students' performance, and coordinators will be able to integrate these reports across all sections to see the performance of the entire program. The at-risk student report, based on numerous criteria, also allows instructors to quickly identify at-risk students, who may need additional help to successfully complete the course.

As the modern Italian language classroom changes, teaching and learning need to be envisioned in different ways. Our research shows that instructors of Italian seek technological tools to extend learning outside of the classroom in truly effective ways. As a result, they seek more types of homework tools, better reporting features, and cutting-edge functionality to meet the demands of their courses and the needs of their students. **Connect Italian,** McGraw-Hill's digital platform that accompanies this edition of *Avanti!,* offers an eBook, interactive *Workbook / Laboratory Manual* content, video and audio files, and **LearnSmart,** as well as oral skills practice—all available from outside the classroom.

Informed by second-language acquisition research and supported by cutting-edge digital tools, the complete *Avanti!* program creates a dynamic learning environment that fosters communication and motivates students to succeed.

What's New for the Third Edition?

Many changes have been made for this edition. These changes were not made lightly or without extensive feedback and confirmation from you, our customers, as evidenced by the lists of reviewers presented in this front matter.

Below is a list of some of the highlights of this revision. For specific details, including a complete list of chapter-by-chapter changes, please see the *Instructor's Manual,* available online at **www.connectitalian.com.**

Digital Solutions for Today's Classrooms

- **Connect Italian,** McGraw-Hill's digital platform housing the eBook, the *Workbook / Laboratory Manual* activities, **LearnSmart,** integrated audio and video, and several voice tools, makes the out-of-classroom experience more effective than ever before.

- **LearnSmart** is the only super-adaptive learning tool on the market that is proven to significantly improve students' learning and course outcomes. With **LearnSmart** modules, students have a study tool that helps them master the concepts that they don't already know, and provides additional practice in areas where they most need help. As students work on each chapter's grammar and vocabulary modules, **LearnSmart** identifies the main grammatical structures and vocabulary words that students are struggling with the most and provides them with the practice they need to master them. **LearnSmart** gives each student a unique learning experience tailored just for them. Students today are constantly on the go and now, thanks to the **LearnSmart** mobile app, students study anytime and anywhere!

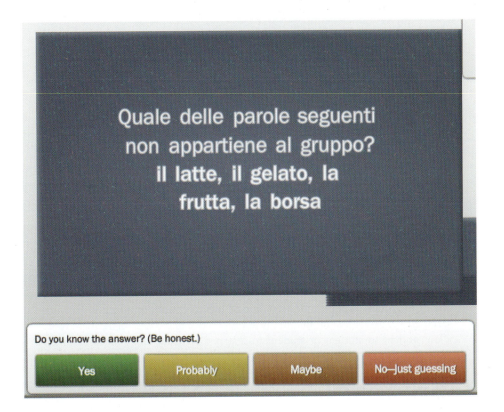

- **Voice Board and Blackboard Instant Messaging**, two powerful tools integrated into **Connect,** promote communication and collaboration outside of the classroom. Voice Board activities allow your students to leave voice messages in a threaded oral discussion board.

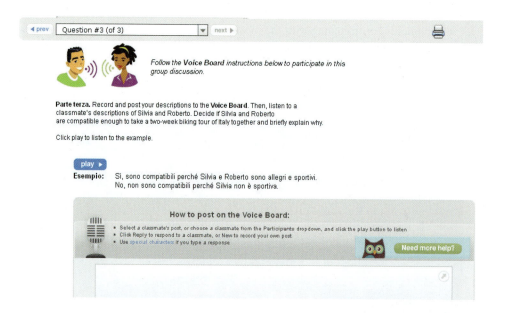

- Blackboard Instant Messaging activities facilitate real-time interaction via text instant messaging, voice, or video chat. The white board and screen-sharing tools that come with the voice tools provide opportunities for collaboration, and the virtual office hours tool allows you to meet online with your students either one-on-one or in groups. Whether for an online or hybrid course, or a face-to-face one seeking to expand the oral communication practice and assessment, these tools allow student-to-student or student-to-instructor virtual oral chat functionality.

Parliamo!

Il regalo che fa per te°

Lavorate in due per creare una lista di cinque persone a c
regali. Queste persone possono essere i vostri compagni d
che tutti conoscono. Scrivete i nomi delle persone su un f
e alle caratteristiche di ogni persona per decidere che reg
concreti (una nuova automobile, una casa al mare) o astra
l'eloquenza). Su un altro foglio scrivete tutti i regali, ma n
Poi scambiatevi i fogli con un'altra coppia e cercate di abl
bocca al lupo!

ESEMPIO: **S1:** La macchina deve essere il regalo per /
S2: Perché?
S1: Perché la sua è vecchia.
S2: Allora, qual è il regalo per José?

- **MH Campus and Blackboard** integration simplify and streamline your course materials from right within Blackboard or your campus' Learning Management System, through features such as single sign-on for students and instructors, gradebook synchronization, and access to all of McGraw-Hill's content.

New Features

- **Interior Design:** A dynamic interior design offers a new layout and better use of white space to make the material easier for students to follow and digest. The design has been enhanced with many new photographs taken in Italy that portray a variety of aspects of Italian culture and society and promote classroom discussion.

- **Fine Art Activities:** The fine art chapter openers now include language and art appreciation activities that can be used once students have completed the chapter. They can be found in the *Instructor's Manual,* which is accessible through **Connect Italian**.

• **New Culture Activities:** Cultural information has been incorporated into unique, interactive activities. **Un po' di cultura** and **Regioni d'Italia** focus primarily on products and practices, whereas the **Culture a confronto** activities are designed to draw students' attention to Italians' perspectives on their society and culture and guide students to compare them to their own. These activities have been called out with a special icon making them easy to locate. Additional interactive activities that focus on Italy's regions are also available in **Connect.**

A. Culture a confronto: Il sondaggio.

Parte prima. Indicate whether you have attended any of the following cultural events in the last 12 months.

_____ vedere uno spettacolo a teatro

_____ guardare un film al cinema

_____ visitare musei o mostre (*art exhibits*)

_____ andare a concerti di musica classica, andare all'opera

_____ andare a concerti di musica leggera, ecc.

_____ partecipare a eventi sportivi / manifestazioni sportive

_____ ballare in discoteca

Parte seconda. Compare your responses to those of Italian students 15 and older from a recent survey.

Gli italiani nel tempo libero

34,3% vedere uno spettacolo a teatro

87,6% guardare un film al cinema

50% visitare musei o mostre

15,2% andare a concerti di musica classica, andare all'opera

46,2% andare a concerti di musica leggera, ecc.

49,6% partecipare a eventi sportivi

64,5% ballare in discoteca

Source: ISTAT

• **New Grammar Point for *Capitolo 3:*** The presentation of regular verbs has been divided into two separate grammar points (3.2 and 3.3). Regular verbs with spelling and pronunciation changes have been moved to a separate point to allow students more opportunity to focus on and practice the regular forms before tackling the exceptions.

• The new **Grammatica dal vivo** interviews with native speakers focus on one structure point per chapter and give students yet another opportunity to hear authentic language in context. The videos and related activities are available in **Connect Italian.**

Grammatica dal vivo: Piacere

Go to **Connect Italian** to watch an interview with Claudia and Annalisa Pironi and see how they use the expression **piacere.** Then do the comprehension activities.

McGraw Hill **connect** ITALIAN

www.connectitalian.com

- **Cultura:** based on reviewer feedback, this chapter culminating section, which engages students in listening, reading, writing, and speaking activities at the discourse level, has been extensively revised. The **Ascoltiamo!** cultural video presentations have been updated and are now presented by Federico Dordei, a native speaker from Rome. Six **Leggiamo!** selections have been replaced (**Capitoli 4, 5, 7, 11, 15,** and **16**) and four new film clips have been added to **Guardiamo!** (**Capitoli 3, 6, 7,** and **14**).

- **Process-oriented Writing Strategies:** The writing section of the workbook has been completely revised to include writing strategies, new topics, guided-writing instructions, and proofreading checklists.

- **Song Activities for *Solo musica*:** Instructors who would like to do more in-depth activities using the songs from the *Avanti!* iMix playlist will find 16 new activities in the *Instructor's Manual.* The playlist is available for purchase at the iTunes® store and many of these songs are also available as music videos on YouTube.

Instructors who have been using *Avanti!* in its previous editions asked us not to make drastic changes to the scope and sequence of the text because, simply put, it works well. And we listened! *Avanti!* 3rd edition continues to offer instructors the necessary tools to help their students develop communicative proficiency with its manageable scope and sequence, integrated review and recycling, and its emphasis on meaningful communication both in- and outside of the classroom. With the combination of the new features and McGraw-Hill's powerful digital tools, **Connect** and **LearnSmart,** students will advance and succeed in their language studies like never before.

We invite you to review the latest *Avanti!* program to see how our partnership with today's instructors and students has allowed us to identify and address some of the most common needs in today's Italian language classrooms. Welcome to the latest edition of *Avanti!:* the innovation continues.

Program Supplements

Whether you are using the *Avanti! Beginning Italian* program with our **Connect Italian** platform or in print, a variety of additional components are available to support your needs and those of your students.

Connect Italian: Used in conjunction with *Avanti! Beginning Italian,* **Connect Italian** provides digital resources to enhance the learning experience for students. Some of the key features and capabilities of **Connect Italian** include:

- complete integration of the textbook and *Workbook / Laboratory Manual* activities, with all the audio and video materials;

- additional interactive practice with key vocabulary, grammar, and cultural materials;

- **LearnSmart** adaptive learning system that identifies what students don't know and provides them with the optimal learning path to help them master those concepts;

- fully integrated gradebook;

- ability to customize assignments to fit the needs of individual programs;

- access to all instructor's resources.

Connect Italian Instructor's Guide: A helpful guide for adopters of **Connect Italian** available online at **www.connectitalian.com.**

Annotated Instructor's Edition: The *Instructor's Edition* of the text, with annotations by the authors, includes a wide variety of suggestions for presenting each section of the book, ideas for recycling vocabulary, many helpful cultural notes, expansion activities, and follow-up activities. Answers are provided in the margins for the video-based **Strategie di comunicazione** activities, all listening activities, and the **Guardiamo!** film-based activities.

Instructor's Manual and *Test Bank:* The *Instructor's Manual* includes an overview of the methodology of *Avanti!,* suggestions for planning a course syllabus, general teaching techniques, and additional activities for every chapter. It also includes the answers to student activities from the textbook, the transcripts for the **Strategie di comunicazione, Grammatica dal vivo,** and **Il blog di...** videos, as well as the **Ascoltiamo!** scripts and support materials. The *Test Bank,* which is provided in Word format, allows instructors to easily customize their tests based on the material presented in their class. Each chapter test includes activities with multiple items for each section of *Avanti!* Instructors are free to choose the number and types of items tested in each activity, or add items of their own. Two tests for each chapter are provided, as well as suggestions and guidelines for the creation of assessment materials. The *Test Bank* is also available in PDF format and in **Connect Italian.**

Digital Transparencies: PDF files of all the **Lessico** presentations are available to instructors at **Connect Italian.**

Workbook / Laboratory Manual: The *Workbook / Laboratory Manual* content is available via **Connect Italian** or in print and provides more extensive practice of the **Strategie, Lessico,** and **Strutture** material presented in the textbook using a variety of written and audio activities. Each chapter includes a **Cultura** section that expands upon the cultural themes of the chapter through additional listening activities (**Ascoltiamo!**), a new culture reading that includes instruction in reading strategies (**Leggiamo!**), and a new process-writing activity (**Scriviamo!**). A revised culture feature in this section reviews the new cultural material presented in the chapter: **In Italia, Culture a confronto, Un po' di cultura, e Regioni d'Italia.** Following **Capitolo 16** are the **Per saperne di più** practice activities for those instructors who wish to cover more material in their curriculum.

Audio Program: The *Audio Program* contains the listening activities from the *Workbook / Laboratory Manual* and is integrated into the accompanying online activities at **Connect Italian.** It is also available for purchase on audio CDs, or may be downloaded from **www.connectitalian.com.** The accompanying *Audioscript* is available for instructors only at the **Connect Italian** site.

Video Program: Filmed on location throughout Italy, this text-specific video introduces the communicative themes of each chapter using authentic language. In the video that accompanies the **Strategie di comunicazione** section of the text, students see and hear Italians of all ages and backgrounds as they are introduced to communicative language they can use immediately. The video program also contains four cultural segments, called **Il blog di... ,** highlighting four cities: Rome, Bologna, Naples, Florence, and the surrounding regions, where the **Strategie** interviews were filmed. The narration, written in accessible Italian, uses the vocabulary and grammar of the four preceding chapters. The new **Ascoltiamo!** cultural video presentations and the new **Grammatica dal vivo** videos are also part of the video program. The entire video program is available at **Connect Italian** and on DVD.

iTunes Playlist: This compilation of contemporary and classic Italian music accompanies the **Solo musica** feature in the textbook and is available for purchase at the iTunes Store. For more information about how to access the iMix, go to **Connect Italian.** Additional activities using these songs are available in the *Instructor's Manual.*

Reviewers

The authors and the publisher would like to express their gratitude to the numerous instructors listed here whose valuable feedback contributed to the development of the third edition of *Avanti!* through their generous participation in surveys, chapter reviews, and focus groups. (Note that the inclusion of their names here does not constitute an endorsement of the *Avanti!* program or of its methodology.)

ACTFL 2011 Digital Focus Group

Arizona State University
Chiara Dal Martello

College of DuPage
Mirta Pagnucci

Florida International University
Antonietta di Pietro
Magda Novelli Pearson

Purdue University
Annalisa Mosca

Reviewers

Arizona State University
Gina Pietrantoni

Auburn University
Giovanna Summerfield

Baruch College
Antonietta D'Amelio

Baylor University
Julia Kisacky

Borough of Manhattan
Community College
Maria Enrico

Bowdoin College
Anna Rein

Bridgewater State University
Vincent Cuccaro

Brown University
Cristina Abbona-Sneider

City College of San Francisco
Marta Baldocchi
Claudio Concin
Giorgio Spano

College of DuPage
Eileen Juskie
Mirta Pagnucci

Colorado College
Kathleen Bizzarro

Connecticut College
Frida Morelli

Daemen College
Judi Mazziotti

Drew University
Paolo Cucchi
Mary Ann Mastrolia
Carla Mastropierro
Emanuele Occhipinti

Duke University
Mattia Begali

El Camino College
Anne Cummings

Flagler College
Barbara Ottaviani-Jones

Florida Atlantic University
Myriam Swennen Ruthenberg

Florida International University
Magda Novelli Pearson

George Mason University
Kristina Olson

Hofstra University
Donatella Marchesi

Holy Cross University
Susan Amatangelo

Long Beach City College
Luisa Spanu

Macomb Community College
David Del Principe
Susanna Williams

Montclair State University
Andrea Dini

Monterey Peninsula College
Mary Budris

Mount Holyoke College
Morena Svaldi

Nashua Community College
Susanne Ehrenstein

Nassau Community College
Maria Mann

Naugatuck Valley Community
College
Nancy Esposito

Northern Kentucky University
Hilary Landwehr

Ohio University
Molly Morrison

The Ohio State University
Carla Onorato Wysokinski

Old Dominion University
Antonella O'Neal

Salve Regina University
James G. Mitchell

San Diego State University
Clarissa Clo'
Steven J. Sacco

Santa Monica College
Aned Muñiz

Stetson University
Susanne Eules

Trinity College
Joshua King

University of Arizona
Fabian Alfie

University of California, Davis
Antonella Bassi
Jay Grossi

University of California,
San Diego
Chiara Carnelos

University of Central Florida
Brian Barone

University of Chicago
Madison Dickinson
Claudia Quesito

University of Cincinnati
Joyce Miller

Univeristy of Colorado
Chiara Torriani

University of Georgia
Barbara Cooper
Lino Mioni
Concettina Pizzuti

University of Illinois at Chicago
Chiara Fabbian

University of Illinois Urbana–
Champaign
Eda Derhemi
Giovanni Fiore
Laura Hill
Elysse Longiotti

University of Minnesota
Carlotta Dradi Bower
Kathleen Rider

University of Mississippi
Valerio Cappozzo

University of Montana
Evelina Badery
John Hastings

University of New Hampshire
Piero Garofalo

University of North Texas
Jessica Greenfield

University of San Diego
Silvia Metzger
Emanuela Patroncini

The University of Texas at Austin
Antonella Del Fattore-Olson
Adria Frizzi

University of Vermont
Adriana Borra

University of Wisconsin,
Madison
Daniela Busciglio
Maria Giulia Carone
Giuseppina DiFilippo
Tiziana Serafini

Wayne State University
Silvia Giorgini-Althoen
Satoko Kiyohara
Irene Marletta
Raffaella Medoro

Widener University
Thomas Benedetti

Acknowledgments

I am amazed and truly grateful that we have arrived at the third edition of our text; a labor of love that started 15 years ago. I thank once again my co-author, Diane Musumeci, for the thoughtful adjustments and the extraordinary new material that she has added to this edition. I also thank her for supporting me and the project when my attention had to be directed elsewhere. I will always be profoundly grateful to Susan Blatty, managing development editor, for her dedication to this project and the hours she spent editing, following every detail, and chasing me down for responses. I will never cease to be amazed by her focus, composure, patience and most of all her kindness and generosity. I also thank Katie Stevens, our managing director, and Kimberley Sallee, our brand manager, for their consistent interest in our approach and their kind and sustained support.

Many others have also been committed to *Avanti!* and contributed in significant ways. I am grateful to all the students, instructors, and readers who have provided feedback on our work, to Laura Callegari Hill and her team of writers for their work on LearnSmart, and to Fabian Alfie, Joyce Miller, Annalisa Mosca, Aned Muñiz Giuseppe Natale, and Giuseppe Tassone, for their creative song activities. Many thanks to Silvia Kunitz for her extraordinary dedication as she literally traveled six kilometers (one way) in the Appennini by foot each day this summer in order to reach an Internet café where she could edit my work and offer helpful suggestions. Yet again, I reserve special thanks for my best friend and husband, Antony Shuttleworth, who has taken on more than his share of family duties in order for me to work (and play); my son who patiently waits for me to finish working so that we can play ball; and, of course, Windy and Brit.

—**Janice M. Aski**

Nothing beats a winning team, and that's what *Avanti! 3e* has! Starting with you, the adopters, who told us what you loved and wanted to see more of, as well as whatever else we could provide to help you deliver the best beginning Italian course for you and your students. Thank you all! I think you'll find this edition our best ever, with even more authentic language samples, cultural content, and, of course, a whole new array of online instructional support, all with a fun, contemporary, visually rich look. The credit for responding to your needs goes to the rest of the *Avanti!* team: my co-author extraordinaire, Janice Aski; the awesome editorial group of our managing editor, Susan Blatty, and our native reader/copy editor, Silvia Kunitz, Katie Stevens, managing director, and Kim Sallee, brand manager, the fantastic design group headed up by Preston Thomas at Cadence Design; and our technology wizards: Sarah Carey, Jason Kooiker, and Laura Callegari Hill. A special *grazie* is due to my brother-in-law, Arrigo Carlan, for his expert photography that you'll enjoy throughout the program. Finally, a huge thanks to my family who are my biggest fans, as I am theirs.

—**Diane Musumeci**

We would also like to gratefully acknowledge all of the people who worked tirelessly to produce *Avanti!* and its new digital supplements. Our sincere thanks to Chris Schabow, our wonderful project manager from The Left Coast Group, and her McGraw-Hill colleagues in production: Jane Mohr and Sue Culbertson, as well as our copyeditor Deborah Bruce-Hostler.

Special thanks to Preston Thomas for the beautiful cover and outstanding design. We would like to acknowledge Jennifer Rodes at Klic Video Productions for her expert eye in capturing exquisite footage for the **Il blog di...** video segments and Silvia Kunitz for providing the narrative that brought the images to life. A particular thanks to our talented presenter, Federico Dordei, for making the **Ascoltiamo!** presentations accessible and interesting for our students. The creation of the digital assets for **Connect Italian** and **LearnSmart** required a small army of Italian speakers, writers, and proofers. We are extremely grateful to Sarah Hill, our **Connect** project manager, for her patience and guidance during this process and to Janet Banhidi, our director of digital content, for her expert management of the **LearnSmart** materials. We would like to thank Sarah Carey and her Connect team—Jason Kooiker, Bruce Anderson, Carlotta Dradi Bower, Nina Chung, Justin Ehrenberg, Kelly Lombardo, Silvia Kunitz, and Sylvie Waskiewicz—for their efforts in the preparation of the **Connect Italian** content. A special shout out as well to Laura Hill and her **LearnSmart** team—Giuseppina DiFilippo, Silvia Giorgini-Althoen, Gina Pietrantoni, Claudia Quesito, and Chiara Torriani—for their contributions to the creation of this new, exciting digital tool. We would especially like to thank Sara Jaeger, our editorial coordinator in New York for her help on all the details but in particular for spearheading the tremendous effort that went into the **Connect Italian** market development project. We would also like to thank Alexa Recio, Jorge Arbujas, Helen Greenlea, Esther Cohen, and Craig Gill for their efforts in marketing our exciting new edition.

Avanti!

Per cominciare

Primavera (ca. 1485), Sandro Botticelli (Galleria degli Uffizi, Firenze, tempera su tavola)

SCOPI

IN THIS CHAPTER YOU WILL LEARN:

- to greet someone, to find out his/her name and where the person is from, and to say good-bye
- to express likes and dislikes
- words and expressions you need to get started studying Italian
- to pronounce the letters and sounds of the alphabet

- seasons and months of the year
- the numbers 0–9,999
- to express the date
- to identify people and things
- to interpret common gestures

Strategie di comunicazione

Ciao / Buon giorno / Buona sera

Greeting someone

- Italians always greet each other: when they meet on the street, when they enter a store or a room, when they first wake up in the morning, when they return home in the afternoon. They usually touch when they meet, kissing each other on both cheeks or shaking hands.

- When do Italians switch from **buon giorno** (*good morning, good day*) to **buona sera** (*good evening*)? It depends on where they live! In northern Italy, people tend to use **buona sera** in the late afternoon; in central Italy and in the South, they might begin using it as early as noon.

 A. Buon giorno! Watch and listen as these Italians say hello. As you listen, indicate which greeting each person says.

    a. buon giorno   **b.** buona sera   **c.** ciao

1.

2.

3.

4.

5.

In italiano

- **Buon giorno** and **buona sera** may sound formal in English, but in Italian they are routinely used with everyone. **Ciao,** on the other hand, is considered very informal and is used primarily with family and friends. In this sense, greetings are one way that Italian distinguishes between informal and formal *you* (**tu/Lei**). You will learn more about this topic later in the chapter.

- It is very common in Italian to greet people by their professional titles—for example, **professoressa, dottore, ingegnere** (*engineer*), **avvocato** (*lawyer*). **Signore** (*Sir/Mr.*) is shortened to **Signor** before a man's last name. **Signora** (*Ma'am*) is regularly used when addressing women. **Signorina** (*Miss*) is a formal way to address unmarried women; its use is discouraged in contemporary Italian. When addressing someone with a title, the situation is considered formal and **ciao** is never used.

—**Buona sera, ingegnere!**
—**Buon giorno, signora!**

B. *Buon giorno o ciao?* Decide whether the following people would say **ciao, buon giorno,** or either, by supplying the appropriate greeting. Compare your answers with your partner's.

1. a child to her mother   _____, mamma!
2. a mother to her child   _____, amore (*love*)!
3. a student to his (female) professor   _____, professoressa!
4. a client to his lawyer   _____, avvocato!
5. a news reporter to a woman on the street   _____, signora!
6. a patient to his doctor   _____, dottore!
7. a doctor to her patient, Mr. Feltri   _____, signor Feltri!
8. you to your roommate   _____, _____!
9. your classmate to you   _____, _____!
10. you to your instructor   _____, _____!

Come ti chiami? / Come si chiama?
Finding out someone's name

A. Come si chiama? Watch and listen as the Italians you just met tell you their names. Number the names in the order in which they appear from 1 to 5.

_____ Cristina

_____ Adriano Casellani

_____ Stefania Cacopardo

_____ Giacinto Vicinanza

_____ Iolanda Mazzetti

Listen to "Ciao sono io" by Sandro Bit and see how many Italian names you can identify.

Note: This song is available for purchase in the iTunes Store as part of the *Avanti!* iMix. For information about how to access the iMix, go to **Connect Italian.** This song is also available as a music video on YouTube.

Tu or **Lei**? The simple rule for informal and formal *you* is that you use the informal **tu** for family, friends, children, and animals. The formal **Lei** is used with older people whom you may know well but who are not family; with strangers; and with people in professional contexts (teachers, wait staff, service providers, sales associates), including people you address with titles. The actual rules are really much more complicated. In general, young people use the informal with other young people, and, overall, Italians today are much less formal than they were just a few generations ago. Although Italians do not expect non-Italians to know all of the rules for using **tu** and **Lei,** they will appreciate your efforts to use both, even if imperfectly.

- To ask someone's name, say:

  (**tu**, *informal*)   (**Lei**, *formal*)
  Come ti chiami?   or   **Come si chiama?**

- If you want to introduce yourself first and then ask the other person's name, say: **Sono** or **Mi chiamo** + (your name).

  Ciao! Sono Paolo.   **Buon giorno. Sono Paolo Rossi.**
  Ciao! Mi chiamo Paolo.   **Buon giorno. Mi chiamo**
                                         Paolo Rossi.

- To ask *And you?* say:

  E tu?   or   **E Lei?**

  —**Come ti chiami?**   —**Come si chiama?**
  —**Susanna. E tu?**   —**Susanna Martinelli. E Lei?**
  —**Marisa.**   —**Marisa Scapecci.**
  —**Ciao!**   —**Piacere!**
  —**Piacere!**   —**Piacere!**

- To say *nice to meet you,* you say **piacere** or, if you're using **tu,** you can just say **ciao.**

In italiano

Prego is a versatile word in Italian. It can mean *you're welcome; come in; please sit down; make yourself comfortable; after you / you first; may I help you?; go ahead; help yourself; by all means.*

B. *Come ti chiami? o Come si chiama?* To ask the following people their names, decide if you would ask **Come ti chiami?** or **Come si chiama?** (**Attenzione!** Use **Come ti chiami?** *only* if you can also use **ciao.**) When you've finished, compare your answers with your partner's.

1. someone your age you meet at a party
2. a child who seems lost
3. the administrative assistant who calls with a message for your roommate
4. the man working at the travel agency
5. a new student who just joined the class

C. Ciao a tutti (*everyone*)! Walk around the room and greet your classmates and instructor and ask their names. Make sure you use the appropriate greetings and expressions.

▶ Di dove sei? / Di dov'è?

Finding out where someone is from

A. Regioni d'Italia: Di dov'è?
Watch and listen as the following people tell you their names and then where they are from. Look at the map and indicate where each person is from.

1. Francesca
2. Stefano
3. Elena
4. Giorgio
5. Paolo

- To ask where someone is from, say:

  (**tu,** *inform.*)   (**Lei,** *form.*)
  Di dove sei?   or   **Di dov'è?**

- To ask where someone currently lives, say:

  Dove abiti?   or   **Dove abita?**

  Sono di Milano, ma abito a Roma.

B. E tu, di dove sei?

Parte prima. Walk around the room. Greet several classmates and your instructor and find out where they are from. Take notes! (If you can't remember their names, you'll have to ask again.)

Parte seconda. Report to the class. Greet everyone, say your name, and say where you and at least two other students are from.

ESEMPIO: Buon giorno. Sono Rita. Sono di Chicago.
Jenny è di New York. David è di Santa Fe.

Ciao / Arrivederci
Saying good-bye

 A. Ciao! Watch and listen as the Italians in the video say good-bye.

> The same informal/formal rule for saying hello applies to saying good-bye: you can use **arrivederci** (or **buon giorno** / **buona sera** / **buona notte**) with everyone, but **ciao** *only* with people you address informally. **ArrivederLa** is a very formal way to say good-bye. **Buona notte** (*Good night*) is used only when it's time for bed.

B. Arrivederci! Decide whether the following people would say **arrivederci** or **ciao** or either, and supply the appropriate expression. Check your answers with your partner's.

1. a child to his father   _____, papà!
2. a husband to his wife   _____, tesoro (*honey*; literally, *treasure*)!
3. a student to her (male) professor   _____, professore!
4. a woman to Giuseppe, the fruit seller   _____, signor Giuseppe!
5. you to your female friend   _____, cara (*dear, sweetie*)!
6. your instructor to you   _____, _____!
7. you to your instructor   _____, _____!

C. Buon giorno! With a partner, create the longest conversation you can in Italian using only the expressions you've learned so far. Then create the shortest. Be prepared to demonstrate to the class.

Ti piace... ? / Le piace... ?
Expressing likes and dislikes

> To ask, *Do you like* (a person, place, or thing)?, say:
>
> **Ti piace... ?** (*inform.*)   or   **Le piace... ?** (*form.*)
> **Ti piace l'Italia?**   **Le piace la musica?**
>
> You will learn more about this expression later in this chapter.

Il cinema americano.

Parte prima. Watch and listen as these Italians answer the question, **Ti/Le piace il cinema americano?** (*Do you like American movies?*) Check whether their answer is **sì** or **no**.

	sì	no			sì	no
1. Giacinta	☐	☐	5. Chiara	☐	☐
2. Annalisa	☐	☐	6. Stefano	☐	☐
3. Alessia	☐	☐	7. Annarita	☐	☐
4. Laura	☐	☐	8. Francesca	☐	☐

Parte seconda. Watch and listen a second time. This time, if they mention their favorite actors, write the names you recognize.

Lessico

A come *amore*, B come *buon giorno*
Alphabet and pronunciation

A
aereo

B (bi)
bicicletta

C (ci)
cane

D (di)
dizionario

E
esame

F (effe)
festa

G (gi)
gatto

H (acca)
hamburger

I
inverno

L (elle)
libro

M (emme)
macchina

N (enne)
numero

O
orologio

P (pi)
penna

Q (cu)
quaderno

R (erre)
residenza

S (esse)
studente

T (ti)
televisione

U
università

V (vu)
voto

Z (zeta)
zaino

Le lettere straniere (*foreign*)

J (**i lunga**) jeep

K (**cappa**) ketchup

W (**doppia vu**) western

X (**ics**) fax

Y (**ipsilon**) yogurt

1 In Italian, double consonants are pronounced longer than single consonants. Sometimes it makes a difference in the meaning of the word. For example, **pala** means *shovel*, but **palla** means *ball*. Repeat the following pairs of words after your instructor.

capelli (*hair*)   **cappelli** (*hats*)

nono (*ninth*)   **nonno** (*grandfather*)

dita (*fingers*)   **ditta** (*company*)

study tip

2 In most cases, one letter represents one sound. However, there are some special combinations of consonants and vowels to learn. Repeat these combinations of letters and words after your instructor.

gn: lasagne	**gi:** giraffa	**ci:** cioccolato	**sci:** sci
	ge: gelato	**ce:** cellulare	**sce:** sceriffo
gli: famiglia	**ghi:** ghiaccio	**chi:** chitarra	**schi:** maschile
	ghe: spaghetti	**che:** perché	**sche:** scheletro

In italiano

Although there is no actual verb *to spell* in Italian, you can say: **Come si scrive?** (*How is it written?*) If you ask an Italian this question, he/she is likely to sound it out by syllable rather than "spell" it, e.g., **Come si scrive «Musumeci»? mu-su-me-ci!**

In italiano

Cognates (**parole simili**) are words that have similar spellings and meanings in Italian and English. For example, the English cognate of **antropologia** is *anthropology*. Can you figure out the English equivalents of these Italian subjects (**materie**)?

biologia	**ingegneria**	**religione**
chimica	**italiano**	**scienze della comunicazione**
economia	**letteratura inglese**	**scienze politiche**
filosofia	**matematica**	**sociologia**
fisica	**psicologia**	**studi internazionali**

Attenzione! Not all words that look similar have exactly the same meaning in Italian and in English. A **classe** is a group of students (such as a graduating class or the freshmen class), a **corso** is a course, and a **lezione** is a lesson or an individual class period.

A. Parole italiane. Even if this is the first time you've studied Italian, you probably already know lots of Italian words. Make a list of the words you know. Then meet and greet a new partner. Take turns sharing the words in your lists but don't repeat a word your partner has said. Be sure to use the expressions that you've learned: **Non ho capito. Puoi ripetere? Cosa vuol dire? Come si scrive?** When you've finished, remember to say good-bye using the appropriate expression.

B. C o *ch*? Listen as your instructor pronounces the following words. Complete each word with **c** or **ch.**

1. cal___io
2. Pinoc___io
3. ___iesa
4. bic___iere
5. ba___io
6. can___ello

C. G o gh? Listen as your instructor pronounces the following words. Complete each word with **g** or **gh.**

1. ___elato
2. spa___etti
3. fun___i
4. ___iornale
5. ___ianda
6. ___iallo

D. Sc o sch? Listen as your instructor pronounces the following words. Complete each word with **sc** or **sch.**

1. ma___io
2. pe___e
3. ___iare
4. ___iarpa
5. pe___e
6. ma___era

E. Regioni d'Italia: Le città italiane.

Parte prima. Complete the spelling of the names of these Italian cities as your instructor says them. Then locate the cities on the map on page 5.

1. Bolo___a
2. Vene___ia
3. Le___e
4. Peru___ia
5. Bre___ia
6. Me___ina
7. Firen___e
8. Catan___aro
9. Ca___iari

Parte seconda. Look at the map on page 5 and identify the region that each city is in.

F. Un po' di cultura: «Punto it».

Parte prima. Meet and greet a new partner. Each of you selects one oval that contains a set of popular websites. Take turns saying each address to your partner who will write them down. Be prepared to spell the address if your partner is having difficulty. Check your spelling when you are finished. **Attenzione!** *www* in website addresses is said **vvv** and *dot* is said **punto.**

> www.teleguida.it
> www.radioitalia.it
> www.gazzetta.it

> www.meteo.it
> www.garzantilinguistica.it
> www.repubblica.it

Parte seconda. Match each site to the content that you will find there. Use each site only once.

1. le previsioni del tempo (*weather forecast*)
2. il dizionario
3. le notizie del giorno (*news*)
4. i programmi TV
5. la musica
6. le foto e i video di calcio, Formula 1 e altri sport

In Italia

Here are some common Italian abbreviations. Can you recognize them when you hear them? Ask your instructor to pronounce them. Can you figure out what they mean?

www	**TV**	**RAI**
TG	**SMS**	**DVD**
CD	**PC**	**UFO**

I mesi e le stagioni
Months and seasons

▶ Match the names of the months to the appropriate season.

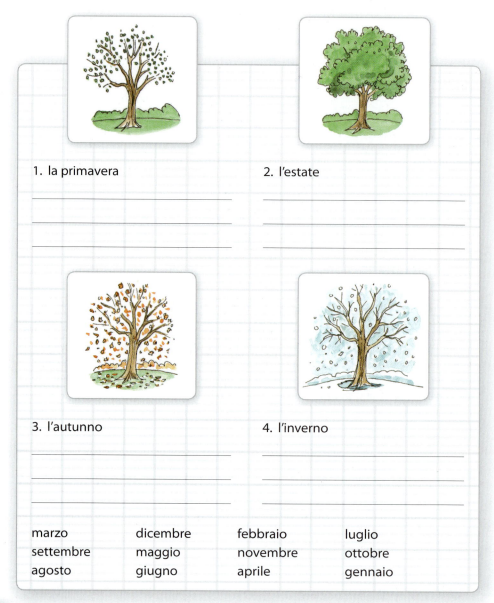

1. la primavera

_____

_____

2. l'estate

_____

_____

3. l'autunno

_____

_____

4. l'inverno

_____

_____

marzo	dicembre	febbraio	luglio
settembre	maggio	novembre	ottobre
agosto	giugno	aprile	gennaio

▶ Answers to this activity are in Appendix 2 at the back of your book.

A. Ascolta. Listen as your instructor says the months of the year in Italian. Write the first letter of the appropriate season for each month: **P=primavera, E=estate, A=autunno, I=inverno.**

B. I mesi. Work with a partner to unscramble the letters. Then, take turns spelling the words aloud while the other writes them.

1. goninae
2. zorma
3. breettems
4. ligulo
5. obretto
6. gamigo
7. ognugi
8. baofrebi
9. emnovbre
10. redicebm
11. palrie
12. stagoo

C. A come aprile. You and your partner take turns saying a letter of the alphabet. If there is a month that begins with that letter, name it. Continue until all the months have been named.

I numeri da 0 a 9.999

Numbers from 0 to 9,999

0 zero			
1 uno	11 undici	21 ventuno	40 quaranta
2 due	12 dodici	22 ventidue	50 cinquanta
3 tre	13 tredici	23 ventitré	60 sessanta
4 quattro	14 quattordici	24 ventiquattro	70 settanta
5 cinque	15 quindici	25 venticinque	80 ottanta
6 sei	16 sedici	26 ventisei	90 novanta
7 sette	17 diciassette	27 ventisette	100 cento
8 otto	18 diciotto	28 ventotto	200 duecento
9 nove	19 diciannove	29 ventinove	300 trecento
10 dieci	20 venti	30 trenta	400 quattrocento
			1.000 mille
			2.000 duemila

Expressing dates

a. To express the date in Italian, you use **il** + day + month, for example, **il 4 luglio** (**il quattro luglio**). The first of the month is written **il 1** + month, but is said **il primo** + month.

—**Quanti ne abbiamo oggi?** — *What is today's date?*
  Il primo o il due? — *The first or the second?*
—**Oggi è il primo settembre.** — *Today is the first.*
  Domani è il due. — *Tomorrow is the second.*

b. In Italy, dates are always abbreviated with the day first, then the month, and finally the year. So, **il 4 luglio** is **4/7** and **7/4** is **il 7 aprile!**

c. In Italian, the year is always said in its entirety: **1861** = **milleottocentosessantuno** (unlike English 18–61). **Mille** means *one thousand;* it has an irregular plural: **mila**. So, the year 2014 is **duemilaquattordici.**

A. Culture a confronto: La data. The following dates are in Italian; practice saying them.

1. 4/11   3. 15/8   5. 25/12   7. 3/2
2. 1/1   4. 31/10   6. 2/3

B. Un po' di cultura: L'anno di nascita (*birth*). With a partner, take turns saying the years listed in column A. Can you match the birth years to the famous Italians listed in column B?

A	B
1. 1265	a. Roberto Benigni
2. 1952	b. Dante Alighieri
3. 1883	c. Benito Mussolini
4. 1564	d. Leonardo da Vinci
5. 1451	e. Cristoforo Colombo
6. 1452	f. Galileo Galilei

In Italia

When Italians say or write a street address they say the street (**via, viale, corso,** or **piazza**) first and the number second.

—**Dov'è la biblioteca?**
—**In via Vivaldi, 12.**

—**Dov'è un punto Internet** (*Internet access point*) **qui vicino** (*near here*)**?**
—**In piazza Garibaldi, 6.**

C. Culture a confronto: Punto o virgola?

Parte prima. Did you notice that in Italy **un punto** (*period*) is used instead of **una virgola** (*a comma*) in numbers above 999 and that commas are used instead of decimal points for fractional amounts? Take turns saying the following prices to your partner who will write them down. **Attenzione!** In spoken Italian you do not say the word **punto** and € is said **euro.**

ESEMPIO: S1: € 45.687 (quarantacinquemila seicento ottantasette euro)

1. € 3.000
2. € 1.225
3. € 19.500
4. € 7.765
5. € 1.000
6. € 8.888

Parte seconda. To calculate the equivalent prices in U.S. dollars, multiply the number of euros by the exchange rate. Using the exchange rate in February 2012, which was € 1 = \$1.32, calculate the prices in **Parte prima** in U.S. dollars. Say the results aloud.

ESEMPIO: € 3.000 × 1,32 = \$3,951 (tremila novecento sessanta dollari)

D. Un po' di cultura: Un biglietto da visita.

Choose one of the following identities. Your partner will close his/her book while you introduce yourself, providing all of the information on your business card. Your partner will write what you say. When you've finished, he/she will check the information with the actual card. Then switch roles. Here are some useful terms:

@ = **chiocciola** (*at*)   - = **trattino/lineetta** (*hyphen*)

. = **punto**   _ = **lineetta bassa** (*underscore*)

ESEMPIO: Buon giorno. Sono Giovanni Tosta. Abito in via… Il mio numero di telefono è… e il mio indirizzo e-mail è…

Retro

To learn more about **la piazza** and its importance in Italian life, go to **Capitolo 1, Retro** in **Connect Italian.**

Piazza San Marco a Venezia (Veneto)

ISTITUTO di SCIENZE BIOCHIMICHE
UNIVERSITÀ "G. D'ANNUNZIO,,
Via dei Vestini - 66100 CHIETI
Tel. 0871/580276 - 580278

dr. Paolo Trombetta

Piazza della Rinascita, 74
65100 PESCARA - Tel. 085/4212361

ISTITUTO TRENTINO DI CULTURA

IRST
ISTITUTO PER LA RICERCA
SCIENTIFICA E TECNOLOGICA

LUCA SPAGO
ARTIFICIAL INTELLIGENCE

e-mail:
SPAGO@IRST.IT

I 38050 TRENTO - LOC. PANTÈ DI POVO
TEL. 0461/314444 - 314534
TELEX 400874 - TELEFAX 314591

Tecnomare

BARBARA MAURIELLO
PROJECT MANAGER
R & D

3584 SAN MARCO
30124 VENEZIA - ITALIA
TEL +39 41 796711
FAX +39 41 5230363
TLX 410484 MAREVE I

Strutture

1.1 Maschile o femminile?
Gender

bambin<u>o</u>   **bambin<u>a</u>**

▶ What do the final **-o** and **-a** tell you about the nouns? Now look at the following nouns.

fior<u>e</u> (*maschile*)   **region<u>e</u>** (*femminile*)

What is the difficulty with nouns that end in **-e**?

▶ Answers to this activity are in Appendix 2 at the back of your book.

1 Unlike English, all Italian nouns have gender: they are either masculine or feminine. This is true for nouns referring to people as well as for those referring to objects. For example, **porto** (*port*) is masculine but **porta** (*door*) is feminine.

2 Most nouns that end in **-o** are masculine and most nouns that end in **-a** are feminine. Nouns ending in **-e** are either masculine or feminine. In this case, you can't tell the gender just by looking at the nouns, so you'll need to memorize their gender.

3 Here are some things to remember about the gender of nouns.

    a. Nouns that end in **-ione,** like **televisione** and **informazione,** are usually feminine.

    b. Nouns that end in a consonant, like **hamburger** and **bar,** are usually masculine.

▶ For other common patterns and exceptions to the gender of nouns, see **Per saperne di più** at the back of your book.

Il genere.

▶ **Parte prima.** Place the words below into the appropriate category in the chart according to the final vowel.

aereo	festa	numero	studente
bicicletta	gatto	orologio	televisione
cane	inverno	penna	università
dizionario	libro	quaderno	voto
esame	macchina	residenza	zaino

▶ Answers to this activity are in Appendix 2 at the back of your book.

-*o* (m.)	-*a* (f.)	-*e* (m. o f.)
aereo		

Parte seconda. Find out the gender of the nouns that end in **-e** by looking them up in the glossary at the back of the book.

1.2 Un cappuccino, per favore
Indefinite articles

Un, un', una, and **uno** are forms of the indefinite article (**articolo indeterminativo**). They mean both *one* and *a/an.* Notice how the forms of **uno** change according to the gender (masculine or feminine) and the first letter or letters of the noun that follows.

MASCHILE		
un animale	**un** corso	**uno** studente
un inverno	**un** libro	**uno** zaino

FEMMINILE		
un'estate	**una** lezione	**una** studentessa
un'amica	**una** persona	**una** zebra

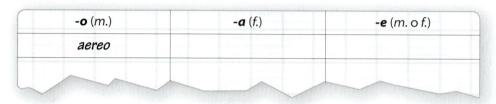 Now, insert the following indefinite articles in the charts below: **una, un', uno, un.**

	maschile
before *s* + consonant or *z*	
before all other consonants and all vowels	

	femminile
before all consonants	
before a vowel	

▶ Answers to these activities are in Appendix 2 at the back of your book.

A. L'articolo e il genere. Here are some nouns that you probably recognize. Decide which are feminine and which are masculine. How can you tell?

un animale

un CD   un film   un tè

una fotografia   un hotel   una stagione

un cinema   un ospedale   un'opera

uno zero   un limone   un mese

un elefante   un ristorante

un errore   un'informazione

una stazione

B. Al bar. You and your classmates go to **un bar** after class. How would you ask for the following drinks? Supply the appropriate indefinite article.

1. _____ tè, per favore.

2. _____ birra, per favore.

3. _____ coca-cola, per piacere.

4. _____ cappuccino, per favore.

5. _____ succo d'arancia (*orange juice*), per piacere.

6. _____ bicchiere di latte (*milk*), per favore.

7. _____ bottiglia (*bottle*) d'acqua, per favore.

8. _____ cognac, per favore.

C. Memoria. Work in teams. Your instructor will display a group of objects in the front of the room. You will have a short amount of time to study them, after which your instructor will cover them. Write the names of all the objects you remember. Don't forget to include the appropriate articles. The team with the most items wins.

In Italia

Bars are commonplace in Italy and very popular, but they aren't what you might expect. At **il bar** in Italy, you'll find young people, old people, singles, couples, families, business people, students, children, and, sometimes, even a customer with a dog. People come for a quick coffee, a soft drink, maybe **una pasta** (*pastry*), **una brioche** (*type of sweet roll*), **un panino** (*sandwich*), a glass of wine, or **un drink.** If there are tables, you might see men playing cards, people reading the paper, or others just watching people go by. **Un pub,** instead, is open only in the evenings and comes from the British tradition; **un discopub** offers dancing, too. A bar in the American sense is called . . . **un American bar!**

An easy way to ask for something at a **bar** is to name it and then say *please*.

—**Un caffè, per favore.**
—**Un bicchiere** (*glass*) **d'acqua, per piacere.**

1.3 Due cappuccini, per favore

Number

▶ In English, the plural is usually formed by adding **-s** to the end of a singular noun. Notice how, in Italian, the final vowel of a noun changes to make the plural.

	SINGOLARE	PLURALE
MASCHILE	ragazz**o** (*boy*)	ragazz**i**
MASCHILE/FEMMINILE	esam**e** (*m.*) class**e** (*f.*)	esam**i** class**i**
FEMMINILE	studentess**a**	studentess**e**

▶ For other common patterns and exceptions, see **Per saperne di più** at the back of your book.

Using the examples in the preceding chart as a guide, complete the paragraph with the appropriate vowels. The first one is done for you.

> Feminine nouns that end in ___-a___ in the singular, end in _____ in the plural.
> Masculine nouns that end in ___-o___ in the singular, end in _____ in the plural.
> Masculine and feminine nouns that end in _____ in the singular, end in _____ in the plural.

▶ Answers to this activity are in Appendix 2 at the back of your book.

Note: Nouns ending in a consonant, like **hamburger,** proper nouns like **Fanta** or **San Pellegrino,** and words ending in an accented vowel, such as **università,** do not change in the plural.

A. Il numero. Decide whether the following nouns are singular or plural. **Attenzione!** You may need to consult the glossary at the back of your book.

1. notte
2. bar
3. spaghetti
4. tè
5. pizza
6. biciclette

B. Forma il plurale. Here are some singular nouns. Make them plural.

1. casa
2. cappuccino
3. amore
4. film
5. nazione
6. città

C. Forma il singolare. Here are some plural nouns. Make them singular. (**Attenzione!** What problem do you encounter with plural nouns ending in **-i**?)

1. ragazze
2. cani
3. tè
4. ballerine
5. computer
6. porti

D. Al bar. A friend is going to join you at the bar, so you'll need to order two of everything. Your partner (the server) will repeat what you've ordered to make sure that he/she understood correctly.

ESEMPIO: **S1:** Due caffè, per favore.
S2: Due caffè?
S1: Sì, grazie.

1. Due t_____, per favore.
2. Due birr_____, per favore.
3. Due cappuccin_____, per favore.
4. Due bicchier_____ di latte, per favore.
5. Due bottigli_____ d'acqua minerale, per favore.

In italiano

The euro is the common currency of the European Union. One euro is divided into 100 **centesimi.** Note that, when someone gives a price, the word **centesimi** is usually omitted. In Italian, the noun **euro** is invariable:

—**Due caffè e un panino. Quant'è?**
—**Quattro euro e cinquanta (centesimi).**

E. Tutti al bar. Work in small groups. Imagine that you are in an Italian bar. Using the menu below, find out what your friends would like to have by asking each one **Cosa prendi?** (*What will you have?*). Then order for the group.

ESEMPIO: S1: Cosa prendi?

S2: Un cappuccino.

S1: E tu?

S3: Un cappuccino e una brioche, grazie.

S1: (*al barista* [*bartender*]): Tre cappuccini e due brioches, per favore. Quant'è? (*How much is it?*)

BARISTA: € 5,90 (Cinque euro e novanta [centesimi].)

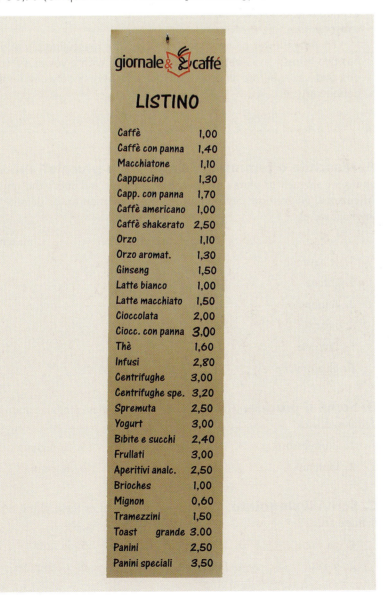

giornale & caffé

LISTINO

Caffè	1,00
Caffè con panna	1,40
Macchiatone	1,10
Cappuccino	1,30
Capp. con panna	1,70
Caffè americano	1,00
Caffè shakerato	2,50
Orzo	1,10
Orzo aromat.	1,30
Ginseng	1,50
Latte bianco	1,00
Latte macchiato	1,50
Cioccolata	2,00
Ciocc. con panna	3,00
Thè	1,60
Infusi	2,80
Centrifughe	3,00
Centrifughe spe.	3,20
Spremuta	2,50
Yogurt	3,00
Bibite e succhi	2,40
Frullati	3,00
Aperitivi analc.	2,50
Brioches	1,00
Mignon	0,60
Tramezzini	1,50
Toast grande	3.00
Panini	2,50
Panini speciali	3,50

1.4 L'università è fantastica!

Definite articles

Each of the following nouns is preceded by the Italian equivalent of *the*. Notice how the form of the definite article changes according to the gender (masculine or feminine) and number (singular or plural) of the noun.

	SINGOLARE	PLURALE
MASCHILE	**il** libro **l'**esame **lo** studente, **lo** zaino	**i** libri **gli** esami **gli** studenti, **gli** zaini
FEMMINILE	**la** penna **l'**informazione	**le** penne **le** informazioni

▶ Using the above examples as a guide, complete the paragraphs with the appropriate definite articles. The first one is done for you.

> The masculine singular definite article has three forms: you use ___*l'*___ before nouns that begin with a vowel, _____ before nouns that begin with **s** + consonant or **z**, and _____ before all other consonants. The feminine singular definite article has two forms: _____ before a vowel and _____ before all consonants.
>
> There are fewer plural definite articles. The masculine plural definite article has two forms: _____ before nouns that begin with a vowel, **s** + consonant, or **z** and _____ before all other consonants. There is only one feminine plural definite article: _____.

▶ Answers to this activity are in Appendix 2 at the back of your book.

A. Maschile o femminile, singolare o plurale? Decide if the following nouns are singular or plural, masculine or feminine and check the appropriate boxes. **Attenzione!** Notice how important it is to pay attention to the definite article as well as the final vowel.

	singolare o plurale?		maschile o femminile?	
1. le bevande	☐	☐	☐	☐
2. il cane	☐	☐	☐	☐
3. l'ombrello	☐	☐	☐	☐
4. i bar	☐	☐	☐	☐
5. l'arancia	☐	☐	☐	☐
6. gli animali	☐	☐	☐	☐

B. Scrivi il plurale. Give the plural form of these singular nouns and their definite articles.

1. il professore   **3.** lo scaffale (*bookcase*)   **5.** la regione

2. l'antenna   **4.** l'oroscopo   **6.** la penna

C. Scrivi il singolare. Give the singular form of these plural nouns and their definite articles.

1. gli zaini   **3.** le fotografie   **5.** le notti

2. le città   **4.** i panini   **6.** i computer

D. Un quiz. Work with a partner. Each of you makes a secret list of seven singular or plural nouns with their definite articles chosen randomly from this chapter. Take turns saying each noun to your partner, who will give the corresponding singular or plural form.

1.5 Mi piace l'italiano!
The verb **piacere**

▷ The people below are talking about what they like. Can you figure out when to use **piace** and when to use **piacciono**?

Mi piace l'Italia!

Mi piacciono le scarpe!

▶ Answers to this activity are in Appendix 2 at the back of your book.

1 If the person or thing that you like is singular, you use **mi piace.** If the person or thing that you like is plural, you use **mi piacciono.**

2 If you don't like something, place **non** before **mi piace** or **mi piacciono.**

    Non mi piace il cioccolato.   **Non** mi piacciono gli esami!

3 To ask someone you address with **tu** if he/she likes something, use **ti piace** and **ti piacciono.** For the formal, use **Le piace** and **Le piacciono.**

    —Ti piace la musica? (Le piace la musica?)
    —Sì, mi piace molto.

    —Ti piacciono i corsi? (Le piacciono i corsi?)
    —No, non mi piacciono.

A. *Piace o piacciono?*

Parte prima. Decide whether **piace** or **piacciono** is used with each of these nouns.

la pizza

l'università   le lasagne

gli sport   l'italiano   i tortellini

gli esami   il caffè   l'Italia

le feste   gli hamburger

il gelato

Parte seconda. Find out if your partner likes the above items.

    ESEMPIO: **S1:** Ti piace (Le piace) l'università?
                 S2: Sì, mi piace moltissimo (*very much*)! (No, non mi piace.)

B. Ti piace l'italiano?

Parte prima. Here is a list of academic subjects. Put a ✓ by all the courses that you like.

- ☐ la biologia
- ☐ la chimica
- ☐ l'economia
- ☐ la filosofia
- ☐ la fisica
- ☐ l'ingegneria

- ☐ l'italiano
- ☐ la letteratura inglese
- ☐ la matematica
- ☐ la psicologia
- ☐ la religione

- ☐ le scienze della comunicazione
- ☐ le scienze politiche
- ☐ la sociologia
- ☐ la storia
- ☐ gli studi internazionali

Parte seconda. Now, your partner will interview you to find out which courses you like and don't like.

> ESEMPIO: **S1:** Ti piacciono le scienze politiche?
> **S2:** Sì, mi piacciono. (No, non mi piacciono.)

C. I cibi (*foods*) e le bevande.

Parte prima. As a class, make a list of six foods or drinks from this chapter and write them in the first column of your chart.

i cibi / le bevande	le donne (*women*)		gli uomini (*men*)	
	sì	no	sì	no
lo yogurt				
il cappuccino				

Parte seconda. Go around the room and interview three women and three men to find out which foods they like.

> ESEMPIO: **S1:** Ti piacciono i tortellini?
> **S2:** No, non mi piacciono. (Sì, mi piacciono.)

Parte terza. As a class, find out if a particular food/drink is more popular with the men or the women.

▶ **Grammatica dal vivo:**
Piacere

Go to **Connect Italian** to watch an interview with Claudia and Annalisa Pironi and see how they use the expression **piacere.** Then do the comprehension activities.

connect
ITALIAN
www.connectitalian.com

Ti piacciono i tortellini?

D. HitParade Italia: Classifica singoli. The following were the top ten songs in Italy on May 24, 2012. Take turns asking which singers (or songs) your partner knows and whether or not he/she likes or dislikes them. Follow the model. How much do you have in common? (If you'd like to know more about Italian music hits, go to **google.it** and search **HitList Italia**).

ESEMPIO: **S1:** Conosci (*Do you know*) Adele?
S2: Sì.
S1: Ti piace?
S2: Sì, molto! / No, non mi piace.

o

S1: Conosci Adele?
S2: No.

In italiano

Did you notice that the ordinal numbers (first, second, third, . . .) in the **HitParade Italia** chart are abbreviated with a superscript "o"?

1st = 1°   **2nd = 2°**   **3rd = 3°**   **4th = 4°**

That's because in Italian, they are abbreviations of **primo, secondo, terzo, quarto, quinto, sesto, settimo, ottavo, nono, decimo.** In this case they are describing **il posto** (*place*).

You will learn more about adjective agreement in **Capitolo 2, Strutture 2.1.**

Ascoltiamo!

I gesti° italiani: *How to speak Italian without saying a word*

I... *Gestures*

A. Osserva ed ascolta. Do you know the old joke, "Want to keep an Italian quiet? Tie his/her hands together."? Italians are famous for their use of gestures as they speak. Watch and listen as Federico demonstrates and explains, in Italian, several gestures that Italians use to communicate their thoughts and needs. During the presentation, pay attention to his facial expressions and intonation, as well as what he says, to understand the meaning of the gestures.

B. Completa. Now Federico will show you 10 gestures, one at a time. Below you will see a list of 14 possible meanings. Choose the one that matches each gesture you see and write its letter in the corresponding blank. **Attenzione!** There are more meanings than there are gestures.

Gesto:
1. _____
2. _____
3. _____
4. _____
5. _____
6. _____
7. _____
8. _____
9. _____
10. _____

Significato:

a.	I'm furious!	h.	money
b.	So thin!	i.	Let's eat!
c.	Yum!	j.	What do you want?
d.	You're nuts!	k.	I've got an idea!
e.	Got a cigarette?	l.	Call me!
f.	I'm sleepy.	m.	I have no clue.
g.	Please help me.	n.	Quiet!

C. Tocca a te! (*Your turn!*) Which gestures are the same in your culture?

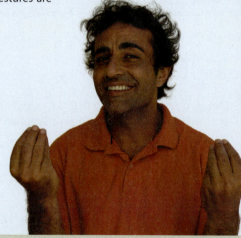

Federico Dordei: «Che vuoi?»

▶ **Note:** Our dynamic **Ascoltiamo!** instructor, Federico Dordei, was born and raised in Rome. Upon completion of his studies, he decided to pursue the American dream and moved to Los Angeles. Like many aspiring actors, he waited tables until he landed his first feature film, *Luckytown* (2000), starring Luis Guzman, Kirstin Dunst, and James Caan. He has appeared in several movies and numerous television series since, including *Deuce Bigalow: European Gigolo, Mad Men, Parks and Recreation, The Mentalist, Even Stevens, Without a Trace,* and *The Closer.* He was also a series regular in the American version of *Spaced.* He is delighted to use his talents to convey information about Italian culture to *Avanti!* students.

Federico's pronunciation in Italian may or may not match your instructor's. This is because Federico, like all Italians, has a regional accent. You may notice it most in his pronunciation of **ci** and **ce**.

Leggiamo!

Italiani famosi

A. Prima di leggere.   You already know several Italian words. How many famous Italians do you know? With a partner write the names of at least three Italians.

B. Al testo!

Parte prima. Il **Premio Nobel** is awarded in six categories. Find them in the reading.

PAROLE PER LEGGERE

insieme   *together*
la scoperta   *discovery*
senza   *without*
lo sviluppo   *development*

▶ **Parole per leggere** contains words from the reading selection that are used frequently in Italian. They are presented to help build your receptive vocabulary.

---

fisica	**Un secolo di Nobel:**	medicina
letteratura	**i laureati italiani**	pace
chimica		economia

1909

Guglielmo Marconi
(1874–1937)
Marconi Wireless Telegraph Co. Ltd., London, Great Britain
insieme a
Carl Ferdinand Braun
(1850–1918)
Germany, Strasburg University

"in riconoscimento del loro contributo allo sviluppo del telegrafo senza fili"
Vai alla pagina del Nobel

1934

Luigi Pirandello
(1867–1936)

"per il suo coraggioso rinnovamento dell'arte scenica e drammatica"
Vai alla pagina del Nobel

1986

Rita Levi-Montalcini
(1909–)
Istituto di Biologia Cellulare - C.N.R., Roma, Italia
insieme a
Stanley Cohen
(1922–)
U.S.A., Vanderbilt University School of Medicine, Nashville

"per le loro scoperte sui fattori della crescita"
Vai alla pagina del Nobel

1997

Dario Fo
(1926–)

"per avere emulato i giullari del Medio Evo, flagellando l'autorità e sostenendo la dignità degli oppressi"
Vai alla pagina del Nobel

Parte seconda. Now complete the following sentences about these Italian winners. When you've finished, take turns reading them to your partner to check your answers.

1. Nel _____ Guglielmo Marconi ha vinto (*won*) il Premio Nobel per la fisica.
2. Nel 1934 _____ ha vinto il Premio Nobel per la letteratura.
3. Nel 1986 _____ ha vinto il Premio Nobel per _____.
4. Nel _____ _____ ha vinto il Premio Nobel per _____.

Parte terza. Can you match these other winners with their award categories?

1. Grazia Deledda (1926)
2. Enrico Fermi (1938)
3. Franco Modigliani (1985)

a. l'economia
b. la fisica
c. la letteratura

C. Discutiamo! How many winners of **il Premio Nobel** appeared in your lists of famous Italians? What are the Italians in your lists famous for?

Scriviamo!

Mi piace Facebook!

Complete the registration for a Facebook page in Italian. **Attenzione!** One difference between Italian and English that you learned in this chapter appears in the registration page. Can you find it?

facebook

E-mail
Password
[ ] Resta collegato
Hai dimenticato la password?
Accedi

Facebook ti aiuta a connetterti e rimanere in contatto con le persone della tua vita.

Registrazione
È gratis e lo sarà sempre.

Nome:

Cognome:

La tua e-mail:

Inserisci nuovamente l'e-mail:

Nuova password:

Sono: Seleziona sesso:

Compleanno: Giorno: Mese: Anno:

Perché devo fornire la mia data di nascita?

Cliccando su Registrazione, accetti i Condizioni d'uso di Facebook e confermi di aver letto e compreso la nostra Normativa sull'utilizzo dei dati.

Registrazione

Crea una Pagina per una celebrità, gruppo o azienda.

English (US) Español Português (Brasil) Français (France) Deutsch Italiano العربية हिन्दी 中文(简体) 日本語 ...

Facebook © 2012 · Italiano   Mobile · Trova i tuoi amici · Badge · Persone · Pagine · Informazioni · Pubblicità · Crea una Pagina · Sviluppatori · Opportunità di lavoro · Privacy · Condizioni · Centro assistenza

Parliamo!

Bla, bla, bla!

As a class, create the longest conversation you can. To begin, two students come to the front of the room. At random points in the conversation, your instructor will tap one of the speakers, who will be replaced by another student who will continue the conversation at the exact point where it left off. Try to make the conversation last until everyone has had a chance to participate. Include as many of the expressions you learned in this chapter as possible.

> Come ti chiami?
> Come si chiama?   Di dove sei?
> Di dov'è?   Dove abita?   Dove abiti?
> Ciao!   Arrivederci!   Buona sera!
> Buon giorno!   Mi piace…
> Ti piace…?   Le piace…?
> Non mi piace…

Guardiamo!

FILM *Mimì metallurgico ferito nell'onore*

(Commedia. Italia. 1971. Lina Wertmüller, Regista [*Director*]. 121 min.)

RIASSUNTO: (*Synopsis*): Mimì (Giancarlo Giannini), who has lost his job because of his leftist politics, leaves his wife and child in Sicily to find work in a factory in Torino. Once there, he meets Fiore (Mariangela Melato), a beautiful Northerner who shares his politics and his bed. Mimì's life in the North is complicated, but it becomes even more so when he returns to Sicily to discover that, in his absence, his wife has had an affair of her own. Mimì then devises a plan to defend his honor.

SCENA: (DVD Chapter 4, 32:45): Mimì and Fiore "talk" to each other across a busy street, using only gestures.

A. Anteprima. (*Preview.*)   With a partner, review the gestures you learned in the **Ascoltiamo!** section.

B. Ciak, si gira! (*Action, rolling!*)   As you watch the scene, check the gestures that you can identify.

1. _____ So thin!
2. _____ Yum!
3. _____ You're nuts!
4. _____ I'm sleepy.
5. _____ Please help me.
6. _____ Let's eat!
7. _____ What do you want?
8. _____ Call me!
9. _____ I have no clue.

C. È fatto! (*It's a wrap!*)   With a partner, create a "dialogue" using only gestures. Perform it for the class.

Vocabolario

Domande ed espressioni

arrivederci	good-bye
buon giorno	good morning, good day
buona sera	good evening
buona notte	good night
ciao	hi; bye
Come si scrive?	How is it written?
Come ti chiami? /	What's your name
Come si chiama?	(*inform./form.*)?
Mi chiamo / Sono…	My name is . . .
Di dove sei? / Di dov'è?	Where are you from
	(*inform./form.*)?
Sono di…	I'm from . . .
Dove abiti? / Dove abita?	Where do you live?
	(*inform./form.*)
Abito a…	I live in (*name of city*)
grazie	thank you
Il mio numero di telefono è…	My phone number is . . .
(Non) ti piace / piacciono… ?	Do (don't) you (*inform.*) like . . . ?
(Non) Le piace / piacciono… ?	Do (don't) you (*form.*) like . . . ?
per favore / per piacere	please
Piacere!	Pleased to meet you!
prego	you're welcome; come in; etc. (*See page 4.*)
Quant'è?	How much is it?
Quanti ne abbiamo oggi?	What is today's date?

Sostantivi (il bar)

l'acqua	water
il bicchiere	glass
la birra	beer
la bottiglia	bottle
il caffè	coffee
il cappuccino	cappuccino
il panino	sandwich
la pasta	pastry
il succo d'arancia	orange juice
il tè	tea

Sostantivi (l'università)

l'aereo	airplane
l'amico/l'amica (*m./f.*)	friend
l'anno	year
l'antropologia	anthropology
la bicicletta	bicycle
la biologia	biology
il cane	dog
la casa	house, home
il CD	CD-ROM
la chimica	chemistry
il cinema	cinema, movie theater
la città	city
la classe	group (*of students*), classroom
il computer	computer
il corso	course
il dizionario	dictionary
l'economia	economy, economics
l'errore (*m.*)	error, mistake
l'esame (*m.*)	exam

la festa	party; holiday
il film	film, movie
la filosofia	philosophy
la fisica	physics
la fotografia	photograph
il gatto	cat
il gelato	ice cream
l'hamburger (*m.*)	hamburger
l'informazione (*f.*)	information
l'ingegneria	engineering
l'italiano	Italian
la letteratura inglese	English literature
la lezione	lesson, individual class period
il libro	book
la lingua	language
la macchina	car
la matematica	mathematics
la materia (di studio)	subject matter
il numero	number, issue
l'orologio	clock, watch
la penna	pen
la porta	door
il professore / la professoressa (*m./f.*)	professor
la psicologia	psychology
il quaderno	notebook
la religione	religion
la residenza	residence
il ristorante	restaurant
le scienze della comunicazione	communications (*subject matter*)
le scienze politiche	political science
la sociologia	sociology
lo sport	sport
la storia	history
lo studente / la studentessa (*m./f.*)	student
gli studi internazionali	international studies
la televisione	television
l'università	university
il voto	grade
lo zaino	backpack

Altri sostantivi

il cellulare	cell phone
il centesimo	cent (*lit.* hundredth *of one euro*)
l'euro (*pl.* gli euro)	euro
il fiore	flower
la piazza	town square
il ragazzo	boy
la regione	region
la via	street

I mesi

gennaio	January
febbraio	February
marzo	March
aprile	April
maggio	May
giugno	June

luglio	July
agosto	August
settembre	September
ottobre	October
novembre	November
dicembre	December

Le stagioni

la primavera	spring
l'estate (f.)	summer
l'autunno	autumn
l'inverno	winter

I numeri da 0 a 9.999

zero	zero
uno	one
due	two
tre	three
quattro	four
cinque	five
sei	six
sette	seven
otto	eight
nove	nine
dieci	ten
undici	eleven
dodici	twelve
tredici	thirteen
quattordici	fourteen
quindici	fifteen
sedici	sixteen
diciassette	seventeen
diciotto	eighteen
diciannove	nineteen
venti	twenty

ventuno	twenty-one
ventidue	twenty-two
ventitré	twenty-three
ventiquattro	twenty-four
venticinque	twenty-five
ventisei	twenty-six
ventisette	twenty-seven
ventotto	twenty-eight
ventinove	twenty-nine

trenta	thirty
quaranta	forty
cinquanta	fifty
sessanta	sixty
settanta	seventy
ottanta	eighty
novanta	ninety

cento	one hundred
duecento	two hundred
trecento	three hundred
quattrocento	four hundred
mille	one thousand
duemila	two thousand

I numeri ordinali da 1 a 10

primo	first
secondo	second
terzo	third
quarto	fourth
quinto	fifth
sesto	sixth
settimo	seventh
ottavo	eighth
nono	ninth
decimo	tenth

2 | Com'è?

Amore e Psiche stanti (standing) (1796–1800), Antonio Canova (Louvre, Parigi, marmo)

SCOPI

IN THIS CHAPTER YOU WILL LEARN:

- to ask how someone is
- to ask someone's nationality
- to describe people, places, and things
- to express your age
- to say what is and isn't there
- to say what belongs to you and others
- to recognize the origins of different family names in Italian

www.connectitalian.com

Come stai? / Come sta? / Come va?

Asking how someone is

- To ask how someone is say:

  (tu)   **(Lei)**
  Come stai?   **Come sta?**

- For either **tu** or **Lei,** you can also use the Italian equivalent of *How's it going?*

  Come va?

A. Come va? How would you greet the following people and ask how they are? Write the appropriate question next to the description of each person. Check your answers with your partner's.

ESEMPIO: your mother   Ciao, mamma! Come stai?

1. the elderly lady next door   _____
2. the bus driver on your daily route _____
3. your physics professor   _____
4. your roommate's friend   _____
5. your brother's girlfriend   _____
6. your Italian instructor   _____

In italiano

- As in English, the expected answer to the question **Come stai? / Come sta? / Come va?** is some form of **bene** (*well*).

  —**Ciao, Antonietta! Come stai?**
  —**Bene, grazie. E tu?**

  —**Buon giorno, signora! Come va?**
  —**Non c'è male, signor Tucci. E Lei?**

- If someone answers anything less positive than **Non c'è male** (*Not too bad*), the other person will be obliged to inquire further, by asking **Cosa c'è?** (*What's the matter?*)

- Whereas in English, *How are you?* can be another way to just say *hello*, Italians expect an answer to the question.

- When someone asks how you are, it is polite to say **grazie** after you answer and then return the question by asking, **E tu?** or **E Lei?**

B. E tu? Greet at least three different classmates by name, and ask how they are. See how many remember to ask *you* how you are in return!

Sei italiano/a? / È italiano/a?
Asking someone's nationality

- Two ways to answer the question **Di dove sei? / Di dov'è?** are:

  Sono + nationality
  or
  Sono nato/a a (*I was born in*) + name of city

- People sometimes add the name of the city that they currently live in if it is different from their birthplace: **ma abito a** + name of city.

  Sono italiana.
  Sono nata a Roma, ma abito a Milano.

A. Di dove sei? / Di dov'è?

Parte prima. Watch and listen as the following people say who they are and where they are from. Put a checkmark next to those who are not Italian.

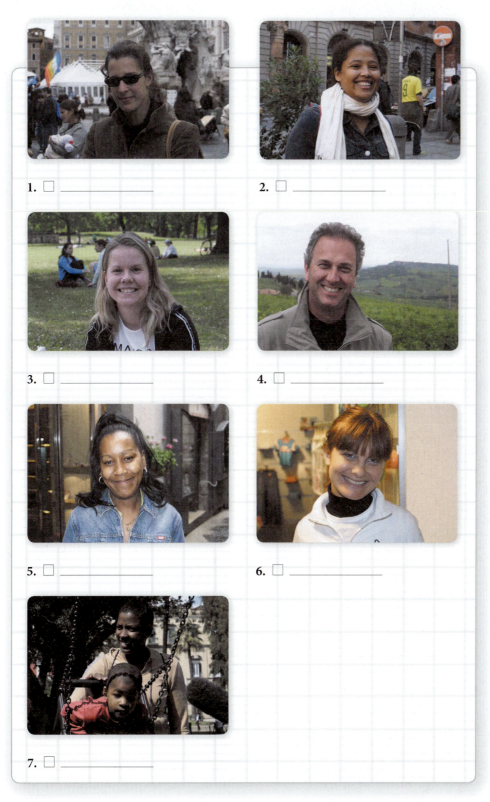

1. ☐ _____   2. ☐ _____

3. ☐ _____   4. ☐ _____

5. ☐ _____   6. ☐ _____

7. ☐ _____

Parte seconda. Watch and listen again. Indicate where each person is from by writing the appropriate nationality from the list below under his/her photo.

austriaca	**cubana**	**italiana** (×2)
capoverdiana	**eritrea**	**italiano**

In italiano

	(m.)	(f.)
l'Australia	australiano	australiana
l'Austria	austriaco	austriaca
il Canada	canadese	canadese
la Cina	cinese	cinese
Cuba*	cubano	cubana
la Francia	francese	francese
la Germania	tedesco	tedesca
il Giappone	giapponese	giapponese
l'Inghilterra	inglese	inglese
l'Irlanda	irlandese	irlandese
l'Italia	italiano	italiana
il Messico	messicano	messicana
il Portogallo	portoghese	portoghese
la Spagna	spagnolo	spagnola
gli Stati Uniti (USA)	americano	americana
la Turchia	turco	turca

If your country and nationality don't appear here, ask your instructor how to say them and then add them to the list.

*__Note:__ You do not use a definite article with Cuba.

- To ask someone's nationality, say:

(tu)	(Lei)
Sei… ?	**È… ?**
—**Cristina, sei americana?**	—**Dottore, Lei è italiano?**
—**No, sono tedesca.**	—**Certo** (*Certainly*), **sono di Bari.**

- Did you notice that for some nationalities the last letter changes, depending on whether the reference is to a man or a woman?

B. Un po' di geografia. How well do you know geography? Tell your partner that you are from one of the following cities. Your partner will have to guess your nationality.

ESEMPIO: **S1:** Sono di Chicago.
S2: Allora (*So*), sei americano/a!

1. Toronto
2. Osaka
3. Parigi
4. Berlino
5. Sydney

C. Dov'è nato/a... ?

Parte prima. Complete the statements by filling in the country where the object originated. Then provide the appropriate adjective.

Paesi

Australia   Canada
Cina   Francia   Germania
Giappone   Inghilterra
Italia   Stati Uniti

Nazionalità

americano   australiano
canadese   cinese   francese
giapponese   inglese
italiana   tedesco

1. Il boomerang è nato in _____; è _____.
2. Il jazz è nato negli _____; è _____.
3. Il basket è nato in _____; è _____.
4. Il ramen è nato in _____; è _____.
5. La suola (*sole, of a shoe*) Vibram è nata in _____; è _____.
6. La Statua della libertà è nata in _____; è _____.
7. La penicillina è nata in _____; è _____.
8. Il motore diesel è nato in _____; è _____.
9. L'ombrello è nato in _____; è _____.

Parte seconda. Check your answers with at least two classmates by asking **Dov'è nato/a... ?** and then review with your instructor. How many people knew all nine?

D. Domande e risposte.

Parte prima. Find the correct answer to each of the following questions.

Le domande

1. Come ti chiami?
2. Sei italiana?
3. Di dov'è?
4. Sono di New York. E tu?

Le risposte

a. No, no, spagnola, di Madrid.
b. Sono Flavio. E tu?
c. Ah! Sei americano. Io sono portoghese.
d. Di Milano. E Lei?

Parte seconda. Check your answers by asking your partner one of the questions. He/She should reply with the appropriate answer.

E. Conversazione. With a partner, create a long conversation in Italian using the expressions provided. Be prepared to demonstrate to the class.

Ciao!   Dove abiti?
Dove abita?   Buon giorno!   Buona sera!
Come stai?   Come sta?   Sono... e tu?   E Lei?
Ti piace... ?   Sei americano/a?   Bene, grazie!
Non c'è male!   Sei messicano/a?   Ti piacciono?
Di dove sei?   Di dov'è?   Come ti chiami?   Cosa c'è?
Come si chiama?   Le piace... ?   Arrivederci!
Sei australiano/a?   Insomma...
Allora, sei... ?   Allora, è... ?

Lessico

Sono allegro!
Describing people, places, and things

▶ Here are some common adjectives used to describe people, places, and things. Can you match the pairs of opposites?

allegro	**grasso**	**giovane**
magro	**alto**	**attivo**
debole	**anziano**	**forte**
basso	**veloce**	

ricco

pigro

povero

triste

lento

▶ Answers to this activity are in Appendix 2 at the back of your book.

Here are more adjective pairs of opposites:

bello (*beautiful*) ≠ **brutto** (*ugly*)

spiritoso (*witty*) ≠ **serio** (*serious*)

buono (*good*) ≠ **cattivo** (*bad*)

divertente (*entertaining, fun*) ≠ **noioso** (*boring*)

grande (*big*) ≠ **piccolo** (*small*)

impegnato (*busy*) ≠ **libero** (*free; not busy*)

nuovo (*new*) ≠ **vecchio** (*old*)

simpatico (*nice, pleasant*) ≠ **antipatico** (*unkind, unpleasant*)

vicino (*near*) ≠ **lontano** (*far*)

In italiano

Adjectives are used to describe the weather (**il tempo**).

Che tempo fa? (*What's the weather like?*)

Fa bello. (*It's beautiful.*)   **Fa brutto.** (*It's bad/ugly weather.*)

Fa freddo. (*It's cold.*)   **Fa caldo.** (*It's hot.*)

I colori

blu

azzurro

verde

rosso

rosa

giallo

viola

arancione

marrone

nero

bianco

grigio

A. Un po' di cultura: Forza Azzurri!

Parte prima. Match the emblems of the most important Italian soccer teams with their (color-based) nicknames.

  1 2 3 4 5 6

1. il Milan	a. i Giallorossi
2. la Juventus	b. i Nerazzurri
3. il Palermo	c. i Viola
4. l'Inter	d. i Rossoneri
5. la Roma	e. i Rosanero
6. la Fiorentina	f. i Bianconeri

Parte seconda. Match the names and terms that are based on a color with their descriptions.

1. la croce verde	a. le squadre (*teams*) sportive nazionali
2. gli Azzurri	b. il partito (*political party*) pro ecologia
3. un racconto (*short story*) rosa	c. un romanzo poliziesco (*crime novel*)
4. un giallo	d. l'assistenza medica di emergenza
5. un numero verde	e. una storia d'amore
6. i Verdi	f. un numero telefonico gratis/gratuito (*free*)

B. I colori. What color(s) do you associate with these objects?

1. la bandiera (*flag*) italiana
2. la tua squadra (*team*) di calcio
3. una Ferrari
4. l'amore
5. una penna
6. la pizza
7. il vino
8. la pace (*peace*)
9. la bandiera americana
10. l'espresso
11. il gelato
12. l'autunno

C. Com'è? Which adjectives would you use to describe the following people or things?

1. il vino
2. un cappuccino
3. un computer
4. un film
5. un cane
6. il mare (*sea*)
7. Babbo Natale (*Santa Claus*)
8. un bambino

D. Come sta?

Parte prima. Paolo and Paola are students. Use the words provided to complete the sentences describing how each one is feeling.

Paolo: **arrabbiato** (*angry*), **triste, allegro, ammalato** (*ill*), **stressato, stanco, innamorato** (*in love*)

Paolo sta benissimo perché (*because*) è _____.

Sta così così perché è _____.

Non sta bene perché è _____.

In italiano

You learned about cognates (**parole simili**) in **Capitolo 1.** Can you recognize these adjectives?

contento
curioso
difficile
disordinato
estroverso
generoso
intelligente
interessante
introverso
nervoso
ordinato
sincero
stressato
studioso
stupido
tranquillo

Paola: arrabbiata, triste, allegra, ammalata, stressata, stanca, innamorata

Paola sta bene perché è _____.

Sta male perché è _____.

Sta così così perché è _____.

Parte seconda. E tu, come stai? Now describe to the class how you're feeling today and why. Use the words for Paolo if you're male and for Paola if you're female.

Sto bene perché sono... (Non sto bene perché sono...)

Strutture

2.1 L'italiano è divertente!
Adjectives

▶ Look at the advertisement (**pubblicità**) and identify all the adjectives. What are they describing? What relationship do you notice between the noun and its adjective?

SE A QUESTO PUNTO NON BEVI LATTE, LA COLPA DI CHI E'?

è puro è buono è digeribile

è bianco è naturale

è energetico è rilassante

è sportivo è equilibrato

è disintossicante è dissetante

è sali minerali è economico

è vitamine è completo

è proteine è sano

What happens to the adjectives in the advertisement if we change **il latte** to **l'acqua minerale, le bevande,** or **i vini?** Which adjectives are appropriate and how would they change?

▶ Answers to this activity are in Appendix 2 at the back of your book.

1 Adjectives (**gli aggettivi**) that end in **-o** agree in gender (masculine/feminine) and number (singular/plural) with the nouns they describe.

	SINGOLARE	PLURALE
MASCHILE	il ragazz**o** alt**o**	i ragazz**i** alt**i**
FEMMINILE	la penn**a** ross**a**	le penn**e** ross**e**

Note: When describing a group of people or objects where at least one item in the group is masculine, the adjective is masculine plural.

Maria e Roberto sono **alti**.   **La penna e il quaderno** sono **rossi**.

▶ Now you try! Write the endings of the nouns and the adjectives.

le ragazz___ attiv___   gli zain___ ner___

i quadern___ giall___   la segretari___ impegnat___

il bambin___ tranquill___

2 Adjectives that end in **-e** only show number, not gender. This is why the endings of the adjectives don't always match the endings of the nouns.

	SINGOLARE	PLURALE
MASCHILE	il cors**o** interessant**e**	i cors**i** interessant**i**
	l'esam**e** difficil**e**	gli esam**i** diffici**li**
FEMMINILE	la cas**a** grand**e**	le cas**e** grand**i**
	l'automobil**e** frances**e**	le automobil**i** frances**i**

▶ Now you try! Write the endings of the nouns and the adjectives.

le informazion___ important___   il ragazz___ veloc___

lo student___ intelligent___   i mes___ difficil___

la bambin___ trist___

▶ Answers to these activities are in Appendix 2 at the back of your book.

▶ To learn about the plural forms of adjectives ending in **-ca, -co, -ga,** and **-go,** see **Per saperne di più** at the back of your book.

3 Adjectives for certain colors (**arancione, beige, blu, rosa, viola**) are invariable, that is, they never change their endings.

una giacca blu   due t-shirt beige

due bandiere rosa   un quaderno viola

4 As you may have noticed already, adjectives usually follow the noun. However, there are several adjectives that always come before the noun and omit the definite article.

a. **molto** (*many / a lot of*) and **poco** (*few / not much, not many*)

molto/poco caffè	**molti/pochi** amici
molta/poca pizza	**molte/poche** lezioni

b. **questo** (*this*) and **quello** (*that*)

- **Questo** indicates people or things that are near to you. Use **quello** for items that are far away.

- The forms of **questo** are like those of any adjective that ends in **-o**:

  questo   →   questi
  questa   →   queste

  Note that **quest'** is only used before singular nouns that begin with a vowel.

  quest'amica   **quest'**esame

- **Quello** follows the pattern of the definite article that you learned in **Capitolo 1**.

▶ Underline the definite articles that are hidden in the forms of **quello**. The masculine singular is done for you.

		singolare	plurale
maschile	**+ consonante**	que**l** libro	quei libri
	+ vocale	quel**l'**esame	quegli esami
	+ s + consonante; z	quel**lo** zaino	quegli zaini
femminile	**+ consonante**	quella penna	quelle penne
	+ vocale	quell'università	quelle università

 A. Ascolta. Is your instructor talking about a woman or a man? Circle the name of the person being described. If you can't tell, circle both.

1. Paolo   Paola
2. Silvio   Silvia
3. Roberto   Roberta
4. Mario   Maria
5. Enrico   Enrica

B. Completa l'aggettivo. Complete the endings of the adjectives so that they agree with the nouns.

1. i corsi interessant_____
2. molt_____ film divertent_____
3. un esame molto difficil_____
4. molt_____ birra fredd_____
5. un uomo stanc_____
6. molt_____ caffè fort_____
7. gli stadi (*stadiums*) molto grand_____
8. la macchina verd_____
9. il cane tranquill_____
10. un quaderno giall_____
11. le persone molto intelligent_____
12. poc_____ pasta al dente

In italiano

To say that someone is *very* tall, place the adverb **molto** (or **tanto**) in front of the adjective. Note that the final vowel of **molto** and **tanto** do not change.

una ragazza **molto** alta
due ragazze **tanto** alte

You can also drop the final vowel of the adjective and add the suffix **-issimo/a/i/e**.

una ragazza *altissima*
due ragazze *altissime*

▶ Answers to this activity are in Appendix 2 at the back of your book.

▶ To learn about the use of **questo** and **quello** as pronouns and other adjectives that precede the noun, see **Per saperne di più** at the back of your book.

C. *Questo e quello.* Choose the appropriate forms of **questo** or **quello** and then indicate which items, according to the context, are near (**vicino**) or far (**lontano**) from you.

	vicino	lontano
1. Quest' / Questa / Questo penna è rossa.	☐	☐
2. Quei / Quegli / Quelle zaini sono neri.	☐	☐
3. Quello / Quel / Quella studente ha i capelli castani.	☐	☐
4. Questa / Questo / Queste studentessa ha gli occhiali.	☐	☐
5. Quella / Quello / Quel libro d'italiano è interessante.	☐	☐
6. Questa / Questo / Quest' cellulare è vecchio.	☐	☐

D. Articolo, nome, aggettivo. Create logical phrases using these articles, nouns, and adjectives. Work in groups of three. Each person is responsible for the items in only one oval. After the group has used all the forms, switch ovals and try again. **Attenzione!** The person with the adjectives must be careful to change the endings to agree with some of the nouns.

il la	voto	disordinato
i l' le	corsi festa	brutto divertente
lo gli	studio studenti	intelligente grande
	uomo bambine	tranquillo difficile
	università	anziano

E. Al centro commerciale (*mall*). Look at the school supplies on the tables below. Using the appropriate forms of **questo** and **quello,** indicate to your partner three items that you would like. Your partner will tell you how much your total purchase costs (**quant'è**).

ESEMPIO: **S1:** Vorrei (*I would like*) questo computer, quello zaino e questi quaderni. Quant'è?
S2: € 1.306.

Parole utili: il cellulare, la radio, lo stereo

F. Ti piace o no? Complete the sentences below using the expressions **mi piace /
mi piacciono** or **non mi piace / non mi piacciono** and one of the adjectives from the
list below.

assurdo

orribile   bello

interessante   divertente   triste

buffo   forte   serio   noioso

emozionante (*exciting, thrilling*)   violento

bravo (*able, good*)   anziano   intelligente

stupendo   giovane   simpatico

creativo   estroverso   introverso

allegro

ESEMPIO: Mi piace *Hunger Games* perché è emozionante.

1. _____ (il nome di un film) perché è _____.
2. _____ (il nome di un'attrice) perché è _____.
3. _____ le partite di calcio (*soccer games*) perché sono _____.
4. _____ gli italiani perché sono _____.

2.2 Quanti anni hai?

The verbs *essere* (to be) and *avere* (to have)

▶ The following statements are all things you might say about yourself. Figure out the
meanings of the underlined verbs, then check **vero** (*true*) if the statement is true, or
falso (*false*) if it is not.

	vero	falso
1. <u>Sono</u> una persona tranquilla.	☐	☐
2. <u>Ho</u> una macchina rossa.	☐	☐
3. <u>Sono</u> allegro/a oggi.	☐	☐
4. <u>Ho</u> un cane.	☐	☐
5. <u>Sono</u> timido/a.	☐	☐
6. <u>Ho</u> una grande famiglia.	☐	☐

Interview your partner and find out how similar or different you are. Survey the class
to find out which pair has the most in common.

ESEMPIO: **S1:** Non sono una persona tranquilla. Sono una persona ansiosa.
E tu?

S2: Sono una persona tranquilla. (Anch'io sono [*I'm also*] una
persona ansiosa.)

1 The verbs **essere** (*to be*) and **avere** (*to have*) are used frequently to describe people, places, and things. You have already encountered several forms of the verb **essere**. Here is the whole conjugation.

essere			
io (*I*)	**sono**	noi (*we*)	**siamo**
tu (*you, sing., inform.*)	**sei**	voi (*you, pl.*)	**siete**
lui (*he*) lei (*she*) Lei (*you, form.*)	**è**	loro (*they*)	**sono**

2 All verbs have six forms, one for each person (**io, tu, lui/lei/Lei, noi, voi, loro**). There are three subject pronouns that mean *you*. You have already learned two of them: the informal **tu** and formal **Lei**. The pronoun **voi** is both formal and informal, and is used when talking to more than one person.*

Note that:

a. **Lei** (formal *you*) is often capitalized to distinguish it from **lei** (*she*) in writing.

b. Unlike English, subject pronouns in Italian are usually omitted. They are only used for emphasis or contrast. For example, the equivalent of *he is kind* in Italian is **è gentile.**

c. Italian does not usually use a subject pronoun for *it*:

—**Ti piace il libro?**   —*Do you like the book?*

—**Sì, è interessante.**   —*Yes, it is interesting.*

3 Here is the conjugation of the verb **avere.**

avere			
io	**ho**	noi	**abbiamo**
tu	**hai**	voi	**avete**
lui lei Lei	**ha**	loro	**hanno**

4 The verb **avere** is used to talk about possessions.

Gli studenti **hanno** il libro d'italiano *Avanti!*
Salvatore non **ha** una macchina, **ha** una bicicletta.

It is also used to talk about certain physical features.

---

*The **Loro** form can be used for the plural formal *you*, but it is very formal and usually replaced by **voi.**

Sabrina **ha** i capelli biondi e ricci e le labbra rosse. Simone **ha** i capelli castani e lisci e il naso lungo.

Il bambino **ha** le orecchie grandi e due denti.

Rita **ha** gli occhi azzurri e Mauro **ha** gli occhi castani.

Samuele **ha** gli occhiali, ma Margherita **ha** le lenti a contatto.

In italiano

- You have already seen **come** in the expression **Come stai? Come sta?** to ask how someone is feeling.

- **Come** is also used with the verb **essere** to ask what a person is like:

  —**Com'è** Maria?
  —Bella e simpatica. È alta e ha i capelli castani e gli occhi verdi.
  —**Come sono** Luca e Marco?
  —Sono molto atletici. Sono alti e hanno grossi muscoli (*big muscles*).

▶ To learn additional expressions with **avere**, see **Per saperne di più** at the back of your book.

5 The verb **avere** is also used in idiomatic expressions. These are expressions that do not make sense when translated literally into another language. **Attenzione!** In English, the Italian idiomatic expressions shown below are formed with the verb *to be*.

Mario **ha caldo.**	*Mario is hot.*
Ugo **ha freddo.**	*Ugo is cold.*
Sandra **ha sete.**	*Sandra is thirsty.*
Silvia **ha fame.**	*Silvia is hungry.*
Ahmed **ha sonno.**	*Ahmed is sleepy.*
Cinzia **ha paura.**	*Cinzia is afraid.*
Enrica **ha ragione.**	*Enrica is right.*
Antonella **ha torto.**	*Antonella is wrong.*

Note: To ask someone's age, you say:

(tu)
—**Quanti anni hai?**
—**Ho vent'anni.**

(Lei)
—**Quanti anni ha?**
—**Ho settantacinque anni.**

study tip

Although it's tempting, try to avoid translating word for word from Italian to English or vice versa. Many expressions do not translate, or if you do translate them literally, they have a completely different meaning that often doesn't make sense. For example, to say I'm having a good time, students often incorrectly say **Ho un buon tempo.** In Italian this literally means I have a good weather. The correct expression in Italian is **Mi diverto.**

(continued)

▶ To learn additional idiomatic expressions with **avere,** see **Per saperne di più** at the back of your book.

6 The verb **avere** is also used to talk about aches and pains. You can say: **avere mal di +** body part.

Ho mal di testa.	*I have a headache.*
Ho mal di pancia.	*I have a stomachache.*
Ho mal di gola.	*I have a sore throat.*

A. Il pronome giusto. Replace the italicized nouns with the appropriate subject pronouns.

ESEMPIO: —Tina e Enrica hanno il CD?
—No! Solamente *tu e Gina* avete il CD.
—No! Solamente **voi** avete il CD.

1. —Chi (*Who*) è arrabbiato?
   —*Il professore.*

2. —Hai fame tu?
   —No! *Lisa, Gianni e Maurizio* hanno fame.

3. —Chi ha i compiti (*homework*) oggi?
   —*La studentessa irlandese.*

4. —Chi ha gli occhi azzurri?
   —*Gianni ed* io.

5. —Tina è ammalata oggi?
   —No! *Roberto e Simona* sono ammalati.

6. —Roberta e Gina hanno il libro?
   —No! Solamente *tu e Roberta* avete il libro.

B. Ascolta. Listen as your instructor names a thing, place, or time. Write the letter of the idiomatic expression (or expressions) that could be associated with each item.

1. ____	6. ____	**a.** Ho freddo.		**f.** Ho paura.
2. ____	7. ____	**b.** Ho mal di pancia.		**g.** Ho caldo.
3. ____	8. ____	**c.** Ho sonno.		**h.** Ho sete.
4. ____	9. ____	**d.** Ho fame.		
5. ____	10. ____	**e.** Ho mal di testa.		

C. Frasi complete! With a partner, create sentences using the words below. Use each word or expression only once. The pair that finishes first, with the fewest words left over, writes the sentences on the board. If they are correct, they win!

mal di gola
tu e Maria   non   ho   francese
divertenti   hanno   sono   io   ha
Giancarlo e Anna   io e la mia amica   la macchina gialla
bassi   stupido   molto   avete   belle
i capelli rossi   Gina e Luisa   siete   è   siamo
un cane   Massimo   intelligenti   sportive
fame   abbiamo   felici   sonno
di Roma   sono   allegro
20 anni   ragione

---

*If the preposition **a** or the conjunction **e** (*and*) are followed by a word beginning with a vowel, they may become **ad** and **ed: ad esempio** (*for example*); **tu ed io** (*you and I*).

D. *Avere o essere?*

Parte prima. Describe Silvia and Roberto using the words below.

le lenti a contatto

simpatica   generosa

attiva   Silvia   18 anni

i capelli biondi

gli occhi azzurri

alto   Roberto   allegro

gli occhiali   sportivo

intelligente

Parte seconda. With a partner, use the adjectives and expressions you have learned so far to expand the descriptions of Silvia and Roberto so that we know more about them. Be as detailed as possible!

2.3 Cosa c'è nello zaino?

There is / There are

il portafoglio

le chiavi

l'evidenziatore

▶ Read the statements and indicate which backpack each describes.

Lo zaino...

1. C'è un libro d'italiano.   ☐ verde ☐ giallo ☐ rosso
2. C'è una bottiglia d'acqua.   ☐ verde ☐ giallo ☐ rosso
3. Ci sono due penne rosse.   ☐ verde ☐ giallo ☐ rosso
4. Ci sono due quaderni azzurri.   ☐ verde ☐ giallo ☐ rosso

In each of these statements, **ci** precedes the verb **essere**. What does **ci** mean? **Attenzione! Ci** becomes **c'** before **è**.

▶ Answers to this activity are in Appendix 2 at the back of your book.

1 **C'è** and **ci sono** indicate the presence of someone or something. They are the equivalent of *there is* and *there are* in English, so **c'è** is followed by a singular noun, and **ci sono** is followed by a plural noun.

(continued)

2 C'è and **ci sono** also express the idea of *being in a place* or *being here*. Notice the use of c'è and **ci sono** in the following brief conversation between two friends at a party.

GIANNA: Wow! Bella festa! **Ci sono** molti ragazzi. **C'è** Marco?

SILVIA: No, **non c'è,** ma **ci sono** Flavio e Stefano.

GIANNA: Bene!

A. Cosa c'è nello zaino?

Parte prima. With your partner, make a list of all the items in each of the backpacks on page 45.

ESEMPIO: Nello zaino verde ci sono due quaderni, c'è un cellulare…

Parte seconda. List the items in your own backpack using **c'è** or **ci sono.** Do you have any of the same items?

B. Chi c'è nella foto?

Parte prima. Look at the photos and decide if the following statements are true or false.

	vero	falso
1. C'è una ragazza con i capelli lunghi.	☐	☐
2. Ci sono due ragazzi (maschi).	☐	☐

Parte seconda. Work with a partner and write sentences similar to those in the **Parte prima.** Include a mix of true and false statements.

Parte terza. Exchange lists with another group, decide which statements are false, then correct them.

2.4 I miei corsi sono interessanti!

Possessive adjectives

▶ Identify the forms of *my* in the following statements, and then decide if the statements are **vero** or **falso.** Share your answers with the class.

	vero	falso
1. I miei corsi sono molto interessanti.	☐	☐
2. La mia macchina è nuova.	☐	☐
3. Il mio zaino è nero.	☐	☐
4. Le mie lezioni sono sempre di mattina.	☐	☐

Now, complete the following statements with the appropriate adjectives and share your answers with the class.

1. I miei parenti (*relatives*) sono…

2. La mia casa è…

3. Il mio libro d'italiano è…

4. Le mie amiche sono…

1 Possessive adjectives (**gli aggettivi possessivi**) are equivalent to English *my, your* (*sing.*), *his/her, our, your* (*pl.*), *their*. Just like the adjectives we have seen in this chapter, possessive adjectives agree in gender and number with the noun they modify. Unlike most adjectives, however, they precede the noun.

▶ Fill in the missing definite articles and possessive adjectives:

	SINGOLARE		PLURALE	
	MASCHILE	**FEMMINILE**	**MASCHILE**	**FEMMINILE**
my	il mio		i miei	le mie
your (**tu**)		la tua	i tuoi	
his/her/its/your (**Lei**)	il suo*	la sua	i suoi	le sue
our		la nostra		le nostre
your (**voi**)	il vostro		i vostri	
their	il loro	la loro	i loro	le loro

study tip

Look for regularities and highlight them. Language is very systematic—there is no need to memorize all the items in a table.

▶ Answers to this activity are in Appendix 2 at the back of your book.

2 Note that:

a. The **loro** form is invariable—it is always **loro** no matter which noun follows.

la loro macchina   **i loro amici**

b. The only irregular forms are **miei, tuoi,** and **suoi.** The rest of the adjectives change their ending to **-o, -a, -i, -e** to match the gender and number of the noun.

c. If the noun ends in **-e** or an accented vowel, the endings of the possessive adjective may not always match those of the noun: **il mio esame, le nostre città.**

(continued)

---

*The **s** in **suo, sua,** and so on may be capitalized (**Suo, Sua**) to distinguish between *his/her/its* and *your* (*formal*), just as with **lei/Lei.**

3 In Italian, the possessive adjective agrees in gender and number with the noun it modifies, not with the person or thing that owns it. For this reason, the forms of *his/her* are ambiguous.

Il suo cane è grande.	*His/Her dog is big.*
La sua macchina è rossa.	*His/Her car is red.*

To clearly specify the possessor, you can use **di** (*of*) + the name of the person.

Il cane di Marcella è grande.	*The dog of Marcella is big.* (*Marcella's dog is big.*)
La macchina di Roberto è rossa.	*The car of Roberto is red.* (*Roberto's car is red.*)

A. Scegli il possessivo. Choose the appropriate possessive adjective to complete the sentence.

1. Ho molti libri nello zaino. _____ libri sono pesanti (*heavy*)!

   a. Le mie   **c.** La mia

   b. Il mio   **d.** I miei

2. Sandro e io abbiamo tante amiche. _____ amiche sono molto simpatiche.

   a. La nostra   **c.** Le nostre

   b. I nostri   **d.** Le sue

3. Margherita e Salvatore hanno un gatto. _____ gatto ha 12 anni.

   a. Il loro   **c.** I loro

   b. Il suo   **d.** I suoi

4. Tu e Giancarlo avete pochi compiti (*homework*) stasera! _____ compiti sono anche facili.

   a. I loro   **c.** I nostri

   b. I vostri   **d.** Le vostre

B. Ascolta. Listen as your instructor describes some people. Complete each description by selecting the appropriate possessives.

1. (I suoi / I tuoi) cani e gatti sono belli e simpatici.

2. (I vostri / I loro) compiti di matematica sono particolarmente difficili.

3. (I nostri / I vostri) amici sono simpatici, intelligenti e attivi.

4. Purtroppo (*Unfortunately*) (i miei / i tuoi) sci sono vecchi.

5. Purtroppo (i nostri / i vostri) spaghetti sono sempre freddi.

C. Alcune domande.

Parte prima. Check off whether or not you have **un ragazzo / una ragazza** (*boyfriend/girlfriend*), then check off whether you have the rest of the items on the list.

	sì	no
1. un ragazzo / una ragazza	☐	☐
2. una macchina	☐	☐
3. una bicicletta	☐	☐
4. un programma televisivo preferito	☐	☐
5. una stazione radio preferita	☐	☐

Parte seconda. Show your list to your partner. He/She will ask you for more information about your list using the questions provided below.

> Come si chiama? Quanti anni ha?
>
> Di che colore è? Com'è?

Parte terza. Write a short description of your partner's belongings or of your boyfriend/girlfriend to share with the class.

> **ESEMPIO:** Il mio ragazzo si chiama Marco. Il suo cane si chiama Fluffy…

D. Le famiglie.

Parte prima. As a class, select a famous family.

> **ESEMPIO:** la famiglia del presidente degli Stati Uniti

Parte seconda. With a partner, describe what their life and their belongings are like. If you aren't sure, guess or be creative!

> **ESEMPIO:** La loro casa è bianca. La loro macchina è grandissima. Il loro cane è… La loro vita (*life*) è…

Parte terza. Compare your description with that of another group or those of the class. Do you all agree?

E. Il ladro / La ladra! (*Thief!*)

Parte prima. You and your partner have been robbed! Each person selects five items from the list provided. Take turns telling your partner, **il carabiniere** (*police officer*), what **il ladro / la ladra** took. Your partner will take notes.

> il cellulare
>
> il dizionario   la macchina
>
> la bicicletta   il computer
>
> lo stereo   i quaderni   i libri
>
> le penne   le matite   la chitarra
>
> l'orologio   lo zaino
>
> il cane   il gatto

> **ESEMPIO:** **S1:** Cosa ha preso il ladro / la ladra? (*What did the thief take?*)
> **S2:** Il mio cellulare…

Parte seconda. The police officer needs descriptions of your possessions. Working from your notes from **Parte prima,** ask your partner to describe each stolen item.

> **ESEMPIO:** **S1:** Com'è il Suo cellulare?
> **S2:** È…

Parte terza. The police officer needs a description of **il ladro / la ladra.** Take turns describing him/her while the police officer makes a sketch. Make your description as complete as possible; be sure to give the colors of his/her hair, eyes, and so on. Share your sketches with the class. Here are some additional words that might come in handy: **la giacca** (*jacket*), **le scarpe** (*shoes*), **la maglietta** (*T-shirt*), **i jeans.**

Grammatica dal vivo:
Aggettivi

Go to **Connect Italian** to watch an interview with Alessia in which she describes herself and her **ragazzo.** Then do the comprehension activities.

Mc Graw Hill connect
ITALIAN
www.connectitalian.com

Cultura

Ascoltiamo!

I cognomi° degli italiani

I... *Family names*

What's in a name? That which we call a rose by any other name would smell as sweet.
— William Shakespeare

Parents choose names for their children based on a variety of factors: relatives' names, friends' names, names of popular actors, or just because they like how the name sounds or what it means. They do not choose their last names, however. Those get passed along from generation to generation. Where do they come from?

A. Osserva ed ascolta. Watch and listen as Federico explains the origins of many Italian family names. During the presentation, pay attention to his facial expressions, intonation, and gestures as well as what he says, and to the accompanying images and captions to understand the meaning.

B. Completa. Write each **cognome** that Federico says. Then, using the information you heard in the lecture, write the letter from the list below that corresponds to the origin of each family name. **Attenzione!** Some letters are used more than once.

cognome	origine
1. _____	_____
2. _____	_____
3. _____	_____
4. _____	_____
5. _____	_____
6. _____	_____
7. _____	_____
8. _____	_____
9. _____	_____
10. _____	_____

a. la qualità fisica
b. il carattere / la personalità
c. la professione
d. l'origine geografica
e. il nome del padre
f. un colore

C. Tocca a te! Choose an Italian **cognome** whose origin you know and share it with the class.

> ESEMPI: «Verdi» deriva da «verde», il colore.
> «Volpe» è un animale. È anche una persona molto astuta.

Leggiamo!

Siamo europei!

As the European Union continues to grow, Italians increasingly see themselves as European, in addition to Italian. This change in perspective from a national to a transnational identity is reflected in all sectors of society and promoted by the government, school, and the mass media. The following short article that appeared in *Focus,* a popular science magazine, is a lighthearted example of this mix of national and European identity.

A. Prima di leggere. With a partner, match each European country with its most common last name.

PAESI: l'Inghilterra la Francia la Germania l'Italia il Portogallo la Spagna
COGNOMI: Costa García Martin Rossi Schmidt Smith

In Italia

I cinque cognomi più diffusi (*common*) in Italia sono:

1° Rossi
2° Ferrari
3° Russo
4° Bianchi
5° Colombo

Parte prima. Now, read the article.

RELAX

I confini invisibili

(di) Giovanni
Fabbro
Betulla
Borgo
Costa
Cenere
Fiume
Guerriero del mare
(di) Martino
Nuovo
Orso
Prete
Rosso

Quanti fabbri e figli di Giovanni!

Fabbri, orsi, preti e betulle
I cognomi più diffusi in Europa, suddivisi per «gruppo semantico», cioè in base al significato che ne ha ispirato l'origine.

Il sig. Rossi? È «imparentato» con i Russo, i Rossini, i de Rossi: i loro cognomi derivano tutti dal colore rosso, come Rousseau e Leroux in Francia, e rientrano nel gruppo semantico (con lo stesso senso) più diffuso in Italia. In Francia e Inghilterra vincono i «fabbro» (Lefebvre, Fauré, Le Goff, Smith… equivalenti a Ferrari/Ferrero), nei Paesi nordici i «di Giovanni» (Hansen, Johansson, Jensen, Ivanov), in Romania e Grecia i «prete» (Popescu, Papadopoulos), in Spagna l'«orso»: García.

Parte seconda. Complete the sentences with the following adjectives.

francesi (2)   inglese   italiani   rumeno
greco   italiano (2)   nordici   spagnolo

1. Rossi, Russo, Rossini e de Rossi sono cognomi _____. Anche Rousseau e Leroux derivano dal colore rosso, ma sono cognomi _____.
2. Lefebvre, Fauré e Le Goff sono cognomi _____. Smith è l'equivalente cognome _____. Ferrari o Ferrero è l'equivalente cognome _____.
3. Hansen, Johansson e Jensen sono i cognomi _____ più diffusi. Questi cognomi derivano dal nome del padre.
4. Popescu è un cognome _____. L'equivalente cognome _____ è Papadopoulos. L'equivalente cognome _____ è Prete. Questi cognomi derivano da una professione.
5. García vuol dire «orso». È un cognome _____. Questo cognome deriva dal nome di un animale e descrive la personalità o il carattere.

C. Discutiamo! Answer the following questions.

1. Da dove deriva il tuo cognome? E i cognomi dei compagni di classe?
2. I vostri cognomi hanno origini europee? Se no, di dove sono?
3. Con il movimento di persone nel mondo, il cognome è ancora un valido segno d'identità?

PAROLE PER LEGGERE

diffuso *common, widespread*
nato/a *born*
il riferimento *reference*
il senso *sense, meaning*
vincono *they win* (vincere *to win*)

Scriviamo!

Cerco compagno/a di casa...

Looking for the perfect housemate? How would you describe yourself in order to find the ideal match?

Parte prima. Use the form provided to jot down the information requested. Then use your answers to write a paragraph in which you describe yourself, your likes, and dislikes. Remember that to make a good match, you need to offer lots of information! You must answer all of the following questions, but your description should not be limited only to the answers.

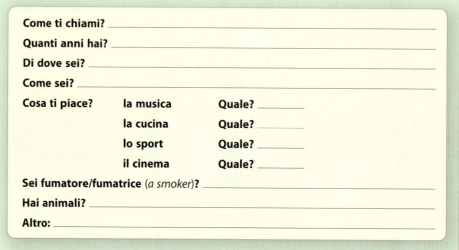

Come ti chiami? _____		
Quanti anni hai? _____		
Di dove sei? _____		
Come sei? _____		
Cosa ti piace?	la musica	**Quale?** _____
	la cucina	**Quale?** _____
	lo sport	**Quale?** _____
	il cinema	**Quale?** _____
Sei fumatore/fumatrice (*a smoker*)? _____		
Hai animali? _____		
Altro: _____		

Parte seconda. In groups of three or four, read each other's ads and then decide whether you would be compatible roommates or not. Be prepared to share your responses with the class.

Parliamo!

Il codice segreto

Parte prima. From the list of words and expressions that you've learned so far, choose one that begins with each letter of your first name. If your name contains any letters that are not in the Italian alphabet, such as **j** or **k**, you don't need to find words for them. Try to choose words that describe you. Use the list below, if you need more choices. Write the words on an index card, but *not* in the order of the letters of your name.

E: eccezionale, elegante
F: fantastico
H: ho (un cane, un gatto,…)
L: leale (*trustworthy*)
M: moderato, mite (*mild*)

N: nostalgico
O: ottimista, onesto
R: riflessivo
U: unico, umile (*humble*)
Z: zero noia con me!

Parte seconda. Your instructor will collect the cards, shuffle them, and redistribute them to the class. Be sure that you do not receive your own card. Try to decode whose name you have. When you think you have it, go to that person and ask him/her whether the adjectives are true by stating them in order.

ESEMPIO: **S1:** Sei bello, onesto e bravo?
S2: Sì, sono Bob! (Sì, sono bello, onesto e bravo, ma (*but*) non sono quel Bob! / Sono Bob, ma non sono bravo.)

Parte terza. What is the most commonly used adjective to describe your classmates?

Guardiamo!

FILM *Nuovo Cinema Paradiso*

(Commedia. Italia. 1990. Giuseppe Tornatore, Regista. 124 min.)

RIASSUNTO: A famous Italian filmmaker, Salvatore (Salvatore Cascio) returns to his hometown in Sicily after an absence of 30 years. While at home, he remembers the events that shaped his life, especially his friendship with Alfredo (Philippe Noiret), who first introduced him to movies.

SCENA: (DVD Chapter 17 "Salvatore's Footage," 1:07:43–1:08:43): In this scene a teenage Salvatore (Totò) plays back the movie footage he just shot, including scenes of Elena, the new girl in school. Alfredo, who is now blind, can't see the film, so he asks Totò to describe her to him.

A. Anteprima. Do an Internet search for the most beautiful or handsome Italian and bring your photo to class. How many students chose the same people? Is there a stereotypical Italian beauty? Be prepared to discuss.

B. Ciak, si gira! Alfredo asks Totò to describe Elena. Complete the following sentences with the words that Totò uses in response to the question **Com'è?** If you need help, use the list below.

azzurri	grandi	magra	semplice
castani	lunghi	piccola	

Simpatica. Ha l'età mia. _____.[1] Con i capelli _____,[2] _____.[3] Gli occhi _____,[4] _____.[5] L'espressione _____.[6] E una _____[7] macchia di fragola* sulle labbra.

After watching the scene, check your answers against your partner's.

C. È fatto! If you chose a woman in **Anteprima,** compare the photo you selected to Elena's. If you chose a man, compare the photo to Totò's. Write at least three sentences, stating how they are similar or different.

***macchia…** *beauty mark;* literally, *spot of strawberry*

Cultura **53**

Vocabolario

Domande ed espressioni

c'è / ci sono	there is / there are
Che tempo fa?	What is the weather like?
Fa bello/brutto/caldo/ freddo.	It's beautiful/bad/hot/cold (weather).
Com'è… ? / Come sono… ?	What is he/she/it like? / What are they like?
Come stai? / Come sta?	How are you (*inform./form.*)?
bene	well, fine
benissimo	great
così così	so-so
insomma	not very well
molto bene	very well
non c'è male	not bad
Come va?	How's it going?
Cosa c'è?	What's the matter?
Mi diverto.	I have / I am having fun / a good time.
Quanti anni hai/ha?	How old are you (*inform./ form.*)?
Sei americano? / È americano?	Are you (*inform./form.*) American?
Sono di (+ city) / Sono (+ nationality)	I'm from (*Chicago*) / I'm (*American*)
Sono nato/a…	I was born in (*name of city*)

Verbi

avere	to have
avere caldo/freddo/ sete/fame	to be hot/cold/ thirsty/hungry
avere paura/sonno/ ragione/torto	to be afraid/sleepy/ right/wrong
avere mal di gola/ pancia/testa	to have a sore throat / stomachache/headache
essere	to be

Sostantivi (le parti del corpo)

i capelli (*m. pl.*) (biondi/ castani/lisci/ricci)	hair (blond/ brown/straight/curly)
il dente / i denti (*pl.*)	tooth / teeth
la gola	throat
il labbro / le labbra (*f. pl.*)	lip / lips
le lenti a contatto (*f. pl.*)	contact lenses
il naso	nose
l'occhio	eye
gli occhi (*m. pl.*) (azzurri/ castani/verdi)	eyes (blue/ brown/green)
gli occhiali (*m. pl.*)	eyeglasses
l'orecchio / le orecchie (*f. pl.*)	ear / ears
la pancia	stomach

Sostantivi (i paesi)

l'Australia	Australia
l'Austria	Austria
il Canada	Canada
la Cina	China
Cuba	Cuba
la Francia	France
la Germania	Germany
il Giappone	Japan
l'Inghilterra	England
l'Irlanda	Ireland
l'Italia	Italy
il Messico	Mexico
il Portogallo	Portugal
la Spagna	Spain
gli Stati Uniti	United States
la Turchia	Turkey

Aggettivi (le nazionalità)

americano	American
australiano	Australian
austriaco	Austrian
canadese	Canadian
cinese	Chinese
cubano	Cuban
francese	French
giapponese	Japanese
inglese	English
irlandese	Irish
italiano	Italian
messicano	Mexican
portoghese	Portugese
spagnolo	Spanish
tedesco	German
turco	Turkish

Aggettivi (i colori)

arancione	orange
azzurro	(sky) blue
beige	beige
bianco	white
blu	dark blue
giallo	yellow
grigio	gray
marrone	brown
nero	black
rosa	pink
rosso	red
verde	green
viola	violet

Aggettivi (le caratteristiche personali)

allegro	happy
alto	tall
ammalato	ill
antipatico	unkind, unpleasant
anziano	old, elderly (*persons*)
arrabbiato	angry
attivo	active
basso	short
bello	handsome
brutto	ugly
buono	good
cattivo	bad, naughty, mean
contento	content
curioso	curious
debole	weak

difficile	difficult
disordinato	disorganized, messy
divertente	entertaining, fun
estroverso	extroverted
felice	happy
forte	strong
generoso	generous
giovane	young
grande	big, great
grasso	fat
impegnato	busy
innamorato	in love
intelligente	intelligent
interessante	interesting
introverso	introverted
lento	slow
libero	free, not busy
lontano	far
magro	thin
nervoso	nervous
noioso	boring
nuovo	new
ordinato	orderly, organized
piccolo	small, little
pigro	lazy
povero	poor
ricco	rich
serio	serious
simpatico	nice

sincero	sincere
spiritoso	witty
stanco	tired
stressato	stressed
studioso	studious
stupido	stupid
tranquillo	calm
triste	sad
vecchio	old
veloce	fast
vicino	near

Aggettivi possessivi

mio	my
tuo	your (*sing. inform.*)
Suo	your (*sing. form.*)
suo	his/her/its
nostro	our
vostro	your (*pl.*)
loro	their

Altri aggettivi

molto	many, a lot of
poco	few, not much
quello	that
questo	this

3

Cosa ti piace fare?

SCOPI

IN THIS CHAPTER YOU WILL LEARN:

- to get someone's attention
- to ask and tell time and to say when events occur
- to check for comprehension and/or agreement
- to say what you like to do in your free time
- to talk about your daily routine
- about a typical daily routine in Italy

Ballerina blu (1912), Gino Severini (Collezione Guggenheim, Venezia, olio su tela)

www.connectitalian.com

Senti, scusa, / Senta, scusi, che ora è?

Getting someone's attention; asking and telling time

- To get someone's attention say *Listen!* and/or *Excuse me!*

(tu)	(Lei)
Senti, scusa!	**Senta, scusi!**

- To ask the time, use either:

  Che ora è? or **Che ore sono?**

- To tell the time, say:

  È + l'una, mezzogiorno, mezzanotte.
  Sono + le due, le tre, le quattro…

- Here are some additional words used to express time:

Mezzo (or **mezza**) can be replaced by **trenta.**

  È l'una e mezzo = È l'una e trenta.

Note: For times after the half-hour, it is common to use **meno.**

  Sono le sette e quarantacinque = Sono le otto meno un quarto.

A. Che ora è? Use what you already know to match the following times with the clocks.

1.

2.

3.

4.

5.

6.

7.

8.

a. È mezzogiorno. (Sono le dodici.)

b. È mezzanotte. (Sono le ventiquattro.)

c. È l'una.

d. Sono le tre.

e. Sono le undici e mezzo.

f. Sono le sette e un quarto.

g. Sono le cinque meno dieci.

h. Sono le nove e diciassette.

In Italia

In Italia è uso comune adoperare l'ora «militare» (di 24 ore) per gli orari (*schedules*): per esempio, l'orario dei treni, dei negozi (*stores*), dei musei e per la guida TV.

Sono le ventidue. = Sono le dieci di sera.

Sono le quattordici. = Sono le due del pomeriggio.

B. Scusi, è aperto?

Parte prima. Work with a partner. Choose a day of the week (use the list in the **In Italia** box on page 59) and write it on a piece of paper. Your partner will choose a time of day between 8 a.m. and 8 p.m. and write it on another piece of paper.

Parte seconda. Look at the signs for the following places: **UPIM** (*a department store*), **il ristorante** (*restaurant*), **la galleria** (*art gallery*), and **il parrucchiere** (*hairdresser*). With his/her book closed, your partner will get your attention and then ask you whether one of the places is **aperto/a** (*open*) or **chiuso/a** (*closed*). Tell your partner the day you chose in **Parte prima** and ask the time. Then answer the question. Change roles and choose a new day of the week and time. Take turns until each of you has answered **aperto/a** and **chiuso/a** at least three times.

> **ESEMPIO:** **S1:** Senti, scusa. Il ristorante è aperto?
> **S2:** Oggi è lunedì. Che ore sono?
> **S1:** Sono le quattro.
> **S2:** No, il ristorante è chiuso.

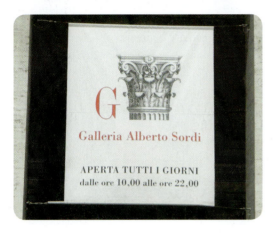

In Italia

In Italia, lunedì è il primo giorno della settimana e domenica è l'ultimo (*last*). I giorni della settimana sono: **lunedì, martedì, mercoledì, giovedì, venerdì, sabato** e **domenica.**

Attenzione! I giorni della settimana si scrivono con la lettera minuscola (*lowercase*).

Per sapere (*know*) il giorno, si dice:

—**Che giorno è oggi?**   *What day is today?*
—**È lunedì.**   *It's Monday.*

C. Un secondo, per favore! Put the following measurements of time in order from the smallest to the largest. The first one is done for you.

_____ un anno

_____ una settimana (*week*)

_____ un minuto   _____ un'ora

_____ un mese   _1_ un secondo

_____ un giorno

A che ora... ?

Asking when events occur

To express when something happens, say:

A che ora?   **all'**una
            alle due, **alle** tre, **alle** quattro…
            a mezzogiorno, **a** mezzanotte

 A. Osserva ed ascolta. Watch and listen as some Italians tell you when they do certain things. Then indicate at what time each activity happens.

1. Lo studente, Stefano, si alza (*gets up*)…

2. La studentessa, Lucia, cena (*eats dinner*)…

3. La studentessa, Cristina, ritorna dalla discoteca…

4. La madre, Stefania, sveglia (*wakes up*) la bimba…

5. L'idraulico (*plumber*), Paolo, si alza…

a. alle 3.30.

b. alle 7.00.

c. alle 8.00.

d. alle 9.00.

e. alle 7.30 (19.30)

B. Quale domanda? You have heard two different questions referring to time. What's the difference between them? Check all the possible replies to the following questions:

Che ora è?

1. ☐ Sono le tre.
2. ☐ All'una.
3. ☐ È mezzogiorno.
4. ☐ Non lo so. Non ho l'orologio.
5. ☐ Sono le otto meno venti.

A che ora?

1. ☐ Sono le sei e mezzo.
2. ☐ Alle due.
3. ☐ A mezzanotte.
4. ☐ Presto! Alle sette di mattina.
5. ☐ Non lo so. Non ho l'orario.

C. L'ora «militare». As you already know, in Italy it is common to use military time for schedules, such as train schedules, opening and closing hours for stores and museums, and the TV guide. Take turns asking your partner what time programs will be on using the TV guide for the Italian national TV stations. Your partner will respond with non-military time.

ESEMPIO: S1: A che ora c'è il **TG1 Economia** su Rai1?
S2: Alle due.
S1: Giusto. (*Right.*)

Rai1 rai.it	Rai2 rai.it	Rai3 rai.it
6.00 EURONEWS. Attualità	10.35 TG2 INSIEME ESTATE. Attualità	6.00 RAI NEWS MORNING NEWS. Attualità
6.10 UNOMATTINA CAFFÈ. Attualità	11.20 IL NOSTRO AMICO CHARLY. Telefilm	8.00 FILM UN MARITO PER ANNA ZACCHEO.
6.30 TG 1.	12.10 LA NOSTRA AMICA ROBBIE. Telefilm	9.45 RAI 150 ANNI. LA STORIA SIAMO NOI. Attualità
6.45 UNOMATTINA ESTATE. Attualità	13.00 TG 2 GIORNO.	10.45 COMINCIAMO BENE. Attualità
11.00 UNOMATTINA STORIE VERE. Attualità	13.30 TG 2 E...STATE CON COSTUME. Attualità	13.10 LA STRADA PER LA FELICITÀ. Telefilm. Con Karin Ugowski
12.00 E STATE CON NOI IN TV. Attualità	13.50 TG 2 SÌ, VIAGGIARE. Attualità	14.00 TGR. TGR METEO.
13.30 TELEGIORNALE.	14.00 SENZA TRACCIA. Telefilm	14.20 TG 3. METEO 3.
14.00 TG 1 ECONOMIA. Attualità	15.30 GUARDIA COSTIERA. Telefilm	14.45 TGR PIAZZA AFFARI. Attualità
14.10 VERDETTO FINALE. Attualità	16.15 THE GOOD WIFE. Telefilm	14.50 TG 3 L.I.S.
15.15 FILM ROSAMUNDE PILCHER: QUATTRO STAGIONI - PRIMAVERA.	17.00 ONE TREE HILL. Telefilm	14.55 TOUR DE FRANCE: Bagnères de Luchon - Peyragudes, 17ª tappa. Ciclismo
16.50 RAI PARLAMENTO TELEGIORNALE. Attualità	17.50 TG 2 FLASH L.I.S.	
17.00 TG 1.	17.55 RAI TG SPORT.	18.00 1367 - LA TELA STRAPPATA. Documentario
17.15 HEARTLAND. Telefilm	18.15 TG 2.	
18.00 IL COMMISSARIO REX. Telefilm	18.45 COLD CASE - DELITTI IRRISOLTI. Telefilm	18.55 METEO 3.
18.50 REAZIONE A CATENA. Varietà	19.35 GHOST WHISPERER. Telefilm	19.00 TG 3.
		19.30 TGR. TGR METEO.
SERA		
20.00 TELEGIORNALE.	20.25 ESTRAZIONI DEL LOTTO. Varietà	20.00 BLOB. Attualità
20.30 TECHETECHETÈ. Videoframmenti	20.30 TG 2 20.30.	20.15 COTTI E MANGIATI. Serie
21.20 SUPERQUARK. Attualità. Con Piero Angela	21.05 PRIVATE PRACTICE. Telefilm. Con Tim Daly, Paul Adelstein, KaDee Strickland	20.35 UN POSTO AL SOLE. Soap
TG1 60 SECONDI.		21.05 LAW & ORDER. Telefilm. Con S. Epatha Merkerson, Sam Waterston
23.35 I NOSTRI ANGELI. Attualità. Con Massimo Giletti	22.40 BROTHERS & SISTERS SEGRETI DI FAMIGLIA. Telefilm	22.40 TG REGIONE.
0.55 TG1 NOTTE.	23.25 TG 2.	22.45 TG3 LINEA NOTTE ESTATE.
1.15 CHE TEMPO FA.	23.40 RAI 150 ANNI. LA STORIA SIAMO NOI. Attualità	23.20 FILM BORSALINO. (Azione, Francia, 1970)
1.20 SOTTOVOCE.	0.45 RAI PARLAMENTO TELEGIORNALE.	1.20 CULT BOOK. Attualità
2.00 IN ITALIA. DocuFiction		

Nel tempo libero cosa ti / Le piace fare?

Saying what you like to do in your free time

- To say you like to do something, say:

  Mi piace + infinitive

- To ask someone if he/she likes to do something, say:

(*informal*)	(*formal*)
Ti piace + infinitive	**Le piace** + infinitive
—**Ti piace viaggiare** (*to travel*)?	—**Le piace leggere** (*to read*)?
—**Certo, ma ho pochi soldi**	—**Sì, mi piacciono i gialli.**
(*money*)**!**	

- To say that you like the same activity as someone else, say:

  Piace anche a me!

  —**Mi piace viaggiare.**
  —**Piace anche a me!**

Attenzione! You always use **piace** with an infinitive or a singular noun, but you need to use **piacciono** with plural nouns. You will learn more about **piace** + infinitive later in this chapter.

 A. Osserva ed ascolta. Watch and listen as Elisabetta describes what she likes to do in her free time. Put a ✓ next to the activities she enjoys. Then watch and listen as Paolo says what he likes to do and check the ones he enjoys. Which activities do they both enjoy?

Elisabetta		Paolo
☐	**1.** andare (*to go*) a bere qualcosa (*something*) con gli amici	☐
☐	**2.** andare al cinema	☐
☐	**3.** ascoltare la musica	☐
☐	**4.** ballare / andare in discoteca	☐
☐	**5.** giocare a calcio	☐
☐	**6.** leggere	☐
☐	**7.** viaggiare	☐

B. Il tempo libero.

Parte prima. Look at the list of activities in Activity A. On a slip of paper write the one activity that you think most of the students in your class enjoy doing in their free time. Then write underneath it the one activity that you think almost none of your classmates enjoy doing.

Parte seconda. Put a star by the activities listed in Activity A that you enjoy in your free time. Go around the room asking your classmates, one at a time, whether they enjoy each activity. Put a check next to the activity if it is also one that you starred.

Parte terza. Take turns saying one activity that you enjoy. Everyone who enjoys the same activity stands and is counted. Which activity do most students enjoy in their free time? Which activity do fewest enjoy? How many students guessed correctly in **Parte prima**?

C. Presto o tardi?

Parte prima. Your partner will ask if you like to do the following activities at the times listed. Tell him/her what you think: **è troppo presto** (*too early*), **è troppo tardi** (*too late*), or **è l'ora giusta** (*the right time*).

ESEMPIO: **S1:** Ti piace guardare (*to watch*) la TV alle sei di mattina?
S2: No, no! È troppo presto!

Ti piace...

	troppo presto	l'ora giusta	troppo tardi
1. frequentare (*to attend*) una lezione alle dieci di mattina?	☐	☐	☐
2. arrivare a una festa alle ventidue?	☐	☐	☐
3. andare a una partita di football a mezzogiorno?	☐	☐	☐
4. cenare alle venti?	☐	☐	☐
5. andare al cinema alle diciassette?	☐	☐	☐
6. rientrare (*to come home*) il sabato sera alle ventidue?	☐	☐	☐

Parte seconda. Compare your answers with your partner's. Do you agree?

ESEMPIO: **S1:** Mi piace cenare alle venti.
S2: Hai ragione! È l'ora giusta. (Oh no! È troppo tardi. Mi piace cenare alle diciotto.)

In italiano

Presto and tardi can also be used to say good-bye:

A presto!   *See you soon!*
A più tardi!   *See you later!*

In italiano

Two common idiomatic expressions in Italian contain the word **ora**:

fare le ore piccole = *to stay up late*
—**Ti piace fare le ore piccole?**   (*Do you like to stay up late?*)

non vedere l'ora (di fare qualcosa) = *to not be able to wait*
   (*to do something / to be excited about doing something*)
—**Non vedo l'ora di rivederti!**   (*I can't wait to see you again! / I'm excited about seeing you again!*)

Lessico

Che fai di bello?
Talking about your daily activities

▶ Although Salvatore and Riccardo are twins (**gemelli**), they are very different. Read the brief descriptions they give of themselves and of the activities they like to do.

Ciao. Sono Salvatore DiStefano. Ho 20 anni e sono studente di scienze politiche all'Università degli Studi di Bologna. Ho molti amici e una ragazza (*girlfriend*). La mia ragazza si chiama Angela. Mi piace molto lo sport.

Ciao. Sono Riccardo DiStefano, il fratello (*brother*) gemello di Salvatore. Anch'io ho 20 anni, ma non sono studente. Sono cameriere (*waiter*) in una pizzeria nel centro di Bologna. Mi piacciono i libri e la musica.

▶ Based on your recognition of **parole simili** and the words that you have already learned, match each statement on page 65 that Salvatore or Riccardo makes about himself to the appropriate picture. (If you need help from your instructor, be sure to use the appropriate questions from the front of your book.)

1. _____   2. _____   3. _____   4. _____

5. _____

6. _____

7. _____

8. _____

9. _____

10. _____

11. _____

12. _____

13. _____

a. Servo la pizza.
b. Guardo la TV con la mia ragazza.
c. Lavoro tutte le sere fino alle due di notte.
d. La mattina faccio colazione con cappuccino e biscotti.

e. Gioco a carte con la mia ragazza.
f. Ballo in discoteca.
g. Faccio sport.
h. Leggo molti libri.

i. Lavo i piatti.
j. Torno a casa molto tardi.
k. Vado al cinema.
l. Ascolto la musica.
m. Parlo al telefonino.

▶ Now, based on what you know about Salvatore and Riccardo, complete their descriptions of themselves by writing which activities each brother would include in his list of typical activities. **Attenzione!** Some may be appropriate for both brothers.

Ciao. Sono Salvatore DiStefano. Ecco le mie attività tipiche:

Guardo la TV con la mia ragazza.

Ciao. Sono Riccardo DiStefano. Ecco le mie attività tipiche:

In italiano

There are two verbs that mean *to play* in Italian: **giocare,** *to play a game,* and **suonare,** *to play an instrument.*

▶ Answers to these activities are in Appendix 2 at the back of your book.

▶ Here are more of Salvatore and Riccardo's comments about themselves. Can you figure out which brother is speaking?

Pulisco la pizzeria.	*I clean the pizzeria.*
Frequento le lezioni tutte le mattine.	*I attend class every morning.*
Bevo un'aranciata.	*I drink an orange soda.*
Mangio alla mensa.	*I eat at the cafeteria.*
Prendo un caffè.	*I have a coffee.*
Dormo a lungo.	*I sleep late.*
Prendo l'autobus per andare all'università.	*I take the bus to go to the university.*
Esco con gli amici.	*I go out with friends.*
Studio in biblioteca.	*I study in the library.*
Scarico informazioni da Internet.	*I download information from the Internet.*

▶ Answers to this activity are in Appendix 2 at the back of your book.

A. Ascolta! Listen as your instructor reads a variety of statements. Decide if Salvatore or Riccardo is speaking.

	Salvatore	Riccardo		Salvatore	Riccardo
1.	☐	☐	6.	☐	☐
2.	☐	☐	7.	☐	☐
3.	☐	☐	8.	☐	☐
4.	☐	☐	9.	☐	☐
5.	☐	☐	10.	☐	☐

B. Le tue attività.

Parte prima. Indicate how often you do the following activities by checking the appropriate box: **mai** (*never*), **ogni tanto** (*sometimes*), **spesso** (*often*), or **sempre** (*always*).

		mai	ogni tanto	spesso	sempre
1.	Gioco a carte.	☐	☐	☐	☐
2.	Suono uno strumento (il pianoforte, il violino, la chitarra [*guitar*]).	☐	☐	☐	☐
3.	Faccio sport.	☐	☐	☐	☐
4.	Mangio la pizza.	☐	☐	☐	☐
5.	Faccio shopping.	☐	☐	☐	☐
6.	Pulisco la mia camera (*room*).	☐	☐	☐	☐
7.	Vado a letto (*bed*) alle due di mattina.	☐	☐	☐	☐
8.	Prendo un cappuccino.	☐	☐	☐	☐
9.	Prendo l'autobus.	☐	☐	☐	☐
10.	Vado a scuola in bicicletta.	☐	☐	☐	☐
11.	Dormo più di (*more than*) 8 ore.	☐	☐	☐	☐
12.	Leggo una rivista (*Vogue, GQ*).	☐	☐	☐	☐
13.	Arrivo puntuale alla lezione.	☐	☐	☐	☐
14.	Ceno dopo le 6.00.	☐	☐	☐	☐
15.	Scarico informazioni da Internet.	☐	☐	☐	☐

In italiano

Note the different verbs and expressions used in Italian to talk about eating meals:

fare colazione
to eat breakfast

pranzare
to eat lunch

cenare
to eat dinner

Faccio colazione alle sette, pranzo all'una e ceno alle otto.

Note that the verb **mangiare** (*to eat*) is not used in these expressions.

Parte seconda. Are you a typical student? Calculate your results and indicate to which category you belong.

mai = 0   **ogni tanto = 1**   **spesso = 2**   **sempre = 3**

_____ 29–45 Sei il classico studente americano.

_____ 14–28 Sei studente, ma hai altri impegni (*obligations*).

_____ 0–14 Sei unico (*unique*)!

C. A che ora?

Parte prima. Complete each statement with the time that you usually do each activity.

ESEMPIO: Prendo un cappuccino alle dieci.

1. Il weekend esco con gli amici _____.
2. Il weekend quando esco con gli amici, torno a casa _____.
3. Durante (*during*) la settimana vado a letto _____.
4. Controllo (*I check*) l'e-mail _____.
5. Comincio i compiti _____.
6. Guardo il mio programma preferito _____.
7. Ceno _____.

Parte seconda. Are you **un/a nottambulo/a** (*night owl*)? How many of these activities do you do after midnight?

D. La mia agenda.

Parte prima. Using the blank agenda page below as a model, create your schedule for next week. List one activity for each day at the times indicated.

	lunedì	martedì	mercoledì	giovedì	venerdì
9.00					
12.00					
15.00					

Parte seconda. Find out if your schedule overlaps with your partner's.

ESEMPIO: **S1:** Cosa fai lunedì alle nove? / Cosa fa lunedì alle nove?
S2: Vado a lezione di chimica. E tu? / E Lei?
S1: Studio in biblioteca.

In italiano

If you do an activity *every* Monday, you say: **il lunedì** but if you are only referring to *this* Monday, you say: **lunedì**.

Esco con gli amici **il sabato**.   *I go out with my friends on Saturdays.*
Lavoro **martedì**.   *I am working this Tuesday.*

Parte terza. Now, make a list of your activities for **sabato** and **domenica.** Then find out if your partner has something fun or interesting planned for the weekend.

ESEMPIO: S1: Cosa fai di bello sabato? / Che cosa fa di bello sabato?

S2: Ma, niente (*nothing*) di speciale. Sabato dormo fino alle dieci, poi vado in biblioteca a studiare. Alle sette e mezzo mangio in pizzeria con gli amici. E tu? / E Lei?

S1: Lavoro tutto il giorno e poi esco con gli amici alle nove.

Strutture

3.1 Mi piace studiare l'italiano!
The infinitive of the verb

1 Verbs end in -**o** when a person is talking about his/her own activities. Verbs also have an infinitive form, **l'infinito.** Infinitives in English are preceded by *to: to walk, to run, to eat.*

▶ Answers to this activity are in Appendix 2 at the back of your book.

▶ Many of the verbs in this chapter are listed below; match them with their infinitive forms. For example: **dormo** (*I sleep*) → **dormire** (*to sleep*).

io

arrivo
pulisco   frequento
ceno   prendo   gioco   ballo
guardo   ascolto   **dormo**   lavo
lavoro   inizio   scrivo   parlo
mangio   studio   chiudo
pranzo   leggo   preferisco
servo   torno   suono
apro

l'infinito

cenare
frequentare   giocare
ascoltare   prendere   guardare
lavorare   iniziare   ballare   **dormire**
leggere   mangiare   chiudere   pulire
servire   pranzare   scrivere
studiare   suonare   tornare
preferire   aprire   parlare
lavare   arrivare

2 There are three types of infinitives (or conjugations) in Italian that vary according to their endings. Verbs ending in -**are** belong to the first conjugation; verbs ending in -**ere** belong to the second; verbs ending in -**ire** belong to the third.

▶ Write all of the infinitives provided above in their appropriate category.

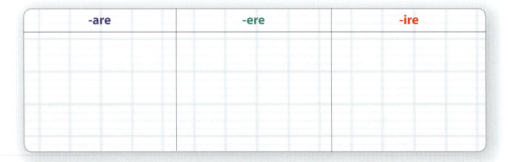

-are	-ere	-ire

3 Here are seven verbs that don't follow the pattern of most verbs. These are called irregular verbs.

▶ See if you can match the forms. (You already know two of them!)

io			l'infinito		
	sono			avere	
faccio		vado	andare		fare
	esco			venire (*to come*)	
ho		bevo	uscire		essere
	vengo			bere	

▶ Answers to these activities are in Appendix 2 at the back of your book.

A. Culture a confronto: Il sondaggio.

Parte prima. Indicate whether you have attended any of the following cultural events in the last 12 months.

_____ vedere uno spettacolo a teatro

_____ guardare un film al cinema

_____ visitare musei o mostre (*art exhibits*)

_____ andare a concerti di musica classica, andare all'opera

_____ andare a concerti di musica leggera, ecc.

_____ partecipare a eventi sportivi / manifestazioni sportive

_____ ballare in discoteca

Parte seconda. Compare your responses to those of Italian students 15 and older from a recent survey.

Gli italiani nel tempo libero

34,3% vedere uno spettacolo a teatro

87,6% guardare un film al cinema

50% visitare musei o mostre

15,2% andare a concerti di musica classica, andare all'opera

46,2% andare a concerti di musica leggera, ecc.

49,6% partecipare a eventi sportivi

64,5% ballare in discoteca

Source: ISTAT

B. Cosa ti piace fare nel tempo libero?

Parte prima. Answer the questions provided.

Nel tempo libero...

1. ti piace giocare a carte?
2. ti piace pulire la casa?
3. ti piace giocare a golf?
4. ti piace incontrare gli amici?
5. ti piace suonare la chitarra?

Parte seconda. Create five more questions and then find classmates who can answer **sì** to each of your questions.

In italiano

To indicate preference, use **piacere** or **preferire** followed by the infinitive.

A noi piace... , ma gli italiani preferiscono...
We like to . . . , but Italians prefer . . .

A tutti piace...
Everyone likes . . .

A nessuno piace...
No one likes . . .

In italiano

- To say that *she* enjoys an activity, use **le piace** + infinitive.

  Le piace leggere.

- To say that *he* enjoys a particular activity, use **gli piace** + infinitive.

  Gli piace guardare la TV.

Quanto dormono

- un pipistrello: 20 ore
- un pitone: 18 ore
- un bimbo neonato: 16 ore
- un gatto: 12 ore
- un cane: 10 ore 30'
- uno scimpanzé: 9 ore 45'
- un uomo adulto: 8 ore
- un uomo anziano: 5 ore 30'
- un asinello: 3 ore
- una giraffa: 2 ore

Complete the following sentences.

1. Prima di un esame, dormo come (*like*)…

2. Di solito (*normally*) dormo come…

3. La domenica dormo come…

C. Le piace fare sport! Can you remember the activities that your classmates like? Form a circle. Each person states the activity that he/she enjoys and then repeats the preferred activities of all the students preceding him/her in the circle. The first person in the circle doesn't have much to do, but the last person must have a very good memory!

ESEMPIO: Mi piace giocare a tennis, le piace dormire, gli piace fare sport… eccetera.

D. Sei consigli per dormire bene.

Parte prima. Put a ✓ next to each statement that is true for you.

1. Vado a letto quando sono stanco/a. L'ora esatta dipende dal giorno. ☐
2. Dormo poco durante la settimana e allora mi piace dormire a lungo la domenica. ☐
3. Dormo con la finestra (*window*) aperta. ☐
4. Bevo la coca-cola e/o il caffè di pomeriggio. ☐
5. Mi sdraio (*I stretch out*) sul letto per studiare. ☐
6. L'ultima cosa che faccio prima di andare a letto è controllare l'e-mail. ☐
7. Se non riesco (*If I can't*) a dormire, guardo la TV. ☐

Parte seconda. Read the following advice about good sleeping habits adapted from the magazine *Focus*. Underline all the verbs in the infinitive. If you need assistance, ask your instructor for help using the appropriate expressions from the front of your text.

| 1. Mantenere sempre gli stessi orari. Non dormire di più la domenica per «recuperare». | 2. Un ambiente favorevole: fresco, buio e silenzioso. | 3. Niente caffè, né cioccolato o coca-cola di pomeriggio. Il latte caldo aiuta, l'alcol no. | 4. Non mangiare a letto. Andare a letto almeno 3 ore dopo la cena. | 5. Non usare il letto per studiare, guardare la tv, lavorare. | 6. Abolire tv, computer e discussioni nell'ultima mezz'ora. |

Parte terza. Read the statements that are true for you from the **Parte prima** to your partner. He/she will decide if your habit is correct (*corretto*) or wrong (*sbagliato*) according to the article. If it is wrong, he/she will give you the pertinent advice from the text.

ESEMPIO: S1: Bevo la coca-cola di pomeriggio.
S2: Sbagliato! Non bisogna bere la coca-cola di pomeriggio.

E. Ti va di andare al cinema?

Parte prima. Make a list of your preferred activities for the following days and times.

ESEMPIO: martedì alle 18.00　　andare al cinema

1. martedì alle 18.00
2. giovedì alle 14.00
3. sabato alle 22.00
4. domenica alle 16.00

Parte seconda. Find someone who wants to do each activity with you. Your partner may use one of the expressions below in his/her response.

ESEMPIO: **S1:** Ti va di andare al cinema martedì sera?
S2: Sì, volentieri! A che ora?
S1: Alle sei, va bene?
S2: Sì, va benissimo. Grazie!

> No, grazie! È troppo presto.   No, grazie. È troppo tardi.
> No, grazie. Non mi va.   Sì, grazie! Volentieri! (*Gladly!*)
> Sì, grazie.

In italiano

To find out if a friend feels like doing a particular activity, you can ask:

Ti va di + infinitive?
—**Ti va di andare al cinema stasera?**
—**Sì. (No, non mi va.)**

3.2 Studio l'italiano
The present indicative of regular verbs

▶ Put a ✓ next to the statements about your instructor that you think are true. When you are finished, your instructor will confirm your responses. Who knows the instructor best?

1. ☐ Legge il giornale (*newspaper*).
2. ☐ Lava i piatti tutte le sere.
3. ☐ Suona il pianoforte.
4. ☐ Dorme otto ore ogni notte.
5. ☐ Scrive molte e-mail.
6. ☐ Ascolta la musica classica.
7. ☐ Guarda molti film italiani.
8. ☐ Parla tre lingue (*languages*).
9. ☐ Balla bene.
10. ☐ Al bar prende sempre un cappuccino.

Now find out about your partner. Ask questions using the **tu** form of the verb. To do this, just change the final vowel of each verb to **-i.** Who has the most in common with the instructor?

ESEMPIO: Leggi il giornale?

1 The present tense (**il presente indicativo**) in Italian is equivalent to two constructions in English.

Dorme a lungo.	*He/She sleeps late.*	*He/She is sleeping late.*
Lava i piatti.	*He/She washes the dishes.*	*He/She is washing the dishes.*

2 You have already noticed that to talk about your own activities in the present, you drop the **-are, -ere,** or **-ire** ending of the infinitive and add **-o** to the stem. You also know that the **tu** form always ends in **-i.**

		(io)	(tu)
lavorare →	**lavor-** →	lavor**o** →	lavor**i**
prendere →	**prend-** →	prend**o** →	prend**i**
dormire →	**dorm-** →	dorm**o** →	dorm**i**

3 Here are the endings for the other subject pronouns.

	lavorare	prendere	dormire
io	lavor**o**	prend**o**	dorm**o**
tu	lavor**i**	prend**i**	dorm**i**
lui, lei; Lei	lavor**a**	prend**e**	dorm**e**
noi	lavor**iamo**	prend**iamo**	dorm**iamo**
voi	lavor**ate**	prend**ete**	dorm**ite**
loro	lavor**ano**	prend**ono**	dorm**ono**

Note that all three conjugations have the same endings in the **io, tu,** and **noi** forms. The **-ere** and **-ire** conjugations share the same endings in the third-person singular (**lui, lei; Lei**) and plural (**loro**) forms.

▶ Now complete the conjugations of these regular verbs.

	parlare	**scrivere**	**aprire**
io	parlo	scrivo	apro
tu	parl_____	scrivi	apr_____
lui, lei; Lei	parl_____	scrivi_____	apre
noi	parl_____	scriviamo	apr_____
voi	parlate	scriv_____	apr_____
loro	parl_____	scriv_____	aprono

4 Here are some points to remember when using the present tense.

    a. To make a statement negative, just put **non** before the verb.

       Non dormo fino a tardi.   **Non** faccio i compiti.

    b. Asking questions in Italian is easy! Intonation (the rise and fall in pitch of the voice) always rises at the end of a question, and if a subject is expressed, it often appears at the end. Listen to your instructor say the following statements and questions.

       (statement) **Gianni e Maria** guardano la TV.

       (question) Guardano la TV **Gianni e Maria?** ↗

       (question) **Gianni e Maria** guardano la TV? ↗

    c. Remember, if you are asking someone a question and need to use the formal form (**Lei**), use the third-person singular form of the verb. Compare these questions.

(tu)	**(Lei)**
Gianni, **leggi** il giornale?	Signora Tozzi, **legge** il giornale?
Leggi il giornale, Gianni?	**Legge** il giornale, Signora Tozzi?

In italiano

There are two ways to say *every day* in Italian:

tutti i giorni
or
ogni giorno

A. Vero o falso? Choose the correct ending for each verb in the following sentences. Based on what you learned about Salvatore and Riccardo (page 64), decide if the statements are true. If any are false, correct them.

	vero	**falso**
1. Riccardo prend_____ (-e / -a) l'autobus ogni mattina.	☐	☐
2. Salvatore lavor_____ (-e / -a) in una pizzeria in centro tutti i giorni.	☐	☐
3. Salvatore mangi_____ (-e / -a) spesso alla mensa.	☐	☐
4. Riccardo e Salvatore dorm_____ (-ono / -ano) a lungo ogni mattina.	☐	☐
5. Salvatore ball_____ (-e / -a) molto bene.	☐	☐
6. Riccardo e Salvatore guard_____ (-ono / -ano) la TV insieme ogni sera.	☐	☐
7. Salvatore e Riccardo gioc_____ (-ono / -ano) a carte.	☐	☐
8. Riccardo studi_____ (-e / -a) sempre in biblioteca.	☐	☐
9. Riccardo serv_____ (-e / -a) la pizza ai clienti.	☐	☐

B. Frasi nuove. With a partner, complete each sentence with the appropriate verb ending from column A and a logical item from column B. **Attenzione!** Some items in column A may be used more than once, others not at all. Those in column B are only used once.

	A	B
1. Le amiche di Pietro legg-	-iamo	il pianoforte.
2. Io e i miei amici suon-	-e	il film.
3. Sandro e Anna prend-	-a	un buon libro.
4. Tu e la tua amica scriv-	-i	tutta la notte.
5. Il professore guard-	-ate	al ristorante.
6. Il mio cane mangi-	-ete	un caffè al bar.
7. Le ragazze lavor-	-ite	molte e-mail.
8. Gli studenti frequent-	-ono	tutte le lezioni.
9. Il bambino dorm-	-ano	molti biscottini (*biscuits*).

C. Le nostre attività. Find out if and how often your partner does the activities listed in the circle below. One student asks a question with a phrase from the circle, the other responds truthfully with a phrase from the square.

lavare i piatti
guardare la televisione
dormire in aula   leggere un buon libro
telefonare ai genitori   lavorare
scaricare informazioni da Internet
cenare al ristorante

tutti i giorni
spesso (*often*)
non... mai
ogni weekend
ogni tanto
ogni venerdì

In italiano

If you *never* do a particular activity, place **non** before the verb, and **mai** after.

Non bevo **mai** il cappuccino.

ESEMPIO: S1: Guardi la televisione?
S2: No, non guardo mai la televisione.

D. La vita di Antonella.

Parte prima. Antonella is a student at **l'Università degli Studi di Napoli** and lives at home with her parents. This week her parents are on vacation and Antonella is very busy. Read this description of Antonella's week and complete the paragraph with the correct forms of the appropriate verbs: **avere, cenare, dormire, frequentare, lavare, lavorare (3), prendere, tornare (3).**

Questa settimana Antonella è molto impegnata perché ogni mattina _____ ¹ le lezioni dalle 9.00 a mezzogiorno e tre giorni alla settimana _____ ² come cassiera (*check-out clerk*) al supermercato dalle 2.00 alle 6.00. Lunedì mattina alle 8.00 _____ ³ un appuntamento dal dentista, al pomeriggio _____ ⁴ al supermercato e la sera studia per l'esame di chimica. Martedì sera _____ ⁵ a casa di Roberto con gli amici, ma _____ ⁶ a casa presto per studiare. Mercoledì mattina alle 10.00 fa (*takes*) l'esame di chimica e poi _____ ⁷ tutto il pomeriggio perché è stanca. Giovedì mattina _____ ⁸ un caffè al bar con Roberto prima delle lezioni e poi _____ ⁹ al supermercato. Dopo il lavoro _____ ¹⁰ subito a casa e _____ ¹¹ tutti i piatti perché i suoi genitori (*parents*) _____ ¹² venerdì mattina.

(*continued*)

Parte seconda. Now, with a partner, formulate five questions about Antonella's week using **quando** (*when*) or **a che ora.** When you are finished, find out how much of Antonella's week you and your classmates remember. Join another group and take turns asking and answering one another's questions with your books closed.

> **ESEMPIO:** **S1:** Quando ha un appuntamento dal dentista?
> **S2:** Lunedì.
> **S1:** A che ora?
> **S2:** Alle 8.00.

3.3 Capisco l'italiano
Verbs with spelling and/or pronunciation changes

Divide the verbs in the oval below into two groups: the **io** forms and the **tu** forms. Pronounce each verb, paying particular attention to the highlighted elements. Your instructor will tell you if your pronunciation is accurate. Can you explain why the **tu** forms are different?

> capi**sci**   man**gi**
>
> gio**co**   capi**sco**   gio**chi**
>
> puli**sci** (*you clean*)   pa**ghi** (*you pay*)
>
> preferi**sci**   fini**sci** (*you finish*)
>
> prati**chi** (*you practice*)
>
> pa**go**   spie**ghi** (*you explain*)
>
> spie**go**

► Answers to these activities are in Appendix 2 at the back of your book.

Complete the following questions by inserting the correct verb from above in the **tu** form. **Attenzione!** There are three extra verbs.

1. _____ uno sport?
2. _____ spesso la pizza?
3. _____ i film italiani o i film americani?
4. A che ora _____ i compiti la sera?
5. _____ bene la grammatica italiana?
6. _____ la grammatica ai compagni che hanno difficoltà?

Now, take turns asking and answering the questions with a partner. Calculate how many answers you have in common. The partners with the most points are the most similar.

> **ESEMPIO:** **S1:** Pratichi uno sport?
> **S2:** Sì, gioco a calcio e a basket.

1 *-are* verbs. Some common verbs have spelling changes in the **tu** and **noi** forms. Verbs that end in **-iare**, such as **mangiare** and **studiare**, retain only one **-i-**.

▶ Complete the chart by filling in the regular forms of each verb.

	mangiare	**studiare**
io		
tu	mangi	studi
lui, lei; Lei		
noi	mangiamo	studiamo
voi		
loro		

Verbs that end in **-care** and **-gare,** such as **giocare** and **pagare** (*to pay* [*for*]), add an **-h-** in the **tu** and **noi** forms to maintain the hard sound of the consonant.

▶ Complete the chart by filling in the regular forms of each verb.

	giocare	**pagare**
io		
tu	giochi	paghi
lui, lei; Lei		
noi	giochiamo	paghiamo
voi		
loro		

▶ Answers to these activities are in Appendix 2 at the back of your book.

Here are some other common verbs that end in **-care** and **-gare:**

cercare *to look for*	**pregare** *to pray*
dimenticare *to forget*	**spiegare** *to explain*
praticare *to practice*	

2 *-ere* verbs. The verb **prendere** is used in many common expressions.

Prendo l'autobus.	*I take the bus.*
Carola **prende** lezioni di tennis.	*Carol takes tennis lessons.*

Prendere is also found in idiomatic expressions (expressions that do not translate directly from Italian to English).

Prendiamo un caffè al bar.	*We have a coffee at the bar.*
Le ragazze **prendono** il sole.	*The girls sunbathe.*

Be careful when you pronounce the forms of the verb **leggere.** Pronounce each form and pay attention to the endings.

leg**go**   leg**gi**   leg**ge**   leg**giamo**   leg**gete**   leg**gono**

(continued)

3 **-ire** verbs. There are two groups of **-ire** verbs. Some **-ire** verbs are conjugated like **dormire,** but most add an **-isc-** to all but the **noi** and **voi** forms.

▶ Answers to these activities are in Appendix 2 at the back of your book.

▶ Here is the present indicative of **capire** (*to understand*), a verb belonging to the second group of **-ire** verbs. Can you figure out the forms of **finire** (*to finish*), **preferire**, **pulire**, and **spedire** (*to send*)?

	capire	finire	preferire	pulire	spedire
io	cap isc o	fin_____	prefer_____	pul_____	sped_____
tu	cap isc i	fin_____	prefer_____	pul_____	sped_____
lui, lei; Lei	cap isc e	fin_____	prefer_____	pul_____	sped_____
noi	cap iamo	fin_____	prefer_____	pul_____	sped_____
voi	cap ite	fin_____	prefer_____	pul_____	sped_____
loro	cap isc ono	fin_____	prefer_____	pul_____	sped_____

A. Cosa fai?

Parte prima. Listen as your instructor reads a phrase, then select the logical ending to complete the statement.

1. **a.** l'amica   **b.** le chiavi   _____ ☐
2. **a.** i libri   **b.** la casa   _____ ☐
3. **a.** tennis   **b.** il violino   _____ ☐
4. **a.** i film   **b.** il sole   _____ ☐
5. **a.** il caffè   **b.** la bistecca   _____ ☐
6. **a.** la chimica   **b.** gli spaghetti   _____ ☐
7. **a.** molti cani   **b.** molti SMS   _____ ☐

Parte seconda. Listen again as your instructor reads the correct statements from **Parte prima** and write the verbs you hear.

Parte terza. Listen one more time and indicate which statements are true for you.

B. La Bocconi.

Parte prima. Rocco, Lorenzo, and Tim live together in a small apartment and study at the Bocconi, Italy's premier school of business and economics in Milan. Complete the statements they make about their life using the **noi** forms of the appropriate verbs. **Attenzione!** One verb will not be used.

capire	dimenticare	frequentare	mangiare	spedire
cercare	dormire	giocare	preferire	

1. _____ le lezioni tutto il giorno, dalla mattina alla sera.
2. Quando non _____ bene la statistica, chiediamo aiuto (*we ask for help*) a un'amica molto brava.
3. _____ sempre alla mensa con gli altri studenti perché _____ nuovi contatti.
4. Non _____ mai di fare i compiti.
5. _____ i nostri PowerPoint al prof. prima della scadenza (*deadline*).
6. _____ preparare le presentazioni prima di uscire con gli amici.
7. _____ a calcio solo la domenica.

Parte seconda. With a partner, create five sentences that describe some of the typical activities that Rocco, Lorenzo, and Tim do at school or for fun. Compare your descriptions to those of your classmates and select the best three sentences. Features that define the best statements are creativity and correct usage.

ESEMPIO: Chiedono aiuto a un'amica perché hanno difficoltà con la statistica.

C. Tante domande.

Parte prima. With a partner, write four or five questions for your instructor using your imagination, the question words in **A,** and the verbs in **B. Attenzione!** Do you use the formal or informal with your instructor?

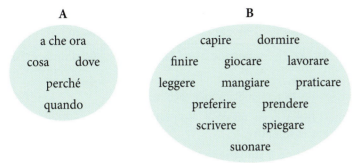

A

a che ora
cosa   dove
perché
quando

B

capire   dormire
finire   giocare   lavorare
leggere   mangiare   praticare
preferire   prendere
scrivere   spiegare
suonare

ESEMPIO: A che ora mangi/mangia la sera?

Parte seconda. Ask your instructor your questions. Your instructor will respond truthfully or with a lie. The class will vote on whether the answer is true or not.

3.4 Dove vai?

Irregular verbs

▶ Complete each statement by indicating at what time you think your partner does each of the following activities.

1. Beve un caffè _____.
2. Viene all'università _____.
3. Fa i compiti d'italiano _____.
4. Venerdì esce con gli amici _____.
5. Va a letto _____.

Now, find out if your guesses are correct by asking your partner questions. The **tu** forms of the verbs are given below. **Attenzione!** Note that the **tu** forms of all the verbs end in **-i.**

bevi   fai   esci   vai   vieni

ESEMPIO: A che ora bevi un caffè?

1 You have already learned two irregular verbs: **essere** and **avere.** As you know, these verbs do not follow the same patterns as regular verbs. Here are the conjugations of five more irregular verbs.

(continued)

▶ Complete the chart by filling in the forms of each verb. If you need help with the **io** forms, they are in **Strutture 3.1.**

	andare (*to go*)	bere (*to drink*)	fare (*to do, to make*)	uscire (*to go out, to exit*)	venire (*to come*)
io					vengo
tu					vieni
lui, lei; Lei					viene
noi	andiamo	beviamo	facciamo	usciamo	veniamo
voi	andate	bevete	fate	uscite	venite
loro	vanno	bevono	fanno	escono	vengono

▶ Answers to this activity are in Appendix 2 at the back of your book.

2 Here are some points to remember about each verb.

a. To express that you are on your way to do something, use the construction **andare** + **a** + infinitive.

Rita e Tina **vanno a studiare** in biblioteca.
Maurizio **va a giocare** a tennis.

b. Note that the only irregular form of **bere** is the infinitive! The verb stem is **bev-** (not **b-**) throughout the conjugation.

c. There are many idiomatic expressions with **fare** that don't translate literally into English. You have already learned several of them: **fare bello / brutto / caldo / freddo, fare colazione, fare le ore piccole, fare sport, fare yoga.** Here are a few more.

In italiano

In **Capitolo 2, Strutture 2.2** you learned to say that a body part hurts with the expression **Ho mal di... (gola, pancia, testa).** You can also use an idiomatic expression with **fare** to express the same idea.

Mi fa male + singular noun

—**Mi fa male il piede** (foot).
—**Mi fa male la gamba** (leg).

Mi fanno male + plural noun

—**Mi fanno male i piedi.**
—**Mi fanno male le gambe.**

▶ Match the statements to the appropriate illustrations.

a. _____   b. _____   c. _____

1. Margherita ha fame. **Fa uno spuntino** alle quattro del pomeriggio.
2. Mario **fa una foto.**
3. Gli studenti **fanno** molte **domande.**
4. Rita e Tullio **fanno una passeggiata.**

d. Use the verb **uscire** to express *to leave a place, to exit,* or to express *to go out* (*with others*).

Roberto **esce di casa** alle otto di mattina e va a lavorare. Gianna **esce con gli amici.**

Note, however, that you use **andare** when going to a place.

Gianna e i suoi amici **vanno** al* cinema.

▶ Answers to this activity are in Appendix 2 at the back of your book.

---

*You will learn more about articulated prepositions (prepositions that combine with definite articles [**a** + **il** = **al**]) in **Capitolo 5, Strutture 5.3.**

e. The **noi** and **voi** forms of **andare**, **uscire**, and **venire** are regular: **andiamo/andate, usciamo/uscite, veniamo/venite.**

Uscita della libreria Feltrinelli

▶ The irregular verbs **rimanere** (*to stay, to remain*) and **scegliere** (*to choose*) are presented in **Per saperne di più** at the back of your book.

 A. Ascolta! Listen as your instructor reads a phrase, then select the logical ending to complete the sentence.

1. **a.** uno spuntino	**b.** molte domande	**c.** le ore piccole
2. **a.** simpatiche	**b.** 20 anni	**c.** simpatici
3. **a.** a lezione	**b.** lezione	**c.** succo di frutta
4. **a.** alto	**b.** mal di pancia	**c.** biondo
5. **a.** l'amico	**b.** a casa	**c.** una foto
6. **a.** il piede	**b.** la testa	**c.** i piedi
7. **a.** beve una birra	**b.** fa uno spuntino	**c.** va
8. **a.** ballare	**b.** bar	**c.** a ballare
9. **a.** al cinema	**b.** cinema	**c.** con gli amici

B. Quale verbo irregolare? Complete the paragraph with the appropriate forms of these irregular verbs: **andare, avere, bere, essere, fare, uscire, venire.** Some verbs are used more than once.

Francesca _____[1] un buon lavoro in una compagnia internazionale a Roma. Le piace il lavoro, ma non _____[2] molto tempo libero. La mattina a colazione non mangia niente; _____[3] un caffè di fretta, _____[4] di casa alle 6.00 e prende la metropolitana (*subway*). Lavora tutto il giorno e la sera torna a casa verso le 22.30 stanchissima. Le sue amiche _____[5] simpatiche, ma non capiscono perché Francesca _____[6] così stanca. Durante la settimana telefonano spesso e dicono (*they say*): «Dai (*Come on*)! Francesca! _____[7] con noi al cinema stasera!» oppure «Andiamo al pub a _____[8] qualcosa!» ma lei risponde sempre di no. Il weekend preferisce stare tranquilla a casa; _____[9] una passeggiata nel parco, legge un bel libro e prepara buone cose da mangiare insieme alla sua compagna di casa. Qualche volta, il sabato sera, lei e le sue amiche _____[10] a ballare e _____[11] le ore piccole.

C. Che bevi? Interview two classmates to find out what beverage they drink on the following occasions. Take notes and be ready to report back to the class. What does the class have in common?

> a colazione
>
> quando hai molta sete
>
> al cinema   quando guardi la TV
>
> quando fai sport   in discoteca
>
> quando mangi la pizza   al bar
>
> quando studi

ESEMPIO: Che bevi quando hai molta sete?

D. Vai o esci? Complete the questions below with either **vai** or **esci.** Then ask your partner each question.

1. Dove (*Where*) _____ il sabato sera?
2. Quando _____ con gli amici?
3. _____ spesso al cinema?
4. Quando _____ al bar a prendere un caffè?
5. A che ora _____ di casa ogni mattina?

E. Firma qui, per favore. (*Sign here, please.*)

Parte prima. Complete Column B by writing an appropriate sentence according to the conditions given in Column A. Before you begin, as a class, add more conditions to Column A.

A	B	Firma qui, per favore!
Quando sono stressato/a,	*faccio yoga*	
Quando ho caldo,		
Quando sono innamorato/a,		
Quando…		
Quando…		

Parte seconda. Go around the room to find people who have the same responses as you do, and then ask for their signatures.

ESEMPIO: **S1:** Quando sei stressato/a, cosa fai?
S2: Faccio yoga.
S1: Anch'io! Firma qui, per favore!

Ascoltiamo!

L'orario degli italiani

Eating habits are such an integral part of culture that we take them for granted. In North America, for example, restaurants can advertise an *early bird special* served prior to the regular dinner hour without further explanation. Breakfast can be served all day or just until 11:00 A.M. Sunday brunch, a midnight snack, or an after-school snack are commonplace in the lives of North Americans. Would you be surprised to know that all of these habits are not routine for many Italians?

A. Osserva ed ascolta.   Watch and listen as Federico describes a typical workday (**giorno lavorativo**) schedule in Italy and explains how it differs from a typical schedule in North America. During the presentation, pay attention to his facial expressions, intonation, and gestures, as well as what he says, and to the accompanying images and captions to understand the meaning.

B. Completa.

Parte prima.   Based on what you heard, match the time with the corresponding activity. **Attenzione!** One activity will be used twice.

1. fare colazione
2. pranzare
3. cenare
4. fare uno spuntino al bar

a. alle diciassette
b. alle undici
c. alle otto
d. alle tredici e trenta
e. alle venti e trenta

Parte seconda.   Complete the following sentences with the appropriate words from the list. **Attenzione!** There are three extra words.

a letto	a scuola	chiudono	iniziano
pasta	presto	tardi	

1. Generalmente, al Sud si mangia più _____ che al Nord.
2. Molti negozi e uffici (*offices*) _____ alle diciannove e trenta.
3. I bambini vanno _____ alle ventidue o anche dopo.
4. I concerti e gli spettacoli (*shows*) teatrali _____ alle ventuno.

C. Tocca a te!   Which daily schedule do you prefer? Why? Choose one and complete the sentence:

Personalmente, preferisco l'orario italiano/ nordamericano perché…

Leggiamo!

Avere una doppia vita°

doppia... *double life*

A. Prima di leggere.   With a partner divide the following activities into those you do **di giorno** and those you do **di notte:**

> ballare
> dormire   fare ginnastica
> fare sport   fare uno spuntino
> guardare la TV   lavorare
> leggere   studiare
> uscire con gli amici

B. Al testo!

Parte prima.   In the following article from *Donna moderna*, a popular magazine for women in their 20s to 30s, you will learn about the double life of a young university graduate. Read the article about Chiara Andres.

Di giorno lavoro al museo.
Ma di notte divento dj

**Chiara Andres durante la settimana organizza visite guidate[1] per le scuole.
E nei weekend fa ballare i ragazzi in discoteca**

Napoletana, carina, 29 anni e una laurea in Beni Culturali. Chiara Andres di giorno organizza le attività per i ragazzi al museo della Scienza e della Tecnica di Milano. Di notte e nei weekend invece si trasforma in[2] dj. Raggiunge le discoteche più in voga in Europa e si scatena[3] con la musica techno. [...]

Come riesce a vivere[4] queste due vite completamente diverse?

«Per fortuna[5] il lavoro di dj occupa soltanto i weekend. Faccio una vitaccia[6] e ho sempre le valigie pronte.[7] Ma è quello che voglio.[8] Non potrei[9] fare una vita a senso unico. Mi piace stare in mezzo a persone diverse, alternative. Così non mi annoio,[10] mai!».

Elvia Grazi

PAOLA COLETTI

«Il mio cuore è diviso a metà. Batte per la techno e per la tecnologia».

---

[1]visite... *guided tours*   [2]si... *changes into;* literally, *transforms herself*   [3]si... *she lets loose,* literally, *unchains herself*
[4]riesce... *do you* (form.) *manage to live*   [5]Per... *Luckily*   [6]*crazy life*   [7]valigie... *suitcases ready* (*to go*)   [8]*I want*
[9]Non... *I couldn't*   [10]non... *I don't get bored*

Parte seconda.   Now, answer the following questions according to the article.

1. Di dov'è Chiara Andres?
2. Quanti anni ha?
3. Cosa fa di giorno?
4. Cosa fa di notte e nei weekend?
5. Che genere (*kind*) di musica le piace?
6. Le piace la doppia vita?

C. Discutiamo!

Parte prima. Work with a partner. Find out the same information about him/her that you found out about Chiara Andres by using the questions in **Activity B**.

Attenzione! Be sure to change the questions to the **tu** form, if necessary. When you've finished, complete the following statement for your partner:

Di giorno _____, ma di notte _____.

Parte seconda. Share what you learned about your partner with the class.

Quanti studenti hanno una doppia vita? A chi piace? A chi non piace?

Scriviamo!

Che fa?

Parte prima. Snooping around in his older sister's room, Giovannino found pages torn out of her diary. He's curious to know what Nora is up to, but he can't figure out what order the pages should be in. Work with a partner to put the pages in chronological order.

Retro

¹*charge (an electronic device)* ²*per* ³*short trip* ⁴*balls* ⁵*to wrap*

Parte seconda. Now that the pages are in order, write what Nora is doing this week, starting with **martedì**.

ESEMPIO: Martedì Nora scrive alla nonna e compra le palle da tennis e un regalo per Carlo.

Parliamo!

In Italia

Italy ranks 20th in the world in cell phones per capita: 88 million phones for a population of 60 million people.* While convenient, they can also ring at inopportune moments and their use is prohibited in some places. For example, it is common to see large announcements posted inside churches reminding visitors that **il cellulare non ti serve** (*doesn't help you*) **per parlare con Dio** (*God*) and signs in museums stating simply, **Spegnere** (*Turn off*) **i telefonini, per favore.** Students' cellphone use is strictly prohibited during national exams.

---

*Bloomberg BusinessWeek, August 29, 2011

Pronto, che fai?

In the following activity, you will practice making phone calls—but you never know where your partner is or what he/she is doing when you call!

Parte prima.   Use what you've learned. Complete the following phone conversation with the words provided. Some words are used more than once.

> dormo
> sono (2)   sei
> che (2)   stai

—Pronto!

—Ciao, Silvia! Come _____[1]? Cosa fai di bello?

—Davide, dove _____[2]? _____[3] ore sono?

—_____[4] le due di mattina. Io _____[5] in città. Tu, _____[6] fai?

—_____[7]!

Parte seconda.   Work with a new partner. Start the conversation again, but this time keep it going by inviting your partner to do something later. Before you hang up be sure that you've gotten all the details (what, where, at what time). Be prepared to demonstrate your conversations for the class.

In italiano

Gli italiani rispondono al telefono dicendo (*saying*): **Pronto!** (literally, *Ready!*).

Con l'uso diffuso dei cellulari con Caller ID, la prima domanda è spesso: **Dove sei?**

Guardiamo!

FILM *Maccheroni*

(Commedia. Italia. 1985. Ettore Scola, Regista. 104 minuti.)

RIASSUNTO: Robert (Jack Lemmon), a successful but exhausted American businessman, visits Naples on a company trip. While there he reconnects with Antonio (Marcello Mastroianni), who remembers him fondly from when Robert was a young serviceman stationed in Naples and interested in Antonio's sister. In the process of renewing their friendship, Robert learns to enjoy life.

SCENA: (0:06–0:13): Having seen Robert on the television news, Antonio goes to his hotel in an attempt to rekindle their relationship. Robert, however, claims not to remember Antonio or anything of his previous stay in Naples 40 years earlier.

A. Anteprima. With a partner, decide which of the following behaviors are more typically associated with Americans and which with Italians.

abbracciare (*to hug*) baciare essere impazienti essere sospettosi
gesticolare risolvere una situazione con i soldi strillare (*to yell*)

B. Ciak, si gira! Watch the scene and indicate which character, Robert or Antonio, displays each behavior.

C. È fatto! In **Capitolo 2, Guardiamo!** you discussed physical stereotypes of Italians. This film presents behavioral stereotypes.

1. How many of the behaviors that you identified in **Anteprima** correspond to the behaviors associated with Robert and Antonio?
2. *Maccheroni* is a film produced in the 1980s. Are the same stereotypical behaviors still used to characterize interactions between Americans and Italians? Which more recent films support your conclusion?

Vocabolario

Domande ed espressioni

A che ora… ?	At what time . . . ?
a più tardi	see you later
a presto	see you soon
bisogna (+ *inf.*)	one needs to (*do something*)
Che giorno è oggi?	What day is today?
Che ora è? Che ore sono?	What time is it?
È l'una.	It's one o'clock.
È l'una e un quarto.	It's 1:15.
È mezzogiorno/ mezzanotte.	It's noon. / It's midnight.
Sono le due meno un quarto.	It's 1:45.
Sono le due e mezzo.	It's 2:30.
Cosa fai/fa di bello?	What interesting (fun) things do you (*inform./form.*) have planned?
di mattina	in the morning
di pomeriggio	in the afternoon
di sera	in the evening
È presto/tardi.	It's early/late.
Mi fa male la gamba. (*f. sing.*)	My leg hurts.

Mi fanno male i piedi. (*m. pl.*)	My feet hurt.
Nel tempo libero cosa ti/ Le piace fare?	What do you (*inform./form.*) like to do in your free time?
mi piace (+ *inf.*)	I like to (*do something*)
non… mai	never
ogni tanto	sometimes
Pronto!	Hello! (*on the telephone*)
quando	when
scusa/scusi	excuse me (*inform./form.*)
sempre	always
senti/senta	listen (*inform./form.*)
spesso	often
ti/le/gli piace (+ *inf.*)	you (*inform.*) / she / he likes (*to do something*)
Ti va di (+ *inf.*)?	Do you (*inform.*) feel like (*doing something*)?
troppo presto	too early
troppo tardi	too late
tutti i giorni / ogni giorno	everyday

Verbi

andare	to go
andare + a + (*inf.*)	to go (*to do something*)
andare al cinema	to go to the movies
andare a letto	to go to bed
aprire	to open
arrivare	to arrive
ascoltare	to listen to
ballare	to dance
bere	to drink
capire	to understand
cenare	to eat dinner
cercare	to look for
chiudere	to close
dimenticare	to forget
dormire	to sleep
fare	to do, to make
fare colazione	to eat breakfast
fare le ore piccole	to stay up late
fare sport	to play sports
fare una domanda	to ask a question
fare una foto	to take a photo
fare una passeggiata	to take a walk
fare uno spuntino	to have a snack
fare yoga	to do yoga
finire	to finish
frequentare	to attend
giocare	to play (*a game*)
giocare a calcio / a carte / a golf / a tennis	to play soccer/cards/ golf/tennis
guardare	to look at, watch
iniziare	to begin
lavare	to wash
lavorare	to work

leggere	to read
mangiare	to eat
pagare	to pay
parlare	to talk, to speak
pranzare	to eat lunch
praticare	to practice
preferire	to prefer
pregare	to pray
prendere	to take
prendere l'autobus	to take the bus
prendere un caffè	to have a coffee
pulire	to clean
rientrare	to come home
scaricare	to download
scrivere	to write
servire	to serve
spiegare	to explain
studiare	to study
suonare	to play (*an instrument*)
tornare	to return
uscire	to leave a place, to exit, to go out (*with others*)
non vedere l'ora (di + *inf.*)	to not be able to wait (*to do something*), to be excited about (*doing something*)
venire	to come

Sostantivi

l'autobus (*m.*)	bus
la biblioteca	library
la chitarra	guitar
il cinema	movie theater; movies
la discoteca	discotheque
l'e-mail (*f.*)	e-mail
la mensa	cafeteria
il pianoforte	piano
il piatto	plate, dish
la rivista	magazine
lo shopping	shopping
i soldi (*m. pl.*)	money
lo sport	sport
il telefonino	cellphone
il telefono	telephone
le vacanze (*f. pl.*)	vacation
il violino	violin

I giorni della settimana

lunedì	Monday
martedì	Tuesday
mercoledì	Wednesday
giovedì	Thursday
venerdì	Friday
sabato	Saturday
domenica	Sunday

Che bella famiglia!

RIPASSO

IN THIS CHAPTER YOU WILL REVIEW HOW:

- to introduce yourself and meet others
- to express possession
- to ask questions
- to talk about daily activities and routines
- to describe people, places, and things

SCOPI

IN THIS CHAPTER YOU WILL LEARN:

- to find out what people do for a living
- to comment on things and compliment people
- to talk about your family and their activities
- more about formulating questions
- to compare and contrast people and things
- how the Italian family has changed over the past 50 years

Madonna «della Seggiola» (1514), Raffaello Sanzio (Palazzo Pitti, Firenze, olio su tavola)

connect ITALIAN
www.connectitalian.com

Chi sei? / Chi è? Cosa fai? / Cosa fa?

Meeting people and finding out what they do for a living

- You have learned how to introduce yourself by providing the answers to the following questions: **Come ti chiami? / Come si chiama?, Di dove sei? / Di dov'è?, Quanti anni hai? / Quanti anni ha?**

- An additional piece of information that people may offer when introducing themselves is the answer to the question: **Cosa fai? / Cosa fa?** *What do you do (for a living)?*

—**Tu, Marisa, cosa fai?**
—**Studio** (*or* **Faccio**) **informatica** (*computer science*).

—**Lei, signora, cosa fa?**
—**Sono casalinga** (*homemaker*).

 Osserva ed ascolta.

Parte prima. First, watch and listen as these Italians introduce themselves, then complete the chart. Insert the following jobs into the appropriate spaces: **commerciante** (*shopkeeper*), **direttore del museo, fotoreporter, mamma, medico, studente.**

Chi è?		Come si chiama?	Quanti anni ha?	Di dov'è?	Cosa fa?
1.					
2.					
3.					
4.				Siena	
5.					

Parte seconda. Read the following questions and possible answers. Now listen as the same people comment on some aspect of their life. Match each question with the appropriate answer.

1. **Giorgio:** Com'è Roma?
2. **Elena:** Com'è la lingua inglese?
3. **Mauro:** Com'è il Suo lavoro?
4. **Antonella:** Com'è l'accento napoletano?
5. **Alessia:** Com'è la tua famiglia?

a. È molto allegra.
b. È molto bella.
c. È molto caotica.
d. È molto interessante, molto soddisfacente (*satisfying*).
e. È terrificante (*terrifying*).

Che bello!
Commenting on things and complimenting people

- To express an opinion or compliment someone, say:

  che + adjective

  —**Andiamo in montagna in estate.**
  —**Che bello!**

  che + noun

  —**Non ho soldi.**
  —**Che disastro!**

  che + adjective + noun (**che** + noun + adjective)

  —**Quella è la nuova macchina di Roberto.**
  —**Che bella macchina!**

  Note: These expressions are the equivalent of the English *How +
  adjective!*, *What a + noun!*, or *What a + adjective + noun!*

  Attenzione! Whenever you use an adjective, it must agree in number
  and gender with the noun it refers to.

- Here are some common expressions with **che** that are used in
  informal, conversational Italian:

Che bello(a/i/e)!	(adjective)	*How beautiful/wonderful/great!*
Che genio!	(noun)	*What a genius!*
Che furbo(a/i/e)!	(adjective)	*How clever (sly)!*
Che schifo!	(noun)	*How gross!*
Che scemo(a/i/e)!	(noun)	*What a moron!*
Che mattone!	(noun)	*What a bore!* (literally, *brick*)

A. Il contrario. For every expression your partner gives, say the opposite. If it's positive, make it negative; if it's negative, make it positive. Take turns, but don't repeat any adjectives. How long can you keep going?

ESEMPIO: S1: Che bello!
S2: Che brutto!
S1: Che caldo!
S2: Che freddo!

B. Che bello! Now express your opinion!

Parte prima. Give an example of each of the following.

1. il nome di un attore
2. il titolo di un film
3. il nome di un'attrice
4. il titolo di un libro
5. il nome di un gruppo musicale
6. il titolo di una canzone (*song*)
7. un cibo
8. una bevanda
9. una materia

Parte seconda. Tell your partner one of the items on your list. He/She will comment, using the **che** construction. Take turns. If you don't recognize the item your partner says, ask **Chi è?** or **Cos'è?**

> **ESEMPIO:** **S1:** il tiramisù
> **S2:** Che buono!

C. Che bell'idea! With a partner, create a brief dialogue using the following expressions and the **che** construction.

dormire a lungo	guardare la TV	guardare la partita
uscire con gli amici	fare shopping	pulire la casa
	andare al cinema	

> **ESEMPIO:** **S1:** Cosa facciamo di bello questo weekend?
> **S2:** Balliamo in discoteca!
> **S1:** Che bell'idea! (Che noia [*How boring*]!)

In italiano

To ask *who* someone is, say: **Chi è?**

To ask *what* something is, say: **Cos'è?**

Lessico

Che bella famiglia!

Talking about your family

▶ Read the statements based on Cinzia's family tree on page 91, then answer the questions.

Il padre di Cinzia si chiama Antonio.

Maria è **la madre** di Cinzia.

La sorella di Silvio si chiama Lucia.

Il fratello di Lucia si chiama Silvio.

Antonio è **il marito** di Maria.

Sara è **la moglie** di Riccardo.

La figlia di Maria e Antonio si chiama Cinzia.

Silvio è **il figlio** di Aurelia e Ahmed.

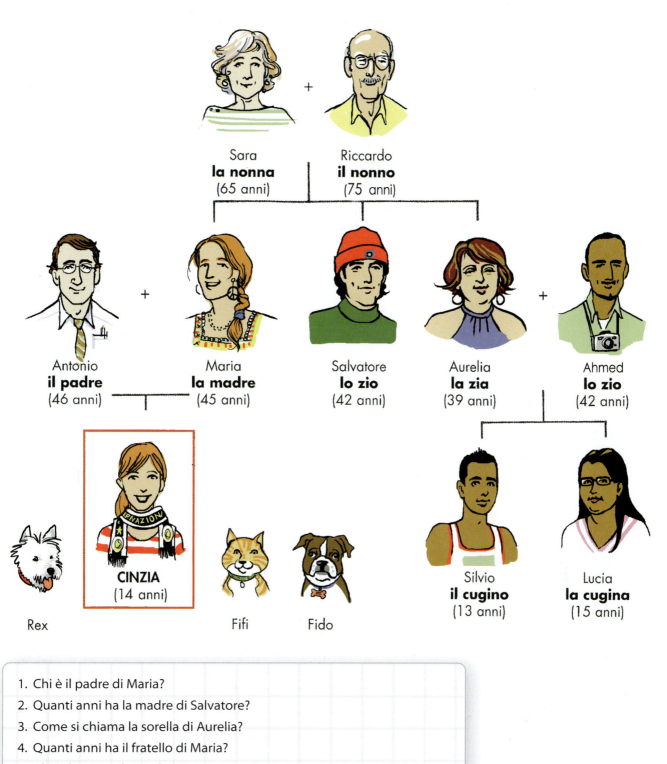

1. Chi è il padre di Maria?
2. Quanti anni ha la madre di Salvatore?
3. Come si chiama la sorella di Aurelia?
4. Quanti anni ha il fratello di Maria?
5. Chi è il marito di Aurelia?
6. Chi è la moglie di Antonio?
7. Come si chiamano le figlie di Riccardo e Sara?
8. Quanti anni ha il figlio di Aurelia e Ahmed?
9. Quanti animali domestici ha Cinzia?

▶ Answers to this activity are in Appendix 2 at the back of your book.

(continued)

► Now complete the sentences with the appropriate family relationships from Cinzia's point of view.

ESEMPIO: La figlia di mia zia è mia <u>cugina</u>; si chiama <u>Lucia</u>.

1. Il fratello di mia madre è mio _____, si chiama _____.
2. Il padre di mia madre è mio _____, si chiama _____.
3. Il figlio di mia zia è mio _____, si chiama _____.
4. La sorella di mia madre è mia _____ si chiama _____.
5. La madre di mia madre è mia _____ si chiama _____.

► Answers to this activity are in Appendix 2 at the back of your book.

In italiano

Attenzione! il nipote / la nipote = *grandchild* and *nephew/niece*

Attenzione! Mia madre e mio padre sono **i miei genitori.** I nonni, gli zii, i cugini e i nipoti sono **i miei parenti.**

Solo musica

Listen for the verbs **assomigliare/somigliare** (*to resemble*) in the first two lines of the song "Mio fratello" (Tiziano Ferro): **Mio fratello mi assomiglia molto / Somiglia a un gatto che somiglia a un orso.** What kind of relationship do you think the brothers have? Listen to the rest of the song and see if you are correct.

Note: This song is available for purchase in the iTunes Store as part of the *Avanti!* iMix. For information about how to access the iMix, go to **Connect Italian.** It is also available as a music video on YouTube.

connect
ITALIAN
www.connectitalian.com

A. Ascolta. Your instructor will make a series of statements about Cinzia's family. Decide if each statement is **vero o falso.** Correct any false statements.

	vero	falso		vero	falso
1.	☐	☐	6.	☐	☐
2.	☐	☐	7.	☐	☐
3.	☐	☐	8.	☐	☐
4.	☐	☐	9.	☐	☐
5.	☐	☐			

B. I membri della famiglia. With a partner, give the names of all the possible people in Cinzia's family who could make the following statements. Compare your list to another group's. Are they the same?

1. Ho due figli.
2. Ho una figlia.
3. Ho due cugini.
4. Ho una cugina.
5. Ho tre nipoti.
6. Mio nonno si chiama Riccardo.
7. Sono sposato (*married*).
8. Sono sposata.
9. Ho una zia.

C. L'identità segreta. Secretly assume the identity of one of the people on Cinzia's family tree. Your partner will ask questions about your family to figure out who you are.

ESEMPIO: S1: Chi è Sara?
S2: Mia nonna.
S1: Chi è Silvio?
S2: Mio fratello.
S1: Sei Lucia?
S2: Sì!

D. Un po' di cultura: Le famiglie italiane famose.

Parte prima. Many of the large businesses in Italy are controlled by families. Match these families to their most famous products.

1. la famiglia Agnelli
2. la famiglia Benetton
3. la famiglia Missoni
4. le sorelle Fendi
5. Donatella Versace (la sorella di Gianni)
6. i fratelli Taviani

    a. i film
    b. i vestiti (*clothing*) e gli accessori
    c. la Fiat

Parte seconda. Now match each family to the region of Italy that they are from.

1. la famiglia Agnelli
2. la famiglia Benetton
3. la famiglia Missoni
4. le sorelle Fendi
5. Donatella Versace (la sorella di Gianni)
6. i fratelli Taviani

    a. Calabria
    b. Piemonte
    c. Toscana
    d. Veneto
    e. Lombardia
    f. Lazio

Strutture

Ripasso: Porto i miei amici alla festa

Possessive adjectives

There is a party tonight. Put a ✔ beside each of the following things or people you would like to bring.

☐ le mie amiche
☐ il mio cane
☐ il mio zaino
☐ la mia borsa (*purse*)

☐ i miei CD preferiti
☐ il mio migliore (*best*) amico
☐ il mio libro d'italiano
☐ il mio ombrello

Now, complete these phrases with the appropriate definite article or possessive adjective.

1. _____ miei amici
2. le _____ sorelle
3. _____ mio telefonino
4. la _____ torta preferita

▶ Answers to this activity are in Appendix 2 at the back of your book.

4.1 Com'è tua madre?

Possessives with family members

1 You have probably noticed that the possessive works slightly differently with members of the family. The definite article is *not* used with family members in the *singular*, except for **loro.** Compare the following:

mio padre	**i miei** cugini
tua madre	**le tue** sorelle
suo fratello	**i suoi** nipoti
nostro figlio	**i nostri** nonni
vostra sorella	**le vostre** zie
il loro nipote	**i loro** zii

2 However, the definite article *is used* with **papà/babbo** (*dad*) and **mamma** (*mom*).

il mio babbo   **la** tua mamma

The definite article is also used with singular family members that are modified by an adjective or a suffix.

la mia sorella **maggiore** (*older*)   il vostro nipot**ino** (*little nephew/grandson*)

il nostro fratello **minore** (*younger*)   la tua sorell**ina** (*little sister*)

▶ To learn more about suffixes, see **Per saperne di più** at the back of your book.

In italiano

An abbreviated way of referring to one's parents or relatives is to use the definite article and the possessive only.

—Come stanno **i tuoi**?
—Bene, grazie.

A. L'articolo o no? Complete the phrase with the appropriate definite article, if necessary.

1. _____ mia madre
2. _____ vostra macchina
3. _____ tuoi cugini
4. _____ mio padre
5. _____ mia famiglia
6. _____ loro zio
7. _____ tuo computer
8. _____ sua nipote
9. _____ sua bici
10. _____ loro sorella
11. _____ vostra cugina
12. _____ tuoi nipoti
13. _____ mio fratello maggiore
14. _____ sua figlia minore
15. _____ nostra casa

B. La famiglia di Cinzia.

Parte prima. Read Cinzia's description of her family. Complete the paragraph with the appropriate definite articles, if necessary.

_____¹ mia madre si chiama Maria e _____² mio padre è Antonio. Non ho fratelli—sono figlia unica—ma non mi sento sola (*alone*) perché abitiamo vicino a molti parenti. _____³ miei nonni hanno un appartamento nel nostro palazzo e _____⁴ miei zii, lo zio Ahmed e la zia Aurelia, abitano a due chilometri da noi. Vedo spesso _____⁵ miei cugini perché frequentiamo la stessa scuola. Purtroppo _____⁶ mio zio Salvatore abita in Svizzera, quindi (*therefore*) lo vediamo poco, solo durante le feste.

Parte seconda. With your partner, prepare four questions about Cinzia's family. Here are some helpful question words: **dove, perché, quando.**

ESEMPIO: Dove abita suo zio?

Parte terza. Switch partners and take turns asking each other the questions you have prepared.

C. Come sono?

Parte prima. With a partner, look at the pictures of the following members of Cinzia's family in the **Lessico** section and use at least two different adjectives or expressions to describe the physical and emotional characteristics of each person.

▶ **Attenzione!** See **Capitolo 2, Lessico** if you need help with adjectives, and don't forget to pay attention to agreement!

la nonna	la madre	la zia Aurelia
il padre	il nonno	i cugini

ESEMPIO: Sua madre è giovane e divertente. È magra e ha i capelli…

In italiano

Skin tone in Italian is **la carnagione** (**chiara** [*light*] / **scura** [*dark*]).

Sua madre ha la carnagione chiara.

People of color are described as **persone di colore.**

I suoi cugini sono di colore.

Parte seconda. Based on your characterization of each member of Cinzia's family, what do you think would be their preferred activities on a Sunday afternoon?

▶ See **Capitolo 3, Strutture 3.1** and **3.2** if you need ideas.

ESEMPIO: La domenica pomeriggio sua nonna preferisce giocare a carte.

D. L'intervista.

Parte prima. Make a list of all the members of your family and their names and give it to your partner.

ESEMPIO: mia madre Eleonora; mio padre Giuseppe; mio fratello Giovanni; mio figlio Edoardo; eccetera.

Parte seconda. Your partner must find out the following information about each person by asking the appropriate questions. After the interview, your partner will describe your family to another group or to the class.

nome	età (*age*)	professione	descrizione	attività preferite
la madre, Eleonora				

In Italia

Il rapporto (*relationship*) tra madre e figlio è molto forte. Quando è esagerato, o perché la madre è eccessivamente protettiva nei confronti del figlio (in particolare se è maschio) o perché il figlio adulto ha ancora troppo bisogno della mamma, si dice «il mammismo».

Ripasso: Dove vai?

Interrogatives

Complete each of the following questions with one of the question words below. **Attenzione!** Three questions have more than one right answer. Can you figure out which three they are?

chi	come	perché
dove	quando	che (cosa)*

▶ Answers to this activity are in Appendix 2 at the back of your book.

1. _____ fai domani sera?
2. _____ esci?
3. _____ vai?
4. _____ sei triste?
5. _____ ti chiami?
6. _____ abiti?
7. Con _____ parli?

*The expressions **che / che cosa / cosa** are interchangeable.

In italiano

In Italian, sentences and questions never end with a preposition.

Di dove sei?   Where are you *from*?
Con chi esci stasera?   Who are you going out *with*?

4.2 Quanti anni hai?

The interrogatives *quanto* (how much) and *quale* (which)

As you can see from the examples in the **Ripasso** section above, the endings of most question words never change. The exceptions are **quanto** and **quale,** which are adjectives and therefore agree in gender and number with the noun that follows.

1 When **quanto** is singular, it means *how much,* and when it is plural, it means *how many.*

	SINGOLARE	PLURALE
MASCHILE	**Quanto** caffè bevi?	**Quanti** fratelli hai?
FEMMINILE	**Quanta** pasta prepariamo?	**Quante** sorelle hai?

2 When **quanto** precedes a verb and means *how much,* it is invariable.

Quanto costa?   *How much does it cost?*
Quanto costano?   *How much do they cost?*

3 Use **quale** (*which*) when the answer requires a choice. Since **quale** ends in an **-e,** it only has one singular and one plural form.

	SINGOLARE	PLURALE
MASCHILE	**Qual**e film preferisci?	**Qual**i libri ti piacciono?
FEMMINILE	**Qual**e rivista ti piace, *Vogue* o *People*?	**Qual**i macchine sono veloci?

4 The invariable expression **qual è** means *what*. It is used to ask for information, such as a telephone number, an address, or a favorite color.

Qual è il tuo numero di telefono?

Qual è il tuo indirizzo?

Qual è il tuo colore preferito?

A. Le preferenze.
Formulate questions using the correct form of **quale** to find out your partner's favorites. Pay attention to agreement.

ESEMPIO: Quale squadra (*team*) di calcio preferisci?

1. le attrici
2. il gruppo musicale
3. il programma (alla TV)
4. i film
5. l'insegnante (*instructor*)
6. i corsi
7. la macchina
8. le canzoni

B. Per conoscerci meglio. (*To get to know each other better.*)

Parte prima. Find out more about your instructor or a classmate. Formulate questions by combining elements from the three ovals. Then ask him/her the questions.

ESEMPIO: Che cosa mangi a colazione?

che (cosa)
con chi   quando
perché   a che ora
quale   dove
quanto

fare
studiare   andare
guardare   bere   tornare
comprare   mangiare
ascoltare   uscire   prendere
avere   telefonare
preferire

al lavoro
l'italiano   fratelli   la TV
a casa   la macchina   a pranzo (*lunch*)
a colazione   sport   a cena (*dinner*)
la musica   l'autobus   al cinema
sabato sera   la mattina
a un amico

Parte seconda. Based on the information that you have gathered, come up with two adjectives that describe your partner. Your partner will let you know if you are correct.

C. Tutte le domande. With a partner, come up with all the possible questions that can be answered by the following statements. Pay attention to the subjects of your verbs! See who can come up with the most questions for each statement.

1. Il padre di Mauro è medico.
2. Cinzia ha due cani e un gatto.
3. Rita ed io andiamo a prendere un caffè al bar sabato mattina.
4. Torniamo a casa oggi alle quindici.
5. Gli studenti studiano almeno (*at least*) quattro ore tutti i giorni.
6. Non mi piace ballare!
7. Maria esce con Paolo stasera! Che scandalo!
8. Gli studenti italiani preferiscono l'esame orale, non l'esame scritto (*written*).

D. Regioni d'Italia: Quanti ne hai? (*How many [of them] do you have?*)

Parte prima. Complete the questions with the correct form of **quanto**.

1. _____ regioni ci sono in Italia? Quale regione è la più estesa (*largest*)?
2. _____ catene montuose (*mountain chains*) ci sono in Italia? Come si chiamano?
3. _____ laghi ci sono in Italia? Quali sono i tre laghi più conosciuti? Dove sono?
4. _____ mari (*seas*) circondano (*surround*) l'Italia?
5. _____ abitanti ha l'Italia? Quale regione ha la più alta densità di popolazione (abitanti/km^2 [per chilometro quadrato])?

Parte seconda. In groups answer as many of the questions as you can. Who knows the most about Italy?

In Italia

Se un italiano chiede «Giochi a pallone (*ball*)?» non pensa al baseball, al basket o al football americano. Pensa solo al calcio. Le squadre più famose in Italia sono la Juventus, il Milan, l'Inter, la Roma e la Lazio, ma tutte le città— anche quelle piccolissime—hanno almeno una squadra. Le persone che seguono (*follow*) una squadra si chiamano **i tifosi** (*fans*). **Cinzia fa il tifo per la Juventus. Fare il tifo per** significa *to be a fan of.* **Per quale squadra fai il tifo tu?**

Ripasso: Che fai nel tempo libero?

The present indicative

Here are **i passatempi** (*pastimes*) of Cinzia's family members. Which conjugation does each of these regular verbs belong to, **-are** or **-ere**? Can you conjugate each verb?

Cinzia **guarda** la partita.

Suo zio Salvatore **scia** in montagna.

I suoi nonni **prendono** lezioni di ballo.

Sua madre **dipinge.**

Suo cugino **corre.**

Suo padre **nuota** in piscina.

Sua cugina **cucina.**

I suoi zii, Aurelia e Ahmed, **viaggiano.**

▶ Answers to this activity are in Appendix 2 at the back of your book.

4.3 Sai sciare?

More irregular verbs

▶ To review the conjugation of **avere,** see **Capitolo 2, Strutture 2.2,** and for **fare,** see **Capitolo 3, Strutture 3.4.**

1 There are three irregular verbs whose forms are similar to those of **avere** and **fare.**

▶ Complete the conjugations of **avere** and **fare** and compare them to those of **dare** (*to give*), **sapere** (*to know*), and **stare** (*to be; to stay*).

avere	fare	dare	sapere	stare
	faccio	do	so	sto
		dai	sai	stai
		dà	sa	sta
abbiamo	facciamo	diamo	sappiamo	stiamo
avete		date	sapete	state
		danno	sanno	stanno

▶ Answers to this activity are in Appendix 2 at the back of your book.

study tip

Have you noticed that the **voi** form of irregular verbs is always regular? For example: **avete, fate, date, dite, sapete, state.** Always look for patterns to help you remember. What do the verbs **avere, dare, sapere,** and **stare** have in common?

2 The conjugation of **dire** (*to say, to tell*) is also irregular.

dire
dico
dici
dice
diciamo
dite
dicono

3 Here are some points to remember about each verb:

a. Note the use of the preposition **a** (*to*) in the sentences with **dare.**

Mario **dà** il libro **a** Sandra.	*Mario gives the book to Sandra.*
Diamo i compiti **a** Marco.	*We give the homework to Marco.*

b. There are two verbs that mean *to know* in Italian: **conoscere** and **sapere.**

- **Use conoscere** when you know or are acquainted with a person or place.

Veronica **conosce** mio zio.	*Veronica knows my uncle.*
Conosciamo bene la città.	*We know the city well.*

- Use **sapere** when you know a fact or have knowledge of a situation.

Gina **sa** chi è il primo ministro italiano.	*Gina knows who the Italian Prime Minister is.*
Sappiamo dov'è il ristorante *Stella.*	*We know where the restaurant Stella is.*

- Use **sapere** + infinitive to express *to know how* (to do something).

Mio padre **sa suonare** il violino.	*My father knows how to play the violin.*

c. You have already learned the most common use of **stare,** as in the question, **Come stai? Stare** can also mean *to stay, to remain.*

—**Esci** stasera?
—No. **Sto** a casa.

d. Dire means *to say, to tell*. It is used to report what others say:

Federico **dice:** «Non voglio venire!»	*Federico says "I don't want to come!"*
Antonella **dice** di no, ma Fiona **dice** di sì.	*Antonella says no, but Fiona says yes.*

Note: Dire shouldn't be confused with **parlare** which means *to speak, to talk*:

Parlo italiano.	*I speak Italian.*
Parlo con mia madre.	*I am talking with my mother.*

A. Il verbo appropriato. Choose the appropriate verb.

1. Paolo non _____ alla festa.
   a. esce   **b.** va

2. Io e Marcello _____ molte persone.
   a. conosciamo   **b.** sappiamo

3. Abdul ed io giochiamo a tennis da tre ore. _____ sete!
   a. Siamo   **b.** Abbiamo

4. «Ciao, ragazze! Dove _____?»
   a. andate   **b.** uscite

5. Mio fratello _____ giocare bene a tennis.
   a. conosce   **b.** sa

6. Tu e Fatima _____ i capelli biondi.
   a. siete   **b.** avete

7. Mariella _____ solo 19 anni!
   a. è   **b.** ha

8. I miei genitori _____ un buon ristorante in via Piemonte.
   a. sanno   **b.** conoscono

9. Maurizio non _____ perché Gino non parla con Sergio.
   a. sa   **b.** conosce

10. Andiamo in piscina perché _____ bel tempo.
    a. ha   **b.** fa

11. Sandra _____ al telefono con la sua amica.
    a. parla   **b.** dice

B. Un po' di cultura: Che ne sai? (*What do you know about it?*)

Complete the statements by selecting the appropriate question words, then indicate whether or not you know the facts. Who knows the most answers? Discuss the answers in class.

	sì	no
1. So <u>chi / come</u> si chiama il presidente della Repubblica Italiana.	☐	☐
2. So <u>quanto / quando</u> costa la benzina (*gasoline*) in Italia.	☐	☐
3. So <u>quale / quando</u> l'Italia fu (*was*) unita.	☐	☐
4. So <u>perché / quando</u> i negozi in Italia sono chiusi dalle 13.00 alle 15.30.	☐	☐
5. So di <u>come / dove</u> è Roberto Benigni.	☐	☐
6. So <u>quale / chi</u> inventò (*invented*) il telegrafo.	☐	☐
7. So <u>chi / quale</u> sport preferiscono gli italiani.	☐	☐

C. Regioni d'Italia: I verbi irregolari

Parte prima. Today, Fabrizio and his brothers are visiting Lecce and Susanna and Patrizia are visiting Palermo. Complete their conversations with the correct forms of the appropriate verbs.

andare	bere	essere (2)		
fare (3)	sapere	stare	uscire	

Fabrizio, Renato e Silvio a Lecce

FABRIZIO: Che (noi) _____[1] oggi?

RENATO E SILVIO: Perché non _____[2] una passeggiata in centro e poi prendiamo l'autobus per andare a Taranto dove il mare è splendido? Così prendiamo il sole!

FABRIZIO: Va bene e, mentre (*while*) (noi) _____[3] in centro, visitiamo l'Anfiteatro Romano. È molto interessante!

RENATO: Ma non camminiamo (*walk*) troppo: mi _____[4] male i piedi oggi.

FABRIZIO: Ma dai! In centro c'_____[5] anche una chiesa barocca, la Chiesa di Santa Croce.

SILVIO: Allora, facciamo così: io e Renato _____[6] a Taranto e tu _____[7] qui (*here*) in città a visitare l'anfiteatro e la chiesa. Poi, verso le 20.00, ci vediamo qui e _____[8] qualcosa insieme al bar.

FABRIZIO: Va bene! E per cena? Che programmi avete?

RENATO: Non lo (io) _____[9], ma di sicuro (*certainly*) mangiamo le orecchiette,* la specialità della regione.

SILVIO: Dopo cena (io) _____[10] con delle ragazze che conosco qui in città.

FABRIZIO: E noi?!

Patrizia e Susanna a Palermo

andare (3)	avere	essere (2)	
fare	sapere	venire (2)	

PATRIZIA: Ciao Susanna, che programmi (tu) _____[11] per oggi?

SUSANNA: Prima (io) _____[12] al Palazzo dei Normanni e alla Cappella Palatina. _____[13] che ci _____[14] splendidi mosaici che raccontano (*tell*) la storia dell'Antico Testamento?

PATRIZIA: Hmm, interessante. Io, invece, visito la Galleria Regionale di Sicilia per vedere la collezione di arte regionale. C'_____[15] un quadro molto famoso in questo museo—*L'Annunciata* di Antonello da Messina.

SUSANNA: Che bello! Anch'io vorrei vedere quel quadro. Allora _____[16] con te stamattina. E tu perché non _____[17] con me oggi pomeriggio? (Io) _____[18] a vedere le Catacombe dei Cappuccini.

PATRIZIA: No, grazie! Preferisco _____[19] un po' di shopping. Ma, senti, perché non _____[20] a mangiare dei cannoli dopo? Sono una specialità regionale.

*pasta shaped roughly like little ears

Parte seconda. Match the photos to the places or things mentioned in the conversations.

   a. La Chiesa di Santa Croce, Lecce

   b. La Cappella Palatina, Palermo

   c. La spiaggia, Taranto

   d. Cannoli siciliani

   e. *L'Annunciata* (ca. 1476) di Antonello da Messina

1. _____ **2.** _____ **3.** _____

4. _____ **5.** _____

D. Firma qui, per favore! You are looking for classmates who have certain items or do certain things. Add three items to the list, then go around the room and find at least one person who can answer **Sì** to each. When you find that person, ask him/her to sign his/her name by saying **Firma qui, per favore!**

ESEMPIO: **S1:** Hai una nonna italiana?
   S2: Sì.
   S1: Firma qui, per favore!

Cerco (*I am looking for*) una persona che...	**Firma qui, per favore!**
ha una nonna italiana	
sa contare da 0 a 100 in italiano	
preferisce stare a casa la domenica	
conosce una persona famosa	
*non dice mai bugie**	

*lies

Ripasso: Com'è la tua famiglia?

Adjectives

Read the following comments about the members of Cinzia's family, then describe them using the adjectives provided. **Attenzione!** Be sure to make the nouns and adjectives agree!

agitato   anziano

sportivo   avventuroso

creativo   estroverso   generoso

magro

1. Sara ha 65 anni e Riccardo ha 75 anni.
2. Antonio nuota tre volte (*times*) alla settimana e gioca a calcio ogni weekend.
3. Maria fa foto, dipinge, scrive poesie e canta.
4. Salvatore paga tutto (*everything*) quando i suoi nipoti vanno in Svizzera.
5. Silvio è alto e pesa (*weighs*) 50 chili (*kilograms*).
6. Lucia è sempre preoccupata per gli esami. La settimana prima di (*before*) un esame mangia e dorme poco.
7. Cinzia parla con tutti, anche con le persone che non conosce.
8. Aurelia e Ahmed fanno spesso viaggi esotici con destinazioni poco conosciute (*not well-known*).

▶ Answers to this activity are in Appendix 2 at the back of your book.

4.4 L'italiano è più bello di...

The comparative

In English, comparisons of inequality are usually made by adding *-er* to the adjective or by saying *not as*: *John is taller than Mary* or *Mary is not as tall as John*. In Italian, you use the expressions **più** + adjective + **di** (*more than*) or **meno** + adjective + **di** (*less than*).

Daniele è **più** alto **di** Sara.   Sara è **meno** alta **di** Daniele.

Note that the adjective agrees in number and gender with the subject of the sentence.

Antonio è più sportivo di Maria. *Antonio is more active than Maria.*

Maria è più creativa di Antonio. *Maria is more creative than Antonio.*

Cinzia e Lucia sono più studiose di Silvio. *Cinzia and Lucia are more studious than Silvio.*

Aurelia e Ahmed sono più avventurosi di Maria. *Aurelia and Ahmed are more adventurous than Maria.*

 A. Un po' di cultura: In Italia. Use the information in the **In Italia** box to complete each statement using **più** or **meno**.

1. La popolazione d'Italia è _____ alta della popolazione della Spagna.
2. L'Emilia-Romagna è _____ grande della Toscana.
3. La Sardegna ha _____ abitanti della Sicilia.
4. L'Etna è _____ attivo del Vesuvio.
5. Il Lago di Como è _____ profondo del Lago Maggiore.

B. Ascolta. Remember the twins, Riccardo and Salvatore, from **Capitolo 3**? Listen as your instructor reads statements about them and complete the sentences with either **più** or **meno**.

1. Salvatore è _____ bravo in cucina di Riccardo.
2. Salvatore è _____ timido di Riccardo.
3. Salvatore è _____ paziente di Riccardo.
4. Salvatore è _____ veloce di Riccardo.
5. Salvatore è _____ creativo di Riccardo.
6. Salvatore è _____ pigro di Riccardo.

C. Una graduatoria (*ranking*).

Parte prima. With a partner, rank each of these elements from 1 to 4 (1 = **massimo**, 4 = **minimo**) based on the characteristic given.

veloce
___ una Ford
___ una Ferrari
___ una BMW
___ uno scooter

intelligente
___ Einstein
___ un bambino
___ una scimmia (*monkey*)
___ un classico studente

difficile
___ un corso di fisica
___ un corso di italiano
___ un corso di russo
___ un corso di chimica

divertente
___ un esame d'italiano
___ un concerto
___ una serata a casa
___ un film dell'orrore

▶ To learn about other types of comparisons, see **Per Saperne di più** at the back of your book.

In Italia

Ecco alcuni dati sulla demografia e sulla geografia d'Italia:

Emilia-Romagna: 22.123 km^2

Etna: ultima eruzione 2012

Italia: 60,7 milioni di abitanti

Lago di Como: profondità di 410 m

Lago Maggiore: profondità di 372 m

Sardegna: 1.675.411 abitanti

Sicilia: 5.051.075 abitanti

Spagna: 46,7 milioni di abitanti

Toscana: 22.993 km^2

Vesuvio: ultima eruzione 1944

Parte seconda. Make a series of statements comparing the items in each group. Discuss your comparisons with those of another group or the class. Do you agree?

ESEMPIO: Un corso d'italiano è più facile di un corso di chimica.
   o
   Un corso di chimica è più difficile di un corso d'italiano.

⬤ D. Culture a confronto: Il sondaggio.

Parte prima. Choose the options that best complete the following statement about the United States.

Secondo te, rispetto a 10 anni fa (*years ago*), gli Stati Uniti sono un paese (*country*)…

1. _____ meno felice   _____ più felice
2. _____ meno rispettoso delle leggi   _____ più rispettoso delle leggi
   (*of the laws*)
3. _____ meno unito   _____ più unito
4. _____ meno solidale (*solidly   _____ più solidale
   behind a common cause*)
5. _____ meno importante in ambito   _____ più importante in ambito
   (*environment*) internazionale   internazionale

Grammatica dal vivo:
Il comparativo

Go to **Connect Italian** to watch an interview with Alessia in which she compares American and Italian films. Then, do the comprehension activities.

McGraw Hill **connect**
ITALIAN
www.connectitalian.com

Parte seconda. Study the graph created by Demos & Piper, an Italian research institute, and compare your opinions about the United States with Italians' responses in 2011 to the same questions about Italy. Do Americans and Italians feel the same way about their countries? What are the similarities and the differences?

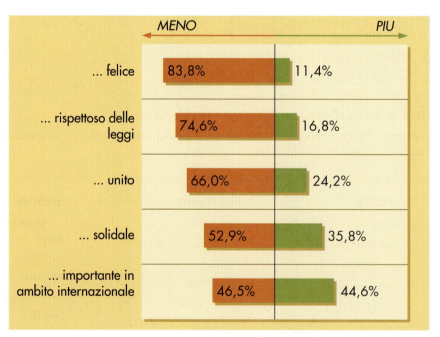

Source: Demos & Piper

Ascoltiamo!

La famiglia italiana oggi

Italy is not a state. It is a collection of families. —Italian aphorism

The importance of family has always been central in Italian culture. Family structure itself, however, changed dramatically in the period following World War II in response to rapid industrialization, urbanization, and emigration. Despite the changes that have occurred, Italian identity continues to be largely defined by family.

A. Osserva ed ascolta. Watch and listen as Federico describes how different today's Italian family is from the traditional Italian family of the past. During the presentation, pay attention to his facial expressions, intonation, and gestures as well as to what he says, along with the accompanying images and captions to understand the meaning.

B. Completa. Complete the following sentences, *making them all true* by inserting either **più** or **meno.**

1. Oggi in Italia i matrimoni sono _____ numerosi che in passato; _____ persone abitano da sole.
2. La popolazione italiana oggi ha _____ anziani e _____ bambini.
3. Le famiglie dei nuovi immigrati hanno _____ bambini delle famiglie italiane di origine.
4. _____ italiani hanno membri della famiglia che abitano in città differenti.
5. _____ nonni abitano con figli e nipoti.
6. _____ italiani sono agricoltori (*farmers*).
7. Oggi la Chiesa cattolica ha _____ controllo sulla vita degli italiani.
8. Nell'Italia moderna, _____ donne italiane hanno una professione.

C. Tocca a te! Answer the following questions.

C'è una grande varietà tra le famiglie moderne. Quanti tipi diversi di famiglie conosci tu? Chi sono i membri di queste famiglie?

Leggiamo!

Come leggere un'opera d'arte: La famiglia Gonzaga nella Camera degli Sposi

A. Prima di leggere. The first step in reading a work of art is **l'identificazione.** What are the five basic questions that one needs to answer to identify a work of art? Match the question words (1–5) with the rest of the phrase (a.–e.) to formulate the appropriate questions.

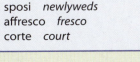

PAROLE PER LEGGERE

camera   *room, bedroom*
sposi   *newlyweds*
affresco   *fresco*
corte   *court*

1. Come
2. Quando
3. Chi
4. Dove
5. Con quale materiale

a. si trova (in quale museo)?
b. si chiama l'opera?
c. è l'artista?
d. è fatta (e.g., olio su tela, tempera su tavola)?
e. è stata fatta l'opera (*was the work made*)?

B. Al testo!

Parte prima. Use the caption that accompanies this fresco to answer the questions you created in **Prima di leggere**. Did your questions capture all the information?

Della corte (1465–1474), Andrea Mantegna (Camera degli Sposi, Palazzo Ducale, Mantova, affresco)

Parte seconda. The second step of the process of reading a work of art, **la descrizione**, describes what it contains. **Attenzione!** A description isn't an interpretation; it simply states what is there. Describe the fresco by completing the statements using **c'è / ci sono** and filling in the correct information. The first has been started for you.

1. Ci sono _____ persone.
2. [C'è / Ci sono] _____ berretti (*caps*) rossi.
3. [C'è / Ci sono] _____ bambini.
4. [C'è / Ci sono] _____ cane.
5. [C'è / Ci sono] _____ giovane donna.
6. [C'è / Ci sono] _____ signore con i capelli bianchi e un berretto nero.

Parte terza. Now read the descriptions of the Gonzaga family members who appear in the fresco and see if you can identify the members (1–8) of the family in the painting.

1. **Ludovico II,** il Signore di Mantova, è la figura principale. Tiene in mano una lettera.
2. **Barbara di Brandeburgo,** una donna bruttissima, è la moglie di Ludovico.
3. **Gianfrancesco,** il figlio di Ludovico e Barbara, è il signore corpulento, vestito di giallo, tra (*between*) il padre e la madre.
4. La ragazza bruna che offre una mela (*apple*) a Barbara è l'ultima figlia, **Paola.**
5. Dietro (*Behind*) Paola c'è suo fratello, il giovane **Ludovico.**
6. Il giovane signore dietro Barbara è suo figlio **Rodolfo.**
7. La giovane donna dietro Rodolfo è sua sorella **Barbarina,** chiamata «la bella».
8. Sotto (*Under*) la sedia di Ludovico c'è **Rubino,** il suo cane preferito.

(continued)

study tip

When listening and reading, instead of focusing on what you don't know, work with what you do. Often the context, or words that come before or after, or asking a few questions on your part, will help you figure it out!

Retro

The term **condottiere** has been borrowed directly into English from Italian, but do you know its history? To learn more about mercenary soldiers and the Gonzaga family's connection to them, go to **Capitolo 2, Retro** in **Connect Italian.**

connect ITALIAN
www.connectitalian.com

▶ To read about another famous Italian family from the same period, see **Capitolo 4, Cultura, Leggiamo!** in the *Workbook / Laboratory Manual.*

Scriviamo!

Bamboccioni° o no?

Peter Pan syndrome

Read the following statistics on an Italian—and apparently increasingly global—phenomenon. Talk it over with a partner. Then respond to the questions in a paragraph of about 40 words.

> **Secondo l'Istat quasi l'80% degli italiani tra i 18 e i 39 anni vive ancora a casa con i genitori.**
>
> In Inghilterra si chiamano «kippers», che sta per «kids in parents' pockets eroding retirement savings». In Germania sono chiamati «nesthockers», i figli che non lasciano il nido. In Giappone ci sono i «parasaito shinguru», single parassiti.
>
> In Italia quasi la **metà degli uomini** (il 47,7%) e quasi un **terzo delle donne** (il 32,7%) tra i 25 e i 34 anni **vive ancora con i genitori.** La maggior parte delle persone lo fa perché **non ha una reale alternativa.** Le motivazioni sono principalmente economiche: o perché i figli non trovano lavoro o perché il lavoro paga troppo poco. È anche vero che vivere con i genitori **fa comodo** e le famiglie italiane sono generalmente molto unite.
>
> **Cose ne pensate?** Anche voi vivete ancora con i vostri genitori o pensate di andar via di casa appena* possibile? Quali sono i pro e i contro di vivere con i genitori dopo la laurea?

as soon as

Parliamo!

Mamma!

What if you were trying to find long-lost family members and you had some pieces of information, but not many to go on? Your instructor will give each student a card with information about an imaginary person (**nome, stato civile** [marital status], **città dove abita, professione, eccetera**). Everyone will go around the room, meet each other and ask and answer questions in Italian to find the other members of their imaginary families. When you think you've found everyone, sit down together in a group. When everyone is seated, be prepared to introduce your family member(s) to the rest of the class.

Guardiamo!

FILM *Ricordati di me*

(Commedia. Dramma. Italia. 2003. Gabriele Muccino, Regista. 125 min.)

RIASSUNTO: The Ristuccia family is in crisis as each member attempts to realize a dream: father Carlo (Fabrizio Bentivoglio), bored by his job and marriage, reignites a previous love interest with Alessia (Monica Bellucci); mother Giulia (Laura Morante) tries to reestablish a long abandoned acting career; son Paolo (Silvio Muccino) struggles to win friends, and daughter Valentina (Nicoletta Romanoff) fights to land an audition as a dancer on a popular TV show.

SCENA: (DVD) Credits and opening scene, which depict a typical morning for the Ristuccia family.

A. Anteprima.

Parte prima. This clip begins the film and serves to introduce the main characters. To do so, the opening scene moves from a wide perspective to an increasingly smaller one. Number the following objects from 1–4 in the order in which you expect them to appear.

_____ **la casa**   _____ **la città**   _____ **il materasso** (*mattress*)

_____ **il quartiere** (*neighborhood*)

Parte seconda. Now pretend you are the narrator, pointing out the things that "belong" to Carlo and Giulia.

ESEMPIO: Questa è la loro città. Questo è…

B. Ciak, si gira!

Parte prima. Match each family member with his/her description. **Attenzione!** Some of them have more than one description that applies.

1. Carlo _____.
2. Giulia _____.
3. Paolo _____.
4. Paolo e Valentina _____.

a. dormono
b. strilla (*yells*)
c. porta l'Ovomaltina al figlio
d. puzza (*stinks*)
e. guida la maccchina
f. vanno a scuola
g. hanno sonno
h. ha fretta (*is in a hurry*)

Parte seconda. With a partner, write a description of one of the characters. When you have finished, present this person to the class without giving his/her name. See if the others can guess who it is.

C. È fatto! Answer the following questions.

1. Questa è una famiglia moderna o tradizionale? Perché?
2. La loro routine di mattina è simile o diversa dalla routine della tua famiglia?

Profilo | ▼   Amici | ▼   Reti | ▼   Cassella | ▼

Il blog di Emiliano—Roma

Il Foro romano

Nome: Emiliano Betti

Età: 33 anni

Professione: ingegnere informatico

Ecco la mia zona preferita di Roma, il centro «vero» dei monumenti. In mezzo a tanta storia c'è molta vita.

Mi piacciono: le lunghe passeggiate nel parco, il cinema all'aperto d'estate, il gelato in Via Tor Millina (*Take It Easy Ice*).

Video Connection

Per vedere Roma e i posti preferiti di Emiliano, guarda il video **Il blog di Emiliano** sul video di *Avanti!*

www.connectitalian.com

Vocabolario

Domande ed espressioni

Che (+ *adj.*)
  Che bello(a/i/e)! — How beautiful!
  Che furbo(a/i/e)! — How clever!
Che (+ *n.*)
  Che disastro! — What a disaster!
  Che genio! — What a genius!
  Che scemo(a/i/e)! — What a moron/idiot!
  Che schifo! — How gross/disgusting!
  Che mattone! — What a bore!
Che (+ *adj.* + *n.*)
  Che bella macchina! — What a beautiful car!
  Che bell'idea! — What a great idea!
Che (+ *n.* + *adj.*)
  Che film noioso! — What a boring film!
Chi è? — Who is it?
Chi sei? / Chi è? — Who are you (*inform./form.*)?
Cos'è? — What is it?
Cosa fai? / Cosa fa? — What do you (*inform./form.*) do for a living?

più/meno (+ *adj.*) + **di** — more/less than
  più alto di — taller than
  meno interessante di — less interesting than

Verbi

conoscere — to know (*a person or place*)
correre — to run
cucinare — to cook
dare — to give
dipingere — to paint
dire — to say, to tell
fare il tifo per — to be a fan of, to cheer for
nuotare (in piscina) — to swim (in the pool)
prendere — to take
  prendere l'aereo — to travel by plane
  prendere l'autobus — to take the bus
  prendere un caffè — to have a coffee
  prendere lezioni di… — to take lessons in . . .
  prendere il sole — to sunbathe
sapere — to know (*a fact*)
sapere (+ *inf.*) — to know (*how to do something*)
sciare — to ski
stare — to be; to stay, to remain
viaggiare — to travel

Sostantivi (la famiglia)

la casalinga — housewife
il cugino / la cugina — cousin
la famiglia — family
il figlio / la figlia — son/daughter
il fratello — brother
i genitori — parents
la madre — mother
il marito — husband
la moglie — wife
il nipote / la nipote — grandson/granddaughter; nephew/niece
il nonno / la nonna — grandfather/grandmother
il padre — father
i parenti — relatives
la sorella — sister
lo zio / la zia — uncle/aunt

Aggettivi

agitato — excited, nervous
avventuroso — adventurous
creativo — creative
divorziato — divorced
generoso — generous
maggiore — older
minore — younger
separato — separated
sportivo — athletic
sposato — married
unico — sole, only

Altri sostantivi

la carnagione (chiara/scura) — (light/dark) skin tone
(una persona) di colore — (person) of color

Interrogativi

che (cosa) — what
chi — who
come — how
dove — where
perché — why; because
qual è… ? — what is . . . ?
quale — which
quando — when
quanto — how much; how many

A tavola!

SCOPI

IN THIS CHAPTER YOU WILL LEARN:

- to invite someone to do something
- to accept and decline invitations
- to make excuses
- restaurant terms and items on an Italian menu
- to talk about extreme qualities
- to talk about what you have to do, can do, and want to do
- to specify where, when, and with whom activities take place
- to express unspecific quantities of things
- about Italian meals and dining etiquette

La Vucciria (1974), Renato Guttuso (Università degli Studi di Palermo, olio su tela)

www.connectitalian.com

Ti piacerebbe... ? / Le piacerebbe... ?

Inviting someone to do something

To ask someone if he/she would like to do something, say:

(tu)
Ti piacerebbe + infinitive . . . ?
Ti piacerebbe guardare la TV?

(Lei)
Le piacerebbe + infinitive . . . ?
Le piacerebbe fare una passeggiata in centro?

 A. Osserva ed ascolta.

Parte prima. Osserva ed ascolta come questi italiani si presentano e come rispondono alla domanda: «Ti/Le piacerebbe visitare gli Stati Uniti?» Scrivi il nome di ogni persona sotto la foto: **Cristina, Gaia Brilli, Lorenzo Maioli, Maria Alfonsa Amendola, Sara.**

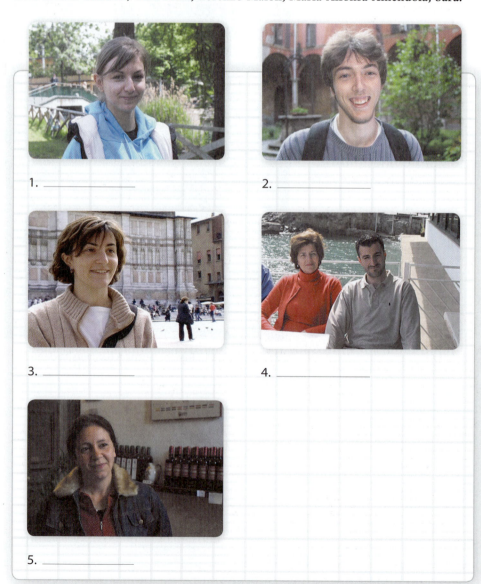

1. _____

2. _____

3. _____

4. _____

5. _____

Parte seconda. Dividi le persone che hai appena ascoltato (*that you just listened to*) in due gruppi. Scrivi il nome della persona nella categoria appropriata.

Sì, mi piacerebbe visitare gli Stati Uniti.	No, non mi piacerebbe visitare gli Stati Uniti.

- Instead of replying simply **sì** or **no** to an invitation, you can express agreement or indecision with any one of the following answers, or you may use them in combination.

  Sì! Certo! Come no?!   *Yeah! Sure! Why not?!*
  Beh. Insomma.   *Well. Not really.*

  —**Ti piacerebbe cenare fuori?**
  —**Certo! Mi piacerebbe provare** (*to try*) **quel nuovo ristorante.**
  (Beh. Insomma. Perché non stiamo a casa?)

- **Attenzione!**

  Ti/Le piace means   **Ti/Le piacerebbe** means
    Do you like . . . ?   *Would you like . . . ?*
  —**Ti piace ballare?**   —**Ti piacerebbe ballare?**
  —**Sì, molto!**   —**Sì, grazie! Mi piacerebbe molto.**

B. Mi piacerebbe visitare...

Parte prima. Indica (✓) tutti i paesi che ti piacerebbe visitare.

1. _____ l'Italia
2. _____ l'Australia
3. _____ il Messico
4. _____ la Cina
5. _____ la Turchia
6. _____ il Giappone
7. _____ il Brasile
8. _____ la Nuova Zelanda

Parte seconda. Invita il tuo compagno / la tua compagna a visitare i paesi con te.

ESEMPIO: **S1:** Ti piacerebbe visitare l'Italia?
             S2: Certo! (Insomma.)

- When you accept or decline an invitation, be sure to add **grazie.**

  (tu)   **(Lei)**
  —**Ti piacerebbe prendere**   —**Le piacerebbe visitare il Museo**
    un gelato?   **del Duomo?**
  —**Grazie, ma sono a dieta.**   —**Sì, grazie. Mi piacerebbe molto.**

- **Attenzione!** Italians say **grazie** in instances where North Americans might say *please:*

  —**Prendi un caffè?**
  —**Sì, grazie.**

C. Ti piacerebbe... ?

Parte prima. Invita un tuo compagno / una tua compagna a fare le seguenti attività. Scrivi le risposte del tuo compagno / della tua compagna: ne avrai bisogno (*you will need them*) per la seconda parte di quest'attività.

ESEMPIO: **S1:** Ti piacerebbe vedere un film?
S2: Sì, certo!

		sì	mah	no
1.	vedere un film	☐	☐	☐
2.	fare una passeggiata	☐	☐	☐
3.	studiare insieme	☐	☐	☐
4.	prendere un gelato	☐	☐	☐
5.	cenare fuori (*out [in a restaurant]*)	☐	☐	☐
6.	andare in palestra (*gym*)	☐	☐	☐
7.	giocare a calcetto*	☐	☐	☐

- Here are other ways to invite someone to do something, expressing *Do you want . . . ?*:

(tu)	(Lei)
vuoi + infinitive	**vuole** + infinitive
ti va di† + infinitive	
—Vuoi entrare?	—Vuole vedere il menu?
—Ti va di ballare?	

- You can also use the **noi** form, which means *Let's . . . .*

—Mangiamo?
—Volentieri! Ho fame!

Parte seconda. Con un compagno / una compagna mettetevi d'accordo (*agree*) su un'attività da fare insieme. Poi organizzate tutti i particolari.

ESEMPIO: **S1:** Allora, vuoi vedere un film, eh? Quale?
S2: (*titolo di un film*). Va bene?
S1: Sì, sì, benissimo. Quando?
S2: Domani sera?
S1: OK. A che ora? (*eccetera*)

---

*Five-a-side: This is soccer with five players (instead of 11) on each side, played on a smaller field.
†You've already seen **Ti va di....** It is the equivalent of *Do you feel like . . . ?*

Grazie, ma non posso

Declining an invitation and making excuses

- Whereas Americans may offer something once and, if the other person says "no, thanks" consider the matter settled, Italians consider it polite to decline the first offer, so as not to appear too eager or to cause their host any trouble. The host may offer a second (and possibly even a third time) before the offer is accepted.

  —Prendi un caffè?
  —No, no, grazie.
  —Sicuro?
  —Grazie, ma no. Non voglio disturbare. (*I don't want to bother you.*)
  —Ci mancherebbe altro.* Preparo il caffè!
  —Allora, sì, grazie.

- Sometimes **no,** even with its accompanying **grazie,** is just too abrupt. In those cases, a reason for the refusal may be in order. Here are a few ways to soften the **no:**

non posso	*I can't*
devo	*I have to* + infinitive
forse	*maybe*
un'altra volta	*another time*
ho un altro impegno	*I have something else I have to do*

A. Perché no?

Parte prima. Abbina a ogni invito una scusa appropriata.

1. Ti piacerebbe fare una passeggiata dopo cena?

2. Vuoi venire con noi al nuovo discopub sabato?

3. Ti va di fare un giro in moto?

4. Ti piacerebbe venire a pranzo domenica?

a. Grazie, ma non posso. Vado a trovare gli zii questo weekend.

b. Grazie, ma non posso. Stasera devo studiare.

c. Grazie, ma non posso. Non ho il casco (*helmet*).

d. Grazie, ma non posso. Non so ballare.

Parte seconda. Controlla (*Check*) le tue risposte rivolgendo (*by extending*) un invito a un compagno / una compagna e rispondendo al suo.

***Ci mancherebbe altro** does not have a direct translation in English. It's the equivalent of saying *Not a problem! No big deal!*

B. Grazie, ma...

Ritorna alla lista delle attività elencate in Attività C, **Ti piacerebbe… ?** a pagina 116. A turno, invita un compagno / una compagna a fare le attività con te. Se lui/lei rifiuta (*refuses*), deve offrire (*must offer*) una scusa.

ESEMPIO: **S1:** Vuoi vedere un film stasera?

S2: Sì, grazie! (Grazie, ma non posso. Ho un altro impegno.)

C. Dove vuoi mangiare?

Parte prima. Osserva le pubblicità di alcuni ristoranti. Lavora con un compagno / una compagna e decidete dove cenare insieme a Bologna.

ESEMPIO: **S1:** Ti piacerebbe mangiare da Nicola's?

S2: No, non mi va di mangiare una pizza.

S1: Allora, preferisci… ?

TAVERNA PARTENONE

Ambiente: Il locale si trova in **pieno centro**, a metà strada tra Piazza Maggiore e Piazza VIII Agosto. Facile da raggiungere anche a piedi, ha due sale arredate in modo semplice e confortevole.

Tipo di cucina: I piatti tipici e le specialità greche sono tutte a base di carne e verdure: Musakà, Suvlakki, Kleftiko, Kurabies.

Tutti i clienti possono avere uno sconto del 20% a mezzogiorno, escluso il sabato.

I possessori di Carta Giovani possono avere uno sconto del 25% a pranzo e cena, escluso il sabato.

Spesa media: 18.00 euro

Piazza S. Martino, 4/a
051 230185
Aperto dal martedì alla domenica, dalle 12.30 alle 14.30 e dalle 19.30 alle 23.30
Chiuso il lunedì

Clorofilla – vegetariano

Strada Maggiore, 64/c
051 235343
Aperto dal lunedì al sabato dalle 12.15 alle 15.00 e dalle 19.30 alle 24.00
Chiuso la domenica
Bus: 14,18,25,27 – Fermata Strada Maggiore

Ambiente: È un ristorante vegetariano, nel pieno centro della città. La sua cucina, genuina e appetitosa, conquista anche gli amanti della carne!

Attenzione! Il locale non prevede zona fumatori.

Tipo di Cucina: Tra le specialità ricordiamo i wurstel vegetali, i vari centrifugati di frutta e verdura fresca, le numerose e diversissime insalate.

Tra i dolci trovate la torta clorofilla al cacao o alle fragole e la torta di carote e mandorle.

Spesa media: 20 euro

Nicola's

Piazza San Martino, 9
40126 Bologna
051232502
aperto dalle 12.00 alle 15.00 e dalle 19.00 alle 24.00
chiuso il martedì
Bus 50 Piazza San Martino

Ambiente. La pizzeria si affaccia sulla suggestiva Piazza San Martino. Il locale è molto accogliente.

In primavera e in estate i tavoli vengono disposti all'aperto ed è possibile mangiare in mezzo al panorama della bella piazza.

Cucina. La pizza di Nicola's è buonissima ed è fatta secondo la vera tradizione napoletana.

Spesa media: 10–12 euro

Parte seconda. Spiegate la vostra decisione alla classe.

ESEMPIO: Mangiamo al Clorofilla perché siamo vegetariani.

Tutti a tavola!

Restaurant terms and items on an Italian menu

▶ Studia il menu e rispondi alle seguenti domande.

La Torre

Via delle due Torri, 46
Bologna

Antipasto

paté di fegato 4,50
liver pâté

prosciutto e melone 6,00
cured ham and melon

salmone affumicato. 10,30
smoked salmon

affettati misti 8,50
assortment of sliced meats and sausages

Primi Piatti

tortellini in brodo 7,00
tortellini in broth

gnocchi al sugo di pomodoro . 6,50
dumplings with tomato sauce

risotto alla marinara 8,50
creamy rice with seafood

spaghetti alla bolognese 6,30
spaghetti with meat sauce

Secondi Piatti

braciola di vitello 9,30
veal cutlet

pollo arrosto con funghi 8,00
roast chicken with mushrooms

pescespada alla brace 13,00
charcoal-grilled swordfish

bistecca fiorentina 15,00
Florentine steak

Contorni

peperoni alla griglia 3,50
grilled peppers

zucchine e fagiolini 5,20
zucchini and green beans

patate fritte 3,70
french fries

insalata mista 3,00
mixed salad

Formaggi

mozzarella di bufala 6,50
fresh buffalo milk mozzarella

gorgonzola 5,00
Gorgonzola cheese

parmigiano 5,50
Parmesan cheese

formaggi misti 8,50
mixed cheeses

Dolci

frutta fresca di stagione 4,50
seasonal fresh fruit

gelato alla crema 3,50
cream ice cream

torta al cioccolato 5,00
chocolate cake

Bevande

vino della casa   house wine
mezzo litro (1/2 liter) 4,00
litro 6,00

Pinot/Chardonnay 20,00

Merlot/Lambrusco 18,00

acqua minerale (naturale/frizzante)
mineral water (still/sparkling)
mezzo litro   (1/2 liter) 2,00
litro 3,00

birra   beer
piccola 2,00
media 3,00

coperto (cover charge)*: 2,50*

(continued)

1. Quando si mangia (*does one eat*) l'antipasto, prima (*before*) o dopo (*after*) il primo piatto?

2. Qual è la differenza tra il primo piatto e il secondo piatto?

3. Con quale piatto si mangia il contorno?

4. Quando si mangia il formaggio, prima o dopo il dolce?

In Italia

- Alla fine del pasto il cameriere porta **il conto.** Alcuni ristoranti aggiungono (*add*) **un coperto** (*cover charge*) per ogni persona. **Il servizio** (*service charge*) può essere incluso nel conto. Se no, **una mancia** (*tip*) dal 10 al 15% (per cento) è lasciata (*is left*) sul tavolo, ma non alle tavole calde o ai locali self-service.

- Di solito in Italia il cameriere porta un unico conto per tutte le persone al tavolo. Quando si divide il conto in parti uguali, si dice **fare alla romana.**

▶ Answers to these activities are in Appendix 2 at the back of your book.

🇮🇹 **Un po' di cultura: Dove mangiamo?** Abbina il tipo di locale alla descrizione giusta.

1. il ristorante
2. la pizzeria
3. la tavola calda
4. l'osteria
5. la trattoria

a. serve la pizza al taglio (*by the slice*) e altri piatti già pronti

b. un locale formale; si mangia il primo, il secondo e il dolce

c. un locale molto informale; offre più che altro (*primarily*) la pizza e poi un numero limitato di primi e secondi

d. simile al ristorante ma meno formale e meno cara

e. offre il vino e la birra con pasti semplicissimi

Apparecchiamo!°

Let's set the table!

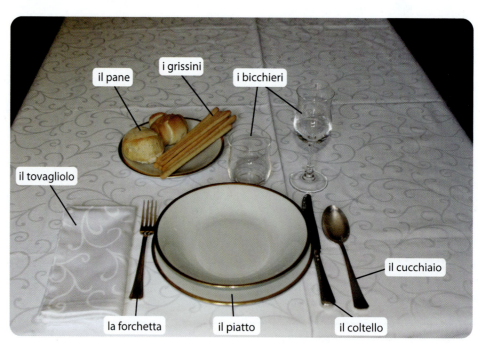

il pane · i grissini · i bicchieri · il tovagliolo · il cucchiaio · la forchetta · il piatto · il coltello

Quali posate (*silverware*) usi per mangiare questi cibi?

la bistecca	il brodo
il gelato	le lasagne	i piselli (*peas*)
il tiramisù	la torta al cioccolato

ESEMPIO: Mangio i broccoli con la forchetta.

A. La piramide della dieta.

La piramide della dieta rappresenta la distribuzione in frequenza e quantità di tutti gli alimenti principali compresi (*included*) nella dieta mediterranea. Alla base troviamo gli alimenti (*foods*) che possiamo consumare tutti i giorni, mentre quelli al vertice (*top*) sono da consumare meno frequentemente. Guarda il menu alla pagina 119 e decidi in quale categoria inserire i vari piatti.

LA PIRAMIDE DELLA DIETA MEDITERRANEA

consumo mensile — Carne rossa

consumo settimanale — Dolci — Uova — Carni bianche — Pesce

consumo quotidiano — Formaggi, yogurt — Olio extravergine di oliva — FRUTTA — LEGUMI — VERDURE — PANE, PASTA, RISO, PATATE, ECC

In Italia

In Italia ci sono più di 165 formati (*shapes*) di pasta. Alcuni sono di colori diversi. Quanti formati di pasta conosci tu?

Il Museo Nazionale delle Paste Alimentari è a Roma, vicino alla Fontana di Trevi. Al museo puoi imparare (*learn*) la storia della pasta e della sua produzione.

B. I piatti.

Parte prima. A quali piatti associ questi cibi?

l'antipasto	il secondo	il dolce	il primo	il contorno

1. gli scampi alla brace
2. i calamari fritti
3. il minestrone (*vegetable soup*)
4. le patate lesse (*boiled*)
5. le linguine
6. il tiramisù

7. i ravioli al prosciutto
8. i piselli
9. la bruschetta
10. le lasagne verdi
11. il coniglio (*rabbit*)

Parte seconda. Dove si trovano questi cibi nella piramide della dieta mediterranea? Ogni quanto bisogna mangiare questi cibi?

C. Regioni d'Italia: La cucina italiana. Non c'è una cucina «italiana». In Italia, ogni regione ha la propria cucina con le sue specialità. Abbina ogni città alla sua specialità. Se non sai la risposta, cercala su Internet. Un abbinamento è già stato fatto. **Attenzione!** Una città ha più di una specialità.

1. Genova		**a.**	l'aceto balsamico
2. Firenze		**b.**	la pizza
3. Napoli		**c.**	il risotto
4. Milano		**d.**	il pesto
5. Bologna		**e.**	la pasta fresca (le tagliatelle, i tortellini)
6. Parma		**f.**	l'amatriciana*
7. Modena		**g.**	la bistecca fiorentina
8. Roma		**h.**	la mortadella
		i.	il parmigiano

D. Da ordinare o da evitare (*avoid*)? Queste persone mangiano stasera a La Torre. Quali piatti e/o bevande ordinano e quali evitano?

ESEMPIO: **S1:** Maria è a dieta.

S2: Allora ordina il pollo arrosto e l'insalata. Evita la pasta e la torta al cioccolato.

1. Gianni non ha molta fame.

2. Salvatore e Giacomo hanno molta fame.

3. Sara e Abbas sono vegetariani.

4. Giovanni ha mal di pancia.

5. Rita va in palestra dopo cena.

6. Omar è astemio (non beve alcolici).

7. Riccardo ha fretta.

8. Marco non mangia carboidrati.

E. Non mangio mai...

Parte prima. Guarda il menu di La Torre a pagina 119 e fai una lista di cinque cibi e bevande che non mangi o non bevi mai.

Non mangio mai...	Non bevo mai...
1. *il formaggio*	1. *la birra*
2.	2.
3.	3.
4.	4.
5.	5.

Parte seconda. Intervista tre compagni/compagne e segna (✓) se loro evitano gli stessi (*same*) cibi e bevande.

ESEMPIO: **S1:** Non mangio mai il fegato. Maria, tu mangi il fegato?

S2: No, non mangio mai il fegato. (✓)

Parte terza. Con chi hai più cose in comune? Riferisci i risultati ai compagni.

ESEMPIO: Io e Maria non beviamo mai il vino, non mangiamo mai il fegato...

---

*This traditional Italian pasta sauce is made from **guanciale** (*cured pork cheek*), pecorino cheese, and tomato. Named after the town of Amatrice (in the mountainous province of Rieti in the Lazio region), where it originated, it is one of the best-known pasta sauces in Roman and Italian cuisine. It has been designated as Lazio's **prodotto agroalimentare tradizionale.**

F. Ordiniamo! (*Let's order!*)

Il Menu

Antipasti
Sformatino[1] di carciofi e piselli in salsa delicata
Varietà di antipasti tipici siciliani caldi e freddi
Gran[2] fritto di verdure fresche di stagione e formaggi

Primi piatti
Raviolini in salsa di pistacchi e mandorle[3]
Tagliatelle ai funghi porcini dell'Etna
Zuppa di funghi

Secondi piatti
Bocconcini[4] di pollo dorati[5] all'aceto balsamico
Filettino di bue[6] con funghi e marsala
Pesce del giorno
(I piatti sono tutti guarniti con un contorno).

Dessert
Semifreddo[7]
Sorbetto al limone

[1]*soufflè* [2]*Gran = grande* [3]*pistacchi... pistachios and almonds*
[4]*nuggets (literally, little mouthfuls)* [5]*golden* [6]*filettino... filet
mignon* [7]*ice cream cake (literally, half-cold)*

Parte prima. Il signor Cecchi cena da solo al ristorante. Il cameriere ha già portato (*already brought*) un litro di acqua frizzante e adesso il signor Cecchi deve ordinare. Completa il dialogo.

IL CAMERIERE: Cosa desidera (*want*)?

IL SIGNOR CECCHI: Come primo vorrei (*I would like*) _____.[1]

IL CAMERIERE: E da bere?

IL SIGNOR CECCHI: _____.[2]

IL CAMERIERE: E come secondo?

IL SIGNOR CECCHI: _____.[3]

IL CAMERIERE: Desidera altro?

IL SIGNOR CECCHI: _____.[4]

Parte seconda. Lavora con un compagno / una compagna. A turno, svolgete il ruolo del cameriere e del cliente. Usate il menu del ristorante La Pigna. Ricordate di usare le forme formali!

ESEMPIO: S1: Cosa desidera come antipasto?
S2: Vorrei...
S1: E come primo?

5.1 Il più buono!

The superlative

▶ Completa le frasi con la parola appropriata. Scegli tra le seguenti parole.

affermati (*successful*) · antica (*ancient*) · autentica · famoso · piccolo

▶ Answers to this activity are in Appendix 2 at the back of your book.

In italiano

You have already learned two meanings of **pasta**: *pastry* and *pasta*. The masculine form, **il pasto**, means *meal*.

Retro

La pizza è uno dei cibi più popolari in tutto il mondo. Puoi leggere la sua storia in **Capitolo 5, Retro** su **Connect Italian**.

▶ **Video Connection:** In the video segment that accompanies **Il blog di Enrica Viparelli, Capitolo 16,** you can watch a **pizzaiolo** making a **pizza margherita** in the pizzeria where the first **margherita** was made 100 years ago.

1. **Il ristorante più** _____ **del mondo** (*world*) si trova a Vacone, un piccolo villaggio in provincia di Rieti a 68 km a nord di Roma. Solo per Due ha un solo tavolo e accetta solo due persone a pasto. Il menu è basato su una selezione di ingredienti freschi e si offrono solo i vini italiani migliori.

2. L'Hostaria dell'Orso è **l'osteria più** _____ **di Roma.** Aperto da Gualtiero Marchesi nel 2001, si trova a pochi passi da Piazza Navona, in uno stupendo edificio che risale alla fine del 1400. Nel passato una taverna, un hotel e un night-club, oggi è un ristorante elegante che offre anche un pianobar e una discoteca.

3. Gualtiero Marchesi è **lo chef italiano più** _____ **del mondo.** Il primo ristoratore a ricevere le «tre stelle (*stars*)» della guida Michelin Italia nel 1985 è innovatore (*innovative*), intuitivo e amante (*lover*) della buona cucina. Nella sua cucina si sono formati molti de**gli chef italiani più** _____.

4. Il classico piatto italiano è la pizza, di cui (*of which*) ci sono diversi tipi famosissimi. Ma **la pizza più** _____ è la pizza marinara di Napoli, con pomodoro, aglio, olio ed origano. Da non dimenticare il calzone (pizza imbottita [*stuffed*] con salumi, ricotta e formaggi) e la pizza fritta (*fried*), uguale al calzone ma interamente fritta nell'olio!

1 The superlative (**il superlativo**) is used to talk about the extremes of a particular quality (*the smallest, the most famous, the least expensive*). Here's how you form the superlative in Italian.

definite article	+	**noun**	+	**più/meno**	+	**adjective**	
la		pizza		**più**		autentica	*the most authentic pizza*
il		ristorante		**meno**		costoso	*the least expensive restaurant*

If you are talking about a member of a particular group, you add:

di + **name of the group**
d'Italia   *in Italy*
del mondo   *in the world*

2 Some adjectives, like **bello, buono,** and **cattivo** may precede the noun. (Remember the forms of **bello**? See **Per saperne di più, Capitolo 2.**) They may also precede the noun in the superlative construction.

La Pigna ha i più bei camerieri!   *La Pigna has the handsomest waiters!*

Attenzione! The superlative forms of **buono** and **cattivo,** *the best* and *the worst,* are irregular: **più buono** = **migliore** and **più cattivo** = **peggiore.**

Il risotto è il **miglior(e)** primo.   *The risotto is the best first course.*
La zuppa di funghi è   *The mushroom soup is the worst dish.*
    il piatto **peggiore.**

A. Un po' di cultura: I luoghi famosi. Scegli il luogo giusto per completare le affermazioni.

1. Secondo la classifica di *S. Pellegrino World's 50 Best Restaurants*, il migliore ristorante del mondo 2012 si trova in Francia / Italia / Danimarca / Germania.

2. La montagna più alta d'Europa è il Monte Bianco (Francia-Italia) / Grossglockner (Austria).

3. Il migliore chef italiano 2011 secondo *L'Espresso* è a Bologna / New York / Parigi / Modena.

4. L'edificio più alto d'Italia è il palazzo Pirelli (Milano) / San Pietro (Roma).

5. L'università più antica d'Europa è l'Università di Cambridge / l'Università degli Studi di Bologna.

B. I premi! Con i compagni, aggiungete altre categorie e date tre possibili risposte per ogni categoria. Poi votate.

Secondo voi, qual è...	1	2	3
1. il miglior dolce			
2. il peggior film			
3. il programma televisivo più seguito			
4.			
5.			
6.			

C. Esagerato! Metti questi gruppi di parole in ordine. Indica poi se sei d'accordo (*in agreement*) con ciascuna frase. Se non sei d'accordo, cambia la frase in modo che sia vera per te.

	sono d'accordo	non sono d'accordo
1. cibo / nutriente / il / la / è / meno / carne	☐	☐
2. la / Roma / più / città italiana / è / famosa per la gastronomia	☐	☐
3. il / le / più / patate fritte / grasso (*fatty*) / contorno / sono	☐	☐
4. sono / più / i fagiolini e i broccoli / le verdure / saporite (*tasty*)	☐	☐
5. il / il / più / formaggio / gorgonzola / magro / è	☐	☐

D. Gli studenti.

Parte prima Fai una lista di tre o quattro aggettivi che useresti per descrivere questi studenti.

Luca   Marcella   Raffaella   Riccardo

Parte seconda. Per ogni studente, scrivi una frase per dire quale caratteristica ha rispetto alla classe.

ESEMPIO: Marcella è la più sportiva della classe.

E. Le migliori ricette (*recipes*).

Parte prima. Leggi la home page di questo blog che presenta le migliori ricette americane. Sottolinea i quattro superlativi.

> # LE MIGLIORI RICETTE AMERICANE
>
> DIVERTITI[1] ANCHE TU CON LE FANTASIOSE RICETTE MADE IN USA! QUI POTRAI[2] TROVARE LE MIGLIORI RICETTE AMERICANE, DALLE PIÙ CLASSICHE A QUELLE PIÙ STRANE. SCOPRI COME CUCINARE UN SUCCULENTO HAMBURGER AL BARBEQUE, UN SOFFICE[3] MUFFIN O COME SORPRENDERE GLI AMICI CON UN FANTASTICO ED ORIGINALE BRUNCH.

[1]*Have fun* [2]*You will be able to* [3]*fluffy*

In Italia

Bologna è la città italiana più famosa per la gastronomia e per la sua università antica. Bologna ha tre soprannomi (*nicknames*): «Bologna la grassa», «Bologna la dotta» e «Bologna la rossa». Perché ha questi nomi?

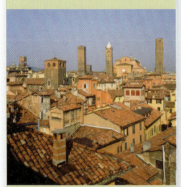

I tetti (*roofs*) rossi di Bologna (Emilia-Romagna)

Parte seconda. In gruppi di tre o quattro create la home page per uno dei seguenti siti. Seguite il modello nella **Parte prima.** Usate un minimo di quattro superlativi.

Dove trovare la migliore bistecca

I migliori film

I migliori ristoranti nella nostra città

Le migliori squadre di calcio / basket / football americano

5.2 Vuoi mangiare qualcosa?

Verb + infinitive

A Giacomo piace moltissimo Raffaella e finalmente trova il coraggio di telefonarle. Leggi la loro conversazione.

RAFFAELLA:	Pronto?
GIACOMO:	Buona sera, sono Giacomo. C'è Raffaella?
RAFFAELLA:	Sono io. Chi parla?
GIACOMO:	Ciao, Raffaella! Sono Giacomo. Ti telefono per sapere se ti va di cenare con me stasera. C'è una nuova trattoria in Via Gramsci.
RAFFAELLA:	Grazie, Giacomo, ma non posso uscire stasera. Devo studiare.
GIACOMO:	Allora, ti piacerebbe andare al cinema domani sera? Ci sono tanti bei film questa settimana.
RAFFAELLA:	Grazie, ma non posso. Ho un altro impegno.
GIACOMO:	Senti, sabato c'è una partita di calcio allo stadio. Vado con mio fratello Oscar. Vuoi venire con tua sorella Valeria?
RAFFAELLA:	Grazie, ma non possiamo. Dobbiamo pulire la casa. Scusa, ma adesso devo correre all'università. Ci vediamo. Ciao.
GIACOMO:	Ciao.

Da' almeno tre motivi per cui (*reasons why*) Raffaella non vuole (*doesn't want*) uscire con Giacomo. Poi, con tutti i compagni, votate per il motivo più probabile.

Raffaella non vuole uscire con Giacomo perché…

Completa le coniugazioni. Cerca le forme giuste (*look for the correct forms*) dei verbi **dovere** (*to have to, must*), **potere** (*to be able to, can, may*) e **volere** (*to want*) nella conversazione telefonica tra Giacomo e Raffaella.

▶ Answers to this activity are in Appendix 2 at the back of your book.

	dovere	potere	volere
io			voglio
tu	devi	puoi	
lui, lei; Lei	deve	può	vuole
noi			vogliamo
voi	dovete	potete	volete
loro	devono	possono	vogliono

study tip

English speakers often incorrectly express *to have to* (*do something*) with the verb **avere** because they are translating word for word from English. The correct verb to use is **dovere**.

Devo andare a casa.
I have to go home.

Beware of the tendency to translate from English—it will get you into trouble!

1 You have already learned two verbs followed by the infinitive to express your preferences.

preferire: **Preferisco** stare a casa stasera.
piacere: **Mi piace** sciare, ma non **mi piace** giocare a calcio.

2 The verbs **dovere, potere, volere** are often followed by the infinitive.

Voglio mangiare una pizza.	*I want to eat pizza.*
Non **posso** bere il latte.	*I can't drink milk.*
Devo studiare.	*I must study.*

In italiano

- Two other verbs, **amare** (*to love*) and **odiare** (*to hate*), can also be followed by the infinitive.

    Amo andare al cinema.   **Odio** pulire la casa.

- Note that the verbs **amare, odiare,** and **volere** can also be followed by nouns.

    Gianna **ama** il cioccolato.
    Enrica **odia** gli spinaci.
    Marco **vuole** le lasagne.

- Although **voglio** is the correct form of **volere** for **io,** Italians consider it very **maleducato** (*ill-mannered*) to use it when making a request. Instead they use **vorrei** (*I would like*):

    Vorrei gli spaghetti al pomodoro, per favore.

A. Mini-dialoghi.

Parte prima. Scegli il verbo giusto per completare le frasi.

1. OSCAR E GIACOMO: Ciao, ragazze! <u>Dovete / Volete</u> venire a mangiare la pizza con noi?

    VALERIA E RAFFAELLA: Ci dispiace (*We're sorry*) ma non <u>possiamo / dobbiamo</u>. Abbiamo un altro impegno stasera. Ma <u>possiamo / dobbiamo</u> venire domani.

2. RAFFAELLA: Sono molto impegnata oggi.

    GIACOMO: Cosa <u>puoi / devi</u> fare?

    RAFFAELLA: <u>Posso / Devo</u> lavorare tutto il giorno e poi preparare la cena per quattro ospiti (*guests*).

3. GIACOMO: <u>Posso / Voglio</u> venire anch'io alla festa venerdì?

    RAFFAELLA: Mi dispiace, ma solo i colleghi di lavoro sono invitati.

4. OSCAR: Giacomo, quando metti in ordine la casa? Tocca a te questa settimana.

    GIACOMO: La settimana prossima. Questa settimana non <u>devo / posso</u> perché <u>devo / posso</u> studiare molto.

5. OSCAR: Raffaella e Valeria non pranzano con noi perché <u>possono / devono</u> andare a trovare la madre.

    GIACOMO: Che peccato! (*Too bad!*)

6. OSCAR: Il sugo di pomodoro non è buono.

    GIACOMO: Cosa <u>voglio / devo</u> aggiungere?

    OSCAR: Un po' di sale.

7. VALERIA: Cosa <u>devi / vuoi</u> mangiare stasera?

    RAFFAELLA: Solo il primo.

Parte seconda. Adesso, completa le frasi con la forma giusta di **dovere, potere** o **volere. Attenzione!** In alcuni casi c'è più di una risposta giusta.

1. Raffaella e Valeria non _____ andare a mangiare la pizza con Oscar e Giacomo perché hanno un altro impegno. _____ andare domani.

2. Raffaella è molto impegnata oggi perché _____ lavorare tutto il giorno e poi preparare una cena per quattro ospiti.

3. Giacomo non _____ andare alla festa venerdì perché Raffaella ha invitato solo i colleghi di lavoro.

4. Questa settimana Giacomo non _____ mettere in ordine la casa perché _____ studiare molto.

5. Giacomo _____ aggiungere sale al sugo perché non è buono.

6. Raffaella _____ mangiare solo il primo stasera.

B. Cosa vogliono? Cosa vogliono queste persone?

ESEMPIO: S1: Maria ha sete.
S2: Vuole un bicchiere d'acqua.

1. Hasim deve sempre prendere l'autobus.

2. Claudio ed io amiamo gli animali domestici.

3. Tu e Salvatore odiate la birra.

4. Il bambino ha la nausea e non sta bene.

5. Mio padre ed io siamo vegetariani e abbiamo molta fame.

6. Sabrina e Leyla hanno molta fame ma non hanno molto tempo.

7. Io ho sete.

C. Gli inviti. Francesca, una studentessa italiana che visita la vostra università per un mese, è molto impegnata. L'insegnante fa la parte di Francesca. Tu e i compagni invitate Francesca a fare varie attività, ma lei è sempre impegnata. Completa la tabella sulla base (*based on*) delle sue risposte.

ESEMPIO: STUDENTI: Vuoi prendere un caffè domenica mattina con noi?
FRANCESCA: Grazie, ma non posso. Devo andare in chiesa.

	sabato	domenica
mattina		*va in chiesa*
pomeriggio		
sera		

D. Al ristorante.

Parte prima. La tecnologia porta nuove regole di comportamento (*behavior*). Leggi questo breve articolo dalla rivista *Focus*. Secondo l'articolo, cosa non si deve mai fare al ristorante?

Al ristorante posso appoggiare[1] il cellulare sul tavolo?

Amo il mio smartphone. Ma è grande, sta stretto nella tasca[2] e non ricsco a sentirlo quando è nello zaino. Posso metterlo sul tavolo del bar o del ristorante? Nel caso di pranzo o cena formali, una possibilità del genere non deve nemmeno venire in mente[3]: meglio comprare pantaloni più capienti o spegnere[4] il cellulare. Quando, invece, si è al bar con gli amici… pazienza. Ma è gesto di cattivo gusto.

[1]*to place* [2]*stretto… it's tight/snug in your pocket* [3]*mind* [4]*to turn off*

Parte seconda. Quali sono altre regole di comportamento al ristorante? Cosa non si deve (*one must not*) fare quando si mangia fuori? Con un compagno / una compagna scegli le regole appropriate per un ristorante. Quando avete finito, confrontate la vostra lista con la lista di un'altra coppia. Siete d'accordo?

- ☑ Non si deve parlare a voce alta (*in a loud voice*).
- ☐ Non si deve finire tutto il pasto.
- ☐ Non si deve ordinare un antipasto.
- ☐ Non si deve mangiare le patatine fritte con le mani (*hands*).
- ☐ Non si deve fumare.
- ☐ Non si deve pulire la bocca (*mouth*) con il tovagliolo.

☐ Non si deve masticare la gomma (*chew gum*) e poi appoggiarla sul piatto.

☐ Non si deve bere troppo.

☐ Non si deve parlare con i clienti ad un altro tavolo.

☐ Non si deve mandare gli SMS.

5.3 Andiamo al ristorante!
Prepositions

▶ Le preposizioni, come *on, to, at* e *for* in inglese, legano (*link, connect*) due parole o frasi. Metti le seguenti frasi in ordine cronologico per ricreare la storia del weekend di Raffaella. Riesci a capire il significato delle preposizioni sottolineate in ogni frase?

a   con   da   di   in   per   su

▸ To learn more about the prepositions **di** and **da**, see **Per saperne di più** at the back of your book.

_1_	Giovedì lavoro **da** mezzogiorno **a** mezzanotte.
_____	Arrivo **a** New York venerdì sera.
_____	Sabato faccio shopping tutto il giorno e compro un regalo (*gift*) **per** mia madre.
_____	Dopo mangiato esco **con** Mary e i suoi amici. Gli amici **di** Mary sono molto simpatici.
_____	La mia amica americana, Mary, mi porta **a** casa sua.
_____	Metto la borsa (*purse*) **in** camera **su** un tavolino. Vado **in** cucina. Mangiamo e parliamo **di** tante belle cose.
_____	Vado **a** casa e dormo. La mattina dopo preparo la valigia.
_____	Domenica mattina salgo* di nuovo **su** un aereo per tornare a casa!
_____	Venerdì mattina parto **da** Milano **per** New York.
_10_	Che weekend **da** matti!

▸ Answers to this activity are in Appendix 2 at the back of your book.

*salgo (salire) *to go up, to get on*

In italiano

In Italian, the preposition **da** combines with other words to form commonly used expressions:

(scarpe) da uomo/donna	*men's/women's (shoes)*
(una cosa) da matti	*a crazy (thing/situation)*
(un film) da vedere	*a "must see" (film)*
(un libro) da leggere	*a "must read" (book)*
cose da fare	*things to do*
qualcosa da bere/mangiare	*something to drink / to eat*

and the following very colloquial expressions:

(bello/a) da morire	*"drop dead" (gorgeous)*
(una cena) da dio	*an awesome (dinner)*

1 Italian prepositions include: **a** (*to/at*), **da** (*from*), **per** (*for*), **in** (*in/to*), **con** (*with*), **di** (*of/about*), **su** (*on*), and **tra/fra** (*between*). Prepositions that stand alone are called **le preposizioni semplici**. However, some of them often contract with the definite article to form one word (**le preposizioni articolate**), such as **alle** (**a + le**).

▶ Read the description of Raffaella's first date with Giacomo. Circle all of **le preposizioni semplici** and underline **le preposizioni articolate**. One of each is already done for you. (Remember Giacomo and Raffaella? If not, see page 127.)

> Raffaella esce (con) Giacomo. Vanno a mangiare **al** ristorante La Torre. Giacomo arriva a casa di Raffaella alle 19.00. La prenotazione (*reservation*) è per le 20.00, ma Giacomo non vuole essere in ritardo perché è un ristorante molto frequentato ed* è difficile trovare un parcheggio (*parking space*). Quando arrivano, il cameriere li accompagna (*accompanies them*) ad un tavolo vicino ad una finestra dalla quale possono vedere un bel panorama; l'atmosfera è molto romantica. La cena è splendida, ma la gente del tavolo accanto (*next*) è molto maleducata: parlano a voce alta, il ragazzo mangia gli spaghetti con le mani e la ragazza ha un gomito (*elbow*) sulla tavola mentre mangia la minestra!

▶ Now, can you figure out all the preposition and definite article combinations?

ESEMPIO: a + il = al
a + le = alle

Follow the pattern and complete the chart with all the prepositions and their combinations with the definite articles.

▶ Answers to these activities are in Appendix 2 at the back of your book.

	il	lo	la	l'	i	gli	le
a	al		alla		ai		alle
da		dallo		dall'		dagli	
su	sul					sugli	
di		dello	della		dei		delle
in	nel		nella	nell'	nei		nelle
con	con il			con l'			con le
per		per lo	per la			per gli	

2 Note that:

   a. **di** and **in** change to **de-** and **ne-** in contractions.

   b. **con** and **per** do not contract with the definite article.†

study tip

There is no need to memorize each combination. Just remember that each contraction has the same ending as the definite article, and that contractions with the articles that begin with an **l** (**la, lo, l', le**) have two **l**'s:

a + la = alla

a + lo = allo

a + l' = all'

a + le = alle

a + i = ai

a + il = al

a + gli = agli

---

*Remember: If the preposition **a** or the conjunction **e** (*and*) are followed by a word beginning with a vowel, they may become **ad** and **ed**: **ad esempio** (*for example*); **tu ed io** (*you and I*).

†In formal, written Italian you may find that **con** combines with the articles **il** and **i** to form the contractions **col** and **coi**.

3 In **Capitoli 3** and **4** you learned several expressions with **a** and some common phrases designating locations with **in** that do not have a definite article:

Ettore gioca	**a carte (a golf, a calcio, a tennis).**
va	**a letto.**
esce	**a mezzogiorno** e rientra **a mezzanotte.**
va	**a ballare.**
va	**in biblioteca.**
va/balla	**in discoteca.**
va	**in montagna.**
va/nuota	**in piscina.**

Note that:

a. When talking about home or school, you don't use the article with the preposition **a:**

Ritorno **a** casa.   Vado **a** scuola.

b. When talking about a city, use **a,** and when talking about a country, use **in** to express *to:*

Vado **a** Milano.   Andiamo **in** Italia.

▶ To learn how the pronoun **ci** is used to replace phrases with **a/in,** see **Per saperne di più** at the back of your book.

A. Scegli. Completa le frasi con le preposizioni giuste.

1. Mario e Raffi vanno <u>a / di</u> sciare <u>in / di</u> montagna quest'inverno.

2. Mia sorella ed io nuotiamo <u>su / in</u> piscina tre volte alla settimana.

3. Mettiamo le candeline (*candles*) <u>sulla / alla</u> torta.

4. Michela va sempre <u>a / al</u> letto <u>a / al</u> mezzanotte.

5. Mio padre mette molto zucchero <u>sul / nel</u> caffè.

6. Giuseppe gioca <u>a / di</u> calcio <u>per / con</u> i suoi amici il sabato.

7. Mi piace studiare <u>in / con</u> biblioteca.

8. Paolo fa il cameriere. Ogni sera finisce di lavorare <u>alle / all'</u> una e non arriva <u>a / per</u> casa fino (*until*) <u>alle / all'</u> due.

9. Sandro vuole fare un viaggio <u>in / a</u> Francia. Vuole andare <u>a / in</u> Parigi.

10. Stasera mangiamo <u>con la / alla</u> pizzeria da Luigi ma non mi piace perché c'è poco <u>dal / sul</u> menu.

11. Gli studenti tornano <u>dell' / dall'</u> Italia il primo del mese.

12. Cameriere! C'è un insetto <u>dal / nel</u> mio bicchiere!

B. Le preposizioni articolate.

Parte prima: Lavora con un compagno / una compagna. Unite la preposizione all'articolo giusto e scrivete la preposizione articolata per completare le domande.

ESEMPIO: Che fai lunedì (a + ? =) una?
Che fai lunedì *all'* una?

1. Cos'hai (<u>in + ? = </u>) zaino?

2. Che fai sabato (<u>a + ? = </u>) 21.00?

3. A che ora torni a casa (<u>da + ? = </u>) università?

4. Quale giorno (<u>di + ? = </u>) settimana preferisci? Perché?

5. Con chi parli (<u>a + ? = </u>) telefono più spesso?

6. Metti lo zucchero (<u>in + ? = </u>) caffè?

Parte seconda. Create altre due o tre domande che volete fare ad un compagno / una compagna di classe.

Parte terza. Cambia compagno/compagna e a turno fai le domande al compagno / alla compagna nuovo/a. Prendi appunti.

Parte quarta. In base alle risposte, pensa ad una frase sul tuo compagno / sulla tua compagna. Il compagno / La compagna deve verificare se la tua conclusione è giusta.

> **ESEMPIO:** **S1:** Bethany non mangia molto zucchero perché non mette zucchero nel caffè.
>
> **S2:** È vero! (Non è vero! Mi piacciono i dolci.)

C. La storia continua.
La storia di Giacomo e Raffaella continua. Completa la storia con le preposizioni semplici o articolate.

Raffaella ed io usciamo _____¹ ristorante _____² 22.30 e andiamo _____³ ballare _____⁴ discoteca fino alle 4.00 di mattina. Prima di tornare a casa andiamo _____⁵ prendere un caffè _____⁶ bar _____⁷ gli amici. Raffaella torna _____⁸ casa _____⁹ 5.30. Domani telefono a Raffaella per sapere se vuole andare _____¹⁰ cinema.

D. Tante domande.

Parte prima. Lavora con un compagno / una compagna. Completate queste domande. Usate una preposizione.

> **ESEMPIO:** A che ora tornate *dall'università?*

1. A che ora tornate… ?
2. Quando andate… ?
3. Preparate la cena… ?
4. Andate a lezione… ?
5. Giocate… ?
6. Venerdì sera uscite… ?
7. Prendete un caffè… ?
8. Che cosa fate… ?

Parte seconda. Fate le domande ad un'altra coppia. Poi paragonate i compagni della coppia che avete intervistato.

> **ESEMPIO:** Gina torna dall'università alle 17.00 ma Tommaso torna alle 14.00. Venerdì tutti e due escono con gli amici.

Grammatica dal vivo:
Le preposizioni

Vai su **Connect Italian** e guarda l'intervista in cui Giuseppe parla della sua esperienza con l'Erasmus, un programma europeo per studiare all'estero. Poi fai le attività di comprensione.

www.connectitalian.com

5.4 Compro del pane
The partitive

▶ Raffaella fa la spesa (*grocery shopping*) al supermercato. Guarda il suo carrello (*grocery cart*) e segna (✓) le cose che compra. Come si dice *some* in italiano?

Raffaella compra…

☐ del latte.
☐ delle banane.
☐ dell'olio di oliva.
☐ del tonno (*tuna*).
☐ degli spaghetti.

☐ del pane.
☐ dell'insalata.
☐ del formaggio.
☐ della pasta.
☐ dei pomodorini.

1 The equivalent of *some* in Italian is the articulated preposition **di** + *article*.

▶ Fill in the missing forms in the table.

	il	lo	la	l'	i	gli	le
di	del			dell'		degli	

▶ Answers to these activities are in Appendix 2 at the back of your book.

(*continued*)

2 When used with a singular noun, **di** + *article* means *some* to indicate part of a whole. When used with a plural noun, it also means *some*, but indicates an unspecified quantity.

Vorrei **della torta.**   *I would like (some) cake.*

Gina mangia **delle banane.**   *Gina eats (some) bananas.*

Compriamo **delle paste.**   *We are buying (some) pastries.*

3 **Di** + *article* is almost always omitted in negative sentences.

No, non abbiamo pane.   *No, we don't have bread.*

4 An equivalent of **di** + *article* that means *a bit of* or *some* is **un po' di** + *noun* (without the definite article).

Mangio **un po' di** pasta. = Mangio **della** pasta.

Bevo **un po' di** spumante. = Bevo **dello** spumante.

A. Culture a confronto: Gli ospiti

Parte prima. In Italia gli ospiti (*guests*) a pranzo o a cena portano un regalo per i padroni di casa (*heads of household*). Quali regali sono appropriati? **Un aiuto:** Ci sono quattro risposte giuste.

a. dei cioccolatini   **e.** dei fiori

b. del vino   **f.** del formaggio

c. delle paste dalla pasticceria (*pastry shop*)   **g.** l'antipasto

d. della birra   **h.** una torta

Parte seconda. Quali dei regali della **Parte prima** si possono portare ai padroni di casa nel tuo paese?

B. Il partitivo giusto. Abbina i partitivi ai nomi giusti.

del

degli   dei

della   delle   dell'

dello

cioccolato

torta   tortellini   scampi

aranciata   birra   risotto

banane   biscotti   tè

zucchero

Portiamo una bella torta Linzer alla festa!

C. Il cuoco. (*The cook.*) Che condimento usa il cuoco? Abbina i condimenti dell'insieme A ai cibi dell'insieme B.

Il cuoco mette (*puts*)...

A	B
1. un po' di aceto balsamico	a. sulle tagliatelle.
2. un po' di limone	b. nella salsa.
3. un po' di peperoncino (*red pepper*)	c. sul pesce.
4. un po' di parmigiano	d. nell'insalata.
5. un po' di pepe	e. sulla bistecca.

D. Il carrello. Scegli dalla lista cinque cose da mettere (*to put*) nel tuo carrello. Un tuo compagno / Una tua compagna deve indovinare (*guess*) quello che compri usando **di** + **articolo**. Tu devi dire i prodotti che non ha indovinato. Il gioco continua finché (*until*) il compagno / la compagna non ha indovinato tutte le cose presenti nel tuo carrello.

☐ acqua   ☐ fegato   ☐ paste
☐ banane   ☐ formaggio   ☐ patate
☐ birra   ☐ funghi   ☐ peperoni
☐ bistecche   ☐ latte   ☐ pomodori
☐ carne   ☐ pane   ☐ sale
☐ fagiolini   ☐ pasta   ☐ spinaci

ESEMPIO: **S1:** Compri del latte, della pasta,...
S2: Non compro latte.
S1: Compri dei funghi.
S2: Sì.

E. Ti piace la maionese? Devi scoprire cosa mette un tuo compagno / una tua compagna sui/nei cibi dell'insieme A. Il compagno / La compagna risponde con gli elementi dell'insieme B.

A

l'hamburger
la bistecca   il pane
il panino   la pasta
le patate fritte   le uova (*eggs*)
i cereali   il tè freddo
il tè caldo
il caffè

B

il burro (*butter*)
il limone   il latte
il pepe   la marmellata (*jam*)
lo zucchero   la mostarda (la senape)
la maionese   il sale   l'olio di oliva
il parmigiano   il miele (*honey*)
il formaggio   la cipolla (*onion*)
il pomodoro   il sugo
il ketchup

ESEMPIO: **S1:** Cosa metti sull'hamburger?
S2: Del ketchup e della cipolla.
S1: Cosa metti nel tè?
S2: Del miele.

Ascoltiamo!

Il galateo° a tavola

Il... *Etiquette*

A. Osserva ed ascolta. Osserva ed ascolta mentre Federico ti parla delle regole (*rules*) delle buone maniere (**il galateo**) in Italia.

B. Completa. Completa le seguenti frasi con le parole della lista qui sotto. Usa ogni parola *una sola volta*. **Attenzione!** La lista contiene dieci parole; devi usarne solamente otto.

altrettanto	le mani
astemia	l'ospite
beneducata	piatti
bicchieri	salute
la forchetta	il cucchiaio

1. Una persona _____ osserva le regole del galateo anche a tavola.
2. È necessario apparecchiare la tavola secondo criteri precisi e fare attenzione alla posizione delle posate: il coltello va a destra, _____ a sinistra.
3. Per l'acqua e il vino, si devono usare _____ differenti.
4. _____ beneducato porta fiori o dolci alla padrona di casa.
5. _____ devono rimanere sul tavolo; i gomiti, invece, no.
6. La risposta a «Buon appetito!» è «Grazie, _____!»
7. Non è beneducato insistere per far bere una persona _____.
8. Prima di bere, si dice «_____».

C. Tocca a te! E tu, rispetti le regole del galateo? Usa le informazioni di questa lezione per completare la frase seguente:

A tavola io sono beneducato/a (maleducato/a) perché… e perché…

In Italia

Alla metà del Cinquecento Giovanni Della Casa (1503–1556) scrisse (*wrote*) un libro intitolato *Galateo ovvero de' costumi*: un libro per insegnare le buone maniere. Questo libro ebbe così tanto successo che il titolo *Galateo* diventò il nome comune per indicare le regole delle buone maniere. Ecco uno dei suoi consigli in italiano del Cinquecento e in italiano moderno:

«Tu non vi déi soffiare entro, perché egli sia alquanto ceneroso; perciò che si dice, che *mai vento non fu senza acqua.*»

Tu non devi soffiare (*blow*) sui cibi anche se sono caldissimi; è per questo che si dice: *Non c'è vento* (wind) *senz'acqua.*

Leggiamo!

Pellegrino Artusi

A. Prima di leggere. Anche in Italia è scoppiato (*has burst on the scene*) il fenomeno dei programmi televisivi dedicati alla cucina. Ma questo fatto non sorprende, se pensiamo all'importanza della cucina nella cultura italiana. *La prova del cuoco* con la popolarissima Antonella Clerici è un esempio di questi programmi. Anche tu guardi programmi simili? Quali? Chi sono i personaggi e i programmi più guardati nel tuo paese? Secondo te, perché piacciono? Parlane con un compagno / una compagna.

Antonella Clerici conduce *La prova del cuoco*.

PAROLE PER LEGGERE

trasferire/trasferirsi *to move*
a tempo pieno *full time*
raccogliere *to collect,*
  to gather
riferimento *reference*
noto *known*

B. Al testo!

Parte prima. In Italia i libri di cucina sono tra i libri più venduti, ma il classico libro di cucina è *La scienza in cucina e l'arte di mangiar bene* di Pellegrino Artusi. Leggi questa pagina Internet per sapere chi è l'autore e perché il suo libro è così importante nella cultura italiana.

Pellegrino Artusi

Scrittore e gastronomo, è il padre della cucina italiana.

Nasce a Forlimpopoli, il 4 agosto 1820. La famiglia si trasferisce a Firenze nel 1851. Grazie al successo delle sue attività commerciali, nel 1865 Pellegrino Artusi abbandona il commercio e incomincia a dedicarsi a tempo pieno alle sue passioni, la letteratura e la gastronomia. [...] Nel 1891 pubblica a sue spese[1] *La scienza in cucina e l'arte di mangiar bene*, manuale di cucina e raccolta[2] di ricette, frutto della conoscenza acquisita[3] in numerosi viaggi nel nord e centro Italia [...].

Il libro in poco tempo raggiunge una enorme popolarità, testimoniata dalle 14 edizioni stampate[4] fino alla morte dell'Artusi, il 30 marzo 1911.

La scienza in cucina e l'arte di mangiar bene, ancora oggi il testo di riferimento della cucina casalinga[5] italiana, viene ristampato in innumerevoli edizioni e tradotto[6] in tutte le lingue principali.

La scienza in cucina e l'arte di mangiar bene

1891

L'opera che rende nota la figura di Pellegrino Artusi è una raccolta di 790 ricette della cucina casalinga di tutta Italia. [...] Il libro di Artusi crea uno stile italiano della cucina ed è il primo libro a raccogliere e unire tradizioni diverse e lontane. [...] Soprattutto, dà dignità alla cucina casalinga e predica la valorizzazione delle risorse alimentari locali. Il manuale, semplicemente noto come *L'Artusi*, è ancora oggi il libro più letto sulla cucina italiana.

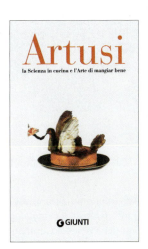

2010

---

[1] a... *at his own expense*   [2] *collection*   [3] *acquired*   [4] *printed*   [5] *homestyle*   [6] *translated*

Parte seconda. Ora rispondi alle domande.

1. Completa il percorso della vita di Artusi, mettendo gli eventi in ordine cronologico.

   abbandona il commercio   **muore**   **nasce**
   pubblica *L'Artusi*   **si trasferisce a Firenze**

   1820: _____

   1851: _____

   1865: _____

   1891: _____

   1911: _____

2. Artusi nasce a Forlimpopoli. Trova Forlimpopoli sulla cartina d'Italia. In quale regione si trova? Cosa sai dell'importanza della cucina in questa regione?

3. Perché *L'Artusi* è importante nella cultura italiana?

C. Discutiamo!   Rispondi alle domande.

1. Guarda attentamente le due copertine del libro, quella della prima edizione e quella di un'edizione recente. Quali differenze ci sono?

2. Artusi è diventato così famoso che il suo nome è sufficiente per indicare il libro che ha scritto. Conosci altri prodotti o invenzioni conosciuti solo con il nome dell'inventore?

Scriviamo!

Lo chef consiglia

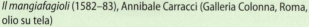

Il mangiafagioli (1582–83), Annibale Carracci (Galleria Colonna, Roma, olio su tela)

Il talismano della felicità di Ada Boni è un altro «classico» della cucina italiana. Sulla copertina del libro c'è un dipinto famoso, *Il mangiafagioli* (*The Bean Eater*), che rappresenta il pasto tipico di un contadino del XVI secolo. Immagina di scrivere un libro di cucina con tutte le tue ricette preferite. Quale opera d'arte famosa vuoi mettere sulla copertina del tuo libro? Perché? Scrivi un paragrafo di 75 parole e includi, se puoi, l'immagine che hai scelto.

Parliamo!

Che maleducati!

Quanti errori di galateo trovi in questa immagine? Spiega a un compagno / una compagna (o alla classe) chi è maleducato e perché.

Guardiamo!

FILM *Big Night*

(Drammatico. USA. 1996. Campbell Scott e Stanley Tucci, Registi. 107 min.)

RIASSUNTO: Trying to make it in America, two brothers, Primo (Tony Shalhoub) and Secondo (Stanley Tucci), run a failing Italian restaurant. To save the restaurant from bankruptcy, they plan to invite the musician Louis Prima and serve a fabulous meal, but complications arise involving a love triangle, their competitors, and chef Primo's obsession with culinary perfection.

SCENA: (DVD Capitolo 3): An American couple orders a meal, but when it arrives it is not what they expected. Suave manager, Secondo, tries to make the customers happy. Chef Primo, however, is outraged. All the characters are frustrated because they don't understand each other. The problem isn't the language; what is it?

A. Anteprima. Al ristorante quali sono gli elementi più importanti per assicurare un'esperienza piacevole? Con un compagno / una compagna, metti in ordine d'importanza (1 = il più importante 4 = il meno importante) questi elementi:

_____ **il servizio** _____ **la qualità della cucina**

_____ **il locale** _____ **il costo**

B. Ciak, si gira!

Parte prima. Con un compagno / una compagna usa le parole per creare delle frasi che spiegano perché tutti sono insoddisfatti dell'esperienza al ristorante.

la signora	è	frustrata	perché	non	vuole	mangiare	gli spaghetti
il signore		frustrato			deve	preparare	i clienti
Primo					può	accontentare*	la moglie
Secondo							

Parte seconda. Condividete le frasi con i compagni. Quante spiegazioni diverse avete trovato?

C. È fatto! Questo film è ambientato (*takes place*) negli anni 50. Secondo te, situazioni simili succedono anche oggi? Spiega.

study tip

Many misunderstandings arise, not because people don't know the vocabulary words, but because they don't know the culture. When you see something in a video, a film clip, or a reading that you don't understand, ask your instructor. It may lead to an interesting discussion!

For example, if you grew up in America you may have heard your mother say a million times, "Put your hand in your lap!" when you were eating. Instead, Italian mothers say, «Metti le mani sul tavolo!»

---

*accontentare = fare contento/a

Vocabolario

Domande ed espressioni

(*n. +*) **bello/a da morire**	"drop dead" gorgeous
(*n. +*) **da dio**	awesome (+ *n.*)
(*n. +*) **da leggere**	"must read" (+ *n.*)
(*n. +*) **da matti**	crazy, like crazy (+ *n.*)
(*n. +*) **da uomo/donna**	men's/women's (+ *n.*)
(*n. +*) **da vedere**	"must see" (+ *n.*)
ci mancherebbe altro	not a problem, no big deal
cose da fare	things to do
forse	perhaps, maybe
Grazie, ma non posso.	Thanks, but I can't.
Ho un altro impegno.	I have something else I have to do.
mi dispiace	I'm sorry
un po' di	a bit of
qualcosa da bere/mangiare	something to eat/drink
sicuro	sure
Ti piacerebbe… ? /	Would you (*form./inform.*)
Le piacerebbe… ?	like . . . ?
un'altra volta	another time
volentieri	gladly, willingly
Vorrei…	I would like . . .

Verbi

amare	to love
apparecchiare (la tavola)	to set (the table)
dovere	to have to, must
fare alla romana	to pay one's share of the bill; to split the bill
odiare	to hate
potere	to be able, can, may
volere	to want

Sostantivi

l'aceto	vinegar
l'acqua minerale (naturale/frizzante)	mineral water (still/sparkling)
gli affettati misti	assortment of sliced meats and sausages
l'antipasto	appetizer
la bevanda	drink
il bicchiere	glass
la birra	beer
la bistecca	steak
la braciola	cutlet
il brodo	broth
il burro	butter
il cameriere / la cameriera	server (*m./f.*)
la carne	meat
il cioccolato	chocolate
la cipolla	onion
il coltello	knife
il conto	bill
il contorno	side dish
il coperto	cover charge
il cucchiaio	spoon

il dolce	dessert
i fagiolini	green beans
il fegato	liver
la forchetta	fork
il formaggio	cheese
la frutta	fruit
i funghi	mushrooms
il gelato	ice cream
gli gnocchi	gnocchi
l'insalata	salad
il latte	milk
il litro	liter
la marmellata	jam
il melone	melon
il mezzo litro	half liter
il miele	honey
la mozzarella	mozzarella
il pane	bread
il parmigiano	Parmesan cheese
le patate fritte	French fries
il paté	pâté
il pepe	pepper
il peperone (alla griglia)	bell pepper (grilled)
il pesce	fish
il pescespada (alla brace)	swordfish (charcoal grilled)
il piatto	plate, dish
i piselli	peas
il pollo arrosto	roast chicken
il pomodorino	cherry tomato
il prosciutto	ham
il primo (piatto)	first course
il risotto (alla marinara)	rice dish (with seafood)
il sale	salt
il salmone (affumicato)	salmon (smoked)
il secondo (piatto)	second course
gli spaghetti (*m. pl.*) (alla bolognese)	spaghetti (with meat sauce)
il sugo	sauce
la torta	cake
i tortellini	tortellini
il tovagliolo	napkin
l'uovo (*pl.* le uova)	egg
la verdura	vegetable
il vino	wine
il vitello	veal
lo zucchero	sugar
le zucchine	zucchini

Preposizioni

a	to; at; in
con	with
da	from
di	of, about
in	in; to; at
per	for
su	on
tra/fra	between

6 I vestiti e la moda

Venere degli stracci (rags) (1967, 1974), Michelangelo Pistoletto
(Tate Museum, Londra, marmo e stracci)

SCOPI

IN THIS CHAPTER YOU WILL LEARN:

- to make a polite request
- to ask permission
- to describe what you and others are wearing
- how to refer to people and things already mentioned

- how to talk about actions in progress
- to talk about your daily activities
- to describe how and when people do things
- about the Italian fashion industry

ITALIAN
www.connectitalian.com

Mi puoi... ? / Mi può... ?
Making polite requests

- In the last chapter you learned that **potere** is used to say what one is able to do. It is also used to ask someone politely to do something *for* you:

(tu) **Mi puoi** + infinitive	**(Lei)** **Mi può** + infinitive
—**Mi puoi dire a che ora arriva l'autobus?** (*Can you tell me when the bus arrives?*)	—**Mi può dire quanto costano questi jeans?** (*Can you tell me how much these jeans are?*)

- If you ask someone to give or to show you something, the answer is likely to contain a form of **ecco** (*here it is / here they are*):

—**Mi puoi dare quella bottiglia d'acqua?** —**Certo! Eccola.** (*Of course! Here it is.*)	—**Mi può dire dove sono le t-shirt per ragazze?** —**Subito. Eccole.** (*Right away. Here they are.*)

- You will learn more about the pronouns (**lo, la, le...**) that follow **ecco** later in **Capitolo 11, Strutture 11.1. Attenzione!** Their forms depend on the gender and number of the nouns they refer to.

 A. Osserva ed ascolta.

Leggi le seguenti domande. Poi osserva ed ascolta. Abbina ogni domanda alla persona che ha risposto.

- **a.** Scusa, mi puoi descrivere la tua famiglia?
- **b.** Scusa, mi puoi parlare un po' della cucina bolognese?
- **c.** Scusa, mi puoi dire come ti chiami, quanti anni hai e cosa fai?
- **d.** Scusa, mi puoi spiegare la differenza tra i napoletani e i romani?
- **e.** Scusi, mi può dire il nome di questa chiesa (*church*)?
- **f.** Scusi, mi può dire l'orario del negozio?

1. _____ Nunzio

2. _____ Paolo

(*continued*)

3. _____ Lucia

4. _____ Nunzia

5. _____ Lorenzo

6. _____ Natalia

B. Scusa, mi puoi fare un favore? Chiedi al tuo compagno / alla tua compagna di farti questi favori, poi rispondi tu alle sue richieste. Aggiungi due richieste alla lista.

> ESEMPIO: **S1:** Scusa, mi puoi dare il tuo numero di cellulare?
> **S2:** Sì, certo! È 390 123 4567. (Mi dispiace. Non ho un cellulare.)
> **S1:** Grazie! (Peccato!)

1. dare il tuo numero di cellulare
2. dire come si chiama l'insegnante
3. fare una fotografia
4. prestare (*to loan*) una penna
5. spiegare la regola per formare il plurale di un nome italiano
6. ?
7. ?

Posso?
Asking permission

> To ask permission to do something, use **posso** + infinitive.
>
> —**Posso entrare?** (*May I come in?*)
> —**Un momento, per favore.**
>
> —**Posso parlare?** (*May I speak?*)
> —**Certo! Prego!**

A. Scusa (Scusi), posso... ?

Parte prima. Trova la domanda giusta per ogni situazione.

1. Devo spedire (*send*) una lettera.
2. Vorrei vederti.
3. Non mi piace questo programma.
4. Ho un problema.
5. Vorrei bere un buon vino.
6. Sono agitato.

Scusa/Scusi, posso...

avere una busta (*envelope*)?

cambiare (*to change*) canale?   fumare (*to smoke*)?

parlare con il direttore?   vedere la lista dei vini?

venire a casa tua stasera?

Parte seconda. Con un compagno / una compagna, alternatevi a fare le domande della **Parte prima** e a dare le risposte seguenti.

No, è vietato (*prohibited*). Siamo in una zona non-fumatori.

Certo! Hai un francobollo (*stamp*)?

Non lo so. Devo studiare.

No, in questo momento non c'è.

Prego, eccola!

Vai! Ecco il telecomando (*remote*)!

ESEMPIO: **S1:** Scusa, sono molto agitato. Posso fumare?
S2: Certo! (Mi dispiace! È vietato.)

In italiano

Sometimes it's enough just to say **posso?** all by itself. The context, with or without an accompanying gesture, will convey the meaning.

(*pointing to an empty seat next to someone on the bus*)
Posso? = *May I sit here?*

(*poking your head through a partially opened door*)
Posso? = *May I come in?*

(*holding up a pair of pants in a clothing store*)
Posso? = *May I try these on?*

How do you say "to play hooky" in Italian?

Marinare la scuola.

Domani c'è un'interrogazione di matematica. Voglio marinare la scuola.

B. Mamma (Papà), posso... ?

Parte prima. Secondo te, come devono rispondere i genitori alle domande dei figli adolescenti? Per ogni domanda, scegli la risposta dei tuoi genitori.

	Sì, certo!	Ah no, mi dispiace!
1. usare la macchina stasera	☐	☐
2. invitare un amico / un'amica a cena	☐	☐
3. passare il weekend al mare con gli amici	☐	☐
4. fare shopping con la vostra carta di credito	☐	☐
5. saltare la scuola	☐	☐
6. adottare un gattino (*kitty*)	☐	☐
7. farmi un piercing / un tatuaggio (*tattoo*)	☐	☐

Parte seconda. Lavora con un compagno / una compagna: uno fa la parte del genitore, l'altro la parte del figlio / della figlia adolescente. Il figlio / La figlia chiede il permesso di fare le attività. Il genitore risponde di sì o di no. Se dice di no, deve spiegare la ragione.

ESEMPIO: FIGLIO/A: Mamma/Papà, posso uscire stasera?
                    MAMMA/PAPÀ: Sì, certo! (No, mi dispiace. Devi studiare.)

Parte terza. Paragona le tue risposte con quelle del compagno / della compagna. Chi ha il genitore più permissivo?

In Italia

- Alcuni modi di dire «no» sono internazionalmente riconosciuti.

vietato fumare

vietato parcheggiare

- Due comuni gesti italiani che puoi usare per dire «no» senza dire una parola sono: (1) muovere l'indice (*index finger*) da sinistra a destra; (2) tirare indietro la testa e schioccare la lingua (*click your tongue*). Questo gesto è tipico dell'Italia Meridionale.

Cosa porti?

Describing your clothes

In questa sfilata (*fashion show*) i modelli indossano gli articoli di Postal Moda, un popolare catalogo di abbigliamento. Mostrano le nuove linee per tutta la famiglia e tutte le stagioni.

▶ Osserva il disegno e identifica tutti i vestiti e gli accessori dei seguenti colori. Poi aggiungi alle liste i vestiti e gli accessori di questi colori che portate tu e i tuoi compagni.

1. azzurro	**4.** bianco	**7.** rosso
2. blu	**5.** arancione	**8.** verde
3. nero	**6.** giallo	**9.** marrone

▶ Answers to this activity are in Appendix 2 at the back of your book.

*****Paio** (*Pair*) is irregular in the plural: **il paio → le paia.**

In italiano

- **Il vestito** can refer to a suit or dress. The plural, **i vestiti,** can mean *suits, dresses,* or *clothes* (in general).

- In contemporary Italian, some English terms are frequently used instead of their Italian equivalents.

una t-shirt	=	una maglietta
un pullover	=	un maglione
un trench	=	un impermeabile
gli short	=	i pantaloncini

- Two terms, **un cardigan** and **i jeans,** do not have Italian equivalents.

Si abbinano? (*Do they match?*)

Decidi se questi vestiti e/o accessori stanno bene insieme. Se non stanno bene, suggerisci altre combinazioni.

> **ESEMPIO:** i pantaloni gialli e i sandali rosa.
> Non stanno bene! I pantaloni gialli stanno bene con i sandali neri.

1. i pantaloni verdi e la camicia rosa
2. la gonna gialla, la giacca marrone, la camicia viola
3. i calzini neri e i pantaloni rossi
4. la cravatta azzurra e la giacca verde scura (*dark*)
5. il maglione grigio e la camicia nera

Le parti del corpo

Nei Capitoli 2 e 3 hai imparato le seguenti parti del corpo che non sono segnate nella foto: **le labbra, il naso, l'occhio, l'orecchio, i capelli, la pancia, la gamba** e **il piede.** Indica dove sono nella foto.

In italiano

Ecco i plurali delle parti del corpo. Metti un asterisco (*) accanto alle forme irregolari.

le braccia
le dita
le gambe
**le ginocchia /
 i ginocchi**
le labbra
le mani
gli occhi
**le orecchie /
 gli orecchi**
i piedi
le spalle

la bocca

la spalla

il braccio

il dito

la mano

il ginocchio

In italiano

The verb **portare** has two meanings in Italian. It can mean *to wear*: **Il ragazzo porta una maglia rossa.** It can also mean *to bring*: **Gianni porta Maria alla festa.** Can you find another verb that means *to wear* in the Lessico presentation on page 149?*

 A. Ascolta! L'insegnante dice 10 frasi che descrivono i vestiti del disegno a pagina 149, però non tutte le descrizioni sono precise. Scrivi le 10 frasi e poi guarda il disegno e decidi se le frasi sono **vere** o **false**.

	vero	falso
1. _____	☐	☐
2. _____	☐	☐

B. Un po' di cultura: Faccio bella figura? Agli italiani piace «fare bella figura», cioè apparire (*to appear*) in modo da fare buona impressione. Gli italiani si vestono bene anche nelle occasioni informali e sempre quando sono in pubblico: per esempio, per fare una passeggiata in centro, prendere un gelato o incontrare gli amici in piazza. Leggi le seguenti situazioni. Secondo te, queste persone fanno bella figura?

1. Stefano si mette la giacca e la cravatta per andare a cena con Lisetta. È la prima volta che escono insieme. Vanno a mangiare una pizza e poi vanno al cinema.

2. Sara va in piscina con gli amici. Porta un vestito nero, una collana di perle e i sandali coi tacchi alti.

3. Maurizio va a teatro con la sua fidanzata. Si mette i jeans, le scarpe da ginnastica, una maglietta e un berretto.

4. Gianni porta uno splendido mazzo (*bouquet*) di fiori quando viene a cena.

C. Le parti del corpo. Quali parti del corpo si usano per fare queste attività?

1. mangiare i popcorn
2. guardare un film
3. guidare la macchina
4. scrivere un'e-mail
5. andare in bici
6. ballare il tango
7. giocare a calcio
8. sentire il profumo di un fiore

D. Cosa porti? Cosa porti in questi luoghi / in queste occasioni?

1. ad un concerto di musica rock
2. ad un concerto di musica classica
3. ad un appuntamento al buio (*blind date*) in un ristorante elegante
4. ad una partita di football americano
5. al mare
6. in montagna
7. ad una festa con amici
8. al matrimonio di un buon amico

In Italia

La moda Made in Italy è conosciuta in tutto il mondo e gli stilisti italiani sono molto famosi. Quanti di questi stilisti riconosci?

Giorgio Armani
Alberta Ferretti
Miuccia Prada
Roberto Cavalli
Gai Mattiolo
Francesco e Beatrice Trussardi
Dolce & Gabbana
Ottavio Missoni
Valentino Garavani
Sorelle Fendi
Anna Molinari
Donatella Versace

*La risposta: indossano (indossare)

E. Un regalo.

Parte prima. Cosa vorresti ricevere (*would you like to receive*) dai tuoi compagni per il tuo compleanno? Scegli sette vestiti e accessori.

> ESEMPIO: Vorrei ricevere…

Parte seconda. Senza guardare la lista del tuo compagno / della tua compagna, devi scegliere i regali per lui/lei. Quali vestiti o accessori vuoi comprare per il tuo compagno / la tua compagna?

> ESEMPIO: Per il mio compagno / la mia compagna, voglio comprare…

Parte terza. Paragona la lista dei regali che desideri alla lista dei regali che il tuo compagno / la tua compagna vuole comprare. Ci sono le stesse cose?

F. Hai le spalle larghe (*wide*)!

Parte prima. Insieme ai compagni, pensa ad aggettivi adatti all'aspetto fisico o alle diverse parti del corpo. Quattro aggettivi sono già stati inseriti. (Ricordi gli aggettivi e l'accordo con i sostantivi? Vedi **Capitolo 2, Strutture 2.1.**)

1. il fisico: **alto, …**
2. i capelli:
3. i piedi:
4. le dita:
5. le gambe:
6. gli occhi:
7. gli orecchi: **sporgenti** (*sticking out*)…
8. il naso:
9. i denti:
10. le spalle: **larghe…**
11. le braccia: **muscolose…**
12. le mani:

Parte seconda. Formate gruppi di quattro o cinque. A turno, descrivete una persona famosa. I compagni devono indovinare chi è.

G. Non mi sta bene niente! (*Nothing fits me!*)

Parte prima. Con un compagno / una compagna trova tutti i vestiti che non stanno bene a queste persone. Ce ne sono sette.

Parole utili: corto, grande, lungo, piccolo, stretto (*tight*), troppo

> ESEMPIO: 5. Il berretto è troppo grande.

In italiano

If something is *in style*, you use the expression:
andare di moda.

I tuoi jeans Armani vanno di moda. La mia gonna, invece, è vecchissima; non va più di moda.

Anche le scarpe dei bambini vanno di moda!

Parte seconda. Immagina la scena: Un/Una cliente entra in un negozio e prova vari vestiti e accessori, ma non gli/le sta bene niente. Con il compagno / la compagna crea un dialogo tra il commesso / la commessa (*salesperson*) e il/la cliente.

In italiano

There are two differents words in Italian for *size:* **taglia** for clothing and **numero** for shoes.

—**Che taglia porta, signora?**

—**La 38.**

—**Signore, che numero ha?**

—**Il 46.**

H. Culture a confronto: Gli italiani e il loro vestiario. I single italiani con meno di 35 anni spendono il 6.7% della spesa mensile in vestiti. E tu? La percentuale di soldi che ogni mese spendi in vestiti è alta o bassa?

Strutture

6.1 Lo stilista dà il vestito alla modella
Direct and indirect objects

▶ Ci sono tre nomi (*nouns*) in questa frase. Qual è il soggetto (*subject*) del verbo **dare**?

> Lo stilista dà il vestito alla modella.

Note: The answers to these questions appear in Point 2 below.

1 **Dare** also has a direct object and an indirect object. A direct object (**complemento diretto**) answers the question *What?* or *Whom?* So, in the sentence above, the designer gave *what* to the model? Circle the direct object.

2 An indirect object (**complemento indiretto**) answers the question *To whom?* or *For whom?* In the sentence above, the designer gave the dress *to whom?* Put a box around the indirect object. **Attenzione!** In Italian the indirect object is always preceded by a preposition, such as **a** or **per**.

You should have circled the direct object, **il vestito,** and put a box around the indirect object, **alla modella.**

Lo stilista	dà	(il vestito)	alla modella.
(soggetto)		(complemento diretto)	(complemento indiretto)

3 **Attenzione!** Some verbs that are followed by a preposition in English take a direct object in Italian.

ascoltare	**Ascolto** la radio.	I *listen to* the radio.
aspettare	**Aspetto** l'autobus.	I *wait for* the bus.
cercare	**Cerco** le scarpe.	I *look for* the shoes.
guardare	**Guardo** le foto.	I *look at* the photographs.
pagare	**Pago** la gonna.	I *pay for* the skirt.
provare	**Provo** i pantaloni.	I *try on* the pants.

Unlike English, the verb **telefonare** is always followed by an indirect object.

Telefono **a Maria** stasera.

A. Complemento diretto o indiretto? Completa queste frasi con un complemento diretto (**Luigi**) o un complemento indiretto (**a Luigi**).

	Luigi	a Luigi
1. Sentiamo	☐	☐
2. Marco telefona	☐	☐
3. Salvatore parla	☐	☐
4. Vedo	☐	☐
5. Date il regalo	☐	☐
6. Marta conosce	☐	☐
7. Tina scrive una lettera	☐	☐

In italiano

- As you know, the subjects of verbs do not always appear in sentences.

  Io e Gianni compriamo un gelato. or
  Compriamo un gelato.

- However, when the subject does appear, the most common word order in Italian is subject-verb-object.

  Silvia compra la collana.

- Remember that in questions, the subject may appear at the beginning, the end, or not at all.

  Silvia compra la collana?
  Compra la collana Silvia?
  Compra la collana?

Collana di turchesi

B. Soggetto o complemento?

Parte prima. Decidi se l'elemento in corsivo in ogni frase è il soggetto, il complemento diretto o il complemento indiretto.

	soggetto	complemento diretto	complemento indiretto
1. *Mia zia* guarda gli orecchini in vetrina (*shop window*).	☐	☐	☐
2. Mio nonno prova *i pantaloni neri*.	☐	☐	☐
3. Salvatore dà l'anello *ad Aisha* la settimana prossima.	☐	☐	☐
4. Perché cerca le scarpe rosse *Maria*?	☐	☐	☐
5. Compro una sciarpa *alla mia amica*.	☐	☐	☐
6. Marisa vuole *un tatuaggio sulla schiena* (*back*).	☐	☐	☐
7. Tommaso aspetta *l'autobus*.	☐	☐	☐

Parte seconda. Con un compagno / una compagna aggiungi (*add*) **perché** ad ogni frase e poi completa le frasi. Usa la fantasia!

ESEMPIO: Mia zia guarda gli orecchini in vetrina perché vuole fare un regalo alla sua nipotina.

C. Frasi nuove.
Combina i soggetti dell'insieme A con i verbi dell'insieme B e uno o più complementi dell'insieme C per formare frasi complete. Quante frasi puoi fare in cinque minuti?

A	B	C
io	bere	a Maria
io e Silvia	comprare	l'acqua minerale
io e la mia famiglia	cucinare	agli ospiti
Tommaso ed io	dipingere	una borsa di Prada
tu	festeggiare	le chiavi
tu e Giovanni	guardare	il compleanno di mio fratello
la mia amica	perdere (*to lose*)	il maglione giallo
i tuoi zii	provare	la partita
	telefonare	la pasta
	servire	per i bambini
		per un'amica
		il primo piatto
		un quadro (*picture*)

In Italia

Ti piace fare shopping? In Italia le boutique che vendono l'ultima moda dei più grandi stilisti si trovano in centro (*the town center*). I centri commerciali (con i prezzi più bassi), invece, si trovano in periferia (*on the outskirts of the city*).

Però, il primo centro commerciale, **la Galleria Vittorio Emanuele,** si trova nel centro di Milano. Fu costruita nell'Ottocento (1865–1877) in onore del primo re (*king*) d'Italia. L'architetto Giuseppe Mengoni ha creato dei palazzi in stile neoclassico che formano una strada a croce (*cross street*) coperta di vetro (*glass*). È il centro della vita milanese dove puoi trovare le più famose librerie, grandi caffè e dei bei ristoranti. È uno dei luoghi più chic di Milano.

Galleria Vittorio Emanuele a Milano (Lombardia)

In italiano

Remember, not all prepositional phrases are indirect objects. Only one of the following sentences has an indirect object. Which one is it?*

Vado al centro commerciale.
Parlo a Maria.
Telefono a mezzogiorno.

D. La frase più lunga. Formate gruppi di quattro. La prima persona sceglie un soggetto e poi coniuga (*conjugates*) il verbo. Gli altri, a turno, devono aggiungere elementi logici. Vince il gruppo che forma le frasi più lunghe. **Attenzione!** Non si possono usare le congiunzioni **e** e **o,** ma si possono usare **perché** e **quando.**

ESEMPIO: andare
    S1: Mohamed va
    S2: alla Galleria Vittorio Emanuele
    S3: con il suo amico
    S4: dopo pranzo
    S5: perché…

1. aspettare
2. fare
3. viaggiare
4. entrare
5. parlare
6. uscire

6.2 Che stai facendo?

Present progressive

▶ Abbina ogni foto alla sua descrizione.

1.   2.   3.

a. sta leggendo il giornale

b. stanno guardando la vetrina di un negozio

c. sta provando delle scarpe

1 If you want to stress that an action is in progress or is occurring at the moment you are speaking, you use the present progressive (**il presente progressivo**). It is formed with the present tense of the verb **stare** and the gerund (**il gerundio**) of the verb.

▶ Do you remember the forms of **stare**? (See **Capitolo 4, Strutture 4.3.**)

stare	
io	sto
tu	
lui, lei; Lei	sta
noi	
voi	state
loro	

▶ Answers to these activities are in Appendix 2 at the back of your book.

2 The gerund corresponds to the *-ing* form of the verb in English (for example, *eating, sleeping*). It is formed by dropping the infinitive ending -**are**, -**ere**, -**ire** and adding -**ando** to -**are** verbs and -**endo** to -**ere** and -**ire** verbs.

mangi**are** → mangi**ando**

perd**ere** → perd**endo**

dorm**ire** → dorm**endo**

3 The gerunds of **fare** (**facendo**) and **bere** (**bevendo**) are irregular.

Cosa stai facendo tu in questo momento?

A. Ascolta! L'insegnante descrive varie situazioni. Cosa stanno facendo queste persone nelle varie situazioni?

1. **a.** Maria sta comprando un regalo.   **b.** Maria sta mangiando la torta.
2. **a.** Paolo sta prendendo il sole.   **b.** Paolo sta prendendo il caffè.
3. **a.** Molti italiani stanno dormendo.   **b.** Molti italiani stanno pranzando.
4. **a.** Stai mangiando il pesce.   **b.** Stai mangiando il risotto.
5. **a.** Stiamo andando al cinema.   **b.** Stiamo giocando a tennis.
6. **a.** I ragazzi stanno uscendo dalla discoteca.   **b.** I ragazzi stanno preparando la cena.
7. **a.** Sto provando un paio di scarpe.   **b.** Sto dormendo.

B. Facciamo una frase. Formate gruppi di tre. La prima persona sceglie il soggetto, la seconda persona fornisce la forma giusta del verbo al presente progressivo e la terza persona completa la frase con un complemento diretto o indiretto.

ESEMPIO: provare
> **S1:** Alessandra
> **S2:** Alessandra sta provando
> **S3:** Alessandra sta provando gli occhiali da sole.

1. guardare   5. cercare
2. comprare   6. scrivere
3. parlare   7. servire il primo piatto
4. prendere   8. telefonare

C. Mimare. (*To mime.*)

Parte prima. Con un compagno / una compagna fai una lista di (almeno) 15 azioni comuni.

ESEMPIO: prendere l'autobus, giocare a tennis…

Parte seconda. A turno, mimate le azioni per un altro gruppo. Loro devono indovinare quello che state facendo.

ESEMPIO: **S1:** (*miming trying on shoes*)
> **S2:** Stai provando le scarpe!

Grammatica dal vivo:
Il presente progressivo

Vai su **Connect Italian** per guardare un'intervista con Alessia che parla del suo fidanzato, della sua professione e della ragione per cui si trasferisce a Roma. Poi fai le attività di comprensione.

D. Tempo e luogo.

Parte prima. Cosa sta succedendo in questi luoghi?

ESEMPIO: alle 20.30 su un aereo che viaggia da Chicago a Roma
> I viaggiatori stanno guardando un film.

1. a mezzanotte in biblioteca
2. alle 18.00 in piazza
3. alle 9.00 (di mattina) alla Casa Bianca
4. alle 20.00 alla Scala di Milano
5. alle 16.00 in un negozio di Prada
6. alle 13.00 all'università

Parte seconda. Con un compagno / una compagna, crea altri tre contesti per orari diversi (come gli esempi in **Parte prima**) e poi scambiali (*exchange them*) con un'altra coppia. Cosa sta succedendo in questi luoghi alle ore indicate?

6.3 Cosa mi metto oggi?

Reflexive verbs

▶ Che fai ogni mattina? Metti le attività in ordine cronologico a seconda delle tue abitudini. Perché tutti i verbi, tranne (*except*) **fare colazione,** hanno **mi** davanti?

_____ Mi sveglio.

_____ Mi alzo.

_____ Mi rado.

_____ Mi lavo.

_____ Mi vesto.

_____ Mi trucco.

_____ Mi metto le lenti a contatto.

_____ Faccio colazione.

_____ Mi lavo i denti.

1 All of the verbs on this page and page 160 that are preceded by **mi** are reflexive. A reflexive verb (**verbo riflessivo**) normally indicates an action that one does to oneself.

Mi lavo.   I wash *myself.*

Ti vesti.   You dress *yourself.*

Note: One of the first verbs you learned is a reflexive verb. **Mi chiamo Sandra** literally means *I call myself Sandra.*

2 The infinitive of reflexive verbs ends in -**si.**

-are	-ere	-ire
mi alzo → alzarsi	mi metto → mettersi	mi vesto → vestirsi
mi lavo → lavarsi	mi rado → radersi	
mi sveglio → svegliarsi		
mi trucco → truccarsi		

3 Reflexive verbs are conjugated like all -**are, -ere,** and -**ire** verbs. The only difference is that they are preceded by a reflexive pronoun, which agrees with the subject.

▶ Complete the conjugations of these verbs.

	lavarsi	**mettersi**	**vestirsi**
io	**mi** lavo	**mi** metto	
tu	**ti** lavi		**ti** vesti
lui, lei; Lei		**si** mette	
noi	**ci** laviamo		**ci** vestiamo
voi	**vi** lavate	**vi** mettete	
loro			**si** vestono

▶ Answers to this activity are in Appendix 2 at the back of your book.

Note: The reflexive pronoun for the third-person singular (**lui, lei, Lei**) and third-person plural (**loro**) forms is the same: **si.**

In italiano

In Italian, some infinitives that end in -**si** are conjugated like reflexive verbs even though they don't refer to actions done to oneself.

annoiarsi *to get bored*   **Mi annoio a guardare i film rosa.**

arrabbiarsi *to get angry*   **Mi arrabbio con mia sorella.**

divertirsi *to have fun*   **Mi diverto alla lezione d'italiano.**

sbagliarsi *to be wrong*   **Non mi sbaglio mai!**

sentirsi *to feel*   **Mi sento bene oggi.**

4 The reflexive pronoun is usually placed before the conjugated verb, but it can also be attached to an infinitive which drops the final -**e.**

Mi devo lavare i denti.   Devo lavar**mi** i denti.

5 To form the negative, place **non** before the reflexive pronoun.

Non mi metto gli stivali oggi.

6 Some verbs can be used reflexively and nonreflexively. If the action affects oneself, it's reflexive. If it affects someone or something else, it's not. Compare the following:

Reflexive	Non-reflexive
Mi lavo.	Lavo **la macchina.**
I wash myself.	*I wash the car.*
Mi sveglio alle 8.00.	Sveglio **mio fratello** alle 8.00.
I wake (myself) up at 8:00.	*I wake my brother up at 8:00.*
Mi guardo allo specchio.	Guardo **la sfilata.**
I look (at myself) in the mirror.	*I watch the fashion show.*

> ## study tip
> Now that you have learned reflexive pronouns, you may find yourself using them indiscriminately with all verbs. Be careful not to overgeneralize.

A. Ci divertiamo!

Parte prima. Completa queste frasi.

1. Mi diverto quando…
2. Mi annoio quando…
3. Mi arrabbio quando…

Parte seconda. Intervista un compagno / una compagna per sapere le sue risposte. Quanto siete simili?

ESEMPIO: S1: Quando ti diverti?
S2: Io mi diverto quando cucino. E tu?
S1: Anch'io mi diverto quando cucino. (Io, invece, mi diverto quando gioco a pallone.)

Parte terza. Immagina come questi italiani completano le stesse frasi.

1. **Stefania, madre**

2. **Cristina, studentessa**

3. **il signor Mauro Civai, direttore di museo**

B. Il pronome riflessivo.

Parte prima. Con un compagno / una compagna scrivi il pronome riflessivo giusto e completa le frasi.

1. (nome di compagno/a A) e (nome di compagno/a B) _____ divertono quando…
2. Io e i miei amici _____ annoiamo…
3. Gli studenti _____ arrabbiano…
4. Prima di uscire, il mio amico _____ mette…
5. Le donne _____ truccano…
6. Gli uomini _____ radono…
7. Devo lavar _____ quando…

Parte seconda. Scambiate le frasi con un altro gruppo e decidete se ogni frase è vera **sempre, qualche volta** o se non è vera **mai.**

C. Riflessivo o no?

Parte prima. Scegli la forma appropriata per completare le frasi.

1. **a.** Di solito il bambino <u>veste / si veste</u> da solo.
   b. Oggi, la mamma <u>veste / si veste</u> il bambino perché ha fretta.

2. **a.** Mia madre <u>mette / si mette</u> il vestito di Dolce & Gabbana.
   b. Mio fratello <u>mette / si mette</u> i pantaloni sul letto.

3. **a.** Che puzza! (*What a stink!*) Dobbiamo <u>lavare / lavarci</u> il cane.
   b. Che puzza! Devi <u>lavare / lavarti</u>!

4. **a.** Ciao! <u>Chiamo / Mi chiamo</u> Salvatore.
   b. Ogni domenica <u>chiamo / mi chiamo</u> mia madre all'ora di pranzo.

5. **a.** Questo film è troppo violento; non voglio <u>guardare / guardarmi</u>!
   b. Mi sono tinto (*colored*) i capelli e sono diventati (*became*) gialli! Non voglio <u>guardare / guardarmi</u> allo specchio.

Parte seconda. Lavora con un compagno / una compagna. Create frasi simili alle frasi nella **Parte prima.**

1. svegliare / svegliarsi
2. sentire / sentirsi
3. annoiare / annoiarsi
4. truccare / truccarsi

D. Il mio compagno / La mia compagna.

Parte prima. Scrivi quattro domande da fare a un compagno / una compagna usando i verbi dell'insieme A e le espressioni di tempo dell'insieme B. Accanto ad ogni domanda scrivi la risposta che ti aspetti (*that you expect*).

ESEMPIO: Ti arrabbi spesso con tua sorella? (Sì.)

A	**B**
divertirsi	spesso
portare telefonare	non… mai sempre
lavare arrabbiarsi alzarsi	una volta alla settimana raramente
mettersi uscire	ogni mese
pulire	

Parte seconda. Ora fai le domande a un compagno / una compagna. Le sue risposte confermano le tue previsioni? Chi conosce meglio l'altra persona?

ESEMPIO: **S1:** Ti arrabbi spesso con tua sorella?
S2: Sì. (No, non mi arrabbio quasi [*almost*] mai con mia sorella.)

6.4 Parlo bene l'italiano!

Adverbs

Come ti comporti (*How do you behave*)? Fai questo piccolo test. Riesci a capire il significato del suffisso -**mente**?

---

1. La lezione comincia alle 7.30 di mattina. Arrivi _____.

   a. puntualmente   b. in ritardo (*late*)

2. Tua madre ti chiede di lavare i piatti dopo cena. Lo fai _____.

   a. immediatamente.   b. più tardi.

3. Ti metti i jeans _____

   a. raramente   b. spesso

4. I tuoi genitori ti regalano una macchina nuova per il tuo compleanno. Guidi (*You drive*) la macchina _____.

   a. con prudenza (*carefully*)   b. velocemente

5. La tua migliore amica ti ha comprato un giubbotto per il tuo compleanno, ma non ti piace. Quando la tua amica ti chiede se ti piace, rispondi _____.

   a. con una bugia   b. sinceramente

Il comportamento rivela molto del carattere. Che tipo di persona sei? Fai il conto delle volte che hai scelto la riposta **a** in questo piccolo test e poi leggi la descrizione del tuo carattere.

3–5 (a): Sei una persona precisa e pignola (*picky*). Cerchi di comportarti sempre in modo appropriato.

1–2 (a): Sei una persona rilassata e tranquilla. Non ti preoccupi dei dettagli (*details*).

---

1 The suffix -**mente** is the equivalent of -*ly* in English: **immediatamente** = immediate*ly*. Words ending in -**mente** are adverbs that describe how or when the action of a verb takes place and are usually placed after the verb.

   Tina parla **sinceramente**.   Miriam esce **frequentemente**.

2 To form adverbs in Italian, add -**mente** to the *feminine singular* form of the adjective.

   lento → **lenta** → **lentamente**   Giovanni corre lent**a**mente.

   However, if the adjective ends in -**e**, you add the -**mente** directly to the adjective.

   veloce → **velocemente**   Maria corre veloc**e**mente.

   Note: However, if the adjective ends in -**re** or -**le** and this ending is preceded by a vowel, drop the final -**e** before adding -**mente**.

   regol**are** → **regolarmente**

   gent**ile** (*kind*) → **gentilmente**

▶ Now you try. Create adverbs from these adjectives.

---

generoso → _____   difficile → _____

forte → _____

▶ Answers to this activity are in Appendix 2 at the back of your book.

▶ For more information about **molto/poco** and **bene/male** as adverbs, see **Per saperne di più** at the back of your book.

3 Some adverbs do not end in **-mente**. If you do something *well* or *badly*, use **bene** or **male**.

Parlo **bene** l'italiano, ma parlo **male** il cinese.

4 You have already learned several adverbs of time: **domani, ieri, non… mai, oggi, ogni tanto, presto, sempre, spesso, tardi, tutti i giorni.**

5 The adverbs **spesso** and **sempre** are usually placed after the verb.

Leggi **spesso** il giornale?

Studio **sempre** in biblioteca.

6 **Non** is placed before the conjugated verb and **mai** is placed after.

Non gioco **mai** a tennis.

Non possiamo **mai** studiare insieme.

7 Other adverbs of time are usually placed at the end of a statement or question.

Scrivi molte e-mail **tutti i giorni?**

Torno a casa **tardi.**

A. La parola precisa.

Parte prima. Quali parole completano queste frasi?

Maria parla…   **Maria ha una sorella…**

seriamente	impegnata	lentamente	sincera
liberamente	buona	bella	gentilmente	bene
giovane	sinceramente	seria	

Parte seconda. In base alle frasi nella **Parte prima,** quali delle seguenti conclusioni sono vere?

1. ☐ La sorella di Maria ha sempre molte cose da fare.
2. ☐ La sorella di Maria dice molte bugie.
3. ☐ Maria è timida.
4. ☐ Maria non conosce bene la grammatica e spesso fa errori quando parla.

CHIUDERE SEMPRE E ADAGIO IL CANCELLO

Riesci a trovare i due avverbi?

B. Com'è Paolo?

Parte prima. Forma avverbi in -**mente** con i seguenti aggettivi.

> attento   frequente   gentile
>
> onesto   puntuale

Parte seconda. Descrivi come o quando Paolo fa queste attività usando gli avverbi che hai creato nella **Parte prima.**

> **ESEMPIO:** salutare i colleghi
> Paolo saluta gentilmente i colleghi.

1. ascoltare l'insegnante
2. parlare con le persone anziane
3. rispondere a domande personali
4. arrivare agli appuntamenti
5. telefonare alla mamma

Parte terza. Che tipo di persona è Paolo? Ti piace o no? Perché?

C. Come?

Parte prima. Formate gruppi di quattro compagni. Ogni gruppo deve fare una lista di avverbi. Chi ha la lista più lunga dopo un minuto?

Parte seconda. Adesso aggiungete un verbo ad ogni avverbio per indicare un'attività / un'azione.

> **ESEMPIO:** bene → giocare bene a tennis
> tardi → arrivare tardi

Parte terza. Scambiate (*Exchange*) le liste con un altro gruppo. A turno, ogni studente del gruppo ha 30 secondi per mimare una delle azioni sulla lista. La persona che indovina vince un punto. Lo studente con più punti alla fine del gioco vince.

D. Firma qui, per favore!

Parte prima. Con i compagni, crea una lista di attività (sport, hobby, faccende di casa [*housework*]) che fate spesso. Poi segna (✓) quanto sei abile (*capable*) nel fare ciascuna (*each*).

Attività	bene	così così	male	Firma qui, per favore!
1. *cucinare*				
2.				

Parte seconda. Intervista i tuoi compagni per trovare qualcuno che ha le tue stesse abilità e chiedi la firma.

> **ESEMPIO:** **S1:** Come cucini?
> **S2:** Male!
> **S1:** Anch'io! Firma qui, per favore!

Cultura

Ascoltiamo!

La moda italiana

A. Osserva ed ascolta. Osserva ed ascolta mentre Federico ti parla della moda in Italia.

B. Completa. Completa le seguenti frasi con le parole / espressioni della lista qui sotto. Usa ogni espressione *una sola volta.* **Attenzione!** La lista contiene dodici parole o espressioni; devi usarne solamente nove.

l'abbigliamento (*clothing*)	negli anni Settanta
costosi	occhiali
dopo la Seconda Guerra Mondiale (*WWII*)	i palazzi
le esportazioni	posti di lavoro
fare bella figura	profumi
la firma	le sfilate

1. _____ è il prodotto italiano più venduto (*sold*) nel mondo e contribuisce all'economia nazionale con la creazione di molti _____.

2. _____ di moda organizzate a Milano e a Firenze presentano i modelli più recenti a un pubblico internazionale.

3. In Italia la moda è diventata (*became*) un fenomeno di massa _____ quando gli stilisti hanno cominciato a creare prodotti meno _____.

4. In Italia, _____ (o il nome) di uno stilista famoso è importante non solo per i vestiti, ma anche per gli accessori, come _____, scarpe, _____ e gioielli.

5. Per molti italiani vestire alla moda è importante per _____ o fare buona impressione.

C. Tocca a te! Completa la seguente frase esprimendo la tua opinione personale sulla moda italiana.

La moda italiana mi piace / non mi piace perché…

Retro

La Commedia dell'arte: «L'improv» all'italiana. Se vuoi imparare le origini dell'«improv» all'italiana vai al **Capitolo 6, Retro** su **Connect Italian.**

Leggiamo!

Maschere° italiane

Masks, costumes

A. Prima di leggere. Ti piacciono le maschere? Completa la frase:

A Halloween (o a Carnevale) mi vesto da…

Fai un elenco di tutte le maschere preferite della classe. Quali sono i vestiti o gli accessori più diffusi?

B. Al testo!

Parte prima. I personaggi (*characters*) della Commedia dell'arte sono immediatamente riconoscibili (*recognizable*) dai vestiti che portano. Guarda attentamente le figure e leggi le descrizioni per abbinare ogni immagine alla descrizione giusta.

1.   2.   3.

4.   5.

a. Arlecchino, il servo[1] sciocco, indossa un abito multicolore.

b. Brighella, il servo furbo, indossa camicia e pantaloni bianchi.

c. Il Dottore è un avvocato (o un medico) di Bologna che sa tutto ed esprime le sue opinioni su tutto. Porta un abito serio ed elegante, nero, con colletto[2] e polsini[3] bianchi, un gran cappello, una giacca e un mantello.[4]

d. Pantalone è un vecchio mercante di Venezia. Porta pantaloni molto stretti, una giacca rossa e un lungo cappotto nero. Ha soldi ma non vuole mai spenderli.

e. Pulcinella, il servo napoletano, porta un camiciotto bianco e un berretto a punta.[5]

---

[1]servant   [2]collar   [3]cuffs   [4]cloak, cape   [5]a… pointed

Parte seconda. Guarda ancora più attentamente le immagini e rileggi le descrizioni per abbinare ogni maschera alla città di provenienza (*of origin*). Completa la tabella inserendo le maschere (Arlecchino, il Dottore, Pantalone e Pulcinella) ai posti giusti. Poi identifica le regioni da cui provengono (*come from*).

la maschera	la città	la regione
Brighella	Bergamo	
	Bergamo	
	Bologna	
	Napoli	
	Venezia	

PAROLE PER LEGGERE

esprimere   *to express*
il mercante   *merchant*
sciocco   *silly, foolish*

Parte terza. Ciascuna maschera della Commedia dell'arte è associata al carattere (*personality*) del personaggio. Rileggi il testo un'ultima volta per abbinare la caratteristica al personaggio giusto.

1. Arlecchino
2. Brighella
3. il Dottore
4. Pantalone
5. Pulcinella

a. avaro (*stingy*)
b. furbo
c. pigro
d. sciocco
e. vanitoso (*vain*)

C. Discutiamo! Le maschere della Commedia dell'arte sono ancora fra le più popolari in Italia per Carnevale, la grande festa che si conclude con il Martedì Grasso. Quale maschera trovi più bella? Quale vorresti indossare tu? Quale no? Perché?

Scriviamo!

L'indumento° magico

Article of clothing

Nel mondo della fantasia, un indumento o un accessorio può avere un significato particolare, a volte perfino (*even*) magico. Harry Potter ha un mantello che lo rende invisibile. Nel racconto *The Red Shoes* di Hans Christian Andersen le scarpe costringono (*force*) chi le porta a ballare in continuazione. Usa la tua fantasia per inventare una storia originale con un indumento magico. Scrivi una piccola storia (un paragrafo) in cui descrivi l'indumento e l'effetto che ha.

ESEMPIO: il berretto magico

Quando uno studente porta il berretto magico non deve mai studiare perché...

Parliamo!

Cosa portiamo in America?

Erica e Matteo vengono in America per seguire un corso d'inglese alla vostra università per un mese, ma non sanno cosa portare e hanno bisogno del vostro consiglio! Ecco le liste di quello che pensano di mettere in valigia. Con un compagno / una compagna decidi cosa devono portare, cosa possono lasciare a casa e se hanno bisogno di qualcos'altro. Spiegate alla classe le vostre scelte.

Erica	Matteo
dieci magliette	sette magliette
tre paia di jeans	un paio di jeans
tre gonne	quattro camicie
due maglioni di lana	due maglioni di lana
due paia di pantaloni	tre paia di pantaloni
un vestito (lungo) da sera	un abito scuro (elegante)
un vestito (corto) da sera	due cravatte
una felpa	due felpe
una tuta da ginnastica[1]	un paio di pantaloncini
un paio di scarpe da ginnastica	due paia di scarpe da ginnastica
due paia di scarpe da sera (con i tacchi alti)	un paio di mocassini eleganti (neri)
un paio di stivali	un paio di scarponi[5]
due paia di scarpe comode (ma belle)	un paio di scarpe comode[6] (marroni)
un cappotto pesante[2]	un giubbotto pesante
una giacca leggera[3]	tre cinture (una nera, due marroni)
due costumi da bagno (bikini e intero[4])	un costume da bagno

[1]tuta… *sweats* [2]*heavy* [3]*light* [4]*one-piece* [5]*hiking boots* [6]*comfortable*

Guardiamo!

FILM: *Il mostro*

(Commedia. Italia. 1995. Roberto Benigni e Michel Filippi, Registi. 112 min.)

RIASSUNTO: A serial killer is on the loose and the police are out to find him. Under the direction of police psychologist Taccone (Michel Blanc), undercover cop Jessica (Nicoletta Braschi) is assigned to tail Loris (Roberto Benigni), the suspect who, unaware, often finds himself in compromising, but innocent, situations.

SCENA: (DVD Capitolo 11): Loris is short on funds, but he needs to "pick up" some things at the **ipermercato** (*superstore*). He devises a plan to check out without paying with the unsuspecting help of the other customers and the manager.

A. Anteprima. Abbina gli oggetti alla parte del corpo a cui corrispondono. **Attenzione!** Una parte del corpo si usa due volte.

1. lo spazzolino da denti

2. il peluche

3. la scarpina

4. il fermaglio

5. il chewing-gum

a. i capelli
b. la bocca
c. le braccia
d. il piedino

B. Ciak, si gira! Guarda la scena facendo attenzione a quello che Loris fa con gli oggetti che hai visto in **Anteprima.** Poi completa il riassunto della scena mettendo gli indumenti e gli accessori ai posti giusti.

> borsa
> chewing-gum   fermaglio
> peluche   scarpina
> spazzolini da denti
> tasca   trench (2)

In questa scena, Loris porta un _____[1] molto largo. Nel reparto (*section*) «articoli sanitari», mette tre _____[2] nella _____[3] di una signora. Nel reparto «giocattoli» mette un _____[4] nella carrozzina di una bambina. Poi getta (*tosses*) una _____[5] nella _____[6] di un signore. Nel reparto «frutta e verdura» infila (*sticks*) un _____[7] fra i capelli della donna manager. Nel reparto «dolci», prende un _____[8] e poi va alla cassa per pagarlo.

L'allarme suona, ma Loris esce tranquillamente dal negozio. Stranamente il _____[9] non gli è più largo, anzi (*on the contrary*) gli è stretto.

C. È fatto! Molti italiani apprezzano Loris perché lo considerano «furbo». Secondo te, Loris è un simpatico furbacchione o è un ladro?

Vocabolario

Domande ed espressioni

Certo!	Of course!
Che taglia/numero porti/porta?	What (clothing/shoe) size do you wear? (*inform./form.*)
Ecco…	Here is / Here are …
Mi puoi… ? / Mi può… ?	Can you … ? (*inform./form.*)
Posso… + *infinitive*?	May I … ?
Subito!	Right away!

Verbi

alzarsi	to get up
andare di moda	to be in style
annoiarsi	to get bored
arrabbiarsi	to get angry
aspettare	to wait for
divertirsi	to have fun
fare bella figura	to make a good impression
indossare	to wear
lavarsi	to wash oneself
lavarsi i capelli	to wash one's hair
lavarsi i denti	to brush one's teeth
marinare la scuola	to play hooky, cut school
mettere	to put
mettersi	to put on (*clothes*)
portare	to bring; to carry; to wear
provare	to try on
radersi	to shave
sbagliarsi	to be wrong
sentirsi	to feel
svegliarsi	to wake up
truccarsi	to put on makeup
vestirsi	to get dressed

Sostantivi

gli abiti	clothes
l'accessorio	accessory
l'anello	ring
il berretto	cap
la borsa	purse
i calzini	socks
la camicia	shirt
il centro commerciale	large shopping center, mall
la cintura	belt
la collana	necklace
il costume da bagno	bathing suit, swimsuit
la cravatta	tie
la felpa	sweatshirt
la giacca	jacket
il giubbotto	winter jacket
la gonna	skirt
l'impermeabile (*m.*)	raincoat
la maglietta	t-shirt
il maglione	sweater
la moda	fashion
gli occhiali da sole	sunglasses
gli orecchini	earrings
il paio (*pl.* le paia)	pair
i pantaloncini	shorts
i pantaloni	pants
il pullover	pull-over
i sandali	sandals
le scarpe (da ginnastica)	shoes (sneakers)
la sciarpa	scarf
la sfilata	fashion show
gli short	shorts
lo/la stilista	designer
gli stivali	boots
i tacchi alti	high heels
il trench	raincoat
la t-shirt	t-shirt
il vestito	dress; suit
la bocca	mouth
il braccio (*pl.* le braccia)	arm
il corpo	body
il dito (*pl.* le dita)	finger
il ginocchio (*pl.* le ginocchia / i ginocchi)	knee
la mano (*pl.* le mani)	hand
la spalla	shoulder

Avverbi

con prudenza	carefully
domani	tomorrow
frequentemente	frequently
gentilmente	nicely, kindly
ieri	yesterday
immediatamente	immediately
in ritardo	late
lentamente	slowly
male	badly
oggi	today
presto	early
puntualmente	punctually
raramente	rarely
regolarmente	regularly
sinceramente	sincerely
velocemente	quickly, fast

7 Cosa hai fatto questo weekend?

I bari (ca. 1594), Michelangelo Merisi da Caravaggio (Kimbell Art Museum, Fort Worth, olio su tela)

SCOPI

IN THIS CHAPTER YOU WILL LEARN:

- common interjections to express surprise, pain, and so on
- how to ask and tell what happened
- to talk about your weekend activities
- to talk about what you did in the past
- to use negative expressions
- about music traditions in Italy

Strategie di comunicazione

Dai!
Expressing surprise, pain, and so on

Le interiezioni (*interjections*) are those little exclamation words we use to express surprise, pain, encouragement, disbelief, uncertainty, or exasperation.

A. Osserva ed ascolta. Come rispondono Chiara, Rosario, Claudia, Cassandra e Giovanni alle seguenti domande? Abbina l'interiezione che senti (a–e) alla domanda (1–5).

Chiara
1. Ti piace il game show *L'Eredità*?

Rosario
2. Sa l'inglese?

Claudia
3. Puoi dire qualcosa in inglese?

Cassandra
4. Chi sono i tuoi attori e attrici preferiti?

   a. Boh!

   b. Magari!

   c. Mamma mia!

   d. Oddio!

   e. Peccato!

Giovanni
5. Le piacerebbe visitare gli Stati Uniti?

B. Uffa! (*Oh man!*)

Parte prima. Abbina le domande alle risposte appropriate.

1. Quando mangiamo?
2. Fa troppo caldo.
3. Non posso uscire stasera. Devo studiare.
4. Chi è l'autore di *La Divina Commedia*?
5. È tua quella Alfa Romeo?

   a. Magari! La mia è quella piccola Ford.

   b. Uffa! Stai sempre sui libri. Non vuoi mai uscire.

   c. Boh! Non mi ricordo. (*I don't remember.*)

   d. Dai! Hai sempre fame!

   e. Macché! È un giorno bellissimo!

Parte seconda. Confronta le tue risposte con quelle di un compagno / una compagna. Lui/Lei dice una delle frasi e tu rispondi con l'interiezione appropriata. Scambiate i ruoli.

C. Come si dice *ouch* in italiano? Completa la tabella con le espressioni equivalenti in inglese e in italiano. Alcune parole (*Some words*) sono già state inserite.

► Answers to this activity are in Appendix 2 at the back of your book.

In questa situazione...	gli americani dicono:	gli italiani dicono:
1. You see a friend across the street and want to get his/her attention.		Ehilà!
2. You grab a pot on the stove and it's hot.	*Ow! Ouch!*	
3. You look at your watch and realize you're late for an appointment.	*Omigosh!*	
4. You want your friend to get up off the couch and come for a run with you.		Dai!
5. Your friend says something you know isn't true.	*No way!*	
6. You're eager to go out and your parents keep adding to the list of chores they want you to do before you leave.		Uffa!
7. Someone asks you a question and you haven't got a clue.	*I dunno!*	
8. Someone asks if you've ever done something that's cool (you haven't, but you wish you had).		Magari!
9. Someone invites you to a concert, but it's on the same night as your exam.		Peccato!

Cos'è successo?
Asking what happened

> To find out what happened, ask:
>
> **Cos'è successo?**

Che brutta giornata!

Parte prima. Oggi va tutto male. Perché? Cos'è successo? (Le risposte sono al passato; trovi il passato in **Strutture 7.1** in questo capitolo.) Inserisci l'interiezione appropriata per iniziare ogni frase.

1. _____ Ho dimenticato (*I forgot*) il libro d'italiano.
   a. Oddio!   **b.** Dai!   **c.** Ahi!

2. _____ Non ho dormito (*I didn't sleep*) abbastanza e oggi devo lavorare.
   a. Dai!   **b.** Uffa!   **c.** Ehilà!

3. _____ Ho perso (*I missed*) l'autobus.
   a. Mamma mia!   **b.** Boh!   **c.** Magari!

(continued)

4. _____ Non ho capito (*I didn't understand*) la lezione.
   a. Macché!   **b.** Magari!   **c.** Boh!

5. _____ Ho giocato (*I played*) a calcio ieri e le gambe mi fanno male.
   a. Dai!   **b.** Ahi!   **c.** Magari!

Parte seconda. Ecco alcuni consigli per i problemi della **Parte prima.** Completa le frasi seguenti usando i verbi qui sotto. **Attenzione!** Puoi usare ciascun verbo *una sola volta.*

> dormire   fare   guardare   prendere   venire

1. Puoi _____ a lungo questo weekend.

2. Puoi _____ due aspirine e riposarti (*rest*) oggi.

3. Puoi _____ con me in macchina.

4. Possiamo _____ i compiti insieme.

5. Puoi _____ il mio libro.

Parte terza. Chiedi al tuo compagno / alla tua compagna **Cos'è successo?** Lui/Lei dice qual è il problema dalla **Parte prima.** Tu proponi una soluzione con le frasi che hai creato nella **Parte seconda.**

   ESEMPIO: **S1:** Oddio!
             S2: Cos'è successo?
             S1: Ho dimenticato il libro d'italiano.
             S2: Non c'è problema! Puoi guardare il mio libro.

Lessico

Il mio weekend
Talking about your weekend activities

Gessica

Luigi

Gessica e Luigi sono studenti all'università di Pisa. Gessica è di Pisa, ha 20 anni e studia lingue e letterature straniere. Luigi è di Arezzo, ha 21 anni e studia biologia.

▶ Gessica è molto impegnata questo weekend. Completa la sua agenda con i numeri delle frasi appropriate. Cerca di capire il significato delle parole dal contesto o da una parola simile in inglese. C'è solo una risposta corretta. **Un aiuto:** Gli studenti universitari hanno lezioni la mattina e il pomeriggio, il sabato mattina incluso. Per questi studenti il weekend inizia il sabato pomeriggio.

1. Dorme fino alle 9.00, fa colazione, legge un libro e scrive un'e-mail alla sua amica americana.
2. Dorme fino alle 8.00, fa colazione, poi va alla lezione di letteratura inglese delle 9.30.
3. **Festeggia** il compleanno di Sandra a casa di Luisa.
4. Pranza dalla nonna (*at her grandmother's house*) e **fa un giro in bici** con il suo fratellino.
5. Va a **teatro** a **vedere uno spettacolo** di Shakespeare per il corso di letteratura inglese.
6. **Fa il bucato** perché tutti (*all*) i jeans sono sporchi (*dirty*), poi fa shopping. Compra un bel **regalo** per il compleanno della sua amica Sandra: il nuovo CD di Laura Pausini.

Il weekend di Gessica		
	sabato	**domenica**
la mattina		
il pomeriggio		
la sera	3	

▶ Anche Luigi è molto impegnato questo weekend. Completa la sua agenda con i numeri delle frasi appropriate.

1. Guarda **la partita** di calcio con gli amici.
2. Va alla lezione di biologia alle 10.00.
3. Prende il treno alle 13.00 per **andare a trovare** gli amici a Siena.
4. Prende il treno alle 18.00 per tornare a Pisa perché ha un esame lunedì mattina presto.
5. Va al **concerto** di Ligabue a Siena con il suo amico Roberto, ma non è contento perché Ligabue canta solo **le canzoni** del nuovo CD.
6. Dorme fino alle 14.00.

Il weekend di Luigi		
	sabato	**domenica**
la mattina		
il pomeriggio	3	
la sera		

▶ Answers to these activities are in Appendix 2 at the back of your book.

In italiano

Italians use the expression **andare a trovare** to refer to visiting people. The verb **visitare** refers to visiting places, such as cities and museums. It is also used to talk about a doctor examining a patient.

Luigi va a trovare i suoi amici.
Gessica visita un museo d'arte moderna a Firenze.
Il medico visita la paziente in clinica.

A. Ascolta! L'insegnante comincia (*begins*) una frase; segna (✓) la fine appropriata.

1. ☐ il bucato	☐ in macchina	☐ in casa
2. ☐ un CD	☐ lo spettacolo	☐ le canzoni
3. ☐ il bucato	☐ i miei compiti	☐ un regalo
4. ☐ un film	☐ una canzone	☐ uno spettacolo
5. ☐ un biglietto (*ticket*)	☐ uno stadio	☐ uno spettacolo
6. ☐ mia madre	☐ la mia amica	☐ un museo
7. ☐ una pasticceria	☐ mia nonna	☐ un museo

B. Le attività tipiche. In base a quello che sai di Gessica e di Luigi, decidi quali possono essere attività tipiche di Gessica e quali possono essere attività tipiche di Luigi.

1. Fare il bucato ogni fine settimana.
2. Andare a trovare gli amici a Milano in un weekend prima di un esame importante.
3. Andare a vedere uno spettacolo a Firenze.
4. Ascoltare la musica rap.
5. Leggere un libro di James Joyce.
6. Giocare a calcio.
7. Fare una colazione abbondante domenica mattina alle 9.00.
8. Non fare colazione.

C. Il weekend ideale.

Parte prima. Scrivi nella tabella tutte le attività che vuoi fare durante il tuo weekend ideale.

Il mio weekend ideale		
	sabato	**domenica**
la mattina		
il pomeriggio		
la sera		

Parte seconda. Dai la tua tabella a un tuo compagno / una tua compagna. Lui/Lei deve decidere se il tuo weekend è più simile a quello di Gessica o a quello di Luigi e deve spiegare ai compagni perché.

ESEMPIO: Il weekend di Johnny è simile al weekend di Gessica perché...

D. Ogni quanto?

Parte prima. Con i compagni, indica ogni quanto gli studenti fanno queste attività.

mai	ogni giorno	una volta (*once*) alla settimana

una volta al mese

ESEMPIO: Gli studenti non puliscono mai la casa.

1. fare il letto
2. fare il bucato
3. cucinare
4. fare la spesa al supermercato
5. fare un giro in bici

6. fare una festa in casa
7. andare a teatro
8. andare al cinema
9. andare ad un concerto di musica rock
10. andare a trovare la famiglia

Parte seconda. Fai domande a un compagno / una compagna per sapere ogni quanto lui/lei fa queste attività. Il tuo compagno / La tua compagna è il classico / la classica studente/ssa? Perché? Comunica le tue conclusioni alla classe.

ESEMPIO: S1: Ogni quanto pulisci la casa?
S2: Una volta alla settimana.
S1: Allora non sei il classico studente.

E. Un po' di cultura: I cantanti italiani. Abbina il/la cantante alla descrizione giusta. Cerca i loro singoli su Internet.

il/la cantante e un suo singolo	la descrizione
1. Laura Pausini *Benvenuto* (2011) 	**a.** Nato nel 1960 a Correggio (Emilia-Romagna), è un cantante di musica pop/rock con uno stile che si può paragonare a quello di (*that can be compared to that of*) Bruce Springsteen o Matthew Sweet. È il primo musicista italiano ad apparire sulla copertina di *Rolling Stone* (febbraio 2004).

(*continued*)

il/la cantante e un suo singolo	la descrizione
2. Ligabue *Quando canterai la tua canzone* (2010) 	**b.** Nato a La Sterza (Toscana) è un tenore italiano di fama internazionale. Con la vista debole fin dall'infanzia, è rimasto completamente cieco (*blind*) a 12 anni giocando a calcio. Ha un vasto repertorio pop e operatic pop ed è uno dei cantanti italiani più famosi nel mondo.
3. Pino Daniele *Napule è* (1998)* 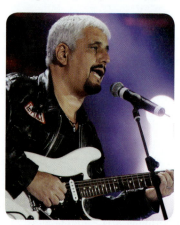	**c.** Nata il 16 maggio 1974 vicino a Faenza (Emilia-Romagna), è una delle cantanti pop più famose nel mondo. Canta in italiano, spagnolo, portoghese, francese e inglese. La sua carriera è stata lanciata quando ha vinto (*she won*) il Festival di Sanremo.
4. Andrea Bocelli *Un nuovo giorno* (2004) 	**d.** Nato il 19 marzo 1955 a Napoli è il musicista che è riuscito a introdurre in Italia l'idea di contaminazione, cioè la combinazione di diversi generi (*types*) di musica. Influenzato dalla musica rock, dal jazz e dal blues, negli anni '70 ha scritto canzoni in dialetto napoletano con una musica R&B.

*Per vedere il testo della canzone, vedi **Capitolo 15, Leggiamo!**

Strutture

7.1 Che hai fatto questo weekend?

The present perfect of regular verbs

Lunedì mattina Gessica e Luigi si raccontano quello che hanno fatto nel weekend (*tell each other what they did this weekend*). Tutti i verbi sono al passato prossimo e alla prima persona singolare (**io**). Sottolinea tutti i verbi e scrivi ogni verbo accanto all'infinito appropriato. Due verbi sono già stati inseriti. Riesci a (*Are you able to*) capire come si forma il passato prossimo?

Gessica

Luigi

Gessica	Luigi
Sabato mattina **sono andata** alla lezione di letteratura inglese. Il pomeriggio ho fatto il bucato e poi ho fatto shopping. Ho comprato un bel regalo per il compleanno di Sandra: il nuovo CD di Laura Pausini. Sabato sera ho festeggiato il compleanno di Sandra a casa di Luisa. Sono tornata a casa verso mezzanotte. Domenica mattina ho letto un libro e ho scritto delle e-mail. Sono andata a pranzo da mia nonna e dopo ho fatto un giro in bici con mio fratello. La sera ho visto un bello spettacolo di Shakespeare.	Sabato mattina **sono andato** alla lezione di biologia. All'una ho preso il treno per Siena. La sera sono andato ad un concerto di Ligabue e sono tornato a casa molto tardi. La mattina dopo ho avuto un gran mal di testa e ho dormito fino alle 2.00. Il pomeriggio ho guardato la partita con i miei amici e la sera sono tornato a Pisa verso le 11.00.

comprare _____

fare _____

festeggiare _____

leggere _____

scrivere _____

vedere _____

andare *sono andata*

tornare _____

avere _____

dormire _____

guardare _____

prendere _____

andare *sono andato*

tornare _____

▶ Answers to this activity are in Appendix 2 at the back of your book.

1 The present perfect or **passato prossimo** is a tense used to talk about the past. As you can see, the **passato prossimo** is made up of two words.

Ho comprato un biglietto.   *I bought / I have bought a ticket.*
Sono andato/a al cinema.   *I went / I have gone to the movies.*

▶ Complete the sentences below.

> The first word is the present tense of the verb _____ or
> _____ and is known as the auxiliary. The second word
> is **il participio passato** (*past participle*) of the verb.

2 The past participles of -**are** and -**ire** verbs are formed by dropping the infinitive endings -**are** and -**ire** and adding -**ato** and -**ito.**

▶ Write the past participles of these verbs. Look at the chart on page 183 if you need help.

> compr - **are** → compr_____
>
> dorm - **ire** → dorm_____

The past participle of -**ere** verbs is formed by dropping the infinitive ending -**ere** and adding -**uto.**

▶ What is the past participle of **avere**? Look at the chart on page 181 if you need help.

> av - **ere** → av_____

▶ The forms of **sapere** and **conoscere** in the **passato prossimo** are regular, but their meanings change. See **Per saperne di più** at the back of your book for more information.

3 Some verbs (such as **fare, leggere, prendere, scrivere,** and **vedere**) have irregular past participles. You will learn more about these in the next section.

4 Some verbs take **avere** and some take **essere** as their auxiliary. When **avere** is used as the auxiliary, the past participle ends in -**o**, regardless of the subject of the verb. When **essere** is used as the auxiliary, the past participle always agrees in gender and number with the subject of the verb. In this case, the past participle has four forms ending in -**o, -a, -i, -e.**

▶ Complete the endings of the past participles. Several have already been done for you.

▶ Answers to these activities are in Appendix 2 at the back of your book.

avere	essere
Gessica <u>ha ballat**o**</u> tutta la notte.	Gessica <u>è andat**a**</u> in discoteca.
Gessica e Tina <u>hanno ballat**o**</u> tutta la notte.	Gessica e Tina <u>sono andat__</u> in discoteca.
Luigi <u>ha mangiat__</u> la pasta.	Luigi <u>è tornat__</u> a casa.
Luigi e Massimo <u>hanno mangiat__</u> la pasta.	Luigi e Maria <u>sono tornati*</u> a casa.

*****Attenzione!** If a verb is conjugated with **essere** and there are multiple subjects of the verb and at least one is masculine, the ending of the past participle is masculine plural (-**i**).

5 Which verbs take **essere** and which take **avere**? Most verbs take **avere**, and relatively few take **essere**. Although there is no straightforward rule for identifying all the verbs that take **essere**, many express motion from one place to another. Here are the most frequent **essere** verbs with regular past participles (you will learn a few more verbs with irregular past participles in **Strutture 7.2**).

| andare | entrare (*to enter*) | stare | uscire |
| arrivare | partire (*to depart/leave*) | tornare | |

▶ Now complete the conjugations of these verbs.

	comprare	credere	dormire
io		ho creduto	
tu	hai comprato		
lui, lei; Lei			ha dormito
noi			abbiamo dormito
voi	avete comprato		
loro		hanno creduto	

	andare	uscire
io		
tu	sei andato/a	
lui, lei; Lei		è uscito/a
noi		
voi	siete andati/e	
loro		sono usciti/e

▶ *Piacere* takes *essere.* See **Per saperne di più** at the back of your book for more information.

study tip

Each person has a different learning style. For example, some students like to work in groups and others prefer to study alone. Some listen to music or the TV while studying, others need perfect silence. Flashcards work for visual learners, while repetition works for aural learners. The color coding in the **passato prossimo** charts in this section—green for verbs conjugated with **avere,** and blue for verbs conjugated with **essere**—may serve as a helpful tool for visual learners. The key to being a successful learner is identifying what works best for you.

▶ Answers to these activities are in Appendix 2 at the back of your book.

6 Here are some time expressions used to express the past: **ieri** (*yesterday*), **scorso/a/i/e** (*last*), **fa** (*ago*).

Ieri ho giocato a calcio.

La settimana **scorsa** sono andata al cinema.

Ho comprato una macchina due mesi **fa.**

A. Giulia o Giulio? Per ogni frase, indica chi ha fatto l'attività, **Giulia** o **Giulio,** o se non si sa (*can't tell*). Spiega le tue scelte (*choices*).

	Giulia	Giulio	Non si sa.
1. È stata a casa ieri sera.	☐	☐	☐
2. Ha comprato un libro.	☐	☐	☐
3. È arrivato tardi alla festa sabato scorso.	☐	☐	☐
4. Ha dormito otto ore.	☐	☐	☐
5. È tornata a casa alle 11.00.	☐	☐	☐
6. Ha mangiato un gelato.	☐	☐	☐
7. Ha studiato molto la settimana scorsa.	☐	☐	☐
8. È entrato nel bar.	☐	☐	☐

B. L'esame di fisica.

Parte prima. Lunedì Marina e Lisa hanno un esame d'italiano e Rocco e Martino hanno un esame di fisica. Leggi le frasi e decidi chi, nel weekend prima dell'esame, ha fatto le attività indicate sotto.

Marina e Lisa	Rocco e Martino

1. Sabato sono uscite e sono tornate a casa alle 3.00 di mattina.
2. Sono uscite con gli amici domenica sera.
3. Sono stati a casa sabato sera e sono andati a letto presto.
4. Lunedì mattina sono partiti da casa presto per studiare in biblioteca prima dell'esame.
5. Sono andati a studiare in biblioteca venerdì sera.
6. Sono andati al cinema domenica sera e sono tornati a casa alle 21.00 per studiare.
7. Sono arrivate tardi all'università lunedì mattina.
8. Sono andate in discoteca venerdì sera.

Parte seconda. Secondo te, chi ha preso (*received*) il voto più alto? Perché?

Parte terza. A chi sei più simile, Marina o Rocco? Perché?

C. Il compleanno di Sandra.
Formate gruppi di tre. Uno di voi ha l'insieme A, un altro / un'altra ha l'insieme B e l'altro/a ha l'insieme C. Lavorate insieme per formare sette frasi complete che descrivono la serata. Quando finite, decidete se la festa è stata divertente o noiosa.

ESEMPIO: Massimo e Maria sono arrivati molto tardi.

A	B	C
Massimo e Maria	andare	a comprare delle patatine (*chips*)
Beatrice ed io	arrivare	un CD di Laura Pausini a Sandra
tu	ballare	la chitarra
Antonio e Francesca	dare	molto presto
i nostri amici	guardare	molto tardi
tu e Rinaldo	lavare	una partita di calcio alla TV
Gessica	mangiare	tutta la notte
	partire	tutti i panini
	suonare	tutti i piatti dopo la festa

In italiano

If you have *never* done a particular activity in the past, place **non** before the auxiliary and **mai** after it.

Maria **non** è **mai** andata a teatro.
Gianni e Roberto **non** hanno **mai** mangiato il pesce.

D. L'ultima volta che (*The last time that*)...

Parte prima. Quando è stata l'ultima volta che hai fatto queste attività? Completa i verbi e poi completa le frasi con un'espressione di tempo. Se c'è un'attività che non hai mai fatto, cambia la frase con **non... mai**.

> la settimana scorsa
> due settimane fa   il weekend scorso
> due giorni fa   un mese fa   ieri
> più di un mese fa   più di un anno fa
> non... mai

1. Ho lavat_____ la macchina...
2. Sono uscit_____ con degli amici...
3. Ho comprat_____ un CD...
4. Sono andat_____ all'opera...
5. Ho festeggiat_____ il compleanno di un amico...

6. Sono tornat_____ a casa dopo mezzanotte...
7. Sono arrivat_____ a lezione in ritardo...
8. Ho pulit_____ la casa...
9. Ho guardat_____ un bel film...
10. Ho mangiat_____ la pizza...

Parte seconda. Intervista un compagno / una compagna per conoscere le sue risposte e prendi appunti. (Fai attenzione ai participi passati dei verbi con **essere**!)

ESEMPIO: **S1:** Quando sei uscita con i tuoi amici, Lucy?
S2: Ieri sera.

Parte terza. Confronta (*Compare*) le tue risposte con quelle del tuo compagno / della tua compagna e preparate tre frasi da presentare ai compagni.

ESEMPIO: Ieri sera Lucy ed io siamo usciti con i nostri amici.
Lucy è uscita ieri sera. Io, invece, il weekend scorso.

In Italia

In Italia ci sono diversi teatri dedicati all'opera lirica noti per la loro straordinaria bellezza architettonica e decorativa. Tra i più famosi ci sono il Teatro alla Scala (Milano), il Teatro la Fenice (Venezia), il Teatro San Carlo (Napoli) e il Teatro Massimo (Palermo). Benché (*Although*) non sia un teatro *per se*, l'Arena di Verona è conosciuta in tutto il mondo per la stagione lirica che vi si svolge (*takes place*) ogni estate all'aperto.

L'Arena di Verona (Veneto)

E. Culture a confronto: L'intrattenimento (Il divertimento).

Parte prima. Come si divertono gli italiani? Ecco i risultati di un sondaggio del 2010. Il sondaggio è stato condotto fra persone dai 15 anni in su che, negli ultimi 12 mesi, hanno fruito (*enjoyed*) di vari tipi di intrattenimento.

Teatro	34%	Concerti di musica classica, opera	15%
Cinema	90%	Altri concerti	46.8%
Musei e mostre	50.4%	Spettacoli sportivi	48.9%
Discoteche, balere, ecc.	64%	Siti archeologici e monumenti	34.6%

Parte seconda. E voi? Fate un sondaggio della classe per sapere chi ha fruito degli stessi tipi di intrattenimento negli ultimi 12 mesi. Per calcolare le percentuali, dividete il numero di risposte per il numero totale di persone che rispondono.

ESEMPIO: **S1:** Che cos'hai fatto di bello negli ultimi 12 mesi?
S2: Sono andato spesso al cinema. E tu?
S1: Anch'io! / Io no, ma sono andato a molti concerti.

Parte terza. Paragonate le vostre risposte con quelle degli italiani. Sono simili o diverse?

ESEMPIO: Noi studenti siamo simili agli italiani perché andiamo spesso al cinema. Ma siamo diversi perché non visitiamo mai i siti archeologici!

In italiano

When you are telling a story that includes a series of events, words like **prima** (*first*), **poi** (*then*), and **dopo** or **dopo di che** (*after*) come in handy.

Prima ho fatto shopping, poi sono tornata a casa e ho preparato la cena. Dopo ho telefonato a Maria e abbiamo parlato per mezz'ora.

F. I personaggi.

Parte prima. Insieme ai compagni scegli il nome, l'età e la professione di questi personaggi e poi descrivi il carattere di ciascuno (*personality of each*). Usate la fantasia! (Avete bisogno di ripassare gli aggettivi? Vedete **Capitolo 2, Strutture 2.1**)

Parte seconda. Formate gruppi di cinque o sei studenti e descrivete quello che hanno fatto questi personaggi l'estate scorsa. Lavorate così: la prima persona scrive una frase e poi passa il foglio alla seconda. La seconda legge e scrive una frase che continua la storia e poi passa il foglio alla terza. La terza… Alla fine, l'ultima persona deve leggere tutta la storia al gruppo.

7.2 Ieri abbiamo vinto la partita

The present perfect of irregular verbs

▶ Alcuni verbi hanno participi passati irregolari. Consulta la tabella a pagina 181 e scrivi il passato prossimo di questi verbi. Il primo verbo è già stato inserito.

fare	→	*ho fatto*
leggere	→	_____
prendere	→	_____
scrivere	→	_____
vedere	→	_____

▶ Inserisci nella tabella il passato prossimo (**io**) dei seguenti verbi accanto all'infinito appropriato. Cinque verbi sono già stati inseriti. Quale coniugazione ha un numero maggiore (*larger number*) di verbi irregolari: **-are, -ere** o **-ire**?

ho chiuso
ho corso   ho detto
ho dipinto   sono morto/a   sono nato/a
ho offerto   ho perso   sono rimasto/a
ho rotto   ho scelto   sono venuto/a
ho vinto

▶ Answers to these activities are in Appendix 2 at the back of your book.

-are		-ere		-ire	
fare	ho fatto	bere	ho bevuto	aprire	ho aperto
		chiudere	_____	dire	_____
		correre	_____	offrire (*to offer*)	
		dipingere	_____		
		mettere	ho messo		
		perdere (*to lose*)	_____		
		rispondere (*to respond*)	ho risposto		
		rompere (*to break*)	_____		
		scegliere (*to choose*)	_____		
		vincere (*to win*)	_____		
		nascere (*to be born*)	_____	venire	_____
		rimanere (*to stay, remain*)	_____	morire (*to die*)	_____

Some points about irregular verbs in the **passato prossimo:**

    a. -ere verbs have the largest number of irregular past participles;

    b. **essere** and **stare** have the same past participle (**stato/a/i/e**);

    c. **essere** and **avere** take themselves as their auxiliaries in the past tense.

       Gianna **è stata** all'opera ieri sera.
       Franca **ha avuto** un appuntamento all'una.

A. *Essere*. Trova tutti i verbi con l'ausiliare **essere** al passato prossimo. (**Attenzione!** Ci sono 12 verbi.)

andare	dipingere	leggere	perdere	stare
aprire	entrare	mettere	pulire	telefonare
arrivare	essere	morire	rimanere	tornare
ascoltare	festeggiare	nascere	sapere	vedere
avere	giocare	navigare	scrivere	venire
ballare	lavare	nuotare	seguire	uscire
dare	lavorare	partire	spedire	

B. Participi passati. Completa i participi passati di ogni verbo e poi decidi se le frasi sono vere per te.

    Ieri...

	vero	falso
1. sono s_____ molto contento/a quando ho finito i compiti.	☐	☐
2. ho pre_____ l'autobus.	☐	☐
3. ho vi_____ un bel programma alla TV.	☐	☐
4. ho le_____ un libro interessante.	☐	☐
5. ho scri_____ un'e-mail al mio professore.	☐	☐
6. ho rispo_____ al telefonino due volte.	☐	☐
7. ho me_____ i libri nello zaino.	☐	☐
8. ho giocato alla lotteria e ho vin_____ mille dollari.	☐	☐
9. sono rima_____ in casa tutta la sera.	☐	☐

C. Una volta.

Parte prima. Completa le frasi. Puoi rispondere con qualcosa che tu o qualcun altro ha fatto.

    ESEMPIO: Una volta ho mangiato il pesce e sono stata molto male.

    1. Una volta _____ e sono stato/a molto male.

    2. Una volta _____ e sono stato/a molto contento/a.

    3. Una volta _____ e sono stato/a molto orgoglioso/a (*proud*).

    4. Una volta _____ e sono stato/a molto triste.

    5. Una volta _____ e sono stato/a molto imbarazzato/a.

Parte seconda. In gruppi di quattro o cinque, confrontate le vostre risposte. Poi riscrivete le frasi in modo che siano vere per tutti.

    ESEMPIO: Una volta abbiamo mangiato il pesce e siamo stati molto male.

D. Che fai di solito?

Parte prima. Completa le frasi. Fai un paragone tra (*Make a comparison between*) quello che queste persone fanno **di solito** e quello che **invece** hanno fatto una sola volta.

ESEMPIO: Di solito Marco va a letto presto. Ieri, invece, è uscito con gli amici ed è andato a letto molto tardi.

1. Di solito prendete un caffè al bar dopo pranzo. Ieri pomeriggio, invece,...
2. Di solito Luisa e Gianpaolo vincono quando giocano a tennis. La settimana scorsa, invece,...
3. Di solito Gianna e la sua famiglia vanno in Italia durante l'estate. L'anno scorso, invece,...
4. Di solito Mario guarda la partita. Domenica scorsa, invece,...
5. Di solito la segretaria risponde al telefono. Ieri mattina, invece,...

Parte seconda. Adesso lavora con un compagno / una compagna e scrivete frasi vere per tutti e due.

1. Di solito (noi)...   Ieri, invece,...
2. Di solito...   Venerdì scorso, invece,...
3. Di solito...   Domenica mattina, invece,...

E. Cos'è successo?
Leggi le situazioni e poi spiega cos'è successo. Ascolta le spiegazioni (*explanations*) dei compagni e poi vota per la spiegazione migliore.

ESEMPIO: **S1:** Maria è molto triste oggi. Cos'è successo?
S2: La sua squadra ha perso il campionato (*championship*).

Oggi...

1. Pino ha un gran mal di testa.
2. Gianni e Rita vanno all'ospedale.
3. La casa è in disordine. Tutti i piatti e i bicchieri sono sporchi.
4. Il professore è molto arrabbiato.
5. La professoressa è contenta.
6. Salvatore e Marco dormono durante la lezione di matematica.
7. Gianna non ha i compiti d'italiano.

F. Cosa hai fatto?
Fai domande a un tuo compagno / una tua compagna per sapere cosa ha fatto lo scorso weekend. Fai almeno (*at least*) tre domande per conoscere tutti i dettagli. Quando sai tutto, scrivi un paragrafo sul suo weekend.

Grammatica dal vivo:
Il passato prossimo

Vai su **Connect Italian** per guardare un'intervista con Alessia che parla dei viaggi che ha fatto lei e dei viaggi che hanno fatto i suoi genitori. Poi fai le attività di comprensione.

www.connectitalian.com

quando?
con chi?   come?
dove?   a che ora?
perché?   quanto?
cosa?

ESEMPIO: **S1:** Cosa hai fatto venerdì sera?
S2: Sono andato a una mostra d'arte moderna.
S1: Dove?
S2: Al museo.
S1: Con chi?

7.3 Non studio mai dopo mezzanotte!

Negative expressions

▶ Quando Gessica e Luigi studiano, hanno abitudini (*habits*) diverse. Leggi le descrizioni delle loro abitudini e cerca di capire il significato delle parole evidenziate. Poi segna (✓) le abitudini simili alle tue (*similar to yours*).

Gessica	Luigi
☐ A mezzanotte **non** studia **più.** Va a letto.	☐ Studia fino alle 3.00 di notte. Di solito va a letto alle 3.30.
☐ Studia sempre presto di mattina. Qualche volta (*sometimes*) si alza alle 6.00 per studiare.	☐ **Non** studia **mai** presto di mattina. Gli piace studiare di notte.
☐ Quando prepara un esame, le piace studiare con un compagno di classe. Non le piace studiare da sola.	☐ Quando prepara un esame, **non** studia con **nessuno.** Deve essere da solo per concentrarsi (*concentrate*).
☐ Mentre (*While*) studia, di solito mangia i popcorn o le patatine e beve caffè.	☐ Mentre studia, **non** mangia e **non** beve **niente.**

1 In addition to **non… mai** (*never*), which you already know, some common negative expressions are: **non… nessuno** (*no one, nobody*), **non… niente** (*nothing*), and **non… più** (*not anymore, no longer*).

2 In the present tense **non** appears before the conjugated verb and **più, mai, nessuno,** and **niente** are placed after the verb.

Non leggo **più** quella rivista.	*I don't read that magazine anymore.*
Non bevo **mai** il tè.	*I never drink tea.*
Luigi **non** studia con **nessuno.**	*Luigi doesn't study with anyone.*
Il bambino **non** vuole mangiare **niente.**	*The child doesn't want to eat anything.*

3 In the **passato prossimo, non** appears before the verb, but **più** and **mai** are placed between the auxiliary and the past participle.

Dopo una cattiva cena, **non** ho **più** frequentato quel ristorante.

Virginia **non** è **mai** stata in Inghilterra.

Note, however, that **nessuno** and **niente** are placed after the past participle.

Non ho comprato **niente** al supermercato.

Non ho visto **nessuno** al bar.

4 **Nessuno** and **niente** can also be the subject of the verb, which is always in the third person singular. Note that **non** is not used in these constructions.

Nessuno è arrivato.

Niente è facile.

▶ For additional negative expressions, see **Per saperne di più** at the back of your book.

A. Ascolta! L'insegnante parlerà di (*will talk about*) diversi tipi di persone. Scegli la definizione più adatta per ogni tipo di persona.

1. ☐ uno studente interessato   ☐ uno studente disinteressato
2. ☐ una persona generosa   ☐ una persona egoista
3. ☐ una persona estroversa   ☐ una persona timida
4. ☐ uno studente motivato   ☐ uno studente non motivato
5. ☐ un ragazzo educato   ☐ un ragazzo maleducato

B. Le espressioni negative. Sottolinea le espressioni negative in ogni frase. Poi indica quali di queste frasi sono vere per te.

	vero	falso
1. Ieri sera non ho visto nessuno. Sono stato/a a casa da solo/a.	☐	☐
2. Una volta ho fatto una festa, ma non è venuto nessuno.	☐	☐
3. Non compro mai regali per i miei amici.	☐	☐
4. Non studio più la matematica perché non mi piace.	☐	☐
5. Non sono mai stato/a ad un'opera lirica italiana.	☐	☐

C. La festa.

Parte prima. Gessica e Luigi ieri hanno fatto una festa e oggi Gessica è arrabbiata con Luigi. Secondo Luigi le sue accuse (*accusations*) sono completamente sbagliate (*wrong*). Con un compagno / una compagna, completa le accuse di Gessica con un'espressione negativa. Dopo scrivete le risposte di Luigi.

mai   nessuno   niente   più

GESSICA: Non hai preparato _____[1] per la festa!

LUIGI: Non è vero. Ho preparato le pizze e ho apparecchiato la tavola!

GESSICA: Non hai ballato con _____[2]!

LUIGI: Non è vero...

GESSICA: Non hai _____[3] parlato con la mia migliore amica.

LUIGI: Non è vero...

GESSICA: Dopo mezzanotte, non hai _____[4] suonato la chitarra.

LUIGI: Non è vero...

Parte seconda. Scambiate il dialogo con un'altra coppia. Leggete il dialogo dei compagni e poi decidete chi ha ragione, Gessica o Luigi.

In italiano

Mai, when used without **non,** means *ever,* and is used to form generic questions.

—Sei **mai** andata ad un concerto di Pino Daniele?

Have you ever been to a Pino Daniele concert?

—No, **non** ho **mai** sentito la sua musica.

No, I've never heard his music.

D. Un po' di cultura: Quanto sai dell'opera lirica italiana?

Parte prima. Scegli la risposta appropriata a seconda della tua esperienza.

1. Hai **mai** visto un'opera lirica?
   a. Sì, vado spesso al teatro dell'opera.
   b. Sì, ma ho visto poche opere.
   c. No, **non** ho **mai** visto un'opera.

2. Hai **mai** sentito un'aria?
   a. Sì, ho sentito tante arie.
   b. Sì, ma ho sentito poche arie.
   c. No, **non** ho **mai** sentito un'aria.

Nabucco di Giuseppe Verdi

Parte seconda. Le opere liriche di Giuseppe Verdi sono le più rappresentate in Italia. Sai abbinare questi famosi compositori italiani alle loro opere?

1. Giuseppe Verdi   a. *Tosca*
2. Gioacchino Rossini   b. *Pagliacci*
3. Vincenzo Bellini   c. *Aida*
4. Ruggero Leoncavallo   d. *Il barbiere di Siviglia*
5. Giacomo Puccini   e. *Norma*

Parte terza. Sai abbinare queste arie alle loro opere?

1. «La donna è mobile»   a. *Nabucco* (Giuseppe Verdi)
2. «Vesti la giubba»   b. *L'elisir d'amore* (Gaetano Donizetti)
3. «Largo al factotum»   c. *Rigoletto* (Giuseppe Verdi)
4. «Una furtiva lacrima»   d. *Il barbiere di Siviglia* (Gioacchino Rossini)
5. «Va' pensiero»   e. *I pagliacci* (Ruggero Leoncavallo)

E. Confusione!

Parte prima. Metti le parole in ordine per formare affermazioni sulla vita dell'insegnante. Poi indovina se le affermazioni sono vere o false.

ESEMPIO: Irlanda / mai / in / stato/a / è / non
L'insegnante d'italiano non è mai stato/a in Irlanda.

L'insegnante d'italiano…

	vero	falso
1. ricevuto / il / non / per / niente / compleanno / ha / l'anno scorso	☐	☐
2. mangia / rossa / non / la / più / carne	☐	☐
3. nessuno / ha / ieri sera dopo le 8.00 / non / parlato / con	☐	☐
4. un' / non / all' / opera / visto / mai / Arena di Verona / lirica / ha	☐	☐

Parte seconda. Fai domande all'insegnante per sapere se le affermazioni sono vere o false. Chi conosce meglio l'insegnante?

ESEMPIO: **S:** È mai stato/a in Irlanda?
I: Non sono mai stato/a in Irlanda.

Hai mai sentito *Don Giovanni?* Il compositore (Mozart) è di lingua tedesca, ma il libretto è in italiano.

Ascoltiamo!

La musica in Italia

A. Osserva ed ascolta.   Osserva ed ascolta mentre Federico ti parla della musica in Italia.

B. Completa.   Completa le seguenti frasi, inserendo la parola o l'espressione appropriata della lista qui sotto. Usa ogni espressione *una sola volta*. **Attenzione!** La lista contiene dodici parole o espressioni; devi usarne solamente nove.

un'aria	leggera
canzoni	opere liriche
i concerti	le parole
il dialetto	Pavarotti
in discoteca	Puccini
un festival	alla Scala

1. Rossini, Verdi e _____ sono compositori di _____.
2. Il Teatro _____ di Milano è uno dei teatri più importanti per la rappresentazione dell'opera.
3. Il compositore dell'opera scrive la musica; il librettista, invece, scrive _____.
4. Il brano musicale melodico che esprime molta emozione in un'opera si chiama _____.
5. Ai giovani italiani piace molto andare a sentire _____ dal vivo (*live*) in piazza.
6. Invece dell'italiano, alcune canzoni incorporano una lingua straniera (lo spagnolo, l'inglese, il francese, l'arabo) o _____.
7. Ogni anno, San Remo, si organizza _____ di musica _____.

C. Tocca a te!   Cosa pensi della musica italiana? Scrivi la tua opinione.

Per quello che ho imparato della musica italiana io preferisco _____ perché…

Retro

▶ You can read a plot summary of *Turandot* in the *Workbook / Laboratory Manual,* **Capitolo 7.**

Perché alcune opere italiane— per esempio, *Turandot, Madama Butterfly***—sono ambientate (*set*) in Asia? Cerca la risposta in Retro, Capitolo 7 su Connect Italian.**

www.connectitalian.com

Turandot di Puccini

Leggiamo!

Questo weekend andiamo in città a vedere un po' d'arte?

47 milioni* di turisti visitano Firenze ogni anno perché è una città d'arte «monumentale», grazie alla sua importanza nella storia dell'arte e al gran numero di opere d'arte che vi si trovano. La città è importante soprattutto per l'arte del Rinascimento (*Renaissance*).

A. Prima di leggere.

Parte prima. Una caratteristica distintiva dell'arte rinascimentale è l'idealizzazione del corpo umano. Riesci a identificare gli artisti fiorentini che hanno creato queste figure famose?

1. il *David*
2. l'*Uomo vitruviano*
3. *Primavera*
4. la statua del *Gattamelata*

Parte seconda. Invece di dipingere su tela (*canvas*) l'immagine del corpo umano, oggi alcuni artisti usano il corpo umano stesso (*itself*) per le loro opere, per esempio nella performance art o con i tatuaggi. Secondo te, anche queste opere sono «arte»?

B. Al testo!

Parte prima. Un artista fiorentino contemporaneo che usa il corpo umano in un modo molto particolare per creare la sua arte è Mario Mariotti. Leggi questa breve biografia per sapere chi è e cosa fa.

PAROLE PER LEGGERE

apparire	*to appear*
calciatore	persona che gioca a calcio
periferico	*peripheral*

Mario Mariotti

Mario Mariotti (nato a Montespertoli il 21 settembre 1936 e morto a Firenze il 29 marzo 1997) è stato un illustratore, grafico, comunicatore e performer innovativo che amava definirsi un «artista periferico». Dal suo studio nell'Oltrarno fiorentino[1] la sua opera ha conquistato notorietà internazionale per la sua straordinaria immaginazione e grande creatività. Mariotti ha influenzato profondamente la vita culturale di Firenze, alla monumentalità della sua città ha opposto un'arte di cose minime.

Le opere di *Animani* nascono dalla capacità di Mariotti di «giocare» con l'arte, in azioni ed esperimenti divertenti e creativi. Con l'uso appropriato dei colori i semplici movimenti delle dita fanno apparire figure fantastiche di animali, come giraffe, elefanti, cani, zebre, ma anche di personaggi umani: calciatori, orchestranti[2] o atleti.

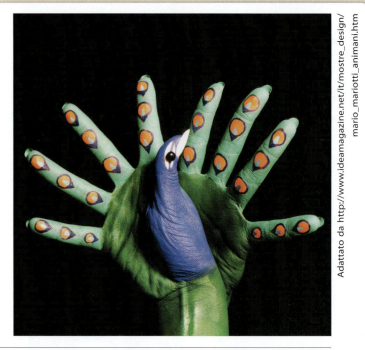

[1]nell'Oltrarno… *section of Florence opposite the Duomo on the other side of the Ponte Vecchio, characterized by small, winding, medieval streets and art galleries, artisans, and antique shops* [2]*orchestra player*

Parte seconda. Ora rispondi alle domande.

1. Che tipo di artista è stato Mariotti? Trova quattro parole nel testo.
2. Che differenza c'è fra l'arte di Mariotti e l'arte fiorentina più tradizionale?
3. *Animani* è il titolo di un libro di Mariotti. Questo titolo nasce dalla combinazione di due parole italiane: quali? Secondo te, perché Mariotti ha scelto questo titolo per il suo libro?

C. Discutiamo! Quale arte preferisci, quella di Mariotti o quella degli artisti fiorentini rinascimentali? Perché?

Scriviamo!

Cos'è successo?

Parte prima. Metti le seguenti immagini in ordine per rispondere alla domanda: Cos'è successo?

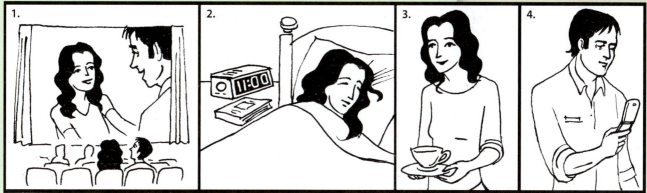

Parte seconda. Ora racconta la storia, scrivendo almeno una frase per ogni immagine.

Parte terza. Con un compagno / una compagna scambiate le storie che avete scritto. Mentre leggi l'altra storia, segna l'ordine delle immagini. Le vostre storie sono simili o diverse?

Parliamo!

Le tre amiche

Tre amiche hanno ricevuto paghette (*allowances*) diverse. Parla con un compagno / una compagna usando gli indizi (*clues*) e la tabella per rispondere alle seguenti domande: **Come si chiama ciascuna ragazza (nome e cognome)? Quanti euro ha preso ogni ragazza? Cosa ha comprato?** Quando avete finito, spiegate ai compagni come siete arrivati alle vostre risposte.

Gli indizi

> **Indizio 1.** Anna ama i dolci e ha ricevuto meno soldi della ragazza che ha cognome Sandri.
>
> **Indizio 2.** Giulia ha ricevuto 5 euro.
>
> **Indizio 3.** Nina non ha speso i suoi soldi in cosmetici.
>
> **Indizio 4.** Nina e la ragazza Russo hanno ricevuto più di 4 euro.

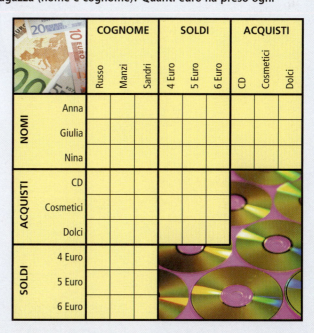

		COGNOME			SOLDI			ACQUISTI		
		Russo	Manzi	Sandri	4 Euro	5 Euro	6 Euro	CD	Cosmetici	Dolci
NOMI	Anna									
	Giulia									
	Nina									
ACQUISTI	CD									
	Cosmetici									
	Dolci									
SOLDI	4 Euro									
	5 Euro									
	6 Euro									

Guardiamo!

VIDEO *Sole mani*

(Clip del documentario *The Conceptual Art of Mario Mariotti*. 1989. Horst Schier, Regista. 4 min. YouTube.)

RIASSUNTO In this short film, Mario Mariotti, a conceptual artist, uses paint and a few props to transform his hands into the members of a symphony orchestra. The conductor leads his musicians and choir through a beautiful musical score until a discordant note throws them off and results in an unexpected finale.

A. Anteprima. Con un compagno / una compagna rispondi alle seguenti domande: Ti piacciono i concerti? Preferisci ascoltare un concerto dal vivo o una registrazione? Perché?

B. Ciak, si gira!

1. Mentre guardi il video segna quali dei seguenti musicisti appaiono:

   ☐ l'arpista   ☐ il maestro   ☐ il violoncellista
   ☐ il chitarrista   ☐ il pianista   ☐ lo xilofonista
   ☐ il clarinettista   ☐ il solista
   ☐ il coro (*chorus*) ☐ il violinista

2. Hai riconosciuto alcuni dei brani (*excerpts*) suonati? Quali?

3. Quale artista ha creato il problema? Cos'è successo?

C. È fatto! Sei musicista? Suoni uno strumento? Canti? Fai un'indagine per sapere quanti musicisti ci sono nella tua classe.

Il maestro

Vocabolario

Domande ed espressioni

Cos'è successo?	What happened?
mai	ever

Verbi

andare a teatro	to go to the theater
andare a trovare	to visit (*people*)
andare al cinema	to go to the movies
entrare	to enter
fare il bucato	to do laundry
fare la spesa	to go grocery shopping
fare un giro in bici	to go for a bike ride
(moto/macchina)	(motorcycle ride / car ride)
festeggiare	to celebrate
morire	to die
nascere	to be born
offrire	to offer
partire	to leave
perdere	to lose
rimanere	to stay, to remain
rispondere	to respond
rompere	to break
scegliere	to choose
vedere	to see
vincere	to win
visitare	to visit (*places*)

Sostantivi

il biglietto	ticket
la canzone	song
il compleanno	birthday
il concerto	concert
il fine settimana / il weekend	weekend
la partita	game, match
il pranzo	lunch
il regalo	gift
lo spettacolo	show
il teatro	theater

Aggettivo

scorso	last

Avverbi di tempo

dopo / dopo di che	after
fa	ago
ieri	yesterday
mai	ever
poi	then
prima	before

Interiezioni

ahi!	ow!, ouch!
boh!	I dunno!
dai!	come on!
ehilà!	hey!
macché!	no way!
magari!	I wish!
mamma mia!	omigosh!
oddio!	omigosh!
peccato	too bad!
uffa!	oh man!, geez!

Espressioni negative

non… mai	never
(non…) nessuno	no one, nobody
(non…) niente	nothing
non… più	not anymore, no longer

8 Che bella festa!

Bacco* e Arianna (1523–24), Tiziano Vecellio
(National Gallery, Londra, olio su tela)

RIPASSO

IN THIS CHAPTER YOU WILL REVIEW:

- how to ask for information
- how to make polite requests, use interjections, and extend invitations
- reflexive verbs
- the **passato prossimo**
- the forms of the definite and indefinite articles
- the forms and uses of prepositions

SCOPI

IN THIS CHAPTER YOU WILL LEARN:

- to wish someone good luck, a good trip, happy birthday, and so on
- to talk about Italian and American holiday celebrations
- to describe your interactions with others
- to talk about your actions and interactions with others in the past

- to express general and specific concepts
- to talk about means of transportation and locations with the prepositions **in** and **a**
- about important Italian holidays, celebrations, and traditions

---

*Bacco è una figura della mitologia classica romana (Dionisio è il dio corrispondente nella mitologia greca). È un giovane bellissimo, il dio del vino, della vendemmia (*harvest*) e dei vizi (*vices*). Si innamora pazzamente di Arianna e i due si sposano. Lorenzo de' Medici ha scritto un canto di carnevale, la *Canzona di Bacco,* che ripete: «Chi vuol esser lieto (*felice*), sia! (*be!*): di doman non c'è certezza».

Cos'è il Palio di Siena?

Asking for information

A. Osserva ed ascolta.

Osserva ed ascolta mentre Mauro Civai risponde alla domanda: «Mi può descrivere il Palio di Siena?» Poi rispondi alle domande seguenti. **Attenzione!** Ci sono due risposte corrette per ogni domanda.

Palio di Siena (Toscana)

1. Cos'è il Palio di Siena?
   a. una tradizione molto antica
   b. una festa recente
   c. una corsa di cavalli

2. Cosa vince il più veloce?
   a. un premio (*prize*) monetario
   b. uno stendardo dipinto (*colored banner*)
   c. un premio simbolico

3. Dove ha luogo (*takes place*) il Palio di Siena?
   a. in Piazza del Campo
   b. in città
   c. in campagna

4. Quando è il Palio di Siena?
   a. una volta all'anno
   b. due volte all'anno
   c. d'estate

B. Mi piacerebbe vedere il Palio!

Parte prima. Immagina di incontrare il signor Civai. Lui ti chiede «Ti piacerebbe vedere il Palio?» Cosa rispondi? Tu fai la parte del signor Civai. Il tuo compagno / La tua compagna risponde alla domanda e ne fa un'altra. Poi scambiatevi i ruoli.

ESEMPIO: **S1:** Ti piacerebbe vedere il Palio?
S2: Sì! È una festa molto variopinta (*colorful*). Quando è? (Insomma! Non mi piacciono i cavalli.)
S1: È il 2 luglio e il 16 agosto. (Ma dai! È una festa molto bella.)

Parte seconda. Ora invita il signor Civai a vedere una festa o un evento che tu conosci bene. Con un compagno / una compagna scrivi il dialogo. **Attenzione!** La situazione è formale. Cosa cambia?

Auguri!
Expressing good wishes

- **Auguri** are wishes for something good to happen to someone. For example, the most common expression to wish someone good luck is to say **in bocca al lupo** (literally, *in the mouth of the wolf*). It's similar to the American expression *Break a leg*. The reply is **Crepi!** (*May the wolf die!*)

- It is customary to reply to an **augurio** by saying **Grazie!** If the occasion makes it appropriate to wish the other person the same, say: **Grazie, altrettanto!** or **Grazie, anche a te (a Lei)!**

  —**Buon viaggio!**   —**Buon Natale!**
  —**Grazie!**   —**Grazie! Altrettanto!**

 A. Osserva ed ascolta. Osserva ed ascolta come alcuni italiani fanno gli auguri. Poi osserva ed ascolta una seconda volta, segnando (✓) le espressioni che senti. Se senti un'espressione più di una volta, segnala ancora.

	auguri	buon lavoro	buon viaggio	in bocca al lupo
1. Saverio	☐	☐	☐	☐
2. Stefano	☐	☐	☐	☐
3. Luca	☐	☐	☐	☐
4. Antonio	☐	☐	☐	☐
5. Marcello	☐	☐	☐	☐

B. Tanti auguri! Abbina le seguenti espressioni italiane alle equivalenti espressioni inglesi. Molte contengono (*contain*) parole che già conosci o parole simili. Confronta il tuo lavoro con quello di un compagno / una compagna.

1. Enjoy your meal!   a. In bocca al lupo!
2. Have a good trip!   b. Buon anno!
3. Happy birthday!   c. Buon anniversario!
4. Have a nice day!   d. Buona giornata!
5. Merry Christmas!   e. Buon appetito!
6. Happy Easter!   f. Auguri!
7. Best wishes!   g. Buone vacanze!

Retro
Evviva, è festa! Ogni paese ha le proprie feste. Per sapere di più vai a **Capitolo 8, Retro** su **Connect Italian.**

connect
ITALIAN
www.connectitalian.com

8. Happy New Year!

9. Happy anniversary!

10. Have a good vacation!

11. Good luck!

h. Buon Natale!

i. Buon viaggio!

j. Buon compleanno!

k. Buona Pasqua!

C. Grazie! Scegli una delle seguenti occasioni (o inventane altre). Dilla a un compagno / una compagna. Lui/Lei risponde con un augurio appropriato. Poi scambiatevi i ruoli.

ESEMPIO: **S1:** Ho fame e la pasta è pronta.
S2: Allora, buon appetito!
S1: Grazie, altrettanto! (Grazie!)

1.

2.

3.

4.

In Italia

- Gli italiani festeggiano i momenti importanti della vita: **la nascita** di un bambino / una bambina, **la laurea** (*graduation from university*), **il matrimonio** (le nozze). Alcuni di questi momenti sono legati ad eventi religiosi, come **il battesimo, la prima comunione, la cresima** (*confirmation*).

- In alcune parti d'Italia **il diciottesimo** (*eighteenth*) **compleanno** può essere occasione di grandi festeggiamenti. Alcuni ragazzi lo celebrano in modo formale con le partecipazioni (*invitations*), i vestiti eleganti e un ricevimento (*reception*) in un albergo o una serata speciale in discoteca.

- Oltre il compleanno, alcuni italiani festeggiano anche **l'onomastico,** cioè la festa del santo con il quale condividono il nome. Chi si chiama «Patrizio» o «Patrizia» festeggia l'onomastico il 17 marzo, festa di San Patrizio. Ecco alcuni altri onomastici:

il 19 marzo San Giuseppe
il 29 aprile Santa Caterina
il 13 giugno Sant'Antonio
il 24 luglio Santa Cristina

il 21 settembre San Matteo
il 4 ottobre San Francesco
il 13 dicembre Santa Lucia

Il giorno dell'onomastico si dice: «Auguri! Buon onomastico!» e in alcune famiglie si riceve anche un piccolo **regalo.**

Un biglietto (*card*) di auguri per il compleanno

Lessico

Buone feste!

Talking about Italian and American holiday celebrations

▶ Marina ha 22 anni ed è di Roma. Lavora in un'agenzia di viaggi insieme al suo amico americano Roger. Roger è venuto a casa sua a cena e parlano delle feste. Marina descrive le feste e le tradizioni della sua famiglia. Leggi le sue descrizioni delle feste a pagina 205 e abbina le parole evidenziate alle immagini. **Attenzione!** Alcune descrizioni si abbinano a più di un'immagine.

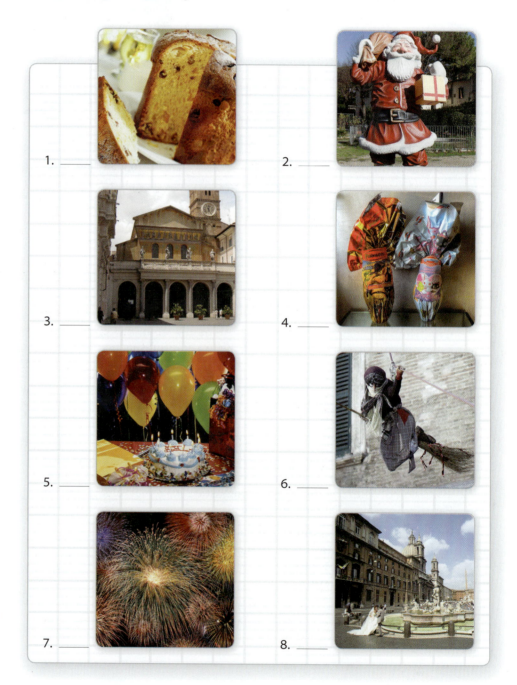

1. _____

2. _____

3. _____

4. _____

5. _____

6. _____

7. _____

8. _____

▶ Answers to this activity are in Appendix 2 at the back of your book.

a. **La vigilia di Natale (il 24 dicembre):** A Roma è tradizione fare una grande cena a base di pesce con anguille (*eel*) marinate. Mangiamo e poi apriamo **i regali** che sono sotto l'albero di Natale. Come tutti i bambini, i miei fratellini e sorelline credono (*believe*) che **Babbo Natale** porti i regali.

b. **Natale (il 25 dicembre):** La mattina andiamo in **chiesa** e poi pranziamo insieme ai miei zii. Di solito mangiamo un antipasto misto, le lasagne e l'arrosto. Poi ci sono sempre i dolci tradizionali: **il panettone** e il torrone.

c. **San Silvestro (il 31 dicembre):** Mia madre prepara **il cenone** (una grande cena). A mezzanotte ci baciamo (*we kiss*), ci facciamo gli auguri di buon anno e guardiamo **i fuochi d'artificio.**

d. **La Befana (il 6 gennaio):** La notte prima della Befana, i miei fratellini e sorelline appendono le calze (*hang stockings*) per la visita della **Befana,** una vecchia signora che mette dei piccoli regali nelle calze. Però, i poveri ragazzini che non sono stati bravi ricevono del carbone (*coal*) fatto di zucchero!

e. **Pasqua (marzo/aprile):** La mattina andiamo **in chiesa** e poi pranziamo insieme. Mangiamo il dolce tradizionale: **la colomba** (una torta a forma di colomba [*dove*]). I bambini ricevono **le uova di Pasqua** (cioccolato a forma di un grande uovo [*egg*] con dentro una sorpresa).

f. **Il mio compleanno:** Quando **compio gli anni,** preparo un dolce e compro da bere per festeggiare insieme ai miei amici. Tutti cantano «Tanti auguri». Di solito ricevo tanti regali dai miei parenti.

g. **L'anniversario delle nozze:** I miei genitori si sono sposati quando avevano 21 anni. Quest'anno fanno 25 anni di **matrimonio** e organizzano una grande festa. L'anniversario dei 25 anni di matrimonio si chiama **le nozze** d'argento (*silver*), mentre l'anniversario dei 50 si chiama le nozze d'oro (*gold*).

▶ Answers to this activity are in Appendix 2 at the back of your book.

In Italia

La Befana si festeggia il 6 gennaio, che coincide con la festa cattolica dell'**Epifania**.

Secondo la leggenda la Befana è una vecchia signora che si è rifiutata (*refused*) di accompagnare i Re Magi (*Three Kings*) al seguito della stella (*star*) cometa che portava al bambino Gesù. Poi si è pentita (*repented*) e ha tentato di raggiungere i tre Re; durante il suo viaggio, ha lasciato un regalo per ogni bambino nella speranza che fosse (*in the hopes that it were*) Gesù.

Il nome della signora, Befana, deriva dalla corruzione volgare della parola greca «epifania» che significa «manifestazione» o «rivelazione».

Una canzone popolare dice:

La Befana vien di notte
Con le scarpe tutte rotte
Col cappello alla romana
Viva viva la Befana!

A Roma, il giorno della Befana tutti vanno in Piazza Navona dove ci sono le bancarelle con calze piene di dolci e giocattoli.

La Befana, brutta ma amata dai bambini

A. Le feste. Quali elementi dell'insieme B associ alle feste dell'insieme A? **Attenzione!** Ci può essere più di una risposta appropriata. In base alle tue esperienze personali, quali altri oggetti o attività assoceresti alle feste dell'insieme A?

A	B	
1. l'Epifania	a. le uova	g. la Befana
2. l'anniversario delle nozze	b. i regali	h. l'albero
3. il compleanno	c. la colomba	i. il carbone
4. il Natale	d. il panettone	j. le calze
5. la Pasqua	e. la torta con le candeline	k. Babbo Natale
6. San Silvestro	f. il cenone	l. i fuochi d'artificio

B. Un po' di cultura: Le bomboniere (*party favors*) e i fiori.

Parte prima. Nelle occasioni più importanti, per esempio la nascita di un bambino, la laurea o le nozze, gli italiani usano le bomboniere. Sono piccoli oggetti che contengono dolciumi: per tradizione, un numero dispari (*odd*) di confetti* (*sugared almonds*). Il colore dei confetti dipende dall'occasione. Abbina l'occasione festeggiata al colore dei confetti.

1. la nascita di un maschio	a. oro (*gold*)	
2. la nascita di una femmina	b. rosso	
3. la prima comunione	c. argento (*silver*)	
4. la laurea	d. rosa	
5. il 25° anniversario di nozze	e. celeste (azzurro chiaro)	
6. il 50° anniversario di nozze	f. bianco	

Bomboniere per la nascita di un bambino

Parte seconda. Le mimose sono fiori gialli che tradizionalmente si regalano alla Festa della donna (l'8 marzo). Se vuoi regalare fiori per altre occasioni in Italia, devi conoscere un po' di galateo. Completa le affermazioni con le parole giuste.

bianchi	dispari	i funerali	gialli
	pari (*even*)	rossi	

1. I crisantemi si danno solo per _____ .

2. Un mazzo di fiori deve contenere sempre un numero _____ di fiori.

3. Un numero _____ porta sfortuna (*bad luck*).

4. Secondo un'antica tradizione il colore dei fiori porta un messaggio: i fiori _____ indicano l'amore o la passione. I fiori _____ indicano la purezza (*purity*) dei sentimenti. I fiori _____ invece significano il tradimento (*unfaithfulness*).

---

*Attenzione! This is a false cognate. The confetti that you throw is called **coriandoli** in Italian.

C. Il cenone di San Silvestro.

Parte prima. Lavora con un compagno / una compagna. Create il menu per il cenone di San Silvestro a casa vostra. Dovete includere l'antipasto, il primo, il secondo e il contorno, il dolce e le bibite. (Vedete **Capitolo 5, Lessico** se non vi ricordate le parole utili.)

Parte seconda. Ogni gruppo appende il menu alla lavagna. Gli studenti leggono tutti i menu e mettono la firma sotto il cenone a cui vogliono partecipare. Chi ha più invitati?

D. Un po' di cultura: Le tradizioni di famiglia.

Parte prima Come passano il giorno di Natale Camilla e Ivano?

1.

Camilla Zamboni
24 anni, Verona
(Veneto)

Il giorno di Natale mi sveglio verso le 10 e aiuto mia madre a preparare il pranzo. Mangiamo il pasticcio di carne (le lasagne) o i cappelletti (*hat-shaped tortellini*) in brodo e un arrosto di faraona (*guinea fowl*) con verdure. Poi mangiamo il pandoro, il dolce tradizionale di Verona, e brindiamo con lo spumante. Scambio i regali con i miei genitori e mio fratello e dopo faccio una passeggiata o parlo con mio nonno. Alla sera esco con gli amici.

2.

Ivano Fulgaro
32 anni, Foggia
(Puglia)

La mattina di Natale mi sveglio verso mezzogiorno e faccio una colazione leggera. Il pranzo è fantastico con le lasagne al forno, un po' di lenticchie (*lentils*) con la carne, frutta, gelato, carteddate (*sweet, dry bread typical of Puglia*), panettone, spumante, amaro e caffè. Il pomeriggio esco con gli amici e organizzo la mia serata che generalmente passo a casa di qualcuno a giocare a carte, dopo aver mangiato (*having eaten*) nuovamente di tutto.

Parte seconda. Paragona il Natale di Camilla a quello di Ivano e a quello di Marina (a pagina 205). Ci sono differenze regionali? Il tuo giorno di Natale è simile o diverso da quello di Camilla e Ivano? Perché?

Parte terza. Che significa questo proverbio italiano: **Natale con i tuoi, Pasqua con chi vuoi?** Hai lo stesso proverbio nel tuo paese? Con chi passi Natale e Pasqua? Scegli una di queste feste e descrivi le tue tradizioni familiari ai compagni.

il giorno del Ringraziamento (*Thanksgiving*)	il compleanno	Chanukà
Ramadan	il quattro luglio	il Capodanno (*New Year's Day*)

Solo musica

The most popular Italian Christmas song is "Tu scendi dalle stelle." Various versions of the song are available on YouTube by famous Italian artists such as Andrea Bocelli and Luciano Pavarotti. Listen to several versions; which one do you prefer? You can hear other Italian Christmas songs by searching *Canzoni di natale*.

Note: This song is available for purchase in the iTunes Store as part of the *Avanti!* iMix. For information about how to access the iMix, go to **Connect Italian**.

connect ITALIAN
www.connectitalian.com

Strutture

Ripasso: Mi preparo per la festa

🔁 Reflexive verbs

Oggi il tuo migliore amico compie gli anni e stasera si festeggia il suo compleanno in un ristorante elegante. Spiega ai compagni tutto quello che fai per prepararti per la festa e loro devono indovinare quanti minuti ci metti (*it takes you*). Se hai bisogno di aiuto (*If you need help*), guarda i verbi riflessivi a pagine 159–161 e il vocabolario per i vestiti e gli accessori a pagina 149. Chi ci mette meno tempo a prepararsi? Chi ce ne mette di più?

ESEMPIO: Prima mi rado. Poi faccio la doccia (*I take a shower*). Mi lavo i capelli... .

8.1 Ci vediamo domani!
Reciprocal verbs

1 As you learned in **Capitolo 6,** reflexive verbs express actions that people do to *themselves*. Reciprocal verbs express actions that two or more people do to *each other*, so they are only used in the **noi, voi,** and **loro** forms.
What is the difference between these two sentences?

    a. Gianni si lava.   **b.** Gianni e Maria si parlano.

In the first sentence (**a.**), the reflexive verb, **lavarsi,** indicates that Gianni washes *himself.* **Parlarsi,** in the second sentence (**b.**), is a reciprocal verb expressing that Gianni and Maria talk to *each other.*

2 Here are some common verbs that are frequently used reciprocally.

abbracciarsi *to hug*	**innamorarsi** *to fall in love*
baciarsi *to kiss*	**salutarsi** *to greet*
farsi gli auguri *to exchange good wishes*	**separarsi** *to separate*
incontrarsi *to meet*	**sposarsi** *to marry*

3 Like reflexive verbs, reciprocal verbs are conjugated with reflexive pronouns and their infinitives end in **-si.**

▶ Complete the conjugation of the reciprocal verb in the chart below.

	baciarsi
noi	
voi	
loro	si baciano

4 Some verbs have reciprocal and non-reciprocal forms. Remember, if you can say that two or more people do the action to each other, it is reciprocal and requires a reciprocal pronoun. Compare **salutare** and **salutarsi**:

Gianni **saluta** Maria.   *Gianni greets Maria.*
Maria **saluta** Gianni.   *Maria greets Gianni.*
Gianni e Maria **si salutano**.   *Gianni and Maria greet each other.*

Compare **scrivere** and **scriversi**.

Gianni **scrive** a Maria.   *Gianni writes to Maria.*
Maria **scrive** a Gianni.   *Maria writes to Gianni.*
Gianni e Maria **si scrivono**.   *Gianni and Maria write to each other.*

▶ Match the numbered statements to the correct interpretation.

1. Misha fa gli auguri a sua nonna.	a. Misha and her grandmother exchange good wishes.
2. Misha e sua nonna si fanno gli auguri.	b. Good wishes are only given by Misha.

▶ Answers to these activities are in Appendix 2 at the back of your book.

In italiano

- A common way to say *See you later!* in Italian is with the reciprocal verb **vedersi**.

  Ciao, Maria! Ci vediamo!

- You learned that **arrivederci** means *good-bye*. Literally, it means:

  A (*Until*), **ri** (*again*), **veder** (*to see*), **ci** (*each other*) or *Until we see each other again!*

A. Franco e Maria. Metti le frasi della storia in ordine cronologico da 1 a 8. Sottolinea tutti i verbi reciproci.

Gianni fa una festa e invita Franco e Maria…

a. _____ Maria chiede a Franco di uscire il prossimo weekend e Franco accetta.

b. _____ Quando Franco accompagna Maria a casa si baciano.

c. _____ Dopo tre mesi decidono di sposarsi.

d. _____ Passano molto tempo insieme ed escono almeno tre volte alla settimana.

e. _____ Franco e Maria si innamorano.

f. _____ Franco e Maria ballano e si parlano tutta la sera.

g. _____ Gianni presenta Franco a Maria.

h. _____ Franco telefona a Maria il giorno dopo.

B. I buoni amici.

Parte prima. Segna (✓) le affermazioni che sono vere per te e il tuo migliore amico / la tua migliore amica. Se una frase non è adatta a voi (*true for you*), riscrivila.

Il mio migliore amico / La mia migliore amica ed io...

1. ☐ ci conosciamo molto bene.
2. ☐ ci vediamo tutti i giorni.
3. ☐ conosciamo tutti i segreti l'uno dell'altro.
4. ☐ usciamo insieme ogni weekend.
5. ☐ ci telefoniamo ogni sera.
6. ☐ conosciamo bene le famiglie l'uno dell'altro.
7. ☐ andiamo sempre d'accordo.
8. ☐ non ci diciamo mai bugie.
9. ☐ ci capiamo sempre.
10. ☐ ci incontriamo al bar ogni mattina.

Parte seconda. Paragona l'amicizia (*friendship*) fra te e il tuo migliore amico / la tua migliore amica a quella fra un compagno / una compagna e il suo migliore amico / la sua migliore amica. Sono uguali o differenti? Presenta le differenze ai compagni.

> **ESEMPIO:** Alessia ed io ci telefoniamo ogni sera, ma Marcello e Rocco si telefonano una volta alla settimana.

C. La famiglia.

Parte prima. Scegli la forma appropriata del verbo.

1. Mia sorella e mia cugina lavorano nello stesso ufficio e <u>vedono / si vedono</u> tutti i giorni.
2. Mio padre ed io <u>guardiamo / ci guardiamo</u> molti documentari alla TV.
3. Mia madre e mio padre <u>separano / si separano</u>.
4. Quando i miei genitori <u>incontrano / si incontrano, baciano / si baciano.</u>
5. Il mio fratellino <u>abbraccia / si abbraccia</u> sempre il suo orsacchiotto (*teddy bear*).
6. Mia madre e io non <u>capiamo / ci capiamo</u> molto bene.

Parte seconda. Adesso prova tu. Descrivi la tua famiglia ad un compagno / una compagna usando i seguenti verbi:

abbracciarsi	capire	conoscersi	parlarsi
scrivere	telefonare	vedersi	volersi bene

D. Ci vogliamo bene.

Parte prima. Lavora con un compagno / una compagna. Scrivete cinque cose che due persone che si vogliono bene fanno l'una per l'altra.

> **ESEMPIO:** Due persone che si vogliono bene si aiutano...

Parte seconda. Quali sono le cose più importanti per mantenere (*for maintaining*) un buon rapporto (*relationship*)? Mettete le cinque affermazioni in ordine di importanza.

Parte terza. Formate gruppi di quattro. Create una lista comune di 8–10 affermazioni e mettetele di nuovo in ordine di importanza. Poi discutete le vostre scelte con i compagni e mettetevi d'accordo sull'aspetto più importante di un buon rapporto.

In italiano

Italian has two expressions that mean *to love each other*: **amarsi** and **volersi bene**. **Volersi bene** only means to love/care for each other while **amarsi** can also mean to be in a romantic relationship.

Franco e Maria si amano.

Mia madre ed io ci vogliamo bene.

E. Culture a confronto: Le nozze

Parte prima. Rispondi alle domande secondo la tua opinione.

1. Qual è l'età ideale per sposarsi?
2. Se ti sposi, vuoi sposarti in chiesa?

Parte seconda. Lavora con un compagno / una compagna. Paragonate i dati relativi all'Italia e agli Stati Uniti e scrivete le vostre osservazioni. Potete offrire una spiegazione per le differenze o le somiglianze tra l'Italia e gli USA?

1. Età media delle prime nozze	In Italia	Negli Stati Uniti
per le donne (2010)	30	26.1
per gli uomini (2010)	33	28.2
per le donne (1990)	25	23.9
per gli uomini (1990)	27–28	26.1
2. Coppie che si sposano in chiesa	63%	53%

Sources: http://marriage.about.com/od/statistics/a/medianage.htm
http://www.bridalassociationofamerica.com/Wedding_Statistics/

Il giorno delle nozze. Viva gli sposi!

Ripasso: Franco e Maria sono usciti insieme

The present perfect

Parte prima. Ricordi Franco e Maria? (Vedi **Capitolo 8, Strutture 8.1, Attività A.**) Ecco cosa hanno fatto la prima volta che sono usciti insieme. Completa la storia con la forma appropriata dell'ausiliare **avere** o **essere.**

Franco e Maria _____[1] andati a mangiare alla pizzeria preferita di Maria. Dopo cena, _____[2] fatto una passeggiata in centro e _____[3] mangiato un gelato. _____[4] parlato di tutto: degli amici, della famiglia, dei progetti per il futuro. Verso le dieci e mezzo _____[5] andati al cinema e _____[6] visto un film molto romantico. Dopo il film Franco _____[7] accompagnato Maria a casa. Franco _____[8] tornato a casa e Maria _____[9] andata a letto, ma non _____[10] dormito tutta la notte.

Parte seconda. Nella **Parte prima** due verbi hanno l'ausiliare **essere:** **andare** e **tornare.** Quali altri verbi hanno **essere** al passato prossimo? Fai una lista di 10 verbi.

▶ Answers to this activity are in Appendix 2 at the back of your book.

▶ To learn about the forms of **dovere, potere,** and **volere** in the **passato prossimo,** see **Per saperne di più** at the back of your book.

8.2 Ci siamo visti ieri

The present perfect of reflexive and reciprocal verbs

It's easy to form the **passato prossimo** of reflexive and reciprocal verbs because they always take **essere** as their auxiliary. Like all verbs that take **essere,** the past participle agrees in gender and number with the subject.

Riflessivo	**Reciproco**
Maria si **è** guardat**a** allo specchio.	Maria e Franco si **sono** incontrat**i** in piazza.
Maria looked at herself in the mirror.	*Maria and Franco met each other in the square.*

▶ Now complete the conjugations below.

	guardarsi	**incontrarsi**
io		
tu		
lui	si **è** guardat**o**	
lei	si **è** guardat**a**	
Lei	si **è** guardat**o/a**	
noi		
voi		
loro		si **sono** incontrat**i/e**

▶ Answers to this activity are in Appendix 2 at the back of your book.

A. Le mie attività.

Parte prima. Completa le frasi in modo che siano vere per te.

1. L'anno scorso _____ ed io ci siamo fatti/e un regalo a Natale.

2. Ieri sera _____ ed io ci siamo telefonati/e.

3. La settimana scorsa _____ ed io ci siamo visti/e.

4. _____ ed io ci siamo parlati due ore fa.

5. _____ ed io ci siamo incontrati/e questo weekend.

Parte seconda. Leggi le frasi a un tuo compagno / a una tua compagna. Lui/Lei ti chiederà altre informazioni. Usa le seguenti domande.

| Chi è? | Com'è? | Cosa? | Dove? | Perché? | Quanti anni ha? |

ESEMPIO: **S1:** L'anno scorso mio fratello ed io ci siamo fatti un regalo a Natale.
S2: Cosa hai ricevuto?
S1: Un libro.
S2: Cosa hai regalato a tuo fratello?
S1: Una maglietta.

B. Natale con Ivano. Con un compagno / una compagna completa i verbi e le frasi in modo appropriato per creare una breve descrizione dello scorso Natale di Ivano. (Ti ricordi Ivano? Vedi **Attività D** a pagina 207.)

1. Ivano e suo fratello si sono svegliat_____…
2. Hanno fatt_____ una colazione leggera e dopo, quando tutti i parenti sono arrivat_____, si sono mess_____ a tavola e hanno mangiat_____…
3. Dopo pranzo, Ivano e i suoi amici si sono incontrat_____…
4. Più tardi hanno mangiat_____ di nuovo e poi…
5. Tutti si sono divertit_____ moltissimo!

C. Il contrario.

Parte prima. Completa le seguenti frasi con un'azione diversa o contraria usando un verbo reciproco o riflessivo.

ESEMPIO: Gianni si è messo i pantaloni. Gianna, invece, *si è messa la gonna.*

1. I genitori si sono divertiti alla festa. I figli, invece,…
2. Franco si è raso. Maria, invece,…
3. Osman ed io ci siamo incontrati al bar. Tu e Sandra, invece,…
4. Riccardo si è messo le lenti a contatto. I suoi fratelli, invece,…
5. Tommaso e Rita si sono sposati. I genitori di Rita, invece,…
6. Zena si è messa la gonna. Cinzia, invece,…
7. Dopo la festa i ragazzi si sono sentiti male. Le ragazze, invece,…
8. Cristina e Tommaso si sono lasciati. Rinaldo e Gessica, invece,…

Parte seconda. Trova tutti i verbi riflessivi e reciproci della **Parte prima.**

D. Firma qui, per favore!

Parte prima. Con i compagni aggiungi alla seguente lista quattro o cinque azioni che avete fatto prima di uscire di casa stamattina. Poi segna (✓) le azioni che hai fatto tu stamattina (*this morning*) prima di uscire.

Questa mattina…	Firma qui, per favore!
1. ☐ ho fatto la doccia	
2. ☐ mi sono messo/a le lenti a contatto	
3. ☐	

Parte seconda. Trova i compagni che stamattina hanno fatto le stesse azioni e chiedi la firma.

ESEMPIO: **S1:** Hai fatto la doccia stamattina?
S2: Sì. (No.)

Grammatica dal vivo:
Il riflessivo

Vai a **Capitolo 8, Grammatica dal vivo** su **Connect Italian** e guarda un'intervista con Enrica che dà consigli e suggerimenti agli studenti americani. Poi fai le attività di comprensione.

www.connectitalian.com

In italiano

When two people start dating and decide to be a couple, Italians use the expression **mettersi insieme.** When the couple breaks up, the expression is **lasciarsi.**

Giulio e Francesca **si sono messi insieme,** ma dopo un mese **si sono lasciati.**

E. Romeo e Giulietta: una versione moderna.

Parte prima. Completa la storia con la forma appropriata dell'ausiliare **avere** o **essere**.

Romeo e Giulietta si _____¹ visti per la prima volta ad una festa di
compleanno di un loro amico comune, Marcello. È stato amore a prima vista. Tutta
la sera _____² parlato e _____³ ballato insieme e si _____⁴
divertiti molto. Dopo la festa Romeo ha accompagnato Giulietta a casa. Quando
_____⁵ arrivati a casa di Giulietta, si _____⁶ baciati e si
_____⁷ salutati. Giulietta _____⁸ entrata in casa ed _____⁹
andata a letto. La mattina dopo, Giulietta si _____¹⁰ svegliata alle 9.00
e _____¹¹ fatto colazione. Dopo, si _____¹² lavata i denti,
_____¹³ fatto la doccia e si _____¹⁴ vestita. Verso le 10.30,
Romeo _____¹⁵ spedito (*sent*) un SMS a Giulietta…

Parte seconda. Lavora con un compagno / una compagna. Scrivete la conclusione
della versione moderna della storia di Romeo e Giulietta.

In Italia

Il famoso dramma di William Shakespeare, *Romeo e Giulietta,* è ambientato
a Verona. Alcuni veronesi sostengono (*claim*) che i due innamorati,
Romeo Montecchi e Giulietta Capuleti, siano stati veri personaggi del
Quattrocento. Nonostante la loro esistenza non sia documentata, molti
turisti visitano la Casa di Giulietta a Verona.

Casa di Giulietta a Verona (Veneto)

Ripasso: L'amico di un amico

Definite and indefinite articles

Ascolta! L'insegnante dirà dei nomi che forse non conosci. Scrivi la parola che senti e poi scegli l'articolo appropriato.

1. un' / un / uno _____
2. un' / un / una _____
3. un / uno / una _____
4. una / un / uno _____
5. un / uno / una _____
6. un / una / uno _____
7. uno / una / un _____
8. una / uno / un' _____
9. il / lo / la _____
10. il / l' / la _____
11. la / l' / il _____
12. il / la / le _____
13. i / gli / le _____
14. i / gli / le _____
15. la / lo / il _____
16. gli / i / le _____

8.3 L'amore è bello

The use of definite and indefinite articles

1 The definite article (**la, l', il, lo, le, i, gli**) is used with:

a. dates

Il venticinque dicembre è festa.

b. possessives (see **Capitolo 4, Strutture 4.1** for exceptions with family members)

La mia macchina è rossa.

c. days of the week to indicate a routine activity (for example: every Monday)

Vado in palestra **il** lunedì e **il** giovedì.

d. proper names that have a title (unless you are talking directly to the person)

Ho parlato con **il** professor Bianchi ieri.
La signora Marchi compra delle bistecche.

e. parts of the body

Mi lavo **i** denti.

f. nouns that refer to universal concepts or general categories or groups

L'amore è bello.
La politica è difficile.

g. nouns referring to something/someone specific

Mi piace **l'**amico di Paolo.

2 The indefinite article is used:

a. to indicate quantity (the number 1)

La famiglia Martini ha **una** macchina, noi abbiamo due macchine.

b. to express *a* or *an*

—Seguo **un** corso molto interessante.
—Quale?
—L'arte del Rinascimento.

Note: The English phrase *a friend of mine* is expressed with the possessive adjective and the indefinite article.

Luca è **un mio amico.**

A. Una scelta. Scegli l'articolo appropriato.

1. Simona ha ricevuto <u>un / il</u> bel regalo dal suo ragazzo per Natale.
2. Davide ha incontrato <u>una / la</u> ragazza americana in piazza ieri.
3. Ho <u>uno / lo</u> zio. E tu? Quanti zii hai?
4. <u>Una / La</u> famiglia è importante.
5. <u>Un / Il</u> dottor Rossi non è in ufficio oggi.
6. Hai visto <u>un / l'</u> albero di Natale di Pietro? È grandissimo!

B. L'articolo giusto.

Parte prima. Completa le frasi con l'articolo determinativo o indeterminativo.

1. —Ieri ho visto _____ bel film.

   —Quale?

   —_____ *vita è bella* di Benigni.

2. —Quando fai _____ spesa?

   —Due volte alla settimana: _____ lunedì e _____ giovedì.

3. —Quando è _____ vostro anniversario di nozze?

   —_____ 17 agosto.

4. _____ Signor Betucci lavora per _____ ditta (*company*) di Milano.

5. —Perché non esci stasera?

   —Perché devo lavarmi _____ capelli.

6. Paolo ha solo _____ biglietto per il concerto di stasera.

7. Ho letto _____ libro interessante.

8. _____ dolce tradizionale di Natale è _____ panettone.

9. —Silvia ha portato Jamaal alla festa.

   —Chi è?

   —È _____ fratello di Rashid.

10. Dov'è _____ mia giacca azzurra?

11. Martedì è _____ primo maggio, cosa facciamo per _____ ponte?

Parte seconda. Lavora con un compagno / una compagna. Create un minidialogo in cui usate almeno un articolo determinativo e un articolo indeterminativo.

C. Generalizzazioni.

Parte prima. Lavora con un compagno / una compagna. Scrivete uno o due aggettivi che associate ad ogni categoria.

amore	carne	famiglia	feste

lingue straniere	università

Parte seconda. Usate gli aggettivi per creare delle affermazioni generali per ogni argomento (*topic*). Comunicate le vostre affermazioni ai compagni. Sono d'accordo con voi?

ESEMPIO: L'amore è bello.

In italiano

When a holiday falls during the week with only one working day between it and the weekend or another holiday, it can result in a longer break than usual. The "extra" day is called **il ponte** (*bridge*). The expression in Italian is **fare il ponte**.

Martedì è festa, allora lunedì facciamo il ponte. Cosa vuoi fare di bello?

D. Non ho mai... Scegli un verbo e poi crea una frase negativa che riflette o *non* riflette le tue esperienze personali. I compagni devono decidere se la frase è vera o falsa.

ESEMPIO: **S1:** (vedere) Non ho mai visto un'opera italiana.
I compagni: Non è vero!
S1: Sì, invece, è vero! (*o* Avete ragione! Non è vero!)

comprare   guidare   mangiare   portare
ricevere   scrivere   vedere

Ripasso: Il compleanno di Roberta

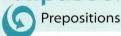 **Prepositions**

Parte prima. Unisci le preposizioni e gli articoli per formare preposizioni articolate (quando è possibile).

a + la = _____   con + i = _____   a + la = _____
per + il = _____   di + i = _____   di + gli = _____
in + il = _____   su + i = _____   da + i = _____

Parte seconda. Adesso completa ogni frase con una preposizione articolata. Scegli dalla lista della **Parte prima.**

1. Ho festeggiato il compleanno _____ miei amici.
2. Mia madre ha dimenticato di mettere lo spumante _____ frigo!
3. Tutti sono arrivati _____ festa in ritardo. Invece di arrivare alle 7.00, sono arrivati verso le 8.00!
4. Mia madre ha preparato un piatto speciale _____ mio amico vegetariano. Noi altri abbiamo mangiato gli spaghetti alla bolognese e la bistecca.
5. Il mio nipotino ha mangiato _____ spaghetti, ma non ha mangiato il secondo.
6. Lui ha anche versato (*spilled*) un bicchiere d'aranciata _____ pantaloni di mio padre.
7. Carla e Mohamed, i miei amici del lavoro, hanno parlato solo _____ problemi dell'ufficio.
8. Ho ricevuto un bel regalo _____ miei genitori: una collana d'oro!
9. Ho telefonato _____ mia migliore amica che abita lontano e non è potuta (*couldn't*) venire.

Parte terza. Adesso, usa queste preposizioni articolate per aggiungere altre informazioni sulla festa di compleanno di Roberta.

agli   dal   sul

▶ Answers to this activity are in Appendix 2 at the back of your book.

▶ To learn how the pronoun **ne** replaces phrases with the preposition **di,** see **Per saperne di più** at the back of your book.

8.4 Non vado in macchina! Vado a piedi!

The prepositions **in** and **a**

In **Capitolo 5, Strutture 5.3,** you learned several uses of the prepositions **a** and **in** without the definite article. Here are more uses.

1 When talking about means of transportation, the prepositions **in** and **a** do not require a definite article.

Ettore va	**in bicicletta** (*by bike*).	*but* **Ettore va a piedi** (*on foot*).
	in treno.	
	in macchina.	
	in moto.	
	in aereo.	

2 When referring to specific locations, such as certain buildings, places in the city, or rooms in a house, **in** is not used with the article. The English equivalent can be *by, in,* or *to.*

in centro	*downtown*		**in ufficio**	*office*
in piazza	*town square*		**in bagno**	*bathroom*
in banca	*bank*		**in camera**	*bedroom*
in chiesa	*church*		**in cucina**	*kitchen*
in discoteca	*discotheque*		**in salotto**	*living room*

Guardo la TV **in salotto.**   Faccio la spesa **in centro.**
Mangiamo **in cucina.**   Mario lavora **in ufficio.**

A. Le abitudini di Marcello e Lorena.

Parte prima. Marcello e Lorena sono compagni di casa a Bologna dove fanno il terzo anno di università. Completa le frasi con un sostantivo appropriato. Scegli dalla lista qui sotto.

biblioteca	camera	casa	centro	cucina	discoteca
macchina	mezzanotte	piazza	piedi	teatro	treno

1. Quando è all'università Marcello studia in _____. Stasera Marcello rimane (*stays*) a casa ma deve studiare in _____ perché Lorena mangia in _____ con il fidanzato.

2. Marcello cammina (*walks*) molto. Tutti i giorni va all'università a _____. Lorena, invece, è pigra e ci va in _____.

3. Il venerdì sera Lorena non sta mai a _____. Esce con gli amici. Di solito vanno a ballare in _____. Di solito Lorena torna a casa verso le 4.00 o le 5.00 di mattina.

4. Il venerdì sera Marcello va in centro e incontra i suoi amici in _____. Di solito prendono un gelato e chiacchierano (*chat*), ma qualche volta vanno al cinema. Raramente vanno a _____ a vedere uno spettacolo. Normalmente Marcello torna a casa a _____.

5. Il sabato Lorena va al mercato in _____. Le piace comprare vestiti e scarpe.

6. Il sabato e la domenica Marcello preferisce andare a Rimini a trovare i suoi. Va in _____ perché è un po' lontano.

Parte seconda. Marcello e Lorena sono buoni compagni di casa? Perché?

B. Scegliere. Scegli la forma appropriata e poi decidi se le affermazioni sono vere o false per te.

	vero	falso
1. Vado <u>a / alla</u> casa a trovare i miei genitori questo weekend.	☐	☐
2. Preferisco studiare <u>in / nella</u> biblioteca perché <u>a / alla</u> casa mia c'è troppo rumore (*noise*).	☐	☐
3. Vado <u>a / al</u> cinema con gli amici ogni weekend.	☐	☐
4. Quando vado in vacanza, mi piace viaggiare <u>nel / in</u> treno.	☐	☐
5. Vado <u>all' / a</u> università <u>ai / a</u> piedi.	☐	☐
6. Metto <u>di / dello</u> zucchero <u>in / nel</u> caffè.	☐	☐
7. Vado <u>a / al</u> mare d'estate e vado <u>in / nella</u> montagna d'inverno.	☐	☐
8. Vado spesso <u>a / ai</u> concerti di musica rock.	☐	☐

C. Dove vai? Chiedi a un compagno / a una compagna dove va a fare queste attività. Fate a turno.

ESEMPIO: —Dove vai a preparare la cena?
—Vado in cucina.

Dove vai...

1. a raderti o a truccarti?
2. per partecipare al matrimonio del tuo amico cattolico?
3. a lavorare?
4. a sciare?
5. a dormire?
6. a guardare la TV?
7. a ballare stasera con la tua amica?
8. a prendere dei soldi?
9. a studiare?

D. Tante domande.

Parte prima. Completa le espressioni con la preposizione **a** o **in**.

1. andare _____ letto dopo le due
2. andare _____ centro
3. fare un giro _____ bici
4. venire _____ piedi all'università
5. tornare _____ casa dopo mezzanotte
6. sciare _____ montagna
7. nuotare _____ piscina
8. giocare _____ calcio
9. fare le vacanze _____ Italia
10. viaggiare _____ treno

Parte seconda. Scegli tre espressioni e scrivi due domande per ciascuna (*each*): una per sapere quando è stata l'ultima volta che (*the last time that*) un tuo compagno / una tua compagna ha fatto l'attività e l'altra per sapere se fa spesso questa attività. Poi intervista il compagno / la compagna e prendi appunti.

ESEMPIO: **S1:** Quando è stata l'ultima volta che sei andato/a a letto dopo le due?
S2: Ieri.
S1: Vai spesso a letto dopo le due?
S2: Sempre.
S1: …

Parte terza. In base alle risposte, cosa puoi concludere del compagno / della compagna? Il compagno / La compagna ti dirà se hai ragione o no.

ESEMPI: **S1:** Ti piace fare le ore piccole.
S2: Hai ragione!

Cultura

Ascoltiamo!

Le feste italiane

A. Osserva ed ascolta.   Osserva ed ascolta mentre Federico ti parla delle principali feste in Italia.

B. Completa.   Completa le seguenti frasi, inserendo la parola o l'espressione appropriata della lista qui sotto. Usa ogni espressione *una sola volta*. **Attenzione!** La lista contiene undici parole; devi usarne solamente nove.

in campagna	del Carnevale	le donne	il 2 novembre
fiori	le madri	maschere	il panettone
il 15 agosto	romana	la vigilia	

1. _____ di Natale gli italiani fanno una cena abbondante e mangiano _____ .

2. Il giorno dopo Pasqua, chiamato Pasquetta, gli italiani fanno delle gite _____ .

3. _____, giorno della Commemorazione dei Defunti, le famiglie italiane visitano i cimiteri e portano _____ sulle tombe dei morti.

4. A Venezia, per la celebrazione _____, molte persone indossano _____ .

5. Il Ferragosto è un'antica festa _____ che oggi simboleggia l'estate.

6. L'8 marzo è una festa in onore di tutte _____ .

C. Tocca a te!   Quale festa ti interessa di più? Completa la frase.

La festa italiana che mi interessa di più è… perché…

Che belle mimose per la Festa della donna!

220

Leggiamo!

L'arte ti fa gli auguri

A. Prima di leggere.

Parte prima. Ti piacciono le promozioni? Quali delle seguenti promozioni hai provato?

- ☐ il prezzo ridotto per studenti
- ☐ l'ingresso gratuito (per le donne, un giorno alla settimana,…)
- ☐ il 3 × 2 (compri 3, paghi solo 2)
- ☐ il bicchiere «senza fondo» (*free refills*)

Parte seconda. Il Ministero per i Beni e le Attività Culturali ha promosso un'iniziativa per incoraggiare gli italiani a visitare più frequentemente i musei statali. Prova a indovinare le varie promozioni, abbinando le feste agli omaggi (*offers*).

1. il 14 febbraio
2. l'8 marzo (Festa della donna)
3. il giorno del compleanno
4. il 1° maggio (Festa del lavoro)

a. donne gratis
b. ingresso 2 × 1
c. biglietti a € 1
d. ingresso gratis

> **PAROLE PER LEGGERE**
>
> ingresso   entrata
> botteghino   *ticket office*
> chiusura   atto di chiudere
> apprezzamento
>   *appreciation*
> previsto (p.p. prevedere)
>   *predicted*

B. Al testo!

Parte prima. Ora leggi l'articolo che descrive l'iniziativa del Ministero.

La promozione consiste in un ingresso omaggio per i cittadini italiani e dell'Unione Europea ai luoghi della cultura statali nel giorno del proprio compleanno, esibendo[1] la carta d'identità al botteghino.

Nel caso in cui il giorno del compleanno coincida con la chiusura dei luoghi, l'ingresso omaggio sarà valido per il giorno successivo a quello di chiusura.

Gli ultimi dati rilevati dall'Ufficio Statistica del MiBAC hanno registrato, da gennaio ad ottobre, un incremento del 15,5% dei visitatori.

Risultati, questi, anche frutto di una strategia comunicativa e promozionale che ha previsto una serie di eventi nazionali che hanno riscosso[2] grande partecipazione ed apprezzamento del pubblico:

- San Valentino (ingresso 2 × 1): +31.02 % di visitatori rispetto al 2009
- Festa della donna (donne gratis): +1.25 % di visitatori rispetto al 2009
- Settimana della cultura (16–25 aprile, ingresso gratuito per tutti): +12.87 % di visitatori rispetto al 2009
- 1° maggio (biglietti a un 1 euro): +4.43 % di visitatori rispetto al 2009
- Notte dei musei (musei aperti gratuitamente dalle 20.00 alle 2.00): +23.99 % rispetto al 2009

Source: http://www.beniculturali.it/mibac/export/MiBAC/sito-MiBAC/Contenuti/MibacUnif/Comunicati/visualizza_asset.html_1642121015.html

---

[1] *upon showing*   [2] *revived*

Parte seconda. Rispondi alle domande.

1. Controlla le risposte che hai dato in **Prima di leggere.** Hai indovinato tutte le promozioni?
2. Quale promozione è stata più popolare?
3. L'iniziativa del Ministero ha avuto successo?

C. Discutiamo! Scrivi una promozione per un'altra festa. Poi la classe vota la promozione preferita.

Scriviamo!

Quante feste!

Scegli una festa che non esiste in Italia. Scrivi un paragrafo in cui descrivi la festa a degli amici italiani. Rispondi alle seguenti domande e aggiungi tutti i particolari che distinguono questa festa dalle altre: Come si chiama? Quando è celebrata? Qual è l'origine della festa? Chi partecipa alla festa? Cosa fanno? Ci sono piatti particolari? Quali? La gente indossa maschere o costumi? Cosa hai fatto tu alla festa l'ultima volta?

ESEMPIO: Il terzo weekend di agosto a Urbana, Illinois, c'è il Festival del *Sweet Corn* (il mais dolce). Tutti i cittadini e anche gli studenti dell'università vanno alla festa e mangiano *sweet corn* con tanto burro…

In Italia

Due classiche feste americane, Halloween e la Festa degli Innamorati (San Valentino), cominciano a essere celebrate anche in Italia, soprattutto dai ragazzi che stanno imparando l'inglese a scuola. «Trick or treat» si dice «dolcetto o scherzetto». Si scambiano gli auguri per San Valentino tramite biglietti, cartoline e messaggini al telefonino.

Parliamo!

Il regalo che fa per te°

°Il… *Your ideal gift*

Lavorate in due per creare una lista di cinque persone a cui (*to whom*) volete fare dei regali. Queste persone possono essere i vostri compagni di classe o personaggi famosi che tutti conoscono. Scrivete i nomi delle persone su un foglio e pensate alla personalità e alle caratteristiche di ogni persona per decidere che regalo fare. I regali possono essere concreti (una nuova automobile, una casa al mare) o astratti (un bel voto in chimica, l'eloquenza). Su un altro foglio scrivete tutti i regali, ma non nello stesso ordine dei nomi. Poi scambiatevi i fogli con un'altra coppia e cercate di abbinare le persone ai regali. **In bocca al lupo!**

ESEMPIO: **S1:** La macchina deve essere il regalo per Amanda.
S2: Perché?
S1: Perché la sua è vecchia.
S2: Allora, qual è il regalo per José?

Guardiamo!

FILM *Ciao, professore!*

(Commedia. Italia. 1993. Lina Wertmüller, Regista. 99 min.)

RIASSUNTO: A stuck-up schoolteacher from the North (Paolo Villaggio) requests a transfer to an elite school and instead, because of a bureaucratic mistake, ends up in Corzano, a poor small town near Naples. When only three pupils show up on the first day of class, he sets out to recruit others and comes face to face with life on the other side of the tracks.

SCENA: (DVD Capitolo 11) The scene takes place on March 8, **la Festa della donna,** which the professor talks about with his third-grade pupils.

A. Anteprima. C'è una festa che solo le donne festeggiano? Quale?

B. Ciak, si gira!

Parte prima. In Italia, oltre alla Festa della mamma, c'è un'altra festa: la Festa della donna. Guarda la scena per capire come si celebra questa festa in Italia.

Parte seconda. In questa scena ci sono molte espressioni che hai studiato. Le hai sentite? Completa le frasi inserendo l'espressione giusta.

1. Il maestro ha detto « _____ » davanti al palazzo.
2. Il venditore di fiori ha detto « _____ » per strada.
3. Il maestro ha detto « _____ » per strada.
4. Il maestro ha detto « _____ » in aula.
5. Il ragazzo grassotello (*chubby*) ha detto « _____ » in aula.

a. «È l'otto marzo!»
b. «Boh!»
c. «Me ne dà... ?»
d. «Su, su coraggio!»
e. «Cos'è successo?»

C. È fatto! Cosa pensi di questa festa? È giusto avere una festa solo per le donne?

---

 www.connectitalian.com

Profilo | ▼   Amici | ▼   Reti | ▼   Casella | ▼

Il blog di Luca—Bologna

Tagliatelle fatte in casa

Nome: Luca Lipparini

Età: 31 anni

Professione: attualmente studente, prima operatore doganale[1]

Cinque cose che mi piacciono di Bologna:

1. La cucina, per esempio i tortellini in brodo, le tagliatelle al ragù fatte a mano, le lasagne, le crescentine con il prosciutto o la mortadella.
2. I portici[2], così non ci si bagna[3] quando piove.
3. Lo sport, in particolare il calcio (Bologna FC) e il basket (la Virtus). Bologna è considerata una «basket city».
4. Andare in bici per le vie del centro storico.
5. Le feste e i festival dei paesi di provincia.

▶ **Video Connection**

Per vedere Bologna e i posti preferiti di Luca, guarda il video **Il blog di Luca** sul DVD di *Avanti!*

[1]operatore... *customs agent*   [2]*arcades*   [3]non... *one doesn't get wet*

Vocabolario

Domande ed espressioni

Auguri!	Best wishes!
In bocca al lupo! / Crepi!	Break a leg! Good luck! / Thanks!
Grazie, altrettanto! / Grazie, anche a te / a Lei!	Thanks, same to you!
Buon anniversario!	Happy Anniversary!
Buon anno!	Happy New Year!
Buon appetito!	Enjoy your meal!
Buon compleanno!	Happy Birthday!
Buone feste!	Happy holidays!
Buona giornata!	Have a nice day!
Buon lavoro!	Work well!
Buon Natale!	Merry Christmas!
Buona Pasqua!	Happy Easter!
Buone vacanze!	Have a good vacation!
Buon viaggio!	Have a good trip!
Ci vediamo!	See you later!

Verbi

abbracciarsi	to hug each other
amarsi	to love each other
andare a piedi	to walk, to go on foot
andare in aereo (bicicletta/ macchina/moto/treno)	to fly, to go by plane (to go by bike/car/ motorcycle/train)
andare in bagno (camera/ cucina/salotto)	to go in the bathroom (bedroom/kitchen/ living room)
andare in banca (centro/ chiesa/piazza/ufficio)	to go to the bank (downtown/church/ town square/office)
baciarsi	to kiss each other
compiere gli anni	to have a birthday
fare la doccia	to take a shower

fare il ponte	to take an extra day off
farsi gli auguri	to exchange good wishes
incontrarsi	to meet each other
innamorarsi	to fall in love
lasciarsi	to break up
mettersi insieme	to become a couple
salutarsi	to greet each other
separarsi	to separate
sposarsi	to marry
vedersi	to see each other
volersi bene	to love/care about each other

Sostantivi

l'albero (di Natale)	(Christmas) tree
l'anniversario	anniversary
Babbo Natale	Santa Claus
la Befana	Befana
le calze	stockings
il Capodanno	New Year's Day
il carbone	coal
il cenone (di Natale / di Capodanno)	(Christmas Eve / New Year's Eve) dinner
la chiesa	church
la colomba	dove; traditional Easter cake
la festa di San Silvestro	feast of San Silvestro (New Year's Eve)
i fuochi d'artificio	fireworks
il Natale	Christmas
le nozze	wedding
le nozze d'argento / d'oro	silver/golden anniversary
il panettone	traditional Christmas bread-like cake
la Pasqua	Easter
l'uovo (di Pasqua)	(Easter) egg
la vigilia	eve

La scuola e i giovani

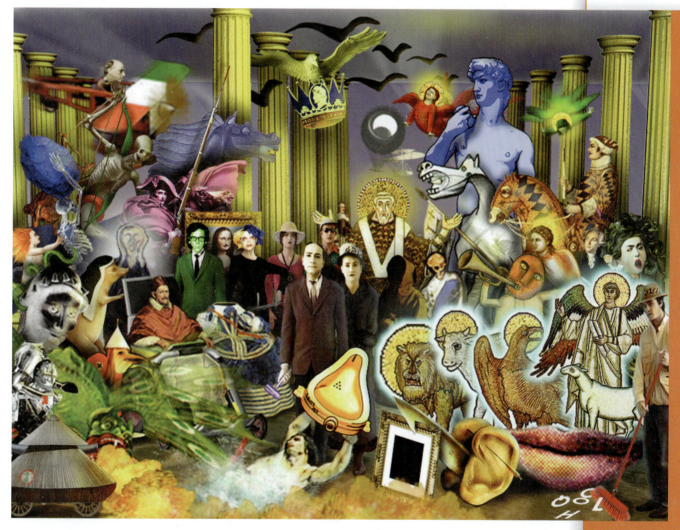

Iconoclast Game: opera videogioco sulla storia dell'arte (2008), Lorenzo Pizzanelli

SCOPI

IN THIS CHAPTER YOU WILL LEARN:

- how to find out who someone is and what he/she does for a living
- to talk about education and professions
- to describe past events and talk about what people used to do
- to tell a story in the past
- to talk about events going on at a particular moment in the past
- about the Italian educational system

Cosa vuoi fare? / Cosa vuole fare?

Finding out someone's future plans

- In **Capitolo 4** you learned to ask **Cosa fai? / Cosa fa?** to find out what someone studies or does for a living.

- To find out what someone wants to do in the future, say:

(tu)   **(Lei)**
Cosa vuoi fare?   **Cosa vuole fare?**

Attenzione! Remember to use **vorrei** in your answer.

—**Martina, cosa fai all'università?**
—**Faccio lingue.**
—**E dopo, cosa vuoi fare?**
—**Vorrei insegnare l'inglese.**

 A. Osserva ed ascolta.

Parte prima. Osserva ed ascolta mentre questi studenti italiani si presentano e dicono cosa studiano. Abbina il nome della persona al suo corso di studi.

1. Stefano   **a.** matematica

2. Alessia   **b.** scienze politiche

3. Elisa   **c.** biologia

4. Mario   **d.** moda e costume

5. Federica   **e.** giurisprudenza (*law*)

Parte seconda. Ora osserva ed ascolta di nuovo per avere ulteriori informazioni. Poi abbina ogni piano (*plan*) alla persona giusta.

1. Vuole fare il notaio.*   **a.** Alessia

2. Vuole lavorare nell'industria dell'informatica.   **b.** Elisa

3. Vuole aprire un negozio.   **c.** Mario

4. Vuole fare la carriera diplomatica.   **d.** Federica

B. E tu, cosa vuoi fare?

Parte prima. Chiedi agli altri studenti cosa studiano. Fai una lista delle loro risposte.

Parte seconda. Usa la lista dei corsi di studi che hai preparato e le espressioni seguenti per scoprire (*discover*) cosa vogliono fare tutti i compagni.

---

*A **notaio** is an official who checks, witnesses, and records public contracts, such as deeds of sale for property transactions and final wills and testaments.

Chi vuole… ?

fare un master /
una specializzazione
(in giurisprudenze / in medicina)

fare ricerca (*research*)   lavorare alla televisione

lavorare in una ditta

prendere l'abilitazione
per l'insegnamento (*teaching certificate*)

scrivere libri / per un giornale

suonare in un'orchestra

ESEMPIO: **S1:** Jenny, fai scienze della comunicazione, vero?

S2: Sì.

S1: E dopo vuoi lavorare alla televisione?

S2: No, vorrei lavorare per un giornale.

C. Cos'hai fatto per prepararti?

Parte prima. Completa le frasi con i verbi giusti (al passato prossimo) per capire come Diana si è preparata per il lavoro che vuole fare.

Diana: Vorrei fare lo chef. Per prepararmi…

1. _____ scienze della nutrizione.
2. _____ a cucinare.
3. _____ in un ristorante.
4. _____ tanti libri di cucina.
5. _____ molti piatti diversi.

a. ho lavorato
b. ho provato
c. ho imparato
d. ho letto
e. ho studiato

Parte seconda. Susanna, un'amica di Diana, vuole studiare all'estero. Per prepararsi, cos'ha fatto? Metti i verbi al passato prossimo e poi inseriscili nei posti giusti.

comprare   fare   imparare   rinnovare (*to renew*)

risparmiare (*to save* [*money*])

Susanna vuole studiare all'estero. Per prepararsi,

1. _____ tanti soldi.
2. _____ il passaporto.
3. _____ un'altra lingua.
4. _____ la valigia.
5. _____ un biglietto d'aereo.

Parte terza. Chiedi ad un compagno / una compagna quale lavoro vuole fare e che cosa ha fatto per prepararsi.

Com'era?
Describing how things used to be

- So far, you have learned to talk about events in the past using **il passato prossimo.** In this chapter you will learn how to describe the way things were in the past using a different verb form: **l'imperfetto.**

- To find out how things were, used to be, or what things were like, say:

  Com'era?
  —Com'era la festa ieri sera?   *How was the party last night?*
  —Com'era la vita di un   *What was a teacher's life like*
    maestro nel passato?   *in the past?*

A. Osserva ed ascolta.

Parte prima. Guarda la cartina della Toscana. Poi osserva ed ascolta mentre il signor Dondoli si presenta. Infine rispondi alle seguenti domande.

1. Cosa faceva di professione il signor Dondoli?
2. Da quanto tempo è in pensione?
3. Dove abita il signor Dondoli?
4. Di dov'è originariamente?

Parte seconda. Il signor Dondoli ha fatto la sua carriera in campagna, non in città. Osserva ed ascolta mentre il maestro Dondoli spiega l'importanza della scuola per i bambini dei contadini (*farmers*). Per ogni frase scegli la risposta giusta.

1. Per i ragazzi la scuola era _____.
   a. molto importante   **b.** poco importante
2. A scuola i bambini apprendevano _____.
   a. come coltivare i campi (*fields*)   **b.** cose che non potevano imparare
                                                       a casa

Parte terza. Osserva ed ascolta l'ultima parte del video in cui il maestro Dondoli parla della sua esperienza come insegnante.

1. Segna (✔) tutte le qualità di un buon insegnante che il maestro menziona.

   a. avere l'entusiasmo ☐

   b. essere intelligente ☐

   c. essere creativo ☐

   d. avere la capacità di mettersi in contatto con i ☐
       bambini

   e. saper disciplinare ☐

2. Segna (✔) la prova (*proof*) che i bambini si sentivano «in famiglia» con il maestro.

   a. L'hanno chiamato «maestro» invece di «signore». ☐

   b. L'hanno chiamato «padre» invece di «maestro». ☐

   c. L'hanno chiamato «babbo» invece di «maestro». ☐

B. Com'era il tuo maestro preferito / la tua maestra preferita?

Lavora con un compagno / una compagna. Lui/Lei ti fa una delle domande (1–6). Tu rispondi scegliendo l'inizio giusto della frase (a–d) e completandola per descrivere il tuo maestro / la tua maestra preferito/a. Poi scambiatevi ruoli. **Attenzione!** Due inizi si usano due volte.

1. Come si chiamava la scuola?
2. Dov'era?
3. Quanti anni avevi?
4. Quale anno facevi?
5. Come si chiamava il maestro / la maestra?
6. Com'era?

a. Avevo…
b. Era…
c. Facevo…
d. Si chiamava…

C. E tu com'eri?

Parte prima. Scegli le frasi che descrivono com'eri da piccolo/a a scuola:

1. Scherzavo (*I used to joke around*) sempre. ☐
2. Non stavo mai fermo/a (*still*). ☐
3. Non creavo mai problemi. ☐
4. Parlavo in continuazione. ☐
5. Non aprivo bocca. ☐
6. Facevo i compiti subito e volentieri. ☐

Parte seconda. Lavora con un compagno / una compagna e scambiatevi le frasi che avete scelto. Lui/Lei deve scegliere l'aggettivo giusto dalla seguente lista per dire com'eri a scuola.

a. birichino/a (*mischievous*)
b. chiacchierone (*chatterbox*)
c. secchione/a (*nerdy*)
d. timido/a
e. tranquillo/a
f. vivace

ESEMPIO: **S1:** Scherzavo sempre.
S2: Davvero? Allora eri birichino/a.

Parte terza. Condividete le vostre risposte con la classe. Com'erano da piccoli i compagni?

ESEMPIO: Tom era secchione, ma Gina era birichina.

D. Culture a confronto: La scuola. Leggi la tabella per imparare com'è organizzato il sistema scolastico italiano. Poi rispondi alle domande.

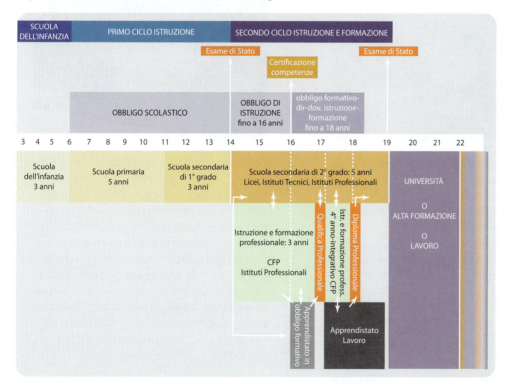

Parte prima. Quanto dura la scuola? Con un compagno / una compagna, completa la tabella.

	in Italia	negli Stati Uniti
1. la scuola primaria («le elementari»)	5 anni	____ anni
2. la scuola secondaria di primo grado («le medie»)	____ anni	3 anni
3. la scuola secondaria di secondo grado («**le superiori**»)	____ anni	4 anni
4. l'università	3+ anni	____ anni

Parte seconda. In Italia c'è una distinzione tra **l'istruzione** e **la formazione professionale**. Spesso la formazione professionale comprende un periodo obbligatorio di **tirocinio** (*unpaid internship*). Ti piacerebbe fare un tirocinio in uno studio legale, in un ospedale o in una banca, per esempio? Secondo te, è importante fare un tirocinio?

Lessico

In italiano

Students are considered **fuori corso** if they do not graduate on time.

Siamo studenti!

Talking about education and professions

Il mio curriculum (*résumé*)

Leggi queste brevi descrizioni delle carriere di Massimo e Gianna. Cerca di capire dal contesto il significato delle parole evidenziate.

Massimo ha **un diploma** del **liceo** classico, ma non ha **una laurea** universitaria. Dopo il liceo ha fatto diversi lavori, ma poi **ha fatto domanda** ad **una piccola ditta**. Ormai ci lavora da cinque anni e **guadagna** 1.000 euro al mese. È fortunato perché lavora **a tempo pieno** mentre molti suoi amici lavorano **part-time**.

Gianna, invece, ha fatto il liceo economico e dopo ha fatto la laurea specialistica in Economia e Commercio all'Università di Bologna. Durante gli anni dell'università ha partecipato al programma Erasmus da cui ha ricevuto **una borsa di studio** per fare un **tirocinio** in una banca in Francia per sei mesi. **Si è laureata** con il massimo dei voti in quattro anni. Attualmente **dirige una grande azienda** di 200 impiegati. Il suo **stipendio** è di più di 4.000 euro al mese. Ha poco tempo libero e viaggia spesso per motivi di lavoro.

In italiano

Insegnante is a generic term for teacher. Teachers in Italy are called by different titles, depending on the level of students: preschool and elementary school students call their teacher **maestro/a,** middle school students and up call their teacher **professore/professoressa.**

Le professioni

Ecco alcune professioni che già conosci o che puoi riconoscere (*recognize*) facilmente perché sono parole simili all'inglese.

l'architetto	l'artista	l'assistente sociale	il cameriere
il cantante	il dentista	il farmacista	il fotografo
il giornalista	l'insegnante	il poliziotto	lo psicologo
lo scienziato	lo stilista	il veterinario	

Dove si lavora?

▶ Ecco altre professioni che forse non conosci. Abbina ogni professione ad uno di questi luoghi (*places*):

a. l'ufficio   **c.** il tribunale   **e.** la scuola elementare

b. il negozio   **d.** l'ospedale   **f.** il cantiere (*construction site*)

1. _____ **l'avvocato**
2. _____ **il commesso**
3. _____ **l'operaio e l'ingegnere**
4. _____ **l'infermiere**
5. _____ **l'impiegata e la dirigente / la manager**
6. _____ **il maestro**

In Italia

Gli studenti italiani completano l'equivalente di «general education» al liceo; per questo iniziano subito la specializzazione (*major*) all'università.

Secondo le ultime riforme universitarie, ci sono tre livelli d'istruzione all'università. Il primo livello consiste in un **corso di laurea** che dura tre anni, dopo di che gli studenti possono entrare nel mondo del lavoro o possono proseguire con il secondo livello di studi: la **laurea magistrale** (altri 2 anni) o il **Master di I Livello.** In alcuni campi, soprattutto quelli professionali (medicina, giurisprudenza), gli studenti si iscrivono direttamente al secondo livello d'istruzione in un **corso di laurea magistrale unico** che dura 5 anni. Il terzo livello offre il **dottorato di ricerca,** un **corso di specializzazione** e il **corso di Master di II Livello.**

L'età media (*average*) di un laureato è di 27,8 anni dopo circa sette anni di studio.

▶ Answers to this activity are in Appendix 2 at the back of your book.

In italiano

In Italian the gender of professions is indicated by the form of the definite or indefinite article and sometimes by the ending of the noun.

- Professions ending in **-o** in the masculine have **-a** in the feminine, such as **l'impiegato / l'impiegata.**

- Professions ending in **-iere** in the masculine have **-iera** in the feminine, such as **il cameriere / la cameriera, il parucchiere / la parucchiera.**

- The masculine and feminine singular forms of professions ending in **-e** and **-ista,** and terms borrowed from English, are invariable, such as **il dirigente / la dirigente, il musicista / la musicista, il manager / la manager.**

The contemporary feminine forms of certain professions, particularly those that have not traditionally been occupied by women, are in flux. For example, the traditional feminine form of **avvocato** is **avvocatessa.** However, this form is rarely used. Instead you will most often hear **l'avvocata** or **l'avvocato.**

▶ Scrivi la forma maschile e femminile di tutte le professioni nel **Lessico.** Segui le regole (*rules*).

-o (*m.*) / -a (*f.*)	-iere (*m.*) / -iera (*f.*)	-e, -ista, parole inglesi (*m.*) / (*f.*)
lo scienziato / la scienziata	*il cameriere / la cameriera*	*l'artista / l'artista*

Le attività professionali

▶ Abbina le persone dell'insieme A alle attività dell'insieme B.

A	B
1. Il poliziotto _____.	a. **guadagna** meno di un manager
2. L'architetto _____.	b. **aiuta** il medico
3. La manager _____.	c. **si laurea** e **diventa** (*becomes*) avvocato
4. L'infermiera _____.	d. **insegna** alla scuola elementare
5. Il maestro _____.	e. **disegna** palazzi (*buildings*) e case
6. L'impiegato _____.	f. **fa una multa** di 200 euro al camionista (*truck driver*)
7. Lo studente di giurisprudenza _____.	g. **dirige** un'azienda (*company*) di 50 impiegati

▶ Answers to these activities are in Appendix 2 at the back of your book.

A. Ascolta.

L'insegnante descrive cinque attività professionali. Scegli dalla lista la persona che fa ogni attività.

l'attrice	la fotografa	l'infermiera	la scienziata
la cameriera	la giornalista	l'ingegnere	la veterinaria
la commessa	l'impiegata	la psicologa	

B. Quale professione? Quali professioni associ ai seguenti oggetti, persone o animali?

1. gli studenti dai 19 ai 22 anni
2. il computer
3. l'aspirina
4. i cani e i gatti
5. il ristorante
6. il teatro
7. la medicina
8. un articolo sulla moda italiana
9. le fotografie
10. il sangue (blood)
11. gli studenti dai 6 ai 10 anni
12. il cantiere

C. E tu? Cosa vuoi fare?

Parte prima. Segna (✓) le professioni che faresti volentieri (you would gladly do) e segna (X) quelle che non faresti mai (you would never do).

- ☐ il medico
- ☐ l'avvocato
- ☐ il maestro
- ☐ l'impiegato
- ☐ il giornalista
- ☐ il veterinario
- ☐ l'assistente sociale
- ☐ il cameriere
- ☐ il poliziotto
- ☐ l'insegnante
- ☐ l'attore
- ☐ lo scienziato

Parte seconda. Scegli una professione che faresti volentieri e completa la prima affermazione; poi scegli una professione che non faresti mai e completa la seconda affermazione. Discuti le tue affermazioni con la classe.

Vorrei fare _____ perché mi piace (o mi piacciono)… .

Non vorrei fare _____ perché non mi piace (o non mi piacciono)… .

D. Una graduatoria (ranking).

Parte prima. Secondo te, quale professione è più importante? Quale è meno importante? Metti queste professioni in ordine da 1 a 10 secondo la loro importanza nella società.

_____ l'architetto	_____ il medico	_____ il giornalista
_____ l'assistente sociale	_____ il poliziotto	_____ lo psicologo
_____ il veterinario	_____ l'ingegnere	
_____ l'avvocato	_____ il maestro	

Parte seconda. Confronta la tua graduatoria con quella di un compagno / una compagna. Sono uguali o diverse? Discutete i criteri che avete usato per creare la graduatoria. Se avete creato graduatorie diverse, mettetevi d'accordo su un'unica graduatoria.

E. Un po' di cultura: Il diploma e la laurea.

Parte prima. Dopo la scuola media i ragazzi italiani che vogliono andare all'università fanno **il liceo**. Però, prima devono scegliere quale tipo di liceo vogliono frequentare. Abbina ogni tipo di liceo ai corsi principali che vi si insegnano.

1. il liceo classico
2. il liceo scientifico
3. il liceo linguistico

a. matematica, fisica, chimica, biologia
b. inglese, francese, spagnolo
c. letteratura, filosofia, storia

Retro

L'università più antica del mondo? È a Bologna. Per imparare di più, vai a **Capitolo 9, Retro** su **Connect Italian.**

connect ITALIAN

www.connectitalian.com

Stemmi (Coats of arms) al Palazzo dell'Archiginnasio a Bolgona (Emilia-Romagna)

Parte seconda. Tutti i ragazzi che completano il liceo e superano (*pass*) l'Esame di Stato possono frequentare l'università. I corsi di laurea (*university degrees*) più seguiti in Italia sono nei campi (*fields*) indicati sotto. Secondo te, quale liceo della **Parte prima** prepara meglio allo studio universitario in questi campi?

il liceo

1° Economico-statistico   _____

2° Politico-sociale   _____

3° Giuridico   _____

4° Tecnico (Ingegneria)   _____

5° Medico   _____

Quali sono i campi più popolari nella tua università?

Source: **www.istat.it**

Strutture

9.1 C'era una volta...

The imperfect

▶ La signora Martini racconta a suo nipote Francesco la storia di come ha conosciuto suo marito (il nonno di Francesco). Completa tutti gli aggettivi.

«Quando ero bambina, ero sempre malat_____.[1] Soffrivo di (*I suffered from*) asma, avevo allergie e dovevo andare spesso dal medico. Però, quando avevo 18 anni, ero diventata una bell_____[2] ragazza senza problemi di salute. Avevo i capelli lung_____[3] e castan_____.[4] Ero magr_____[5] e alt_____[6] con le gambe lung_____.[7] Molti ragazzi mi chiedevano di uscire, ma non accettavo mai i loro inviti perché mi piaceva solo un ragazzo, tu_____[8] nonno. Lui era bellissim_____.[9] Aveva i capelli ner_____,[10] gli occhi verd_____[11] e portava gli occhiali. Era molto simpatic_____[12] e intelligent_____,[13] ma era anche timid_____.[14] Non mi chiedeva mai di uscire, ma veniva a casa mi_____[15] tutti i giorni con la scusa (*excuse*) di voler parlare con mi_____[16] fratello.»

▶ Answers to these activities are in Appendix 2 at the back of your book.

▶ Sottolinea tutti i verbi. Non conosci la forma dei verbi di questo testo, ma puoi identificare quali verbi sono nella forma **io, lui** o **loro?**

1 You have already learned one past tense in Italian: the **passato prossimo.** La signora Martini is using another past tense, the imperfect (**l'imperfetto**). The imperfect is used to:

    a. talk about what people used to do in the past.

    b. talk about repetitive actions in the past.

    c. describe what people, places, and things were like in the past.

    d. state the date, time, weather, and age in the past.

▶ Into which category would you put the following phrases from **la signora Martini's** story?

| avevo 18 anni | aveva i capelli neri | ero magra e alta |

| veniva a casa mia tutti i giorni | molti ragazzi mi chiedevano di uscire |

2 It's easy to form the imperfect. To form the stem, just drop the **-re** from the infinitive.

    accettare → accetta-   prendere → prende-   venire → veni-

Then add the same endings to all **-are, -ere,** and **-ire** verbs.

io	-vo
tu	-vi
lui, lei; Lei	-va
noi	-vamo
voi	-vate
loro	-vano

▶ Now conjugate these verbs.

	accettare	prendere	venire
io	accettavo		
tu			
lui, lei; Lei		prendeva	
noi			
voi			venivate
loro			

▶ Answers to the activities in this section are in Appendix 2 at the back of your book.

3 The verb **volere** is used in the **imperfetto** when talking about what one intended to do in the past. **Potere** in the **imperfetto** describes what one was able to do in the past.

Marco **voleva** studiare in Italia, ma non aveva i soldi.

Marco wanted to study in Italy but he didn't have the money.

Quando **avevi** 16 anni, **potevi** tornare a casa tardi?

When you were 16, could you stay out late?

Attenzione! In the **imperfetto, dovere** means *supposed to.*

Dovevo scrivere un'e-mail alla mia amica Marta, ma mi sono dimenticata.

I was supposed to write an e-mail to my friend Marta, but I forgot.

(continued)

4 Two verbs that have irregular stems in the imperfect are **bere** and **fare.** To form the imperfect, just add the endings to their stems, **beve-** and **face-.**

▶ Complete the conjugations.

	bere	fare
io	bevevo	
tu		
lui, lei; Lei		faceva
noi		
voi	bevevate	
loro		facevano

5 **Essere** is also irregular in the imperfect.

▶ Here are all the forms. Put them in order: **eri, eravamo, erano, ero, eravate, era.**

	essere
io	
tu	
lui, lei; Lei	
noi	
voi	
loro	

▶ Answers to these activities are in Appendix 2 at the back of your book.

In italiano

Most fairy tales begin with the expression **C'era una volta...** (*Once upon a time . . .*).

6 The equivalents of **c'è** and **ci sono** in the imperfect are **c'era** (*there was*) and **c'erano** (*there were*). They are used to describe scenes or events in the past. (Remember **c'è** and **ci sono**? See **Capitolo 2, Strutture 2.3.**)

> **C'era** molta gente alla festa sabato scorso.
> **C'erano** molti regali sotto l'albero di Natale.

7 Some common expressions that often accompany the imperfect are: **da bambino/a (da piccolo/a)** (*as a child*), **di solito, mentre** (*while*), **sempre, tutti i giorni (ogni giorno).**

> **Da bambina** ero sempre malata.
> **Mentre** la madre parlava al telefono, il figlio leggeva un libro.

A. Il mio compleanno.

Parte prima. Cosa ti ricordi dell'ultima volta che hai festeggiato il tuo compleanno? Segna (✓) le persone e le cose che c'erano.

- ☐ C'erano molti amici.
- ☐ C'era la musica.
- ☐ C'erano molti regali.
- ☐ C'era una torta con le candeline.
- ☐ C'era il mio migliore amico / la mia migliore amica.
- ☐ C'era la mia famiglia.
- ☐ C'erano i miei parenti.
- ☐ C'era molto da mangiare.

Parte seconda. Formate gruppi di tre. A turno, descrivete l'ultima volta che avete festeggiato il compleanno. Chi ha avuto il compleanno più divertente?

B. Un po' di cultura: Le persone famose. Abbina le persone famose alle attività che facevano da giovani.

Da giovane...

1.	Enrico Fermi	**a.**	disegnava e dipingeva.
2.	Miuccia Prada	**b.**	navigava.
3.	Roberto Benigni	**c.**	recitava (*acted*).
4.	Cristoforo Colombo	**d.**	guardava film comici.
5.	Grazia Deledda	**e.**	leggeva libri di fisica.
6.	Leonardo da Vinci	**f.**	disegnava vestiti.
7.	Isabella Rossellini	**g.**	cantava.
8.	Luciano Pavarotti	**h.**	leggeva romanzi e scriveva poesie e novelle (*short stories*).

In italiano

The equivalent of *people* in Italian is a feminine singular noun: **la gente.** When **la gente** is the subject, the verb is conjugated in the third person singular, and adjectives agreeing with **la gente** are feminine singular:

Una volta, la gente **era** più educata di adesso.

C. Le invenzioni.

Parte prima. Con i compagni, crea una lista di invenzioni (*inventions*) dell'Ottocento (*1800s*) e del Novecento (*1900s*).

ESEMPIO: l'automobile, gli antibiotici, il telefono, la coca-cola...

Parte seconda. Scrivi delle frasi per dire quello che faceva la gente prima di ogni invenzione (*before each invention existed*).

ESEMPIO: Prima dell'automobile, la gente andava a cavallo.

D. Le regole.

Parte prima. Fai una lista delle cose che dovevi e non dovevi fare quando avevi meno di 18 anni, secondo le regole che imponevano i tuoi genitori (*your parents imposed*).

Dovevo...	Non dovevo...
tornare a casa prima di mezzanotte.	*fumare.*

Parte seconda. Quali differenze ci sono fra quello che dovevi fare e quello che facevi? Parla del tuo comportamento ai tuoi compagni. Segui l'esempio. Chi era il figlio / la figlia modello?

ESEMPIO: Dovevo tornare a casa prima di mezzanotte, ma tornavo a casa alle due o alle tre di mattina. (Dovevo tornare a casa prima di mezzanotte e tornavo sempre puntuale.)

E. La storia continua. Continua la storia della signora Martini con l'imperfetto dei verbi appropriati. (Ricordi la storia della signora Martini? Vedi la pagina 234.)

| andare | avere | cenare | essere | fare |
| parlare | piacere | preparare (2) | tornare |

Tuo nonno non mi chiedeva mai di uscire, ma veniva a casa mia tutti i giorni con la scusa di voler parlare con mio fratello. Mentre tuo nonno _____[1] con mio fratello, io _____[2] il caffè per tutti. Dopo, se _____[3] bel tempo, mio fratello, tuo nonno ed io _____[4] a fare una passeggiata in città. Mi _____[5] guardare le vetrine e vedere la gente in giro. Quando (noi) _____[6] a casa, _____[7] fame e qualche volta tuo nonno _____[8] con noi. (Lui) _____[9] molto contento di restare quando mia madre _____[10] il risotto—il suo piatto preferito.

F. Pinocchio.

Parte prima. Scrivi un minimo di tre frasi che descrivono te stesso/a (*yourself*) quando eri bambino/a o adolescente. **Attenzione!** Almeno una delle frasi deve essere falsa.

Parte seconda. Formate gruppi di quattro o cinque. A turno leggete le frasi e i compagni devono decidere quale affermazione è falsa.

9.2 Cosa facevi?
The imperfect versus the present perfect

▶ Ieri sera c'è stato un furto (*robbery*) nel palazzo di Marco e Giuliano. Oggi il poliziotto chiede a Marco di descrivere in dettaglio (*in detail*) tutto quello che ha fatto la sera precedente dalle 20.00 in poi. Completa la storia con i verbi al passato prossimo.

(Io) _____[1] (arrivare) a casa alle otto e _____[2] (andare) subito in cucina. _____[3] (cominciare) a preparare la cena e poi sono andato sul balcone a fare una telefonata con il cellulare. _____[4] (tornare) in cucina, _____[5] (preparare) un piatto di pasta e un bicchiere di acqua gassata, sono andato in soggiorno (*living room*) e ho acceso (*turned on*) la televisione. Dopo aver mangiato, sono andato in camera da letto e _____[6] (mettersi) il pigiama. Sono tornato in soggiorno e _____[7] (guardare) ancora la TV. Verso le undici sono andato in bagno a lavarmi i denti e poi sono andato a dormire.

▶ Purtroppo, Marco ha dimenticato dei dettagli. Adesso leggi la storia completa. Nota che ci sono verbi al **passato prossimo** (in blu) ed all'**imperfetto.** Mentre leggi, sottolinea tutti i verbi all'**imperfetto.** Puoi formulare delle regole per sapere quando si usa il **passato prossimo** e quando si usa l'**imperfetto**?

> **Sono arrivato** a casa alle otto e **sono andato** subito in cucina. Il mio compagno di casa, Giuliano, <u>era</u> seduto (*seated*) al tavolo e parlava al telefono con la sua ragazza. **Ho cominciato** a preparare la cena e poi **sono andato** sul balcone a fare una telefonata con il cellulare. Mentre parlavo al telefono, **ho visto** un ragazzo che non conoscevo sul balcone del mio vicino di casa (*neighbor*). Era alto, magro e portava una giacca nera e i jeans. Aveva circa 25 o 26 anni. Appena (*as soon as*) mi **ha visto, è tornato** nell'appartamento. **Sono tornato** in cucina, **ho preparato** un piatto di pasta e un bicchiere di acqua frizzante, **sono andato** in soggiorno e **ho acceso** la TV. Mentre mangiavo e guardavo il mio programma preferito, **ho sentito** dei rumori (*noises*) nell'appartamento del mio vicino. Non c'**ho fatto** caso (*I didn't take notice*) perché spesso sento i vicini. Dopo aver mangiato **sono andato** in camera da letto e **mi sono messo** il pigiama. **Sono tornato** in soggiorno e **ho guardato** ancora la TV (anche quando ero bambino mi piaceva guardare la TV in pigiama). Verso le undici **sono andato** in bagno a lavarmi i denti e poi **sono andato** a dormire.

1 The **passato prossimo** is used to refer to isolated events in the past or to state a fact. It answers the question, **Cos'è successo?**

> Cos'è **successo** ieri sera?   Marco **è arrivato** a casa alle otto.
>   Marco **è andato** sul balcone a fare
>   una telefonata con il cellulare.

▶ You can learn about the use of the **presente** and the **passato prossimo** with certain time expressions in **Per saperne di più** at the back of your book.

2 The **imperfetto** is used to talk about events that were *in progress* at a certain time in the past and answers the question, **Cosa succedeva?** (*What was going on?*)

> Cosa **succedeva** in cucina?   Giuliano **parlava** al telefono con la
> *What was going on in*   sua ragazza.
>   *the kitchen?*

3 As you learned earlier in this chapter, the **imperfetto** also provides background information about past situations.

▶ Find examples from the story of the following uses of the **imperfetto.**

1. to describe people, places, and things	
2. to give the date, time, weather, age	
3. to talk about what people used to do	

▶ Answers to these activities in this section are in Appendix 2 at the back of your book.

(continued)

In italiano

> ▶ The verbs **sapere** and **conoscere** have different meanings in the **passato prossimo** and **imperfetto**. For more information, see **Per saperne di più** at the back of your book.

Here are some words or phrases that often signal the use of either the **imperfetto** or the **passato prossimo**.

L'IMPERFETTO	IL PASSATO PROSSIMO
ogni estate *every summer* **il sabato** *every Saturday* **mentre** *while*	**un giorno** *one day* **sabato** *on Saturday* **all'improvviso** *suddenly*
Il sabato **facevo** sempre la spesa con mia madre. *On Saturdays I used to go shopping with my mother.*	Sabato **ho fatto** la spesa con mio padre. *On Saturday I went shopping with my father.*
Quando ero piccolo/a ogni estate **andavo** al mare. *When I was little every summer I used to go to the seaside.*	Un giorno **sono andato/a** in montagna. *One day I went to the mountains.*

study tip

Using the **imperfetto** and the **passato prossimo** appropriately can be difficult for English speakers. The imperfect can be translated as what one "used to do" or what one "was doing" at a particular moment. In other contexts, such as describing, telling time, or giving dates or ages in the past, the imperfect is used even though the English translation would be equivalent to the **passato prossimo** in Italian. For example, the Italian equivalent of *Gianni was good-looking* is: **Gianni era bello** (not **è stato**). Be patient. It takes lots of exposure before you can use these forms correctly. You can speed up the process by learning the contexts in which they appear and paying attention to which form is used when you read or listen to Italian (in songs, movies, and conversations).

4 The **imperfetto** is used to describe two actions that were in progress at the same time. Both verbs express what was going on at a particular moment in the past.

Mentre Marco **preparava** la cena, Giuliano **parlava** al telefono.

While Marco was preparing dinner, Giuliano was talking on the phone.

5 When one action occurred while another was going on, use the **imperfetto** to express what was happening and the **passato prossimo** for the interruption.

i m p e r f e t t o
(*what was going on*)

~~~~~~~~**X**~~~~~~~~

passato prossimo
(*interruption*)

Mentre Marco **parlava** al telefono, *While Marco was talking on the phone,* **ha visto** un ragazzo sul balcone del vicino. *he saw a guy on the neighbor's balcony.*

A. Lavori diversi e vite diverse.

Parte prima. Le seguenti frasi descrivono le esperienze di vita della signora Tognozzi e del signor Rossi. Completa le frasi con le espressioni appropriate.

La signora Tognozzi

1. Da bambina andava in vacanza con i suoi…   ☐ una volta   ☐ ogni estate

2. Si è laureata in Economia e Commercio…   ☐ spesso   ☐ 40 anni fa

3. Si è trasferita a Milano per motivi di lavoro…   ☐ 10 anni fa   ☐ di solito

4. Andava in ufficio…   ☐ sabato   ☐ il sabato

5. Andava in Giappone a incontrare clienti… ☐ l'anno scorso ☐ tre volte all'anno

6. Ha invitato degli amici a cena a casa sua… ☐ ogni weekend ☐ lo scorso weekend

Il signor Rossi

1. Si è diplomato al liceo scientifico… ☐ 45 anni fa ☐ sempre

2. Portava i bambini in montagna… ☐ due anni fa ☐ ogni inverno

3. Andava a mangiare dai genitori… ☐ la domenica ☐ domenica

4. Tornava a casa dal lavoro alle 6.00… ☐ di solito ☐ una volta

5. È andato in Francia per motivi di lavoro… ☐ l'anno scorso ☐ tre volte all'anno

6. Invitava gli amici a cena a casa sua… ☐ ogni weekend ☐ la settimana scorsa

Targa della Facoltà di Economia, Università degli Studi di Verona (Veneto)

Parte seconda. Discuti le risposte alle seguenti domande con un compagno / una compagna.

1. Chi dei due aveva la carriera più impegnativa? Perché?

2. Indovinate quale lavoro facevano e motivate (*support*) la vostra risposta.

B. Marco e Giuliano.

Parte prima. Lavora con un compagno / una compagna e completate le frasi in modo logico.

1. Giovedì sera Marco è tornato a casa tardi dal lavoro e Giuliano era _____.

2. Giuliano è uscito venerdì sera con _____. Sono andati a _____. Marco, invece, è andato al ristorante con _____.

3. Marco ha ordinato _____, ma il cameriere ha portato _____. Marco era _____.

4. Sabato mattina Marco è andato dal medico perché aveva mal di _____. Dopo la visita, Marco si sentiva _____.

5. Domenica pomeriggio un poliziotto ha fatto _____ a Giuliano perché guidava _____.

6. Giuliano ha avuto un incidente di macchina (*car accident*)! Dopo l'incidente, Giuliano è andato subito a parlare con _____.

7. Quando erano bambini, Marco voleva diventare _____, ma Giuliano voleva diventare _____.

Parte seconda. In base alle informazioni nella **Parte prima,** scrivete una breve descrizione di Marco e di Giuliano. Che tipo di carattere hanno? Quali sono le loro abitudini? Come lo sapete? Poi confrontate la vostra descrizione con quella di un altro gruppo. Sono simili o diverse?

C. Interruzioni! (*Interruptions!*)

Parte prima. Ogni cosa che hai cercato di fare oggi è stata disturbata. Completa le frasi.

ESEMPIO: Mentre studiavo, ha telefonato una mia amica.

1. Mentre dormivo tranquillamente, _____.

2. Mentre facevo la doccia, _____.

3. Mentre facevo l'esame di chimica, _____.

4. Mentre _____, un telefonino ha squillato (*rang*).

5. Mentre _____, un bambino ha cominciato a piangere (*cry*).

6. Mentre tornavo a casa, _____.

Parte seconda. Quali delle frasi che hai creato nella **Parte prima** sono vere? Adesso scrivi due frasi vere.

In italiano

Here are some other expressions related to work:

cercare lavoro   *to look for a job*
lavorare sodo/duramente   *to work hard*
licenziare   *to fire*
licenziarsi   *to quit a job*
risparmiare   *to save* (*money*)
smettere di lavorare   *to stop working*

Mario smette di lavorare perché preferisce stare a casa a badare (*to take care of*) **ai figli.**
Loredana si è licenziata ieri perché ha trovato un posto migliore.

D. Com'era? Cos'è successo?

Parte prima. Insieme ai compagni completa questo brano che descrive la situazione in cui si trovavano Gianna e Massimo cinque anni fa. Usate l'imperfetto del verbo appropriato. (Non ti ricordi Gianna e Massimo? Vedi **Lessico,** pagina 230.)

avere	dovere (2)	essere (2)	volere

Gianna _____[1] molto in ansia (*anxious*) perché non sapeva cosa fare. _____[2] uno stipendio davvero buono, ma _____[3] lavorare molto e spesso _____[4] lontana da casa perché _____[5] viaggiare per motivi di lavoro. Lei e Massimo _____[6] mettere su famiglia (*start a family*), ma sembrava impossibile.

Parte seconda. Insieme ad un compagno / una compagna completate queste due possibili soluzioni al loro dilemma e poi aggiungetene altre due.

1. Gianna ha continuato a lavorare nella stessa (*in the same*) ditta e...

2. Gianna si è licenziata e...

3.

4.

Parte terza. Discutete le soluzioni con un'altra coppia. Qual è la soluzione migliore?

E. Il ladro.

Parte prima. Completa il racconto del furto al palazzo di Giuliano e Marco (vedi pagina 238) con le forme appropriate del **passato prossimo** o dell'**imperfetto**.

Ieri sera, verso le otto e un quarto, Cinzia e Chiara _____[1] (decidere) di andare in bici a prendere un gelato. _____[2] (andare) in una gelateria vicino al palazzo di Giuliano e Marco. Mentre _____[3] (mangiare) il gelato, _____[4] (vedere) un uomo che usciva dal palazzo con un grande sacchetto (*bag*) nero in una mano e una pistola nell'altra. Il ladro _____[5] (prendere) la bici di Cinzia ed è scappato (*ran away*). All'improvviso _____[6] (arrivare) i carabinieri e hanno inseguito (*chased*) il ladro. Purtroppo il ladro _____[7] (essere) troppo furbo ed è sparito (*disappeared*).

Parte seconda. Lavora con un compagno / una compagna. Completate la storia in modo logico e poi raccontate la vostra versione ai compagni.

Parole utili: **arrestare** (*to arrest*), **rubare** (*to rob/steal*), **mountain bike**

I carabinieri sono tornati al palazzo e hanno chiesto una descrizione del ladro e della sua bici a tutta la gente che c'era in giro. Cinzia ha descritto la sua bici: la bici era… . E Chiara ha descritto il ladro: il ladro… . I carabinieri hanno preso tutte le informazioni e sono andati via. Il giorno dopo…

Grammatica dal vivo:
L'imperfetto versus il passato prossimo

Vai su **Connect Italian** per guardare un'intervista con Claudia e Annalisa che usano **l'imperfetto** e **il passato prossimo** per parlare della loro esperienza scolastica. Poi, completa le attività di comprensione.

www.connectitalian.com

In Italia

I carabinieri fanno parte dell'esercito (*military*) italiano ed hanno combattuto con distinzione e coraggio in ogni guerra a cui l'Italia ha partecipato. All'interno della società italiana, svolgono (*they perform*) funzioni di polizia. Nonostante questo ruolo importante, i carabinieri spesso sono oggetto di barzellette (*jokes*) e di storie umoristiche.

Carabinieri al lavoro

9.3 Cosa stavi facendo?

The past progressive

Michele e Susanna sono studenti all'Università di Napoli. È da una settimana che Michele cerca di contattare Susanna. Sabato mattina finalmente la trova. Completa la loro conversazione con i verbi della lista.

> stavamo facendo   stavo guardando
>
> stavo facendo   stavo dormendo

MICHELE: Susanna, ti ho telefonato lunedì sera verso le 6.00, ma il telefonino era spento (*turned off*). Dov'eri?

SUSANNA: _____¹ aerobica con Lucrezia.

MICHELE: E martedì sera? Sono venuto a casa tua alle 9.00, ma non ho trovato nessuno.

SUSANNA: _____² un film da un'amica.

MICHELE: E poi ho chiamato di nuovo mercoledì mattina, ma il telefonino era spento.

SUSANNA: Eh sì, sai, _____³ perché avevo fatto tardi la sera prima.

MICHELE: Beh, comunque sei introvabile (*impossible to find*): giovedì pomeriggio all'una sono andato al bar dove di solito mangi un panino, ma non c'eri.

SUSANNA: Giovedì? Ah sì, è vero. La mia compagna di casa ed io _____⁴ la spesa al supermercato.

MICHELE: E venerdì mattina verso le 11.00? Ti ho cercato in biblioteca.

SUSANNA: Ero all'esame di chimica.

MICHELE: Com'è andato?

SUSANNA: Male. Avevo perso il libro, quindi è stato difficile prepararmi. Ma perché mi cercavi così disperatamente?

MICHELE: Ti volevo dire che ho io il tuo libro di chimica: l'hai lasciato al bar quando abbiamo preso un caffè insieme domenica scorsa.

▶ Answers to this activity are in Appendix 2 at the back of your book.

1 The past progressive (**il passato progressivo**) can be used in place of the imperfect to stress that an action was in progress at a particular moment in the past.

Michele **studiava / stava studiando** alle 8.00.	*Michele was studying at 8:00.*
Mentre Giovanna **faceva / stava facendo** la spesa al supermercato, ha incontrato il suo amico Davide.	*While Giovanna was shopping at the supermarket, she met her friend Davide.*

2 The form of the **passato progressivo** is similar to that of the **presente progressivo**, which you learned in **Capitolo 6, Strutture 6.2**. The **presente progressivo** is formed with the present tense of **stare** followed by the **gerundio**.

—Cosa **stai facendo**?	*What are you doing?*
—**Sto studiando.**	*I'm studying.*

The **passato progressivo** is formed with the imperfect of **stare** followed by the **gerundio**.

—Cosa **stavi facendo** ieri alle 8.00?	*What were you doing yesterday at 8:00?*
—**Stavo studiando.**	*I was studying.*

▶ Now write the imperfect forms of **stare.**

stare	
io	stavo
tu	stavi
lui, lei; Lei	
noi	
voi	
loro	

▶ Next, complete the forms of the **gerundio** for **-are, -ere,** and **-ire** verbs.

guardare → stavo guard_____

prendere → stavo prend_____

dormire → stavo dorm_____

▶ Answers to these activities are in Appendix 2 at the back of your book.

A. Susanna e Michele. Leggi la conversazione tra Susanna e Michele (pagina 244) e decidi se le seguenti frasi sono vere o false. Poi correggi le frasi false.

	vero	falso
1. Lunedì sera Susanna stava facendo aerobica quando Michele l'ha cercata in biblioteca.	☐	☐
2. Michele le ha telefonato a casa martedì sera, ma Susanna stava guardando un film a casa di un'amica.	☐	☐
3. Mentre Susanna stava dormendo mercoledì mattina, Michele l'ha chiamata di nuovo.	☐	☐
4. Giovedì pomeriggio Susanna stava studiando in biblioteca quando Michele è andato a trovarla a casa.	☐	☐
5. Venerdì mattina, Susanna era all'esame di chimica quando Michele l'ha cercata in biblioteca.	☐	☐

B. Cosa stava succedendo? Completa queste situazioni in modo logico usando il passato progressivo.

1. Luca e Mirella erano ad una festa con amici. Luca è andato a prendere da bere e quando è ritornato, Mirella…

2. La Signora Bertucci ha due bambini, Massimo (9 anni) e Luigi (5 anni), che sono davvero birichini. Ieri la signora ha dovuto parlare al telefono con il dottore. Quando ha finito la telefonata, è andata in cucina e Massimo e Luigi…

3. Ieri era il compleanno di Maria. Quando è ritornata in ufficio dopo pranzo, i suoi colleghi…

4. Ieri gli studenti di biologia avevano un esame. Durante l'esame il professore è dovuto uscire dall'aula per dieci minuti. Quando è rientrato, gli studenti…

5. I genitori di Luca sono andati in vacanza per due settimane. Dovevano tornare domenica scorsa, ma hanno avuto problemi e sono ritornati venerdì sera verso le undici. Quando sono entrati in casa, Luca e i suoi amici…

C. Cosa stava facendo lunedì scorso?

Parte prima. Lavora con un compagno / una compagna. Fate una lista di sei professioni. Consultate il **Lessico** se avete bisogno di aiuto.

Parte seconda. Scrivete sei frasi che descrivono quello che stavano facendo lunedì scorso alle 10.00 di mattina le persone che fanno le professioni sulla lista.

> ESEMPIO: (il medico) Lunedì scorso alle 10.00 di mattina stava visitando un paziente in clinica.

Parte terza. A turno leggete le frasi ad un altro gruppo. I vostri compagni devono indovinare la professione. Vince il gruppo con più risposte corrette.

> ESEMPIO: GRUPPO 1: Lunedì scorso alle 10.00 di mattina stava visitando un paziente in clinica.
> Chi è?
> GRUPPO 2: È il medico.
> GRUPPO 1: Giusto!

D. Incontri per caso. (*Chance encounters.*)

Parte prima. Cosa stavi facendo sabato scorso alle ore indicate? Completa la prima colonna della tabella usando le attività suggerite dagli indizi (*clues*), come nell'esempio. Usa il passato progressivo.

Il barbiere di Siviglia	Benetton e Gucci	la biblioteca
il calcio	la mensa ✓	la piscina
il supermercato	la trattoria Nicola's	*La vita è bella*

	le mie attività	compagno 1	compagno 2
10.30–12.00			
12.00–14.00	*stavo mangiando alla mensa*		
14.00–16.00			
16.00–18.00			
18.00–20.00			
20.00–22.00			

Parte seconda. Formate gruppi di tre. A turno, leggete le vostre attività ai membri del gruppo. Segnate (✓) quando un compagno / una compagna ha fatto la stessa attività alla stessa ora. Chi hai incontrato più spesso sabato scorso?

Ascoltiamo!

Il sistema d'istruzione in Italia

A. Osserva ed ascolta. Osserva ed ascolta mentre Federico ti parla della scuola in Italia.

B. Completa. Completa le seguenti frasi, inserendo la parola o l'espressione appropriata della lista qui sotto. Usa ogni espressione *una sola volta*. **Attenzione!** La lista contiene dodici parole; devi usarne solamente otto.

l'asilo nido	un libro	poco	scuola superiore
diciotto	molto	quindici	una tesi
Esame di Stato	orali	scuola elementare	trenta

1. I bambini molto piccoli in Italia possono frequentare _____ se i loro genitori lavorano.

2. L'obbligo scolastico inizia a 6 anni nella _____.

3. Gli Istituti di formazione professionale fanno parte della _____.

4. Alla fine della scuola superiore gli studenti fanno un _____ per ricevere un diploma.

5. Gli esami nelle università italiane sono prevalentemente _____.

6. Per superare un esame universitario, gli studenti devono prendere almeno diciotto su _____.

7. Per laurearsi, gli studenti italiani devono superare tutti gli esami e scrivere _____.

8. Le attività sportive sono _____ importanti nella vita delle università italiane.

C. Tocca a te! Somiglianze (*Similarities*) e differenze. Completa le frasi.

Il sistema scolastico italiano è simile al nostro perché…
È differente perché…

Targa di una scuola elementare di Verona (Veneto)

Leggiamo!

Le avventure di Pinocchio

A. Prima di leggere. Cosa sai di Pinocchio? Con un compagno / una compagna completa le seguenti frasi con i verbi appropriati all'imperfetto.

avere	dire	essere	odiare	volere

1. Pinocchio era un burattino (*puppet*) che _____ essere un ragazzo come tutti gli altri.

2. Geppetto faceva il falegname (*carpenter*) ed _____ il «padre» di Pinocchio.

3. Quando Pinocchio _____ bugie, il naso gli si allungava.

4. Pinocchio _____ la scuola.

5. Pinocchio _____ un amico carissimo che si chiamava Lucignolo (*Lampwick*).

Pinocchio: bambole di legno (*wood*)

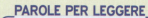

B. Al testo!

Nel brano (*excerpt*) seguente, tratto dal Capitolo XXX di *Le avventure di Pinocchio* (Carlo Collodi, 1826–1890), Pinocchio incontra per strada il suo amico Lucignolo che aspetta la carrozza (*carriage*) che lo porterà al Paese dei Balocchi (*Land of Toys*). Leggi il loro dialogo per scoprire perché è un paese tanto meraviglioso dal punto di vista (*point of view*) dei ragazzi. Poi rispondi alle domande che seguono.

PAROLE PER LEGGERE

l'avvenimento   *event*
avvicinandosi   *drawing near*
benedetto   *blessed*
dunque   *so, therefore*
pentirsi   *to regret*

— Che cosa fai costì[1]? —gli domandò Pinocchio, avvicinandosi.
— Aspetto la mezzanotte per partire…
— Dove vai?
— Lontano, lontano, lontano!
— E io che son venuto a cercarti a casa tre volte!…
— Che cosa volevi da me?
— Non sai il grande avvenimento? Non sai la fortuna che mi è toccata?[2]
— Quale?
— Domani finisco di essere un burattino e divento un ragazzo come te, e come tutti gli altri.
— Buon pro ti faccia.[3]
— Domani, dunque, ti aspetto a colazione a casa mia.
— Ma se ti dico che parto questa sera.
— A che ora?
— Fra poco.
— E dove vai?
— Vado ad abitare in un paese… che è il più bel paese di questo mondo: una vera cuccagna![4]
— E come si chiama?
— Si chiama il «Paese dei Balocchi». Perché non vieni anche tu?
— Io? no davvero!
— Hai torto, Pinocchio! Credilo a me[5] che, se non vieni, te ne pentirai. Dove vuoi trovare un paese più sano[6] per noialtri ragazzi? Lì non vi[7] sono scuole: lì non vi sono maestri: lì non vi sono libri. In quel paese benedetto non si studia mai. Il giovedì non si fa scuola: e ogni settimana è composta di sei giovedì e di una domenica. Figurati[8] che le vacanze dell'autunno cominciano col primo di gennaio e finiscono coll'ultimo di dicembre. Ecco un paese, come piace veramente a me! Ecco come dovrebbero[9] essere tutti i paesi civili!…

Pinocchio dopo il soggiorno (*stay*) al Paese dei Balocchi

---

[1]*here* (literary form)   [2]*che… that has happened to me*   [3]Buon… *Good for you*   [4]*earthly paradise*   [5]Credilo… *Believe me*   [6]*healthy*   [7]*ci*   [8]*Imagine*   [9]*[they] should*

1. Quando Pinocchio ha incontrato l'amico, Lucignolo stava aspettando la carrozza. Perché?
2. Lucignolo ha invitato Pinocchio ad accompagnarlo, ma Pinocchio ha risposto di no. Perché?
3. Com'è il Paese dei Balocchi? Perché Lucignolo e Pinocchio ci vogliono andare?
4. Cosa non c'è nel Paese dei Balocchi?
5. Quando ci sono le vacanze nel Paese dei Balocchi?

C. Discutiamo! Lucignolo era il soprannome (*nickname*) dell'amico di Pinocchio. Com'è Lucignolo? È un tipo simpatico? Nella tua classe alle elementari c'era un Lucignolo? Com'era? Lucignolo era l'amico del cuore di Pinocchio. Alle elementari com'era il tuo amico / la tua amica del cuore? E tu, da piccolo/a avevi un soprannome?

Scriviamo!

Che bel paese!

Nel brano tratto da *Le avventure di Pinocchio,* Lucignolo descrive il Paese dei Balocchi come un paradiso terrestre e dice che è «come tutti i paesi civili dovrebbero essere». Immagina di poter pianificare (*plan*) una società nuova, dove tutto è esattamente come vuoi tu. Scrivi un breve testo intitolato «Che bel paese!» in cui descrivi questa società. Ecco alcune espressioni per aiutarti a scrivere.

Nel paese più bello del mondo...

le donne...	**gli anziani...**	**i poveri...**
gli uomini...	**i bambini...**	**tutti...**
gli studenti...	**i ricchi...**	**nessuno...**

Parliamo!

Hai sempre voluto fare quel lavoro?

Un'indagine (*survey*).

Parte prima. Fai un'indagine in classe per sapere chi vuole ancora fare quello che voleva fare da bambino/a e perché. Se non ricordi quello che i compagni studiano e i progetti che hanno per il futuro, devi chiederglielo di nuovo.

ESEMPIO: **S1:** Jenny, vuoi lavorare alla TV, vero?
S2: Sì. / No, vorrei insegnare lo spagnolo.
S1: Hai sempre voluto fare quello?
S2: Sì, fin da bambina (*since I was a little girl*)! (No, da bambina volevo fare la veterinaria. Avevo tanti animali in casa.)

Parte seconda. Quali erano i lavori preferiti dei tuoi compagni da bambini? Perché? Quali sono i lavori più popolari tra i compagni ora? Perché hanno cambiato idea?

Guardiamo!

FILM *Amarcord*

(Dramma/Commedia. Italia/Francia. 1973. Federico Fellini, Regista. 127 min.)

RIASSUNTO: **Amarcord** in the dialect of Emilia-Romagna means *I remember*. The film is a fictionalized portrayal of Fellini's adolescence in Rimini during the 1930s, when Italian society—between the two World Wars—was dominated by the power of fascism and that of the Catholic Church. At times funny, at times sad, sometimes bizarre, and always nostalgic, the scenes and characters are unforgettable. *Amarcord* won an Oscar for Best Foreign Film in 1974; it is Fellini's most popular film.

SCENA: (DVD Capitolo 8): The protagonist, Titta, recalls episodes from his days as a student in **liceo.**

A. Anteprima. Con un compagno / una compagna, fai una lista di tutte le materie che avete studiato alle superiori.

B. Ciak, si gira! In questa scena sono rappresentate nove lezioni diverse. Puoi identificarle? Per ogni lezione, inserisci il nome della materia. (Le materie per le lezioni 1, 3 e 7 sono già inserite.)

Materie: **la filosofia   il greco   la matematica**
la religione   la storia dell'arte   la storia romana

Lezione	Materia
1	*la fisica*
2	
3	*la letteratura italiana*
4	
5	
6	
7	*la storia italiana*
8	
9	

C. È fatto! Quali delle materie che hai visto in queste scene si trovano anche alle scuole superiori del paese dove vivi tu? Quali no? In Italia le stesse materie del film sono insegnate ancora al liceo classico. Per che cosa prepara i giovani il liceo classico? Per che cosa ti prepara il tuo corso di studi?

Vocabolario

Domande ed espressioni

all'improvviso	suddenly
l'anno prossimo	next year
C'era una volta…	Once upon a time…
Chi sei? / Chi è?	Who are you? (*inform./form.*)
Com'era?	What was it like? / How was it?
Cosa vuoi fare? / Cosa vuole fare?	What do you want to do in the future? (*inform./form.*)
da bambino/a / da piccolo/a	as a child
mentre	while

Verbi

aiutare	to help
cercare (lavoro)	to look for (work)
dirigere	to manage, to run
disegnare	to design, draw
diventare	to become
fare domanda	to apply
fare la multa	to give a ticket
guadagnare	to earn/make money
insegnare	to teach
laurearsi	to graduate (*from college*)
lavorare	to work
a tempo pieno / part-time / sodo	full-time / part-time / hard
licenziare	to fire
licenziarsi	to quit a job
mettere su famiglia	to start a family
risolvere	to resolve (*an issue*), to solve (*a problem*)
risparmiare	to save (*money*)
smettere (di lavorare)	to stop (working)

Sostantivi

l'architetto (*m./f.*)	architect
l'artista (*m./f.*)	artist
l'assistente sociale (*m./f.*)	social worker
l'attore / l'attrice	actor/actress
l'avvocato (*m./f.*)	lawyer
l'azienda (*f.*)	company
la borsa di studio	scholarship
il/la cantante	singer
il cantiere	construction site
il commesso / la commessa	store clerk
il/la dentista	dentist
il diploma	diploma
il/la dirigente	executive, manager
la ditta	company
il/la farmacista	pharmacist
il fotografo / la fotografa	photographer
la gente	people
il/la giornalista	journalist
l'impiegato / l'impiegata	employee
l'infermiere / l'infermiera	nurse
l'ingegnere (*m./f.*)	engineer
l'insegnante (*m./f.*)	teacher
la laurea	university degree
il liceo	high school
il maestro / la maestra	elementary school teacher
il/la manager	executive, manager
il medico (*m./f.*)	doctor
il/la musicista	musician
il negozio	store, shop
l'operaio / l'operaia	blue-collar worker
l'ospedale	hospital
il parucchiere / la parucchiera	hairdresser
il poliziotto / la poliziotta	policeman / policewoman
il professore / la professoressa	professor; middle/high school teacher
lo psicologo / la psicologa	psychologist
lo scienziato / la scienziata	scientist
la scuola elementare/media/ superiore	school elementary/middle/ secondary
lo stipendio	salary
il tribunale	court (*legal*)
l'ufficio	office
il veterinario / la veterinaria	veterinarian

10 La vita e il benessere

Il David, particolare (1501–1504), Michelangelo Buonarroti
(Galleria dell'Accademia, Firenze, marmo)

SCOPI

IN THIS CHAPTER YOU WILL LEARN:

- to express regret and sorrow
- to make apologies
- to talk about sports and hobbies
- to talk about health and well-being
- to talk about future plans
- to talk about hypothetical situations
- about popular sports and fitness activities in Italy

Purtroppo
Expressing regret

 A. Osserva ed ascolta. Osserva ed ascolta mentre questi italiani parlano delle loro esperienze e delle loro delusioni (*disappointments*). Fai attenzione a quello che dicono dopo **purtroppo** (*unfortunately*). Poi abbina la persona alla situazione giusta.

1. Mario
2. Annalisa
3. Nunzia
4. Maurizio
5. Elena

a. Purtroppo non sa parlare bene l'inglese e vuole trovare un madrelingua (*native speaker*) per fare conversazione.

b. Purtroppo ha paura dell'aereo e perciò (*therefore*) non è mai stata negli Stati Uniti.

c. Purtroppo è fuori corso perché ha dovuto fare l'attività del negozio.

d. Purtroppo fa il tifo per il Napoli e la stagione non è andata bene.

e. Purtroppo la famiglia era povera e ha frequentato la scuola solo fino alla seconda media perché ha dovuto lavorare.

B. Peccato!

Parte prima. Completa le frasi, abbinando ciascuna circostanza (1–6) al rammarico (*regret*) giusto (a–f).

1. Vorrei vedere la partita allo stadio, ma…
2. Mi piace quello che studio, ma…
3. Mi piacerebbe andare in Italia, ma…
4. Ho provato a fare la scuola di nuoto, ma…
5. Mi piacciono le lingue, ma…
6. Vorrei mantenermi in forma (*stay in shape*), ma…

a. purtroppo ho difficoltà con la pronuncia.

b. purtroppo ho paura dell'acqua.

c. purtroppo sono troppo sedentario/a.

d. purtroppo i biglietti sono esauriti (*sold out*).

e. purtroppo i miei voti non sono molto belli.

f. purtroppo devo lavorare quest'estate.

Parte seconda. Con un compagno / una compagna trova una soluzione alle situazioni della **Parte prima.**

ESEMPIO: **S1:** Vorrei vedere la partita allo stadio, ma purtroppo i biglietti sono esauriti.
S2: Peccato! Ma puoi vedere la partita alla TV.

Mi dispiace versus Scusa/Scusi

Expressing regret, sorrow, and making apologies

- In addition to a phrase with **purtroppo,** another way to express regret is to use the expression **mi dispiace** (*I'm sorry*):

  —**Vuoi venire anche tu alla festa?**
  —**Mi dispiace, ma purtroppo devo lavorare sabato sera.**

- **Mi dispiace** is also used to convey sympathy or sorrow:

  Stai male? Mi dispiace. Purtroppo c'è tanta influenza in giro.

- In **Capitolo 3** you learned to get someone's attention using **scusa/scusi.** The same words can also be used to apologize:

(tu)	(Lei)
—Scusa, Marco, se ti ho svegliato.	—Scusi, signora, non La voglio disturbare, ma…

- **Attenzione!** Don't confuse **scusa/scusi** with **mi dispiace.** Scusa/Scusi is used to express a simple apology (*Sorry!*) and occurs much more frequently in Italian than **mi dispiace.**

A. Cosa dici? Guarda le immagini. Fra **mi dispiace** e **scusa/scusi** qual è l'espressione più appropriata per ogni immagine?

1. _____, ho sbagliato numero.

2. Mi è caduto il gelato. _____!

3. _____, prego!

4. —_____, ha da accendere (*do you have a light*)?
   —No, _____, non fumo.

B. Come rispondi? Con un compagno / una compagna scegli la risposta migliore.

1. Mi puoi prestare (*loan*) 10 euro?

2. Cameriere, questo bicchiere non è pulito!

3. Ahi! Che mal di testa!

4. Non ti sento! Puoi ripetere?

5. Vorrei due biglietti per *Tosca* il 23.

a. Mi dispiace. Vuoi delle aspirine?

b. Scusa, provo a parlare più forte.

c. Mi dispiace, sono esauriti.

d. Scusa, ma non mi hai ancora restituito i cinque che ti ho dato ieri!

e. Scusi, eccone un altro.

In Italia

Non sai che il fumo fa male?

Il numero dei fumatori continua a diminuire in Italia, ma fumare rimane un'abitudine diffusa. Il 30% degli uomini ed il 22,5% delle donne sopra (*over*) i 15 anni fuma. I numeri sono più alti per i giovani: il 35% degli italiani tra i 15 ed i 44 anni fuma. Solo il 12% degli anziani fuma.

E purtroppo anche il bere!

I giovani in Gran Bretagna e nel Nord Europa consumano una quantità di alcolici molto superiore rispetto ai giovani degli altri paesi europei. Questo comportamento è la causa del 25% dei morti tra i giovani europei dai 15 ai 29 anni. Per fortuna, l'Italia occupa un posto molto più basso nella classifica.

Ma quanto bevono i britannici! La percentuale di giovani che hanno fumato o bevuto alcolici negli ultimi 30 giorni prima dell'intervista Paese per Paese.

Le attività, gli hobby e il benessere
Activities, hobbies, and well-being

Sei **sedentario/a** o **attivo/a**? Fai questo piccolo test.

1. Guardo la TV _____.
   - a. 0–1 ora al giorno
   - b. 1–3 ore al giorno
   - c. più di tre ore al giorno

2. Sono in macchina (o in un mezzo di trasporto pubblico) _____.
   - a. 0–30 minuti al giorno
   - b. 30 minuti–1.5 ore al giorno
   - c. più di 1.5 ore al giorno

3. **Cammino** (faccio passeggiate, vado a piedi a scuola / al lavoro, eccetera) _____.
   - a. più di 45 minuti al giorno
   - b. 20–45 minuti al giorno
   - c. meno di 20 minuti al giorno

4. **Pratichi uno sport?** Segna tutti gli sport e le attività che ti piace fare.

   - ☐ **andare a cavallo / fare equitazione**
   - ☐ **correre**
   - ☐ **ballare / fare danza**
   - ☐ **fare ciclismo**
   - ☐ **fare culturismo / bodybuilding**
   - ☐ **fare ginnastica**
   - ☐ **fare atletica leggera** (*track and field*)
   - ☐ **fare nuoto / nuotare** (*swimming / to swim*)
   - ☐ **fare pattinaggio / pattinare** (*skating / to skate*)
   - ☐ **fare skateboard**
   - ☐ **fare yoga**
   - ☐ **giocare a calcio/pallone**
   - ☐ **giocare a pallacanestro/basket**
   - ☐ **giocare a pallavolo/volley** (*volleyball*)
   - ☐ **giocare a tennis**
   - ☐ **giocare a golf**
   - ☐ **sciare**

   Pratico uno sport o faccio un'attività fisica _____.
   - a. più di 4 ore la settimana
   - b. 2–4 ore la settimana
   - c. 0–2 ore la settimana

5. Studio _____.
   - a. 0–2 ore al giorno
   - b. 2–4 ore al giorno
   - c. più di 4 ore al giorno

6. Gioco al computer _____.
   - a. 0–1 ore al giorno
   - b. 1–2 ore al giorno
   - c. più di 2 ore al giorno

7. Dormo _____.
   - a. 6–8 ore al giorno
   - b. 8–9 ore al giorno
   - c. più di 9 ore al giorno

Il tuo punteggio:
Adesso calcola il tuo punteggio: **a** vale 5 punti; **b** vale 10 punti; **c** vale 15 punti.

33–55: Sei una persona attiva. Ti piace **muoverti** e ti **dà fastidio** (*it bothers you*) stare fermo/a.

60–85: Ogni tanto fai attività fisica ma non con costanza.

90–105: Hai una vita molto sedentaria. Ti piace poco l'attività fisica e tanto meno fare sport. Hai mai pensato di cambiare abitudini?

In italiano

Words for sports often derive from the word for *ball*, **la palla.** You can add the suffix **-one** (*big*) to form **pallone,** which almost exclusively refers to a soccer ball or to the game of soccer. (If you add the suffix **-ina** [*small*], you get the word **pallina** which means a small ball, such as a golf or ping-pong ball.) You can also form a compound word with the noun **canestro** (*basket*) to get **pallacanestro,** or use the verb **volare** (*to fly*) to form the word **pallavolo.**

La salute

Abbina le frasi all'immagine giusta. Cosa devono fare queste persone per sentirsi meglio?

▶ Answers to this activity are in Appendix 2 at the back of your book.

1. _____ 2. _____ 3. _____ 4. _____

a. **Soffre*** di **allergie** e di **asma**.
b. Poverina! **Si è rotta** la gamba e il braccio.
c. È ammalata. Ha **la febbre**. Ha **l'influenza**.
d. È ammalata. Ha **il raffreddore**.

In Italia

Il famoso disegno di Leonardo da Vinci, *L'Uomo vitruviano*, è una rappresentazione basata su una formula di Vitruvio (80–70 a.C.–23 a.C.), ingegnere e architetto romano, per calcolare le proporzioni ideali del corpo umano. Il centro naturale del corpo è l'ombelico (*navel*). Se un uomo si sdraia (*stretches*) con le braccia e le gambe estese (*extended*) e si punta un compasso sull'ombelico, facendo un cerchio (*circle*) si toccherà l'estremità delle dita delle mani e dei piedi. Ecco alcune altre regole:

- la distanza dalle dita di un braccio alle dita dell'altro braccio = l'altezza (*height*)

- la larghezza (*width*) delle spalle = ¼ dell'altezza

- la distanza dalla punta (*top*) della testa a metà petto (*middle of the chest*) = ¼ dell'altezza

- la distanza da metà petto all'inizio della gamba = ¼ dell'altezza

- la distanza dall'inizio della gamba a sotto (*under*) il ginocchio = ¼ dell'altezza

- la distanza da sotto il ginocchio al fondo (*bottom*) del piede = ¼ dell'altezza

L'Uomo vitruviano appare sulle monete italiane da 1 euro.

In italiano

Here are some other expressions to talk about your health and well-being:

andare in palestra
to go to the gym
dimagrire (-isc) /
calare di peso
to lose weight
essere a dieta /
fare la dieta
to be on a diet
evitare *to avoid*
ingrassare /
aumentare di peso
to gain weight
mangiare sano
to eat well
mantenersi in forma
to stay in shape
prendere vitamine /
un'aspirina
to take vitamins / an aspirin

In italiano

The Italian equivalent of *Gesundheit!* or *Bless you!* is **Salute!**

---

*The past participle of *soffrire* is irregular: *ho sofferto* (*I suffered*).

A. Ascolta. L'insegnante legge delle frasi. Decidi se sono logiche o illogiche. Se una frase è illogica, come puoi cambiarla per renderla logica?

	logica	illogica
1.	☐	☐
2.	☐	☐
3.	☐	☐
4.	☐	☐
5.	☐	☐

B. A cosa servono? (*What are they used for?*) Per quali sport servono i seguenti elementi?

1. le scarpe da ginnastica
2. la racchetta
3. la piscina
4. una pallina
5. i pattini (*skates*)
6. i pesi (*weights*)
7. la bici
8. il cavallo
9. la rete (*net*)
10. il casco
11. i piedi
12. le mani

La salute è uno stato di completo benessere fisico, mentale e sociale e non solo l'assenza di malattie.

Ministero della salute a Trastevere (Roma). Sei d'accordo con il messaggio sull'insegna?

C. La salute.

Parte prima. Insieme ad un compagno / una compagna, crea domande usando un elemento dell'insieme A e un elemento dell'insieme B.

ESEMPIO: Perché la maestra ha preso un'aspirina?

A

lo scienziato
l'operario   la maestra
la ragazza con lo skateboard
lo studente universitario
il giocatore di golf

B

andare dal medico
andare al pronto soccorso
prendere antibiotici
prendere un'aspirina
riposarsi (*rest*) a letto

Parte seconda. Cambia compagno/a e a turni fate le domande che avete creato.

D. Graduatoria.

Parte prima. Lavora con un compagno / una compagna. Scrivete una lista di tutte le cose che fate per mantenervi in forma.

Parte seconda. Unitevi ad un altro gruppo e create un'unica lista. Poi ordinate le attività dalla più alla meno importante per mantenersi in forma.

Parte terza. Accanto ad ogni attività della lista, indica quante persone del gruppo la fanno. Vi mantenete in forma?

 ### E. Culture a confronto: Il sistema sanitario.

Parte prima. Leggi la descrizione del sistema sanitario (*health care system*) in Italia.

_____ Poiché diversi farmaci (*drugs*) non richiedono (*require*) la ricetta, gli italiani, invece di andare dal medico, spesso vanno direttamente in farmacia, dove descrivono i sintomi al farmacista che poi dispensa i farmaci appropriati.

_____ In Italia il sistema sanitario permette a tutti i cittadini (*citizens*) e anche agli stranieri in vacanza di farsi visitare gratuitamente (*free of charge*) da un medico al pronto soccorso (*emergency room*) in caso di bisogno. Il medico può prescrivere una ricetta (*prescription*) e suggerire una cura.

_____ In Italia la richiesta (*demand*) di metodi di cura naturali continua a crescere. Le statistiche indicano che l'11% degli italiani ricorre (*resort*) all'omeopatia. Sempre più italiani preferiscono un approccio naturale alla salute ed al benessere.

Parte seconda. Rispondi alle domande.

1. Qual è l'idea principale o più importante in ogni paragrafo?
2. Abbina i sottotitoli ai paragrafi, scrivendo la lettera del sottotitolo nello spazio giusto.
   a. *La medicina alternativa.*
   b. *Il medico? Sì, ma chi altro?*
   c. *Un sistema aperto a tutti.*
3. Lavora con un compagno / una compagna e spiegate come il sistema sanitario in Italia è simile e/o diverso dal sistema sanitario nel vostro paese.

10.1 Che fai questo weekend?
Using the present to talk about the future

Che fai questo weekend? Scrivi tre attività.

1.
2.
3.

Osserva le tue risposte e scegli la parola giusta:

In italiano spesso si usa il verbo al presente per esprimere un'azione che si svolge (*takes place*) <u>nel presente</u> / <u>nel futuro</u>.

In italiano

Like the verb **tenere** (*to have; to keep*), **mantenersi** is irregular.

mi man**tengo**
ti man**tieni**
si man**tiene**
ci man**teniamo**
vi man**tenete**
si man**tengono**

1 In this activity, you used the present indicative to talk about future plans. The present indicative often is used for activities that are already planned in the future.

2 Here are three common expressions of future time.

   a. The equivalent of the adjective *next* in Italian is **prossimo.**

domenica **prossima**	*next Sunday*
la settimana **prossima**	*next week*
l'anno **prossimo**	*next year*

     L'anno prossimo facciamo un viaggio in Italia dal 16 maggio al 15 giugno.

   b. The equivalent of the English expression *in* + time in Italian is **fra** + time.

fra un'ora	*in an hour*
fra due giorni	*in two days*
fra un mese	*in a month*

     Il mio amico arriva **fra due giorni.** Vado a prenderlo (*pick him up*) all'aeroporto.

   c. The equivalent of *the day after tomorrow* in Italian is **dopodomani.**

3 The present indicative is used in the following expressions to talk about one's hopes and plans for the future. Each is followed by the infinitive.

pensare di + infinitive	*to think about*
sognare di + infinitive	*to dream of*
sperare di + infinitive	*to hope to . . .*
Penso di cominciare la dieta domani.	*I'm thinking about starting a diet tomorrow.*
Sogno di diventare un ciclista famoso.	*I dream of becoming a famous bicyclist.*
Spero di dimagrire di 5 chili.	*I hope to lose five kilos.*

A. I miei programmi.

Parte prima. Quali delle seguenti espressioni indicano il futuro?

1. ☐ fra due anni   6. ☐ due mesi fa

2. ☐ dopodomani   7. ☐ ieri sera

3. ☐ adesso   8. ☐ domani

4. ☐ oggi   9. ☐ venerdì scorso

5. ☐ lunedì prossimo

Parte seconda. Completa le frasi con i tuoi programmi (*plans*).

1. _____ fra due giorni.

2. _____ dopodomani.

3. _____ venerdì prossimo.

4. _____ domani alle tre.

5. _____ la settimana prossima.

Parte terza. Intervista i tuoi compagni e scopri chi ha il programma più interessante nei cinque momenti della **Parte seconda.**

    ESEMPIO: **S1:** Cosa fai fra due giorni?
              S2: Vado dal dentista.

B. Le Olimpiadi.

Parte prima. Tu sei un/un'atleta che si prepara per le Olimpiadi. Scrivi nell'agenda le tue attività per venerdì prossimo, l'ultimo giorno di allenamento (*training*) prima della partenza. (Due attività sono già state inserite.)

andare a cena a casa di un amico ✓	andare dal medico per un controllo
correre 10 chilometri	fare sollevamento pesi (*weightlifting*) in palestra
fare 20 chilometri in bici	mangiare due uova, la pancetta (*bacon*) e il pane ✓
mangiare una bistecca, delle patate, dei broccoli e dei piselli	nuotare 4 chilometri in piscina

Venerdì			
4.00		13.00	
6.30	*mangiare due uova, la pancetta e il pane*	14.30	
7.30		17.30	
11.00		20.00	*andare a cena a casa di un amico*

Parte seconda. Cerca un compagno / una compagna che ha organizzato l'orario nella stessa maniera (*in the same way*) e con cui puoi fare l'allenamento.

ESEMPIO: **S1:** Che fai venerdì prossimo alle 6.30 di mattina?
S2: Mangio due uova, la pancetta e il pane.
S1: Anch'io! (Io, invece,…)

C. I programmi per il futuro.
Intervista tre compagni per sapere 1) quello che pensano di fare l'anno prossimo, 2) quello che sperano di fare fra cinque anni e 3) quello che sognano di fare fra vent'anni.

l'anno prossimo	fra cinque anni	fra vent'anni
1.		
2.		
3.		

Parte seconda. Lavora con due o tre compagni ed esaminate i risultati insieme. I progetti per il futuro sono simili o diversi? C'è un rapporto tra i programmi per l'anno prossimo ed i sogni per il futuro?

Parte terza. Adesso valutate i progetti del vostro gruppo. Quali progetti sono più entusiasmanti? Quali sono più realistici?

D. Firma qui, per favore!

Parte prima. Cosa hai intenzione di fare dopo gli studi? Completa le frasi in base ai tuoi progetti. **Attenzione!** Ricorda di usare gli infiniti.

Dopo gli studi…

		Firma qui, per favore!
spero di		
penso di		
vorrei		

Parte seconda. Trova un compagno / una compagna che ha gli stessi progetti e chiedi la firma.

> ESEMPIO: **S1:** Cosa speri di fare dopo gli studi?
> **S2:** Spero di andare in Italia.
> **S1:** Anch'io! Firma qui, per favore!

10.2 Andremo tutti in Italia!
The future

▶ Nelle affermazioni seguenti sulla qualità della vita fra cinquant'anni tutti i verbi sono al futuro. Scrivi l'infinito di ogni verbo. (Due verbi sono già stati inseriti.) Poi segna (✓) le affermazioni che, secondo te, saranno vere. Discuti le tue risposte con i compagni.

1. ☐ Grazie ai computer, molti impiegati **lavoreranno** a casa, non in ufficio. _____
2. ☐ Nessuno **fumerà.** _____
3. ☐ **Troveremo** una soluzione al problema della violenza. *trovare*
4. ☐ Tutti **si sentiranno** sempre allegri e contenti. _____
5. ☐ I corsi non si **faranno** più all'università. Tutti gli studenti universitari **studieranno** a casa con il computer. _____
6. ☐ Ci **sarà** una pillola per non ingrassare. *essere*
7. ☐ Il presidente degli Stati Uniti **sarà** una donna. _____
8. ☐ Tutti **avranno** un computer in casa. _____
9. ☐ Nessuno **prenderà** l'autobus. Tutti **avranno** la macchina. _____

▶ Answers to this activity are in Appendix 2 at the back of your book.

1 The future tense is used to talk about actions that will take place in the future, particularly if the activities are not yet planned or you are not absolutely sure that they will actually take place. You form the stem of the future tense of all three conjugations by dropping -**e** from the infinitive. For -**are** verbs there is an extra step: change the -**a** of the future stem to -**e.**

(are)	(ere)	(ire)
lavor**er**-	risolver-	pulir-

Then add these same endings to all three conjugations.

io	-ò
tu	-ai
lui, lei; Lei	-à
noi	-emo
voi	-ete
loro	-anno

▶ Now complete the conjugations of these verbs in the future tense.

	lavorare	**risolvere**	**pulire**
io			
tu			
lui, lei; Lei	lavorerà		
noi		risolveremo	
voi			
loro			puliranno

▶ To learn about other uses of the future tense, see **Per saperne di più,** at the back of your book.

▶ Answers to this activity are in Appendix 2 at the back of your book.

2 Some verbs have spelling changes in the future. Drop the -**i**- in the future forms of verbs ending in -**ciare** and -**giare.**

comin**ciare** → comin**cerò,** comin**cerai,**…
man**giare** → man**gerò,** man**gerai,**…

Add -**h**- to the future forms of verbs ending in -**care** and -**gare.**

pa**gare** → pa**gherò,** pa**gherai,**…
cer**care** → cer**cherò,** cer**cherai,**…

(continued)

3 Several verbs have irregular stems in the future tense, but the endings are regular. Two of the most common are **avere** and **essere**. The future stem of **avere** is **avr-**. The future stem of **essere** is **sar-**.

▶ Put the future tense conjugations of **avere** and **essere** in their appropriate order.

	avere	essere
io		
tu		
lui, lei; Lei		
noi		
voi		
loro		

4 The future forms of three verbs, **dare, fare,** and **stare,** are similar to those of **essere**.

▶ Complete the conjugations.

▶ Answers to these activities are in Appendix 2 at the back of your book.

	dare	fare	stare
io	darò	farò	starò
tu			
lui, lei; Lei			
noi	daremo		
voi		farete	starete
loro			

5 The future stems of some verbs are similar to those of **avere**.

avere	→	avrò
andare		andrò
dovere		dovrò
potere		potrò
sapere		saprò
vedere		vedrò
vivere (*to live*)		vivrò

Note the double **r** in the stems of the following verbs.

rimanere	→	rima**rr**ò
volere		vo**rr**ò
venire		ve**rr**ò
bere		be**rr**ò
tenere		te**rr**ò

A. Ascolta. L'insegnante legge delle frasi. Decidi se il verbo in ogni frase è al presente o al futuro.

1. ☐ presente ☐ futuro   6. ☐ presente ☐ futuro
2. ☐ presente ☐ futuro   7. ☐ presente ☐ futuro
3. ☐ presente ☐ futuro   8. ☐ presente ☐ futuro
4. ☐ presente ☐ futuro   9. ☐ presente ☐ futuro
5. ☐ presente ☐ futuro   10. ☐ presente ☐ futuro

B. L'infinito. Dà l'infinito di questi verbi.

> andremo
> berranno   cercherà
> comincerò   darà   dimagrirete
> dovranno   farete   mangerò
> manterranno   pagherete   potrai
> rimarrete   sapremo   saremo
> vedrai   verrai
> vivremo

C. Il nostro futuro.

Parte prima. Abbina i progetti dell'insieme A con le espressioni di tempo dell'insieme B per indicare quando hai intenzione di realizzarli.

A

> finire l'università
> mettere su famiglia
> cambiare casa (*move*)
> comprare una macchina nuova
> cercare un (nuovo) lavoro
> andare in Italia
> sposarsi

B

> mai
> fra due anni
> fra più di tre anni
> l'anno prossimo
> fra tre anni

Parte seconda. Intervista un compagno / una compagna per sapere i suoi progetti per il futuro e prendi appunti. Poi presenta i risultati alla classe.

> ESEMPIO: **S1:** Quando ti sposerai?
> **S2:** Mi sposerò fra due anni.
> **S1:** Franco si sposerà fra due anni…

Solo musica

Listen to "Io canto" by Laura Pausini. As you listen, how many verbs in the future can you identify?

Note: This song is available for purchase in the iTunes Store as part of the *Avanti!* iMix. For information about how to access the iMix, go to **Connect Italian**. It is also available as a music video on YouTube.

McGraw Hill connect
ITALIAN
www.connectitalian.com

Oroscopi segno per segno

Ariete — Toro — Gemelli — Cancro — Leone — Vergine

Bilancia — Scorpione — Sagittario — Capricorno — Acquario — Pesci

D. L'oroscopo.

Parte prima. Lavora con un compagno / una compagna. Scrivete due previsioni (*predictions*) che di solito si trovano in un oroscopo e scrivetele (*write them*) alla lavagna.

> **ESEMPIO:** Vincerai la lotteria.
> Perderai tutti i soldi.

Parte seconda. Scrivi due numeri su un foglio di carta. (Scegli da 1 al numero totale delle frasi alla lavagna.)

Parte terza. L'insegnante assegnerà un numero a caso ad ogni previsione scritta alla lavagna. Come sarà il tuo futuro?

◖ E. Culture a confronto: L'astrologia.

Parte prima. Gli italiani credono all'astrologia? Ecco i risultati di un sondaggio.

Sì, ci credo.	31%
Ci credo poco.	22%
Non ci credo.	44%
Sono incerto/a.	3%

Parte seconda. E voi? Fate un sondaggio della classe per sapere chi ci crede, chi ci crede poco, chi non ci crede o chi è incerto. Per calcolare le percentuali, dividete il numero di risposte per il numero totale di persone che rispondono.

Sì, ci credo.	
Ci credo poco.	
Non ci credo.	
Sono incerto/a.	

Parte terza. Paragonate le vostre risposte con quelle degli italiani. Sono simili o diverse?

Grammatica dal vivo:
Il futuro

Vai su **Connect Italian** per guardare un'intervista con Nunzia che parla del suo futuro. Poi completa le attività di comprensione.

McGraw Hill **connect**
ITALIAN
www.connectitalian.com

10.3 Se farà bel tempo domani...

Hypotheticals of probability

Un piccolo test. Scegli una delle opzioni o scrivi un'altra opzione usando verbi al futuro. Discuti le tue risposte con i compagni.

1. Se (*If*) stasera non avrò molti compiti,
   - ☐ uscirò con gli amici.
   - ☐ andrò in palestra.
   - ☐ _____.

2. Se domani farà bel tempo,
   - ☐ prenderò il sole.
   - ☐ andrò a correre.
   - ☐ _____.

3. Se la settimana prossima avrò un po' di tempo libero,
   - ☐ studierò per gli esami.
   - ☐ giocherò a golf.
   - ☐ _____.

4. Se l'anno prossimo avrò un po' di soldi,
   - ☐ farò un viaggio in Italia.
   - ☐ comprerò una macchina.
   - ☐ _____.

5. Se un giorno mi sposerò,
   - ☐ avrò figli.
   - ☐ non avrò figli.
   - ☐ _____.

1 The statements in the test are hypothetical. They are predictions of what will *most likely happen* if (and only if) another event occurs. Hypothetical statements are also called *if-then statements,* because they have two clauses, an *if* clause and a *then* clause. In Italian the verbs in both clauses are in the future tense.

if (**se**)		*then* (**conseguenza**)
Se domani **pioverà**	→	non **giocherò** a tennis con Michela.
If tomorrow it will rain	→	*I will not play tennis with Michela.*

2 However, you can also use the present tense in both clauses if you are referring to the present time, the near future, or general truths.

Se **hai** fame, **puoi** mangiare con noi.	*If you are hungry, you can eat with us.*
Se non **dormo** otto ore, in classe non **riesco** a concentrarmi.	*If I don't sleep eight hours, I can't concentrate in class.*

In italiano

Quali di questi **sport estremi** ti piacciono?

l'arrampicata libera (*free climbing*)
il base jumping
il bungee jumping
l'hydrospeed (*m.*)
la mountain bike
il parapendio (*hang gliding*)
il rafting
lo sci alpinismo
i tuffi (*diving*)

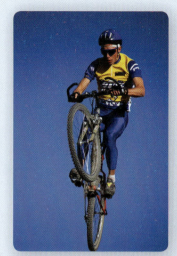

Ti piace andare in mountain bike?

A. Non si sa mai.

Parte prima. La vita è piena di sorprese e non si sa quello che succederà nel futuro. Abbina le ipotesi dell'insieme A alle conseguenze dell'insieme B.

A
1. Se farò equitazione
2. Se farò bodybuilding
3. Se sarò medico
4. Se farò atletica leggera

B
a. passerò molte ore a sollevare pesi in palestra.
b. avrò molte paia di scarpe da ginnastica.
c. dovrò portare il casco.
d. passerò molte ore in ospedale.

Parte seconda. Adesso completa queste previsioni.

1. Se sarò un giocatore/
una giocatrice di tennis → _____.

2. _____ → mi manterrò in forma.

3. _____ → vivrò in montagna.

4. Se andrò al Polo Nord → _____.

Parte terza. Quale delle situazioni della **Parte prima** o **seconda** è più probabile nel tuo futuro? Perché?

ESEMPIO: Forse andrò al Polo Nord perché mi piacciono gli sport
invernali estremi.

B. I consigli. (*Advice.*)
Paolo è uno studente italiano di Pisa che frequenta la tua università per un anno. È molto disorientato (*disoriented*) e non sa come comportarsi (*how to behave*). Tu gli devi dare dei consigli. Da quali comportamenti (*behaviors*) possono derivare queste conseguenze?

1. Se... , riceverai bei voti.

2. Se... , riceverai brutti voti.

3. Se... , non dormirai bene.

4. Se... , avrai molti amici.

5. Se... , i vicini di casa (*neighbors*) chiameranno la polizia.

C. Vita da studenti.

Parte prima. Lavora insieme ad uno o due compagni. Completate le affermazioni in modo logico, poi aggiungetene delle altre.

1. Se gli studenti prendono le vitamine tutti i giorni, …

2. Se praticano uno sport tutti i giorni, …

3. Se mangiano sano e non bevono alcolici, …

4.

5.

6.

Parte seconda. Quali di queste affermazioni riguardano la tua esperienza di studente? Perché?

D. Culture a confronto: Quanto spesso pratichiamo lo sport?

Parte prima. Ecco i risultati di un sondaggio del 2010 sui ragazzi italiani dai 20 ai 24 anni.

Frequenza della pratica sportiva	Italia	La classe
in modo continuativo	33,4%	
in modo saltuario	16,8%	
qualche attività fisica	21,1%	
mai	0,8%	
non indicato	28%	

Parte seconda. Fate un sondaggio della classe per sapere quanto spesso fate pratica sportiva e completate la tabella. **Attenzione!** Per calcolare la percentuale dividete il numero di risposte per il numero totale di studenti che rispondono.

Parte terza. Analizzate i dati. Sono simili o diversi? Secondo voi, perché?

Retro

Andiamo alle terme? L'acqua è una cura antica per molte malattie. Per conoscere i benefici dell'acqua vai a **Capitolo 10, Retro** su **Connect Italian.**

www.connectitalian.com

Terme a Ischia (Campania)

Ascoltiamo!

Lo sport in Italia

A. Osserva ed ascolta. Osserva ed ascolta mentre Federico ti parla dello sport in Italia.

B. Completa. Completa le seguenti frasi, inserendo la parola o l'espressione appropriata della lista qui sotto. Usa ogni espressione *una sola volta*. **Attenzione!** La lista contiene nove parole; devi usarne solamente otto.

il basket	il Gran Premio	lo scudetto
La Gazzetta	la maglia rosa	Serie A
il Giro d'Italia	la pallavolo	gli sport invernali

1. Le migliori squadre del calcio italiano giocano in _____ e i campioni vincono _____.

2. La Ferrari è la marca automobilistica che ha vinto più volte _____.

3. Ogni anno _____ può iniziare in città diverse, ma finisce sempre a Milano.

4. Il ciclista che vince la tappa del giorno porta _____.

5. _____ continua a crescere in popolarità e la squadra nazionale è sempre fra le prime dieci del mondo.

6. Anche _____ ha molta fortuna in Italia; praticata sia dalle donne che dagli uomini, le squadre nazionali sono tra le prime quattro del mondo.

7. Oltre 3 milioni di tifosi leggono _____ *dello Sport* per sapere tutte le novità sulle loro squadre preferite insieme agli ultimi risultati nel mondo dello sport.

C. Tocca a te! Completa le seguenti frasi paragonando lo sport in Italia e dove abiti tu.

In Italia, lo sport è…
Invece nel mio paese… / Anche nel mio paese…

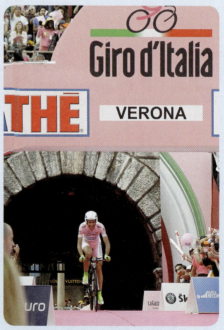

L'arrivo del Giro d'Italia

Leggiamo!

Vi svegliate con il sorriso sulle labbra?

A. Prima di leggere. Quanto sei felice? Segna la tua risposta qui sotto (da 1 a 10).

triste	malinconico/a	indifferente	contento/a		felice
1	2–3	4–5	6–7	8–9	10

B. Al testo! Leggi il testo adattato dal sito di *Focus Magazine* e poi decidi se le frasi che seguono sono vere o false.

PAROLE PER LEGGERE

ridere   *to laugh*
sognare a occhi aperti
   to daydream
una fila   *a line*

Vi svegliate con il sorriso sulle labbra?

La felicità è relativa. [...] Nel corso della storia, molti filosofi hanno riflettuto sul significato della felicità. Si tratta[1] forse dell'equilibrio fra bisogno e soddisfazione? O dell'armonia fra quello che desideriamo e quello che abbiamo? Felicità è l'arrivo di un bambino? O un'auto sportiva? In qualunque modo[2] definiamo la felicità, una cosa è certa: sappiamo che cos'è quando non ce l'abbiamo. Vi siete mai chiesti quanto siete felici? Il test che segue potrebbe aiutarvi a stabilirlo.

Test: Misura il tuo grado di felicità

	vero	falso
1. Giocare non mi diverte più quando comincio a perdere.	☐	☐
2. Rido se qualcuno fa una battuta su[3] di me.	☐	☐
3. Mi fa piacere quando un amico viene elogiato[4] in mia presenza.	☐	☐
4. Se qualcuno mi passa davanti in una fila, protesto subito.	☐	☐
5. Gli hobby mi annoiano facilmente.	☐	☐
6. Sogno spesso a occhi aperti.	☐	☐
7. Ho tanti desideri.	☐	☐
8. Odio il momento di andare a letto.	☐	☐
9. Penso di essere attraente e/o affascinante.	☐	☐
10. Accetto le critiche volentieri.	☐	☐

[1]Si... *It's a matter of*   [2]in... *whatever way*   [3]fa... *makes fun of*   [4]*is praised*

Adatto da *Focus.it* 25 novembre 2010

C. Discutiamo!

Parte prima. Controlla le tue risposte e datti un punto per ogni risposta corretta. Secondo il test, più punti hai più felice sei. Allora, sei una persona felice? Secondo te, il test è valido? Sei d'accordo con le risposte «corrette» o no? Perché?

Parte seconda. Completa la frase: **Sono felice quando _____.** Paragona la tua frase con le frasi dei compagni. Quali sono le cose che rendono felice la maggior parte della classe?

Risposte corrette: 1. falso 2. vero 3. vero 4. falso 5. falso 6. falso 7. falso 8. falso 9. vero 10. vero

Scriviamo!

Mantieni le promesse?

Un tuo professore ti ha invitato a partecipare ad un progetto di ricerca nel tuo campo di studi. È un'opportunità unica (bellissima per il tuo curriculum!) e la ricerca sarà durante una settimana di vacanza, perciò non ci saranno conflitti con le lezioni. Però, nello stesso periodo il tuo migliore amico / la tua migliore amica subirà un intervento (*will have a surgical procedure*) delicato e tu avevi promesso di passare la settimana insieme a lui/lei. Devi decidere cosa fare. Scrivi un'e-mail o al professore (formale) o all'amico/a (informale) spiegando la tua scelta.

> **Gentile professore,**
> **La ringrazio per l'opportunità di fare ricerca…**
>
> *o*
>
> **Ciao!**
> **Come stai? Sai, c'è una novità (*news*)…**

Parliamo!

Salute, cambiare non è facile!

Sei appena ritornato/a da una visita medica e il dottore ti ha dato una lunga lista di consigli da seguire. Guarda la lista e poi decidi quelli che seguirai e quelli che, invece, ignorerai. Un compagno / Una compagna farà la parte del medico alla prossima visita. Poi scambiatevi ruolo. **Attenzione!** Devi spiegare come sei riuscito/a (*succeeded*) a seguire il consiglio o devi spiegare perché non l'hai fatto. Preparatevi a presentare il dialogo ai compagni.

> **Dott. PAOLO LOMBARDI**
> *Medico Chirurgo*
> *Via S. Francesco 66*
> *37139 Verona*
> *Tel. 0458904943*
>
> *Verona, il 24/08/2013*
>
> - *bere più acqua*
> - *calare di peso*
> - *dormire otto ore per notte*
> - *evitare il fast food*
> - *fare più movimento*
> - *mangiare più frutta e verdura*
> - *smettere di fumare*
> - *trovare un hobby*
>
> *Dott. PAOLO LOMBARDI*

ESEMPIO: **IL MEDICO:** Allora, è calato/a di peso?
IL/LA PAZIENTE: Sì, dottore! Ho perso 3 chili. Non mangio più dolci. (No, dottore, purtroppo sono aumentato/a di 3 chili. Avevo troppa fame!)

In Italia

L'Argentina ha il tango, la Spagna il flamenco. Qual è il ballo tradizionale d'Italia? **La tarantella** è una danza folclorica con una storia lunga che inizia nel Trecento. Diffusa nell'Italia Meridionale, le variazioni includono la tarantella napoletana, calabrese, pugliese, lucana (della Basilicata), molisana e siciliana.

La musica ha un ritmo frenetico e si suona con il tamburello (*tambourine*) e il violino. Nell'Ottocento Gioachino Rossini compose una versione più «colta» (*cultured*) per il pianoforte: *La danza*. Nel 1918 Ottorino Respighi la trasformò in una versione orchestrale per il balletto *La boutique fantasque*. Nel 1998 il cantatore napoletano Eugenio Bennato ha fondato il movimento *Taranta Power* per promuovere la tradizione culturale mediterranea attraverso cinema, teatro e musica. Ci sono, poi, rassegne musicali come il grande festival *Notte della Taranta* a Melpignano (Lecce, Puglia).

Il nome della danza deriva dalla tarantola, un ragno (*spider*) velenoso (*poisonous*). Si dice che il veleno provoca forti convulsioni, per cui chi balla la tarantella sembra essere morso (*bitten*) dal ragno. Un'altra interpretazione ritiene che il nome derivi dalla città di Taranto o dal fiume Tana.

Guardiamo!

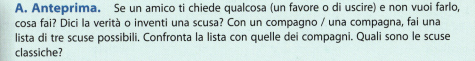

FILM *Il mostro*

(Commedia. Italia. 1995. Roberto Benigni e Michel Filippi, Registi. 112 min.)

RIASSUNTO: A serial killer is on the loose and the police are out to find him. Under the direction of police psychologist Taccone (Michel Blanc), undercover cop Jessica (Nicoletta Braschi) is assigned to tail Loris (Roberto Benigni), the suspect who, unaware, often finds himself in compromising, but innocent, situations.

SCENA (DVD Capitolo 25): In this scene, the administrator of the building in which Loris (Benigni) has been renting an apartment (but not keeping up with his rent!) is trying to sell the apartment. Every time he tries to show it to a prospective buyer, however, Loris finds a way to foil his plans, even if it means faking an illness.

A. Anteprima.   Se un amico ti chiede qualcosa (un favore o di uscire) e non vuoi farlo, cosa fai? Dici la verità o inventi una scusa? Con un compagno / una compagna, fai una lista di tre scuse possibili. Confronta la lista con quelle dei compagni. Quali sono le scuse classiche?

B. Ciak, si gira!

Parte prima.   Ormai (*By now*) sai abbastanza italiano per seguire e apprezzare la scena senza sottotitoli in inglese. Guarda allora la scena senza sottotitoli.

Parte seconda.   Guarda nuovamente la scena, ma questa volta scrivi le espressioni che hai riconosciuto. Confrontale con quelle di un tuo compagno / una tua compagna. Insieme, quante ne avete trovate?

Parte terza.   Guarda in fine la scena con i sottotitoli. Quante espressioni hai capito?

C. È fatto!   Loris ha usato la scusa di essere ammalato per evitare un incontro con l'amministratore del condominio. Tu hai mai usato una scusa simile? Quando? Per evitare che cosa? In Italia, se un impiegato non si presenta al lavoro per malattia, è possibile che un agente vada a casa sua a controllare (se è vero). Succede anche dove lavori tu? Secondo te, è giusto?

Vocabolario

Domande ed espressioni

l'anno prossimo	next year
la domenica/settimana prossima	next Sunday/week
dopodomani	the day after tomorrow
fra un mese / un'ora / due giorni	in a month / in an hour / in two days
Mi dispiace.	I'm sorry.
purtroppo	unfortunately
Scusa./Scusi.	Sorry. (*inform./form.*)

Verbi (gli sport)

andare a cavallo	to go horseback riding
andare in palestra	to go to the gym
fare atletica leggera	to do track and field
fare ciclismo	to bike ride
fare culturismo (bodybuilding)	to do bodybuilding
fare danza	to dance
fare equitazione	to go horseback riding
fare ginnastica	to do gymnastics
fare nuoto / nuotare	to swim
fare pattinaggio / pattinare	to skate
fare skateboard	to skateboard
fare yoga	to do yoga
giocare a calcio/pallone	to play soccer
giocare a pallacanestro/basket	to play basketball
giocare a pallavolo/volley	to play volleyball
giocare a tennis/golf	to play tennis/golf

Verbi (salute)

ammalarsi	to get sick
camminare	to walk
dare fastidio	to bother
dimagrire (-isc) / calare di peso	to lose weight
essere a dieta / fare la dieta	to be on a diet
evitare	to avoid
ingrassare / aumentare di peso	to gain weight
mangiare sano	to eat well
mantenersi in forma	to stay in shape
muoversi	to move (*oneself*)
prendere vitamine / un'aspirina	to take vitamins / an aspirin
rompersi (la gamba/ il braccio)	to break (one's leg/arm)
soffrire di + (noun)	to suffer from (*an illness*)

Altri verbi

pensare di (+ *inf.*)	to think about (*doing something*)
sognare di (+ *inf.*)	to dream of (*doing something*)
sperare di (+ *inf.*)	to hope to (*do something*)
tenere	to have, to keep
vivere	to live
volare	to fly

Sostantivi (gli sport)

l'atletica leggera	track and field
il calcio	soccer
il ciclismo	cycling
il culturismo (bodybuilding)	bodybuilding
la danza	dance
l'equitazione	horseback riding
la ginnastica	gymnastics
il golf	golf
l'hobby	hobby
il nuoto	swimming
la palla	(small) ball
la pallacanestro / il basket	basketball (game)
la pallavolo / il volley	volleyball (game)
la pallina	(little) ball (golf, hand, ping-pong)
il pallone	soccer (game; ball)
il pattinaggio	skating
lo skateboard	skateboarding
il tennis	tennis
lo yoga	yoga

Sostantivi (salute)

l'allergia	allergy
l'asma	asthma
il benessere	well-being
la febbre	fever
l'influenza	flu
il raffreddore	cold
la salute	health
la vita	life

Aggettivi

ammalato	sick
sedentario	sedentary

Casa dolce casa

Visitazione (ca. 1290–1295), Giotto di Bondone (Basilica di San Francesco, Assisi, affresco)

SCOPI

IN THIS CHAPTER YOU WILL LEARN:

- to manage conversations
- to describe Italian houses and furniture
- to describe the location of people and objects
- to refer to people and things already mentioned
- to refer to nonspecific people and things
- to express more complex ideas
- about the ancient city of Pompeii

Niente...

Managing conversations

- In **Capitolo 7** you learned that **niente** means *nothing*.

  Non ho capito niente.   *I didn't understand anything. / I understood nothing.*

  Non c'è niente da mangiare.   *There's nothing to eat.*
  Non è niente di speciale.   *It's nothing special.*

- **Niente** is also frequently used in colloquial Italian to stop talking about something, to change the direction of the conversation, or to sum up.

  Abbiamo cenato, guardato un film e poi, niente, siamo andati a letto.

  Insomma, non sto tanto bene, sono raffreddata, ... niente. Tu come stai?

  Volevamo passare le vacanze in Egitto, poi abbiamo pensato di andare in Francia e... niente. Siamo rimasti a casa.

 A. Osserva ed ascolta. Osserva ed ascolta mentre Laura si presenta, spiega perché si trova a Cerveteri e poi parla un po' della sua vita.

B. Chi è Laura e cosa fa a Cerveteri? Con un compagno / una compagna crea tutte le frasi possibili per descrivere Laura, usando in ogni frase un verbo dell'insieme A e un elemento dell'insieme B.

Laura...

A	B
cerca casa	a Cerveteri
è ha lavora	a Roma fidanzata
vive	impiegata in banca
	parecchio (*a lot*) insieme a Filippo
	trent'anni

C. Cambiamo discorso (*topic*)! Laura usa spesso la parola **niente** in questo dialogo. Decidi quando significa *nothing* e quando significa **basta, parliamo di qualcos'altro.**

	niente	basta
1. —Cosa faccio? Sono un'impiegata. Lavoro in banca. E niente di… niente di particolare.	☐	☐
2. —[…] spesso non faccio in tempo a cucinare niente […]	☐	☐
3. —[…] oppure andiamo da qualcun altro e… e poi… niente… molto tranquillo.	☐	☐
4. —Si chiama… si chiama Filippo. Viviamo insieme e… niente. Lui fa il biologo e per questo un po' la decisione di venire a vivere qui.	☐	☐

Ti dispiace… ? / Le dispiace… ?
Seeking approval and expressing hesitation

- You learned in **Capitolo 10** that **Mi dispiace** means *I'm sorry*. The question **Ti/Le dispiace?** means *Do you mind . . . ?*

  (tu)
  —**Ti dispiace abbassare la voce** (*to lower your voice*)? **Ho mal di testa.**
  —**Oh! Scusa! Mi dispiace. Vuoi un'aspirina?**

  (Lei)
  —**Le dispiace se fumo?**
  —**No, no. Prego! Fumo anch'io.**

- Because it would be considered rude to respond with an outright **sì** if they *do* mind, Italians will respond:

  insomma (*well . . .*), **veramente** (*really, actually*), **purtroppo**

  —**Le dispiace se fumo?**
  —**Insomma… (Veramente, sono allergica. / Purtroppo non è consentito** [*allowed*]**).**

- **Niente** can also be used, with or without **di,** as a reply to **Grazie!** to mean *No problem! Don't mention it!*

  —**Ti dispiace telefonare tu a Giancarlo? Non ho il numero.**
  —**Certo. Lo chiamerò dopo cena.**
  —**Grazie!**
  —**(Di) Niente!**

Attenzione! Don't confuse **dispiace** with **non piace.**

  —**Ti dispiace** se ceniamo fuori stasera? Non ho fatto in tempo a cucinare.
  —**Dai! Non mi piace** cenare fuori; mangiamo sempre meglio a casa.

A. Ti/Le dispiace? Lavora con un compagno / una compagna. Immaginate di essere compagni di casa. Domanda al compagno / alla compagna se può fare uno dei seguenti favori per te. Lui/Lei ti chiederà perché e tu devi rispondere in modo appropriato. Poi scambiate i ruoli. Preparatevi a presentare il dialogo ai compagni.

abbassare il volume della TV / della musica

aprire la finestra

chiudere la porta

fare la lavatrice (*laundry*)

fare la spesa

lavare la macchina

mettere i piatti nella lavastoviglie (*dishwasher*)

portare il cane a spasso (*for a walk*)

rispondere al telefono

spegnere la luce (*to turn off the light*)

tosare l'erba (*to cut the grass*)

ESEMPIO: **S1:** Ti dispiace aprire la finestra?
S2: Perché?
S1: Ho caldo.
S2: Va bene.
S1: Grazie.
S2: Niente!

Parte seconda. Segna (✓) quali delle attività della **Parte prima** sono faccende di casa (*household chores*). Quali faccende ti piace fare? Quali non ti piace fare?

B. Culture a confronto: Le faccende domestiche. Secondo il rapporto **Eurispes 2011**, gli uomini italiani sono sempre più casalinghi (*domestic*), almeno a parole. Ecco le faccende di casa più praticate.

	gli uomini italiani	la mia classe
portare fuori i rifiuti (*trash*)	61%	
apparecchiare la tavola	53%	
fare le riparazioni	50%	
fare la spesa	47%	
cucinare	33%	
rifare il letto	33%	
lavare i piatti	32%	
fare le pulizie	24%	
fare il bucato	19%	
stirare (*to iron*)	13%	

Source: da *Rapporto Italia 2011*

Parte prima. Quali di queste faccende fa tuo padre? E i padri dei tuoi compagni? Somma le risposte per ogni faccenda.

Parte seconda. Secondo te, i risultati della classe riflettono il ruolo domestico degli uomini americani / dell'uomo americano medio (*average*)? Perché? Paragonate i vostri risultati con quelli italiani. Sono simili o diversi? Secondo voi, perché?

Lessico

Vieni a casa mia

Describing Italian houses and furniture

Giuliano Ricci e Marco Begnozzi studiano all'Università di Bologna. Abitano in un appartamento al terzo piano di un palazzo in via dei Lamponi, a venti minuti d'autobus dall'università.

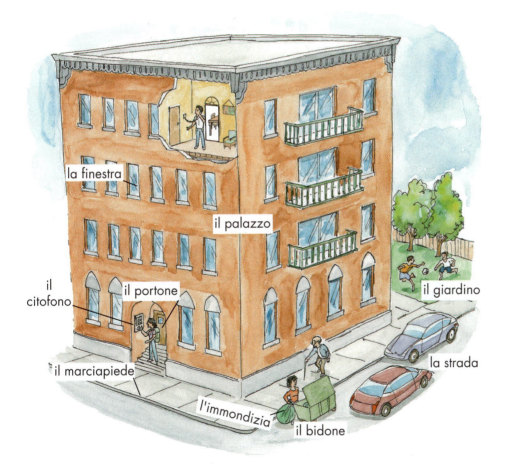

la finestra · il palazzo · il citofono · il portone · il giardino · il marciapiede · la strada · l'immondizia · il bidone

In italiano

- In Italian buildings, the equivalent of the first floor is **il pianterreno** (*ground floor*) followed by **il primo piano, il secondo piano, il terzo piano,** and so on. Many buildings do not have **un ascensore** (*an elevator*), so you have to **fare le scale!**

- The main entrance to a building is **il portone** («**porta grande**»). **Il citofono** (*speakerphone*), with which you can call individual apartments or offices, is beside it.

Il citofono

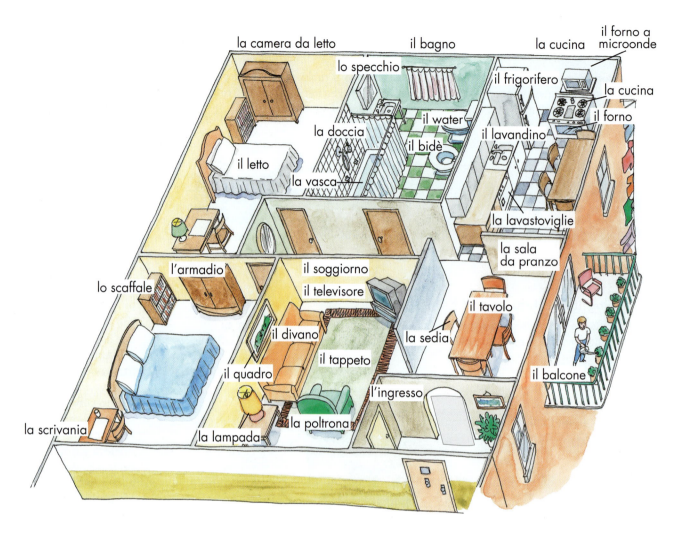

la camera da letto · il bagno · la cucina · il forno a microonde · lo specchio · il frigorifero · la cucina · il water · il forno · la doccia · il bidè · il lavandino · il letto · la vasca · la lavastoviglie · la sala da pranzo · l'armadio · il soggiorno · il tavolo · lo scaffale · il televisore · la sedia · il divano · il tappeto · il balcone · il quadro · l'ingresso · la scrivania · la poltrona · la lampada

▶ Guarda i disegni e completa le frasi.

Condominio (*Apartment building*): esterno

1. Il signore anziano sta camminando sul _____.

2. La macchina è parcheggiata in _____.

3. I bambini stanno giocando a calcio in _____.

4. La signora sta buttando (*is throwing*) l'immondizia nel _____.

Appartamento: interno

5. Marco sta annaffiando (*is watering*) il basilico sul _____.

6. Marco e Giuliano fanno colazione in _____.

7. Marco e Giuliano dormono in _____.

8. Fanno la doccia in _____.

9. Guardano la TV in _____.

10. Quando invitano gli amici a cena, mangiano in _____.

▶ Answers to this activity are in Appendix 2 at the back of your book.

In italiano

Here are some common expressions for describing the location of people and objects.

accanto a *next to*
a destra di *to the right of*
a sinistra di *to the left of*
davanti a *in front of*
dietro *behind*
nell'angolo *in the corner*
tra/fra *between*

Dov'è il cane grande? Dov'è il piccolo cane bianco?

A. Dov'è? Guarda l'appartamento di Giuliano e Marco a pagina 280 e decidi se le frasi sono vere o false. Correggi le frasi false.

	vero	falso
1. Il forno è accanto alla lavastoviglie.	☐	☐
2. Il lavandino è davanti al frigorifero.	☐	☐
3. I letti sono nell'angolo.	☐	☐
4. Il lavandino è fra il bidè e il water.	☐	☐
5. La poltrona è dietro il divano.	☐	☐
6. Lo scaffale è a destra del letto.	☐	☐
7. Il televisore è davanti al divano.	☐	☐
8. La vasca è nell'angolo.	☐	☐
9. Lo scaffale è fra il letto e l'armadio.	☐	☐
10. La lampada è accanto al divano.	☐	☐
11. La scrivania è davanti al letto.	☐	☐
12. Il bidè è accanto al water.	☐	☐

B. Ascolta! Paola ha un piccolo appartamento con tre stanze: il soggiorno con angolo cottura (*kitchenette*), la camera da letto e il bagno. Ascolta la descrizione delle stanze e indica la lettera che rappresenta dove si trovano questi oggetti.

1. il lavandino	5. la poltrona	9. l'armadio
2. il frigorifero	6. lo scaffale	10. il water
3. il tavolino con due sedie	7. la lampada	11. il bidè
4. la lavastoviglie	8. la scrivania	12. la doccia

C. Frasi illogiche.

Parte prima. Decidi se le frasi sono logiche o illogiche. Poi correggi le frasi illogiche.

	logica	illogica
1. Marco butta l'immondizia nel lavandino.	☐	☐
2. Giuliano lava i piatti nel bidè.	☐	☐
3. Marco mette il latte nel frigo.	☐	☐
4. Giuliano guida la macchina sul marciapiede.	☐	☐
5. Marco mette il tappeto nel forno.	☐	☐
6. Giuliano e Marco si siedono sul divano quando guardano la TV.	☐	☐
7. Marco e Giuliano preparano la cena in cucina.	☐	☐

Parte seconda. Lavora con un compagno / una compagna. Create una lista di cinque frasi logiche e illogiche simili alle frasi nella **Parte prima.**

Parte terza. Scambiate la vostra lista con un altro gruppo. Decidete se le frasi sono logiche o illogiche e correggete le frasi illogiche. I vostri compagni sono d'accordo con le correzioni?

D. Le stanze. Lavora con un compagno / una compagna. A turno, uno di voi descrive varie attività che Giuliano sta facendo in casa. L'altro / L'altra deve indovinare in quale stanza si trova. (Non ti ricordi **stare** + **gerundio**? Vedi **Capitolo 6, Strutture 6.2.**)

la cucina   il bagno   la camera da letto

il soggiorno   la sala da pranzo

ESEMPIO: **S1:** Giuliano sta lavando i piatti.
S2: È in cucina.

In italiano

Here is the present tense of the irregular verb **sedersi** (*to sit*).

**mi siedo   ci sediamo
ti siedi   vi sedete
si siede   si siedono**

In italiano

E. Le differenze. In gruppi, trovate almeno cinque differenze fra le due immagini.
Parole utili: il poster, il cuscino (*pillow*), **lo stereo.**

F. La mia stanza.

Parte prima. Con i compagni, fai una lista di tutti gli oggetti che di solito si trovano nella camera da letto di uno studente.

Parte seconda. Descrivi la tua stanza a un compagno / una compagna e lui/lei dovrà fare un disegno.

In Italia

La fumettista Pat Carra è nata a Parma nel 1954, insieme alla sua gemella. Nel 1978 si è trasferita (*she moved*) a Milano. Rappresenta con **il fumetto** il mondo visto dalle donne. Pubblica sulle riviste *Noi donne, Cuore, Smemoranda, Via Dogana* e soprattutto sul **settimanale** (*weekly magazine*) *Donna moderna.*

Strutture

11.1 Eccoci!

Object pronouns

▶ Francesca porta un regalo al suo amico Gianni. Leggi le conversazioni. Riesci a capire i significati di **gli** e **lo**?

1.

2.

3.

1 Pronouns can be used to replace direct and indirect objects to avoid repetition. (Do you remember the difference between a direct object and an indirect object? See **Capitolo 6, Strutture 6.1** for review.) In the conversations on the preceding page, **gli** replaces the masculine singular indirect object (**a Gianni**), and **lo** replaces the masculine singular direct object (**il quadro**).

COMPLEMENTO OGGETTO INDIRETTO

Ho comprato un quadro a **Gianni.** = **Gli** ho comprato un quadro.

COMPLEMENTO OGGETTO DIRETTO

Dove metti **il quadro?** = Dove **lo** metti?

2 Indirect and direct object pronouns replace both people and things. Here is a summary of direct and indirect object pronouns.

PRONOMI COMPLEMENTO OGGETTO DIRETTO			
mi	*me*	**ci**	*us*
ti	*you*	**vi**	*you (inform./*
La†	*you (form.)*		*form., pl.)**
lo	*him/it (m.)*	**li**	*them (m.)*
la	*her/it (f.)*	**le**	*them (f.)*

PRONOMI COMPLEMENTO OGGETTO INDIRETTO			
mi	*to/for me*	**ci**	*to/for us*
ti	*to/for you*	**vi**	*to/for you*
Le†	*to/for you (form.)*		*(inform./form., pl.)**
gli	*to/for him*	**gli**	*to/for them*
le	*to/for her*		

Note that:

a. Informal and formal singular *you* have different forms.

INFORMALE	FORMALE
Scusa, Marco, non **ti** sento. *I can't hear you.*	Scusi, Professore, non **La** sento.
Marco, **ti** telefono domani. *I'll call you tomorrow.*	Signor Marchi, **Le** telefono domani.

b. The first- and second-person direct and indirect object pronouns are the same.

COMPLEMENTO OGGETTO DIRETTO		COMPLEMENTO OGGETTO INDIRETTO	
Mi osservi.	*You observe me.*	**Mi** scrivi.	*You write to me.*
Ti vedo.	*I see you.*	**Ti** parlo.	*I speak/talk to you.*
Ci conosci.	*You know us.*	**Ci** rispondi.	*You respond to us.*
Vi aiuto.	*I help you.*	**Vi** parlo.	*I speak/talk to you.*

---

*In contemporary spoken Italian, **vi** is also used for formal *you* (*pl.*). **Loro** is another form that expresses formal *you* (*pl.*). **Loro** is much more formal than **vi,** and unlike **vi,** it appears after the verb. Compare: *Vi porto una bottiglia di vino.* / *Porto Loro una bottiglia di vino.*

†The formal forms, **La/Le** begin with a capital letter to distinguish them from the informal forms and other object pronouns in writing.

c. Only the third-person direct and indirect object pronouns have different forms.

COMPLEMENTO OGGETTO DIRETTO		
Compro **il vestito nuovo.**	→	**Lo** compro.
Preparo **i tortellini.**	→	**Li** preparo.
Guardo **la TV.**	→	**La** guardo.
Vedo **le amiche.**	→	**Le** vedo.

COMPLEMENTO OGGETTO INDIRETTO		
Telefono **a Maria.**	→	**Le** telefono.
Parlo **a Michele.**	→	**Gli** parlo.
Scrivo **a Michele e a Maria.**	→	**Gli** scrivo.
Rispondo **a Lena e a Maria.**	→	**Gli** rispondo.

▶ Now create sentences by replacing the nouns with the appropriate pronouns.

COMPLEMENTO OGGETTO DIRETTO		
1. Leggo <u>il libro.</u>	→	<u>*Lo*</u> leggo.
2. Mangio <u>la pasta</u>.	→	_____ mangio.
3. Compro <u>i regali</u>.	→	_____ compro.
4. Vedo <u>le ragazze</u>.	→	_____ vedo.

COMPLEMENTO OGGETTO INDIRETTO		
1. Telefono <u>a Gianni</u>.	→	<u>*Gli*</u> telefono.
2. Parlo <u>a Maria</u>.	→	_____ parlo.
3. Scrivo <u>ai ragazzi</u>.	→	_____ scrivo.
4. Scrivo <u>alle ragazze</u>.	→	_____ scrivo.

▶ Answers to this activity are in Appendix 2 at the back of your book.

3 Here are some things to remember about object pronouns.

▶ For the use of object pronouns with verbs in the **passato prossimo,** see **Per saperne di più** at the back of your book. To learn how to combine direct and indirect object pronouns to form double object pronouns, see **Per saperne di più, Capitolo 12.**

a. Object pronouns are always placed immediately before the conjugated verb.

Non **lo** vedo.   Sì, **vi** do il libro.

b. When verbs such as **potere, volere,** or **dovere** precede an infinitive, the pronoun can appear before the conjugated verb or it can be attached to the infinitive after dropping the final -**e.**

Vi voglio parlare.   =   Voglio parlar**vi.**

c. Only the direct object pronouns **lo** and **la** may elide before verbs that begin with a vowel.

Aspetto il mio amico.   →   L'aspetto. (**Lo** aspetto.)

Ordino la pasta.   →   L'ordino. (**La** ordino.)

In italiano

A. Ecco. Scegli la risposta giusta per queste domande.

　Sì, eccolo.　　Sì, eccole.　　Sì, eccoli.　　Sì, eccola.

1. Mi puoi dare la coca-cola?
2. Mi può far vedere (*show*) quel vaso di Murano?
3. Mi può portare un caffè?
4. Mi può portare un panino e una limonata?
5. Mi puoi dare il telecomando (*remote*)?
6. Mi puoi dare quella rivista?
7. Mi puoi far vedere quelle foto?

B. Regioni d'Italia: I prodotti più famosi. Murano è un insieme di sette piccolissime isole del mar Adriatico a nord-est di Venezia. Più di mille anni fa, i vetrai (*glassblowers*) di Venezia iniziarono a produrre il vetro artistico. La tradizione continua oggi. Altre città italiane hanno le loro tradizioni. Abbina le domande in A alle risposte in B. Il primo abbinamento è già stato fatto. **Attenzione!** Se non sai la risposta, guarda il pronome di complemento diretto degli elementi in B per trovare la domanda corrispondente.

Vetro artistico di Murano (Veneto)

Trulli, case caratteristiche (Puglia)

A	B
1. Dove posso vedere la produzione del vetro artistico?	a. **Li** producono a Cinecittà, a Roma.
2. Dove producono le Fiat?	b. **Lo** fanno a Venezia.
3. Dove posso vedere il Palio?	c. **Lo** lavorano a Vicenza e ad Arezzo.
4. Dove lavorano l'oro?	d. **La** puoi vedere a Murano.
5. Dove fanno il Carnevale più splendido d'Italia?	e. **Lo** puoi vedere a Siena.
6. Dove producono molti film italiani?	f. **Li** puoi vedere ad Alberobello.
7. Dove posso vedere i trulli?	g. **Le** producono a Torino.

C. Frasi equivalenti.
Leggi le frasi con i pronomi di complemento oggetto diretto o indiretto e poi scegli le frasi con gli stessi significati.

1. Gli telefona.
   a. Enzo telefona a Franca.   b. Franca telefona a Enzo.

2. Lo ama.
   a. Beatrice ama Dante.   b. Dante ama Beatrice.

3. La guarda.
   a. Antonella guarda Massimo.   b. Massimo guarda Antonella.

4. Le risponde.
   a. Simona risponde a Franco.   b. Franco risponde a Simona.

5. Lo segue.
   a. La bambina segue il gatto.   b. Il gatto segue la bambina.

6. Ci scrive.
   a. Noi scriviamo a Marco.   b. Marco scrive a noi.

7. Vi parliamo.
   a. Voi parlate a noi.   b. Noi parliamo a voi.

D. Scegli.
Scegli la forma formale o informale del pronome secondo il contesto.

1. Professore, non sono venuto a lezione ieri perché ero ammalato. Posso dar__Le / ti__ i compiti domani?

2. —Buon giorno, Professor Bianchi. Mi fa molto piacere veder__La / ti__.
   —Ciao, Irene. Non __La / ti__ vedo da tanto tempo!

3. —Prof., ha ricevuto la mia e-mail?
   —No, purtroppo.
   —Che strano! Ieri __Le / ti__ ho scritto un messaggio lunghissimo per giustificare (*justify*) le mie assenze.

4. —Signora, posso aiutar__La / ti?__
   —Sì, grazie. Cerco un paio di pantaloni blu.

5. —Gianni, vuoi uscire con noi sabato sera?
   —Sì! __Le / Ti__ telefono domani.

6. —Signor Marchi, __Le / ti__ piacerebbe l'antipasto misto?
   —Sì, grazie.

7. Paolo, __La / ti__ aspetto a casa. Preparo gli gnocchi stasera.

8. Signora Franchi, __La / ti__ aspetto nel mio ufficio. Dobbiamo parlare.

E. La mia infanzia (*childhood*).

Parte prima. Leggi le seguenti frasi su possibili esperienze d'infanzia. Segna (✓) le frasi che sono vere per te.

I miei genitori...
1. ☐ mi portavano spesso allo zoo.
2. ☐ mi incoraggiavano (*encouraged me*).
3. ☐ mi leggevano molti libri.
4. ☐ mi davano la paghetta ogni settimana.
5. ☐ mi compravano vestiti alla moda.
6. ☐ mi aiutavano con i compiti.
7. ☐ mi accompagnavano a scuola.
8. ☐ mi portavano alle lezioni di musica, karaté, nuoto...

Parte seconda. Lavora con un compagno / una compagna. Cosa avete in comune?

ESEMPIO: I nostri genitori ci portavano spesso allo zoo...

F. Luigi e Luisa.

Parte prima. Riscrivi la storia. Sostituisci i nomi in corsivo con i pronomi appropriati. Poi cambia Luigi con Luisa e riscrivi la storia un'altra volta. **Attenzione!** Metti il pronome al posto giusto.

Luigi è il mio migliore amico. Tutti i giorni accompagno *Luigi* all'università perché non ha la macchina e aiuto *Luigi* con i compiti di matematica perché non ci capisce niente. Telefono *a Luigi* quasi tutti i giorni, e, quando non vedo *Luigi*, scrivo un'e-mail *a Luigi*. Per il compleanno porto *Luigi* ad un concerto di Ligabue, il suo cantante preferito. Ieri ho telefonato *a Luigi* diecimila volte ma non ha mai risposto. Chissà perché!

Parte seconda. Secondo te, perché Luigi non ha risposto alle telefonate di Luisa?

G. Dove metti i mobili?

Parte prima. Insieme ai compagni, crea una lista di almeno 20 mobili o oggetti che si trovano in una casa.

I mobili
1. *la poltrona*
2. *i bicchieri*
3. *i libri*
4.

Parte seconda. Lavora con un compagno / una compagna. Chiedi dove mette gli oggetti e i mobili in casa sua. Lui/Lei deve rispondere usando un pronome complemento oggetto diretto.

ESEMPIO: S1: Dove metti la poltrona?
          S2: La metto in soggiorno, accanto al divano.

11.2 Invitiamo tutti alla festa!
Indefinite pronouns

▶ Giuliano sta organizzando una festa di compleanno per Marco. Marco vuole sapere tutto. (Ricordi Giuliano e Marco? Vedi **Lessico**, pagina 279.) Leggi la loro conversazione e cerca di capire il significato delle **parole evidenziate**.

MARCO: Chi inviti alla festa?

GIULIANO: **Tutti.**

MARCO: Cosa prepari?

GIULIANO: Tanti piatti diversi e **qualcosa** di speciale per te.

MARCO: Bene! Voglio assaggiare (*taste*) **tutto!** Dove facciamo la festa?

GIULIANO: Non qui. A casa di **qualcuno.**

Perché, secondo te, Giuliano dà risposte così vaghe (*vague*)?

I ragazzi italiani restano a lungo in famiglia. La maggioranza continua a vivere con i genitori mentre finisce gli studi e cerca un lavoro. Il 46% di quelli che hanno già trovato un lavoro rimane a casa dei genitori. Quelli, invece, che frequentano l'università hanno una scelta: **fare il pendolare,** cioè andare avanti e indietro tra l'università e la casa dei genitori, o trovare una sistemazione **fuori sede** (*away from home*): una situazione complicata quando le residenze universitarie sono poche e **gli affitti** (*rents*) sono alti.

1 **Tutti** (*everyone*), **qualcosa** (*something*), **qualcuno** (*someone*), and **tutto** (*everything*) are indefinite pronouns (**i pronomi indefiniti**); they take the place of nouns, but they do not refer to a particular person or thing.

▶ Which two pronouns refer only to people and which two refer only to things?

▶ Answers to this activity are in Appendix 2 at the back of your book.

le persone	le cose

2 Indefinite pronouns can function as the subject of the verb or the direct object.

SOGGETTO

Qualcosa è successo.	*Something happened.*
Tutto è in ordine.	*Everything is in order.*
Qualcuno ha telefonato.	*Someone called.*
Tutti sono venuti alla festa.	*Everyone came to the party.*

COMPLEMENTO DIRETTO

Ho mangiato **qualcosa.**	*I ate something.*
Ho fatto **tutto.**	*I did everything.*
Ho visto **qualcuno.**	*I saw someone.*
Ho invitato **tutti.**	*I invited everyone.*

▶ To learn more about indefinite adjectives, see **Per saperne di più** at the back of your book.

3 **Qualcuno** and **tutti** can also be the indirect object of the verb.

Ho parlato con **qualcuno.**   Ho risposto a **tutti.**

4 To express *something to* + verb, use **qualcosa** + **da** + infinitive.

qualcosa da mangiare   **qualcosa da bere**   **qualcosa da fare**

The opposite, *nothing to* + verb, is expressed with **niente:**

niente da mangiare   **niente da bere**   **niente da fare**

5 To express the equivalent of *all (the)* + noun use **tutto/a/i/e** + article + noun. In this case, **tutto** functions like an adjective and agrees in gender and number with the noun that it modifies, so it has four forms.

tutto il giorno	*all day*
tutti i giorni	*every day* (literally, *all the days*)
tutta la pizza	*all the pizza*
tutte le ragazze	*all the girls*

In italiano

Many proverbs contain indefinite pronouns. Here are two:

Chi ama **tutti** non ama **nessuno.**

Tutto è fumo (*smoke*) fuorché (*except*) l'oro e l'argento.

A. Ascolta!

Parte prima. L'insegnante fa delle domande sulla festa per Marco. Scegli le risposte logiche.

1. **a.** Tutti.   **b.** Tutto.
2. **a.** Qualcuno.   **b.** Qualcosa.
3. **a.** Tutto.   **b.** Qualcuno.
4. **a.** Sì, hanno portato qualcosa. **b.** Sì, hanno portato qualcuno.
5. **a.** No, non aveva niente da fare. **b.** No, aveva qualcosa da fare.
6. **a.** No, hanno mangiato tutti.   **b.** No, hanno mangiato tutto.

Parte seconda. È stata una bella festa? Perché sì/no?

B. Un piccolo test.

Parte prima. Scegli le affermazioni che descrivono quello che fai tu ad una festa. (Ricordi le espressioni negative? Vedi **Capitolo 7, Strutture 7.3.**)

1. **a.** Porto qualcosa da bere.
   b. Porto qualcosa da mangiare.
   c. Non porto niente.

2. **a.** Porto qualcuno.
   b. Non porto nessuno. Vado da solo/a.
   c. Porto tutti i miei amici.

3. **a.** Mangio tutto.
   b. Mangio qualcosa.
   c. Non mangio niente.

4. **a.** Arrivo in anticipo.
   b. Arrivo in ritardo.
   c. Arrivo puntuale.

5. **a.** Parlo con tutti.
   b. Parlo solo con le persone che conosco.
   c. Non parlo con nessuno.

6. **a.** Ballo qualche volta.
   b. Ballo sempre.
   c. Non ballo mai.

Parte seconda. Intervista i tuoi compagni per trovare due persone: 1) la persona più simile a te e 2) la persona opposta a te.

ESEMPIO: **S1:** Porti qualcosa alle feste?
S2: No, non porto niente.
S1: Invece, io porto sempre qualcosa da bere.

C. I fratelli gemelli.

Parte prima. Carlo e Carlotta sono gemelli. Completa la descrizione di Carlo con la forma giusta delle parole qui sotto. **Attenzione!** Si usano tutte le parole, alcune più di una volta.

niente	nessuno	qualcosa	qualcuno	tutto

Carlo è un ragazzo timido e abbastanza introverso. Il venerdì non ha _____[1] da fare perché non esce mai con _____[2] Preferisce stare a casa a guardare la TV o ad ascoltare la musica. Il suo compagno di casa è contento perché fa _____[3] in casa: pulisce e lava i piatti. Frequenta _____[4] le lezioni e studia _____[5] i giorni. Le rare volte che va ad una festa beve _____[6], ma non mangia _____[7] Parla con _____[8] che conosce, ma mai con persone che non conosce bene. Poi torna a casa presto.

Parte seconda. Il carattere di Carlotta è l'opposto di quello di Carlo. Crea una descrizione di Carlotta usando i pronomi e gli aggettivi indefiniti della **Parte prima** dove possibile. Usa la descrizione di Carlo come modello.

D. Domande.

Lavora con un compagno / una compagna. Preparate alcune domande su diversi aspetti della vita dei vostri compagni. Usate i pronomi indefiniti **qualcosa** o **qualcuno**. Poi fate le domande ai compagni.

ESEMPI: Chiara, fai qualcosa questo weekend?
Giuseppe, esci con qualcuno stasera?

Solo musica

Listen to "Vita spericolata" by Vasco Rossi. What does the indefinite pronoun **ognuno** mean?

Note: This song is available for purchase in the iTunes Store as part of the *Avanti!* iMix. For information about how to access the iMix, go to **Connect Italian**. It is also available as a music video on YouTube.

connect ITALIAN
www.connectitalian.com

11.3 Conosco una persona che parla tre lingue!

The relative pronoun **che**

▶ Leggi le frasi. Che cosa significa **che**?

Answers to this activity are in Appendix 2 at the back of your book.

1. Gianni esce con una studentessa **che** parla tre lingue.
2. I regali **che** ho ricevuto per il mio compleanno sono belli.
3. Ho visto il ragazzo **che** Maria ha incontrato ieri.

1 **Che** is a relative pronoun that never changes form but that can refer to a person or a thing. Therefore, it can mean *who/whom* or *that/which*.

To learn more about relative pronouns, see **Per saperne di più** at the back of your book.

2 A relative pronoun introduces a relative clause. The relative clause provides additional information about the noun that precedes **che** in the sentence. Underline the relative clauses in the statements above. What additional information about **la studentessa, i regali,** and **il ragazzo** are provided by the relative clauses?

A. Federica e Ahmed si sono sposati.

Parte prima. Federica e Ahmed si sono sposati e adesso Federica si trasferisce nell'appartamento di Ahmed. Completa le affermazioni dell'insieme A con le frasi relative dell'insieme B.

A	B
1. A Federica non piace il tappeto	**a.** che abbaia (*barks*) sempre e mangia tutte le scarpe di Federica.
2. Ahmed ha un divano giallo	**b.** che non si intona (*match*) con le pareti (*walls*) verdi e il nuovo tappeto azzurro.
3. Federica non sa cosa fare con i vestiti	**c.** che erano nella credenza (*cupboard*).
4. Federica ha rotto tutti i piatti	**d.** che non stanno nell'armadio.
5. Ahmed ha un cane	**e.** che la mamma di Ahmed ha fatto a mano perché è troppo grande.

Parte seconda. Cosa possono fare per risolvere i loro problemi?

B. Frasi personali.

Parte prima. Abbina i nomi dell'insieme A alle frasi relative dell'insieme B. Poi completa le affermazioni con la tua opinione.

ESEMPIO: I corsi che seguo sono interessantissimi!

A

le feste
i libri   gli amici
i professori
i corsi

B

che seguo…
che ho conosciuto (*I met*) all'università…
che leggo nei miei corsi…
che insegnano all'università …
che gli studenti fanno nel weekend…

Parte seconda. Intervista un compagno / una compagna per sapere che cosa ha risposto. Fai altre domande per saperne di più.

> ESEMPIO: **S1:** Come sono i corsi che segui?
> **S2:** Sono molto interessanti.
> **S1:** Quale corso preferisci?
> **S2:** La biologia.
> **S1:** Perché?
> **S2:** …

C. Rischio.

Parte prima. Insieme ai compagni fai una lista di cinque o sei persone o oggetti che associ ad ogni categoria.

> la casa   le feste   la scuola e le professioni   i vestiti e la moda

Parte seconda. Lavora con un compagno / una compagna. Preparate frasi che descrivono varie persone o oggetti di ogni categoria. Le frasi devono cominciare con **È la persona che…** o **È la cosa che…** .

> ESEMPI: È la persona che porta dolcetti e regali ai bambini il 6 gennaio.
> È la cosa che ti metti quando fa freddo.

Parte terza. Con un'altra coppia, a turno, presentate le descrizioni. L'altra coppia deve indovinare la persona o l'oggetto descritto.

> ESEMPI: È la Befana!
> È la sciarpa!

D. Firma qui, per favore!

Parte prima. Con i compagni completa le frasi e poi aggiungi altre frasi alla lista.

Le mie opinioni	1	2	3
1. Mi piacciono gli amici che…			
2. Non mi piacciono i professori che…			
3.			
4.			

Parte seconda. Confronta le tue opinioni con quelle di tre compagni. Chiedi la firma quando avete la stessa opinione.

> ESEMPIO: **S1:** Ti piacciono gli amici che fanno bei regali?
> **S2:** Sì, mi piacciono. / No, non mi piacciono.
> **S1:** Va bene. Firma qui, per favore.

Parte terza. Con chi hai più cose in comune? Riferisci i risultati ai compagni.

> ESEMPIO: Ho più cose in comune con Alessia perché ci piacciono gli amici che fanno bei regali, ma non ci piacciono i professori che…

Grammatica dal vivo:
Il pronome relativo *che*

Vai su **Connect Italian** per guardare un'intervista con Annamaria che parla dei turisti sulla costiera amalfitana usando i pronomi relativi. Poi completa le attività di comprensione.

www.connectitalian.com

Cultura

Ascoltiamo!

Le case di Pompei

A. Osserva ed ascolta.   Osserva ed ascolta mentre Federico ti parla delle case di Pompei.

B. Completa.   Completa le seguenti frasi, inserendo la parola o l'espressione appropriata della lista qui sotto. Usa ogni espressione *una sola volta*. **Attenzione!** La lista contiene dieci parole o espressioni; devi usarne solamente otto.

città	su un divano	da un'eruzione	finestre
su marciapiedi	mosaici e affreschi	sui muri	alla sala
agli scavi	strette		da pranzo

1. Pompei ed Ercolano erano due _____ dell'Italia Meridionale, distrutte nel 79 d.C. _____ del Vesuvio.

2. Grazie _____ degli archeologi, sono stati ritrovati vari edifici pubblici e privati dell'antica Pompei.

3. Le strade di Pompei erano _____ e sporche; la gente camminava _____ alti e usava sassi (*stones*) per attraversare le strade.

4. La prima stanza era un atrio o ingresso con _____ per fare buona impressione sugli ospiti.

5. I pompeiani mangiavano sdraiati (*lying down*) _____, chiamato il triclinio, che dava il nome _____.

C. Tocca a te!   Completa le seguenti frasi. Esprimi le tue impressioni sulla casa pompeiana.

Un aspetto della casa pompeiana che mi piace è… perché…
Una cosa che non mi piace, invece, è… perché…

Peristilio (il cortile) di una casa antica a Pompei (Campania)

Retro

Il cortile risale ai tempi di Roma antica ed è ancora una parte bellissima dei palazzi più importanti. Per imparare di più, vai a **Capitolo 11, Retro** su **Connect Italian.**

Leggiamo!

Prendi in casa uno studente

A. Prima di leggere. Con un compagno / una compagna fai una lista di tre vantaggi e tre svantaggi di vivere insieme ai genitori mentre studi.

B. Al testo!

Parte prima. Leggi l'annuncio di un'iniziativa dell'associazione MeglioMilano per sapere come la città risolve il problema dell'alloggio (*housing*) degli studenti fuori sede (*out of town*).

Prendi in casa uno studente

Risparmiare sull'affitto e rendersi utili nello stesso tempo. Il progetto «Prendi in casa uno studente» permette l'incontro tra anziani con una camera disponibile e studenti in cerca di alloggio.

Il progetto «Prendi in casa uno studente», promosso dall'associazione MeglioMilano, si rivolge a studenti, dottorandi e ricercatori delle Università milanesi in cerca di alloggio. L'associazione si propone di far incontrare le loro esigenze con quelle degli anziani che hanno una stanza libera nella loro abitazione.

Gli studenti contribuiscono alle spese della gestione domestica,[1] risparmiando sull'affitto, e aiutano il padrone di casa svolgendo piccoli servizi utili. Gli anziani possono godere dell'aiuto e della compagnia dei coinquilini.

Il progetto è seguito e coordinato dall'associazione MeglioMilano, che incontra gli anziani che offrono alloggio e gli studenti interessati, e si occupa di metterli in contatto e definire gli abbinamenti.

è un progetto realizzato da MeglioMilano con il contributo di fondazione cariplo

MeglioMilano

---
[1]spese… *household expenditures*

Parte seconda. Ora rispondi alle domande.

1. Che cos'è il progetto «Prendi in casa uno studente»?
2. Quali sono i vantaggi per lo studente?
3. Quali sono i vantaggi per la persona anziana?

C. Discutiamo! Secondo te, un progetto simile avrebbe successo (*would be successful*) nella tua città? Perché? Ti piacerebbe partecipare ad un progetto simile? Tuo nonno / Tua nonna sarebbe contento/a di partecipare?

Scriviamo!

Chi cerca casa trova un amico

Ecco due annunci (**www.politichesociali.vt.it/giovanianziani/**): uno per cercare anziani, l'altro per cercare studenti per il progetto «Prendi in casa uno studente» a Viterbo. Leggi tutti e due gli annunci: quello per gli anziani per capire cosa offrono e si aspettano loro e quello per gli studenti. Poi scrivi un messaggio in cui cerchi di convincere un anziano / un'anziana ad ospitarti. Cos'hai da offrirgli/le? E cosa ti aspetti da lui/lei?

> **PENSIONATO AUTOSUFFICIENTE?** Pensionato con una stanza in più e tanta voglia di compagnia? Ci sono molti studenti universitari in cerca di un alloggio. Se hai i requisiti giusti puoi ospitare un giovane. Offrendogli un tetto (*By offering him/her a roof*) puoi trovare un amico che ti aiuta nei lavori impegnativi, ti fa compagnia e ti dà una mano con la spesa.

> **STUDENTE PENDOLARE O FUORI SEDE?** Sei stanco di viaggiare e vuoi trovare una sistemazione a Viterbo? Ci sono molti pensionati disposti ad ospitarti. Se hai i requisiti giusti, in cambio di un po' di compagnia e un aiuto in casa, hai la possibilità di trasferirti in città con il vantaggio di non dover pagare l'affitto.

Parliamo!

Una casa su misura°   su… *customized*

Progetta una casa con un compagno / una compagna. Potete scegliere tra le seguenti stanze e comodità, ma non potete averle tutte! Ogni elemento vale un certo numero di punti e insieme avete solo 25 punti da «spendere». Come sarà la vostra casa?

- la cucina: piccola (2), grande (4)
- il salotto (3)
- il bagno con vasca (2), con doccia (3), con idromassaggio (*whirlpool*) (4)
- la camera da letto (3)
- lo studio (2)
- la sala da pranzo (4)
- la terrazza (4)
- il balcone (2)

- il giardino privato (5)
- la piscina (7)
- il garage (5)

- il frigorifero (1)
- la cucina a gas (1), con forno (2)
- il forno a microonde (2)
- la lavastoviglie (4)
- la lavatrice (3)

Guardiamo!

FILM *La vita è bella*

(Commedia. Dramma. Italia. 1997. Roberto Benigni, Regista. 116 min.)

RIASSUNTO: In the 1930s, an ebullient Jewish waiter turned bookseller, Guido (Roberto Benigni), meets and falls in love with Dora, a schoolteacher (Nicoletta Braschi). After a fanciful courtship, they marry and have a son, Giosuè. However, the German occupation increasingly overshadows their life, resulting finally in their deportation to a concentration camp. Guido attempts to help his family survive the horrors of the concentration camp by convincing Giosuè that the Holocaust is a game and that the grand prize for winning is a tank.

SCENA: (DVD Capitolo 17): In this scene, the happy family is preparing for a visit from Giosuè's grandmother to celebrate his birthday in the unusual house they share with Guido's uncle.

A. Anteprima. Con un compagno / una compagna pensa a quando eravate piccoli e un parente veniva a trovarvi. Cosa faceva la famiglia per prepararsi per la visita? Fai una lista di almeno cinque attività.

B. Ciak, si gira!

Parte prima. Guarda la scena e poi segna (✓) chi ha detto le seguenti frasi: Guido, Dora o Giosuè?

	Guido	Dora	Giosuè
1. «Il bagno non lo voglio fare.»	☐	☐	☐
2. «È vero. L'ha fatto venerdì l'ha fatto.»	☐	☐	☐
3. «Li ho già raccolti. Sono fuori. Li vado a prendere.»	☐	☐	☐
4. «Non lo voglio fare! Non lo voglio fare! Non lo voglio fare!»	☐	☐	☐
5. «Dove li metto i fiori?»	☐	☐	☐
6. «Sss! L'ho fatto venerdì!»	☐	☐	☐
7. «Quella roba (*stuff*) là la sistemi tu?»	☐	☐	☐
8. «I fiori, me li fai vedere?»	☐	☐	☐

Parte seconda. Trova tutte le frasi nella parte prima che si riferiscono al bagno.

C. È fatto! Rispondi alle domande.

1. Quante attività della tua infanzia hai identificato nel film?
2. *La vita è bella* ha vinto 52 premi (inclusi tre premi Oscar nel 1999) in diversi paesi del mondo e gode (*enjoys*) di fama internazionale. Le locandine del film (*movie posters*) apparse in Italia e negli Stati Uniti non sono identiche. Quali differenze vedi tra le due locandine? Poiché (*Because*) le locandine cercano di «vendere» il film, quali aspetti del film vende la locandina italiana? Che cosa vende, invece, quella americana?

Vocabolario

Domande ed espressioni

a destra di	to the right of
a sinistra di	to the left of
accanto a	next to
Avanti!	Come in!
davanti a	in front of
dietro	behind
esterno	exterior
Eccolo/la/li/le.	Here it is / they are.
fra	between
interno	interior
nell'angolo	in the corner
niente	that's all, anyway
(Di) niente.	It's nothing. No problem!
niente da (+ *infinitive*)	nothing to (+ *verb*)
Permesso?	Can I come in?
qualcosa	something
qualcosa da (+ *infinitive*)	something to (+ *verb*)
qualcuno	someone
tra	between
Ti/Le dispiace… ?	Do you mind . . . ?
tutto	everything
tutti	everyone

Verbi

sedersi	to sit
trasferirsi	to relocate

Sostantivi

l'armadio	armoire, closet
l'ascensore (*m.*)	elevator
il bagno	bathroom
il balcone	balcony
il bidè	bidet
il bidone	trash bin
la camera da letto	bedroom
il citofono	speakerphone
il condominio	apartment building
la cucina	kitchen; stove
il divano	couch
la doccia	shower
la finestra	window
il forno	oven
il forno a microonde	microwave oven
il frigorifero	refrigerator
il giardino	garden
l'immondizia	trash, garbage
l'ingresso	foyer
la lampada	lamp
il lavandino	sink
la lavastoviglie	dishwasher
il letto	bed
il marciapiede	sidewalk
il palazzo	(apartment) building
il piano	floor
il pianterreno	ground floor
la poltrona	armchair
il portone	front door
il quadro	picture
la sala da pranzo	dining room
lo scaffale	bookcase
la scrivania	desk
la sedia	chair
il soggiorno	living room
lo specchio	mirror
la strada	street
il tappeto	rug
il tavolo	dining table
il televisore	television set
la vasca da bagno	bathtub
il water	toilet

In città

Palazzo Ducale e Piazza San Marco (1755), Giovanni Antonio Canaletto (Galleria degli Uffizi, Firenze, olio su tela)

RIPASSO

IN THIS CHAPTER YOU WILL REVIEW:

- the **passato prossimo** of irregular verbs
- the imperfect vs. the **passato prossimo**
- how to compare people and things
- how to replace nouns with object pronouns

SCOPI

IN THIS CHAPTER YOU WILL LEARN:

- to express opinions
- to recognize events that took place in the distant past
- to compare people or things using *better* or *worse*
- more about the verb **piacere**
- about Italian cities, past and present

Secondo te... / Secondo Lei...
Expressing opinions

To express an opinion, say:

Secondo me...
or
A mio parere...

> **Secondo me, la cucina italiana è la migliore del mondo.**
> **A mio parere, è essenziale studiare una lingua straniera.**

To ask someone else's opinion, say:

(tu)	(Lei)
Secondo te... ?	**Secondo Lei... ?**

Secondo te, chi vincerà lo scudetto?

 A. Osserva ed ascolta.

Parte prima. Osserva ed ascolta mentre il signor Civai si presenta. Poi rispondi alle domande.

1. Cosa fa il signor Civai?

2. In quale città lavora?

3. Gli piace il suo lavoro?

Parte seconda. Osserva ed ascolta mentre il signor Civai parla di Siena. Scegli tutte le risposte giuste. **Attenzione!** Per alcune domande c'è più di una risposta giusta.

Vista panoramica di Siena (Toscana)

1. Secondo il signor Civai, Siena è una città molto bella perché _____.

   a. è molto antica
   b. ha molti monumenti e musei
   c. è molto ben conservata

2. Secondo il signor Civai, il Museo Civico al Palazzo Pubblico è il museo più significativo della città perché _____.

   a. è il più grande
   b. è quello che dirige lui
   c. contiene le opere d'arte più importanti dei pittori senesi dal Trecento (*1300s*) all'Ottocento (*1800s*)

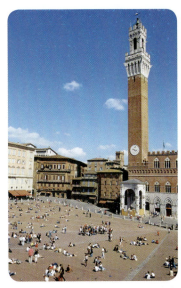

Palazzo Pubblico a Siena (Toscana)

Allegoria del buon governo (1337–1340), Ambrogio Lorenzetti (Museo Civico al Palazzo Pubblico, Siena, affresco)

3. Secondo il signor Civai, bisogna ricordare la storia politica di Siena perché _____.

   a. Siena è sempre stata governata da gruppi di persone elette
   b. Siena era sotto il controllo di una famiglia importante
   c. fino alla metà del Cinquecento (*1500s*), Siena ha sempre avuto una forma democratica di governo

In italiano

- Italian has two ways of indicating **secoli** (*centuries*).

  As in English you can use ordinal numbers (which after 10 are formed by dropping the final vowel of the number and adding **-esimo**).

  undicesimo (*eleventh*), **dodicesimo** (*twelfth*), **tredicesimo** (*thirteenth*), **quattordicesimo, quindicesimo, sedicesimo, diciassettesimo, diciottesimo, diciannovesimo, ventesimo, ventunesimo...**

- You can also eliminate the **mille** from the date and refer only to the *hundreds.*

  il Duecento, il Trecento, il Quattrocento, il Cinquecento, il Seicento...

  Dante, Petrarca e Boccaccio furono i più grandi scrittori italiani del Trecento / del quattordicesimo secolo.

- Because referring to centuries as **il Duecento** ('200 for the 1200's) and **il Trecento** ('300 for the 1300's) can create ambiguity with the actual years (200, 300), Italians distinguish between the two by inserting **nell'anno** before the year:

  nell'anno 200 (nel terzo secolo) vs. **nel Duecento (nel tredicesimo secolo)**

- To express time before and after the Common Era, use

  a.C. = avanti Cristo   **d.C. = dopo Cristo**

  I Greci fondarono le prime colonie in Sicilia nell'VIII sec. a.C. (nell'ottavo secolo avanti Cristo).

  Pompei ed Ercolano furono distrutte da un'eruzione del Vesuvio nel 79 d.C. (nel settantanove dopo Cristo).

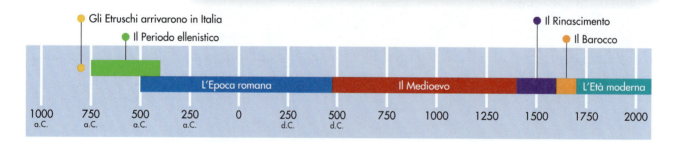

B. Un po' di cultura: Quando fu (*was*) il Medioevo?

Parte prima. Lavora con un compagno / una compagna. Leggi un anno e lui/lei userà la linea del tempo per dirti il periodo storico a cui corrisponde. Poi scambiatevi i ruoli.

ESEMPIO: S1: l'ottavo secolo avanti Cristo
          S2: il Periodo ellenistico

1. il Trecento   4. il Novecento

2. il Duecento   5. dal 500 a.C. al 476 d.C.

3. il Seicento   6. il Cinquecento

Parte seconda. Tra le opere d'arte all'inizio dei capitoli di *Avanti!*, trova un esemplare per ognuno dei seguenti periodi storici: **il Medioevo, il Rinascimento, il Barocco** e **l'Età moderna.** Confrontati con il resto della classe: per quale periodo avete trovato più esemplari? L'arte di quale periodo ti piace di più?

C. Una pausa fa bene.

| com'era | cosa vuoi fare | niente | purtroppo | secondo me |

Parte prima. Completa il dialogo, inserendo le espressioni al posto giusto.

—Finalmente siamo arrivati a metà semestre. Domani ho l'ultimo esame.

—In bocca al lupo! _____¹ durante le vacanze?

—Boh! Mi piacerebbe passare una settimana di relax totale al mare, ma _____² non ho abbastanza soldi e poi devo lavorare al ristorante e allora _____.³ Vedrai che resterò in città.

—Peccato! _____, ⁴ i bravi studenti meritano una vacanza.

—Hai ragione! Ma mio padre mi racconta sempre _____⁵ quando lui faceva l'università. Non andava mai in vacanza.

Parte seconda. Lavora con un compagno / una compagna e preparate un dialogo simile, usando tutte le espressioni della **Parte prima.** Poi presentatelo alla classe.

D. Culture a confronto: I turisti.

Parte prima. Dove preferiscono andare i turisti italiani? E i turisti stranieri? Ecco le statistiche.

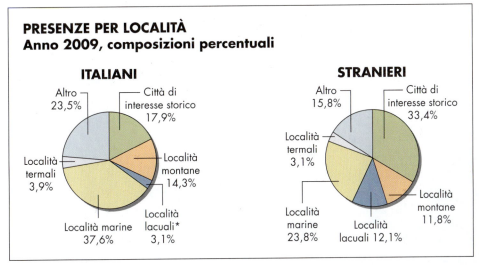

*Places on a lake

Source: www3.istat.it/dati/catalogo/20110405_01/20_turismo.pdf

Parte seconda. Dove preferisci andare quando vai in vacanza? Quanti studenti preferiscono visitare una città storica e quanti preferiscono andare al mare o andare in montagna? Quanti preferiscono un'altra destinazione?

Parte terza. I risultati sono simili o diversi da quelli italiani e/o da quelli stranieri? Secondo te, perché?

Escursionisti nelle Dolomiti

Spiega a un compagno / una compagna perché la città o il paese (*town*) dove sei cresciuto/a (*where you grew up*) era interessante dal punto di vista di un bambino. Preparati poi a presentare le tue opinioni alla classe.

ESEMPIO: Sono cresciuta a Chicago. Secondo me, era una città molto bella per una bambina: andavo in centro a visitare i musei, a Natale andavo a vedere tutte le vetrine e in estate potevo andare allo zoo.

Lessico

La città e il paese di provincia
Talking about Italian cities and towns

La città e il paese sono due tipi di centri abitati. Leggi questo brano per capire le differenze. (Riesci a capire le parole nuove evidenziate?)

In Italia ci sono più di 58 milioni di abitanti, molti dei quali vivono in città. Le città, o **centri urbani**, si distinguono in base al numero di **abitanti**. Le città piccole hanno fino a 40.000 abitanti; le città medie hanno da 40.000 a 200.000 mila abitanti; le città grandi hanno da 200.000 a un milione di abitanti; **le metropoli** hanno più di un milione di abitanti (in Italia: Roma, Milano, Napoli).

Traffico urbano a Roma (Lazio)

L'Italia è definita «L'Italia delle mille città» perché è ricca di centri urbani. Le città si differenziano dai **paesi di provincia** per il maggior numero di abitanti e anche perché hanno molti più servizi: scuole superiori, **banche**, vari tipi di negozi, supermercati, **musei**, **librerie**,* **parchi** pubblici, eccetera. Anche se ci sono meno servizi, per molte persone **vivere** in un paese di provincia è preferibile perché c'è meno **caos** e **rumore**, meno **smog** e **inquinamento** e più verde.

Molte città italiane hanno **un centro storico**, dove si **trovano** gli edifici più antichi e interessanti di valore **religioso** (il Duomo ed altre chiese) e di valore **civico** (il palazzo del comune). Il centro storico è considerato una parte molto **prestigiosa** della città dove si trovano anche le boutique e dove il costo degli

affitti è molto alto. Però le strade del centro storico non sono adatte al (*suited to*) **traffico**, perché sono state costruite quando non c'erano automobili. Per questa ragione in centro è spesso più facile **muoversi** con **i mezzi pubblici**—gli autobus, i tram o **la metropolitana** (a Milano, Roma e Napoli).

Centro storico di Mantova (Lombardia)

La periferia della città è invece meno prestigiosa e meno **costosa**. Ci sono costruzioni **moderne** ed è di solito divisa in **quartieri** con caratteristiche diverse (residenziali, industriali, ospedalieri, sportivi).

Periferia di Roma (Lazio)

*Attenzione! **La libreria** is a false cognate; it means *bookstore*. **La biblioteca** means *library*.

▶ Completa la tabella con le cose e le caratteristiche che, secondo la lettura, sono appropriate ad ogni categoria.

> i parchi pubblici
>
> le librerie   poco caos
>
> molti abitanti   poco rumore   le scuole superiori
>
> poco inquinamento   le banche
>
> poco smog

	Le cose e le caratteristiche
Il centro urbano	
Il paese di provincia	

> gli affitti alti
>
> gli affitti bassi   gli edifici moderni
>
> gli edifici antichi   il Duomo   il palazzo comunale
>
> i mezzi pubblici   le strade strette
>
> meno prestigiosa

	Le cose e le caratteristiche
Il centro storico	
La periferia	

▶ Answers to this activity are in Appendix 2 at the back of your book.

I negozi

▶ Ci sono vari tipi di negozi nelle città italiane. Guarda le foto e poi rispondi alle domande scegliendo il negozio giusto.

a. la macelleria

b. la pescheria

c. il negozio di frutta e verdura

(continued)

d. la gioielleria

e. la salumeria

f. il panificio / il forno

Dove vai per comprare...

1. il prosciutto? _____

2. il pesce? _____

3. la frutta fresca? _____

4. il pane? _____

5. un anello d'oro? _____

6. la carne? _____

▶ 🇮🇹 **Regioni d'Italia.** Ogni regione italiana ha una città che è il centro amministrativo regionale, **il capoluogo.** Usa la cartina in fondo al libro per identificare la regione che corrisponde ad ogni capoluogo.

1. Ancona		**11.** Milano	
2. Aosta		**12.** Napoli	
3. L'Aquila		**13.** Palermo	
4. Bari		**14.** Perugia	
5. Bologna		**15.** Potenza	
6. Cagliari		**16.** Roma	
7. Campobasso		**17.** Trento	
8. Catanzaro		**18.** Torino	
9. Firenze		**19.** Trieste	
10. Genova		**20.** Venezia	

▶ Consulta di nuovo la cartina per rispondere alle seguenti domande.

1. Quali **fiumi** (*rivers*) attraversano le seguenti città?
   a. Roma
   b. Verona
   c. Firenze
   d. Torino

▶ Answers to these activities are in Appendix 2 at the back of your book.

2. Ci sono otto capoluoghi che hanno **un porto.** Quali sono?

In Italia

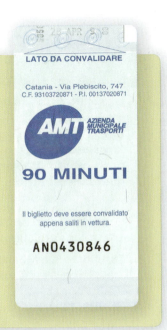

In Italia **i biglietti** per l'autobus si vendono in
biglietteria (*ticket office*), in tabaccheria o in
edicola (*newsstand*). Un biglietto urbano costa
circa un euro. Quando salgono sull'autobus i
passeggeri devono convalidare il biglietto, cioè
metterlo nell'apposita macchina che ci stampa
la data e l'ora. In molte città il biglietto rimane
valido per 60–90 minuti.

Attenzione! Se i passeggeri non mostrano
un biglietto convalidato al controllore
(*conductor*), devono pagare **una multa**
equivalente a 60 volte il prezzo del biglietto!

A. Città o paese?

Parte prima. Quali parole associ ad un centro urbano (**C**) e quali ad un paese di
provincia (**P**)?

	C	P			C	P
1. la tranquillità	☐	☐	**6.** il monumento storico		☐	☐
2. il vigile (*traffic cop*)	☐	☐	**7.** la delinquenza		☐	☐
3. i musei	☐	☐	**8.** il taxi		☐	☐
4. il silenzio	☐	☐	**9.** lo stress		☐	☐
5. la metropolitana	☐	☐	**10.** la solitudine		☐	☐

Parte seconda. Lavora con tre o quattro studenti. Quanti altri luoghi, cose o persone che si
trovano in un centro urbano e in un paese di provincia potete elencare (*list*) in due minuti?

Parte terza. Adesso prendete la lista di un altro gruppo. Quanti altri luoghi, persone o cose
potete aggiungere alle due categorie in tre minuti? Quale gruppo ha le liste più lunghe?

B. Ho molto da fare oggi!

Parte prima. Scegli quattro o cinque dei seguenti negozi e scrivi frasi per dire quello
che devi comprare oggi.

la pescheria   la macelleria   la gioielleria   il tabaccaio

il panificio / il forno   la libreria   la pasticceria   l'edicola

la salumeria   Benetton

ESEMPIO: Devo comprare un dizionario.
Devo comprare…

Parte seconda. Di' quello che devi comprare a un compagno / una compagna e lui/lei
ti dirà dove devi andare.

ESEMPIO: **S1:** Devo comprare un dizionario.
S2: Devi andare in libreria.

Retro

Perché anche i non-
fumatori vanno spesso
in tabaccheria? Per
saperlo vai a **Capitolo
12, Retro** su **Connect
Italian.**

In italiano

- Here are some expressions for talking about daily life.

cambiare casa   *to move,*
   to change houses
fare la spesa   *to go grocery shopping*
fare spese/shopping   *to go shopping*
fare un salto   *to stop by*
guardare le vetrine
   to window-shop

mandare/spedire un pacco
   to send a package
parcheggiare   *to park*
il parcheggio   *parking lot/*
   space
trasferirsi   *to relocate*

- Notice how **nascere, crescere** (*to grow up*), and **vivere** are used to refer to one's relationships to places.

**Sono nato/a a Milano
   ma sono cresciuto/a
   a Bologna.**

*I was born in Milan but
   I grew up in Bologna.*

**Ho vissuto cinque anni
   a Genova.**

*I lived in Genova for
   five years.*

C. I consigli.
Il tuo migliore amico / La tua migliore amica ha sempre un problema da risolvere. Trova la soluzione appropriata.

> **ESEMPIO:** **S1:** Devo uscire stasera ma sono senza soldi.
> **S2:** Perché non fai un salto al bancomat?

1. Devo trovare un vestito elegante per il matrimonio di un amico, ma non so cosa voglio.

2. È il compleanno di mia madre venerdì prossimo e non posso andare a casa a festeggiare perché non ho i soldi per il treno.

3. Non riesco a trovare lavoro in questo piccolo paese.

4. Una mia amica viene a cena stasera e il frigo è vuoto (*empty*)!

5. Non ne posso più (*I can't stand it anymore*)! Abbiamo tre bambini ma solo due camere e un bagno. Questa casa è troppo piccola!

6. Ho un appuntamento alle 18.00 in centro ma è difficile trovare parcheggio a quell'ora.

D. La parola giusta.

Parte prima. Gianfranco e Caterina hanno sistemazioni diverse. Completa le frasi con l'espressione appropriata. **Attenzione!** Devi usare tutte le espressioni una volta.

| abitanti | l'affitto | i palazzi | l'inquinamento |
| paese | periferia | il quartiere | spese | tranquilla |

Gianfranco

1. Gianfranco non abita in città, abita in un piccolo _____ in montagna vicino a Trento.

2. Preferisce vivere in montagna dove l'aria (*air*) è pulita e non c'è _____.

3. In un paese di provincia la vita è più _____ che in città perché c'è meno caos e rumore.

4. Non ci sono negozi nel suo paese. Se Gianfranco vuole fare _____, deve andare a Trento.

Caterina

1. Caterina abita a Roma. Roma è una metropoli perché ha più di un milione di
   _____ .

2. Caterina non è contenta di vivere in periferia dove le costruzioni sono moderne. Preferisce _____ antichi che si trovano nel centro storico.

3. Molte persone vogliono vivere a Trastevere perché è _____ più antico di Roma.

4. A Caterina piacerebbe un appartamento in centro, ma _____ è troppo alto e non ha molti soldi. Mi sa (*It seems to me*) che deve rimanere in
   _____ .

Parte seconda. Lavora con un compagno / una compagna. Scrivete altre frasi sulle sistemazioni di Gianfranco e Caterina usando le seguenti parole.

> crescere   l'edicola   la macelleria   i mezzi pubblici
>
> il parcheggio   il rumore   le vetrine

E. Culture a confronto: I problemi principali della vita in città.

Parte prima. Con i compagni di classe, fai una lista di quattro problemi principali della vita in città nel vostro paese.

Parte seconda. Ecco cosa dicono gli italiani. I problemi che avete indicato voi sono simili o diversi?

Il traffico	41.2%
La difficoltà di parcheggio	38%
L'inquinamento dell'aria (lo smog)	36.8%
Il rumore	32.6%

Source: www.istat.it/it/archivio/44575

F. Città o provincia?

Parte prima. Collega i contrari (*opposites*). **Attenzione!** Alcuni aggettivi hanno più di un contrario.

1. caotico
2. complicato
3. frenetico
4. monotono
5. noioso
6. pericoloso (*dangerous*)
7. rumoroso
8. stressante

a. calmo
b. divertente
c. piacevole (*pleasing*)
d. sicuro
e. silenzioso
f. stimolante
g. semplice
h. tranquillo

Parte seconda. Adesso completa queste frasi secondo la tua opinione. Nel primo spazio inserisci degli aggettivi, poi motiva la tua scelta. Discuti le tue opinioni con i compagni.

Secondo me, la vita in un centro urbano è… perché…

Secondo me, la vita in un paese di provincia è… perché…

Strutture

Ripasso: Ho vinto la lotteria!

⟳ The present perfect of irregular verbs

Parte prima. Completa ogni verbo con il participio passato. (Hai bisogno di aiuto? Vedi **Capitolo 7, Strutture 7.2.**)

1. nascere	sono _____	**6.** vedere	ho _____
2. rimanere	sono _____	**7.** essere	sono _____
3. vincere	ho _____	**8.** prendere	ho _____
4. perdere	ho _____	**9.** scrivere	ho _____
5. leggere	ho _____	**10.** crescere	sono _____

Parte seconda. Scegli sei verbi e scrivi frasi originali che sono vere per te. Con gli altri quattro verbi, scrivi frasi false.

> **ESEMPIO:** Sono nato il 24 luglio.

Parte terza. Leggi tutte le frasi a un compagno / una compagna. Lui/Lei ascolterà e prenderà appunti e poi deciderà quali sono le quattro frasi false.

▶ Answers to this activity are in Appendix 2 at the back of your book.

12.1 Chi fu?

The past absolute

1 The **passato remoto** is another past tense that is usually used to talk about events in the distant past, such as historical events. It is often used instead of the **passato prossimo** in novels and short stories.

2 The endings of the three regular conjugations are very similar in the **passato remoto**. Notice that regular **-ere** verbs have alternative forms for **io, lui,** and **loro.**

In Italia

L'uso del passato remoto varia secondo la zona geografica. Nell'Italia meridionale si usa il passato remoto quotidianamente nella lingua parlata. Nell'Italia settentrionale gli italiani lo vedono quasi esclusivamente nei romanzi e nei libri di storia.

andare	**credere**	**costruire** (*to construct*)
and**ai**	cred**ei** / cred**etti**	costru**ii**
and**asti**	cred**esti**	costru**isti**
and**ò**	cred**è** / cred**ette**	costru**ì**
and**ammo**	cred**emmo**	costru**immo**
and**aste**	cred**este**	costru**iste**
and**arono**	cred**erono** / cred**ettero**	costru**irono**

3 **Essere** is completely irregular in the **passato remoto**.

essere
fui
fosti
fu
fummo
foste
furono

4 The verb **avere** is also irregular, but there is a pattern. The **io, lui/lei,** and **loro** forms are similar.

avere
ebbi
avesti
ebbe
avemmo
aveste
ebbero

5 Many irregular verbs, most of which are **-ere** verbs, also have irregular **io, lui/lei,** and **loro** forms. Here are the third-person singular (**lui/lei**) forms of several commonly used irregular verbs.

INFINITO	PASSATO REMOTO **lui/lei**
conoscere	conobbe
decidere	decise
dipingere	dipinse
dire	disse
fare	fece
mettere	mise
morire	morì
nascere	nacque
perdere	perse
prendere	prese
rimanere	rimase
rispondere	rispose
scrivere	scrisse
vedere	vide
venire	venne
vincere	vinse

▶ To learn about the use of the **passato remoto** vs. **l'imperfetto,** see **Strutture 12.2.**

study tip

The goal of this lesson is to be able to recognize the forms of the **passato remoto** when you read. Since it is used to tell stories and talk about historical events and people who are no longer living, the most frequent form that you will encounter in this chapter is the third person singular (**lui/lei**).

A. Un po' di cultura: Italiani famosi. Completa le descrizioni con la persona giusta.

> Enrico Fermi   Dante Alighieri   Carlo Collodi
> Nicolò Machiavelli   Anna Magnani   Leonardo da Vinci

1. _____ **dipinse** *La Gioconda.*
2. _____ **scrisse** *Le avventure di Pinocchio* nel 1881.
3. _____ **fu** la protagonista del film *Roma, città aperta* (1945) di Roberto Rossellini.
4. _____ **fu** l'autore del Trecento che **scrisse** la *Divina Commedia.*
5. _____ **scoprì** l'energia nucleare.
6. _____ **fu** il filosofo della politica che **scrisse** *Il principe* durante il Rinascimento.

Targa, Casa di Giulietta, Verona (Veneto). Riesci a trovare i quattro verbi al passato remoto?

B. Riconosci il passato remoto? Scrivi questi verbi al passato prossimo.
Attenzione! Usa l'ausiliare (**avere/essere**) giusto.

1. scrisse _____
2. disse _____
3. rispose _____
4. rimase _____
5. decise _____
6. perse _ha perso_
7. dipinse _____
8. vinse _____
9. ebbe _____
10. conobbe _____
11. nacque _____
12. morì _____
13. inventò _____
14. prese _____

C. Trova il passato remoto.

Parte prima. Leggi questo brano su Giulio Cesare e sottolinea tutti i verbi al passato remoto. Poi riscrivi al passato prossimo i verbi che hai sottolineato. **Attenzione!** Ci sono nove verbi al passato remoto.

Intorno al 100 a.C., da una nobile e antica famiglia romana, nacque Caio Giulio Cesare. Nella sua giovinezza ebbe un ruolo importante la madre Aurelia e in lei Cesare ebbe sempre grandissima fiducia (*trust*). Verso i trent'anni Cesare cominciò ad affermarsi (*establish himself*) nella vita politica di Roma. Per attuare (*put into effect*) un suo programma di riforme, si alleò con (*he formed an alliance with*) le due persone più potenti (*powerful*) della città: Pompeo e Crasso. Questo patto fra i tre uomini prese il nome di «triumvirato». A Cesare fu affidato (*entrusted*) il governo della Gallia (*Gaul, now modern-day France*) e presto si rivelò (*he revealed himself*) il più forte dei triumviri. Il 15 marzo del 44 a.C. fu ucciso (*killed*) da un gruppo di oppositori che non tolleravano il suo potere.

Parte seconda. Rispondi alle domande.

1. Quando nacque Giulio Cesare?
2. Quando morì Giulio Cesare?
3. Che fu il triumvirato?
4. Chi fu il più forte dei triumviri?

Giulio Cesare (100 a.C.– 44 a.C.)

D. Il bastone (cane) magico.

Parte prima. In questa favola (*fable*) di Gianni Rodari un ragazzino, Claudio, riceve un bastone magico da un vecchio signore. Sottolinea tutti i verbi al passato remoto che trovi nel testo e poi abbinali (*match them*) alle forme del passato prossimo qui sotto.

ha detto   è rimasto   ha picchiato (*tapped*)

si è allontanato (*walked away*)   è caduto   è passato

è stato   ha porto (*offered*)   ha sorriso (*smiled*)

Un giorno il piccolo Claudio giocava sotto il portone, e sulla strada passò un bel vecchio con gli occhiali d'oro, che camminava curvo (*bent over*), appoggiandosi ad (*leaning on*) un bastone, e proprio davanti al portone il bastone gli cadde (*fell from his hands*).

Claudio fu pronto a raccoglierlo e lo porse al vecchio, che sorrise e disse: «Grazie, ma non mi serve. Posso camminare benissimo senza. Se ti piace, tienilo.»

E senza aspettare risposta si allontanò, e pareva (*he seemed*) meno curvo di prima.

Claudio rimase lì col bastone fra le mani e non sapeva che farne. Era un comune (*normal*) bastone di legno (*wood*), col manico ricurvo (*curved handle*) e il puntale di ferro (*iron tip*), e niente altro di speciale da notare.

Claudio picchiò due o tre volte il puntale per terra, poi…

(Rodari, Gianni, 1993, *Favole al telefono*, Einaudi Ragazzi, pp. 93–95)

Parte seconda. Leggi la favola. Non ti preoccupare se non capisci tutte le parole, cerca solo di capire l'idea generale della storia.

Parte terza. Il bastone è magico perché quando Claudio picchia il puntale per terra, succedono cose straordinarie. Formate gruppi di tre o quattro. Completate l'ultima frase insieme e raccontate la vostra versione ai compagni. **Attenzione!** Usate i verbi al passato prossimo.

ESEMPIO: Claudio ha picchiato due o tre volte il puntale per terra, poi il bastone è diventato un albero di cioccolato. Claudio è salito sull'albero e ha cominciato a mangiare tutti i cioccolatini…

In Italia

Firenze: città turistica d'arte
Abitanti: fiorentini
Regione: Toscana
Popolazione: 364.779
Piatti tipici: bistecca alla fiorentina, pici
Santo patrono: San Giovanni Battista, 24 giugno
Monumenti: il Campanile di Giotto, il Giardino di Boboli, il Palazzo Vecchio, il Palazzo Pitti, il Palazzo degli Uffizi, Santa Maria del Fiore

Vista panoramica di Firenze (Toscana)

Ripasso: Una gita a Firenze

The imperfect versus the **passato prossimo**

▶ Dina è studentessa di storia dell'arte a Bologna. Ieri è andata a visitare la città e i musei di Firenze. Aveva solo un giorno a disposizione (*free*) e c'erano molte cose da vedere. Completa il racconto della sua visita con il passato prossimo o l'imperfetto dei verbi tra parentesi.

Dina _____¹ (prendere) il treno delle 7.00 da Bologna ed _____² (arrivare) a Firenze alle 9.00. Prima _____³ (andare) a Santa Maria Novella, una chiesa medievale dove si possono vedere le opere di Brunelleschi, Filippino Lippi e Masaccio.

Chiesa Santa Maria Novella

San Lorenzo

Ponte Vecchio

Poi _____⁴ (prendere) l'autobus per andare alla basilica di Santa Croce a vedere gli affreschi di Giotto e delle sculture rinascimentali.[a] Dopo _____⁵ (decidere) di fare un giro al mercato di San Lorenzo.

Mentre _____⁶ (guardare) le borse ad una bancarella, _____⁷ (vedere) un'amica, Sabrina, che frequentava il suo corso di arte rinascimentale. L'ha invitata a passare la giornata insieme, ma Sabrina _____⁸ (avere) un altro impegno. A questo punto _____⁹ (essere) le due del pomeriggio: ora di andare alla Galleria dell'Accademia. Dina _____¹⁰ (essere) ansiosa di vedere il *David,* la famosissima scultura di Michelangelo. Dopo tre ore nel museo, Dina _____¹¹ (avere) una fame da lupo.

Mentre _____¹² (andare) a Ponte Vecchio, _____¹³ (fermarsi) in un bar a prendere un panino e qualcosa da bere. Per non sprecare[b] tempo, _____¹⁴ (mangiare) mentre _____¹⁵ (guardare) le botteghe e gli orefici[c] sul ponte. Ormai _____¹⁶ (essere) tardi. Dina _____¹⁷ (andare) in stazione per tornare a Bologna.

[a]*from the Renaissance* [b]*to waste* [c]*botteghe... shops and gold shops*

▶ Answers to this activity are in Appendix 2 at the back of your book.

12.2 Chi fu? Com'era?

The imperfect versus the past absolute

▶ The same difference that exists between the **imperfetto** and the **passato prossimo** exists between the **imperfetto** and the **passato remoto.**

Firenze

▶ **Parte prima.** Leggi il brano sulla storia di Firenze.

Prima del XII secolo Firenze non era molto importante, ma nel XII secolo la città ebbe una notevole crescita economica grazie al commercio della lana (*wool*) e della seta (*silk*). Nel 1183 Firenze diventò repubblica, molta gente vi (*there*) si trasferì e la città cominciò ad espandersi. Anche a causa di questa crescita, si crearono tensioni tra le due fazioni aristocratiche della città: i guelfi (sostenitori [*supporters*] del papa) e i ghibellini (sostenitori dell'imperatore). Nonostante (*Despite*) le continue battaglie politiche tra le due fazioni, Firenze continuò a crescere e predominò su quasi tutta l'Italia centrale. La sua ricchezza (*wealth*) era particolarmente evidente nelle costruzioni cominciate in quell'epoca (XIII secolo), come le chiese di Santa Maria Novella e di Santa Croce. Nella prima metà del XIV secolo, Firenze era una delle città più popolate nel mondo e un potente centro di commercio.

▶ **Parte seconda.** Rispondi alle domande.

1. Quale fu la causa dell'urbanizzazione di Firenze nel Medioevo?
2. Quali erano le due fazioni che non andavano d'accordo a Firenze?
3. Quali chiese si cominciarono a costruire nel XIII secolo?

▶ **Parte terza.** Fai due liste: una di tutti i verbi al passato remoto (ce ne sono sette) e una di tutti i verbi all'imperfetto (ce ne sono tre). Per i tre verbi all'imperfetto e tre verbi a scelta al passato remoto, spiega perché si usa l'imperfetto o il passato remoto.

▶ Answers to this activity are in Appendix 2 at the back of your book.

Ripasso: Il paese è più tranquillo della città

↻ The comparative

Parte prima. Completa queste affermazioni con aggettivi appropriati.

1. Il paese è **meno** _____ **della** città.
2. La vita in città è **più** _____ **della** vita in un paese di provincia.
3. La metropolitana è **più** _____ **dell'**autobus.
4. Il costo della vita in un paese è **meno** _____ **del** costo della vita in città.
5. Il ritmo (*pace*) della vita in città è **più** _____ **del** ritmo della vita in un paese di montagna.

Parte seconda. Lavora con un compagno / una compagna. Fate un paragone tra due città italiane che conoscete.

ESEMPIO: Roma è più grande di Firenze, ma secondo noi Firenze è più bella perché…

12.3 Dove si vive meglio?
The irregular comparative

1 The adjectives **buono** (*good*) and **cattivo** (*bad*) describe nouns. When comparing two nouns, you can express the fact that one is *better than* or *worse than* the other with the regular comparative forms **più buono di / più cattivo di.**

Secondo me…	In my opinion . . .
la pasta è **più buona del** pesce.	*pasta is better than fish.*
gli gnocchi sono **più buoni delle** lasagne.	*gnocchi are better than lasagna.*
il pesce è **più cattivo della** pasta.	*fish is worse than pasta.*
le lasagne sono **più cattive degli** gnocchi.	*lasagna is worse than gnocchi.*

Attenzione! Remember that the adjective agrees in gender and number with the *first* noun in the comparison.

The irregular forms of these adjectives, **migliore di** (*better than*) and **peggiore di** (*worse than*), have the same meaning.

La pasta è **migliore del** pesce.
Gli gnocchi sono **migliori delle** lasagne.
Il pesce è **peggiore della** pasta.
Le lasagne sono **peggiori degli** gnocchi.

2 **Bene** (*well*) and **male** (*badly*) are adverbs: they modify verbs. When comparing how an action is carried out, you use the comparative forms of adverbs **meglio di** (*better than*) and **peggio di** (*worse than*).

Guido nuota **bene.**	*Guido swims well.*
Luca nuota **male.**	*Luca swims badly.*
Guido nuota **meglio di** Luca.	*Guido swims better than Luca.*
Luca nuota **peggio di** Guido.	*Luca swims worse than Guido.*

A. Regioni d'Italia: Le tue opinioni. Scegli la parola che esprime la tua opinione e poi completa la frase. Se hai bisogno di aiuto, consulta le cartine in fondo al libro. Quando hai finito, l'insegnante farà un sondaggio della classe per conoscere le opinioni della maggioranza.

Secondo me…

1. la qualità della vita a Napoli è <u>migliore / peggiore</u> della qualità della vita ad Assisi perché…

2. le possibilità di trovare lavoro in un'azienda internazionale in Lombardia sono <u>migliori / peggiori</u> delle possibilità in Campania perché…

3. a dicembre una gita (*trip*) a Catania è <u>migliore / peggiore</u> di una gita a Cortina perché…

4. in agosto un weekend a Bolzano è <u>migliore / peggiore</u> di un weekend a Rimini perché…

5. la qualità dell'aria a Milano è <u>migliore / peggiore</u> della qualità dell'aria ad Aosta perché…

In Italia

Veduta di Venezia (Veneto)

B. Marco e Riccardo.

Parte prima. Marco e Riccardo sono due compagni di casa molto differenti. Completa le frasi con le parole giuste.

1. Riccardo gioca a tennis <u>migliore / meglio</u> di Marco.

2. Marco cucina <u>migliore / meglio</u> di Riccardo. Quindi, le lasagne di Marco sono <u>migliori / meglio</u> delle lasagne di Riccardo.

3. Riccardo parla francese <u>peggiore / peggio</u> di Marco.

4. Riccardo gioca a golf <u>migliore / meglio</u> di Marco.

5. Riccardo e Marco seguono un corso di matematica insieme. I compiti di Marco sono sempre <u>migliori / meglio</u> dei compiti di Riccardo.

6. Marco pulisce la casa <u>migliore / meglio</u> di Riccardo.

7. La bici di Marco è vecchia e malandata (*in bad shape*) perché non la usa mai. Riccardo, invece, prende la sua tutti i giorni. La bici di Riccardo è <u>migliore / meglio</u>.

Parte seconda. Lavora con uno o due compagni. In base alle risposte della **Parte prima** descrivete Marco e Riccardo. Cosa gli piace / non gli piace? Cosa fanno nel tempo libero?

C. Quale è migliore?

Parte prima. Scrivi le tue opinioni. Usa **migliore** o **peggiore**.

ESEMPIO: Secondo me (A mio parere), l'opera lirica è migliore del jazz.

1. la pizza ai funghi / la pizza ai quattro formaggi

2. la vita in campagna / la vita in città

3. una vacanza al mare / una vacanza in montagna

4. una festa di compleanno con gli amici / una festa di compleanno con la famiglia

5. la musica rock / il rap

6. l'autobus / la metropolitana

Parte seconda. Trova un compagno / una compagna che ha le stesse opinioni. Prendi appunti e poi presenta i risultati ai compagni.

ESEMPIO:
S1: Secondo te, l'opera lirica è migliore del jazz?
S2: Sì!
S1 e S2: Secondo me e Cristina, l'opera è migliore del jazz.

In italiano

If you want to express that someone is *better* or *worse* at a particular activity than yourself, you use: **meglio/ peggio di me.**

> **Marcello gioca a tennis meglio di me, ma Sandra gioca peggio di me.**

Grammatica dal vivo:

Il comparativo irregolare

Carlotta è di Ivrea, in provincia di Torino, ma poco tempo fa si è trasferita a Salerno. Vai su **Connect Italian** per guardare l'intervista con Carlotta che parla delle differenze tra queste due città. Poi completa le attività di comprensione.

www.connectitalian.com

D. Chi gioca meglio?

Parte prima. Indica quanto sei abile in ogni attività.

| benissimo | bene | male | malissimo |

1. cucinare
2. dipingere
3. giocare a tennis
4. giocare a calcio
5. ballare
6. nuotare

Parte seconda. Trova le persone che fanno queste attività meglio o peggio di te. Prendi appunti e poi presenta i risultati ai compagni.

ESEMPIO: **S1:** Come cucini?

S2: Bene. E tu?

S1: Io cucino malissimo!

S1: Luigi cucina meglio di me.

Ripasso: Posso aiutarLa?

 Object pronouns

A chi o a cosa si riferiscono i pronomi evidenziati in questi mini-dialoghi? Sono complementi oggetto diretto o indiretto?

1. IL DIRETTORE: Signora Ricci, per favore, chiami il Signor Talmi e **gli** dica che posso incontrar**lo** domani mattina alle 10.00.

   LA SEGRETARIA: Sì, sì. Subito.

2. LA MAMMA: Tommaso, hai comprato i fiori per i nonni?

   TOMMASO: No, **li** compro stasera quando esco.

3. IL CAMERIERE: **Le** porto il conto?

   CARLO: Va bene. Grazie.

4. SOFIA E LUISA: **Ci** porti a casa in macchina?

   MAURO: Certo, volentieri.

5. ALESSANDRA: Hai dato i libri a Raffaella ed Enrica?

   RITA: No, non **gli** ho potuto dare niente.

   ALESSANDRA: Perché?

   RITA: Perché non **le** ho più viste a lezione.

6. LA COMMESSA: Posso aiutar**La**?

   SIMONE: Sì, grazie. Cerco una maglietta per la mia ragazza. **Le** piace il collo a 'V' (*V-neck*).

▶ To learn about double object pronouns, see **Per saperne di più** at the back of your book.

▶ Answers to this activity are in Appendix 2 at the back of your book.

12.4 A Silvia piacciono le scarpe

More about the verb **piacere**

1 The verb **piacere** doesn't behave like other verbs. **Piacere** literally means *to be pleasing to*, so it has a subject and an indirect object; the subject is what is pleasing, and the indirect object is the person who is pleased. In the following sentence **le scarpe** is the subject of **piacere,** and **Silvia** is the indirect object (that's why **Silvia** is preceded by the preposition **a**).

INDIRECT OBJECT	SUBJECT	
↓	↓	
A Silvia piacciono **le scarpe.**		*The shoes are pleasing to Silvia.* (*Silvia likes the shoes.*)
A Silvia piace **disegnare.**		*Drawing is pleasing to Silvia.* (*Silvia likes drawing.*)

2 If the indirect object of the verb **piacere** has a definite article, the preposition **a** contracts with the article to form an articulated preposition.

Alla mia amica piacciono gli orecchini.

The earrings are pleasing to my friend (f.).
(My friend [f.] likes the earrings.)

Ai ragazzi piace il giubbotto.

The jacket is pleasing to the guys.
(The guys like the jacket.)

3 Don't be fooled by the word order! With **piacere,** the indirect object, not the subject, may precede the verb.

▶ Identify the subject of **piacere** in the following sentences.

---

1. Mi **piace** vivere in città.

2. Ci **piacciono** i negozi del nostro quartiere.

3. Ai bambini **piacciono** i biscotti.

4. A Luisa **piace** il cane di Maria.

5. La nuova macchina **piace** a mia madre, ma non **piace** a mio padre.

▶ Answers to this activity are in Appendix 2 at the back of your book.

A. Ascolta. L'insegnante leggerà delle frasi. Indica il soggetto del verbo **piacere.**

1. **a.** Maria **b.** gli spaghetti

2. **a.** io **b.** nuotare

3. **a.** la natura **b.** Michele

4. **a.** fare le vacanze in Italia **b.** mia madre

5. **a.** Leonardo e Guido **b.** tutti gli sport

B. Le conclusioni.

Parte prima. Scegli la conclusione giusta per ogni frase.

1. Luigi mangia sempre i broccoli, le zucchine e l'insalata.
   a. Gli piace la verdura. **b.** Le piace la verdura.

2. Marcella gioca a tennis, a calcio e a golf.
   a. Gli piace lo sport. **b.** Le piace lo sport.

3. Francesca e Maria guardano *La vita è bella, Roma, città aperta* e *Cinema Paradiso.*
   a. Gli piacciono i film italiani. **b.** Le piacciono i film italiani.

4. Toni ed io ascoltiamo Nek, Eros Ramazzotti e Laura Pausini.
   a. Mi piace la musica italiana. **b.** Ci piace la musica italiana.

5. Vai spesso a Firenze, Siena e San Gimignano.
   a. Ti piace la Toscana. **b.** Mi piace la Toscana.

6. Non guiderò mai a Roma, Milano o Napoli.
   a. Non ti piace il traffico. **b.** Non mi piace il traffico.

Parte seconda. Scrivi tu le conclusioni. Segui il modello della **Parte prima.**

1. Tu e Diana mangiate spesso le torte, i biscotti, il tiramisù e la zuppa inglese.

2. Roberto e Marta vanno sempre a Rimini.

3. Tu e i tuoi amici andate in Trentino–Alto Adige ogni inverno.

4. Io e mia madre andiamo spesso da Benetton.

5. Maurizio mangia sempre il gorgonzola, la mozzarella e la fontina.

6. Quando devo fare un viaggio lungo, non prendo mai la macchina. Viaggio sempre in treno.

C. Persone famose. Abbina le persone a sinistra con le cose che gli piacciono (o gli piacevano) a destra. Poi scrivi frasi complete con **piacere**.

ESEMPIO: Ad Enrico Fermi piaceva la fisica. / A Sofia Loren piace recitare.

Miuccia Prada
Cristoforo Colombo
Sofia Loren   Ligabue
Alessandro Del Piero
Enrico Fermi
Giuseppe Verdi

la fisica
viaggiare   recitare
le opere liriche
i vestiti   la musica rock
giocare a pallone

D. Il gioco della memoria. Formate cerchi di 7 o 8 studenti. La prima persona sceglie una categoria e poi dice una cosa che (non) gli/le piace in quella categoria. Ogni persona che segue deve dire cosa (non) piace a lui/lei e ripetere cosa (non) piace a tutte le persone precedenti.

Le regole: Non si possono ripetere le risposte. Se dimentichi una risposta o se dimentichi di dire "a" prima dei nomi dei compagni, il gioco ricomincia da capo (*from the beginning*).

la cucina italiana   i vestiti   le professioni
la vita universitaria   le feste (religiose e nazionali)
la città e la provincia

ESEMPIO: la città e la provincia
S1: Mi piace Palermo.
S2: Mi piace Roma. A Maria piace Palermo.
S3: A Marco piace Roma, a Maria piace Palermo, non mi piace Rimini.

In Italia

Palermo: città turistica d'arte
Abitanti: palermitani
Regione: Sicilia
Popolazione: 665.434
Piatti tipici: pasta con le sarde, caponata, pasta reale (*marzipan*), cannoli siciliani
Santa patrona: Santa Rosalia, 15 luglio
Monumenti: il Castello della Zisa, la Cattedrale, la Kalsa, il mercato della Vucciria, il Museo archeologico, Piazza Pretoria, il Palazzo dei Normanni e la Cappella Palatina, i Quattro Canti, il Teatro Massimo

Chiesa cattedrale a Palermo (Sicilia)

Ascoltiamo!

Le città italiane attraverso il tempo

A. Osserva ed ascolta. Osserva ed ascolta mentre Federico ti parla delle caratteristiche delle città in diversi periodi storici.

B. Completa. Completa le seguenti frasi, inserendo la parola appropriata della lista qui sotto. Usa ogni parola *una sola volta*. **Attenzione!** La lista contiene dieci parole; devi usarne solamente otto.

coltivazione	clima	greca	medioevale	moderna
preistorica	il Rinascimento	romana	Seicento	il trasporto

1. I centri maggiori sono sorti (*sprang up*) in aree fertili e di facile _____.
2. I centri maggiori si trovano in zone dal _____ mite e presso un fiume o lungo le coste del mare per rendere più facile _____ di persone e merci (*goods*).
3. Le città di origine _____ erano delle colonie.
4. Le città di origine _____ hanno una tipica pianta quadrangolare.
5. Le città di origine _____ sono caratterizzate da piccole strade strette e a curve e da una cerchia di mura (*walls*) che le circonda.
6. Durante _____ non sono state fondate molte città. Invece quelle già esistenti sono state trasformate per farle più belle e più comode.
7. Lo stile grandioso del barocco nel _____ ha trasformato le città con la costruzione di imponenti edifici e monumenti dalle linee curve, con forti effetti scenografici.

C. Tocca a te! Secondo te, quale tipo di città è più interessante? Perché?

Secondo me (A mio parere), la città di origine… è la più interessante perché…

Vittoriano (monumento nazionale a Vittorio Emanuele II), Roma (Lazio)

PAROLE PER LEGGERE

la disoccupazione
unemployment
inoltre *besides*
notevole *significant,
noteworthy*
ospitare *to host*
possedere *to possess*
la rete *network; net*

Leggiamo!

Le città italiane di oggi

A. Prima di leggere. Lavora con un compagno / una compagna. Fate una lista di cinque città italiane. Per ogni città scrivete un aggettivo.

B. Al testo!

Parte prima. Guarda la cartina d'Italia e leggi le informazioni sulle città italiane.

---

3 *Le città italiane di oggi*   **M2**

La zona compresa tra Torino, Milano e Genova è definita anche «il **triangolo industriale**», perché possiede le maggiori industrie e i maggiori centri di produzione: Torino, centro di grandi industrie; Milano, centro industriale e commerciale; Genova, con il maggiore porto commerciale. In questa zona, che ha sempre offerto notevoli[1] possibilità di lavoro, è dunque affluito[2] un grande numero di persone da ogni regione d'Italia. ●

● *La zona veneta* (il cosiddetto «**Nord-Est**») è caratterizzata da un intensissimo, recente, impetuoso sviluppo industriale. Si produce «di tutto», si esporta ovunque;[8] questa zona è divenuta una vera e propria potenza[9] economica. Verona, Vicenza, Padova, Pordenone sono i centri più dinamici e noti, dove – si può quasi dire – «non esiste disoccupazione».

● *La zona emiliana* è caratterizzata da molte attività industriali e agricole ed è sede[10] di città grandi e medie, come Bologna, Parma, Reggio nell'Emilia, Modena, Ferrara, Ravenna.

● *La zona marchigiana e umbra* è rimasta più a lungo agricola, industrializzandosi[11] in tempi relativamente recenti; è sede di città medie e piccole, alcune delle quali dedite all'industria (ad esempio Terni), al commercio e ai trasporti (porti di Ancona e di San Benedetto del Tronto) e altre sono città turistiche e universitarie (come Perugia e Urbino).

● *La zona toscana* ospita oggi città industriali (tra cui Prato e Pistoia) e città turistiche (ad esempio Firenze, Pisa, Viareggio).

★ più di 1.000.000 abitanti

● da 200.000 a 1.000.000 abitanti

• meno di 200.000 abitanti

(Mappa d'Italia con le città: Torino, Milano, Verona, Vicenza, Padova, Pordenone, Reggio Emilia, Parma, Modena, Bologna, Ferrara, Ravenna, Rimini, Genova, Viareggio, Pisa, Pistoia, Prato, Firenze, Urbino, Ancona, Perugia, Terni, San Benedetto del Tronto, Roma, Bari, Napoli, Palermo)

● *Roma*, capitale italiana dal 1871, pur possedendo poche industrie, ospita ministeri, uffici governativi e numerose attività di servizio, per cui attrae[3] un notevole flusso[4] di persone, specie[5] dall'Italia meridionale; è inoltre[6] uno dei «poli»[7] del turismo mondiale.

● *La zona meridionale*, pur ospitando alcune grandi città industriali e commerciali (Napoli, Bari, Palermo), è caratterizzata da attività ancora prevalentemente agricole ed è la meno urbanizzata d'Italia: vi manca la fitta rete[12] di città medie e piccole presente nel resto del territorio italiano.

[1]*noteworthy* [2]*è... has therefore streamed* [3]*attracts* [4]*flow* [5]*often* [6]*moreover* [7]*centers* [8]*si... exports everywhere* [9]*power* [10]*seat, site* [11]*becoming industrialized* [12]*vi... it is missing the tight network*

Parte seconda. Guarda la cartina di pagina 322. Crea una scheda per ogni zona e completala con le informazioni corrispondenti. Usa la scheda su Roma come esempio.

ROMA	
Economia: ☐ agricola ☐ commerciale ☐ di porto ☑ di servizi ☐ industriale ☑ turistica ☐ universitaria	
Città	**Dimensioni**
Roma	☐ picola ☐ media ☐ grande ☑ metropoli

ZONA _____	
Economia: ☐ agricola ☐ commerciale ☐ di porto ☐ di servizi ☐ industriale ☐ turistica ☐ universitaria	
Città	**Dimensioni**
1.	☐ piccola ☐ media ☐ grande ☐ metropoli
2.	☐ piccola ☐ media ☐ grande ☐ metropoli
3.	☐ piccola ☐ media ☐ grande ☐ metropoli
4.	☐ piccola ☐ media ☐ grande ☐ metropoli

C. Discutiamo! Quali della città che hai incluso nella tua lista dell' **Attività A, Prima di leggere,** sono menzionate nella lettura? Per quali motivi? Dove si trovano le zone più industrializzate in Italia? Dove si trovano le zone più agricole? Dov'è la maggior parte delle città turistiche?

Scriviamo!

Dov'è meglio abitare?

Lavora con un compagno / una compagna. Su un foglio scrivete sette vantaggi di abitare in città.

ESEMPIO: È meglio abitare in città perché…
ci sono più servizi (gli ospedali, le scuole, i negozi).

Su un altro foglio scrivete sette vantaggi di abitare in campagna.

ESEMPIO: È meglio abitare in campagna perché…
c'è meno smog e inquinamento.

Parliamo!

Dibattito

In città o in campagna? Dov'è meglio abitare? I compagni che hanno lavorato insieme per *Scriviamo!* si dividono e ciascuno prende uno dei fogli preparati. Tutti gli studenti che hanno una lista con i vantaggi della città si mettono da una parte dell'aula; quelli con i vantaggi della campagna si mettono dall'altra. Ogni gruppo cerca di convincere gli studenti dell'altro sui vantaggi della vita in città o in campagna. Se uno studente si convince che ha ragione l'altro gruppo, si sposta dalla sua parte (*he/she joins the other group*).

Secondo la maggioranza degli studenti, dov'è meglio abitare?

Guardiamo!

FILM *Il postino*

(Commedia. Dramma. Italia. 1994. Michael Radford, Regista. 108 min.)

RIASSUNTO: Mario (Massimo Troisi), the unemployed son of a poor fisherman, takes the job of mail carrier on his small Southern Italian island when the famous Chilean poet Pablo Neruda is exiled there. Mario must hand-deliver the mail to the poet. The two become friends. From Neruda, Mario learns about the power of poetry and uses it to woo the beautiful Beatrice, a waitress at the village inn.

SCENA: (DVD Capitolo 19): In this scene, Mario decides to make a recording of various sounds from the *paese* to send to Neruda, who has since left, to remember it by.

A. Anteprima. Lavora con un compagno / una compagna e decidete quali dei seguenti elementi si trovano più comunemente in campagna.

1. la campana (*bell*) ☐
2. il cielo ☐
3. il cuore ☐
4. le onde (*waves*) ☐
5. gli insetti (*insects*) ☐
6. le reti (*fishing nets*) ☐
7. la sirena ☐
8. il traffico ☐
9. il vento ☐
10. i telefonini ☐

B. Ciak, si gira!

Parte prima. Mentre guardi la scena, segna (✓) i suoni che Mario ha registrato.

1. la campana (*bell*) ☐
2. il cielo ☐
3. il cuore ☐
4. le onde (*waves*) ☐
5. gli insetti (*insects*) ☐
6. le reti (*fishing nets*) ☐
7. la sirena ☐
8. il traffico ☐
9. il vento ☐
10. i telefonini ☐

Parte seconda. Ora abbina i suoni registrati con le loro descrizioni.

ESEMPIO: **2. g:** il cielo stellato

a. dei cespugli (*shrubs*)
b. della chiesa
c. della scogliera (*cliff, reef*)
d. del bambino

e. grandi
f. piccole
g. stellato (*starry*)
h. tristi di mio padre

C. È fatto! Quali suoni della lista in **Anteprima** preferisci ascoltare? Quali suoni della tua città o del tuo paese farebbero parte (*would belong*) del tuo album dei suoni?

Profilo | ▼   Amici | ▼   Reti | ▼   Casella | ▼

Il blog di Barbara—Firenze

Fiesole (Toscana)

Nome: Barbara Decanini

Età: 33 anni

Professione: madre e casalinga eclettica

Ciao!

Se hai poco tempo da passare a Firenze, questi sono, secondo me, i posti da vedere:

per i giovani—Via Tornabuoni il sabato pomeriggio per quello che i fiorentini chiamano «lo struscio», una lenta passeggiata.

per gli amanti del fitness—Nell'Arno, proprio tra Ponte alla Carraia e Ponte Vecchio, ci sono ogni giorno gli allenamenti della squadra di canottaggio.

per tutti—Il giardino di Boboli, il mercato di S. Lorenzo, Via del Corso e le vie lì vicino che evocano l'atmosfera fiorentina, Piazza della Signoria. Questa piazza e la galleria degli Uffizi sono attaccati; lì, tra i due edifici, c'è un arco che permette una vista mozzafiato* del museo e dell'Arno… È uno dei miei posti preferiti.

Infine, a 6 km da Firenze, Fiesole.

breathtaking

Video connection

Per vedere Firenze e i posti preferiti di Barbara, guarda il video **Il blog di Barbara** sul DVD di *Avanti!*

www.connectitalian.com

Vocabolario

Domande ed espressioni

a mio parere	in my opinion
meglio/peggio di me	better/worse than me
secondo me	in my opinion
secondo te/Lei	in your (*inform./form.*) opinion

Verbi

cambiare casa	to move
costruire	to construct
crescere	to grow (up)
decidere	to decide
fare un salto	to stop by
fare la spesa	to go grocery shopping
fare spese/shopping	to go shopping, to shop
guardare le vetrine	to window-shop
mandare/spedire	to send (a letter / a package)
(una lettera / un pacco)	
muoversi	to move, to get around
nascere	to be born
parcheggiare	to park
trasferirsi	to relocate
vivere	to live

Sostantivi

gli abitanti	inhabitants
l'affitto	rent
la banca	bank
il caos	chaos
il capoluogo	administrative center
il centro storico	historical center (*of a city*)
il centro urbano	city
il duomo	cathedral
l'edicola	newsstand
il fiume	river
il francobollo	stamp
la gioielleria	jewelry store
l'inquinamento	pollution
la libreria	bookstore
la macelleria	butcher shop
la metropoli	big city
la metropolitana	subway
i mezzi pubblici	public transportation

i mezzi di trasporto	means of transportation
il museo	museum
il negozio di frutta e verdura	fruit and vegetable shop
il paese (di provincia)	small town
il palazzo del comune	city hall
il panificio / il forno	bread shop, bakery
il parcheggio	parking lot/space
il parco	park
la periferia	periphery
la pescheria	fish shop
il porto	port
la posta / l'ufficio postale	post office
il quartiere	neighborhood
il ritmo (della vita)	rhythm (*of life*), pace
il rumore	noise
la salumeria	delicatessen
lo smog	smog
il tabaccaio	tobacco shop
il traffico	traffic

Aggettivi

civico	civic
costoso	expensive
moderno	modern
prestigioso	prestigious
religioso	religious

Comparativi

migliore di / peggiore di	better than / worse than (*adj.*)
meglio di / peggio di	better than / worse than (*adv.*)

I secoli (*Centuries*)

a.C. / avanti Cristo	B.C. / before Christ (before the Common Era)
d.C. / dopo Cristo	A.D. / anno domini (after the Common Era)
il Barocco	Baroque period
il Duecento / il Trecento	the 1200s / the 1300s
il Medioevo	Middle Ages
il Rinascimento	Renaissance
l'undicesimo secolo / il dodicesimo secolo	the eleventh century / the twelfth century

Andiamo in ferie!

SCOPI

IN THIS CHAPTER YOU WILL LEARN:

- to express wishes and desires
- to make suggestions and give advice
- to talk about vacations
- how to make requests using the present conditional
- how to give commands and instructions and offer advice using the formal and informal imperative
- about vacations and tourism in Italy

Sulla spiaggia (1925), Giorgio De Chirico (Museum Moderner Kunst, Vienna, olio su tela)

Hai/Ha un sogno nel cassetto?

Expressing wishes and desires

- The Italian expression: **avere un sogno nel cassetto** means *to have a secret wish* (literally, *to have a dream in the drawer*).

  To express what you *would like to do,* say:

  Vorrei + infinitive
  Mi piacerebbe + infinitive

- **Attenzione!** In conversation people seldom reply in a complete sentence. Part of the reply is implied:

  —Hai un sogno nel cassetto?
  —Sì, andare in Italia! (Sì, vorrei / mi piacerebbe andare in Italia.)

 A. Osserva ed ascolta.

Parte prima. Osserva ed ascolta questi italiani che rispondono alla domanda «Hai/Ha un sogno nel cassetto?» Chi ha un sogno nel cassetto? Chi no?

1. sì ☐ no ☐

2. sì ☐ no ☐

3. sì ☐ no ☐

4. sì ☐ no ☐

5. sì ☐ no ☐   6. sì ☐ no ☐

You learned **ti piacerebbe** and **Le piacerebbe** as a way to invite someone to do something. You can also use these expressions to ask what someone would like to do (if they could):

(tu)

Dove ti piacerebbe andare?
Where would you like to go?

(Lei)

Cosa Le piacerebbe vedere?
What would you like to see?

Parte seconda. Ora scrivi quello che piacerebbe fare alle persone intervistate. Se qualcuno non ha un sogno nel cassetto, scrivi «niente».

1.

2.

B. E tu, hai un sogno nel cassetto? Intervista i compagni per trovare qualcuno che condivide (*shares*) il tuo sogno. Quando lo trovi, fai tutte le domande necessarie per capire quanto i vostri sogni sono simili o diversi.

ESEMPIO: S1: Hai un sogno nel cassetto?
S2: Sì. Mi piacerebbe viaggiare.
S1: Anche a me! Dove ti piacerebbe andare?
S2: In Egitto. E a te?
S1: A me piacerebbe vedere il Sud America.

Sarebbe meglio...
Making suggestions and giving advice

To give advice, say:

Sarebbe meglio... /   *It would be better . . . /*
   Sarebbe una buon'idea...   *It would be a good idea . . .*

or

(continued)

Non sarebbe meglio... ? /	*Wouldn't it be better . . . ? /*
Non sarebbe una buon'idea... ?	*Wouldn't it be a good idea . . . ?*
—Mi piacerebbe fare il giro del mondo.	*I'd like to take a trip around the world.*
—Non sarebbe meglio laurearti prima?	*Wouldn't it be better to graduate first?*

Remember, if you agree, you can reply with a positive comment such as **Che bello!** or you can say:

—Sono d'accordo. Sarebbe proprio bello.	*I agree. It would be great.*

A. Quale sarebbe meglio?

Parte prima. Ecco una lista di sogni possibili. Lavora con un compagno / una compagna e scambiatevi le vostre opinioni.

ESEMPIO: sposarsi / laurearsi

S1: Secondo te, sarebbe meglio prima sposarsi o laurearsi?

S2: Secondo me, sarebbe meglio prima laurearsi.

S1: Anche secondo me. (Secondo me, invece, sarebbe meglio prima sposarsi.)

1. trovare un lavoro / comprare una macchina
2. laurearsi / trovare un lavoro
3. avere una vita avventurosa / avere una vita tranquilla
4. diventare ricchi / essere felici
5. pagare i debiti / andare in vacanza
6. viaggiare / mettere su famiglia

Parte seconda. Fai una lista dei tuoi sogni e di quelli di alcuni compagni. Con un compagno / una compagna, decidi quali sogni sarebbe meglio realizzare prima.

Lessico

Dove vai in vacanza?

Talking about vacations

Vuoi prenotare una vacanza di una settimana su Internet? Ecco la pagina dell'Agenzia di Viaggi Adriatico. Scegli le tue preferenze fra le opzioni presentate (e cerca di capire le parole nuove evidenziate). Poi, quando hai finito, calcola il costo delle tue vacanze e confrontalo con quello delle vacanze di un compagno / una compagna. Chi spende di meno? Chi spende di più?

Prenota la vacanza qui con l'Agenzia di Viaggi Adriatico

1. Destinazione:

al **mare**	in **montagna**	all'**estero**
☐ Rimini	☐ Cortina	☐ Parigi
☐ Portofino	☐ Madonna di Campiglio	☐ Madrid
☐ Taormina	☐ Aosta	☐ Londra

2. Periodo del **soggiorno:**

Alta stagione

estate: ☐ dal 1 agosto al 7 agosto

inverno: ☐ dal 1 gennaio al 7 gennaio

Bassa stagione

primavera: ☐ dal 1 maggio al 7 maggio

autunno: ☐ dal 1 ottobre al 7 ottobre

3. Tipo di **alloggio** (i prezzi sono per **camera doppia** con bagno e **aria condizionata**):

Albergo

	Alta Stagione		Bassa Stagione	
	Mezza pensione	Pensione completa	Mezza pensione	Pensione completa
★★★★★	☐ € 1.400	☐ € 1.600	☐ € 1.000	☐ € 1.200
★★★★	☐ € 1.000	☐ € 1.200	☐ € 800	☐ € 1.000
★★★	☐ € 800	☐ € 1.000	☐ € 600	☐ € 800

Pensione

★★★★	☐ € 600	☐ € 750	☐ € 450	☐ € 600
★★★	☐ € 400	☐ € 550	☐ € 350	☐ € 500

4. **Escursioni** turistiche

☐ al mare: escursione in **barca a vela** (€ 100)	☐ in montagna: **fare trekking** (€ 40)	☐ all'estero: tour della città in **pullman** (€ 40)

PRENOTA!

study tip

A good way to learn new words is to use them.

In italiano

- **Noleggiare** and **affittare** both mean *to rent*, but they are used for renting different things.

  noleggiare (or **prendere a noleggio**) *to rent cars, bikes, and videos*
  affittare *to rent houses and apartments*

  Quando Marco va in vacanza con la famiglia, preferisce affittare un appartamento e noleggiare una macchina.

- Here are other verbs that are used when talking about vacations.

dimenticare	*to forget*	**prenotare**	*to reserve*
godersi	*to enjoy*	**(fare una**	*(to make*
lamentarsi	*to complain*	**prenotazione)**	*a reservation)*
organizzare	*to organize*	**rilassarsi**	*to relax*

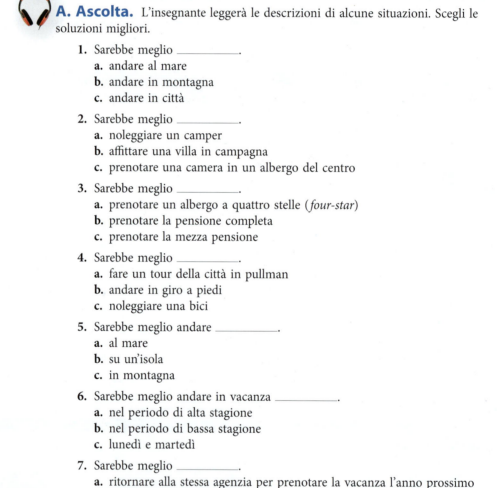

A. Ascolta. L'insegnante leggerà le descrizioni di alcune situazioni. Scegli le soluzioni migliori.

1. Sarebbe meglio _____.
   a. andare al mare
   b. andare in montagna
   c. andare in città

2. Sarebbe meglio _____.
   a. noleggiare un camper
   b. affittare una villa in campagna
   c. prenotare una camera in un albergo del centro

3. Sarebbe meglio _____.
   a. prenotare un albergo a quattro stelle (*four-star*)
   b. prenotare la pensione completa
   c. prenotare la mezza pensione

4. Sarebbe meglio _____.
   a. fare un tour della città in pullman
   b. andare in giro a piedi
   c. noleggiare una bici

5. Sarebbe meglio andare _____.
   a. al mare
   b. su un'isola
   c. in montagna

6. Sarebbe meglio andare in vacanza _____.
   a. nel periodo di alta stagione
   b. nel periodo di bassa stagione
   c. lunedì e martedì

7. Sarebbe meglio _____.
   a. ritornare alla stessa agenzia per prenotare la vacanza l'anno prossimo
   b. lamentarsi con il direttore
   c. non viaggiare mai più

8. Sarebbe meglio _____.
   a. andare in America
   b. andare in montagna
   c. fare paracadutismo

Lago di Garda (Lombardia)

B. Regioni d'Italia: Dove faresti le vacanze?

Parte prima. Lavora con un compagno / una compagna e insieme rispondete alle seguenti domande. **Attenzione!** Guardate le cartine d'Italia e d'Europa in fondo al libro se avete bisogno d'aiuto.

1. Quali sono le regioni dell'Italia settentrionale, dell'Italia centrale e dell'Italia meridionale?
2. Quali sono i paesi dell'Unione Europea (UE)?
3. Quali sono i paesi europei che non appartengono (*belong to*) all'UE?

Parte seconda. Fate un sondaggio in classe per sapere le preferenze degli studenti. Poi calcolate le percentuali. **Attenzione!** Quando rispondete, dovete immaginare di abitare in Italia.

1. Dove preferiresti fare le ferie?

   Destinazione

   ☐ In Italia

   ☐ All'estero

2. Precisamente, dove?

   In Italia
   ☐ Nel Nord
   ☐ Nel Centro
   ☐ Nel Sud

   All'estero
   ☐ In UE
   ☐ In altri paesi d'Europa
   ☐ Nel resto del mondo

3. Come viaggeresti (*would you travel*)?

   ☐ In auto
   ☐ In aereo
   ☐ In treno
   ☐ In pullman
   ☐ Con altri mezzi

C. Culture a confronto: Le vacanze degli italiani. Consultate **In Italia** per i risultati di un sondaggio sulle preferenze degli italiani. Paragonate i vostri risultati a quelli italiani. Sono simili o diversi? In che senso?

In Italia

Le vacanze degli italiani

Dove fanno le ferie?

	In Italia	All'estero
Destinazione	83,4%	16,6%

Precisamente, dove?

In Italia		**All'estero**	
Nel Nord	39%	In UE	10,9%
Nel Centro	19,6%	In altri paesi d'Europa	2,7%
Nel Sud	24,7%	Nel resto del mondo	3,1%

Come viaggiano?

In auto	68,4%
In aereo	14%
In treno	7,1%
In pullman	4,7%
Con altri mezzi	5,8%

Source: www.istat.com

D. Che significa?

Parte prima. Abbina le parole dell'insieme A ai significati dell'insieme B.

A	B
1. godersi	a. una terra circondata (*land surrounded*) dall'acqua
2. il trekking	b. i soldi che si pagano per un servizio o un oggetto
3. prenotare	c. il luogo in cui (*in which*) si vive, anche temporaneamente
4. l'isola	d. il periodo di tempo che si trascorre in un luogo
5. il prezzo	e. organizzare e fissare in anticipo
6. il soggiorno	f. un tipo di autobus con poltrone e servizi vari che si usa per viaggi lunghi o per escursioni
7. il pullman	g. escursioni a piedi in montagna o in campagna
8. l'alloggio	h. provare soddisfazione, essere contenti

Parte seconda. Lavora con un compagno / una compagna. Scrivete il significato di quattro delle seguenti parole. Presentate i vostri significati ad un altro gruppo che deve indovinare le parole corrispondenti.

l'albergo

la barca   la bassa stagione

la camera   dimenticare

l'escursione   l'estero   lamentarsi

noleggiare   la pensione

rilassarsi

In Italia

In spiaggia gli stabilimenti balneari noleggiano **ombrelloni** (*beach umbrellas*), **lettini** (*lounge chairs*) e pattini (*paddle boats*). Offrono anche docce, parchi giochi per i piccoli e animazione (*organized activities*); ogni stabilimento balneare ha un bagnino (*lifeguard*). Se vuoi spendere di meno, puoi portare il tuo ombrellone, il tuo telo da mare (*beach towel*), eccetera su **una spiaggia libera** (*free/public beach*).

Spiaggia affollata (*crowded*) a Monterosso al Mare (Liguria)

E. All'agenzia.

Parte prima. Il signor Bolognese è all'agenzia di viaggi e parla con l'impiegata. Scegli le parole appropriate per completare la loro conversazione.

| alta | escursioni guidate | in montagna | noleggiare |
| pensione | periodo | prenoto | le spiagge |

L'IMPIEGATA: Buon giorno.

IL SIGNOR BOLOGNESE: Buon giorno. Senta, ogni estate vado con la mia famiglia al mare. Però _____[1] sono affollatissime e il caldo è insopportabile (*intolerable*). Quest'estate vorrei fare una vacanza diversa e andare _____.[2] Mi potrebbe consigliare (*Could you suggest*) qualcosa?

L'IMPIEGATA: Per quante persone?

IL SIGNOR BOLOGNESE: Tre, due adulti e un ragazzo di 12 anni.

L'IMPIEGATA: In quale _____[3] vorrebbe andare?

IL SIGNOR BOLOGNESE: Ad agosto.

L'IMPIEGATA: Agosto è _____[4] stagione, ma abbiamo qualcosa che non costa tanto. C'è un'offerta speciale per Madonna di Campiglio: mezza _____,[5] camera doppia con bagno, 50 euro a persona per notte. Possiamo aggiungere un lettino per il ragazzo per altri 10 euro a notte.

IL SIGNOR BOLOGNESE: Quali attività ci sono?

L'IMPIEGATA: Potreste _____[6] le mountain bike, fare _____[7] o equitazione. Ci sono anche una piscina, un golf club e campi da tennis.

IL SIGNOR BOLOGNESE: Potrebbe andare bene. Mia moglie adora i cavalli e mio figlio gioca a tennis. A me invece piace molto la bicicletta. Va bene, _____.[8]

Parte seconda. Lavora con un compagno / una compagna e recitate il dialogo insieme. Prestate attenzione alla pronuncia e all'intonazione appropriate.

F. La vacanza estiva.

Parte prima. Su un foglio di carta, scrivi il tuo nome, tre cose che ti piace fare, tre cose che non ti piace fare e tre cose che devi avere quando sei in ferie.

Parte seconda. Consegna il foglio di carta all'insegnante e scegli un compagno / una compagna con cui collaborare. L'insegnante distribuirà due fogli a caso ad ogni gruppo. Leggete i desideri dei compagni e poi descrivete la vacanza che faranno insieme l'estate prossima. Dove andranno? In quale periodo viaggeranno? Cosa faranno? **Attenzione!** Usate il futuro. (Non ti ricordi il futuro? Vedi **Capitolo 10, Strutture 10.2.**)

ESEMPIO: L'estate prossima Roger e Marissa andranno in Italia in alta stagione. Prenoteranno una camera in una pensione a Rimini. Di giorno prenderanno il sole sulla spiaggia e di notte andranno a ballare in discoteca...

Strutture

13.1 Vorrei andare in Italia
The present conditional

▶ Sei in vacanza in Italia per dieci giorni con il tuo migliore amico / la tua migliore amica. Scegli una risposta o dai una tua risposta alle sue domande. Siete compatibili?

1. Prenotiamo una camera senza bagno privato in una pensione per risparmiare (*save*)?
   a. Buon'idea!
   b. Io, invece, **vorrei** dormire in un albergo a quattro stelle.
   c. Io, invece, **vorrei** _____.

2. Noleggiamo una macchina?
   a. Buon'idea!
   b. No, secondo me **sarebbe** meglio viaggiare in treno.
   c. No, secondo me **sarebbe** meglio _____.

3. Andiamo a fare bungee jumping?
   a. Sì! Buon'idea!
   b. No, grazie. **Mi piacerebbe** fare un'escursione.
   c. No, grazie. **Mi piacerebbe** _____.

4. Facciamo un tour di Roma in pullman?
   a. Sì! Buon'idea!
   b. Io, invece, **vorrei** andare in giro a piedi.
   c. Io, invece, **vorrei** _____.

5. Passiamo cinque giorni in Sicilia con la mia famiglia?
   a. Sì! Buon'idea!
   b. No, grazie. **Mi piacerebbe** passare cinque giorni a Roma.
   c. No, grazie. **Mi piacerebbe** _____.

1 The verbs in boldface in the questionnaire above are in the present conditional. The present conditional (**il condizionale presente**) corresponds to the English *would + verb*.

vorrei	*I would like*
mi piacerebbe	*it would be pleasing to me / I would like*
sarebbe (*meglio*)	*it would be* (*better*)

2 Forming the **condizionale presente** is easy. The stem is the same as that of the future tense.

-are	-ere	-ire
prenot**er**-	prender-	dormir-

The endings are the same for all three conjugations.

io	-ei
tu	-esti
lui, lei; Lei	-ebbe
noi	-emmo
voi	-este
loro	-ebbero

▶ Now complete these conjugations.

	prenotare	prendere	dormire
io	prenoterei		
tu		prenderesti	
lui, lei; Lei			dormirebbe
noi			
voi			
loro			

▶ Answers to the activities in this section are in Appendix 2 at the back of your book.

3 Several verbs have irregular stems in the future and present conditional.

▶ Give the first-person singular (**io**) forms for each verb in the chart that follows. Several are already done for you. (**Attenzione!** If you don't remember the irregular future stems, see **Capitolo 10, Strutture 10.2.**)

avere → avrei	**essere** → sarei	**cercare** → cercherei
andare →	**dare** →	**pagare** →
dovere →	**fare** →	**noleggiare** → noleggerei
potere →	**stare** →	**cominciare** →
volere → vorrei		
rimanere → rimarrei		
tenere → terrei		

4 The present conditional is often used to make polite requests.

Mi **faresti** un favore?	*Would you do me a favor?*
Potresti aiutarmi con i compiti?	*Could you help me with my homework?*

5 To express what one should or shouldn't do, use **dovere** in the present conditional.

Dovrei studiare di più.	*I should study more.*
Patrick **dovrebbe** telefonare alla mamma più spesso.	*Patrick should call his mom more often.*

A. Dove ti piacerebbe dormire?
Stai organizzando le ferie. Leggi la descrizione dell'ostello, del rifugio e del bed and breakfast e poi spiega dove ti piacerebbe dormire e dove non ti piacerebbe dormire e perché.

Mi piacerebbe dormire in un… perché…
Non mi piacerebbe dormire in un… perché…

> ▶ To learn how to form the past conditional, see **Per saperne di più** at the back of your book.

Dove ti piacerebbe dormire in vacanza?

Ostello

L'ostello è un tipo di alloggio dedicato ai giovani viaggiatori o a chi ha un budget limitato. È una sistemazione semplice e pulita. Si dorme in camerate con i letti singoli o a castello[1] e i servizi sono in comune. Il prezzo comprende la prima colazione.

Rifugio

Il rifugio è un alloggio di alta montagna fatto di legno.[2] Ospita più che altro chi desidera riposarsi dopo una lunga camminata o una giornata sulle piste.[3] Come nell'ostello i servizi sono in comune e le camerate sono grandi, ma bisogna portare il proprio sacco a pelo.[4] Il cibo è buono e genuino, preparato con i prodotti del luogo.

Bed & Breakfast

Il concetto del Bed & Breakfast, o del letto e colazione, è nato nel nord Europa a metà[5] degli anni sessanta e indica le persone che alloggiano dei turisti nella propria casa. Il costo è limitato e il prezzo comprende la prima colazione che viene preparata e servita dai padroni di casa.

[1]letti… *single beds or bunk beds* [2]*wood* [3]*ski slopes* [4]sacco… *sleeping bag* [5]*middle*

B. Volentieri o mai?

Parte prima. Quali sono le tue preferenze per le ferie? Completa le frasi in modo che siano vere per te.

1. Non andrei mai a/in…
2. Andrei volentieri a/in…
3. Non dormirei mai in…
4. Dormirei volentieri in…
5. Non mangerei mai…
6. Mangerei volentieri…
7. Non viaggerei mai in…
8. Viaggerei volentieri in…

Parte seconda. Lavora con un compagno / una compagna. A turno leggete le vostre frasi. Ogni volta che non sei d'accordo con la sua opinione, chiedi «Perché?» e lui/lei deve giustificare la sua affermazione.

ESEMPIO: S1: Non andrei mai al Polo Nord.
S2: Sono d'accordo.
S1: Ma andrei volentieri in Siberia.
S2: Perché?
S1: Perché è una parte interessante del mondo.

In italiano

- As you already know, **volentieri** is used to express willingness to do an activity.

  Andresti in Italia in vacanza?
  Would you go to Italy on vacation?

  Sì, volentieri.
  Yes, absolutely!

- It is also a common response when someone asks you a favor that you would be happy to do.

  Mi daresti un passaggio all'università ?
  Would you give me a ride to the university?

  Certo. Volentieri.
  Certainly. Gladly.

- It is often used in combination with **spesso.**

  Spesso e volentieri andiamo da amici.
  We go to our friends' house really often.

C. Gli scrupoli.

Parte prima. Lavora con un compagno / una compagna. Trovate due possibili soluzioni alle seguenti situazioni.

> ESEMPIO: Arrivi puntuale alla lezione d'italiano ma non c'è l'insegnante.
> a. Aspetterei 15 minuti.   b. Andrei a casa.

1. Sono le 8.00 di sera. Domani hai l'esame di fisica, un corso che non ti piace, e non hai ancora cominciato a studiare.

2. I tuoi genitori ti chiedono di tornare a casa questo weekend per il compleanno di tuo fratello, ma il tuo migliore amico fa una grande festa sabato sera.

3. I tuoi amici vanno in Italia per due settimane quest'estate. Vuoi andare anche tu, ma non hai molti soldi.

4. Quando mangi al ristorante con il tuo migliore amico / la tua migliore amica, paghi sempre tu. Il tuo amico / La tua amica dice che pagherà la prossima volta, ma poi non paga mai. Ora sei proprio arrabbiato/a.

Parte seconda. Scambiate le soluzioni con un altro gruppo. Discutete tutti insieme sulle soluzioni dei due gruppi e poi scegliete la soluzione migliore.

D. Cosa si dovrebbe fare?
In gruppi di tre o quattro, decidete cosa dovrebbero fare queste persone. Poi confrontate le vostre proposte con quelle di altri compagni e votate per le soluzioni migliori.

1. Martina è innamorata di Roberto, ma lui non lo sa. Martina dovrebbe…

2. Andrea vorrebbe andare in Turchia ma ha paura di volare. Andrea dovrebbe…

3. Franco vorrebbe un aumento di stipendio. Franco dovrebbe…

4. Maria ha visto il ragazzo della sua migliore amica baciare un'altra ragazza. Maria dovrebbe…

5. È da una settimana che Luisa chiama Luca e lascia messaggi sulla segreteria telefonica. Lui non la richiama. Luisa dovrebbe…

E. Cosa faresti con…

Parte prima. Intervista tre o quattro compagni di classe per sapere quello che farebbero in queste situazioni. Prendi appunti.

Cosa faresti con…

1. 1.000.000 (un milione) di euro?

2. una villa a Palermo?

3. un anno da vivere come vuoi?

4. due viaggi gratis (*free*) a Roma, tutto compreso (*included*)?

5. un biglietto d'aereo con destinazione aperta?

Parte seconda. Lavora con un compagno / una compagna. Basatevi sui risultati delle interviste per decidere quali compagni hanno queste caratteristiche. Poi presentate le vostre conclusioni alla classe.

Chi è…

1. altruista?*   3. prudente?   5. divertente?

2. avventuroso/a?   4. generoso/a?

> ESEMPIO: Roberto è altruista perché darebbe un milione di euro alla Croce Rossa (*Red Cross*).

---

*The masculine and feminine singular forms of nouns and adjectives ending in **-ista** are the same: **Marco è altruista. Maria è altruista.**

Solo musica

Listen to "Come saprei" by Giorgia. As you listen, see how many present-tense conditional verbs you hear.

Note: This song is available for purchase in the iTunes Store as part of the *Avanti!* iMix. For information about how to access the iMix, go to **Connect Italian.** It is also available as a music video on YouTube.

connect ITALIAN
www.connectitalian.com

In Italia

L'Italia ha due **isole** maggiori: la Sicilia e la Sardegna. Oltre (*Besides*) a queste ci sono molte isole minori intorno alla penisola. Ecco alcune delle mete (*destinations*) più frequentate dai turisti.

- Le isole di Ischia e Capri nel Golfo di Napoli hanno una lunga tradizione turistica. A Ischia e Capri sono stati ambientati (*set*) molti film, per esempio, *The Talented Mr. Ripley* (1999).

- Le isole Eolie formano un arcipelago di sette isole vulcaniche a nord della Sicilia. La più grande del gruppo è Lipari, dove ci sono **terme** e belle spiagge.

- L'Isola d'Elba sulla costa toscana fu il luogo d'esilio (*exile*) di Napoleone Buonaparte nel 1814.

- Burano e Murano si trovano nella laguna di Venezia. La prima è famosa per il pizzo (*lace*); la seconda per il vetro.

F. Regioni d'Italia: Le isole d'Italia. Basandoti sulle informazioni di **In Italia,** decidi se le affermazioni sono vere o false.

	vero	falso
1. Le isole di Ischia e Capri piacciono ai turisti da secoli.	☐	☐
2. Le isole Egadi formano un arcipelago di sette isole vulcaniche a nord della Sicilia.	☐	☐
3. Napoleone Buonaparte abitò sull'isola d'Elba nell'Ottocento.	☐	☐
4. Burano e Murano si trovano nella laguna di Venezia. Murano è famosa per il pizzo (*lace*); Burano per il vetro.	☐	☐
5. A Elba e Lipari sono stati ambientati molti film: per esempio, *The Talented Mr. Ripley* (1999).	☐	☐

Marina grande a Capri (Campania)

13.2 Dimmi tutto!

The informal imperative

▶ Segna (✓) le espressioni che hai sentito alle lezioni d'italiano.

> Apri la porta, per favore.   Chiudi la finestra, per piacere.
>
> Parlate italiano!   Non mangiare in classe.
>
> Accendi le luci, per favore.   Spegni le luci, per favore.
>
> Aprite i libri.   Non parlare inglese!   Ascolta.
>
> Firma qui, per favore.

1 The imperative (**l'imperativo**) is frequently used to give commands or orders, but it also has other functions in Italian. The imperative is also used in the following cases.

a. to give instructions (directions or recipes)

Gira a sinistra.	*Turn left.*
Aggiungete un po' di zucchero. ⎫	*Add a little sugar.*
Aggiungere un po' di zucchero. ⎭	

Note: For recipes, you *always* use the second-person plural imperative or the infinitive.

b. to give advice

Non parlare più con Giacomo!	*Don't speak to Giacomo anymore!*

c. to encourage someone to do something

Dai, **vieni** alla festa stasera!	*Come on, come to the party tonight!*

2 The **tu/voi** forms of the imperative are used when speaking informally to one or more people. All are similar to the present-tense forms except for the **tu** form of **-are** verbs, which ends in **-a** instead of **-i.**

	-are	-ere	-ire
tu	ascolta	rispondi	dormi/pulisci
voi	ascoltate	rispondete	dormite/pulite

3 The **tu** forms of several commonly used verbs have alternative forms.

andare	→	vai/va'	fare	→	fai/fa'
dare	→	dai/da'	stare	→	stai/sta'
dire	→	di'			

In italiano

The **tu** and **voi** forms of **avere** and **essere** are irregular: **abbi/abbiate** and **sii/siate.** However, they are very infrequent and are most often heard in comments such as:

Abbi pazienza!	*Have patience!*
Sii gentile!	*Be nice!*

4 The negative imperative of all **tu** forms is formed with **non** + infinitive. The **voi** forms do not change in the negative imperative.

	-are	-ere	-ire
tu	**non guardare**	**non rispondere**	**non dormire / non pulire**
voi	non guardate	non rispondete	non dormite / non pulite

5 In **Capitolo 5, Strategie di comunicazione,** you learned that the **noi** form is used to make suggestions to a group. It is the equivalent of English *Let's . . .* or *Let's not. . . .*

Andiamo al cinema!	*Let's go to the movies!*
Non guardiamo la TV!	*Let's not watch TV!*

6 Reflexive and object pronouns attach to the end of the informal imperative verbs.

Marco, metti**ti** la giacca!	*Marco, put on your jacket!*
Silvana, leggi**lo**!	*Silvana, read it!*

Note that when a pronoun attaches to **da', di', fa', sta',** or **va',** the first consonant is doubled (except when the pronoun is **gli**).

Dimmi!	*Tell me!*
Fallo subito!	*Do it right away!*
Dagli la foto!	*Give him the photo!*

7 Imperative forms are often softened by adding the expressions **per favore, per piacere,** or **pure** (*by all means*).

Firma qui,	**Dimmi la verità,**	**Stai pure a casa.**
per favore.	**per piacere.**	

A. Perché si usa l'imperativo? Abbina le frasi con il motivo per cui si usa l'imperativo.

_____ 1. Dai, **mangia** un po' di pasta: è buona.

_____ 2. **Dammi** una penna, per favore.

_____ 3. **Fate** bollire (*boil*) l'acqua e poi **aggiungete** il sale.

_____ 4. **Non ti preoccupare.** Andrà tutto benissimo.

_____ 5. **Vai** diritto (*straight*) e poi **gira** a destra al primo incrocio (*intersection*).

_____ 6. **Vieni** con noi stasera. Ci divertiremo.

_____ 7. **Prendi** un'aspirina e **vai** a letto.

a. dare ordini

b. dare istruzioni (indicazioni stradali o ricette [*recipes*])

c. dare consigli

d. incoraggiare qualcuno a fare qualcosa

B. Mi puoi... / Ti dispiace... ? Luigi chiede tanti favori a Maria, ma non è sempre molto gentile. Crea domande più gentili usando l'espressione **mi puoi + infinito** o **ti dispiace + infinito**. (Ricordi le espressioni **mi puoi / ti dispiace + infinito?** Vedi **Capitoli 6** e **11, Strategie di comunicazione.**)

ESEMPIO: Dammi la penna! → Mi puoi dare la penna?
Vieni a casa mia. → Ti dispiace venire a casa mia?

1. Telefonami stasera.
2. Aspetta un attimo.
3. Prepara un dolce per cena.
4. Dimmi perché non esci stasera.
5. Portami a casa in macchina.
6. Scrivimi un'e-mail.
7. Invitami alla festa.
8. Noleggia una macchina per il viaggio.

C. Cosa dici?

Parte prima. Completa le frasi con l'imperativo giusto.

> non ti preoccupare   aspetta   vieni
> dimmi   dammi   vai

1. Qualcuno ti ha scritto un messaggio anonimo. Il tuo compagno / La tua compagna di casa sa chi è, ma non dice niente. Cosa dici al compagno / alla compagna di casa?

    «_____ chi ha scritto il messaggio!»

2. Tuo fratello è molto agitato perché la sua ragazza non lo chiama da una settimana. Cosa dici a tuo fratello?

    «_____. Ti telefonerà in questi giorni.»

3. Vai ad uno spettacolo stasera con tuo fratello. Lo spettacolo comincia alle 20.00. Sono le 19.30 e non sei ancora pronto/a. Tuo fratello vuole uscire subito. Cosa dici a tuo fratello?

    «_____ un attimo!»

4. La tua migliore amica studia sempre e non esce mai. Stasera festeggi il tuo compleanno a casa di un amico. Cosa dici all'amica?

    «Dai, _____ alla festa stasera!»

5. Tua madre vuole fare una torta, ma le manca (*she doesn't have*) lo zucchero. Cosa ti dice tua madre?

    «_____ al supermercato a comprare dello zucchero, per favore.»

6. Stai guardando la TV con tuo cugino. Tuo cugino cambia canale (*channel*) in continuazione. Cosa gli dici?

    «_____ il telecomando!»

Parte seconda. Con un compagno / una compagna, scrivi tre frasi usando l'imperativo. **Attenzione!** Non ripetete le frasi della **Parte prima**.

ESEMPIO: Non parlare inglese!

Parte terza. Scambiate le frasi con un altro gruppo e poi, a turno, descrivete la situazione in cui la frase imperativa viene usata.

ESEMPIO: Uno studente è arrabbiato perché il compagno risponde in inglese alle sue domande.

Grammatica dal vivo:
L'imperativo e il condizionale

A molti italiani piace viaggiare e spesso fanno viaggi «esotici». Vai su **Connect Italian** per guardare un'intervista con Laura che parla dei luoghi interessanti che ha visitato. Poi completa le attività di comprensione.

www.connectitalian.com

In Italia

In Italia **il treno** offre la possibilità di viaggiare comodamente (*comfortably*) ad un prezzo ragionevole (*reasonable*). Secondo il tipo di treno, bisogna **prenotare** il posto e/o pagare **un supplemento**.

Treni per il trasporto locale
7.200 treni regionali al giorno, il 45% circolante nelle ore di punta (*rush hour*).

Treni nazionali (per le medie e lunghe distanze)
* Frecciarossa: treni che viaggiano fino a 360 km/h e che collegano Torino–Milano–Bologna–Firenze–Roma–Napoli–Salerno.

* Frecciargento: treni che viaggiano fino a 250 km/h e collegano Roma con Venezia, Verona, Bari / Lecce, Lamezia Terme / Reggio Calabria.

* Frecciabianca: treni che viaggiano fino a 200 km/h e collegano Torino e Milano con Venezia, Udine e Trieste; Milano e Genova con Roma; Milano, Torino e Venezia con la Riviera Adriatica (Rimini, Ancona, Pescaro, Foggia, Bari, Lecce e Taranto).

* Eurostar: treni che collegano Roma con Reggio Calabria e Ravenna.

* Intercity: treni che collegano grandi, medie e piccole città con un efficiente sistema di interscambio con i treni del trasporto locale.

* Treni notte: treni che collegano città molto distanti tra loro: si viaggia di notte.

Treni internazionali
* Eurocity (EC) e Euronotte (EN): Collegamenti internazionali con la Svizzera, l'Austria, la Germania, la Francia, la Spagna, la Croazia, la Slovenia, Praga e Budapest in tempi ridotti: giorno e notte.

Treno Frecciabianca in stazione

Adapted from Trenitalia website: http://www.trenitalia.com

D. Regioni d'Italia: Quale treno?

Parte prima. Un tuo amico ha bisogno di aiuto. Dagli un consiglio su quale treno prendere. Consulta la sezione **In Italia** e la cartina in fondo al libro.

| l'Eurocity | l'Intercity | il treno locale | il treno notte |
| il Frecciarossa | il Frecciabianca | il Frecciargento | |

ESEMPIO: **S1:** Sono a Milano e cerco il treno più veloce che va a Venezia.
S2: Prendi il Frecciabianca.

1. Abito a Pesaro, ma lavoro a Rimini.

2. Abito a Roma e devo andare a Parigi per una settimana per motivi di lavoro.

3. Cerco il treno più veloce che viaggia da Milano a Roma.

4. È domenica pomeriggio. Sono rimasto troppo tempo a Roma con i miei amici e devo essere a Lecce domani per una lezione che comincia alle 10.00.

Parte seconda. Insieme ad un compagno /una compagna, crea e scrivi tre situazioni simili a quelle della **Parte prima**.

Parte terza. Cambia compagno /compagna. Leggi le frasi al compagno / alla compagna e lui/lei ti dirà quale treno prendere.

13.3 Mi dica!

The formal imperative

▶ Che significa **si accomodi**? Quando si usa?

Grazie.

Si accomodi.

1 You have already learned the forms of the informal imperative. When speaking formally to one person, use the **Lei** form of the imperative.* To form the formal imperative, drop the infinitive ending and add **-i** to **-are** verbs and **-a** to **-ere** and **-ire** verbs. Note that **-ire** verbs that insert **-isc-** in the present tense also insert **-isc-** in the formal imperative.

-are	-ere	-ire
aspett**i**	rispond**a**	dorm**a** / finisc**a**

2 Here are the formal imperative forms of some common irregular verbs.

andare	→	vada
dare	→	dia
fare	→	faccia
dire	→	dica
stare	→	stia
venire	→	venga

3 To make the formal imperative negative, just add **non.**

Non si preoccupi!   **Non vada via!**

4 Reflexive and object pronouns are attached to the end of informal imperatives, but they do not attach to formal imperatives; they precede the verb.

INFORMALE	FORMALE
Marco, mett**iti** la giacca!	Signor Rossi, **si** metta la giacca!
Silvana, leggi**lo!**	Signora Rossi, **lo** legga!
Francesca, dim**mi!**	Signora Spinelli, **mi** dica!

---

*In contemporary, spoken Italian, the **voi** form is often used to address more than one person formally. For example, **Accomodatevi** (*Make yourselves comfortable*); **Non vi preoccupate** (*Don't worry*). The **Loro** forms are much more formal and are not frequently used.

A. Mi può... / Le dispiace... ? Kamal è impiegato in un'agenzia di viaggi e parla con un cliente. Crea domande equivalenti alle frasi con l'imperativo. Usa le espressioni **mi può** + **infinito** o **Le dispiace** + **infinito**.

ESEMPI: Mi dia la carta di identità! → Mi può dare la carta di identità?
              Firmi qui, per favore.   → Le dispiace firmare qui, per favore?

1. Aspetti un momento.
2. Venga nel mio ufficio.
3. Mi telefoni fra una settimana.
4. Mi porti il passaporto domani.
5. Mi dica quando vuole partire.
6. Parli con il mio collega.

B. Formale o informale? Scegli la risposta appropriata.

1. Marta lavora in ufficio. Ieri è arrivato un nuovo direttore. Oggi ha un problema con il computer e chiama Marta. Cosa le dice il direttore?
   a. Per favore, mi dia una mano.   **b.** Per favore, dammi una mano.

2. Tommaso ha bisogno della firma di un suo professore su un documento importante. Il professore guarda il documento ma non sa dove firmare. Tommaso gli indica dove deve firmare e poi cosa dice al professore?
   a. Firma qui, per favore.   **b.** Firmi qui, per favore.

3. Roberta va a studiare a casa della sua amica Enrica. Cosa dice Enrica quando Roberta entra in soggiorno?
   a. Accomodati.   **b.** Si accomodi.

4. Martina pensa che il suo fidanzato le stia dicendo (*is telling her*) una bugia. Cosa dice Martina al suo fidanzato?
   a. Dimmi la verità!   **b.** Mi dica la verità!

5. Il signor Melissano va dal medico perché ha mal di pancia e mal di testa. Cosa gli dice il medico?
   a. Non ti preoccupare.   **b.** Non si preoccupi.

C. Cosa dici?

Parte prima. Completa le frasi con l'imperativo giusto.

> aspetti   stia   non si preoccupi
> vada   venga

1. Sei un nuovo/a impiegato/a alla reception di un grande albergo a Roma. Un cliente straniero (*foreign*) ti chiede qual è il migliore ristorante a Roma. Non lo sai. Cosa gli dici?

   «Mi dispiace, non lo so. Ma _____ un momento. Vado a chiedere al mio collega.»

2. Il signor Stefanini è molto nervoso perché un ladro gli ha rubato (*stole*) il portafoglio. Arriva la polizia. Cosa gli dice il poliziotto?

   _____ tranquillo. Tutto si risolverà.

3. La signora Marchi è molto preoccupata perché non riesce a trovare il suo gatto. Tu ti offri di cercare il gatto insieme a lei. Cosa le dici?

   «_____. Troveremo il gatto.»

4. Lavori in banca. Oggi arriva il nuovo capo (*boss*) e tu devi mostrargli il suo ufficio. Cosa gli dici?

   _____ con me. Le mostro il Suo ufficio.

5. Un signore ti chiede indicazioni per arrivare in piazza. Cosa gli dici?

   «_____ diritto e poi giri a destra in Via Gramsci. La piazza è in fondo alla via.»

Parte seconda. Insieme ad un compagno / una compagna, scrivi tre frasi usando l'imperativo formale. **Attenzione!** Non ripetete le frasi della **Parte prima.**

> **ESEMPIO:** Stia calmo!

Parte terza. Scambiate le frasi con un altro gruppo e poi, a turno, descrivete la situazione in cui la frase imperativa viene usata.

> **ESEMPIO:** Un vecchio signore è stato derubato (*robbed*) ed è molto nervoso e stressato. Il poliziotto gli dice: «Stia calmo!»

D. Scusi, dov'è... ?

Parte prima. Leggi le indicazioni consultando la pianta della città: dove ti portano queste indicazioni? Crea le domande appropriate, come nell'esempio. **Attenzione!** Per seguire le indicazioni parti dalla piazza.

> **ESEMPIO:** **S1:** Vada diritto per Via Mazzini. Giri a destra in Via Irnerio. È sulla sinistra.
> **S2:** Scusi, dov'è la banca?

1. Vada diritto per strada Maggiore. È sulla destra dopo la curva.

2. Vada diritto per Via Gramsci. Giri a destra in Via XX Settembre e giri a sinistra in Via dei Lamponi. È sulla sinistra dopo la farmacia.

3. Vada diritto per Via Cavour. Giri a sinistra in Via Rizzoli. È sulla destra prima del parco.

Parte seconda. Fai la parte di un turista che chiede indicazioni per andare in un determinato posto. Un compagno / Una compagna fa la parte dell'italiano/a e dà le indicazioni per arrivarci dalla piazza. Alla fine, scambiatevi i ruoli. Lo studente 1 chiede le indicazioni per lo stadio, il museo, la farmacia e la pizzeria. Lo studente 2 chiede le indicazioni per il cinema, la stazione dei treni, l'ufficio postale e McDonald's.

Ascoltiamo!

Le vacanze degli italiani

A. Osserva ed ascolta. Osserva ed ascolta mentre Federico ti parla delle vacanze degli italiani.

B. Completa. Completa le seguenti frasi, inserendo la parola o l'espressione appropriata della lista qui sotto. Usa ogni espressione *una sola volta*. **Attenzione!** La lista contiene tredici parole o espressioni; devi usarne solamente otto.

affollate	in campagna	la costa adriatica	all'estero	due settimane
in ferie	di Ferragosto	il lunedì	un mese	i prezzi
primavera	la settimana bianca	le spiagge		

1. Chi lavora in Italia ha _____ di ferie all'anno.

2. Di solito, gli italiani vanno _____ nel mese di agosto.

3. Il giorno _____, le città sono vuote, gli uffici sono chiusi e le località di villeggiatura (*resorts*) sono _____ di turisti.

4. In passato, _____ era una delle destinazioni preferite per le vacanze estive. Oggi, però, i turisti preferiscono _____ del Sud e delle isole dove il mare è cristallino.

5. Il tipo di vacanza più popolare in inverno è _____: molti italiani amano sciare e praticare altri sport invernali.

6. La Pasquetta è il giorno tradizionale per una gita _____ con la famiglia o con gli amici.

C. Tocca a te! Completa la seguente frase:

Una differenza tra le vacanze degli italiani e quelle degli americani è...

Retro

Se vai in Italia in agosto vedrai questi cartelli dappertutto. Sono un segno del grande esodo di Ferragosto. Per saperne di più, vai a **Capitolo 13, Retro** su **Connect Italian.**

Leggiamo!

Basta col «chiuso per ferie» tutto agosto

A. Prima di leggere. Cosa pensi dell'idea di fare un mese intero di vacanza ogni anno? Leggi le affermazioni qui sotto e indica (✓) il tuo parere.

☐ Sarebbe bellissimo avere un mese intero di ferie ogni anno.

☐ Mi piacerebbe avere un mese intero di ferie ogni tanto, ma non tutti gli anni.

☐ Un mese intero di ferie sarebbe troppo. Mi piacerebbe dividere le ferie in due o più periodi.

☐ Non mi piacciono le ferie. Preferisco lavorare.

B. Al testo!

Parte prima. Leggi questo blog di Tagliaerbe sulle ferie d'agosto in Italia.

PAROLE PER LEGGERE

staccare	*to clock out* (of work)
fisso	*fixed*
nulla	niente
la fabbrica	*factory*
appendere	*to hang*
rimandare	*to postpone, to put off until later*

---

16 AGO | Basta col «chiuso per ferie» tutto agosto

Postato da Tagliaerbe

Tag: lavoro, politica

All'inizio degli anni '90—ero un giovincello[1] e avevo ancora i capelli— lavoravo per una multinazionale a Milano.

Già allora mi sorprendeva il fatto che ci fossero[2] colleghi/colleghe che ad agosto prendevano un mese intero di ferie. Da sempre, tutti i santi anni,[3] staccavano dall'1 al 31.

Ricordo una Milano deserta, da coprifuoco,[4] con pochi negozi aperti ma col vantaggio di metterci pochi minuti—anziché[5] ore—per spostarsi in macchina da casa al lavoro. Io infatti amavo lavorare in agosto e scaglionare[6] le ferie durante l'anno: ricordo quando un anno, per mesi e mesi, presi tutti i venerdì di ferie, mentre i colleghi mi guardavano come un alieno (chissà poi cosa c'è di strano a fare un giorno di ferie ogni settimana, anziché sempre quel mese fisso per tutta la vita…).

Son passati circa 20 anni da allora, ma noto che nulla è cambiato: ci portiamo dietro ancora quella mentalità da ferie di tipo scolastico. Anche chi lavora online, anche chi non è legato[7] alla chiusura di una fabbrica, appende (più o meno virtualmente) sul proprio sito web il cartello "chiuso per ferie". […]

Mi intristisce,[8] anzi mi fa rabbia che per almeno 4–5 mesi all'anno l'italiano medio non pensi ad altro che a pianificare[9] le ferie, andare in ferie e raccontare delle ferie. Se chiami certe persone di certe aziende a giugno ti rimandano a settembre, se le chiami a inizio dicembre ti rimandano a metà gennaio […]. La voglia di reagire, di cambiare, di innovare, sembra inesistente […] anche quando gli eventi precipitano […]—crisi o non crisi economica.

---

[1]un uomo giovane [2]ci… *there were* [3]tutti… *every darn year* [4]da… *as if a curfew were in effect* [5]invece di [6]*to whittle away* [7]*tied* [8]Mi fa triste [9]progettare

Source: http://blog.tagliaerbe.com/2011/08/chiuso-per-ferie-agosto.html

Parte seconda. Ora rispondi alle domande.

1. Il signore che ha scritto questo blog è a favore delle vacanze di Ferragosto o no? Nel passato era a favore di queste vacanze?

2. Secondo te, chi è questo signore (quanti anni ha, cosa fa, dove abita)?

Risposte

Simone 16 agosto 2011 alle 00:26

È veramente impensabile che un paese si fermi per un mese. E non capisco la cosa assurda di chi non è legato alla chiusura della fabbrica che fa di tutto per andare in ferie ad agosto.

È pazzesco, siamo veramente un popolo strano… Spendiamo il triplo per andare in mezzo alla massa e perdere il quadruplo del tempo nel traffico…

Gaspare 16 agosto 2011 alle 07:22

Pienamente d'accordo. Il fatto è che buona parte degli italiani, con le dovute eccezioni, aborrono[1] il lavoro che fanno, quindi non vedono l'ora, il momento, l'estate per andare in vacanza. Ma poi, servono davvero 'ste benedette ferie,[2] se al ritorno sono più stanchi di prima, se litigano[3] più del normale, se si separano più del solito?
Sono finite le ferie, viva le ferie. Buona giornata.

Roberto 16 agosto 2011 alle 07:53

La vita non è fatta di solo lavoro. Ci sono cose più importanti, la moglie, i figli, Dio etc. Ti dirò la verità. La creatività VERA la si trova vedendo nuovi posti, visitando luoghi di cultura, facendo delle avventure. Più passa il tempo e più ho capito che meno tempo passo al computer, più produco.

---

[1]odiano, detestano [2]'ste (queste)… *these darn vacations* [3]*they argue*

Chi condivide la posizione del signor Tagliaerbe e chi no?

C. Discutiamo! Secondo il signor Tagliaerbe, il fatto che gli italiani continuino a fare le ferie in agosto è sintomo di un problema più grande in Italia. Quale? Secondo te, chi ha ragione: il signor Tagliaerbe, Simone, Gaspare, Roberto o hai un'altra idea?

In Italia

In Italia ci sono tipi di turismo per tutti i gusti! Il **cicloturismo** è l'ideale per gli amanti della bicicletta. È un modo di viaggiare molto economico che piacerà alle persone che hanno un grande spirito di avventura e la curiosità di visitare luoghi insoliti (*unusual*). Chi, invece, preferisce i cavalli potrebbe fare **equiturismo.**

L'**ecoturismo** è una vacanza «verde» perfetta per chi vuole fare turismo responsabile nelle aree naturali. Questo tipo di vacanza assicura che la comunità locale riceva benefici dalle attività turistiche.

Chi, invece, vuole semplicemente scappare (*escape*) dalla confusione della città e godere l'aria pulita della campagna cercherà una sistemazione in un **agriturismo:** un'azienda agricola (*working farm*) che offre camere (o spazio all'aperto per il campeggio), piatti tipici, degustazione (*tasting*) dei prodotti locali inclusi i vini della zona e attività organizzate (ricreative, culturali, sportive e didattiche [*educational*]).

Nel 2005 c'erano più di 13.500 aziende agrituristiche in Italia. Il maggior numero di posti letto si trova in Toscana (50.000), seguita dalla provincia di Bolzano, in Trentino–Alto Adige (20.000). Gli agriturismi del Nord d'Italia (Piemonte, Lombardia, Veneto) sono molto popolari fra gli italiani, mentre gli stranieri preferiscono la Toscana. L'agriturismo in Italia è regolato dallo Stato, contribuisce alla tutela (*protection*) del territorio rurale e favorisce la permanenza dei giovani in campagna.

Scriviamo!

Chiuso per ferie? Che idea!

Scrivi una risposta al blog del signor Tagliaerbe (pagina 350). Poi condividi la tua risposta con i compagni. Quante persone la pensano come il signor Tagliaerbe? Quante come Simone, Gaspare o Roberto? Chi ha l'idea alternativa più geniale?

Parliamo!

L'isola deserta

Per vincere un milione di euro, tu e due compagni dovete sopravvivere (*survive*) su un'isola deserta per un mese. Ci sono cibo e acqua, ma nient'altro. Ognuno ha un costume da bagno e un paio di sandali. Insieme potete portare 10 cose della lista seguente. Quali sono le 10 cose più utili?

abbronzante (*suntan lotion*)
ago e filo (*needle and thread*)
asciugamano (*towel*)
bussola (*compass*)
carta igienica (*toilet paper*)
coltello
coperta (*blanket*)
crema per ustioni (*burns*)
fiammiferi (*matches*)
jeans
libri (*massimo 3*)

macchina fotografica
maglione di lana
occhiali da sole
orologio
pantaloncini
pentola (*cooking pot*)
pile (*batteries*)
pistola
proiettili (*bullets*)
radio
sapone (*soap*)

scarpe da ginnastica
scarponi
servizio di piatti
shampoo
slip (*underwear*)
tenda da campeggio
    (*tent*)
torcia elettrica
    (*flashlight*)
t-shirt

Isola dei Conigli (Sicilia)

Guardiamo!

FILM *My Name Is Tanino*

(Commedia. Italia/Canada. 2002. Paolo Virzì, Regista. 124 min.)

RIASSUNTO:
Stereotypes of Sicilian and North American cultures abound and clash in this comedy. During the summer in a small seaside town in Sicily, dreamy Tanino (Corrado Fortuna) has a brief romance with Sally (Rachel McAdams), a young American tourist, but when the summer ends, so does the relationship. That is, until Tanino fails his university exam and finds himself facing obligatory military service. Instead, he decides to travel to the States to meet up with Sally, on the pretense of returning the video camera she had left behind.

SCENA: (DVD, Capitolo 8): In this scene, just after his arrival in the U.S., Tanino escapes from the large Italian-American family that is hosting him in order to find Sally. He arrives at Sally's house and meets her family for the first time.

A. Anteprima.   Prima di partire per gli Stati Uniti, Tanino spedisce questa e-mail a Sally.

> Dear Sally, finally I come to you! So I can take to you your video camera that you forget in my zainetto. I hope it's OK if I come to you.
> Ciao from Tanino.
> P.S. Are you happy that I come to you?

Sally gli risponde così:

> Caro Tannino, sono molto fellice che mi ha scritto!
> Ma non preoccupi per mia camera, può spedire per mio indirizzo:
> 241 St. Patrick Ln. – Green Hill –
> 02904 Seaport – Rhode Island (USA)
> Take care,
> Sally

Con un compagno / una compagna, decidi cosa significa la risposta di Sally. Secondo voi, ci saranno problemi quando Tanino si presenterà a casa sua? Quali? Fai una lista di almeno tre problemi che Tanino potrebbe incontrare.

B. Ciak, si gira!   Ora guarda la scena ed elenca i problemi che Tanino incontra. Quanti di questi problemi avevi previsto?

C. È fatto!   Quali sono alcune caratteristiche stereotipiche dei siciliani e degli americani che hai notato in questa scena? Quanto è facile/difficile vedere la propria cultura dal punto di vista degli altri?

Vocabolario

Domande ed espressioni

accomodati / si accomodi	make yourself comfortable; have a seat (*inform./form.*)
aspetta / aspetti un attimo	wait a moment (*inform./form.*)
dammi / mi dia	give me (*inform./form.*)
dimmi / mi dica	tell me (*inform./form.*)
mi piacerebbe (+ *infinitive*)	I would like to (*do something*)
(Non) sarebbe meglio… ?	Would (Wouldn't) it be better . . . ?
non ti preoccupare / non si preoccupi	don't worry (*inform./form.*)
pure (*with imperatives*)	by all means
sarebbe una buon' idea	it would be a good idea
sulla destra/sinistra	on the right/left
va'/vada	go (*inform./form.*)
vieni/venga qui	come here (*inform./form.*)
volentieri	willingly, gladly, absolutely

Verbi

affittare	to rent (apartments, houses)
andare diritto	to go straight
arrivarci	to get there
avere un sogno nel cassetto	to have a secret wish
dimenticare	to forget
essere d'accordo	to agree
fare trekking	to hike
fare una prenotazione	to make a reservation
girare (a destra / a sinistra)	to turn (right/left)
godersi	to enjoy
lamentarsi	to complain
noleggiare	to rent (*bikes, cars, videos*)
organizzare	to organize
prendere a noleggio	to rent (*bikes, cars, videos*)
prenotare	to reserve
rilassarsi	to relax

Sostantivi

l'albergo	hotel
l'agenzia di viaggi	travel agency
l'alloggio	lodging
l'alta (bassa) stagione	high (low) season
l'aria condizionata	air-conditioning
la barca a vela	sailboat
la camera (singola/doppia)	(single/double) room
la destinazione	destination
l'escursione (*f.*)	excursion
l'estero	abroad
le ferie (*f. pl.*)	vacation
l'isola	island
il lago	lake
il lettino	beach lounge chair
il mare	sea
la montagna	mountain
l'offerta	sale, bargain, discount, offer
l'ombrellone	beach umbrella
la pensione	small hotel; pension
la mezza pensione	hotel stay with breakfast and lunch or dinner included
la pensione completa	hotel stay with breakfast, lunch, and dinner included
la prenotazione	reservation
il prezzo	price
il pullman	bus, tour bus
il soggiorno	stay (*period of time*)
la spiaggia (libera)	(free/public) beach
la stagione (alta/bassa)	(high/low) season
la stella	star
la vacanza	vacation

Chi sono gli italiani?

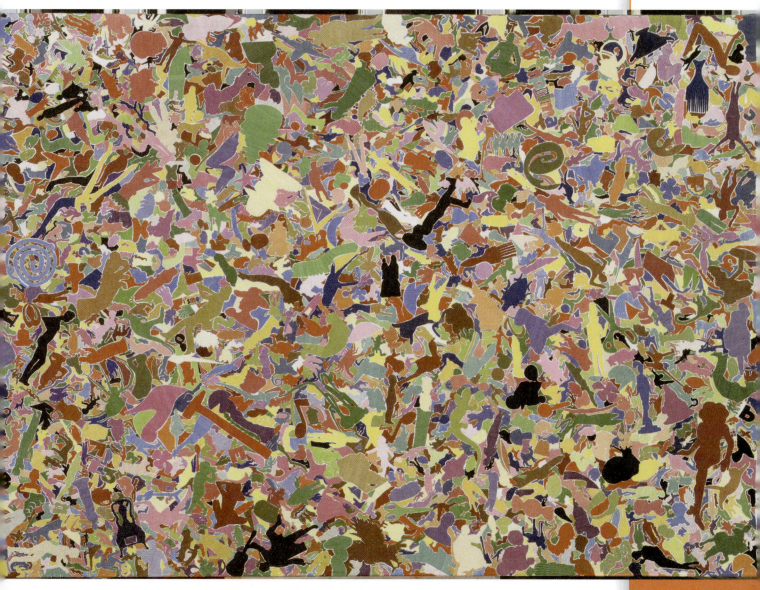

Tutto (1988), Alighiero Boetti (Musée National d'Art Moderne, Centre Georges Pompidou, Parigi, ricamo su tessuto [*embroidered tapestry*])

SCOPI

IN THIS CHAPTER YOU WILL LEARN:

- to talk about what people do in general
- to talk about Italian society today
- to explain how things are done

- to express doubt or opinions
- to express desire, necessity, emotions, and subjective judgments
- about demographics and social issues

Cosa si fa?

Talking about what people do in general

- To find out what people (in general) do, ask:

  Cosa si fa?
  —Cosa si fa nel weekend?   *What do people do on the weekend?*

- To explain what people (in general) do, use **si** + verb (**lui/lei** form)

  —Si esce, si va al cinema, si   *People go out, go to the movies, go*
  mangia fuori.   *out to eat.*

 A. Osserva ed ascolta. Osserva ed ascolta mentre Antonella, Anna Maria e Mario descrivono cosa fanno di solito dopo pranzo una madre, una pensionata e uno studente. Segna (✓) cosa si fa.

	una madre	una pensionata	uno studente
1. si esce con gli amici	☐	☐	☐
2. si va in palestra	☐	☐	☐
3. si va a trovare i parenti	☐	☐	☐
4. si va a bere qualcosa	☐	☐	☐
5. si accompagnano i figli	☐	☐	☐
6. si fa una passeggiata	☐	☐	☐
7. si passa la serata davanti alla TV	☐	☐	☐

B. Secondo te, cosa si fa? Qual è l'attività che associ con queste situazioni? Lavora con un compagno / una compagna. Scegli un'attività dalla lista alla pagina seguente e dilla al compagno / alla compagna. Lui/Lei deve trovare la situazione adatta. **Attenzione!** Alcune attività si possono fare in più di una situazione.

> **ESEMPIO:** **S1:** Si dorme molto.
>
> **S2:** Eh, sì. È quello che si fa nel weekend.

Le attività:

1. si prenota l'albergo
2. si va a letto
3. si va in pensione (*retires*)
4. si balla
5. si impazzisce (*goes crazy*)
6. si porta l'ombrello
7. si trova un lavoro
8. si esce
9. si dorme

Le situazioni:

a. in vacanza
b. il sabato a mezzogiorno
c. in discoteca
d. in occasione del compleanno di un amico / di un'amica
e. prima di partire per un viaggio all'estero
f. dopo la laurea
g. quando piove
h. quando non si sta bene
i. quando uno s'innamora
j. a settant'anni
k. nel weekend

Come si fa?

Explaining how things are done

- To find out how things are done, ask:

Come si fa?

Come si fa per arrivare a Salerno da Napoli?	*How do people get to Salerno from Naples?*
Come si fa per aprire questa porta?	*How do you open this door?*
Come si fa a vivere con soli 500 dollari al mese?	*How can one live on only 500 dollars a month?*

- To explain how things are done, use **si** + verb:

Si prende l'autostrada...	*People take the highway . . .*
Si gira la chiave parecchie volte.	*You turn the key several times.*
Non si può; 500 dollari sono troppo pochi.	*One can't; 500 dollars isn't enough.*

Si fa così. Leggi le seguenti istruzioni e indovina l'attività che descrivono. Poi scrivi la domanda corrispondente, come nell'esempio.

ESEMPIO: Si inserisce la carta, si fa il PIN, si digita la somma (*sum*) che si vuole, si prendono i soldi, si riprende la carta.
Come si fa per *prelevare soldi dal Bancomat*?

1. Si raccolgono i vestiti sporchi, si mettono i vestiti e il detersivo nella lavatrice, si accende la macchina, si mettono i vestiti puliti ad asciugare (*to dry*).

2. Si sceglie un argomento, si pensa, si legge qualche libro, si naviga in Internet, si scrive, si fanno le revisioni, si scrive la versione definitiva.

3. Si accende (*turn on*) il telefonino, si compone (*compose*) il messaggino. Si preme *invia*.

4. Si entra, ci si mette la cintura di sicurezza, si inserisce la chiave, si avvia il motore, si parte.

5. Si passano i controlli di sicurezza, si aspetta, si sale, ci si siede, ci si mette la cintura di sicurezza.

Lessico

La società italiana oggi

Talking about Italian society today

Segna (✓) tutte le parole che già conosci o che riconosci perché sono simili in inglese. Chiedi le parole che non conosci all'insegnante o ai compagni.

l'anziano

aumentare   il divorzio

la droga   l'economia

l'emigrazione   la fame   il fenomeno

il governo   l'immigrazione   l'industria

morire   nascere   la percentuale

la popolazione   la povertà   il razzismo

la salute   la solitudine

le tasse   trasformarsi

la violenza

▶ Leggi i seguenti paragrafi. Abbina ogni paragrafo a una foto. Poi cerca di capire dal contesto i significati delle parole evidenziate.

1.   2.   3.   4.   5. Combattiamo contro la droga!

_____ a. **L'immigrato** è una persona coraggiosa perché lascia il suo paese e va a vivere in un altro paese che spesso ha una cultura e una lingua diverse. Alcuni **motivi** per cui si emigra sono **la guerra** e **la povertà**. Per esempio, c'è stato un aumento del flusso migratorio dalla Tunisia e dalla Libia causato dalla guerra civile e dal successivo intervento militare internazionale. Molti emigrati **sognano** (*dream of*) un futuro migliore in Italia.

_____ b. La popolazione d'Italia raggiunge i 60 milioni di abitanti e tra questi il 20,3% ha più di 65 anni. Molti anziani scelgono (*choose*) di non lavorare più dopo i 63 anni. **Vanno in pensione** e ogni mese prendono **la pensione** dallo Stato. Molti **pensionati** sono attivi e si dedicano ad attività di varia natura, come lo sport, il volontariato, corsi vari. Grande successo anche per l'Università del**la terza età.**

_____ c. L'industria si trova prevalentemente al Nord, economicamente più prospero, mentre il Sud è prevalentemente agricolo e più povero. Perciò **il tasso di disoccupazione** (la percentuale di persone senza lavoro) al Nord tende ad essere più basso di quello del Sud. Molti neolaureati hanno paura di non trovare lavoro. Infatti, molti giovani sono disoccupati perché non trovano un lavoro adatto alla loro preparazione e alla loro inclinazione. Altri non conoscono ancora **il mestiere** che vogliono fare.

_____ d. La delinquenza è un grave problema sociale (che spesso va di pari passo con la droga). Un buon deterrente contro la criminalità sono le leggi e le condanne (*penalties*) significative, che hanno anche la funzione di educare **i cittadini** al rispetto verso gli altri.

_____ e. In Italia il 18% dei matrimoni finisce con il divorzio. Per legge (*law*) una coppia deve aspettare tre anni prima che il matrimonio sia sciolto (*dissolve*). Per questo motivo il 29,7% delle coppie si separa prima (o invece) di divorziare. In generale la formula tradizionale della famiglia italiana ha subito molte **trasformazioni.** Oggi ci sono molte persone che vivono sole, coppie senza figli e famiglie con un solo genitore. Molti nonni aiutano i genitori nel**la gestione quotidiana** dei figli. Per esempio, vanno a prendere i nipoti a scuola e li accompagnano in vacanza.

▶ Answers to this activity are in Appendix 2 at the back of your book.

In italiano

Nouns are often derived from verbs and vice versa. Can you figure out the meanings of these related words? Two are done for you.

aumentare	→	**l'aumento**
calare (*to fall, to reduce*)	→	**il calo** (*reduction*)
crescere (*to grow, to increase*)	→	**la crescita** (*growth, increase*)
drogarsi	→	**la droga / il drogato**
immigrare	→	**l'immigrato / l'immigrazione**
invecchiare	→	**l'invecchiamento / la vecchiaia**
morire	→	**la morte**
nascere	→	**la nascita**
sognare	→	**il sogno**

A. I contrari. Abbina i contrari dei due insiemi.

A	B
1. la vecchiaia	a. godersi la vita
2. la nascita	b. la ricchezza
3. aumentare	c. l'antipatia o l'inimicizia
4. soffrire	d. la morte
5. la guerra	e. sposarsi
6. la noia	f. la gioventù
7. l'amicizia	g. la pace
8. la povertà	h. calare/diminuire
9. divorziare	i. il divertimento

B. Le notizie. Ecco alcuni titoli tratti da vari giornali e riviste italiani. Abbina i titoli a uno dei seguenti argomenti.

gli anziani   la delinquenza   la disoccupazione

la droga   l'economia   la guerra   l'immigrazione

Doping: scandalo al sole

L'abuso dei videogiochi sviluppa la violenza. Lo dicono i neuroscienziati che consigliano alternative più sane.

Famiglia: per la felicità non bastano le coccole

I nonni? Risalgono a 30 mila anni fa

Come si giustifica la guerra?

Alcoa annuncia la chiusura in Sardegna e mille lavoratori perderanno il lavoro

Benzina, nuovi rincari e nuovo record a 1,8 euro

È un'Italia sempre più vecchia: un quinto ha più di 65 anni

Immigrati: stangata fiscale anche per loro
Costi da 80 a 200 euro per restare in Italia

Maltratta gli anziani. Arrestata badante

Le nuove droghe che si comprano ai distributori
Il blitz: 19 arresti tra negozianti e clienti

C. Le regioni d'Italia: I giornali e le riviste.

L'Italia ha due giornali nazionali: *Il Corriere della Sera* e *La Repubblica*. Tutte le grandi città hanno il proprio giornale: *La Stampa* (Torino), *La Nazione* (Firenze), *Il Messaggero* (Roma) e *Il Mattino* (Napoli). Puoi trovare tutti questi giornali su internet. Gli italiani sono anche grandi lettori di riviste **mensili** (*monthly*) e settimanali. Ecco alcune riviste italiane. Abbina la rivista alla descrizione giusta.

L'Espresso e *Panorama*: due riviste settimanali

1. *Cucina No Problem*

   a. Affronta ogni settimana i temi della politica, della cultura e dell'economia, ma anche del costume e del tempo libero.

2. *Starbene*

   b. Il mensile più diffuso e più letto in Italia. Dedicato a chi vuole scoprire e conoscere il mondo in cui viviamo.

3. *Focus*

   c. La testata leader, per diffusione e lettura, del segmento benessere e bellezza.

4. *L'Espresso*

   d. È una rivista settimanale fra le più diffuse, dedicata ad attualità, personaggi famosi e pettegolezzo (*gossip*).

5. *TV Sorrisi e Canzoni*

   e. Dedicato alle donne giovani, attive, che lavorano e allo stesso tempo amano dedicarsi ad una cucina semplice e veloce, ma gustosa e creativa.

6. *Gente*

   f. Tutte le notizie e le anteprime di attualità e spettacolo, una guida completa alla programmazione televisiva e satellitare.

D. Il giornale.

Parte prima. A volte (*Sometimes*) è difficile leggere il giornale in lingua straniera, anche perché i giornalisti usano un linguaggio specialistico. Però, se fai attenzione alle parole simili all'inglese e alle parole che conosci già, riuscirai a capire più del previsto. Proviamo! Ecco due articoli da *Il Corriere della Sera*. Leggi gli articoli e sottolinea tutte le parole che conosci.

IL PROGRAMMA COMENIUS

La globalizzazione degli insegnanti

Rimane poco più di un mese per candidarsi al bando europeo Comenius per futuri insegnanti. Non ci sono limiti per le discipline interessate, che vanno dalla lingua italiana a quella inglese, a materie scientifiche o tecniche come chimica e informatica. Il progetto permette di svolgere un periodo di assistentato all'estero in un asilo o in una scuola di primo o secondo grado, nel corso dell'anno scolastico 2012–2013. Durante il soggiorno, gli assistenti affiancano gli insegnanti locali nelle materie di competenza e hanno la possibilità di lavorare in un ambiente internazionale, migliorando le proprie conoscenze linguistiche. Il periodo di assistentato va dalle 13 alle 45 settimane. Non essendo veri e propri insegnanti, gli assistenti sono impegnati nelle attività didattiche solo per 12–16 ore settimanali e sono liberi di svolgere altri lavori (come dare lezioni private) nel resto del tempo. Tra i loro compiti c'è anche quello di sostenere i progetti scolastici, soprattutto quelli europei, e di insegnare ai ragazzi la propria lingua e cultura. Per le attività svolte, tutti gli assistenti percepiscono una sorta di stipendio.

Il Corriere della Sera

INIZIARE LA CARRIERA

Neolaureati, 130 chance per mettersi in gioco

Le opportunità per i profili «junior» offerte da Nestlé, Bosch, Coca Cola Hbc, P&G, Unilever, McDonald's, Enel e Sap

Giovani precari, ma di buona volontà, rimboccatevi le maniche. Dal mondo del lavoro non arrivano solo cattive notizie. E sono soprattutto le grandi multinazionali a offrire una chance di accesso nel loro universo. A partire per esempio da Nestlé che inserisce circa 100 stagisti all'anno e che al momento ha 9 posizioni aperte per un periodo di sei mesi retribuito per neolaureati in ingegneria gestionale, meccanica, economia, marketing, scienze e tecnologie alimentari, lingue e comunicazione per diverse funzioni a Milano, Parma, Perugia e Benevento.

Il Corriere della Sera

Parte seconda. Lavora con un compagno / una compagna. Cercate di capire dal contesto il significato di cinque parole che non sapete. Non usate il dizionario! Se non riuscite a capire una parola, passate ad una parola diversa.

Parte terza. Scrivete una frase che riassume l'idea principale di ogni articolo.

E. I problemi.

Parte prima. In gruppi di tre, fate una lista di tre problemi (in ordine di importanza) che i seguenti gruppi sociali devono affrontare (*confront*).

1. gli anziani
2. le donne
3. i genitori
4. gli immigrati
5. i neolaureati
6. gli uomini

Parte seconda. Confrontate le vostre liste con quelle di un altro gruppo e mettetevi d'accordo per creare delle liste uniche. Presentate le nuove liste alla classe giustificando gli elementi che avete incluso e l'ordine in cui li avete elencati (*listed*).

F. Culture a confronto: Di che cosa vanno fieri gli italiani (*are Italians proud of*)?

Parte prima. Insieme ai compagni, fate una lista delle cose di cui siete fieri nel vostro paese. Cosa vi piace di più del paese in cui vivete?

Parte seconda. Ecco le cose di cui vanno fieri gli italiani. Le vostre risposte sono simili o diverse? Perché?

Gli italiani vanno fieri...

del patrimonio artistico (75%)   delle bellezze del territorio (71%)

della cucina (71%)   dell'*Inno di Mameli* (67%)

Source: *Focus D & R (Domande e Risposte) Vol. 29*, page 56

Strutture

14.1 Si può?

Si + verb

Decidi se questi usi e costumi sono tipici di dove abiti tu, dell'Italia o di tutti e due i paesi. Poi sottolinea i verbi in ogni affermazione. Perché **si** precede tutti i verbi?

	Dove abito io	L'Italia	Tutti e due i paesi
1. Si fa la dieta mediterranea.	☐	☐	☐
2. Si considera il pranzo il pasto principale.	☐	☐	☐
3. Si regalano le mimose per la Festa della donna.	☐	☐	☐
4. La sera si va al cinema o a bere qualcosa con gli amici.	☐	☐	☐
5. Per le vacanze di solito si va al mare o in montagna.	☐	☐	☐
6. Si fanno molte attività sportive alle scuole superiori e all'università.	☐	☐	☐
7. A San Silvestro si lanciano i fuochi d'artificio a mezzanotte.	☐	☐	☐
8. Si fa la scuola dell'obbligo fino a 16 anni.	☐	☐	☐

1 As you saw in the **Strategie di comunicazione** section, generalizations expressing an impersonal or unspecified subject are made by using **si** + verb. This construction is the equivalent in English of *one*, *we*, *they*, or *people* (in general) + verb.

2 **Si** is always followed by a verb in the third-person singular (**lui/lei**) or third-person plural (**loro**). The choice depends on the direct object; if the direct object of the verb is singular, or if there is no direct object, the verb is in the singular (**lui/lei**) form.

Si fa <u>la dieta mediterranea</u>.	*They are on the Mediterranean diet.*
La sera **si va** al cinema.	*In the evening people go to the movies.*

If the direct object is plural, the verb is in the plural, **loro** form.

Si regalano <u>le mimose</u> per la Festa della donna.	*People give mimosas on International Women's Day.*
A San Silvestro **si lanciano <u>i fuochi d'artificio</u>** a mezzanotte.	*On New Year's Eve people set off fireworks at midnight.*

3 When the **si** construction is used with reflexive verbs, the phrase **ci si** is used.

divertirsi: Ci si diverte in classe.	*One has fun in class.*
alzarsi: Ci si alza alle 8.00.	*One gets up at 8:00.*

4 A common expression using the **si** construction is **si vede che,** which means *you can tell that* or *it's clear that.*

Sara è andata a letto presto. **Si vede che** sta proprio male.	*Sara went to bed early. You can tell that she really doesn't feel well.*
Mark parla molto bene l'italiano. **Si vede che** ha passato molto tempo in Italia.	*Mark speaks Italian really well. You can tell that he has spent a lot of time in Italy.*

In italiano

When selling, renting, looking for items, or offering services, **si** + verb is used. However, the pronoun **si** is attached to the end of the third-person singular (**lui/lei**) form of the verb to create one word: **affittasi, cercasi, offresi, vendesi.**

 A. Ascolta. L'insegnante leggerà delle frasi incomplete. Scegli la fine appropriata per ciascuna.

1. **a.** i monumenti   **b.** la delinquenza
2. **a.** le vitamine   **b.** una cura omeopatica
3. **a.** le guerre   **b.** la violenza
4. **a.** gli amici   **b.** un lavoro
5. **a.** i problemi sociali   **b.** il razzismo
6. **a.** libri interessanti   **b.** un giornale interessante

B. La vita cambia.

Parte prima. Scegli la forma giusta.

1. Quando si emigra / si emigrano, si affronta / si affrontano molte difficoltà.

2. Prima, si cerca / si cercano casa e lavoro.

3. Spesso si incontra / si incontrano pregiudizi e razzismo.

4. Si sogna / Si sognano un futuro migliore per i bambini.

Parte seconda. Dai la forma giusta del verbo tra parentesi.

1. Quando _____ (andare) in pensione, la vita cambia.

2. Spesso _____ (badare) ai nipoti: _____ (portare) i bambini a scuola o li _____ (accompagnare) in vacanza.

3. _____ (cercare) un'attività per il tempo libero, come fare sport, frequentare corsi o fare volontariato.

4. Quando _____ (fare) volontariato, _____ (provare) molte soddisfazioni.

Parte terza. Lavora con un compagno / una compagna. Scegliete un cambiamento di vita e scrivete quattro frasi che descrivono quello che si prova. Seguite il modello della **Parte prima** e della **Parte seconda**.

> Quando ci si laurea... ,

> Quando si decide di mettere su famiglia... ,

> Quando ci si trasferisce in una città nuova... ,

C. Cosa si fa all'università?

Parte prima. Con i compagni, fai una lista di sette o otto attività tipiche degli studenti universitari.

ESEMPIO: All'università si studia molto.

Parte seconda. Formate gruppi di tre o quattro studenti e ordinate le attività cominciando con quella che considerate essenziale per il successo negli studi universitari. Quando avete finito, confrontate la vostra graduatoria con quelle degli altri studenti. Sono simili o diverse? Perché?

D. Affittiamo una villa.
La tua classe d'italiano ha deciso di affittare una villa in Toscana per l'estate. Quando arrivate, vedete che la villa è più piccola di quanto avete immaginato: ci sono due bagni, una cucina piccola, un solo televisore e si deve dormire in tre in ogni camera. In gruppi di tre, fate una lista delle regole che tutti devono seguire. Quando avete finito, mettetevi d'accordo con la classe per una lista finale.

Villa in Toscana

(Non) Si può...	(Non) Si deve...

Grammatica dal vivo:
Si + verbo

Vai su **Connect Italian** per guardare un'intervista con Flavio che parla della vita di uno studente universitario usando *si* + **verbo**. Poi completa le attività di comprensione.

www.connectitalian.com

14.2 Penso che sia giusto così

The present subjunctive

▶ Dino, Carla e Margherita abitano nello stesso palazzo a Milano. Dino chiede informazioni sul nuovo inquilino (*tenant*), Klaidi. Leggi la conversazione. Chi conosce Klaidi meglio, Carla o Margherita?

DINO: Di dov'è Klaidi?

CARLA: Penso che sia albanese.

MARGHERITA: Sì, è albanese.

DINO: E che fa?

CARLA: Credo che faccia il medico.

MARGHERITA: No, no. Sono sicura (*sure*) che fa l'avvocato.

DINO: Ha famiglia?

CARLA: Penso che abbia una grande famiglia.

MARGHERITA: No, no. So per certo che ha solo un figlio.

DINO: Com'è?

CARLA: Credo che sia un tipo timido.

MARGHERITA: Sì, è vero che è timido, ma è tanto carino.

1 Most of the verbs you have learned (except the conditional and imperative) have been in the indicative mood (**l'indicativo**), which expresses certainty or objectivity. The statements that begin with **penso che** and **credo che** in the dialogue above indicate doubt or opinion. These expressions are always followed by verbs in the subjunctive mood (**il congiuntivo**).

▶ Answers to the activities in this section are in Appendix 2 at the back of your book.

▶ Underline the verbs in the subjunctive in the dialogue above. Can you figure out the infinitive of each verb?

▶ The use of the subjunctive after expressions other than **pensare che** and **credere che** is discussed in more detail in the next section of this chapter.

2 The subjunctive is also used after verbs or expressions that indicate desire, necessity, emotions, and subjective judgments, all of which are followed by **che.**

> **volere**
> **bisogna**   +   **che**   +   **subjunctive**
> **essere contento/a**
> **essere importante**

3 To form the stem of the present subjunctive, drop the infinitive ending. Note that -**ire** verbs that insert -**isc**- in all forms except the **noi** and **voi** in the present indicative also do so in the subjunctive.

-are	-ere	-ire
lavorare → lavor-	prendere → prend-	dormire → dorm-
		capire → capisc-

Then add the endings to the stem.

	-are	-ere -ire
io	-i	-a
tu	-i	-a
lui, lei; Lei	-i	-a
noi	**-iamo**	**-iamo**
voi	**-iate**	**-iate**
loro	-ino	-ano

Note that:

    a. **-ere** and **-ire** verbs have the same endings.

    b. the **noi** and **voi** forms are the same in all three conjugations.

    c. the singular forms have the same endings. The **-are** conjugation has **-i** endings and the **-ere/-ire** conjugations have **-a** endings.

▶ Now complete the conjugations of these regular verbs.

	lavorare	prendere	dormire	capire
io	lavori			
tu				capisca
lui/lei; Lei		prenda		
noi				capiamo
voi				
loro			dormano	

4 The subjunctive has the same spelling changes as the indicative.

    a. Verbs ending in **-care** and **-gare** add an **-h-** before the subjunctive endings, which all begin with **-i.**

▶ Complete the conjugations of these verbs.

	cercare	pagare
io		pag**hi**
tu	cer**chi**	
lui/lei; Lei		
noi		
voi		
loro		

(continued)

b. Verbs ending in -**ciare** and -**giare** have only one -**i**.

▶ Complete the conjugations of these verbs.

	cominciare	mangiare
io	cominci	
tu		
lui/lei; Lei		
noi		
voi		mangiate
loro		

5 Here are some frequently used verbs that are irregular in the subjunctive. **Attenzione!** Note that the **noi** and **voi** forms of **andare** and **uscire** have the same stem as in the present indicative.

▶ You can learn the conjugations of other irregular verbs in **Per saperne di più** at the back of your book.

	avere	essere	fare	andare	uscire
io	abbia	sia	faccia	vada	esca
tu	abbia	sia	faccia	vada	esca
lui, lei; Lei	abbia	sia	faccia	vada	esca
noi	abbiamo	siamo	facciamo	andiamo	usciamo
voi	abbiate	siate	facciate	andiate	usciate
loro	abbiano	siano	facciano	vadano	escano

study tip

Spontaneous, correct use of the subjunctive by learners of Italian takes a long time to achieve. This is due, in part, to the fact that English has a subjunctive form, but it is rarely used. (You may hear it in statements such as: *It's important that he go to the doctor immediately.* But you will also hear *goes* in this statement.) Since the subjunctive is essentially a new concept for English speakers learning Italian, you will need to pay special attention to the contexts in which it appears and practice it by writing it and saying it in simple statements.

6 The subject of the verb in expressions like **penso che, credo che** must always be different from the subject of the verb that follows **che**. Note that since the three singular forms (**io, tu, lui/lei/Lei**) are the same, subject pronouns are often used with the subjunctive to avoid confusion.

Sandra pensa che **io** abbia il libro.
Sandra pensa che **tu** abbia il libro.
Sandra pensa che **lui** abbia il libro.

In italiano

- The Italian equivalent of the English expression *to believe in* is **credere a** or **credere in.**

  Non credo **a**gli UFO.   Credo **in** te.

- The Italian equivalent of *to think about someone/something* is **pensare a** + noun.

  Penso **a** te.

  Penso **al** futuro.

  A cosa pensi?   *What are you thinking about?*

A. Le ipotesi.

Parte prima. Conosci bene il tuo compagno / la tua compagna? Fai questo piccolo test.

Penso che il mio compagno / la mia compagna…

1. **a.** lavori a tempo pieno.
   b. lavori part-time.
   c. non abbia un lavoro.

2. **a.** abbia un gatto.
   b. abbia un cane.
   c. non abbia animali domestici.

3. **a.** abbia molti fratelli.
   b. abbia solo un fratello / una sorella.
   c. non abbia fratelli.

4. **a.** faccia sport una volta alla settimana.
   b. faccia sport più di una volta alla settimana.
   c. non faccia mai sport.

5. **a.** creda agli UFO.
   b. non creda agli UFO.
   c. sia indifferente agli UFO.

6. **a.** studi due ore al giorno.
   b. studi meno di due ore al giorno.
   c. studi più di due ore al giorno.

7. **a.** sia vegetariano/a.
   b. mangi la carne.
   c. sia vegano/a.

8. **a.** pensi sempre alla situazione politica del paese.
   b. non pensi mai alla situazione politica del paese.
   c. pensi ogni tanto alla situazione politica del paese.

Parte seconda. Verifica le tue ipotesi. Chi conosce meglio il compagno / la compagna?

ESEMPIO: **S1:** Lavori a tempo pieno?
S2: No, non ho un lavoro.

In Italia

- Il diritto di **sciopero** (*strike*) è garantito dalla Costituzione italiana. La legge regola le modalità (*types*) e i tempi degli scioperi nei servizi di pubblica utilità (trasporti e sanità).

- Esistono vari tipi di sciopero: lo sciopero «a singhiozzo (*hiccup*)» è caratterizzato da brevi interruzioni del lavoro (per esempio, 10 minuti ogni ora), mentre lo sciopero «a scacchiera (*checkerboard*)» è caratterizzato dall'astensione dal lavoro in tempi diversi da parte di diversi gruppi di lavoratori.

- Quasi sempre gli scioperi vengono annunciati in anticipo, su Internet, al telegiornale, alla radio e/o sui giornali.

Sciopero a Roma (Lazio)

B. Il governo e l'economia.

Parte prima. Completa i verbi al congiuntivo. Poi segna (✓) le affermazioni con cui sei d'accordo.

1. _____ Penso che il costo della vita aument_____ sempre.

2. _____ Credo che gli impiegati in fabbrica (*factory*) guadagn_____ molto.

3. _____ Penso che i giovani conosc_____ bene la situazione politica del paese.

4. _____ Credo che molti giovani si preoccup_____ della situazione economica del paese.

5. _____ Penso che il deficit del paese cresc_____ quest'anno.

6. _____ Non credo che il governo facc_____ abbastanza per eliminare la povertà nel mondo.

7. _____ Penso che lo sciopero s_____ il modo migliore per risolvere i conflitti sul lavoro.

8. _____ Credo che gli immigrati contribuisc_____ molto all'economia del paese.

Parte seconda. Lavora con un compagno / una compagna. Confrontate le vostre opinioni e discutete. Se avete idee diverse, riesci a convincere il compagno / la compagna a cambiare opinione? Chi ha gli argomenti più convincenti?

In Italia

L'Italia è **una repubblica** costituzionale dal 1946, quando la monarchia fu abolita dal referendum popolare. **Il Presidente della Repubblica** è il capo dello Stato e rappresenta l'unità nazionale. Il suo ruolo è soprattutto simbolico. **Il Presidente del Consiglio** (in Italia detto anche **il primo ministro**), invece, indirizza, promuove e coordina la politica generale dello Stato. La sede ufficiale del governo è a Palazzo Chigi a Roma.

Palazzo Chigi a Roma (Lazio)

C. I problemi sociali.

Parte prima. Con i compagni, fai una lista dei problemi sociali che i paesi del mondo devono affrontare.

ESEMPIO: la droga, il razzismo…

Parte seconda. In gruppi di due o tre studenti, completate le seguenti frasi insieme e poi fate un sondaggio in classe. Quanti hanno le stesse opinioni?

1. Pensiamo che il problema più grave nel nostro paese sia…

2. Pensiamo che il problema più grave in Italia sia…

3. Pensiamo che il problema più grave nel mondo sia…

In italiano

D. Cosa credi?

Parte prima. Scegli l'elemento appropriato per completare le frasi secondo la tua opinione.

1. Credo che ci sia <u>molta / poca</u> delinquenza nella città dove abito.
2. Credo che l'adolescenza sia un periodo <u>divertente / difficile.</u>
3. Penso che gli immigrati abbiano <u>molte / poche</u> difficoltà.
4. Penso che i nonni abbiano un ruolo <u>importante / insignificante</u> nella famiglia.
5. Credo che sia <u>essenziale / sciocco</u> avere un sogno nel cassetto.

Parte seconda. Adesso giustifica le tue opinioni. Usa il presente indicativo nelle tue affermazioni. Comincia la frase con **Secondo me...**

ESEMPIO: Secondo me, c'è poca delinquenza nella città dove abito perché ci sono tante attività per i giovani.

E. Le opinioni.

Parte prima. Lavora con un compagno / una compagna. Scrivete le vostre opinioni sui seguenti aspetti della vita nella vostra università. Cominciate ogni frase con **Secondo noi...** e ricordatevi di usare l'indicativo.

ESEMPIO: **Secondo noi,** le tasse universitarie **sono** troppo alte.

gli appartamenti   le aule   i corsi   le feste

la mensa   i professori   la residenza universitaria

gli studenti   le tasse universitarie

Parte seconda. Scambiate le opinioni con un altro gruppo. Trasformate tutte le frasi con cui siete d'accordo con **Crediamo che... .** Cominciate le frasi con cui non siete d'accordo con **Non crediamo che...** (Ricordate di usare il congiuntivo!). Discutete le frasi con cui non siete d'accordo con l'altro gruppo o con il resto della classe.

ESEMPIO: **Crediamo che** le tasse universitarie **siano** troppo alte.

14.3 È bello che tu impari l'italiano

Verbs and expressions followed by the subjunctive

▶ Classifica le frasi dell'insieme A secondo le categorie dell'insieme B.

A
1. **Desidero che veniate** con noi.
2. **È necessario che** Matteo **trovi** lavoro.
3. **Credo che** questa macchina **costi** troppo.
4. **Sono contenta che** mia sorella **venga** alla festa.
5. **Dubito che** il fratello di Daniele **sia** disoccupato.
6. **È importante che si cerchi** di eliminare la povertà nel mondo.

B
a. opinione
b. desiderio
c. sentimento personale
d. giudizio (*judgment*) con un'espressione impersonale
e. necessità
f. dubbio

▶ Answers to this activity are in Appendix 2 at the back of your book.

1 As you saw in the preceding activity, the subjunctive is used after verbs or expressions that indicate doubt, opinion, desire, necessity, emotions, and judgments + **che.** Here are several expressions that typically introduce the use of the subjunctive.

bisogna che	**è importante che**	**preferisco che**
credo che	**è (im)possibile che**	**sembra/pare** (*it seems*) **che**
desidero che	**è necessario che**	**sono contento/a che**
dubito che	**è strano che**	**spero che**
è bene che	**immagino che**	**temo** (*I fear*) **che**
è essenziale che	**mi dispiace che**	**voglio che**

2 As you learned in the previous section, the subject of the verb in expressions like **voglio che, spero che,** and so on must always be different from the subject of the verb that follows **che,** which is in the subjunctive.

Mia madre vuole che **io** vada all'università.	*My mother wants me to go to college.*
Mia madre preferisce che **io** studi medicina.	*My mother prefers that I study medicine.*
Mia madre pensa che **io** abiti da sola.	*My mother thinks that I live alone.*
Mia madre spera che **io** diventi medico.	*My mother hopes that I become a doctor.*

3 If the subject of the two verbs is the same, the infinitive is used instead of the subjunctive.

a. The verbs **volere** and **preferire** are followed by the infinitive when the subject of **volere/preferire** and the infinitive is the same. Compare:

SAME SUBJECT	DIFFERENT SUBJECTS
Non **voglio andare** all'università.	**Mia madre vuole** che **io vada** all'università.
I don't want to go to college.	*My mother wants me to go to college.*
Preferisco studiare recitazione.	**Mia madre preferisce** che **io studi** medicina.
I prefer to study acting.	*My mother prefers that I study medicine.*

b. You learned in **Capitolo 10, Strutture 10.1** that **pensare** and **sperare** followed by **di** + infinitive are used to talk about one's hopes and plans for the future when the subject of these verbs and the following verb are the same. However, when the subjects of **pensare** and **sperare** and the following verb are different, these verbs are followed by **che** + subjunctive. Compare:

SAME SUBJECT	DIFFERENT SUBJECTS
Penso di abitare con amici.	**Mia madre pensa** che **io abiti** da sola.
I think that I will live with friends.	*My mother thinks that I live alone.*
Spero di diventare attrice.	**Mia madre spera** che **io diventi** medico.
I hope to become an actress.	*My mother hopes that I become a doctor.*

▶ To learn more about constructions with the infinitive, see **Per saperne di più** at the back of your book.

 A. Ascolta. Ascolta le frasi e indica perché si usa il congiuntivo.

	opinione	dubbio	desiderio	sentimento personale	necessità	giudizio con un'espressione impersonale
1.	☐	☐	☐	☐	☐	☐
2.	☐	☐	☐	☐	☐	☐
3.	☐	☐	☐	☐	☐	☐
4.	☐	☐	☐	☐	☐	☐
5.	☐	☐	☐	☐	☐	☐
6.	☐	☐	☐	☐	☐	☐
7.	☐	☐	☐	☐	☐	☐
8.	☐	☐	☐	☐	☐	☐
9.	☐	☐	☐	☐	☐	☐

B. Come reagisci (react)? Completa le affermazioni con la tua reazione personale. Usa un'espressione che richiede il congiuntivo. **Attenzione!** Usa ogni espressione una sola volta.

ESEMPIO: Tommaso, un neolaureato in giurisprudenza, non riesce a trovare lavoro.
Spero che il governo faccia qualcosa per ridurre il tasso di disoccupazione.

1. Mohamed è arrivato in Italia dall'Africa una settimana fa. _____ trovi un lavoro.

2. Il bambino ha la febbre a 40 gradi! _____ la madre lo porti subito dal medico.

3. C'è molta povertà nel mondo e molte persone soffrono la fame. _____ i paesi del mondo trovino una soluzione.

4. I prezzi stanno aumentando! _____ il governo faccia qualcosa per controllare l'inflazione.

5. Di solito Fatima viene a lezione tutti i giorni. _____ non sia a lezione oggi.

6. Roberto ha visto un ladro rubare una macchina. _____ che chiami subito la polizia.

7. Sabrina non sapeva cosa fare dopo la laurea. Ha deciso di andare in Inghilterra per imparare l'inglese. _____ faccia qualcosa d'interessante.

C. La vita futura.

Parte prima. Ci sono tre alternative possibili per completare le seguenti affermazioni sulla tua vita dopo la laurea. Metti le frasi in ordine di importanza secondo la tua opinione (1 = la più importante, 3 = la meno importante).

1. È essenziale che il mio lavoro
   a. _____ sia pagato bene.
   b. _____ dia molte soddisfazioni.
   c. _____ offra molte opportunità di viaggiare.

2. È importante che la mia casa
   a. _____ sia grande.
   b. _____ sia nel quartiere più bello della città.
   c. _____ abbia tutti i comfort.

3. È necessario che mio marito / mia moglie
   a. _____ sia ricco/a.
   b. _____ sia gentile e intelligente.
   c. _____ sia bello/a.

4. È assolutamente necessario che io
   a. _____ abbia un animale domestico.
   b. _____ abbia tanti amici.
   c. _____ abbia un buon rapporto con la famiglia.

5. È importante che io
   a. _____ abiti vicino alla mia famiglia.
   b. _____ abiti lontano dalla mia famiglia.
   c. _____ abiti in una bella città.

Parte seconda. Adesso giustifica la tua preferenza principale con un'affermazione. Usa **il presente indicativo.** Presenta le tue affermazioni ai compagni di classe.

ESEMPIO: Il mio lavoro deve pagare molto perché vorrei viaggiare in tutto il mondo.

D. I dialoghi.

Parte prima. Completa questi mini-dialoghi con i verbi appropriati della lista. **Attenzione!** Non tutti i verbi verranno usati.

abbia	abbiano	abitino	capisca	dorma
esca	faccia	siano	si senta	vada

1. —Lavora ancora il signor Rossi?
   —È probabile che _____ in pensione l'anno prossimo.

2. —Roberto va alla riunione domani alle 16.00?
   —No, credo che _____ un impegno dalle 15.00 alle 16.30.

3. —Dove sono Raffaella e Angelica?
   —Credo che _____ ancora all'università.

4. —Quanti anni ha tua madre?
   —Ne ha 80.
   —Abita ancora da sola?
   —Sì, e ho paura che _____ sola, ma insiste che vuole essere indipendente.

5. —Perché Mario è di cattivo umore?
   —Domani ha un esame di matematica. È importante che _____ bene l'esame, perché finora ha preso voti molto bassi.

Parte seconda. Lavora con un compagno / una compagna. Scegliete un verbo che non avete usato e create un mini-dialogo. Seguite il modello della **Parte prima.**

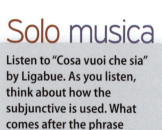

Ascoltiamo!

La nuova demografia d'Italia

A. Osserva ed ascolta.   Osserva ed ascolta mentre Federico ti parla delle trasformazioni demografiche nell'Italia di oggi.

B. Completa.   Completa le seguenti frasi, inserendo la parola o l'espressione appropriata della lista qui sotto. Usa ogni espressione *una sola volta*. **Attenzione!** La lista contiene undici parole o espressioni; devi usarne solamente nove.

adriatica	in aumento	in calo	farmaci
fertilità	di immigrati	l'invecchiamento	in inverno
delle pensioni	il tempo libero	la terza età	

1. La popolazione italiana si sta trasformando: le nascite sono _____, mentre invece il numero degli anziani è _____.

2. Il numero complessivo degli abitanti, però, rimane stabile a causa dell'arrivo _____ dai paesi dell'Asia, dell'Africa e dell'Europa Orientale (*Eastern*).

3. _____ della popolazione preoccupa il governo e crea problemi per l'economia nazionale, in particolare per l'enorme costo _____.

4. Gli anziani (chiamati anche «_____») influenzano sempre più il mercato dei consumi. Per loro, le industrie creano prodotti specializzati, come alimenti e _____.

5. _____, molte località turistiche dal clima mite sono piene di anziani in vacanza, soprattutto quelle della costa ligure e della costa _____.

C. Tocca a te!   Secondo te, l'aumento del numero di anziani è veramente un problema serio per una nazione?

Penso che l'aumento del numero di anziani sia / non sia un problema serio per una nazione perché…

Leggiamo!

Immigrati in Italia: Troppi o troppo pochi?

A. Prima di leggere.   Lavora con un compagno / una compagna. Segnate (✓) se le parole seguenti hanno un valore positivo o negativo.

	valore positivo	valore negativo
1. la diversità	☐	☐
2. le tradizioni	☐	☐
3. il lavoro	☐	☐
4. la competizione nel welfare	☐	☐
5. l'omogeneità identitaria (nazionale, religiosa)	☐	☐
6. le tasse e i contributi	☐	☐
7. la piccola malavita (*petty crime*)	☐	☐
8. la pluralità (etnica, culturale, religiosa)	☐	☐

Parte prima. L'Italia è diventata una nazione multietnica; si prevede che nel 2016 ci saranno più di 5 milioni di immigrati. Cosa pensano gli italiani della nuova situazione demografica? Leggi l'articolo per sapere due opinioni diverse.

Immigrati in Italia: Troppi o troppo pochi?

Secondo la Lega (e non solo) minacciano la nostra identità e ci tolgono[1] il lavoro. Secondo altri (anche alcuni economisti) producono ricchezza e dovrebbero essere di più. Che cosa ne pensate?

In Italia gli immigrati sono circa quattro milioni e mezzo di persone: meno del dieci per cento della popolazione, ma un numero significativo e ancora in crescita (anche se meno velocemente rispetto a due o tre anni fa).

La questione [...] vede intrecciate[2] argomentazioni culturali ed economiche. Una parte della popolazione e del mondo politico considera negativo l'aumento della migrazione in termini di diluizione dell'identità nazionale e religiosa del Paese: la posizione, ad esempio, della Lega. E qui non c'è molto da discutere: da un lato[3] c'è chi considera le tradizioni e l'omogeneità identitaria un valore, dall'altro chi ritiene che invece siano un valore le diversità, le mescolanze,[4] la pluralità etnica, culturale e religiosa.

Allo stesso tempo, però, c'è una valutazione più pragmatica: oggi gli immigrati producono il 9,7 per cento del nostro Pil,[5] pari ad oltre[6] 120 miliardi di euro. Senza il loro lavoro, lo Stato perderebbe ogni anno sei miliardi tra tasse e contributi. Essendo quasi tutti in età lavorativa, pochissimi sono invece gli immigrati che godono di prestazioni pensionistiche[7] (circa 7 mila lavoratori all'anno), anche se ovviamente questo numero è destinato ad aumentare quando gli immigrati invecchiano.

Inoltre, gli immigrati svolgono spesso lavori (come quelli di badante[8]) per molti indispensabili in una società che invecchia sempre di più come la nostra.

Per contro, come ovvio, l'arrivo massiccio[9] di persone dal Sud del mondo provoca anche problemi di ordine pubblico (è quasi inevitabile che tra quelli senza permesso di soggiorno[10] molti finiscano nella piccola malavita) e di competizione nel welfare (posti in ospedale o negli asili, assegnazione di case popolari[11] etc).

Complessivamente, secondo voi, sono più i vantaggi o gli svantaggi che l'immigrazione ha provocato finora al nostro Paese? E in futuro servono più immigrati o al contrario bisogna chiudere di più le frontiere?

Che cosa ne pensate?

Adatta da: http://espresso.repubblica.it/dettaglio/immigrati-in-italia-troppi-o-troppo-pochi/2130568

---

[1]*take away*   [2]*interwoven*   [3]*da... on the one hand*   [4]*mixtures*   [5]Prodotto interno lordo *GDP: Gross Domestic Product*   [6]*pari... equal to over*   [7]*prestazioni... pension payments*   [8]*caregiver (esp. to the elderly)*   [9]*massiccio massive*   [10]*permesso... legal permission to stay in Italy as a foreigner*   [11]*assegnazione... placement in public housing*

Parte seconda. Lavora con un compagno / una compagna. Dividete le parole di **Prima di leggere** nelle seguenti categorie a seconda delle informazioni presentate nell'articolo.

	Pro-immigrazione	Contro immigrazione
Vantaggi		
Svantaggi		

C. Discutiamo! Rispondete alle domande poste nell'ultimo paragrafo dell'articolo. L'argomentazione sugli immigrati in Italia e nel tuo paese è simile o diversa? In che senso?

Scriviamo!

Io a ottant'anni

Immagina di avere ottant'anni. Scrivi un testo in cui ti descrivi.

- Nel primo paragrafo descrivi come sei fisicamente.
- Nel secondo paragrafo descrivi com'è il tuo stato familiare (sposato/a, divorziato/a, vedovo/a, numero di figli...).
- Nel terzo paragrafo descrivi le tue condizioni economiche.
- Nell'ultimo paragrafo fai un breve riassunto della tua vita.

Quando avrai finito il testo, rileggilo e poi scrivi un titolo appropriato.

Parliamo!

A che cosa tieni di più?

Leggi la lista qui sotto e scegli le dieci cose che pensi siano più importanti nella tua vita. Puoi aggiungere una cosa alla lista, ma devi scegliere un massimo di dieci cose.

gli amici	un animale domestico	la salute
i soldi	l'autosufficienza	un hobby
il marito / la moglie	la bellezza	lo sport
il lavoro	la casa	altro: ___?___
la patente di guida	la famiglia	

Immagina di avere cinquant'anni. Devi eliminare due cose dalla lista. Quali?

Immagina di avere sessant'anni. Devi eliminare altre due cose.

A settant'anni due ancora.

A ottant'anni altre due.

A novant'anni cosa ti è rimasto?

Discuti le tue scelte con la classe. Ci sono cose a cui molti tengono? Cose a cui non tiene nessuno?

Guardiamo!

FILM *Pranzo di Ferragosto*

(Commedia. Italia. 2009. Gianni Di Gregorio, Regista. 75 min.)

RIASSUNTO: Middle-aged, unemployed and single, Gianni lives with his 93-year old mother, whom he takes care of full-time. It's August and the administrator of the condominium in which they live makes Gianni a deal: if Gianni will take care of the administrator's mother, too, during the **Ferragosto** holiday, the administrator will cover the condo fees that Gianni and his mother haven't paid in months. Gianni accepts, but when the administrator's mother arrives, she's not alone: his aunt has come along as well. Then the mother of Gianni's doctor-friend drops off his mother, too. How will Gianni manage the holiday with four elderly ladies under his care?

SCENA: (DVD 12:33–17:57) Gianni explains the deal to his mother. Alfonso, the administrator, arrives with his mother and his aunt.

A. Anteprima. Leggi il riassunto del film e pensa a quello che hai imparato di questi quattro elementi della cultura italiana: la madre, gli anziani, il pranzo e il Ferragosto. Secondo te, quali sono alcuni problemi che Gianni incontrerà in questa storia? Scrivi un possibile problema per ciascun elemento.

1. la madre
2. gli anziani
3. il pranzo
4. il Ferragosto

B. Ciak, si gira!

Parte prima. I primi incontri sono spesso pieni di complimenti. Abbina il complimento alla cosa giusta.

1. il dolce	a. bellissimo
2. il panorama	b. care
3. il divano-letto	c. comodo
4. i piatti di Gianni e i ciambelloni della mamma	d. docile
5. le signore ospiti	e. grazioso
6. la salute della zia	f. straordinari
7. il carattere della zia	g. una roccia

Parte seconda. Mentre guardi la scena, controlla le tue risposte nella **Parte prima**. Hai sentito tutti i complimenti? Quali altre espressioni comuni ad un primo incontro hai notato?

C. È fatto! Dopo aver visto la scena, riconsidera i problemi che hai menzionato in **Anteprima**. Avevi ragione? Le tue idee sono state confermate? Perché?

Retro

Agli italiani piacciono i reality show? Per saperne di più, vai a Capitolo 14, Retro su Connect Italian.

www.connectitalian.com

Vocabolario

Domande ed espressioni

bisogna che	it is necesary that
Come si fa?	How is it done? / How do people do it?
Cosa si fa?	What do people do?
è bene che	it's good that
è essenziale che	it's essential that
è importante che	it's important that
è (im)possible che	it's (im)possible that
è necessario che	it's necessary that
è strano che	it's strange that
sembra/pare che	it seems that
si vede che…	you can tell that / it's clear that . . .

Verbi

andare in pensione	to retire
aumentare	to increase
calare	to drop; to fall; to reduce
credere (a/in)	to believe (in)
credere che	to believe that
crescere	to grow; to increase
desiderare	to desire, to want
drogarsi	to take drugs
dubitare che	to doubt that
emigrare	to emigrate
immaginare che	to imagine that
immigrare	to immigrate
invecchiare	to get old
pensare (a)	to think (about)
sognare	to dream
sperare che	to hope that
temere che	to fear that
trasformarsi	to transform

Sostantivi

l'anziano / l'anziana	elderly man/woman
l'aumento	increase
il calo	drop, reduction
il cittadino / la cittadina	city dweller; citizen
la crescita	growth; increase
la delinquenza	crime (*in general*)
la disoccupazione	unemployment
il divorzio	divorce
la droga	drugs
il drogato / la drogata	drug addict
l'emigrato	refugee, exile
l'emigrazione	emigration
la fame	hunger
il fenomeno	phenomenon
la gestione	care
il giornale	newspaper
il governo	government
la guerra	war
l'immigrato / l'immigrata	immigrant
l'immigrazione	immigration
l'industria	industry
l'invecchiamento	aging
il mestiere	trade; occupation
la morte	death
il motivo	reason, motivation
la nascita	birth
la noia	boredom
il pensionato / la pensionata	retiree
la pensione	pension
la percentuale	percentage
la popolazione	population
la povertà	poverty
il presidente della Repubblica	president
il primo ministro	prime minister
il quotidiano	daily newspaper
il razzismo	racism
la rivista	magazine
lo sciopero	strike
la solitudine	loneliness, isolation
la tassa	tax; fee
il tasso	level, rate
il tasso di disoccupazione	unemployment rate
la terza età	"golden years"
la trasformazione	transformation
la vecchiaia	old age
la violenza	violence
il volontariato	volunteer work

Aggettivi

quotidiano	daily
sicuro	safe, sure

15 Quali lingue parli?

Manifestazione interventista (1914), Carlo Carrà (Collezione Mattioli, Milano, collage su cartone)

SCOPI

IN THIS CHAPTER YOU WILL LEARN:

- to ask and verify whether someone can do something
- to recognize regional varieties of Italian
- about other varieties of language spoken in Italy
- to recognize opinions, doubts, and desires in the past
- the difference between expressions of fact and statements of opinion, doubt, and desire
- to talk about imaginary situations
- about the history of the Italian language

Sai/Sa l'inglese?
Puoi/Può dire qualcosa?

Asking and verifying whether someone can do something

- In **Capitolo 4** you learned that **sapere** + a noun is used to talk about knowing a fact and that **sapere** + a verb in the infinitive is used to talk about knowing how to do something or to be capable of doing something.

So l'indirizzo.	*I know the address.*
So sciare.	*I know how to ski. I can ski.*

- In English the verb *can* may be used in the second instance, but not in Italian. In Italian, **potere** conveys a willingness to do something, whereas **sapere** expresses capability.

Sai cantare?	*Do you know how to sing? Can you sing?*
Puoi cantare qualcosa?	*Can (Will) you sing something?*

 A. Osserva ed ascolta.

Parte prima. Osserva ed ascolta mentre questi italiani rispondono alla domanda «Sai/Sa l'inglese?» Segna (✓) chi dice di sì.

1. Elisabetta   **sì** ☐   **no** ☐

2. Anna Maria   **sì** ☐   **no** ☐

3. Giacinto   **sì** ☐   **no** ☐

4. Giorgio   **sì** ☐   **no** ☐

(continued)

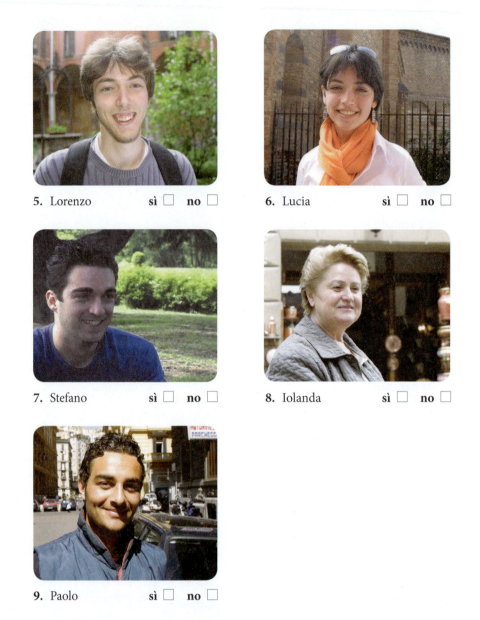

5. Lorenzo   **sì** ☐   **no** ☐   **6.** Lucia   **sì** ☐   **no** ☐

7. Stefano   **sì** ☐   **no** ☐   **8.** Iolanda   **sì** ☐   **no** ☐

9. Paolo   **sì** ☐   **no** ☐

Parte seconda. Ora osserva ed ascolta di nuovo mentre gli italiani rispondono alla domanda «È importante sapere l'inglese?». Segna (✓) chi ha dato le seguenti spiegazioni.

	Giorgio	Lorenzo	Iolanda	Paolo	Laura	Francesca
1. Soprattutto nel campo dell'informatica, i materiali sono in inglese.	☐	☐	☐	☐	☐	☐
2. Chi sa un'altra lingua ha un vantaggio nel mondo lavorativo.	☐	☐	☐	☐	☐	☐
3. Sapere un'altra lingua è un segno di apertura mentale (*open-mindedness*) e di cultura.	☐	☐	☐	☐	☐	☐

B. Culture a confronto: E tu, quali lingue parli?

Parte prima. Fai un sondaggio in classe per sapere quali lingue parlano gli altri studenti. Chiedi anche se le hanno imparate a scuola o a casa. Secondo te, è importante saper parlare un'altra lingua?

Parte seconda. Guarda i dati nella sezione **In Italia** e paragona le risposte della classe alle risposte degli italiani. Sono simili o diverse?

> **Oltre all'italiano, quali altre lingue parlano gli italiani?**
>
> inglese 45,5%
> francese 33,9%
> spagnolo 7,7%
> tedesco 6,4%
> russo 0,4%

Source: Eurostat 2010

In Italia

Non c'è una sola lingua italiana. Benché si parli **di lingua nazionale,** la lingua italiana varia da regione a regione. Queste varietà regionali si differenziano per la pronuncia, la sintassi (*syntax*) ed anche per la scelta del vocabolario. **Le varietà regionali** dell'italiano si dividono in tre gruppi maggiori: **l'italiano settentrionale, il toscano** e **l'italiano centro-meridionale.**

C. Sai il linguaggio dei giovani? Puoi tradurlo?

Parte prima. I giovani italiani, come i giovani di tutto il mondo, usano un linguaggio particolare: **il linguaggio dei giovani.** Lo parlano con i coetanei (*peers*), in situazioni informali, per scherzare, per parlare di scuola, di sport e della loro vita sentimentale. La caratteristica più saliente del linguaggio dei giovani è la continua formazione di parole nuove e l'uso nuovo di parole già esistenti. Queste parole ed espressioni cambiano rapidamente. Riesci a indovinare cosa significano queste espressioni?

1. **tirarsela:** Quella ragazza è bella, ma se la tira moltissimo!

   a. to not show up, to stand someone up

2. **provarci con qualcuno:** Quel ragazzo ci ha provato con me tutta la sera.

   b. to act like you're the coolest

3. **tirare il pacco:** Dovevamo andare al cinema, ma mi ha tirato il pacco.

   c. to hit on someone

Parte seconda. Tra i giovani il telefonino sembra diventato lo strumento più importante per comunicare, fare amicizie e superare la timidezza (*shyness*). Per risparmiare soldi e tempo negli sms si usa un linguaggio «breve». Riesci a decifrare queste parole ed espressioni?

1. xké
2. dove 6?
3. + o –
4. tvb
5. 6 3mendo!
6. t tel + trd
7. msidt
8. zzz

Di dove sei? / Di dov'è? Si sente!

Recognizing regional varieties of Italian

A. Osserva ed ascolta. Osserva ed ascolta come parlano questi italiani.
Parlano tutti l'italiano, ma non esattamente nello stesso modo. Ci sono piccole variazioni regionali. Riesci ad identificare alcune differenze tra le persone o tra una delle persone e il tuo / la tua insegnante?

1. Italia Settentrionale (Emilia-Romagna): Stefano
2. Toscana: il maestro Dondoli
3. Italia Meridionale (Campania): Anna Maria

Attività C. Risposte (Parte prima): 1. b 2. c 3. a **(Parte seconda):** 1. perché 2. dove sei? 3. più o meno 4. ti voglio bene 5. sei tremendo! 6. Ti telefono più tardi. 7. mi sono innamorato di te 8. mi fa venire sonno / che sonno!

B. Regioni d'Italia: Come lo dici? L'uso di alcune parole varia da regione a regione. La stessa cosa succede (*happens*) in inglese americano: per esempio, c'è chi dice «soda» e chi dice «pop» o «cola»; c'è chi dice «pail» e chi dice «bucket».

Parte prima. Segna la parola che riconosci in ogni gruppo.

1.
☐ immondizia
☐ spazzatura

2.
☐ anguria
☐ cocomero
☐ melone

3.
☐ calzini
☐ calzerotti
☐ pedalini

4.
☐ testa
☐ capo

5.
☐ borsa
☐ busta

6.
☐ poggiolo
☐ terrazzino

7.
☐ buttare la pasta
☐ calare la pasta

Parte seconda. Fai il punteggio: Quante volte hai scelto la prima parola del gruppo (settentrionale) o la seconda o la terza parola (centro-meridionale)? Di quale varietà regionale conosci più parole? Sai perché?

Lessico

Le lingue d'Italia
The languages of Italy

 ▶ **Un piccolo test.** Che cosa sai della lingua italiana? Scegli la risposta giusta. Riesci a capire il significato delle parole evidenziate?

1. **La pronuncia** della lingua nazionale _____.
   a. è uguale in tutta l'Italia
   b. è diversa a seconda della zona geografica
   c. **cambia** da un giorno all'altro

2. L'italiano **deriva** _____.
   a. dall'inglese
   b. dal latino
   c. dal greco

3. L'italiano è una lingua _____.
   a. germanica
   b. asiatica
   c. **romanza**

4. Le principali lingue romanze sono l'italiano, **il rumeno,** lo spagnolo, il portoghese e _____.
   a. il tedesco
   b. il francese
   c. il greco

5. La lingua italiana, come tutte le lingue, _____.
   a. continua ad **evolversi** nel tempo
   b. rimane sempre uguale, non cambia
   c. cambia velocemente

6. Nell'italiano **contemporaneo** si usano molti **termini** (parole) _____.
   a. inglesi
   b. spagnoli
   c. greci

Retro

Per sapere di più sui dialetti italiani, vai a **Capitolo 15, Retro** su **Connect Italian.**

▶ Answers to the activities in this section are in Appendix 2 at the back of your book.

(continued)

7. **La lingua parlata** e **la lingua scritta** sono _____.
   a. uguali
   b. diverse
   c. difficili da capire

8. La lingua italiana ha una lunga **tradizione letteraria** che **risale al** _____.
   a. Duecento
   b. Cinquecento
   c. Novecento

9. Poiché sempre meno giovani italiani imparano il dialetto, i dialetti _____.
   a. potrebbero **scomparire** (*disappear*)
   b. potrebbero **diffondersi** (*spread*)

10. **Il fiorentino** è il dialetto di _____.
    a. Bologna
    b. Milano
    c. Firenze

11. **Il napoletano** è un dialetto dell'Italia _____.
    a. Settentrionale
    b. Centrale
    c. Meridionale

12. Circa 66 milioni di persone parlano italiano nel mondo. Anche se l'italiano è meno **diffuso** dello spagnolo e del francese, lo si parla in tanti paesi diversi. Si parla italiano in Brasile, Argentina, Stati Uniti, Australia, Canada, Tunisia, Eritrea, Libia, Albania, Somalia e _____.
    a. Russia
    b. Svizzera
    c. Cina

Regioni d'Italia: Il dialetto e quando si usa. Solo il 30% degli italiani è monolingue, cioè parla solo **l'italiano standard.** Molti italiani sono bilingui: parlano sia la lingua nazionale che il dialetto del loro paese o provincia. Ma non è sempre stato così. Nel 1951, per esempio, il 60% degli italiani parlava solo **dialetto.**

I dialetti sono lingue, ma differiscono dall'italiano standard nell'uso. Quali sono le occasioni in cui vengono usati? Metti gli elementi seguenti nelle categorie giuste.

| a casa | con gli anziani | dagli uomini | dalle donne |

| fuori casa | in campagna | in città | in contesti informali |

L'italiano nazionale	Il dialetto

Regioni d'Italia: Le minoranze linguistiche in Italia.

L'italiano e i dialetti non sono le uniche lingue che si parlano in Italia. Ci sono, infatti, varie **minoranze linguistiche,** cioè comunità che parlano una lingua diversa dalla lingua standard. La legge riconosce 12 minoranze linguistiche. Abbina ogni numero sulla cartina alla minoranza giusta (alcuni abbinamenti sono già stati fatti). **Un aiuto:** Guarda la cartina in fondo al libro e considera quali sono i paesi stranieri che confinano con l'Italia.

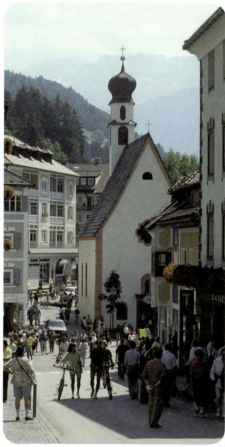

Si parla il tedesco a Bolzano (Trentino–Alto Adige)

il tedesco _____	il catalano __5__
il ladino __2__	l'albanese __9__
il francese _____	il greco __7__
il friulano _____	il croato __10__
lo sloveno _____	l'occitano __6__
il sardo _____	il francoprovenzale __3__

▶ Answers to the activities in this section are in Appendix 2 at the back of the book.

 A. Ascolta. Ascolta le affermazioni e decidi se sono **vere** o **false**. Correggi le frasi false.

	vero	falso		vero	falso
1.	☐	☐	**5.**	☐	☐
2.	☐	☐	**6.**	☐	☐
3.	☐	☐	**7.**	☐	☐
4.	☐	☐	**8.**	☐	☐

B. Regioni d'Italia: Un po' di geografia.

Parte prima. Controlla la cartina geografica in fondo al libro e fai una lista di tre città dell'Italia Settentrionale, tre dell'Italia Centrale e tre dell'Italia Meridionale.

Parte seconda. Di' una città a un compagno / una compagna e lui/lei deve dire se si trova nell'Italia Settentrionale, Centrale o Meridionale senza consultare la cartina. Chi è riuscito a dare più risposte corrette?

C. Un po' di cultura: L'inglese e l'italiano.

Mentre alcune lingue, come il francese, evitano l'uso di parole straniere, l'italiano tende ad accettare parole da altre lingue, soprattutto dall'inglese. Leggi l'articolo e fai una lista delle parole inglesi che si usano nell'italiano contemporaneo nel campo della tecnologia, della moda e del fitness.

SEI TRENDY O UNA FASHION VICTIM? TI PIACE CHATTARE? E COME TI RILASSI? CON LO SPINNING O FACENDO CLUBBING? MA QUANTO INGLESE «MASTICHI» SENZA ACCORGERTENE?[1]

di Marina Fantini

Il campo della tecnologia è ormai[2] del tutto inglesizzato, basta pensare al mondo di internet: alla homepage (la pagina principale) di un sito si accede digitando[3] www e poi il nome. www non è altro che una world wide web, ovvero[4] la rete stesa a coprire tutto il mondo! Poi ti serve uno username (un nome utente) e sicuramente una password (una chiave di accesso), ma anche un nickname (un tuo soprannome con cui farti riconoscere), altrimenti come chatti? Chattare è un verbo che in italiano non esiste, è un calco dall'inglese to chat! Così come cliccare viene da to click e customizzare (cioè personalizzare) da to customize!

Questione di feeling e di carriera!

Se per vivere un bel flirt ci vuole feeling, per essere un VIP (una very important person), ci vuole fisico e tanto fitness! Ci può aiutare sicuramente un personal trainer (un allenatore tutto per noi) e qualche ora di sport passata a fare aquagym (ginnastica in acqua), step (la tipica ginnastica aerobica) o anche spinning (una bella pedalata). Per rilassarsi, poi, del training autogeno e sicuramente un po' di stretching (allungamento dei muscoli). E se una volta c'era tanto tempo per dedicarsi ai propri hobby (che suonano meglio di passatempi), ora tutte le professioni richiedono un impegno full time (cioè a tempo pieno.)

Fashion & style

Anche il mondo della moda e del beauty sono stati contaminati dall'inglese: i termini fashion e style hanno preso sempre più piede, così come aggettivi come trendy, cool, hip, funky... E scommettiamo che tra qualche anno si dirà solo catwalk e non più passerella? Certo un conto è essere trendy (cioè essere al passo con la moda e conoscere tutti i trend, gli stili del momento), un conto diventare una fashion victim, una schiava, una vittima della moda. E il trucco? Ovvero il make up? Intanto va tenuto in ordine in un bel beauty-case, dove ci possono entrare tutti i rossetti, sia gloss (lucidi) che matte (opachi), per non parlare poi di ombretti per dare al viso un tocco di glitter (ovvero con un effetto brillante).

[1] «MASTICHI»... *"Chew"* (here: *say without realizing it*)   [2] *by now*   [3] *si... get access by typing*
[4] *or rather*

D. Le barzellette. Completa le barzellette con le seguenti parole.

chiede   dice   dico   risponde

si dice   sta scherzando

In italiano

Here are some verbs related to talking and speaking. You already know some of them.*

chiacchierare (fare due chiacchiere) *to chat*
chiedere (p.p. chiesto) *to ask*
dire (p.p. detto) *to say, to tell*
discutere (p.p. discusso) *to discuss*
litigare *to argue*
parlare *to talk*
raccontare *to tell (a story)*
raccontare una barzelletta *to tell a joke*
rispondere (p.p. risposto) *to respond*
scherzare *to joke, to kid*

Un tipo va dallo psicanalista. Si sdraia sul lettino, poi dice: «Dottore, nessuno mi prende sul serio (*seriously*).»

Lo psicanalista risponde: «_____?»

Due carabinieri entrano in un bar. Il primo _____ al compagno: «Cosa prendi?»

Il compagno risponde: «Prendo quello che prendi tu.»

Il primo dice al barista: «Due caffè, per favore.»

Il compagno _____ al barista: «Due caffè anche per me.»

Alla scuola elementare, una maestra corregge i temi dei bambini. Nel tema Pierino ha scritto: «Ieri, ho caduto per terra. (*Yesterday I fell down.*)»

La maestra gli dice: «Attenzione, Pierino. Non si dice *ho caduto*. _____ *sono caduto*.»

Pierino _____: «Ma maestra, che importanza ha se _____ *ho caduto* o *sono caduto*, sempre per terra ho andato.»

---

*All of these verbs take **avere** as their auxiliary in the **passato prossimo**.

E. Dici bugie?

Parte prima. Completa le frasi in modo che siano vere per te. Usa una di queste espressioni o completa le frasi liberamente.

raramente   sempre   spesso

una volta alla settimana   una volta al mese

1. Litigo con i miei genitori…
2. Discuto di politica con gli amici…
3. Racconto barzellette…
4. Dico bugie…
5. Faccio due chiacchiere con il mio migliore amico / la mia migliore amica…

Parte seconda. Formate gruppi di quattro o cinque studenti. Confrontate le vostre risposte e poi decidete chi del gruppo è…

1. il figlio / la figlia migliore
2. più interessato/a alla politica
3. più spiritoso
4. più onesto/a
5. l'amico/a migliore

Parte terza. Presentate i risultati ai compagni.

> **ESEMPIO:** Maria è l'amica migliore perché parla sempre con i suoi amici.

F. Mini-dialoghi.

Parte prima. Completa i mini-dialoghi con la forma corretta del verbo giusto. **Attenzione!** Non si usano tutte le parole.

chiacchierare   dire   discutere

litigare   raccontare (2)   rispondere   scherzare

1. —Perché ti piace tanto Jamaal?

   —Perché è un tipo molto spiritoso; gli piace _____ barzellette e mi fa ridere (*laugh*).

2. —Gianna, ti va di andare al cinema con me domani sera?

   —Francesco, quante volte te lo devo _____?! Non voglio uscire con te!

3. —Ho sentito che vostro nonno è un tipo molto interessante.

   —Infatti! Ci _____ sempre delle sue esperienze durante la Seconda Guerra Mondiale.

4. —Perché sei sempre al telefono?

   —Mi piace _____ con mia sorella.

Parte seconda. Lavora con un compagno / una compagna. Inventate altri mini-dialoghi usando le parole che non avete utilizzato nella **Parte prima.**

Strutture

15.1 Penso che sia andata in vacanza
The past subjunctive

Durante le vacanze a Salerno con la famiglia, Alessia ha telefonato al suo migliore amico, Daniele, per sapere tutti i pettegolezzi (*gossip*) sui loro amici. Abbina le domande di Alessia (insieme A) alle risposte di Daniele (insieme B).

A

1. Paola e Marco sono ancora insieme?

2. Taden parte per Bologna la settimana prossima?

3. Marina ha comprato una macchina nuova?

4. Alberto e Francesca hanno trovato un appartamento?

5. Sara è uscita con Francesco?

6. Marina e Stefano hanno litigato di nuovo?

7. Samira lavora ancora in ufficio?

B

a. No. Penso che **abbiano deciso** di vivere con i genitori di lui.

b. Sì. Credo che **siano andati** a mangiare una pizza insieme.

c. No. Non litigano più. Sembra che **abbiano fatto** pace.

d. No. Credo che **si siano lasciati**.

e. No. Pare che **si sia licenziata** ieri.

f. Penso che **sia partito** la settimana scorsa.

g. Sì. Credo che **abbia preso** una Fiat.

I verbi evidenziati sono al congiuntivo passato. Scrivi l'infinito di ogni verbo. Riesci a capire come si forma il congiuntivo passato?

abbiano deciso _____	siano andati _____
abbiano fatto _____	si siano lasciati _____
abbia preso _____	si sia licenziata _____
	sia partito _____

▶ Answers to these activities are in Appendix 2 at the back of your book.

1 **Il congiuntivo passato** is the equivalent of the **passato prossimo,** but in the subjunctive mood. It is formed with the present subjunctive of **avere** or **essere** and the past participle of the verb.

▶ Do you remember the present subjunctive of **avere** and **essere?** Write the forms here. (If you need help, see **Capitolo 14, Strutture 14.2.**)

	avere	essere
io		
tu		
lui, lei; Lei		
noi		
voi		
loro		

▶ Conjugate the following verbs in the **congiuntivo passato. Attenzione!** First decide which of the following verbs take **essere** as their auxiliary and which take **avere.**

	litigare	partire	divertirsi
io			
tu			
lui, lei; Lei			
noi			
voi			
loro			

▶ Answers to these activities are in Appendix 2 at the back of your book.

2 The past subjunctive is used primarily after verbs and/or expressions that indicate doubt, opinion, desire, emotions, and impersonal statements + **che.** (See page 372 for a list of expressions followed by the subjunctive.)

Credo che Mirella **sia partita** per l'Italia.   *I think that Mirella has left for Italy.*
Temo che Marco **abbia** già **letto** quel   *I'm afraid that Marco has already read*
libro.   *that book.*

A. Gli indizi. Sei andato/a via per una settimana. Torni lunedì mattina alle 7.30 e trovi l'appartamento in disordine. Osserva bene e cerca degli indizi per capire cosa ha fatto il tuo compagno / la tua compagna di casa durante la tua assenza (*absence*).

1. È probabile che il mio compagno / la mia compagna di casa abbia fatto _____.

2. Pare che abbia mangiato
   _____.

3. Sembra che abbia suonato
   _____.

4. Credo che abbia guardato
   _____.

5. Penso che abbia studiato
   _____.

B. I pettegolezzi. È venerdì. Alessia è tornata dalle vacanze e parla con Daniele della loro amica Paola. Paola e il suo ragazzo, Marco, si sono lasciati ed è da circa una settimana che non si vede Paola in giro. Daniele racconta delle chiacchiere (*rumors*) su Paola che sono del tutto false. Fai la parte di Alessia, che conosce bene Paola, e dai le informazioni giuste a Daniele. **Attenzione!** Alessia parla con certezza, quindi usa l'indicativo nelle sue risposte.

ESEMPIO: DANIELE: Penso che Marco l'abbia chiamata venerdì scorso. Hanno parlato per delle ore!

ALESSIA: Guarda che ti sbagli. Non l'ha chiamata Marco! Le ha telefonato Roger, un ragazzo irlandese che ha conosciuto in biblioteca la settimana scorsa.

1. Sembra che sia andata dalla parrucchiera e abbia comprato un vestito nuovo per tirarsi su di morale (*raise her spirits*).

2. Credo che sia rimasta sempre a casa il weekend scorso. Dicono che abbia pianto (*cried*) tanto.

3. Penso che abbia marinato la scuola lunedì perché aveva paura di vedere Marco.

4. Non è venuta a lezione nemmeno martedì e mercoledì. Sembra che sia andata a casa a trovare la famiglia e stare un po' tranquilla.

5. Sembra che sia uscita ieri sera, ma non so dove sia andata o con chi.

C. Vero o falso?

Parte prima. Scrivi tre frasi per dire le attività che hai fatto ieri. **Attenzione!** Una delle tre frasi deve essere falsa.

ESEMPIO: 1. Ho nuotato in piscina.
2. Sono andato al cinema.
3. Ho mangiato la pizza.

Parte seconda. Formate gruppi di quattro o cinque. Leggi le frasi ai compagni del tuo gruppo. Ognuno deve indovinare quale frase è falsa e scrivere: **Dubito che...** Le persone che indovinano, vincono un punto.

ESEMPIO: S2: Dubito che tu abbia nuotato in piscina.
S3: Dubito che tu sia andato al cinema.
S4: Dubito che tu abbia mangiato la pizza.
S1: Ha indovinato lo studente / la studentessa 3, perché non sono andato al cinema.

D. Chi sa perché?

Parte prima. Giuseppe è ingegnere presso una ditta di Bologna. Lunedì mattina arriva tardi in ufficio e i suoi colleghi fanno ipotesi sul suo comportamento insolito (*odd behavior*). Lavora insieme ad un compagno / una compagna. Scegliete la forma appropriata di **essere** o **avere**.

Sembra che Giuseppe non si <u>abbia / sia</u> raso oggi e poi ha la faccia molto stanca. Chi sa perché?

1. Chiara ha paura che Giuseppe <u>abbia / sia</u> lasciato la sua ragazza, Irene.

2. Anna immagina che <u>abbia / sia</u> uscito ieri con gli amici e che si <u>abbia / sia</u> alzato tardi stamattina.

3. Luca pensa che Giuseppe <u>abbia / sia</u> lavorato fino a tardi ieri. Ha un progetto che deve consegnare entro (*turn in by*) venerdì.

Parte seconda. Irene, la ragazza di Giuseppe, lavora nella stessa ditta, ma lunedì mattina non si presenta in ufficio. I suoi colleghi si chiedono perché e fanno delle ipotesi. Completate le frasi.

1. Chiara ha paura che…

2. Anna immagina che…

3. Luca pensa che…

Parte terza. Lavorate insieme ad una o due altre coppie e confrontate le vostre ipotesi sul comportamento di Giuseppe e Irene. A quali conclusioni arrivate? Perché Giuseppe non si è raso e ha la faccia stanca? Perché Irene non è venuta in ufficio oggi? **Attenzione!** Se cominciate con **Secondo noi…**, usate l'indicativo; se cominciate con **Pensiamo che…**, usate il congiuntivo.

15.2 Sono sicura che è partita per le vacanze

The subjunctive vs. the indicative

▶ Leggi le affermazioni. Indica quali frasi hanno un verbo evidenziato all'indicativo e quali hanno un verbo al congiuntivo. (Due sono già state inserite.) Riesci a capire quando si usa l'indicativo e quando si usa il congiuntivo?

	indicativo	congiuntivo
1. Preferisco che mia madre **prepari** una torta al cioccolato.	☐	☑
2. So che i ragazzi **arrivano** stasera alle 8.00.	☑	☐
3. Non credo che Tina **sia andata** alla festa ieri sera.	☐	☐
4. Sono sicura che Rita e Elena **sono andate** alla festa ieri.	☐	☐
5. È importante che i linguisti **studino** i dialetti.	☐	☐
6. È vero che sempre meno giovani **parlano** il dialetto.	☐	☐
7. Penso che Gianni **parli** il dialetto.	☐	☐

▶ Answers to this activity are in Appendix 2 at the back of your book.

As you know, expressions followed by **che** that indicate opinion, doubt, desire, emotions, or impersonal statements or judgments are followed by a verb in the subjunctive. In contrast, expressions that indicate certainty and objectivity are followed by a verb in the indicative. Here are some expressions that denote certainty and therefore take the indicative.

è chiaro (*clear*) **che…**	**so che…**
è ovvio (*obvious*) **che…**	**sono certo/a che…**
è un fatto che…	**sono sicuro/a che…**
è vero che…	**vedo che…**
si sa che…	

▶ To learn about conjunctions that are followed by the subjunctive, see **Per saperne di più** at the back of your book.

To review the expressions followed by the subjunctive, see **Strutture 14.3.**

A. Un po' di cultura: La risposta precisa. Completa la risposta appropriata secondo le tue conoscenze. Chi sa tutto con certezza?

1. Chi dipinse *Primavera* (**Capitolo 1,** pagina 1)?

   a. Sono certo/a che _____ dipinse *Primavera*.

   b. Mi sembra che _____ abbia dipinto *Primavera*.

   c. Non ho la minima idea.

2. Chi inventò il telescopio?

   a. Sono certo/a che _____ inventò il telescopio.

   b. Mi sembra che _____ abbia inventato il telescopio.

   c. Non ho la minima idea.

3. Quante persone nel mondo parlano italiano?

   a. Sono certo/a che circa _____ persone nel mondo parlano italiano.

   b. Mi sembra che circa _____ persone nel mondo parlino italiano.

   c. Non ho la minima idea.

4. Sai elencare cinque paesi dove si parla italiano?

   a. Sono certo/a che si parla italiano in _____.

   b. Mi sembra che si parli italiano in _____.

   c. Non ho la minima idea.

5. Quali sono le due isole principali d'Italia?

   a. Sono certo/a che le due isole principali d'Italia sono _____.

   b. Mi sembra che le due isole principali d'Italia siano _____.

   c. Non ho la minima idea.

B. Ascolta. L'insegnante legge delle frasi incomplete. Scegli la fine giusta.

1. **a.** parlano italiano.	**b.** parlino italiano.
2. **a.** ha dovuto lavorare oggi.	**b.** abbia dovuto lavorare oggi.
3. **a.** i suoi amici le fanno una festa per il compleanno.	**b.** i suoi amici le facciano una festa per il compleanno.
4. **a.** non hanno imparato il dialetto.	**b.** non abbiano imparato il dialetto.
5. **a.** Ettore si è trasferito a Milano per motivi di lavoro.	**b.** Ettore si sia trasferito a Milano per motivi di lavoro.

C. So che... Dubito che...

Parte prima. Lavorate tutti insieme. Fate due liste: una lista di sette espressioni che sono seguite dall'indicativo e una lista di sette espressioni che sono seguite dal congiuntivo.

Parte seconda. Con un compagno / una compagna completa queste affermazioni con una delle espressioni della **Parte prima**.

1. _____ Fausto si sia licenziato ieri.
2. _____ il padre di Lorenzo sia andato in pensione l'anno scorso.
3. _____ ci sono 365 giorni in un anno.
4. _____ Sergio ha preso 30 e lode (A+) all'esame di chimica.
5. _____ c'è molta povertà nel mondo di oggi.
6. _____ Fatima abbia cambiato casa.
7. _____ ci sono molti studenti che vogliono imparare l'italiano.

D. Mini-dialoghi. Completa i mini-dialoghi con la forma appropriata del verbo.

Dialogo 1

CRISTINA: Hai visto Mohamed?
GIACOMO: No, perché?
CRISTINA: Sembra/Sembri[1] molto scontento.
GIACOMO: In effetti so che non gli piace / piaccia[2] il suo lavoro. Lavora / Lavori[3] 50 ore alla settimana e il capo non gli dà / dia[4] le ferie quando le vorrebbe. Credo che cerca / cerchi[5] un altro lavoro.
CRISTINA: Beh, farebbe bene.

Dialogo 2

MICHELE: Dove vai oggi pomeriggio?
SANDRA: Vado / Vada[6] a trovare una mia amica. Penso che si sente / si senta[7] un po' triste.
MICHELE: Perché?
SANDRA: Perché lei e il suo ragazzo si sono lasciati / si siano lasciati[8] ieri.

Dialogo 3

GIANNI: È vero che Clara e Cinzia partono / partano[9] per una vacanza avventurosa?
RICCARDO: Sì. Credo che fanno / facciano[10] paracadutismo in Australia.
GIANNI: Non è possibile. Clara ha / abbia[11] paura di volare.

Dialogo 4

RAFFAELLA: Hai sentito che Gianni e Marcella hanno comprato casa?
TONINO: Sì. E so che hanno comprato / abbiano comprato[12] molti mobili pregiati (high quality). Stanno spendendo un sacco di soldi!
RAFFAELLA: Ma dove trovano / trovino[13] tutti quei soldi?
TONINO: Sono sicuro che i genitori di Gianni sono / siano[14] ricchi. Penso che hanno / abbiano[15] una ditta di computer.

Dialogo 5

ALESSANDRO: Beatrice parla il dialetto del suo paese?
ROBERTA: No. Ma sua nonna pensa che lei lo sa / sappia[16] molto bene. Ogni volta che va / vada[17] a trovarla, la nonna le parla in dialetto. Beatrice capisce / capisca[18] un po', ma non sa / sappia[19] mai rispondere.

E. Il segreto.

Parte prima. Angela e Antonio hanno un segreto. Lavora insieme ad un compagno / una compagna. Leggete i commenti degli amici di Angela e Antonio. Prima decidete se il verbo deve essere al presente indicativo o al presente congiuntivo, poi scrivete la forma giusta del verbo fra parentesi.

	indicativo	congiuntivo	
1.	☐	☐	So che Angela _____ (parlare) tre lingue: l'italiano, l'inglese e il russo.
2.	☐	☐	Penso che Antonio _____ (sapere) solo l'italiano.
3.	☐	☐	È ovvio che Antonio e Angela _____ (essere) brave persone. Lavorano molto e sono sempre simpatici con tutti.
4.	☐	☐	Mi dispiace che Angela e Antonio non _____ (venire) a pranzo con noi venerdì. Purtroppo _____ (avere) un appuntamento con l'avvocato.

Parte seconda. Leggete altri commenti dei loro amici. Prima decidete se il verbo deve essere al passato prossimo o al passato del congiuntivo, poi scrivete la forma giusta del verbo fra parentesi.

	indicativo	congiuntivo	
1.	☐	☐	Sono andata al bancomat con Antonio ieri. So che _____ (prelevare [*to withdraw*]) un sacco di soldi dal suo conto.
2.	☐	☐	Sono sicuro che Angela _____ (fare) shopping la settimana scorsa. Ero insieme a lei quando ha comprato tanti vestiti e molte scarpe.
3.	☐	☐	Sembra che Angela e Antonio _____ (andare) in un'agenzia di viaggi sabato scorso.
4.	☐	☐	È strano che Antonio _____ (vendere) il suo appartamento in centro. Era tanto carino e gli piaceva tanto.

Parte terza. Come si spiega il comportamento di Angela e Antonio? Completate la frase seguente, poi leggete la vostra conclusione ai compagni di classe. Chi ha la soluzione più probabile? **Attenzione!** Si usa l'indicativo o il congiuntivo dopo **Secondo noi...** ?

Secondo noi, Angela e Antonio...

15.3 Se vincessi un viaggio...

Hypotheticals of possibility

▶ Alessia e Daniele spiegano quello che farebbero se vincessero (*if they won*) un viaggio di un mese in un qualsiasi paese del mondo. Secondo te, chi farebbe un viaggio in Svizzera? Chi farebbe un viaggio in Cina?

Alessia: Se vincessi un viaggio, andrei in un paese dove conosco bene la cultura e c'è gente che parla italiano. Visiterei tutti i musei e mangerei solo nei ristoranti italiani. Se rimanessi in questo paese per un mese, scriverei tante cartoline perché avrei molta nostalgia di casa.	**Daniele:** Se vincessi un viaggio, andrei in un paese dove non conosco né la cultura né la lingua. Passerei delle ore ad osservare la gente ed eviterei i ristoranti italiani. Se rimanessi in questo paese per un mese, uscirei con la gente del luogo. Mi divertirei e dimenticherei di telefonare a casa.

study tip

In this chapter you will learn the first three persons (**io, tu, lui/lei/Lei**) of the imperfect subjunctive of regular verbs and of one irregular verb (**essere**). The singular forms of the verb are used most frequently and are usually acquired by learners before the plural forms. Remember, during your first year of study, it's not necessary (or possible) to acquire all the grammar of Italian. Acquisition of a second language is a slow process that requires building on previous knowledge. The goal is to develop a strong base on which to build more structures.

▶ Answers to this activity are in Appendix 2 at the back of your book.

1 In **Capitolo 10, Strutture 10.3,** you learned hypotheticals of probability, or statements that predict what will most likely happen if and only if another event occurs.

if (**se**) clause	*then* clause (**conseguenza**)
Se avrò tempo, *If I (will) have time,*	uscirò con gli amici. *I will go out with my friends.*

It is also possible to talk about imaginary situations, or what *would* happen if another event occurred.

if (**se**) clause	*then* clause (**conseguenza**)
Se vincessi un viaggio, *If I won a trip,*	andrei in Italia. *I would go to Italy.*

▶ Alessia and Daniele described the choices that they would make if they won a trip anywhere in the world. Fill in the clauses from Alessia's hypothetical statements in this chart.

if (**se**) clause	*then* clause (**conseguenza**)
Se io vincessi un viaggio,	
	scriverei tante cartoline perché avrei molta nostalgia di casa.

2 You have already been introduced to the form of the verb used in the *then* clause. It is the present conditional. (To review the present conditional, go to **Capitolo 13, Strutture 13.1.**) The form of the verb in the *if* clause is a new conjugation. It is the imperfect subjunctive (**l'imperfetto del congiuntivo**). The **imperfetto del congiuntivo** is easy to form. Drop the **-re** from the infinitive and add the same endings to all three conjugations: **-ssi, -ssi, -sse.**

► Fill in the missing forms.

	mangia(re)	prende(re)	dormi(re)
io	mangia**ssi**		dormi**ssi**
tu	mangia**ssi**	prende**ssi**	
lui, lei; Lei	mangia**sse**		

3 The verb **avere** is regular in the imperfect subjunctive.

► Fill in the forms in the chart below.

avere	
io	
tu	
lui, lei; Lei	

► Answers to these activities are in Appendix 2 at the back of your book.

4 The verb **essere** is irregular.

essere	
io	fossi
tu	fossi
lui, lei; Lei	fosse

► To learn the full conjugation and more irregular verbs in the imperfect subjunctive, see **Per saperne di più** at the back of your book.

A. Conosci bene il tuo compagno / la tua compagna?

Parte prima. Completa queste affermazioni personali.

1. Se avessi 10.000 euro, comprerei ———————.
2. Se potessi imparare una nuova lingua, imparerei ———————.
3. Se avessi un aereo privato, andrei ———————.
4. Se potessi passare una serata con qualsiasi (*any*) persona, uscirei con ———————.
5. Se non fossi a lezione adesso, vorrei ———————.

Parte seconda. Lavora con un compagno / una compagna. Secondo te, cosa farebbe lui/lei in queste situazioni? Completa le frasi in modo che siano vere per lui/lei.

Parte terza. Verifica la validità delle tue ipotesi facendo domande al compagno / alla compagna. Vi conoscete bene?

ESEMPIO: **S1:** Se avessi 10.000 euro, compreresti una barca a vela.

S2: Sì, è vero! (No, non è vero. Viaggerei per tutto il mondo.)

In Italia

Contrariamente a quanto molti credono, per **il linguaggio dei segni** (*sign language*) non c'è uno standard internazionale. Come le lingue parlate, le lingue dei segni variano da stato a stato, da regione a regione. Se si conosce la Lingua Italiana dei Segni, si può in parte capire la Lingua Francese dei Segni, ma non la Lingua Americana dei Segni.

In Italia poi ci sono differenze regionali, però gli italiani che usano la lingua dei segni riescono a comunicare efficacemente, anche se sono di regioni diverse.

B. Sei romantico/a?

Parte prima. Lavora con un compagno / una compagna. Abbina le ipotesi dell'insieme A alle conseguenze dell'insieme B. Poi decidete chi è la persona più romantica.

A	B
1. Se Giovanni andasse a Roma con la sua ragazza,	a. andrebbero in una pizzeria dove si spende poco.
2. A Jamaal piace molto la natura. Se lui portasse la sua ragazza a fare un viaggio,	b. sceglierebbe un documentario.
3. Se Giulia avesse molti soldi,	c. andrebbero a vedere il Colosseo al tramonto (*sunset*).
4. Se Filippo invitasse la sua ragazza a cena fuori,	d. la porterebbe a fare campeggio (*camping*) in Alaska.
5. Se Daniela noleggiasse un film da vedere stasera con il suo ragazzo,	e. farebbe molti regali al suo ragazzo.

Parte seconda. E tu sei romantico/a? Completa le frasi e poi confronta le risposte con quelle dei compagni. Chi è più romantico/a?

1. Se andassi a Roma con il mio ragazzo / la mia ragazza…
2. Se portassi il mio ragazzo / la mia ragazza a fare un viaggio…
3. Se avessi molti soldi…
4. Se portassi il mio ragazzo / la mia ragazza a cena fuori…
5. Se noleggiassi un film da vedere stasera con il mio ragazzo / la mia ragazza…

C. Un'indagine.

Parte prima. Completa queste affermazioni personali.

1. Se fossi ricco/a…
2. Se potessi vivere in qualsiasi paese del mondo…
3. Se potessi risolvere un problema nel mondo…
4. Se potessi fare qualsiasi carriera…
5. Se potessi mangiare qualsiasi cosa a cena stasera…
6. Se potessi comprare qualsiasi cosa…

Parte seconda. Fate un sondaggio fra gli studenti. Quali sono le risposte più frequenti?

D. Se potessi essere un animale... Se potessi essere un animale, quale animale vorresti essere? Perché?

> il cane
>
> il cavallo   l'elefante
>
> il gatto   la giraffa
>
> il leone   la mosca (*fly*)
>
> il pesce   il pinguino
>
> l'uccello (*bird*)

ESEMPIO: Se potessi essere qualsiasi animale, vorrei essere un gatto perché il gatto dorme sempre!

In italiano

The equivalent of *If I were you* . . . in Italian is **Se fossi in te...**

Completa il consiglio che Michele dà al suo amico Gianni: «**Gianni, se fossi in te...** »

E. Un po' di cultura: L'italiano neostandard. Spesso l'italiano che si studia in classe (**l'italiano standard**) non corrisponde alla lingua parlata attualmente in Italia. (La stessa cosa succede in inglese. Per esempio, la risposta giusta alla domanda «How are you?» è «Well», ma spesso si risponde «Good».) Questa forma parlata ormai accettata da tutti ma non corretta secondo i libri di grammatica si chiama **italiano neostandard** o **italiano dell'uso medio.** Ecco quattro frasi in italiano neostandard. Cambia l'elemento sottolineato per formare la frase corretta in italiano standard.

1. Dubito che Giovanni <u>viene</u> alla festa.

2. Ho visto Maria e <u>gli</u> ho detto di venire alla festa.

3. Molta gente <u>vengono</u> alla festa.

4. <u>C'</u>ho molti amici.

Ascoltiamo!

Una breve storia della lingua italiana

«Quaeso, puella, ubi cauponam reperire possum?»

«Di grazia, madamigella, in qual sito invenir potrei una taberna?»

«Mi scusi, signorina, dove potrei trovare un bar?»

L'impero romano

A. Osserva ed ascolta. Osserva ed ascolta mentre Federico ti parla della storia della lingua italiana.

B. Completa. Completa le seguenti frasi, inserendo la parola appropriata della lista qui sotto. Usa ogni parola *una sola volta*. **Attenzione!** La lista contiene dodici parole; devi usarne solamente nove.

dialetti	Duecento	fiorentino	mille
parlato	popoli	questione	romanza
scritto	settantacinque	Trecento	volgari

1. La lingua italiana deriva dal latino _____.

2. Il _____ per cento delle parole italiane viene dal latino.

3. L'italiano, come il francese, il portoghese, il rumeno e lo spagnolo, è una lingua _____.

4. Il primo documento che testimonia l'esistenza di una lingua italiana diversa dal latino risale a _____ anni fa.

402

5. Dopo la caduta dell'Impero romano le lingue parlate nel territorio italiano erano chiamati i _____ italiani perché erano parlati dal popolo.

6. Il grande dibattito, avvenuto nel Cinquecento, sulla ricerca di uno standard della lingua scritta viene detto «la _____ della lingua».

7. Il _____ scritto fu scelto come «l'italiano» grazie all'influenza di tre grandi autori del _____: Dante, Petrarca e Boccaccio.

8. Anche se esisteva una lingua letteraria «italiana», la gente ha continuato a parlare i _____ fino a tempi recenti.

C. Tocca a te! È importante avere una lingua nazionale uguale per tutti o no? Completa la frase.

Secondo me, avere una lingua nazionale (non) è importante perché…

Leggiamo!

«Napule è»

A. Prima di leggere. Secondo te, quanto è importante il testo di una canzone? Con un compagno / una compagna, completa le frasi.

1. Per me, il testo di una canzone è _____.
   a. meno importante della musica
   b. importante come la musica
   c. più importante della musica

2. Preferisco le canzoni con un testo che _____.
   a. è facile da ricordare
   b. ha un messaggio importante
   c. esprime una forte emozione
   d. (altro)

3. Una canzone che mi piace soprattutto per il testo è _____.

B. Al testo!

Parte prima. Leggi il testo della canzone «Napule è» (Pino Daniele, 1998) in cui il cantautore (*singer/songwriter*) descrive la sua città in dialetto napoletano.

«Napule è»
Napule è mille culure
Napule è mille paure
Napule è a voce de' criature
che saglie chianu chianu e
tu sai ca nun si sulo.
Napule è nu sole amaro*
Napule è addore 'e mare
Napule è 'na carta sporca
e nisciuno se ne importa e
ognuno aspetta a' ciorta.
Napule è 'na cammenata
inte viche miezo all'ato

Napule è tutto 'nu suonno
e a' sape tutti o' munno ma
nun sanno a verità.
Napule è mille culure
(Napule è mille paure)
Napule è 'nu sole amaro
(Napule è addore 'e mare)
Napule è 'na carta sporca
(e nisciuno se ne importa)
Napule è 'na camminata
(inte viche miezo all'ato)
Napule è tutto nu suonno
(e a' sape tutti o' munno)

*bitter

(continued)

Solo musica

Listen to the classic "Napule è" by Pino Daniele and to one of the most famous contemporary songs about Naples, "Caruso" by Lucio Dalla.

Note: These songs are available for purchase in the iTunes Store as part of the *Avanti!* iMix. For information about how to access the iMix, go to **Connect Italian.** They are also available as music videos on YouTube.

connect ITALIAN
www.connectitalian.com

study tip

Reading song lyrics is a little like reading a poem. Repetition, rhythm, rhymes, and images are all important elements. Because of the limited number of words in a song, as in a poem, each word counts. For this reason, in order to understand a song, it is important to know the meaning of all of the words.

Parte seconda. Ora con un compagno / una compagna trova come si dicono le seguenti parole ed espressioni in napoletano.

In italiano	in napoletano
colori	_____
delle creature (*human beings*)	_____
sale piano piano	_____
che non sei solo	_____
odore di mare	_____
nessuno	_____
la sorte	_____
una camminata	_____
nei vicoli in mezzo agli altri (*in crowded alleys*)	_____
un sogno	_____
la sa tutto il mondo	_____

C. Discutiamo! Rispondi alle domande.

1. Secondo te, cosa pensa Pino Daniele di Napoli? E tu, dopo aver letto il testo, cosa pensi di Napoli? È una città che vuoi visitare?
2. Secondo te, perché il cantautore ha deciso di scrivere il testo in dialetto invece di scriverlo nella lingua nazionale?
3. Quali aspetti della canzone ti piacciono? Quali no? Perché?

Scriviamo!

Io e l'italiano

Scrivi un tema in cui racconti la tua esperienza con la lingua italiana.

- Nel primo paragrafo scrivi quello che hai imparato.
- Nel secondo paragrafo scrivi quello che hai trovato facile e quello che hai trovato difficile.
- Nel terzo paragrafo scrivi quello che hai trovato sorprendente.
- In conclusione valuta la tua esperienza.
- Infine, dai un titolo al brano.

Parliamo!

Quale italiano bisogna studiare?

Non esiste un'unica lingua italiana. Ci sono invece molte lingue italiane: la lingua nazionale, le varietà regionali, il linguaggio dei giovani e altri linguaggi speciali e, in più, i dialetti. Secondo te, quale lingua dovrebbero studiare gli stranieri che vogliono imparare «l'italiano»? Secondo te, uno studente dovrebbe imparare una specifica varietà regionale o un dialetto? Secondo te, la scuola dovrebbe insegnare il linguaggio dei giovani? Discuti l'argomento prima con un compagno / una compagna e poi con la classe.

Guardiamo!

FILM *Ciao, professore!*

(Commedia. Italia. 1993. Lina Wertmüller, Regista. 99 min.)

RIASSUNTO: A stuck-up schoolteacher from the North (Paolo Villaggio) requests a transfer to an elite school and instead, because of a bureaucratic mistake, ends up in Corzano, a poor small town near Naples. When only three pupils show up on the first day of class, he sets out to recruit others and comes face-to-face with life on the other side of the tracks.

SCENA: (DVD Capitolo 1): The film opens with the professor's arrival in Corzano. He meets almost immediately a couple of his pupils, who are working instead of attending school.

A. Anteprima. Con un compagno / una compagna, paragona le seguenti frasi nella lingua nazionale e nell'italiano meridionale. Quante differenze riesci a trovare?

l'italiano meridionale	la lingua nazionale
1. Mi dispiace. La cioccolata non ci sta.	Mi dispiace. La cioccolata non c'è.
2. Quando viene la domenica sapete mio padre che dice?	Quando viene la domenica sa che cosa dice mio padre?
3. Non la verite? Le strade sono tutte sfravecate, i palazzi fracidi e terremotati. Ci sta solo munnezza e siringhe drogate.	Non la vede? Le strade sono tutte dissestate (*torn up*), i palazzi fradici (*rotten, leaking*) e terremotati (*damaged by earthquakes*). Ci sono solo immondizia e siringhe dei drogati.

B. Ciak, si gira! Mentre guardi la scena nota tutti i contrasti presenti nell'uso dell'italiano. Oltre al linguaggio, quali altri contrasti hai notato?

C. È fatto! Rispondi alle domande.

1. Quando Vincenzino ha detto «i pirucchi», il professore ha capito la parola «parrucche» (*wigs*), invece della parola «pidocchi» (*lice*). Secondo te, quale personaggio del film è più facile da capire? Chi, invece, è più difficile? Perché?
2. Anche il titolo del film, *Ciao, professore!*, non è italiano «standard». Qual è l'errore?

Vocabolario

Domande ed espressioni

è chiaro che…	it's clear that . . .
è ovvio che…	it's obvious that . . .
è un fatto che…	it's a fact that . . .
non c'è dubbio che…	there's no doubt that . . .
Puoi/Può dire qualcosa?	Can you (*inform./form.*) say something?
Sai/Sa (l'inglese)?	Do you know (*inform./form.*) (English)?
se fossi in te…	if I were you . . .
si sa che…	everyone knows that . . .
sono certo/a che…	I'm certain that . . .
sono sicuro/a che…	I'm certain that . . .

Verbi

cambiare	to change
chiacchierare / fare due chiacchiere	to chat
chiedere	to ask
derivare	to derive
diffondersi	to spread
discutere	to discuss
evolversi	to evolve
litigare	to argue
raccontare (una storia / una barzelletta)	to tell (*a story/joke*)
risalire a	to date back to
scherzare	to joke, to kid
scomparire	to disappear

Sostantivi

la barzelletta	joke
il dialetto	dialect
il fiorentino	Florentine dialect
l'italiano regionale	regional variation of standard Italian
la lingua nazionale	standard Italian
la lingua romanza	Romance language
la lingua scritta/parlata	written/spoken language
il napoletano	Neapolitan dialect
la pronuncia	pronunciation
il rumeno	Romanian (*language*)
il termine	word
il toscano	Tuscan dialect
la tradizione letteraria	literary tradition

Aggettivi

centrale	central
centro-meridionale	central-southern
contemporaneo	contemporary
diffuso	widespread
meridionale	southern
settentrionale	northern
toscano	Tuscan

Sono famosi

⟳ RIPASSO

IN THIS CHAPTER YOU WILL REVIEW:

- how to talk about activities in the present
- how to talk about past activities
- how to use object pronouns

SCOPI

IN THIS CHAPTER YOU WILL LEARN:

- about famous historical figures and important dates
- about the history of Italian art

Il bacio (1859), Francesco Hayez (Pinacoteca di Brera, Milano, olio su tela)

www.connectitalian.com

Hai/Ha qualcosa da dire?

Making recommendations

 A. Osserva ed ascolta. Gli italiani che abbiamo intervistato hanno offerto consigli agli studenti nord americani. Osserva ed ascolta cosa dicono questi italiani. Per ogni persona, segna (✓) il consiglio o i consigli che senti. Qual è il consiglio più comune?

	studiare l'italiano	venire in Italia	provare la cucina italiana	imparare altre culture	viaggiare
1. Anna Maria					
2. Antonella					
3. Annalisa e Claudia					
4. Chiara					
5. Lucia					
6. Stefano					
7. Iolanda					

B. E tu, che dici? Lavora con un compagno / una compagna. Immagina di essere italiano/a e dai al tuo compagno / alla tua compagna uno dei consigli dell'**attività A.** Lui/Lei risponde, come nell'esempio. Poi scambiatevi i ruoli.

> **ESEMPIO:** (studiare l'italiano)
>
> **S1:** Ti consiglio di studiare l'italiano.
>
> **S2:** Grazie. È un buon consiglio. Continuerò a studiare l'italiano perché, anche secondo me, è importante sapere un'altra lingua. (Grazie. È un buon consiglio, ma è difficile imparare un'altra lingua e devo studiare altre cose per laurearmi.

C. Culture a confronto: Tutto sommato. Usando tutto ciò che hai imparato nel corso d'italiano, cosa consiglieresti tu agli studenti italiani? Con un compagno / una compagna, fai una lista di tre consigli che gli vorreste dare.

Lessico

I personaggi storici
Talking about historical people and events

▶ Associa i termini alle persone sotto indicate.

1. l'artista
2. il compositore / la compositrice
3. l'inventore / l'inventrice
4. il politico*
5. il religioso / la religiosa
6. lo scrittore / la scrittrice
7. il soldato / la soldatessa

l'affresco
la chiesa   la Costituzione
i diritti (*rights*)   il dittatore   il generale
la guerra   l'indipendenza   l'invenzione
la medicina   il militare   la musica
l'orchestra   il papa (*pope*)   il Parlamento
la patria (*homeland*)   la poesia   il quadro
il re   la regina (*queen*)   la Repubblica
il romanzo   il Vaticano
la scultura   il sonetto
la vittoria

▶ Abbina i sequenti personaggi famosi al quadro giusto: **Galileo Galilei, Leonardo da Vinci, Artemisia Gentileschi, Cristoforo Colombo, Francesco d'Assisi.**

▶ Answers to the activities in this section are in Appendix 2 at the back of your book.

1.

2.

3.

4.

5.

---

*The feminine form of **il politico** is **una donna in politica.** In most cases specific terms are used for the feminine forms, such as **la deputata, la senatrice, la candidata,** and **la rappresentante della Camera.**

◖❚ Un po' di cultura: I personaggi illustri.

▶ **Parte prima.** In un sondaggio è stato chiesto agli italiani chi è stato il personaggio italiano più illustre del secondo millennio (dall'anno 1000 al 2000). I dieci personaggi più nominati sono presentati nella colonna A in nessun ordine particolare. Abbina questi personaggi ai motivi per cui sono famosi (colonna B).

A

1. Alessandro Manzoni (1785–1873) scrittore

2. Alessandro Volta (1745–1827) inventore/scienziato

3. Enrico Fermi (1901–1954) inventore/scienziato

4. Francesco d'Assisi (1181–1226) religioso

5. Guglielmo Marconi (1874–1937) inventore/scienziato

6. Dante Alighieri (1265–1321) scrittore

7. Leonardo da Vinci (1452–1519) artista

8. Giuseppe Garibaldi (1807–1882) generale

9. Cristoforo Colombo (1451–1506) navigatore

10. Galileo Galilei (1564–1642) inventore/scienziato

B

a. la prova (*proof*) che la Terra (*earth*) gira intorno al Sole

b. l'energia nucleare

c. la Spedizione dei Mille e l'unificazione d'Italia

d. *La Divina Commedia*

e. la pila (*battery*) elettrica

f. *La Gioconda* (*Mona Lisa*) e *L'ultima cena*

g. *I promessi sposi* (*The Betrothed*)

h. la scoperta dell'America da parte degli europei nel 1492

i. la rinuncia ai beni terreni e la predicazione della povertà e dell'amore per tutti, anche per gli animali

j. la comunicazione senza fili (*wireless*) e la radio

▶ Answers to the activities in this section are in Appendix 2 at the back of your book.

Parte seconda. Insieme ai compagni, metti questi personaggi in ordine da 1 a 10, partendo dalla persona che considerate la più illustre. Confrontate le vostre classifiche con i risultati italiani che vi dà l'insegnante.

I fondatori di Roma secondo il mito: Romolo e Remo con la lupa (*wolf*)

Parte terza. Molte donne hanno avuto ruoli importanti nei secoli; eccone quattro. Abbina le donne e il periodo in cui vissero (colonna A) ai motivi per cui sono famose (colonna B).

<table>
<tr><td align="center">**A**</td><td align="center">**B**</td></tr>
<tr><td valign="top">

1. Santa Caterina da Siena (1347–1380)

2. Gaspara Stampa (1523–1554)

3. Artemisia Gentileschi (1593–1652/3)

4. Laura Bassi (1711–1778)
</td><td valign="top">

a. Una fisica. Fu la prima donna a ricevere un dottorato all'Università degli Studi di Bologna e a diventare professoressa universitaria.

b. Una dei teologi più riconosciuti del periodo, anche se non ricevette nessuna preparazione scolastica formale. Le sue lettere e il suo trattato, *Un dialogo*, sono considerati fra le opere più brillanti nella storia della chiesa cattolica. Fu canonizzata nel 1461 ed è una dei santi patroni d'Italia. L'altro è San Francesco d'Assisi.

c. Una delle prime artiste ad essere riconosciute nel mondo dell'arte barocca, dominato dagli uomini. Nel Barocco alle donne era permesso fare solo ritratti e copie dal vero, ma lei fu la prima donna a dipingere importanti scene storiche e religiose.

d. È considerata una delle maggiori poetesse del Rinascimento italiano. Dopo la sua morte, la sorella ha pubblicato la sua raccolta di poesie con il titolo *Rime*.
</td></tr>
</table>

Parte quarta. Ecco alcuni verbi che si associano con le attività dei personaggi famosi. Alcuni li conosci già e altri sono simili all'inglese. Riesci a capire il significato di tutti i verbi? Quali verbi assoceresti ai personaggi famosi nella **Parte prima** e nella **Parte terza?** Perché?

	PASSATO PROSSIMO	PASSATO REMOTO
combattere	ha combattuto	combatté
comporre	ha composto	compose
dimostrare	ha dimostrato	dimostrò
fondare	ha fondato	fondò
governare	ha governato	governò
inventare	ha inventato	inventò
liberare	ha liberato	liberò
proteggere	ha protetto	protese
realizzare*	ha realizzato	realizzò
rischiare	ha rischiato	rischiò
risolvere	ha risolto	risolse
scoprire	ha scoperto	scoprì
trasformare	ha trasformato	trasformò

*****Realizzare** has two meanings: *to realize* and *to carry out, to bring about.*

A. Ascolta. L'insegnante dice delle frasi. Decidi se sono vere o false.

	vero	falso		vero	falso
1.	☐	☐	5.	☐	☐
2.	☐	☐	6.	☐	☐
3.	☐	☐	7.	☐	☐
4.	☐	☐			

B. Un po' di cultura: I personaggi storici.

Parte prima. Completa le affermazioni con il verbo appropriato.

> combatté   compose   dimostrò   dipinse   fece
>
> governò   inventò   realizzò   scrisse

1. Raffaello Sanzio fu l'artista rinascimentale che _____ *la Madonna «della Seggiola»* (**Capitolo 4,** pagina 87).

2. Giuseppe Verdi fu il compositore dell'Ottocento che _____ *Aida, Falstaff* e *Rigoletto.*

3. Nel Settecento Anna Morandi Manzolini _____ dei modelli degli organi umani che furono studiati dagli studenti dell'Università degli Studi di Bologna.

4. Francesco Petrarca fu lo scrittore del Trecento che _____ il *Canzoniere,* una raccolta di poesie dedicate al suo grande amore, Laura.

5. Giuseppe Garibaldi fu un generale coraggioso che _____ molte battaglie (*battles*) per l'unificazione d'Italia.

6. Benito Mussolini fu un dittatore che _____ per vent'anni la società italiana.

7. Maria Gaetana Agnesi fu una matematica che _____ il suo capolavoro, *Istituzioni analitiche,* quando aveva solo 20 anni.

8. Galileo Galilei fu lo scienziato del Seicento che _____ che la terra gira intorno al sole.

9. Guglielmo Marconi _____ la radio e la comunicazione senza fili.

Parte seconda. Lavora con un compagno / una compagna. A turno, uno/a di voi chiude il libro mentre l'altro/a sceglie una frase dalla **Parte prima** e sostituisce il nome del personaggio famoso con l'interrogativo **chi** per formare una domanda. Il compagno / La compagna deve dire il nome della persona famosa.

> **ESEMPIO:** **S1:** Chi fu l'artista rinascimentale che dipinse *la Madonna «della Seggiola»?*
> **S2:** Raffaello Sanzio.
> **S1:** Giusto!

C. Quando vissero (*did they live*)?

Parte prima. Con i compagni, elenca tutti i personaggi italiani che conoscete che vissero durante questi periodi.

1. il Medioevo
2. il Rinascimento
3. il Seicento
4. il Settecento
5. l'Ottocento
6. il Novecento

Parte seconda. Lavora con un compagno / una compagna. Scegliete cinque personaggi e fate una lista dei capolavori o delle attività per cui sono famosi. Poi leggete le vostre liste ad un'altra coppia e loro devono indovinare i nomi dei personaggi.

D. Rischio.

Parte prima. Lavora con un compagno / una compagna. Scegliete cinque delle seguenti parole e scrivete una definizione per ogni parola.

ESEMPIO: (il papa)
È il capo della chiesa cattolica.

il compositore
la costituzione   il dittatore
la guerra   l'indipendenza   l'invenzione
il militare   il navigatore   l'orchestra
la patria   la poesia   il quadro
la regina   il romanzo   il santo
la vittoria

Parte seconda. Leggete le definizioni ad un'altra coppia. Loro devono indovinare chi o cosa è.

ESEMPIO: È il capo della chiesa cattolica. → È il papa.

Strutture

Ripasso: Torniamo all'inizio!

The infinitive and present indicative

Parte prima. Completa le coniugazioni.

l'infinito

dimostr____:	dimostr**o**	dimostr**i**	dimostr____
	dimostr**iamo**	dimostr____	dimostr____
risolv____:	risolv**o**	risolv**i**	risolv____
	risolv**iamo**	risolv____	risolv____
scopr____:	scopr**o**	scopr**i**	scopr____
	scopr**iamo**	scopr____	scopr____
cap____:	cap**isco**	cap____	cap____
	cap____	cap____	cap____
rilass____:	mi rilass**o**	ti rilass**i**	si rilass____
	ci rilass**iamo**	vi rilass____	si rilass____
dimentic____:	dimentic____	dimentic____	dimentic____
	dimentic____	dimentic____	dimentic____
litig____:	litig____	litig____	litig____
	litig____	litig____	litig____

(continued)

▶ Answers to this activity are in Appendix 2 at the back of your book.

▶ To review the present indicative and the infinitive, see **Capitolo 3, Strutture 3.1, 3.2,** and **3.4.**

Parte seconda. Coniuga questi verbi irregolari nella forma indicata.

ESEMPIO: dire (io) → dico

1. volere (io)
2. andare (loro)
3. uscire (tu)
4. dovere (lui/lei)
5. dare (voi)
6. stare (noi)

7. potere (tu)
8. bere (noi)
9. essere (voi)
10. sapere (loro)
11. avere (lui/lei)
12. fare (io)

A. Cosa fanno?

Parte prima. Completa le frasi con la forma giusta dei verbi della lista. Poi abbina le frasi della colonna A alle affermazioni della colonna B.

| affittare | viaggiare | rischiare | crescere | cominciare |
| smettere | litigare | godersi | proteggere | noleggiare |

A

1. Gianni, perché _____ sempre con tua sorella?

2. Finalmente Franco _____ di fumare.

3. Quando vado al mare _____ la spiaggia.

4. Il figlio di Paola è altissimo!

5. I Jones fanno un giro turistico in Italia quest'estate.

6. Quest'inverno _____ un appartamento in montagna.

B

a. Ha promesso che da domani non comprerà più sigarette.

b. I bambini _____ così velocemente.

c. Dovete cercare di andare d'accordo.

d. Non _____ una macchina. Preferiscono _____ in treno.

e. Non mi piace stare in albergo.

f. Faccio il bagno e sto sotto l'ombrellone tutto il giorno.

Parte seconda. Crea frasi originali usando i verbi che non hai utilizzato nella **Parte prima.**

B. Le frasi originali.

Parte prima. Abbina in modo appropriato i verbi dell'insieme A agli elementi dell'insieme B. **Attenzione!** Conosci già alcuni verbi e altri sono simili all'inglese.

A

1. costruire (isc)
2. scoprire
3. difendere
4. risolvere
5. rischiare
6. combattere
7. liberare
8. distribuire (isc)

B

a. i diritti
b. una battaglia
c. il prigioniero (*prisoner*)
d. la vita
e. un problema
f. una nuova cura
g. il materiale
h. un nuovo palazzo

Parte seconda. Lavora con un compagno / una compagna. Scrivete insieme una frase completa per ogni combinazione della **Parte prima,** usando i soggetti seguenti. Poi confrontate le vostre frasi con quelle dei compagni. Chi ha scritto le frasi più lunghe e interessanti?

ESEMPIO: I volontari costruiscono un nuovo palazzo per il quartiere più povero della città.

1. I volontari…
2. Lo scienziato…
3. La Costituzione…
4. Il presidente…

5. I carabinieri…
6. I soldati…
7. Il generale…
8. L'assistente…

C. Un po' di cultura: Qui si parla italiano.

Parte prima. L'insegnante leggerà un breve testo due volte. La prima volta, ascolta soltanto. La seconda volta, prendi appunti mentre l'insegnante legge.

Parte seconda. Lavora con un compagno / una compagna. Usando i vostri appunti, cercate di riscrivere in modo preciso il testo che avete sentito.

D. Racconta una storia!
Lavora con un compagno / una compagna. Scegliete una delle seguenti opzioni e create una breve storia usando le tre parole indicate e verbi al presente indicativo. Quando avete finito, cambia compagno/a e raccontagli/le la storia a memoria senza guardare gli appunti. Chi ha creato la storia più carina?

a. il divano il bicchiere il salotto	**d.** il cucchiaio il primo piatto il vino	**g.** i pantaloni le scarpe la gonna	**j.** il soldato / la soldatessa la guerra la patria
b. il biglietto il concerto gli amici	**e.** il sole la spiaggia l'estero	**h.** Natale il regalo la sorpresa	
c. il viaggio la prenotazione l'albergo	**f.** i genitori i parenti il futuro	**i.** l'immigrato/a l'alloggio la famiglia	

E. Le attività preferite.

Parte prima. Completa le frasi con le tue attività preferite. (**Attenzione! Dormire** non è un'attività!)

1. Nel weekend di solito mi piace…
2. La sera preferisco…

3. Questa settimana vorrei…
4. D'estate amo…

▶ To review verb + infinitive constructions, see **Capitolo 5, Strutture 5.2.**

Parte seconda. Intervista i tuoi compagni. Quando trovi qualcuno che desidera fare la tua stessa attività, organizzatevi per farla insieme.

ESEMPIO: **S1:** Cosa ti piace fare di solito nel weekend?
S2: Mi piace andare al cinema.
S1: Anche a me. Andiamo insieme?
S2: Va bene! Quale film vuoi vedere?
S1: …

Ripasso: L'abbiamo già studiato!

The present perfect

Parte prima. Scrivi **E** (**essere**) o **A** (**avere**) accanto ad ogni verbo secondo il suo ausiliare al passato prossimo.

1. ____ festeggiare
2. ____ risolvere
3. ____ partire
4. ____ fermarsi
5. ____ vincere
6. ____ rompere

7. ____ nascere
8. ____ seguire
9. ____ rimanere
10. ____ proteggere
11. ____ venire
12. ____ bere

13. ____ essere
14. ____ scoprire
15. ____ dipingere
16. ____ combattere
17. ____ aprire
18. ____ fare

Parte seconda. Su un foglio di carta scrivi il passato prossimo (alla prima persona singolare [**io**]) dei verbi elencati sopra.

▶ Answers to this activity are in Appendix 2 at the back of your book.

▶ To review the present perfect, see **Capitolo 7, Strutture 7.1** and **7.2.**

A. La mia verità.

Parte prima. Completa le frasi in modo che siano vere per te.

1. Sono nato/a a/in…
2. L'ultima volta che sono andato/a in vacanza, mi sono goduto/a…
3. Non ho mai creduto a…
4. Sono cresciuto/a in una casa…
5. Ieri ho discusso di… con…
6. Una volta ho rotto…

Parte seconda. Lavora con un compagno / una compagna. A turno, uno/a di voi legge le sue frasi, mentre l'altro fa domande per avere più informazioni e prende appunti.

ESEMPIO: **S1:** Sono nata a Miami.
S2: Quando?
S1: Il nove marzo 1991.

Parte terza. Racconta alla classe o ad un'altra coppia la cosa più interessante che hai imparato del tuo compagno / della tua compagna.

B. I contrari.

Parte prima. Completa le frasi con il contrario del verbo evidenziato.

1. Andrea _____ il portafoglio (*wallet*), ma Maria **ha trovato** le sue carte di credito.

2. Elisa **ha chiuso** la porta e Silvia _____ la finestra.

3. Hussein ha dormito poco la notte scorsa. **È andato a letto** alle 3.00 e _____ alle 7.00 per andare a lezione.

4. Quando è uscita, Marina _____ le chiavi ma **ha lasciato** lo zaino a casa.

5. Oggi la mia squadra di calcio **ha vinto** 3–0, ma la settimana scorsa _____ 0–3.

6. Cristiano è **entrato** in ufficio alle 8.00, ma _____ di nuovo alle 8.30.

7. Gianni e Riccardo _____ all'aeroporto di Milano alle 19.00 e **sono partiti** per Parigi alle 20.00.

Parte seconda. Lavora con un compagno / una compagna. Scrivete frasi usando le coppie di verbi indicate qui sotto. Seguite il modello della **Parte prima.**

1. nascere / morire
2. rompere / riparare
3. amare / odiare

4. crescere / calare
5. uscire / (re)stare

C. Cos'hanno fatto?

Parte prima. Immagina la vita di questi personaggi. Descrivi tre o quattro esperienze che, secondo te, hanno avuto durante la loro vita. Cos'hanno fatto? Chi hanno conosciuto? Dove sono stati?

Lorena Roberti
35 anni
single
attrice

Massimo Caruso
50 anni
sposato con due figli
esploratore, navigatore

Ottavio Giovannini
99 anni
vedovo con otto figli
ex-politico

Parte seconda. Collabora con un compagno / una compagna. Scegliete uno dei tre personaggi. Scrivete un paragrafo per raccontare la storia della vita del vostro personaggio. Poi cambia compagno/a e raccontagli/le la storia senza guardare gli appunti.

D. Dove siete andati in vacanza?

Parte prima. Tu e un compagno / una compagna avete fatto una vacanza di una settimana in Italia. Collaborate per rispondere alle domande.

1. Dove siete andati/e?
2. Quali monumenti avete visitato?
3. Cosa avete visto?
4. Cosa avete fatto?

Parte seconda. Scrivete ai vostri compagni un'e-mail in cui raccontate la vacanza che avete fatto.

Parte terza. Scambiate le e-mail con un altro gruppo e modificate il messaggio dei vostri compagni aggiungendo tre frasi nuove. Quando avete finito, riconsegnate l'e-mail. Adesso come sono andate le vacanze? Meglio o peggio?

E. Dante Alighieri.
Leggi i brevi testi a pagina 418 su Dante Alighieri e Vittoria Colonna. Trova tutti i verbi al passato remoto e scrivi le forme equivalenti al passato prossimo. (**Un aiuto:** Ci sono otto verbi nel testo su Dante e undici nel testo su Vittoria Colonna.)

▶ To review the **passato remoto**, see **Capitolo 12, Strutture 12.1.**

(continued)

DANTE

Dante Alighieri nacque nel 1265. Fu uno scrittore che compose molte opere sia in prosa sia in poesia,[1] ma il suo capolavoro fu la *Divina Commedia*. Egli[2] lo intitolò solo *Commedia*, altri poi vi aggiunsero l'aggettivo *divina*. Dante racconta un immaginario viaggio da lui compiuto attraverso[3] i tre regni dell'aldilà:[4] Inferno,[5] Purgatorio e Paradiso. Nel suo cammino[6] egli è accompagnato dapprima[7] dal poeta a lui più caro, Virgilio, poi da Beatrice, la donna amata in vita che lo condurrà[8] in Paradiso. Il racconto è allegorico, vuole cioè insegnare quale è stata per Dante la via della redenzione[9] per conquistare la felicità celeste.[10] Dante scrisse il poema in italiano, non in latino come allora ancora si usava per scrivere le opere importanti. Per la prima volta, più di sei secoli fa, alla lingua italiana fu riconosciuta[11] dignità poetica.

---

[1]sia… *both in prose and poetry* [2]*He* [3]*compiuto… made through* [4]*regni… kingdoms of the afterworld* [5]*Hell* [6]*travels* [7]*first* [8]*will guide* [9]*via… road to redemption* [10]*celestial* [11]fu… *was recognized*

Ritratto di Dante Alighieri, la città di Firenze e l'allegoria della Divina Commedia (1465), Domenico di Michelino (Chiesa di Santa Maria del Fiore, Firenze, tempera su tela)

VITTORIA COLONNA

Vittoria Colonna (1490–1547) fu Marchesa di Pescara e poetessa. Sposò Ferrante Francesco d'Avalos, Marchese di Pescara, un nobiluomo napoletano di origini spagnole, che fu uno dei più alti generali dell'Imperatore Carlo V. Dopo la morte di suo marito nel 1525 nella battaglia di Pavia, si dedicò alla religione e alla letteratura. La sua poesia consistette di componimenti religiosi e sonetti petrarcheschi (sonetti la cui forma ebbe origine nel tredicesimo secolo e fu perfezionata dal poeta italiano Petrarca [1304–1374]), composti in memoria di suo marito. Vittoria ebbe molte amicizie intellettuali con scrittori e artisti, fra cui il più noto fu Michelangelo Buonarroti, conosciuto nel 1538. I due poeti si scambiarono lettere e sonetti, ed il grande scultore, pittore e poeta fu con lei al momento della sua morte.

Figura di donna (*Ritratto di Vittoria Colonna?*) (1525), Michelangelo Buonarroti (British Museum, Londra, inchiostro e gesso su carta [*ink and chalk on paper*])

Ripasso: Era così bello!

The imperfect

Parte prima. L'imperfetto è un altro tempo passato. Ti ricordi come si forma? L'insegnante dice 15 verbi. Scrivi i verbi su un foglio di carta e poi segna (✓) i verbi all'imperfetto.

Parte seconda. Abbina le frasi a uno dei motivi per cui si usa l'imperfetto.

Si usa l'imperfetto per...

a. descrivere le persone, i luoghi, le cose o il tempo nel passato;
b. descrivere quello che stava succedendo;
c. dare la data, l'ora o l'età nel passato;
d. parlare di avvenimenti ripetuti nel passato.

_____ **1.** Quando Giulio **aveva** 20 anni, ha fatto un viaggio in Africa.
_____ **2.** Quando Luca è entrato, Michele **suonava** la chitarra.
_____ **3.** Da giovane, ogni anno Roberta **festeggiava** il compleanno con la sua migliore amica.
_____ **4.** **Erano** le 5.00 di mattina quando Alessandro è rientrato dal suo viaggio.
_____ **5.** Il signor Bentivoglio **era** molto bello e affascinante.
_____ **6.** Quel giorno il tempo **era** bruttissimo: **nevicava** (*it was snowing*) e **tirava** vento (*the wind was blowing*).

▶ Answers to this activity are in Appendix 2 at the back of your book.

▶ To review the imperfect, see **Capitolo 9, Strutture 9.1 and 9.2.**

A. Casa tua.

Parte prima. La tua casa era ordinata o disordinata quando sei uscito/a stamattina? Segna (✓) tutte le frasi vere. Poi aggiungi due frasi in più.

_____ **1.** In cucina c'erano bicchieri e piatti sul tavolo.

_____ **2.** C'erano piatti da lavare nel lavandino.

_____ **3.** Tutti i vestiti erano appesi (*hung up*) nell'armadio.

_____ **4.** Il pavimento (*floor*) del bagno era sporco e bagnato.

_____ **5.** Il letto era fatto.

_____ **6.** La scrivania era ordinata.

_____ **7.** ?

_____ **8.** ?

Parte seconda. Confronta le tue risposte con quelle di altri tre compagni. Chi ha la casa più ordinata/disordinata?

B. Quando avevo 15 anni.

Parte prima. Confronta come sei adesso e com'eri a 15 anni. Completa le frasi in modo che siano vere per te.

Quando avevo 15 anni...		Adesso...	
1. _____ raramente.		6. _____ raramente.	
2. _____ spesso.		7. _____ spesso.	
3. _____ sempre.		8. _____ sempre.	
4. _____ la domenica.		9. _____ la domenica.	
5. _____ a Capodanno.		10. _____ a Capodanno.	

Parte seconda. Racconta le tue abitudini a un compagno / una compagna. Lui/Lei prenderà appunti e poi racconterà alla classe come sei cambiato/a.

ESEMPIO: Quando Giovanni aveva 15 anni, giocava sempre a calcio. Adesso, invece, gli piace recitare a teatro.

C. Giulio.

Parte prima. Ora Giulio ha 65 anni. Com'era da giovane? Insieme ai compagni guarda quest'immagine e fai una lista di aggettivi per descrivere Giulio quando aveva 20 anni e frequentava l'università.

Parte seconda. Con un compagno / una compagna, decidi come o con quale frequenza Giulio faceva queste attività quando aveva 20 anni. Abbinate i verbi dell'insieme A agli avverbi appropriati dell'insieme B. **Attenzione!** Dovete usare tutti gli avverbi; potete usare alcuni avverbi più di una volta.

A	B
andare a lezione ballare cucinare fare i compiti fare delle feste guidare lavarsi studiare uscire con amici vestirsi	bene male lentamente non... mai puntualmente raramente in ritardo sempre spesso velocemente

Parte terza. Usate le parole della **Parte prima** e le frasi che avete creato nella **Parte seconda** per scrivere una descrizione di Giulio quando era giovane. Quando avete finito, leggete la descrizione ad altre due coppie. Quanto sono simili o diverse le vostre descrizioni?

ESEMPIO: Quando aveva 20 anni, Giulio...

▶ To review the difference between the imperfect and present perfect, see **Capitolo 9, Strutture 9.2.**

D. La storia di Giulio.
Ecco la vera storia di Giulio. Completa la sua storia con il passato prossimo o l'imperfetto dei verbi tra parentesi.

Quando Giulio _____[1] (avere) 20 anni, _____[2] (essere) un ragazzo molto serio. Tutte le sere _____[3] (studiare) fino a tardi, non _____[4] (fare) mai feste e _____[5] (andare) sempre a lezione. Per rilassarsi, gli _____[6] (piacere) leggere romanzi e suonare la chitarra. Poi, il giorno del suo ventunesimo compleanno, ha conosciuto (*met*) Alessandro. Alessandro _____[7] (avere) 25 anni. Non _____[8] (avere) un lavoro e _____[9] (suonare) la chitarra per strada per guadagnarsi da vivere. Giulio _____[10] (essere) molto affascinato da Alessandro, perché la sua vita _____[11] (essere) completamente diversa dalla sua. Giulio _____[12] (cominciare) a studiare di meno perché tutte le sere _____[13] (suonare) la chitarra con Alessandro. (Loro) _____[14] (suonare) dappertutto, per strada, alle feste universitarie e nei locali e tutti li _____[15] (conoscere). Un giorno poi _____[16] (fare) un CD insieme e sono diventati famosi. Oggi sono ricchissimi e hanno case a Roma, Los Angeles e New York.

Ripasso: Lo vedo e gli parlo

 Object pronouns

Decidi se i pronomi evidenziati hanno funzione di complemento oggetto diretto o indiretto.

	complemento oggetto diretto	complemento oggetto indiretto
1. **Gli** do il suo libro.	☐	☐
2. **Le** compro dei fiori.	☐	☐
3. Non **le** mangia mai.	☐	☐
4. **Li** vedo domani.	☐	☐
5. **Vi** offro un gelato.	☐	☐
6. **La** prepara per la festa.	☐	☐
7. Ecco**lo**!	☐	☐
8. **Ti** telefono domani.	☐	☐

▶ Answers to this activity are in Appendix 2 at the back of your book.

▶ To review direct and indirect object pronouns, see **Capitolo 11, Strutture 11.1.**

▶ To learn about stressed pronouns and pronominal verbs, see **Per saperne di più** at the back of your book.

In Italia

Maria Montessori (1870–1952) fu una delle prime donne a ricevere una laurea in medicina. Si dedicò alla cura dei bambini con problemi psicologici, convinta che il trattamento basato su principi pedagogici avrebbe portato a risultati migliori delle medicine tradizionali. Nel 1906 fondò la Casa dei Bambini ed iniziò le sue attività educative con i figli degli operai del quartiere di San Lorenzo a Roma. A causa della sua opposizione al fascismo, lasciò l'Italia nel 1936 e fondò **le scuole Montessori** in vari paesi del mondo. Prima dell'adozione dell'euro, la sua immagine era stampata sulle banconote da 1.000 lire.

Maria Montessori (1870–1952)

A. Ascolta. Ascolta le domande dell'insegnante e scegli le risposte giuste.

1. **a.** Lo metto in cucina.   **b.** Li metto in cucina.   **c.** Le metto in cucina.

2. **a.** Sì, lo guardo ogni giovedì.   **b.** Sì, la guardo ogni giovedì.   **c.** Sì, li guardo ogni giovedì.

3. **a.** Certo! Vi scriverò tutti i giorni.   **b.** Certo! Ti scriverò tutti i giorni.   **c.** Certo! Ci scriverò tutti i giorni.

4. **a.** No, ti telefono domani.   **b.** No, vi telefono domani.   **c.** No, gli telefono domani.

5. **a.** Sì, mi piace molto.   **b.** Sì, mi piacciono molto.   **c.** Sì, ci piacciono molto.

6. **a.** Sì, ti compro dei fiori.   **b.** Sì, gli compro dei fiori.   **c.** Sì, le compro dei fiori.

Grammatica dal vivo:
Pronomi di complemento diretto e indiretto

Vai su **Connect Italian** per guardare un'intervista con Gianfranco e Raffaella in cui rispondono alla domanda: «Avete un consiglio, un qualcosa che volete dire ai nostri studenti americani?» Fai attenzione all'uso dei pronomi di complemento diretto e indiretto. Poi completa le attività di comprensione.

www.connectitalian.com

B. Domanda e risposta.

Parte prima. Scrivi la forma appropriata del verbo in queste risposte.

1. I documenti sono pronti?   Non ancora. Li _____ questa settimana.
2. Mi telefoni stasera?   No, ti _____ domani pomeriggio.
3. I bambini guardano la TV?   Sì, la _____ da tre ore!
4. Lasciate il fratellino a casa con vostra madre?   No, lo _____ dai nonni.
5. Scrivete un'e-mail al signor Rossi?   No, gli _____ una lettera.

Parte seconda. Scrivi le domande per queste risposte. **Attenzione!** Non usare pronomi nelle domande.

1. _____?   No, le parliamo domani.
2. _____?   Sì, voglio vederlo domani.
3. _____?   No, le compriamo per Giovanna.
4. _____?   Sì, lo prendo ogni mattina.
5. _____?   Sì, gli telefono domani.

C. Intervista.

Parte prima. Abbina un interrogativo dell'insieme A a un verbo dell'insieme B. Poi aggiungi altri elementi per formare domande da fare ad un compagno / una compagna.

ESEMPIO: Dove fai la lavatrice?

A

a che ora   con
chi   dove   perché
quando

B

ascoltare
bere   cominciare
fare   finire
guardare   leggere
mangiare   scrivere
telefonare

Parte seconda. Fai le domande ad un compagno / una compagna. Quando lui/lei risponde, deve usare un pronome.

ESEMPIO: S1: Dove fai la lavatrice?
S2: La faccio a casa mia.

D. L'Italia, gli italiani e l'italiano.
In questo corso hai imparato molte cose dell'Italia, degli italiani e della lingua italiana. Completa le seguenti frasi secondo la tua opinione. Poi parlane con i tuoi compagni.

1. Se andassi in vacanza dieci giorni in Italia, visiterei… perché…
2. Se vivessi in Italia, abiterei… perché…
3. Se potessi passare una festa (Natale, San Silvestro, eccetera) insieme ad una famiglia italiana, sceglierei… perché…
4. Se potessi conoscere un italiano famoso (vivo o morto), vorrei conoscere… perché…
5. Se potessi fare qualsiasi domanda ad un italiano / un'italiana, gli/le chiederei…

---

study tip

The best way to learn Italian is to use it! Take every opportunity to practice your Italian with other students and native speakers that you meet. When you go to Italy, don't be afraid to try speaking. Italians are very patient with those who make an effort to speak their language. **Buon proseguimento!**

▶ To review hypotheticals of possibility, see **Capitolo 15, Strutture 15.3.**

Ascoltiamo!

L'arte italiana attraverso i secoli

Hai notato che quasi tutti i capitoli di *Avanti!* iniziano con un capolavoro dell'arte italiana? Con un compagno / una compagna abbina le opere d'arte ai rispettivi artisti, poi mettile in ordine cronologico (1–16). **Attenzione!** Puoi trovare tutte le informazioni richieste nelle didascalie (*captions*) che accompagnano le opere.

Opera	Artista
Capitolo 1: *Primavera*	**a.** Renato Guttuso
Capitolo 2: *Amore e Psiche stanti*	**b.** Lorenzo Pizzanelli
Capitolo 3: *Ballerina blu*	**c.** Giotto di Bondone
Capitolo 4: *La Madonna «della Seggiola»*	**d.** Michelangelo Pistoletto
Capitolo 5: *La Vucciria*	**e.** Antonio Canova
Capitolo 6: *Venere degli stracci*	**f.** Michelangelo Buonarroti
Capitolo 7: *I bari*	**g.** Giorgio De Chirico
Capitolo 8: *Bacco e Arianna*	**h.** Sandro Botticelli
Capitolo 9: *Iconoclast Game: Opera videogioco sulla storia dell'arte*	**i.** Giovanni Antonio Canaletto
	j. Carlo Carrà
Capitolo 10: *Il David*	**k.** Gino Severini
Capitolo 11: *Visitazione*	**l.** Francesco Hayez
Capitolo 12: *Palazzo Ducale e Piazza San Marco*	**m.** Raffaello Sanzio
	n. Michelangelo Merisi da Caravaggio
Capitolo 13: *Sulla spiaggia*	**o.** Tiziano Vecellio
Capitolo 14: *Tutto*	**p.** Alighiero Boetti
Capitolo 15: *Manifestazione interventista*	
Capitolo 16: *Il bacio*	

A. Osserva ed ascolta. Osserva ed ascolta mentre Federico ti parla della storia dell'arte in Italia.

B. Completa. Completa le seguenti frasi, inserendo la parola o l'espressione appropriata della lista qui sotto. Usa ogni parola o espressione *una sola volta*. **Attenzione!** La lista contiene dodici parole o espressioni; devi usarne solamente nove.

Amore e Psiche	barocco	Canaletto	Caravaggio
Il David	il Futurismo	Giotto	medievale
moderno	neoclassico	il Rinascimento	romantico

1. _____ fu uno dei vedutisti (*landscape artists*) più famosi per la rappresentazione dei paesaggi (*landscapes*) urbani creata soprattutto per gli europei che avevano fatto il Gran Tour.

2. Il movimento chiamato _____ mostra un forte dinamismo, cioè un intenso senso del movimento, l'importanza della tecnologia e dell'originalità e un'opposizione al passato e alla tradizione.

3. Il periodo _____ privilegiava (*favored*) il controllo perfetto delle forme canoniche (*established*). Un bellissimo esempio del periodo è _____ di Canova.

4. Il periodo artistico per cui l'Italia è più famosa, _____, cominciò in Toscana.

5. Caratterizzato da mosaici e affreschi che servirono da decorazione e raffigurarono (*depicted*) temi religiosi, il periodo _____ ebbe grandi artisti come _____.

6. Il periodo _____ si distingue per la sua esuberanza fantasiosa e l'uso drammatico della luce. Un artista rappresentativo del periodo fu _____.

C. Tocca a te! Se tu potessi visitare una mostra delle opere di uno degli artisti sopranominati, quale vorresti vedere? Perché?

Di tutti questi artisti, vorrei vedere una mostra di _____ perché…

Retro

«Amore, baciami!»
Per imparare la storia rappresentata dal famoso quadro di Hayez, vai a **Capitolo 16, Retro** su **Connect Italian.**

www.connectitalian.com

Solo musica

Leggiamo!

Va' dove ti porta il cuore

A. Prima di leggere.

Parte prima. Pensa ad una decisione che hai preso, non importa se grande o piccola. Poi spiega a un compagno / una compagna come sei arrivato/a a quella decisione.

Parte seconda. Quanti studenti hanno chiesto il consiglio di qualcuno prima di prendere la decisione definitiva? A chi hanno chiesto aiuto? Come hanno scelto quelle persone?

B. Al testo!   *Va' dove ti porta il cuore* (Susanna Tamaro, 1994) è un bestseller italiano che ha venduto più di 15 milioni di copie in tutto il mondo e da cui è stato tratto anche un film. È un romanzo in cui Olga, una nonna ottantenne, racconta la sua vita alla giovane nipote che è andata a vivere in America.

Parte prima. Leggi questo brano tratto dal libro per sapere quale consiglio la nonna offre alla nipote. (**Un aiuto:** La nonna usa l'albero come metafora per sua nipote. Ecco del lessico utile.)

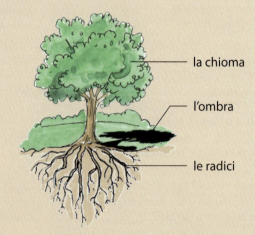

la chioma

l'ombra

le radici

PAROLE PER LEGGERE

coprire   *to cover*
scorrere   *to flow*
smarrito   *lost*
a stento   molto adagio,
    lentamente
imboccare   prendere
a caso   *by chance,*
    haphazardly

Va' dove ti porta il cuore

Ogni volta che ti sentirai smarrita, confusa, pensa agli alberi, ricordati del loro modo di crescere. Ricordati che un albero con molta chioma e poche radici viene sradicato[1] al primo colpo di vento,[2] mentre in un albero con molte radici e poca chioma la linfa[3] scorre a stento. Radici e chioma devono crescere in egual misura, devi stare nelle cose e starci sopra,[4] solo così potrai offrire ombra e riparo,[5] solo così alla stagione giusta potrai coprirti di fiori e di frutti. E quando poi davanti a te si apriranno tante strade e non saprai quale prendere, non imboccarne una a caso, ma siediti e aspetta. Respira con la profondità fiduciosa[6] con cui hai respirato il giorno in cui sei venuta al mondo, senza farti distrarre da nulla, aspetta e aspetta ancora. Stai ferma, in silenzio, e ascolta il tuo cuore. Quando poi ti parla, alzati e va' dove lui ti porta.

[1]*uprooted* [2]*colpo… gust of wind* [3]*sap* [4]*starci sopra stay on top of them* [5]*respite* [6]*confident*

Parte seconda.   Ora rispondi alle domande.

1. La nonna dice che bisogna essere come un albero: con radici e chioma in egual misura. Perché?
2. Secondo la nonna, cosa si deve fare quando ci si trova davanti a delle scelte?

C. Discutiamo!   Rispondi alle domande.

1. Secondo te, quanto è valido il consiglio della nonna? Che cosa può succedere quando si segue il cuore? E quando non lo si segue?
2. Come si diventa famosi? Descrivi almeno tre modi in cui una persona diventa famosa. L'idea di seguire il cuore e quella di diventare famosi sono compatibili?
3. Come scrittrice, Susanna Tamaro adesso è famosa, ma lo sarà anche nel futuro? Secondo te, cosa deve fare una persona per rimanere famosa nel tempo?

In italiano

Addio is another way to say *good-bye*. It is used less commonly than **arrivederci** because it refers to a more definitive good-bye. Literally, it means **a** (*until*) **dio** (*god*) which presupposes a long separation, perhaps even final.

Scriviamo!

Arrivederci!

Scrivi ad un compagno / una compagna di classe (o all'insegnante) una lettera in cui ricordi il tempo trascorso insieme durante il corso d'italiano.

- Inizia con un saluto.
- Nel primo paragrafo descrivi l'inizio del corso.
- Nel secondo paragrafo descrivi una lezione (o un momento) che ti ricordi particolarmente bene.
- Nel terzo paragrafo spiega come la lezione (o il momento) che hai descritto ha influito sull'andamento del corso per te.
- Infine, dai un consiglio e fai un augurio al compagno / alla compagna (o all'insegnante).

Parliamo!

La tua intervista

Ecco alcune delle domande che sono state rivolte alle persone che hai visto nel video. Intervista un compagno / una compagna, facendo a lui/lei queste domande. Poi scambiatevi i ruoli.

1. Ti puoi presentare: dire il tuo nome, l'età, di dove sei e cosa fai?
2. Ti piace il cinema italiano? Chi sono i tuoi attori preferiti? (Ti piace la musica italiana? Che genere di musica preferisci?)
3. Com'è la tua giornata tipica? (A che ora… ?)
4. Cosa ti piace fare nel tempo libero?
5. Puoi descrivere la tua famiglia? (Com'è… ?)
6. Ti piacerebbe visitare l'Italia? Cosa ti piacerebbe vedere? (Sei stato/a in Italia? Dove sei stato/a? Cosa hai visto?)
7. Sai l'italiano?
8. Hai un sogno nel cassetto? Quale?

Guardiamo!

FILM *Nuovo Cinema Paradiso*

(Commedia. Italia. 1990. Giuseppe Tornatore, Regista. 124 min.)

RIASSUNTO: A famous Italian filmmaker, Salvatore (Salvatore Cascio) returns to his hometown in Sicily after an absence of 30 years. While at home, he remembers the events that shaped his life, especially his friendship with Alfredo (Philippe Noiret) who first introduced him to movies.

SCENA: (DVD Chapter 26): In this scene a young Salvatore (Totò) leaves his hometown, Giancaldo, to pursue a career in the film business. His mother, sister, and Alfredo accompany him to the train station to see him off.

A. Anteprima. Quando si parte per un viaggio e si salutano la famiglia e gli amici, loro spesso offrono consigli vari. Con un compagno / una compagna fai una lista di cinque consigli che hai ricevuto prima di partire (o che hai dato a qualcuno in partenza). Condividi le risposte con la classe. Quali sono i consigli più comuni? Chi ha ricevuto (o dato) il consiglio più sorprendente?

B. Ciak, si gira! In questa scena Alfredo dà diversi consigli a Totò prima della sua partenza per Roma. Guarda la scena e scrivi almeno tre consigli che senti.

C. È fatto! Totò parte da un paese in Sicilia per andare a Roma. In quali altri film che hai visto in *Avanti!* il protagonista lascia il proprio paese? I protagonisti sono simili o diversi? In che senso? Secondo te, perché gli italiani affrontano spesso questo tema?

www.connectitalian.com

Profiolo | ▼   Amici | ▼   Reti | ▼   Casella | ▼

Il blog di Enrica—Napoli

Napoli: il mare, il monte e la pizza

Nome: Enrica Viparelli

Eta: 29 anni

Professione: ingegnere e studente di post-dottorato

Cos'è Napoli? È...

il mare—Tutta la zona di S. Lucia attorno al porto è da vedere: le barche, i piccoli ristoranti, il Castel dell'Ovo. Il sole che splende sul mare è una meraviglia.

il monte—Il Vesuvio, il gigante buono che è l'icona-simbolo della città. E se dovesse risvegliarsi???

la cultura e la tradizione—A Napoli ci sono musei importanti, palazzi eleganti e bellissimi parchi, ma anche Spaccanapoli, Pulcinella, gesti, presepi* e paste (le sfogliatelle... mmmh... che buone!).

e, naturalmente, la pizza—Marinara, margherita, fritta. Tutta ottima. Napoli ha tutto; è unica. Solo Napoli è Napoli.

Ma soprattutto Napoli è la gente—Un proverbio napoletano dice «Ccà nisciuno è fesso.» (Qui nessuno è stupido.) I napoletani sono furbi, sì, ma sono anche ospitali, genuini e vitali.

Venite a trovarci! Viva Napoli!

*Nativity scenes

Video connection

Per vedere Napoli e i posti preferiti di Enrica, guarda il video **Il blog di Enrica** sul DVD di *Avanti!*

www.connectitalian.com

Vocabolario

Domande ed espressioni

Hai/Ha qualcosa da dire?	Do you (*inform./form.*) have something you'd like to say?

Verbi

combattere	to fight
comporre	to compose
dimostrare	to demonstrate
fondare	to found
governare	to govern
inventare	to invent
liberare	to liberate, to free
proteggere	to protect
realizzare	to realize; to carry out, to bring about
rischiare	to risk
scoprire	to discover

Sostantivi

l'affresco	fresco
il compositore / la compositrice	composer
il consiglio	advice
la Costituzione	Constitution
i diritti	rights
il dittatore / la dittatrice	dictator
il generale	general
l'indipendenza	independence
l'inventore / l'inventrice	inventor
l'invenzione (*f.*)	invention
la medicina	medicine
il militare	military
il navigatore / la navigatrice	navigator
l'orchestra	orchestra
il papa	pope
il Parlamento	Parliament
la patria	homeland
la pila	battery
la poesia	poetry
la politica	politics
il politico / la donna in politica	politician
il re	king
la regina	queen
il religioso / la religiosa	member of religious order
la repubblica	republic
il romanzo	novel
il santo / la santa	saint
lo scrittore / la scrittrice	writer
la scultura	sculpture
il senatore / la senatrice	senator
il soldato / la soldatessa	soldier
il sonetto	sonnet
trasformare	to transform, to change
la vittoria	victory

1.1 Gender

1 Some nouns are an abbreviation of a longer word. They retain the gender of the long form.

foto	fotografia (*f.*)
cinema	cinematografo (*m.*)
moto	motocicletta (*f.*)
auto	automobile (*f.*)
bici	bicicletta (*f.*)

2 Not all nouns that end in **-a** are feminine. Some are masculine.

il programma   **il problema**   **il sistema**

3 Not all nouns that end in **-o** are masculine. One common exception is: **la mano** (*hand*).

4 Some words have a different suffix to indicate the gender. The suffix **-tore** is masculine and the suffixes **-trice** and **-essa** are feminine.

actor	l'attore	l'attrice
painter	il pittore	la pittrice
doctor	il dottore	la dottoressa
professor	il professore	la professoressa
student	lo studente	la studentessa

1.3 Number

1 Nouns do not change in the plural if their singular form

    a. is an abbreviation of a longer word:

una bicicletta	una bici	→	due bici
un cinematografo	un cinema	→	due cinema
una fotografia	una foto	→	due foto

    b. is monosyllabic:

un re (*king*)	→	due re
uno sci	→	due sci

    c. ends in **-i**:

una crisi (*crisis*)	→	due crisi
un brindisi (*toast*)	→	due brindisi
una tesi (*thesis*)	→	due tesi

2 Some nouns have irregular plurals.

    l'uomo (*man*)   →   **gli uomini**

CAPITOLO 1

▶ Activities to practice the structure points presented in **Per saperne di più** are at the back of the *Workbook / Laboratory Manual.*

3 Nouns that end in **-ca** and **-ga** in the singular add an **-h-** before the **-e** in the plural form in order to preserve the hard sound of the consonant.

	SINGOLARE	PLURALE
-ca → -che	ami**ca**	ami**che**
-ga → -ghe	tar**ga** (*license plate*)	tar**ghe**

4 Nouns ending in **-go** in the singular generally form their plural by adding an **-h-**.

	SINGOLARE	PLURALE
-go → -ghi	la**go** (*lake*)	la**ghi**

Note that:

- The plural of **asparago** (*asparagus*) is **asparagi**.
- Nouns that end in **-logo** form their plural by adding an **-h-** when the noun refers to things: **dialogo / dialoghi, catalogo / cataloghi**. The **-h-** is not added in the plural for nouns referring to people: **biologo** (*biologist*) / **biologi**, **astrologo** (*astrologist*) / **astrologi**.

5 Nouns that end in **-co** in the singular form don't always have an **-h-** in the plural to preserve the hard sound. The form of the plural depends on the location of the stress in the word. An **-h-** is added only if the stress falls on the second-to-last syllable (the syllable before **-co**). Compare the following examples.

		SINGOLARE	PLURALE
Stress on second-to-last syllable	**-co → -chi**	par-**co** *park*	par-**chi**
Stress on third-to-last syllable	**-co → -ci**	me-di-**co** *doctor*	me-di-**ci**

One common exception to this rule is:

a-mi-co (*sing.*) → **a-mi-ci** (*pl.*)

6 If a masculine singular noun ends in **-io** and the **-i-** is stressed, the plural is formed normally (by changing **-o** to **-i**). If the **-i-** is unstressed, the **-o** is dropped and the plural has one **-i**.

		SINGOLARE	PLURALE
Stressed **-i-**	**-io → ii**	zi-**o** (*uncle*)	zi-**i**
Unstressed **-i-**	**-io → i**	o-ro-lo-gio	o-ro-lo-g**i**

7 Nouns ending in **-cia** or **-gia** omit the **-i-** when it is not stressed or pronounced, and when **c** or **g** are preceded by another consonant.

arancia (*orange*) → **arance**

spiaggia (*beach*) → **spiagge**

Note that the **-i-** is retained when it is stressed or if a vowel precedes **c** or **g**.

farmacia (*pharmacy*) → **farmacie**

camicia (*shirt*) → **camicie**

ciliegia (*cherry*) → **ciliegie**

2.1 Adjectives

Irregular plural adjectives

1 Adjectives that end in **-ca, -co,** and **-ga** form the plural just like nouns with the same endings. (For a review of the plurals of nouns, see **Per saperne di più, Capitolo 1**).

un'amica simpati**ca**	due amiche simpati**che**
una porta lar**ga** (*wide*)	due porte lar**ghe**

Remember, the plural of adjectives ending in **-co** depends on the location of the stress in the word. An **-h-** is inserted before the **-i** only if the stress falls on the second-to-last syllable (the syllable before **-co**).

un quaderno bia**nco**	due quaderni bia**nchi**
un ragazzo sim**patico**	due ragazzi sim**patici**

2 All adjectives ending in **-go** form the plural by adding an **-h-** before the **-i.**

un tavolo lar**go**	due tavoli lar**ghi**

The demonstrative pronouns *questo* and *quello*

When you are pointing out someone or something, the appropriate forms of **questo** and **quello** can also be used alone to mean *this one / that one* in the singular or *these/those* in the plural. When **questo** and **quello** are used as pronouns, they both have four forms and agree in gender and number with the object or person you are pointing out.

	SINGOLARE	PLURALE	SINGOLARE	PLURALE
MASCHILE	**questo**	**questi**	**quello**	**quelli**
FEMMINILE	**questa**	**queste**	**quella**	**quelle**

(*pointing to your mother in a photo*)	**Questa** è mia madre. *This is my mother.*
(*pointing to your books*)	**Questi** sono i miei libri. *These are my books.*
(*pointing to your car down the street*)	**Quella** è la mia macchina. *That is my car.*
(*pointing to your dog in the park*)	**Quello** è il mio cane. *That is my dog.*
(*pointing to your female friends across the street*)	**Quelle** sono le mie amiche. *Those are my (female) friends.*

Other adjectives that precede the noun

1 Two common adjectives always precede the noun: **altro** (*other*) and **stesso** (*same*).

l'**altro** amico	*the other friend*
gli **altri** studenti	*the other students*
lo **stesso** zaino	*the same backpack*
le **stesse** penne	*the same pens*

2 The adjectives **buono** and **bello** usually precede the noun, but they have special forms. The singular forms of **buono** resemble the indefinite article. (See **Capitolo 1, Strutture 1.2** for a review of the indefinite article.)

SINGOLARE		PLURALE		
(uno) il **buono** zaino	**(una)** la **buona** scuola		zaini	scuole
(un) il **buon** libro	**(una)** la **buona** penna	i **buoni** { libri	le **buone** { penne
(un) il **buon** amico	**(un')** la **buon'**università		amici	università

The forms of **bello** are similar to the definite article and the demonstrative adjective **quello**. (See **Capitolo 1, Strutture 1.4** for a review of the definite article.)

SINGOLARE		PLURALE		
(lo) il **bello** zaino	**(la)** la **bella** scuola	**(gli)** i **begli** zaini		scuole
(il) il **bel** libro	**(la)** la **bella** penna	**(i)** i **bei** libri	**(le)** le **belle**	penne
(l') il **bell'**amico	**(l')** la **bell'**università	**(gli)** i **begli** amici		università

2.2 The verbs *essere* (*to be*) and *avere* (*to have*)

Here are other idiomatic expressions with **avere**.

avere bisogno di (*to need*)   **Che esercizio difficile! Ho bisogno di aiuto.**

avere voglia di (*to want*)   **Ho fame. Ho voglia di un hamburger.**

CAPITOLO 3

▶ Activities to practice the structure points presented in **Per saperne di più** are at the back of the *Workbook / Laboratory Manual.*

3.4 Irregular verbs

The verbs *rimanere* (*to remain*) and *scegliere* (*to choose*)

Here are two more irregular verbs that follow the same pattern as the verb **venire**. (Note that -gl- in **scegliere** becomes -lg- in **scelgo** and **scelgono**.)

venire	rimanere (to stay, to remain)	scegliere (to choose)
vengo	rimango	scelgo
vieni	rimani	scegli
viene	rimane	sceglie
veniamo	rimaniamo	scegliamo
venite	rimanete	scegliete
vengono	rimangono	scelgono

Mario **rimane** a casa stasera.   *Mario is staying home tonight.*

Gina **sceglie** il vestito blu.   *Gina chooses the blue dress.*

Suffixes

1 Adding certain suffixes to nouns (and even names) can modify their meaning. The suffix **-accio** (**a/i/e**) expresses badness or ugliness.

la parola	→	**la parolaccia**	*dirty word*
il tempo	→	**il tempaccio**	*bad weather*

2 The suffix **-ino** (**a/i/e**) expresses smallness or endearment and is often used when speaking with children.

la ragazza	→	**la ragazzina**	*little girl*
la mano	→	**la manina**	*(cute) little hand*
il naso	→	**il nasino**	*(cute) little nose*
la finestra	→	**la finestrina**	*little window*

3 The suffix **-one** (**a/i/e**) suggests largeness.

la macchina	→	**la macchinona**	*big car*
il ragazzo	→	**il ragazzone**	*big boy*
il libro	→	**il librone**	*big book*

Attenzione! None of the suffixes should be used indiscriminately because they can change the meaning (and the gender) of the noun. Compare:

il mulo	*mule*	**il mulino**	*windmill*
la finestra	*window*	**il finestrino**	*window (of a train, bus, or car)*
la bocca	*mouth*	**il boccone**	*mouthful*
la porta	*door*	**il portone**	*main entrance, front door*
la foca	*seal*	**la focaccia**	*flatbread*

4.4 The comparative

Comparatives of inequality with *che*

> ▶ Activities to practice the structure points presented in **Per saperne di più** are at the back of the *Workbook / Laboratory Manual.*

1 **Di** is used when comparing two nouns with a particular quality.

Il cane è più <u>intelligente</u> del **gatto**.	*The dog is more intelligent than the cat.*
Gianna è più <u>simpatica</u> di **Marco**.	*Gianna is nicer than Marco.*

2 **Che** is used when comparing two parts of speech or two of the same construction: two adjectives, two nouns, two verbs, or two nouns preceded by a preposition.

(two adjectives) L'atleta è più **agile** che **veloce**.	*The athlete is more agile than fast.*
(two nouns) Ho meno **penne** che **matite**.	*I have fewer pens than pencils.*
(two verbs) Mi piace più **correre** che **nuotare**.	*I like running more than swimming.*
(two nouns preceded by a preposition) Vado più spesso **in montagna** che **al mare**.	*I go more often to the mountains than to the sea.*

Comparatives of equality

1 As you already know, when you want to talk about the differences between two people or things, you use **più... di** or **meno... di.** If you want to say that a person or thing is the same as another, place **così** before the adjective, and **come** after it. Note that **così** is often omitted.

Rita è (**così**) simpatica **come** Gina.   *Rita is as nice as Gina.*

2 An alternative construction is **tanto... quanto.** Like **così, tanto** is often omitted.

Salvatore è (**tanto**) bello **quanto** Riccardo.   *Salvatore is as handsome as Riccardo.*

CAPITOLO 5

▶ Activities to practice the structure points presented in **Per saperne di più** are at the back of the *Workbook / Laboratory Manual.*

5.3 Prepositions

The preposition *di*

1 Remember the use of **di** as an alternative way to indicate possession? (See **Capitolo 2, Strutture 2.4.**)

il compleanno **di** Maria   *Maria's birthday* (literally, *the birthday of Maria*)

il libro **dello** studente   *the student's book* (literally, *the book of the student*)

2 **Di** is also used in the following constructions.

il corso **di** scienze politiche   *the political science course*

la professoressa **di** matematica   *the math professor*

The preposition *da*

1 The preposition **da** means *from* in English.

Sono partita **da** Roma.   *I left from Rome.*

Ho ricevuto un regalo **da** mia madre.   *I received a gift from my mother.*

Abito a dieci chilometri **da** Napoli.   *I live 10 kilometers from Naples.*

2 **Attenzione!** To say where you are from, you use **di.**

Sono **di** Milano.   *I'm from Milan.*

3 **Da** is frequently used with the verb **uscire** to mean *to leave/exit* (*from*) a place.

Esco **dall'**uffico.   *I leave/exit* (*from*) *the office.*

4 When **da** is used with a pronoun or proper name, it means *at the house/office/business of.*

Vado **da** Mirella.   *I'm going to Mirella's house.*

Vado **dal** dentista oggi.   *I'm going to the dentist today.*

The pronoun *ci*

1 In order to avoid repetition, you can use the pronoun **ci** (*there*) to replace nouns or phrases referring to places. These phrases are often introduced by the prepositions **a** or **in.** Note that **ci** precedes the conjugated verb.

—Vai **a casa**?   *Are you going home?*

—Sì, **ci** vado fra un minuto.   *Yes, I'm going* (*there*) *in a minute.*

—Vai **in centro** oggi pomeriggio?   *Are you going downtown this afternoon?*

—No, oggi non **ci** vado.   *No, I'm not going there today.*

Note: Although the word *there* is not always expressed in English, **ci** must be used in Italian.

2 **Ci** can also replace **a** + infinitive after verbs such as **andare.**

—Vai **a ballare** stasera?   *Are you going dancing tonight?*

—No, non **ci** vado.   *No, I'm not going (dancing).*

3 As you have seen, **ci** always precedes the conjugated verb, but when using verb + infinitive constructions, it may be attached to the infinitive. The infinitive drops the final **-e.**

—Vuoi andare **al cinema** stasera?   *Do you want to go to the movies tonight?*

—No, non **ci** voglio andare.   *No, I don't want to go (there).*
(No, non voglio **andarci.**)

6.4 Adverbs

CAPITOLO 6

Molto and *poco*

▶ Activities to practice the structure points presented in **Per saperne di più** are at the back of the *Workbook / Laboratory Manual.*

1 Adjectives describe nouns. Their endings change to agree in gender and number with the noun they describe. As you learned in **Capitolo 2, Strutture 2.1,** when **molto** and **poco** are adjectives, they precede the noun and the definite article is omitted.

Abbiamo **molti libri.**   *We have many books.*

Bevo **poca birra.**   *I drink little beer. (I don't drink much beer.)*

2 Adverbs can modify verbs, adjectives, or other adverbs. Their endings never change. When describing a verb, **molto** means *a lot / frequently* and **poco** means *little/rarely.* They both follow the verb.

Tu e Marianna studiate **molto.**   *You and Marianna study a lot.*

Silvia parla **poco** al telefono.   *Silvia rarely talks / doesn't talk long on the phone.*

3 As you learned in **Capitolo 2, Strutture 2.1,** when modifying an adjective or adverb, the adverb **molto** means *very* and **poco** means *not very.* They both come before the adjective or adverb and their endings do not change.

Quella ragazza è **molto** simpatica.   *That girl is very nice.*

I ragazzi sono **poco** simpatici.   *The guys are not very nice.*

Gianni esce **molto** spesso.   *Gianni goes out very often.*

Oggi mi sento **poco** bene.   *Today I don't feel very well.*

Buono/cattivo versus *bene/male*

1 As you learned in **Capitolo 2, Lessico,** **buono** and **cattivo** are adjectives. They indicate how *good* or *bad* something or someone is, so they agree in gender and number with the noun they modify.

Questa **torta** è **buona.**   *This cake is good.*

Queste **bistecche** sono **cattive.**   *These steaks are bad.*

2 The adverbs **bene** and **male** modify verbs. They indicate how *well* or *badly* something is done, so they appear after the verb and their forms are invariable.

Giacomo gioca **bene** a calcio.   *Giacomo plays soccer well.*

Mariella suona **male** il clarinetto.   *Mariella plays the clarinet badly.*

7.1 The present perfect

Sapere and *conoscere*

1 In **Capitolo 4, Strutture 4.3,** you learned the difference in meaning between **sapere** and **conoscere** in the present tense. In the **passato prossimo** these verbs take **avere** as their auxiliary and have regular past participles, but their meanings change.

	PRESENTE	PASSATO PROSSIMO
sapere	• to know something (a fact) **So** perché Luigi studia stasera. *I know why Luigi is studying tonight.*	• to find out something (a fact) **Ho saputo** perché Luigi studia stasera. *I found out why Luigi is studying tonight.*
conoscere	• to be familiar with a person, place, or thing **Conosco** tua sorella. *I know your sister.*	• to have met a person for the first time **Ho conosciuto** tua sorella alla festa. *I met your sister at the party.*

Piacere

1 **Piacere** is conjugated with **essere** in the **passato prossimo,** so the past participle agrees in gender and number with the subject. **Attenzione!** Remember that the subject is the person, place, or thing that is liked and it often follows **piacere.**

Mi piace la musica.

I like the music.

Ti piacciono gli spettacoli.

You like the shows.

Mi è piaciut**a** la musica.

I liked the music.

Ti sono piaciut**i** gli spettacoli.

You liked the shows.

2 When the subject is an action (an infinitive verb), **piacere** is in the third person singular and the participle ends in **-o.**

A Gianna è piaciut**o** sciare.

Gianna liked skiing.

A Luigi e Massimo è piaciut**o** cucinare.

Luigi and Massimo liked cooking.

7.3 Negative Expressions

Other negative expressions

1 Two other negative expressions are:

> **non... né... né** (*neither . . . nor*)
> **non... ancora** (*not . . . yet*)

Non mangio **né** la carne **né** il pesce.

Non ho studiato **né** l'italiano **né** lo spagnolo.

Non ho **ancora** un lavoro.

Non ho **ancora** fatto il letto.

I eat neither meat nor fish.

I've studied neither Italian nor Spanish.

I don't have a job yet.

I haven't made my bed yet.

Attenzione! **Non ancora** means *not . . . yet* but **ancora** by itself means *still.*

Devo **ancora** fare il tema.	*I still have to write the composition.*
Non ho **ancora** fatto il tema.	*I haven't written the composition yet.*

🔄 The present perfect

CAPITOLO 8

▶ Activities to practice the structure points presented in **Per saperne di più** are at the back of the *Workbook / Laboratory Manual.*

The present perfect of *dovere, potere,* and *volere*

The choice of the auxiliary of **dovere, potere,** and **volere** in the **passato prossimo** depends on whether the infinitive following these verbs takes **avere** or **essere.**

I ragazzi…

sono voluti <u>andare</u> a casa.	**sono** potuti <u>uscire.</u>	**sono** dovuti <u>stare</u> a casa.
hanno voluto <u>mangiare.</u>	**hanno** potuto <u>cucinare.</u>	**hanno** dovuto <u>dormire.</u>

🔄 Prepositions

The pronoun *ne*

1 The pronoun **ne** replaces nouns preceded by **di** + *article* (**partitivo**), a number, or by an expression of quantity, such as **molto.** It literally means *of it, of them* and is usually not expressed in English.

Mangio **della pasta.** →	**Ne** mangio un po'.	*I eat some (of it).*
Ho due **fratelli.** →	**Ne** ho due.	*I have two (of them).*
Ho molti **CD.** →	**Ne** ho molti.	*I have many (of them).*

2 **Ne** is often used in response to questions with **quanto** (*how many*).

—Quante sorelle hai?	*How many sisters do you have?*
—**Ne** ho due.	*I have two (of them).*

3 **Ne** also replaces phrases introduced with the preposition **di.** The equivalent in English is often *of* or *about it/them.* It may be optional in English, but it is required in Italian.

▶ See **Capitolo 2, Strutture 2.2** and **Per saperne di più, Capitolo 2** to review idiomatic expressions with **avere.**

—Parli spesso **di politica**?	*Do you talk about politics often?*
—Sì, **ne** parlo spesso.	*Yes, I often talk about it.*
—Hai paura **dei cani**?	*Are you afraid of dogs?*
—No, non **ne** ho paura.	*No, I'm not afraid of them.*
—Hai voglia **di un panino**?	*Do you feel like [having] a sandwich?*
—Sì, **ne** ho voglia.	*Yes, I feel like [having] one.*

4 The pronoun **ne** may precede a conjugated verb or it may be attached to the infinitive. The infinitive drops the final **-e.**

—Vuoi prendere un caffè?	*Do you want to have a coffee?*
—**Ne** voglio prendere due! / Voglio prender**ne** due!	*I want to have two [of them]!*

5 **Ne** is also used to express the date.

—Quanti **ne** abbiamo oggi?	*What is today's date? (Literally, How many of them do we have today?)*
—Ne abbiamo 23.	*It's the 23rd.*

CAPITOLO 9

▶ Activities to practice the structure points presented in **Per saperne di più** are at the back of the *Workbook / Laboratory Manual.*

9.2 The imperfect versus the present perfect

da/per + expressions of time

1 To talk about how long you have been doing an activity that began in the past and that you are still doing today, you use the following expression:

present tense verb + **da** + length of time

Studio l'italiano **da** tre anni.   *I have been studying Italian for three years.*
                                    (I began three years ago and
                                    I am still studying Italian today.)

2 To talk about how long you did an activity in the past that you are no longer doing now, use this expression:

past tense verb + **per** + length of time

Ho studiato l'italiano **per** tre anni.   *I studied Italian for three years.*
                                          (I did it for three years and now
                                          I am no longer studying Italian.)

Sapere and *conoscere*

Sapere and **conoscere** have different meanings in the **imperfetto** and the **passato prossimo.**

	IMPERFETTO	PASSATO PROSSIMO
sapere	• to have known a fact **Sapevo** perché Irene era arrabbiata. I *knew* why Irene was mad. • to have known how to do something **Sapevo** sciare quando ero giovane. I *knew how* to ski when I was young.	• to have found out something (*a fact*) **Ho saputo** perché Irene era arrabbiata. I *found out* why Irene was mad.
conoscere	• to have been familiar with a person, place, or thing **Conoscevo** Irene quando ero giovane. I *knew* Irene when I was young.	• to have met a person for the first time **Ho conosciuto** Martino alla festa. I *met Martino (for the first time)* at the party.

CAPITOLO 10

▶ Activities to practice the structure points presented in **Per saperne di più** are at the back of the *Workbook / Laboratory Manual.*

10.2 The future

The future of probability

The future tense has an additional function that is unrelated to future time; it can be used to speculate about a present situation. It expresses ideas that in English are introduced by *probably* or *must.* Here are some examples.

Gianni went out late last night and didn't come to his 8:30 class today, so the students speculate about where he must be and what he must be doing.

Sarà a casa.	*He's probably at home.*
Vorrà dormire.	*He probably wants to sleep.*

Milena and Virginia are out shopping and neither has a watch.

MILENA: Che ore **saranno**?	*What time must it be?*
VIRGINIA: **Saranno** le tre.	*It's probably about 3:00.*

11.1 Object pronouns

CAPITOLO 11

▶ Activities to practice the structure points presented in **Per saperne di più** are at the back of the *Workbook / Laboratory Manual.*

Object pronouns and the present perfect

1 When the direct object pronouns, **lo, la, li, le**, precede a verb in the **passato prossimo**, the past participle must agree in gender and number with the pronoun.

Ho visto **l'amico.**	→	**L'**ho vist**o.**
Ho visto **l'amica.**	→	**L'**ho vist**a.**
Ho visto **gli amici.**	→	**Li** ho vist**i.**
Ho visto **le amiche.**	→	**Le** ho vist**e.**

Agreement with **mi, ti, ci**, and **vi** is optional.

Mi hai visto/**a.**

Ti ho visto/**a.**

Ci hai visto/**i/e.**

Vi ho visto/**i/e.**

2 The past participle *never* agrees with indirect object pronouns.

Ho parlato **a Gianni.**	→	**Gli** ho parlat**o.**
Ho parlato **a Maria.**	→	**Le** ho parlat**o.**
Ho parlato **a Maria e Gianni.**	→	**Gli** ho parlat**o.**
Ho parlato **a Maria e Irene.**	→	**Gli** ho parlat**o.**

11.2 Indefinite pronouns

Indefinite adjectives

1 Like indefinite pronouns, indefinite adjectives do not refer to a particular person or thing. Unlike most adjectives, however, indefinite adjectives are placed before the noun. You have already learned the indefinite adjective that means *every*.

Ogni giorno studio l'italiano.	*I study Italian every day.*

2 Two indefinite adjectives mean *some* and can be used interchangeably.

    a. **Qualche** is invariable and always precedes a singular noun.

Qualche ragazzo è venuto alla festa.	*Some guys came to the party.*
Qualche ragazza è venuta alla festa.	*Some girls came to the party.*

    Attenzione! In English the noun is plural (*guys/girls*), but in Italian it is singular (**ragazzo/ragazza**).

    b. **Alcuni/alcune** always precede a plural noun, and agree in gender and number with the noun.

Alcuni ragazzi sono venuti alla festa.	*Some guys came to the party.*
Alcune ragazze sono venute alla festa.	*Some girls came to the party.*

Some is also expressed with the partitive. See **Capitolo 5, Strutture 5.4.**

11.3 The relative pronoun *che*

The relative pronoun *cui* (whom/which)

1 In informal, spoken English prepositions are often left dangling at the end of a sentence. Italian, however, follows the structure of formal, written English, in which prepositions are not allowed to dangle.

INFORMAL	FORMAL
I like the student I gave the book **to.**	*I like the student* **to whom** *I gave the book.*
Gianni saw the film you are talking **about.**	*Gianni saw the film* **about which** *you are talking.*
This is the girl I'm going to the party **with.**	*This is the girl* **with whom** *I am going to the party.*

2 The relative pronoun **cui** is an alternative form of **che** that is used with prepositions. Compare the following sentences.

Gianni è lo studente **che** parla tre lingue.	*Gianni is the student who speaks three languages.*
Il libro **che** ho letto è interessante.	*The book that I read is interesting.*
Mi piace la studentessa **a cui** ho dato il libro.	*I like the student to whom I gave the book.*
Gianni ha visto il film **di cui** parlate.	*Gianni saw the film about which you are talking.*
Questa è la ragazza **con cui** vado alla festa.	*This is the girl with whom I am going to the party.*

CAPITOLO 12

▶ Activities to practice the structure points presented in **Per saperne di più** are at the back of the *Workbook / Laboratory Manual.*

⟳ Object pronouns

Double object pronouns

1 You have already learned how to substitute either direct objects or indirect objects with pronouns. It is also possible to replace both at the same time using a double object pronoun (**un pronome doppio**).

	Scrivo la lettera a Maria.	*I write the letter to Maria.*
COMPLEMENTO OGGETTO DIRETTO	**La** scrivo a Maria.	*I write it to Maria.*
COMPLEMENTO OGGETTO INDIRETTO	**Le** scrivo la lettera.	*I write the letter to her.*
PRONOME DOPPIO	**Gliela** scrivo.	*I write it to her.*

2 Here are all the combinations.

	lo	la	li	le
mi	me lo	me la	me li	me le
ti	te lo	te la	te li	te le
ci	ce lo	ce la	ce li	ce le
vi	ve lo	ve la	ve li	ve le
gli / le / Le	glielo	gliela	glieli	gliele

Note that:

    a. the indirect object pronoun always comes first.

    b. the indirect object pronouns **mi, ti, ci,** and **vi** change to **me, te, ce,** and **ve** and are separated from the direct object pronoun.

    c. **gli, le,** and **Le** all have the same form, **glie-,** when they are combined with the direct object pronoun.

3 Double object pronouns are placed in the same positions as single object pronouns. They usually appear before the conjugated verb, but they may also be attached to an infinitive, which drops the final **-e.**

Roberto ed io vogliamo dare   Roberto ed io **gliela** vogliamo dare.

la bicicletta a Antonella.   Roberto ed io vogliamo dar**gliela.**

4 When a double object pronoun precedes a verb in the **passato prossimo,** the past participle agrees in gender and number with the direct object pronoun.

Mi hai preparato i biscotti.   **Me li** hai preparat**i.**

Ti ho preparato le lasagne.   **Te le** ho preparat**e.**

13.1 The present conditional

CAPITOLO 13

The past conditional

> ▶ Activities to practice the structure points presented in **Per saperne di più** are at the back of the *Workbook / Laboratory Manual.*

1 The present conditional is used to talk about what you *would* do today or in the future. The past conditional is used to talk about what you *would have* done in a past moment (but did not do). It is formed with the conditional of the auxiliary verb **avere** or **essere** and the past participle.

	comprare	andare
io	avrei comprato	sarei andato/a
tu	avresti comprato	saresti andato/a
lui, lei; Lei	avrebbe comprato	sarebbe andato/a
noi	avremmo comprato	saremmo andati/e
voi	avreste comprato	sareste andati/e
loro	avrebbero comprato	sarebbero andati/e

Ieri **avrei comprato** il libro, ma non avevo soldi.   *Yesterday I would have bought the book, but I didn't have any money.*

Sarei andata in vacanza con Giuseppe l'anno scorso, ma ho dovuto lavorare.   *I would have gone on vacation with Giuseppe last year, but I had to work.*

2 Notice the meanings of **dovere, potere,** and **volere** in the past conditional. **Attenzione!** The use of **avere** or **essere** as the auxiliary depends on the following verb. (See **Per saperne di più,** Capitolo 8.)

Avrei dovuto fare i compiti, ma ho deciso di uscire con i miei amici.   *I should have done my homework, but I decided to go out with my friends.*

Sarei potuta andare alla partita perché Gianni aveva due biglietti.   *I could have gone to the game because Gianni had two tickets.*

Sarei voluta rimanere a casa, ma mio marito voleva uscire.   *I would have liked to stay home, but my husband wanted to go out.*

14.2 The present subjunctive

More irregular verbs in the subjunctive

1 An easy way to remember the present subjunctive of many irregular verbs is to drop the -**o** from the first-person present indicative (**io**) form and add the present subjunctive endings.

	PRESENT INDICATIVE (io)			PRESENT SUBJUNCTIVE		
andare	vado	→	vad-	→	vada
bere	bevo	→	bev-	→	beva
uscire	esco	→	esc-	→	esca

bere (bevo)	dire (dico)	fare (faccio)	piacere (piaccio)	potere (posso)	volere (voglio)
beva	dica	faccia		possa	voglia
beva	dica	faccia		possa	voglia
beva	dica	faccia	piaccia	possa	voglia
beviamo	diciamo	facciamo		possiamo	vogliamo
beviate	diciate	facciate		possiate	vogliate
bevano	dicano	facciano	piacciano	possano	vogliano

Note: Verbs that have stem changes in the **noi** and **voi** forms of the present indicative, such as **dovere**, **uscire**, and **venire**, also have stem changes in these forms in the present subjunctive.

dovere (devo)	uscire (esco)	venire (vengo)
deva/debba	esca	venga
deva/debba	esca	venga
deva/debba	esca	venga
dobbiamo	usciamo	veniamo
dobbiate	usciate	veniate
devano/debbano	escano	vengano

2 Some common verbs that do not follow this pattern are **avere**, **dare**, **essere**, **sapere**, and **stare**.

avere	dare	essere	sapere	stare
abbia	dia	sia	sappia	stia
abbia	dia	sia	sappia	stia
abbia	dia	sia	sappia	stia
abbiamo	diamo	siamo	sappiamo	stiamo
abbiate	diate	siate	sappiate	stiate
abbiano	diano	siano	sappiano	stiano

14.3 Verbs and expressions followed by the subjunctive

a/*di* + infinitive

1 In **Capitolo 3, Strutture 3.1, Capitolo 4, Strutture 4.3,** and **Capitolo 5, Strutture 5.2,** you learned that the infinitive may directly follow certain verbs.

amare	odiare	potere	sapere
dovere	piacere	preferire	volere

Amo **mangiare**!   Gianni odia **ballare**.   Preferisci **uscire** stasera?

However, many verbs require the preposition **a** or **di** between the verb and the infinitive.

Gianni impara **a ballare**. *Gianni learns to dance.*

Mirella ha deciso **di licenziarsi**. *Mirella decided to quit (her job).*

2 Here are some common verbs that are followed by **a** or **di** before an infinitive.

verbo + *a* + infinito	verbo + *di* + infinito
andare	accettare
cominciare	cercare
continuare	chiedere
fermarsi (*to stop*)	credere
imparare	decidere
insegnare	dimenticarsi / dimenticare
prepararsi	finire
riuscire	promettere (*to promise*)
venire	ricordarsi
	smettere
	sperare

Mi fermo a guardare la vetrina. *I stop to look in the shop window.*

Riesco a finire il lavoro entro le 5.00. *I am able to finish the job by 5:00.*

Spero di uscire. *I hope to go out.*

Cerco di fare del mio meglio. *I try to do my best.*

3 Do you remember these idiomatic expressions with **avere** + the preposition **di**?

Ho bisogno di dormire. *I need to sleep.*

Simona **ha paura di** volare. *Simona is afraid to fly.*

Abbiamo voglia di bere qualcosa. *We want to drink something.*

15.2 The subjunctive versus the indicative

Conjunctions followed by the subjunctive

1 A conjunction (such as *and, but, because, while*) connects words and phrases. The conjunctions that you have learned so far are followed by phrases with indicative verbs.

Raffaella va a studiare **e** Simone **prepara** la cena.

Rita ha una bici **ma** il suo ragazzo **ha** la macchina.

Oggi mia madre non va al supermercato **perché ha fatto** la spesa ieri.

Ettore faceva il bucato **mentre** il suo compagno **puliva** la casa.

2 Here are several conjunctions that are always followed by verbs in the subjunctive. Note that the first three (**a condizione che, benché,** and **affinché**) each have a synonym (another form with the same meaning) that is also followed by the subjunctive.

a condizione che / purché	*on the condition that / as long as*
affinché / perché	*so that*
benché / sebbene	*even though*
prima che	*before*
senza che	*without*

    a. **a condizione che / purché**

Ti do la macchina **a condizione che** me la **riporti** entro le cinque.

I'll give you the car *on the condition that* (*as long as*) you bring it back to me by five o'clock.

La mamma mi presta dei soldi **purché** glieli **restituisca** entro una settimana.

My mom will lend me some money *on the condition that* (*as long as*) I pay it back within a week.

    b. **affinché / perché**

Pulisco **affinché** la casa **sia** pulita per la visita dei tuoi genitori.

I'll clean *so that* the house is clean for your parents' visit.

Compro il biglietto **perché** tu **possa** andare al concerto.

I'll buy the ticket *so that* you can go to the concert.

Attenzione! Note that **perché** has two meanings: *because,* which is followed by a verb in the indicative, and *so that,* which is followed by a verb in the subjunctive.

    c. **benché / sebbene**

Benché non **abbiano finito** il lavoro, partiranno lo stesso.

Even though they haven't finished the job, they will leave anyway.

Sebbene non **abbia** tanti soldi, Marco compra una macchina nuova.

Even though he doesn't have a lot of money, Marco is going to buy a new car.

    d. **senza che**

Parlerò con il direttore **senza che** Roberto me lo **chieda.**

I will talk with the director *without* Robert asking me to do it.

    e. **prima che**

Parto **prima che** gli altri **arrivino.**

I'm going to leave *before* the others arrive.

3 When the subjects of both phrases are the same, **senza che** and **prima che** become **senza** and **prima di** and are followed by the infinitive.

Esco stasera **senza chiedere** il permesso ai miei.	I'm going out tonight *without* asking my parents' permission.
Faccio la spesa **prima di tornare** a casa.	I'm going shopping *before* returning home.

15.3 Hypotheticals of possibility

The imperfect subjunctive

1 Here are all of the endings of the imperfect subjunctive.

io	**-ssi**
tu	**-ssi**
lui/lei/Lei	**-sse**
noi	**-ssimo**
voi	**-ste**
loro	**-ssero**

mangiare	credere	dormire
mangiassi	credessi	dormissi
mangiassi	credessi	dormissi
mangiasse	credesse	dormisse
mangiassimo	credessimo	dormissimo
mangiaste	credeste	dormiste
mangiassero	credessero	dormissero

2 The verbs **bere**, **dare**, **dire**, **essere**, **fare**, and **stare** are irregular.

bere	dare	dire	essere	fare	stare
bevessi	dessi	dicessi	fossi	facessi	stessi
bevessi	dessi	dicessi	fossi	facessi	stessi
bevesse	desse	dicesse	fosse	facesse	stesse
bevessimo	dessimo	dicessimo	fossimo	facessimo	stessimo
beveste	deste	diceste	foste	faceste	steste
bevessero	dessero	dicessero	fossero	facessero	stessero

Se **stessi** a casa, guarderei la TV.	*If I stayed home, I would watch TV.*
Se mi **deste** i soldi, vi comprerei i panini.	*If you gave me the money, I would buy you the sandwiches.*
Se gli studenti **facessero** i compiti, supererebbero l'esame senza problemi.	*If the students did their homework, they would pass the exam without a problem.*

CAPITOLO 16

Object pronouns

Stressed pronouns

1 Stressed pronouns (**pronomi tonici**) are used after a verb or a preposition.

me	*me*	**noi**	*us*
te	*you*	**voi**	*you (pl.)*
Lei	*you (form.)*	**Loro**	*you (form.)*
lui, lei	*him, her*	**loro**	*them*
sé	*oneself, him-/herself*	**sé**	*themselves*

Vedo **lui** tutti i giorni.	*I see him every day.*
Voglio parlare con **lei.**	*I want to talk with her.*
Secondo **te**, la torta è buona?	*In your opinion, is the cake good?*

2 Stressed pronouns are often used to create a contrast or to give greater emphasis to the noun to which they refer.

Compro il regalo per **voi**, non per **loro.**	*I'm buying the gift for you all, not for them!*
Vado alla festa con **lei,** non con **lui**!	*I'm going to the party with her, not with him!*
Chiamo **lei,** non **lui.**	*I'm calling her, not him.*

3 You have already learned the expression **meglio di me** (*better than me*) in **Capitolo 12, Strutture 12.3.** Stressed pronouns are also used in comparisons.

Mio fratello è più alto di **me.**	*My brother is taller than me.*
Franca è meno stressata di **te.**	*Franca is less stressed than you.*

Pronominal verbs and the idiomatic expressions: *andarsene, farcela,* and *avercela con qualcuno*

Pronouns are added to certain verbs to form idiomatic expressions. Three of the most common are **andarsene, farcela,** and **avercela con qualcuno.**

a. The verb **andarsene** means *to go away, to leave, to get out.* It is formed with the reflexive pronoun + **ne** + **andare. Ne** is invariable, but the reflexive pronoun agrees with the subject of the verb.

Me ne vado subito.	*I'm leaving right away.*
Perché **te ne vai** così presto?	*Why are you leaving so early?*

Attenzione! The imperative **Vattene!** means *Get out of here!*

b. **Farcela** means *to manage* or *to cope* and **avercela con qualcuno** means *to hold a grudge against someone* or *to be angry with someone.* Unlike **andarsene,** both pronouns are invariable.

Non **ce la faccio** a finire i compiti.	*I can't manage to finish my homework.*
Non **ce la facciamo** più!	*We can't take it anymore!*
Marco **ce l'ha** con me perché sono uscito con sua sorella.	*Marco is angry with me because I went out with his sister.*
Ce l'ho con mio fratello perché ha rotto il mio computer.	*I'm holding a grudge against my brother because he broke my computer.*

A. *Avere e essere*

Coniugazione del verbo *avere*

INFINITO		PARTICIPIO		GERUNDIO		
PRESENTE: **avere** PASSATO: **avere avuto**		**avuto**		**avendo**		

INDICATIVO				CONDIZIONALE	CONGIUNTIVO		IMPERATIVO
PRESENTE	IMPERFETTO	PASSATO REMOTO	FUTURO	PRESENTE	PRESENTE	PASSATO	
ho	avevo	ebbi	avrò	avrei	abbia	abbia	—
hai	avevi	avesti	avrai	avresti	abbia	abbia	abbi (non avere)
ha	aveva	ebbe	avrà	avrebbe	abbia	abbia ⎫ avuto	abbia
abbiamo	avevamo	avemmo	avremo	avremmo	abbiamo	abbiamo	abbiamo
avete	avevate	aveste	avrete	avreste	abbiate	abbiate	abbiate
hanno	avevano	ebbero	avranno	avrebbero	abbiano	abbiano ⎭	abbiano
PASSATO PROSSIMO	TRAPASSATO	TRAPASSATO REMOTO	FUTURO ANTERIORE	PASSATO	IMPERFETTO	TRAPASSATO	
ho	avevo	ebbi	avrò	avrei	avessi	avessi	
hai	avevi	avesti	avrai	avresti	avessi	avessi	
ha ⎫	aveva ⎫	ebbe ⎫	avrà ⎫	avrebbe ⎫	avesse	avesse ⎫	
abbiamo ⎬ avuto	avevamo ⎬ avuto	avemmo ⎬ avuto	avremo ⎬ avuto	avremmo ⎬ avuto	avessimo	avessimo ⎬ avuto	
avete	avevate	aveste	avrete	avreste	aveste	aveste	
hanno ⎭	avevano ⎭	ebbero ⎭	avranno ⎭	avrebbero ⎭	avessero	avessero ⎭	

Coniugazione del verbo *essere*

INFINITO		PARTICIPIO		GERUNDIO		
PRESENTE: **essere** PASSATO: **essere stato/a/i/e**		**stato/a/i/e**		**essendo**		

INDICATIVO				CONDIZIONALE	CONGIUNTIVO		IMPERATIVO
PRESENTE	IMPERFETTO	PASSATO REMOTO	FUTURO	PRESENTE	PRESENTE	PASSATO	
sono	ero	fui	sarò	sarei	sia	sia	—
sei	eri	fosti	sarai	saresti	sia	sia ⎫ stato/a	sii (non essere)
è	era	fu	sarà	sarebbe	sia	sia	sia
siamo	eravamo	fummo	saremo	saremmo	siamo	siamo ⎫	siamo
siete	eravate	foste	sarete	sareste	siate	siate ⎬ stati/e	siate
sono	erano	furono	saranno	sarebbero	siano	siano	siano
PASSATO PROSSIMO	TRAPASSATO	TRAPASSATO REMOTO	FUTURO ANTERIORE	PASSATO	IMPERFETTO	TRAPASSATO	
sono ⎫	ero ⎫	fui ⎫	sarò ⎫	sarei ⎫	fossi	fossi ⎫	
sei ⎬ stato/a	eri ⎬ stato/a	fosti ⎬ stato/a	sarai ⎬ stato/a	saresti ⎬ stato/a	fossi	fossi ⎬ stato/a	
è	era	fu	sarà	sarebbe	fosse	fosse	
siamo ⎫	eravamo ⎫	fummo ⎫	saremo ⎫	saremmo ⎫	fossimo	fossimo ⎫	
siete ⎬ stati/e	eravate ⎬ stati/e	foste ⎬ stati/e	sarete ⎬ stati/e	sareste ⎬ stati/e	foste	foste ⎬ stati/e	
sono	erano	furono	saranno	sarebbero	fossero	fossero	

B. Verbi regolari

Coniugazione del verbo *lavorare*							
INFINITO PRESENTE: **lavorare** PASSATO: **avere lavorato**				PARTICIPIO **lavorato**	GERUNDIO **lavorando**		
INDICATIVO				CONDIZIONALE	CONGIUNTIVO		IMPERATIVO
PRESENTE	IMPERFETTO	PASSATO REMOTO	FUTURO	PRESENTE	PRESENTE	PASSATO	
lavoro	lavoravo	lavorai	lavorerò	lavorerei	lavori	abbia	—
lavori	lavoravi	lavorasti	lavorerai	lavoreresti	lavori	abbia	lavora (non lavorare)
lavora	lavorava	lavorò	lavorerà	lavorerebbe	lavori	abbia } lavorato	lavori
lavoriamo	lavoravamo	lavorammo	lavoreremo	lavoreremmo	lavoriamo	abbiamo	lavoriamo
lavorate	lavoravate	lavoraste	lavorerete	lavorereste	lavoriate	abbiate	lavorate
lavorano	lavoravano	lavorarono	lavoreranno	lavorerebbero	lavorino	abbiano	lavorino
PASSATO PROSSIMO	TRAPASSATO	TRAPASSATO REMOTO	FUTURO ANTERIORE	PASSATO	IMPERFETTO	TRAPASSATO	
ho	avevo	ebbi	avrò	avrei	lavorassi	avessi	
hai	avevi	avesti	avrai	avresti	lavorassi	avessi	
ha } lavorato	aveva } lavorato	ebbe } lavorato	avrà } lavorato	avrebbe } lavorato	lavorasse	avesse } lavorato	
abbiamo	avevamo	avemmo	avremo	avremmo	lavorassimo	avessimo	
avete	avevate	aveste	avrete	avreste	lavoraste	aveste	
hanno	avevano	ebbero	avranno	avrebbero	lavorassero	avessero	

Coniugazione del verbo *credere*							
INFINITO PRESENTE: **credere** PASSATO: **avere creduto**				PARTICIPIO **creduto**	GERUNDIO **credendo**		
INDICATIVO				CONDIZIONALE	CONGIUNTIVO		IMPERATIVO
PRESENTE	IMPERFETTO	PASSATO REMOTO	FUTURO	PRESENTE	PRESENTE	PASSATO	
credo	credevo	credei	crederò	crederei	creda	abbia	—
credi	credevi	credesti	crederai	crederesti	creda	abbia	credi (non credere)
crede	credeva	credé	crederà	crederebbe	creda	abbia } creduto	creda
crediamo	credevamo	credemmo	crederemo	crederemmo	crediamo	abbiamo	crediamo
credete	credevate	credeste	crederete	credereste	crediate	abbiate	credete
credono	credevano	crederono	crederanno	crederebbero	credano	abbiano	credano
PASSATO PROSSIMO	TRAPASSATO	TRAPASSATO REMOTO	FUTURO ANTERIORE	PASSATO	IMPERFETTO	TRAPASSATO	
ho	avevo	ebbi	avrò	avrei	credessi	avessi	
hai	avevi	avesti	avrai	avresti	credessi	avessi	
ha } creduto	aveva } creduto	ebbe } creduto	avrà } creduto	avrebbe } creduto	credesse	avesse } creduto	
abbiamo	avevamo	avemmo	avremo	avremmo	credessimo	avessimo	
avete	avevate	aveste	avrete	avreste	credeste	aveste	
hanno	avevano	ebbero	avranno	avrebbero	credessero	avessero	

Coniugazione del verbo *dormire*

INFINITO		PARTICIPIO	GERUNDIO
PRESENTE: **dormire** PASSATO: **avere dormito**		**dormito**	**dormendo**

INDICATIVO				CONDIZIONALE	CONGIUNTIVO		IMPERATIVO
PRESENTE	IMPERFETTO	PASSATO REMOTO	FUTURO	PRESENTE	PRESENTE	PASSATO	
dormo	dormivo	dormii	dormirò	dormirei	dorma	abbia	—
dormi	dormivi	dormisti	dormirai	dormiresti	dorma	abbia	dormi (non dormire)
dorme	dormiva	dormì	dormirà	dormirebbe	dorma	abbia dormito	dorma
dormiamo	dormivamo	dormimmo	dormiremo	dormiremmo	dormiamo	abbiamo	dormiamo
dormite	dormivate	dormiste	dormirete	dormireste	dormiate	abbiate	dormite
dormono	dormivano	dormirono	dormiranno	dormirebbero	dormano	abbiano	dormano
PASSATO PROSSIMO	TRAPASSATO	TRAPASSATO REMOTO	FUTURO ANTERIORE	PASSATO	IMPERFETTO	TRAPASSATO	
ho	avevo	ebbi	avrò	avrei	dormissi	avessi	
hai	avevi	avesti	avrai	avresti	dormissi	avessi	
ha dormito	aveva dormito	ebbe dormito	avrà dormito	avrebbe dormito	dormisse	avesse dormito	
abbiamo	avevamo	avemmo	avremo	avremmo	dormissimo	avessimo	
avete	avevate	aveste	avrete	avreste	dormiste	aveste	
hanno	avevano	ebbero	avranno	avrebbero	dormissero	avessero	

Coniugazione del verbo *capire*

INFINITO		PARTICIPIO	GERUNDIO
PRESENTE: **capire** PASSATO: **avere capito**		**capito**	**capendo**

INDICATIVO				CONDIZIONALE	CONGIUNTIVO		IMPERATIVO
PRESENTE	IMPERFETTO	PASSATO REMOTO	FUTURO	PRESENTE	PRESENTE	PASSATO	
capisco	capivo	capii	capirò	capirei	capisca	abbia	—
capisci	capivi	capisti	capirai	capiresti	capisca	abbia	capisci (non capire)
capisce	capiva	capì	capirà	capirebbe	capisca	abbia capito	capisca
capiamo	capivamo	capimmo	capiremo	capiremmo	capiamo	abbiamo	capiamo
capite	capivate	capiste	capirete	capireste	capiate	abbiate	capite
capiscono	capivano	capirono	capiranno	capirebbero	capiscano	abbiano	capiscano
PASSATO PROSSIMO	TRAPASSATO	TRAPASSATO REMOTO	FUTURO ANTERIORE	PASSATO	IMPERFETTO	TRAPASSATO	
ho	avevo	ebbi	avrò	avrei	capissi	avessi	
hai	avevi	avesti	avrai	avresti	capissi	avessi	
ha capito	aveva capito	ebbe capito	avrà capito	avrebbe capito	capisse	avesse capito	
abbiamo	avevamo	avemmo	avremo	avremmo	capissimo	avessimo	
avete	avevate	aveste	avrete	avreste	capiste	aveste	
hanno	avevano	ebbero	avranno	avrebbero	capissero	avessero	

C. Verbi irregolari

Forms and tenses not listed here follow the regular pattern.

Verbi irregolari in -are

There are only four irregular -are verbs: **andare**, **dare**, **fare**, and **stare**.

andare to go

PRESENTE:	vado, vai, va; andiamo, andate, vanno
FUTURO:	andrò, andrai, andrà; andremo, andrete, andranno
CONDIZIONALE:	andrei, andresti, andrebbe; andremmo, andreste, andrebbero
CONGIUNTIVO PRESENTE:	vada, vada, vada; andiamo, andiate, vadano
IMPERATIVO:	va' (vai), vada; andiamo, andate, vadano

dare to give

PRESENTE:	do, dai, dà; diamo, date, danno
FUTURO:	darò, darai, darà; daremo, darete, daranno
CONDIZIONALE:	darei, daresti, darebbe; daremmo, dareste, darebbero
PASSATO REMOTO:	diedi (detti), desti, diede (dette); demmo, deste, diedero (dettero)
CONGIUNTIVO PRESENTE:	dia, dia, dia; diamo, diate, diano
IMPERFETTO DEL CONGIUNTIVO:	dessi, dessi, desse; dessimo, deste, dessero
IMPERATIVO:	da' (dai), dia; diamo, date, diano

fare to do, to make

PARTICIPIO:	fatto
GERUNDIO:	facendo
PRESENTE:	faccio, fai, fa; facciamo, fate, fanno
IMPERFETTO:	facevo, facevi, faceva; facevamo, facevate, facevano
FUTURO:	farò, farai, farà; faremo, farete, faranno
CONDIZIONALE:	farei, faresti, farebbe; faremmo, fareste, farebbero
PASSATO REMOTO:	feci, facesti, fece; facemmo, faceste, fecero
CONGIUNTIVO PRESENTE:	faccia, faccia, faccia; facciamo, facciate, facciano
IMPERFETTO DEL CONGIUNTIVO:	facessi, facessi, facesse; facessimo, faceste, facessero
IMPERATIVO:	fa' (fai), faccia; facciamo, fate, facciano

stare to stay

PRESENTE:	sto, stai, sta; stiamo, state, stanno
FUTURO:	starò, starai, starà, staremo; starete, staranno
CONDIZIONALE:	starei, staresti, starebbe; staremmo, stareste, starebbero
PASSATO REMOTO:	stetti, stesti, stette; stemmo, steste, stettero
CONGIUNTIVO PRESENTE:	stia, stia, stia; stiamo, stiate, stiano
IMPERFETTO DEL CONGIUNTIVO:	stessi, stessi, stesse; stessimo, steste, stessero
IMPERATIVO:	sta' (stai), stia; stiamo, state, stiano

Verbi irregolari in -ere

assumere to hire

PARTICIPIO:	assunto
PASSATO REMOTO:	assunsi, assumesti, assunse; assumemmo, assumeste, assunsero

bere to drink

PARTICIPIO:	bevuto
GERUNDIO:	bevendo
PRESENTE:	bevo, bevi, beve; beviamo, bevete, bevono
IMPERFETTO:	bevevo, bevevi, beveva; bevevamo, bevevate, bevevano
FUTURO:	berrò, berrai, berrà; berremo, berrete, berranno
CONDIZIONALE:	berrei, berresti, berrebbe; berremmo, berreste, berrebbero
PASSATO REMOTO:	bevvi, bevesti, bevve; bevemmo, beveste, bevvero
CONGIUNTIVO PRESENTE:	beva, beva, beva; beviamo, beviate, bevano
IMPERFETTO DEL CONGIUNTIVO:	bevessi, bevessi, bevesse; bevessimo, beveste, bevessero
IMPERATIVO:	bevi, beva; beviamo, bevete, bevano

cadere to fall

FUTURO:	cadrò, cadrai, cadrà; cadremo, cadrete, cadranno
CONDIZIONALE:	cadrei, cadresti, cadrebbe; cadremmo, cadreste, cadrebbero
PASSATO REMOTO:	caddi, cadesti, cadde; cademmo, cadeste, caddero

chiedere to ask

PARTICIPIO:	chiesto
PASSATO REMOTO:	chiesi, chiedesti, chiese; chiedemmo, chiedeste, chiesero

chiudere to close

PARTICIPIO:	chiuso
PASSATO REMOTO:	chiusi, chiudesti, chiuse; chiudemmo, chiudeste, chiusero

condividere to share

PARTICIPIO:	condiviso
PASSATO REMOTO:	condivisi, condividesti, condivise; condividemmo, condivideste, condivisero

conoscere to know   **riconoscere** to recognize

PARTICIPIO:	conosciuto
PASSATO REMOTO:	conobbi, conoscesti, conobbe; conoscemmo, conosceste, conobbero

convincere to convince

PARTICIPIO:	convinto
PASSATO REMOTO:	convinsi, convincesti, convinse; convincemmo, convinceste, convinsero

correre to run

PARTICIPIO:	corso
PASSATO REMOTO:	corsi, corresti, corse; corremmo, correste, corsero

crescere to grow (up); to raise; to increase

PARTICIPIO:	cresciuto

cuocere to cook

PARTICIPIO:	cotto
PRESENTE:	cuocio, cuoci, cuoce; cuociamo, cuocete, cuociono
PASSATO REMOTO:	cossi, cocesti, cosse; cocemmo, coceste, cossero
CONGIUNTIVO PRESENTE:	cuocia, cuocia, cuocia; cuociamo, cuociate, cuociano
IMPERATIVO:	cuoci, cuocia; cuociamo, cuocete, cuociano

decidere to decide

    PARTICIPIO: deciso

    PASSATO REMOTO: decisi, decidesti, decise; decidemmo, decideste, decisero

dipendere to depend

    PARTICIPIO: dipeso

    PASSATO REMOTO: dipesi, dipendesti, dipese; dipendemmo, dipendeste, dipesero

dipingere to paint

    PARTICIPIO: dipinto

    PASSATO REMOTO: dipinsi, dipingesti, dipinse; dipingemmo, dipingeste, dipinsero

discutere to discuss

    PARTICIPIO: discusso

    PASSATO REMOTO: discussi, discutesti, discusse; discutemmo, discuteste, discussero

distinguere to distinguish

    PARTICIPIO: distinto

    PASSATO REMOTO: distinsi, distinguesti, distinse; distinguemmo, distingueste, distinsero

dividere to divide

    PARTICIPIO: diviso

    PASSATO REMOTO: divisi, dividesti, divise; dividemmo, divideste, divisero

dovere to have to

    PRESENTE: devo (debbo), devi, deve; dobbiamo, dovete, devono (debbono)

    FUTURO: dovrò, dovrai, dovrà; dovremo, dovrete, dovranno

    CONDIZIONALE: dovrei, dovresti, dovrebbe; dovremmo, dovreste, dovrebbero

    CONGIUNTIVO PRESENTE: debba, debba, debba; dobbiamo, dobbiate, debbano

iscriversi to join; to enroll

    PARTICIPIO: iscritto

    PASSATO REMOTO: iscrissi, iscrivesti, iscrisse; iscrivemmo, iscriveste, iscrissero

leggere to read

    PARTICIPIO: letto

    PASSATO REMOTO: lessi, leggesti, lesse; leggemmo, leggeste, lessero

mettere to put   **scommettere** to bet

    PARTICIPIO: messo

    PASSATO REMOTO: misi, mettesti, mise; mettemmo, metteste, misero

muovere to move

    PARTICIPIO: mosso

    PASSATO REMOTO: mossi, muovesti, mosse; muovemmo, muoveste, mossero

nascere to be born

    PARTICIPIO: nato

    PASSATO REMOTO: nacqui, nascesti, nacque; nascemmo, nasceste, nacquero

offendere to offend

PARTICIPIO: offeso

PASSATO REMOTO: offesi, offendesti, offese; offendemmo, offendeste, offesero

piacere to be pleasing

PARTICIPIO: piaciuto

PRESENTE: piaccio, piaci, piace; piacciamo, piacete, piacciono

PASSATO REMOTO: piacqui, piacesti, piacque; piacemmo, piaceste, piacquero

CONGIUNTIVO PRESENTE: piaccia, piaccia, piaccia; piacciamo, piacciate, piacciano

piangere to cry

PARTICIPIO: pianto

PASSATO REMOTO: piansi, piangesti, pianse; piangemmo, piangeste, piansero

potere to be able

PRESENTE: posso, puoi, può; possiamo, potete, possono

FUTURO: potrò, potrai, potrà; potremo, potrete, potranno

CONDIZIONALE: potrei, potresti, potrebbe; potremmo, potreste, potrebbero

CONGIUNTIVO PRESENTE: possa, possa, possa; possiamo, possiate, possano

prendere to take   **riprendere** to resume   **sorprendere** to surprise

PARTICIPIO: preso

PASSATO REMOTO: presi, prendesti, prese; prendemmo, prendeste, presero

produrre to produce   **tradurre** to translate

PARTICIPIO: prodotto

PRESENTE: produco, produci, produce; produciamo, producete, producono

IMPERFETTO: producevo, producevi, produceva; producevamo, producevate, producevano

PASSATO REMOTO: produssi, producesti, produsse; producemmo, produceste, produssero

CONGIUNTIVO PRESENTE: produca, produca, produca; produciamo, produciate, producano

IMPERFETTO DEL CONGIUNTIVO: producessi, producessi, producesse; producessimo, produceste, producessero

promettere to promise

PARTICIPIO: promesso

PASSATO REMOTO: promisi, promettesti, promise; promettemmo, prometteste, promisero

rendere to give back

PARTICIPIO: reso

PASSATO REMOTO: resi, rendesti, rese; rendemmo, rendeste, resero

richiedere to require

PARTICIPIO: richiesto

PASSATO REMOTO: richiesi, richiedesti, richiese; richiedemmo, richiedeste, richiesero

ridere to laugh

PARTICIPIO:	riso
PASSATO REMOTO:	risi, ridesti, rise; ridemmo, rideste, risero

rimanere to remain

PARTICIPIO:	rimasto
PRESENTE:	rimango, rimani, rimane; rimaniamo, rimanete, rimangono
FUTURO:	rimarrò, rimarrai, rimarrà; rimarremo, rimarrete, rimarranno
CONDIZIONALE:	rimarrei, rimarresti, rimarrebbe; rimarremmo, rimarreste, rimarrebbero
PASSATO REMOTO:	rimasi, rimanesti, rimase; rimanemmo, rimaneste, rimasero
CONGIUNTIVO PRESENTE:	rimanga, rimanga, rimanga; rimaniamo, rimaniate, rimangano
IMPERATIVO:	rimani, rimanga; rimaniamo, rimanete, rimangano

rispondere to answer

PARTICIPIO:	risposto
PASSATO REMOTO:	risposi, rispondesti, rispose; rispondemmo, rispondeste, risposero

rompere to break   **interrompere** to interrupt

PARTICIPIO:	rotto
PASSATO REMOTO:	ruppi, rompesti, ruppe; rompemmo, rompeste, ruppero

sapere to know

PRESENTE:	so, sai, sa; sappiamo, sapete, sanno
FUTURO:	saprò, saprai, saprà; sapremo, saprete, sapranno
CONDIZIONALE:	saprei, sapresti, saprebbe; sapremmo, sapreste, saprebbero
PASSATO REMOTO:	seppi, sapesti, seppe; sapemmo, sapeste, seppero
CONGIUNTIVO PRESENTE:	sappia, sappia, sappia; sappiamo, sappiate, sappiano
IMPERATIVO:	sappi, sappia; sappiamo, sappiate, sappiano

scegliere to choose

PARTICIPIO:	scelto
PRESENTE:	scelgo, scegli, sceglie; scegliamo, scegliete, scelgono
PASSATO REMOTO:	scelsi, scegliesti, scelse; scegliemmo, sceglieste, scelsero
CONGIUNTIVO PRESENTE:	scelga, scelga, scelga; scegliamo, scegliate, scelgano
IMPERATIVO:	scegli, scelga; scegliamo, scegliete, scelgano

scendere to descend, to go down; to get off

PARTICIPIO:	sceso
PASSATO REMOTO:	scesi, scendesti, scese; scendemmo, scendeste, scesero

scrivere to write

PARTICIPIO:	scritto
PASSATO REMOTO:	scrissi, scrivesti, scrisse; scrivemmo, scriveste, scrissero

sedere to sit

PRESENTE:	siedo, siedi, siede; sediamo, sedete, siedono
CONGIUNTIVO PRESENTE:	sieda, sieda, sieda; sediamo, sediate, siedano
IMPERATIVO:	siedi, sieda; sediamo, sedete, siedano

succ̣edere to happen

PARTICIPIO:	successo
PASSATO REMOTO:	successi, succedesti, successe; succedemmo, succedeste, succ̣essero

svọlgere to carry out; **svọlgersi** to take place

PARTICIPIO:	svolto
PASSATO REMOTO:	svolsi, svolgesti, svolse; svolgemmo, svolgeste, svọlsero

tenere to hold   **appartenere** to belong   **ottenere** to obtain

PRESENTE:	tengo, tieni, tiene; teniamo, tenete, tẹngono
FUTURO:	terrò, terrai, terrà; terremo, terrete, terranno
CONDIZIONALE:	terrei, terresti, terrebbe; terremmo, terreste, terrẹbbero
PASSATO REMOTO:	tenni, tenesti, tenne; tenemmo, teneste, tẹnnero
CONGIUNTIVO PRESENTE:	tenga, tenga, tenga; teniamo, teniate, tẹngano
IMPERATIVO:	tieni, tenga; teniamo, tenete, tẹngano

ucc̣idere to kill

PARTICIPIO:	ucciso
PASSATO REMOTO:	uccisi, uccidesti, uccise; uccidemmo, uccideste, ucc̣isero

vedere to see

PARTICIPIO:	visto (*or* veduto)
FUTURO:	vedrò, vedrai, vedrà; vedremo, vedrete, vedranno
CONDIZIONALE:	vedrei, vedresti, vedrebbe; vedremmo, vedreste, vedrẹbbero
PASSATO REMOTO:	vidi, vedesti, vide; vedemmo, vedeste, vịdero

vịncere to win

PARTICIPIO:	vinto
PASSATO REMOTO:	vinsi, vincesti, vinse; vincemmo, vinceste, vịnsero

vịvere to live

PARTICIPIO:	vissuto
FUTURO:	vivrò, vivrai, vivrà; vivremo, vivrete, vivranno
CONDIZIONALE:	vivrei, vivresti, vivrebbe; vivremmo, vivreste, vivrẹbbero
PASSATO REMOTO:	vissi, vivesti, visse; vivemmo, viveste, vịssero

volere to want

PRESENTE:	voglio, vuoi, vuole; vogliamo, volete, vọgliono
FUTURO:	vorrò, vorrai, vorrà; vorremo, vorrete, vorranno
CONDIZIONALE:	vorrei, vorresti, vorrebbe; vorremmo, vorreste, vorrẹbbero
PASSATO REMOTO:	volli, volesti, volle; volemmo, voleste, vọllero
CONGIUNTIVO PRESENTE:	voglia, voglia, voglia; vogliamo, vogliate, vọgliano
IMPERATIVO:	vuoi (vogli), voglia; vogliamo, vogliate, vọgliano

Verbi irregolari in *-ire*

aprire to open

PARTICIPIO:	aperto

dire to say, to tell

PARTICIPIO:	detto
GERUNDIO:	dicendo
PRESENTE:	dico, dici, dice; diciamo, dite, dicono
IMPERFETTO:	dicevo, dicevi, diceva; dicevamo, dicevate, dicevano
PASSATO REMOTO:	dissi, dicesti, disse; dicemmo, diceste, dissero
CONGIUNTIVO PRESENTE:	dica, dica, dica; diciamo, diciate, dicano
IMPERFETTO DEL CONGIUNTIVO:	dicessi, dicessi, dicesse; dicessimo, diceste, dicessero
IMPERATIVO:	di', dica; diciamo, dite, dicano

morire to die

PARTICIPIO:	morto
PRESENTE:	muoio, muori, muore; moriamo, morite, muoiono
CONGIUNTIVO PRESENTE:	muoia, muoia, muoia; moriamo, moriate, muoiano
IMPERATIVO:	muori, muoia; moriamo, morite, muoiano

offrire to offer

PARTICIPIO:	offerto

salire to climb

PRESENTE:	salgo, sali, sale; saliamo, salite, salgono
CONGIUNTIVO PRESENTE:	salga, salga, salga; saliamo, saliate, salgano
IMPERATIVO:	sali, salga; saliamo, salite, salgano

scoprire to discover

PARTICIPIO:	scoperto

soffrire to suffer

PARTICIPIO:	sofferto

uscire to go out   **riuscire** to succeed

PRESENTE:	esco, esci, esce; usciamo, uscite, escono
CONGIUNTIVO PRESENTE:	esca, esca, esca; usciamo, usciate, escano
IMPERATIVO:	esci, esca; usciamo, uscite, escano

venire to come   **avvenire** to happen

PARTICIPIO:	venuto
PRESENTE:	vengo, vieni, viene; veniamo, venite, vengono
FUTURO:	verrò, verrai, verrà; verremo, verrete, verranno
CONDIZIONALE:	verrei, verresti, verrebbe; verremmo, verreste, verrebbero
PASSATO REMOTO:	venni, venisti, venne; venimmo, veniste, vennero
CONGIUNTIVO PRESENTE:	venga, venga, venga; veniamo, veniate, vengano
IMPERATIVO:	vieni, venga; veniamo, venite, vengano

Verbi con participi passati irregolari

aprire *to open*	aperto	perdere *to lose*	perso (perduto)
assumere *to hire*	assunto	permettere *to allow*	permesso
avvenire *to happen*	avvenuto	persuadere *to persuade*	persuaso
bere *to drink*	bevuto	piacere *to be pleasing*	piaciuto
chiedere *to ask*	chiesto	piangere *to cry*	pianto
chiudere *to close*	chiuso	prendere *to take*	preso
comporre *to compose*	composto	produrre *to produce*	prodotto
condividere *to share*	condiviso	promettere *to promise*	promesso
conoscere *to know*	conosciuto	promuovere *to promote*	promosso
convincere *to convince*	convinto	proteggere *to protect*	protetto
convivere *to live together*	convissuto	rendere *to return, to give back*	reso
correre *to run*	corso	resistere *to resist*	resistito
crescere *to grow (up); to raise; to increase*	cresciuto	richiedere *to require*	richiesto
		riconoscere *to recognize*	riconosciuto
cuocere *to cook*	cotto	ridere *to laugh*	riso
decidere *to decide*	deciso	rimanere *to remain*	rimasto
dimettersi *to resign*	dimesso	riprendere *to resume*	ripreso
dipendere *to depend*	dipeso	risolvere *to solve; to resolve*	risolto
dipingere *to paint*	dipinto	rispondere *to answer*	risposto
dire *to say, to tell*	detto	rompere *to break*	rotto
dirigere *to direct*	diretto	scegliere *to choose*	scelto
discutere *to discuss*	discusso	scendere *to get off*	sceso
distinguere *to distinguish*	distinto	scommettere *to bet*	scommesso
dividere *to divide*	diviso	scoprire *to discover*	scoperto
eleggere *to elect*	eletto	scrivere *to write*	scritto
esistere *to exist*	esistito	smettere *to stop (doing something)*	smesso
esprimere *to express*	espresso		
essere *to be*	stato	soffrire *to suffer*	sofferto
fare *to do; to make*	fatto	sopravvivere *to survive*	sopravvissuto
interrompere *to interrupt*	interrotto	sorprendere *to surprise*	sorpreso
iscriversi *to enroll*	iscritto	sorridere *to smile*	sorriso
leggere *to read*	letto	spingere *to push*	spinto
mettere *to put*	messo	succedere *to happen*	successo
morire *to die*	morto	svolgersi *to take place*	svolto
muovere *to move*	mosso	trasmettere *to broadcast*	trasmesso
nascere *to be born*	nato	uccidere *to kill*	ucciso
nascondersi *to hide (oneself)*	nascosto	vedere *to see*	visto (*or* veduto)
offendere *to offend*	offeso	venire *to come*	venuto
offrire *to offer*	offerto	vincere *to win*	vinto
parere *to seem*	parso	vivere *to live*	vissuto

D. Verbi coniugati con *essere*

andare *to go*
arrivare *to arrive*
avvenire *to happen*
bastare *to suffice, to be enough*
bisognare *to be necessary*
cadere *to fall*
cambiare* *to change, to become different*
capitare *to happen*
cominciare* *to begin*
costare *to cost*
crescere *to grow (up); to increase*
dipendere *to depend*
dispiacere *to be sorry*
diventare *to become*
durare *to last*
entrare *to enter*
esistere *to exist*
essere *to be*
finire* *to finish*
fuggire *to run away*
guarire *to get well*
ingrassare *to put on weight*

mancare *to be missing*
morire *to die*
nascere *to be born*
parere *to seem*
partire *to leave, to depart*
passare† *to stop by*
piacere *to like, to be pleasing*
restare *to stay*
rimanere *to remain*
ritornare *to return*
riuscire *to succeed*
salire‡ *to go up; to get in*
scappare *to run away*
scendere* *to go down; to get off*
sembrare *to seem*
stare *to stay*
succedere *to happen*
tornare *to return*
uscire *to leave, to go out*
venire *to come*
vivere *to live*
volerci *to take (time)*

In addition to these verbs, all reflexive and reciprocal verbs are conjugated with **essere**.

E. Le frasi ipotetiche

Hypothetical statements are also called *if-then statements*, because they have two clauses, an *if* (**se**) clause that states the condition and a *then* clause that indicates the outcome of the condition. Here are the most common types of hypothetical statements.

1. To make truthful statements about the present (or past), use the present (or past) tense in both clauses.

   Se vuoi ballare, possiamo andare in discoteca. — *If you want to dance, we can go to a disco.*

   Se volevi ballare, potevamo andare in discoteca. — *If you wanted to dance, we could have gone to a disco.*

   Se non faccio colazione, mi viene fame verso le undici. — *If I don't have breakfast, I get hungry at around eleven o'clock.*

   Se non facevo colazione, mi veniva fame verso le undici. — *If I didn't have breakfast, I got hungry at around eleven o'clock.*

2. To predict what *will most likely happen* if (and only if) another event occurs, use the future tense in both clauses.

   Se andrò in Italia, visiterò Roma. — *If I (will) go to Italy, I will visit Rome.*

3. To describe what *would happen* in the present if another event occurred, use the imperfect subjunctive in the **se** clause and the present conditional in the *then* clause. This is also known as a contrary-to-fact situation, because the outcome will not occur.

   Se avessi più soldi, comprerei quel vestito azzurro. — *If I had more money, I would buy that blue dress.*

---

*Conjugated with **avere** when used with a direct object.
†Conjugated with **avere** when the meaning is *to pass, to spend (time)*.
‡Conjugated with **avere** when the meaning is *to climb*.

4. To describe what *would have happened* in the past if another event had occurred, use the pluperfect subjunctive in the **se** clause and the past conditional in the *then* clause. This is also a contrary-to-fact situation, because the outcome did not occur.

Se avessi avuto più soldi, avrei comprato quel vestito azzurro.   *If I had had more money, I would have bought that blue dress.*

F. La correlazione dei tempi nel congiuntivo

The subjunctive is used primarily after verbs or phrases that express doubt, opinion, emotions, and after impersonal statements + **che.** The tense of the verb in the subjunctive is determined by the tense of the verb that precedes **che** and by the time relationship between the two actions. The verb preceding **che** establishes the point of reference.

1. If the verb preceding **che** is in the present tense,

   a. the following verb is in the **presente del congiuntivo** if the action took place at the same time or in the future.

   | Credo | che Maria | vada | alla festa.   *I think Maria is going to the party.*

   b. the following verb is in the **passato prossimo del congiuntivo** if the action took place in the past.

   | Credo | che Maria | sia andata | alla festa.   *I think Maria went to the party.*

2. If the verb preceding **che** is in the past tense or the present conditional,

   a. the following verb is in the **imperfetto del congiuntivo** if the action took place at the same time or later.

   | Credevo | che Maria | andasse | alla festa.   *I believed Maria was going to the party.*

   | Vorrei | che Maria | andasse | alla festa.   *I wish Maria was going to the party.*

   b. the following verb is in the **trapassato del congiuntivo** if the action took place before the action of the verb preceding **che.**

   | Credevo | che Maria | fosse andata | alla festa.   *I believed Maria had gone to the party.*

   | Avrei voluto | che Maria | fosse andata | alla festa.   *I wished Maria had gone to the party.*

Appendix 2

Answer Key to the Inductive Activities

This appendix contains the answers to the activities in the **Strategie di comunicazione**, **Lessico,** and **Strutture** presentations that require students to write on graph paper charts within the chapters. Answers are also included for the **Ripasso** activities in **Capitoli 4, 8, 12,** and **16.**

CAPITOLO 1

Lessico (p. 10): 1. marzo, aprile, maggio 2. giugno, luglio, agosto 3. settembre, ottobre, novembre 4. dicembre, gennaio, febbraio

Strutture 1.1 (p. 13): Question 1: Nouns ending in -o are masculine. Nouns ending in -a are feminine. **Question 2:** Nouns ending in -e can either be masculine or feminine.

Strutture 1.1 (p. 14): -o (*m.*): aereo, dizionario, gatto, inverno, libro, numero, orologio, quaderno, voto, zaino; **-a (*f.*):** bicicletta, festa, macchina, penna, residenza, università ; **-e (*m.* o *f.*):** cane (*m.*), esame (*m.*), studente (*m.*), televisione (*f.*)

Strutture 1.2 (p. 14), Maschile: before *s* + consonant, *z*: uno; **before all other consonants and all vowels:** un; **Femminile: before all consonants:** una; **before a vowel:** un'

Strutture 1.3 (p. 16): (-a), -e, (-o), -i, -e, -i

Strutture 1.4 (p. 18): (l'), lo, il, l', la, gli, i, le

Strutture 1.5 (p. 18): you use **piace** when it is followed by a singular noun and **piacciono** when it is followed by a plural noun.

CAPITOLO 2

Lessico (pp. 34–35): allegro≠triste, grasso≠magro, giovane≠anziano, alto≠basso, attivo≠pigro, debole≠forte, veloce≠lento, ricco≠povero

Strutture 2.1 (p. 37), l'acqua minerale: è disintossicante, è sportiva, è energetica, è pura, è buona, è digeribile, è naturale, è rilassante, è equilibrata, è dissetante, è economica, è completa, è sana. **le bevande:** sono disintossicanti, sono sportive, sono energetiche, sono pure, sono buone, sono digeribili, sono naturali, sono rilassanti, sono equilibrate, sono dissetanti, sono economiche, sono complete, sono sane. **i vini:** sono bianchi, sono puri, sono buoni, sono digeribili, sono naturali, sono rilassanti, sono equilibrati, sono completi, sono sani.

Strutture 2.1, 1. (p. 38): le ragazz**e** attiv**e**, i quadern**i** gial**li**, gli zain**i** ner**i**, il bambin**o** tranquil**lo**, la segretari**a** impegnat**a**

Strutture 2.1, 2. (p. 38): le informazion**i** important**i**, lo student**e** intelligent**e**, il ragazz**o** veloc**e**, la bambin**a** trist**e**, il mes**e** difficil**e**

Strutture 2.1, 4. (p. 39): que**i**, que**gli**, que**gli**, quel**la**, quell**'**, quel**le**, quel**le**

Strutture 2.3 (p. 45): 1. giallo 2. rosso 3. giallo 4. verde

Strutture 2.4, 1. (p. 47): la mia, il tuo, le tue, il nostro, i nostri, la vostra, le vostre

CAPITOLO 3

Lessico (pp. 64–65): 1. d 2. l 3. f 4. c 5. b 6. m 7. a 8. g 9. h 10. j 11. k 12. e 13. i

Lessico (pp. 65–66), Salvatore: (Guardo la TV con la mia ragazza.) La mattina faccio colazione con cappuccino e biscotti. Gioco a carte con la mia ragazza. Leggo molti libri. Vado al cinema. Parlo al telefonino. Faccio sport. Ascolto la musica. Frequento le lezioni tutte le mattine. Bevo un'aranciata. Prendo l'autobus per andare all'università. Mangio alla mensa. Prendo un caffè. Esco con gli amici. Studio in biblioteca. Scarico informazioni da Internet. **Riccardo:** Pulisco la pizzeria. Bevo un'aranciata. Prendo un caffè. Dormo a lungo. Lavo i piatti. Lavoro tutte le sere fino alle due di notte. La mattina faccio colazione con cappuccino e biscotti. Torno a casa molto tardi. Ascolto la musica. Ballo in discoteca. Leggo molti libri. Scarico informazioni da Internet. Vado al cinema. Parlo al telefonino. Esco con gli amici.

Strutture 3.1, 1. (p. 68): arrivo-arrivare, pulisco-pulire, frequento-frequentare, ceno-cenare, prendo-prendere, gioco-giocare, ballo-ballare, guardo-guardare, ascolto-ascoltare, (dormo-dormire), lavo-lavare, lavoro-lavorare, inizio-iniziare, scrivo-scrivere, parlo-parlare, mangio-mangiare, studio-studiare, chiudo-chiudere, pranzo-pranzare, leggo-leggere, preferisco-preferire, servo-servire, torno-tornare, suono-suonare, apro-aprire

Strutture 3.1, 2. (p. 68), -are: frequentare, cenare, giocare, guardare, ascoltare, ballare, lavorare, iniziare, mangiare, pranzare, studiare, tornare, suonare, parlare, lavare, arrivare; **-ere:** prendere, leggere, chiudere, scrivere; **-ire:** dormire, pulire, servire, preferire, aprire

Strutture 3.1, 3. (p. 69): sono-essere, faccio-fare, vado-andare, esco-uscire, ho-avere, bevo-bere, vengo-venire

Strutture 3.2, 3. (p. 72), parlare: parli, parla, parliamo, parlano; **scrivere:** scrive, scrivete, scrivono; **aprire:** apri, apriamo, aprite

Strutture 3.3 (p. 74): io: gioco, capisco, pago, spiego; **tu:** capisci, mangi, giochi, pulisci, paghi, preferisci, finisci, pratichi, spieghi; **-are** verbs add an **h** to maintain the same sound throughout the conjugation. **-ire** verbs have the same spelling but are pronounced differently.

Strutture 3.3 (p. 74): 1. Pratichi 2. Mangi 3. Preferisci 4. finisci 5. Capisci 6. Spieghi

Strutture 3.3, 1. (p. 75), mangiare: mangio, mangia, mangiate, mangiano; **studiare:** studio, studia, studiate, studiano; **giocare:** gioco, gioca, giocate, giocano; **pagare:** pago, paga, pagate, pagano

Strutture 3.3, 3. (p. 76), finire: finisco, finisci, finisce, finiamo, finite, finiscono; **preferire:** preferisco, preferisci, preferisce, preferiamo, preferite, preferiscono; **pulire:** pulisco, pulisci, pulisce, puliamo, pulite, puliscono; **spedire:** spedisco, spedisci, spedisce, spediamo, spedite, spediscono

Strutture 3.4, 1. (p. 78), andare: vado, vai, va; **bere:** bevo, bevi, beve; **fare:** faccio, fai, fa **uscire:** esco, esci, esce

Strutture 3.4, 2. (p. 78), 1. c 2. a 3. b 4. a

Lessico (p. 91): 1. Riccardo 2. 65 anni 3. Maria 4. 42 anni 5. Ahmed 6. Maria 7. Maria, Aurelia 8. 13 anni 9. tre

Lessico (p. 92): 1. zio, Salvatore 2. nonno, Riccardo 3. cugino, Silvio 4. zia, Aurelia 5. nonna, Sara

Ripasso (p. 93): 1. i 2. mie 3. il 4. mia

Ripasso (p. 96): 1. Che (cosa) 2. Quando, Perché 3. Dove, Quando 4. Quando, Perché 5. Come 6. Dove 7. chi

Ripasso (p. 99), -are, guardare: guardo, guardi, guarda, guardiamo, guardare, guardano. **-are, sciare:** scio, scii, scia, sciamo, sciate, sciano. **-ere, prendere:** prendo, prendi, prende, prendiamo, prendete, prendono. **-ere, dipingere:** dipingo, dipingi, dipinge, dipingiamo, dipingete, dipingono. **-ere, correre:** corro, corri, corre, corriamo, correte, corrono. **-are, nuotare:** nuoto, nuoti, nuota, nuotiamo, nuotate, nuotano. **-are, cucinare:** cucino, cucini, cucina, cuciniamo, cucinate, cucinano. **-are, viaggiare:** viaggio, viaggi, viaggia, viaggiamo, viaggiate, viaggiano.

Strutture 4.3 (p. 100): avere: ho, hai, ha, hanno; **fare:** fai, fa, fate, fanno

Ripasso (p. 104): 1. anziani 2. sportivo 3. creativa 4. generoso 5. magro 6. agitata 7. estroversa 8. avventurosi

Lessico (p. 120): 1. prima del primo piatto 2. Il primo piatto è pasta o riso o zuppa e il secondo piatto è carne o pesce. (*Answers may vary.*) 3. Il secondo piatto 4. prima del dolce

Lessico, Un po' di cultura (p. 120): 1. b 2. c 3. a 4. e 5. d

Lessico (p. 120–121): la bistecca: il coltello, la forchetta; il brodo: il cucchiaio; il gelato: il cucchiaio; le lasagne: la forchetta; i piselli: la forchetta, cucchiaio; il tiramisù: la forchetta, il cucchiaio; la torta al cioccolato: la forchetta

Strutture 5.1 (p. 124): 1. piccolo 2. antica 3. famoso, affermati 4. autentica

Strutture 5.2 (p. 127): dovere: devo, dobbiamo; **potere:** posso, possiamo; **volere:** vuoi

Strutture 5.3 (p. 131): (1), 4, 8, 7, 5, 6, 2, 9, 3, (10)

Strutture 5.3, 1. (p. 132) circled: (con), a, a, di, per, in, ad, ad, a, con; **underlined:** (al), alle, dalla, del, sulla

Strutture 5.3, 1. (p. 132): a: allo, all', agli; **da:** dal, dalla, dai, dalle; **su:** sullo, sulla, sull', sui, sulle; **di:** del, dell', degli; **in:** nello, negli; **con:** con lo, con la, con i, con gli; **per:** per il, per l', per i, per le

Strutture 5.4 (p. 135): del latte, dell'insalata, delle banane, dell'olio di oliva, del tonno, del pane, del formaggio, dei pomodori; *some* = del, della, dell', dei, delle, degli

Strutture 5.4, 1. (p. 135): di: dello, della, dei, delle

CAPITOLO 6

Lessico (p. 149): 1. azzurro: la camicia, i jeans, i pantaloni **2. blu:** la giacca, i pantaloni, il berretto **3. nero:** le stivali, gli scarpe, i tacchi alti, la cintura **4. bianco:** la camicia, i calzini **5. arancione:** la felpa, la gonna, gli occhiali da sole **6. giallo:** la maglietta, il giubbotto, la borsa, la sciarpa **7. rosso:** i pantaloncini, le scarpe da ginnastica, la collana **8. verde:** il costume da bagno, la cravatta, gli orecchini, i pantaloni, la giacca **9. marrone:** il maglione, i sandali, le scarpe

Strutture 6.2 (p. 157): 1. b 2. c 3. a

Strutture 6.2, 1. (p. 157): stai, stiamo, stanno

Strutture 6.3, 3. (p. 160): lavarsi: si lava, si lavano; **mettersi:** ti metti, ci mettiamo, si mettono; **vestirsi:** mi vesto, si veste, vi vestite

Strutture 6.4, 2. (p. 163): generosamente, difficilmente, fortemente

CAPITOLO 7

Strategie di comunicazione (p. 175): 1. Hey! 2. Ahi! 3. Oddio! 4. Come on! 5. Macché! 6. Geez! 7. Boh! 8. I wish! 9. Too bad!

Lessico (p. 177): Il weekend di Gessica, sabato: 2, 6; **domenica:** 1, 4, 5; **Il weekend di Luigi, sabato:** 2, 5; **domenica:** 6, 1, 4

Strutture 7.1 (p. 181): Gessica: ho comprato, ho fatto, ho festeggiato, ho letto, ho scritto, ho visto, sono tornata; **Luigi:** ho avuto, ho dormito, ho guardato, ho preso, sono tornato

Strutture 7.1, 1. (p. 182): avere/essere

Strutture 7.1, 2. (p. 182): compr**ato**, dorm**ito**; av**uto**

Strutture 7.1, 4. (p. 182): avere: ha mangiat**o**, hanno mangiat**o**; **essere:** sono andat**e**, è tornat**o**

Strutture 7.1, 5. (p. 183): (Green) **comprare:** ho comprato, ha comprato, abbiamo comprato, hanno comprato; **credere:** hai creduto, ha creduto, abbiamo creduto, avete creduto; **dormire:** ho dormito, hai dormito, avete dormito, hanno dormito; (Blue) **andare:** sono andato/a, è andato/a, siamo andati/e, sono andati/e; **uscire:** sono uscito/a, sei uscito/a, siamo usciti/e, siete usciti/e

Strutture 7.2 (p. 187): ho letto, ho preso, ho scritto, ho visto

Strutture 7.2 (p. 187), -ere: ho chiuso, ho corso, ho dipinto, ho perso, ho rotto, ho scelto, ho vinto, sono nato/a, sono rimasto/a; **-ire:** ho detto, ho offerto, sono venuto/a, sono morto/a

CAPITOLO 8

Lessico (pp. 204–205): 1. b 2. a 3. e, b 4. e 5. f 6. d 7. c 8. g

Strutture 8.1, 3. (p. 208): ci baciamo, vi baciate

Strutture 8.1, 4. (p. 209): 1. b 2. a

Ripasso (p. 211): 1. sono 2. hanno 3. hanno 4. hanno 5. sono 6. hanno 7. ha 8. è 9. è 10. ha

Strutture 8.2 (p. 212): guardarsi: mi sono guardato/a, ti sei guardato/a, ci siamo guardati/e, vi siete guardati/e, si sono guardati/e; **incontrarsi:** ci siamo incontrati/e, vi siete incontrati/e

Ripasso (p. 215), Parte prima: alla, per il, nel, con i, dei, sui, alla, degli, dai; **Parte seconda:** 1. con i 2. nel 3. alla 4. per il 5. degli 6. sui 7. dei 8. dai 9. alla; **Parte terza:** *Answers will vary.*

CAPITOLO 9

Lessico (p. 231): 1. c 2. b 3. f 4. d 5. a 6. e

Lessico (p. 232): -o/-a: lo scienziato / la scienziata; l'architetto / l'architetta; l'avvocato / l'avvocata / l'avvocatessa; il commesso / la commessa; il fotografo / la fotografa; l'impiegato / l'impiegata; il maestro / la maestra; l'operaio / l'operaia; il poliziotto / la poliziotta; lo psicologo / la psicologa; il veterinario / la veterinaria; **-iere/-iera:** (il cameriere / la cameriera); l'infermiere / l'infermiera; il parrucchiere / la parrucchiera; **-e, -ista, parole inglesi:** (l'artista / l'artista); l'assistente sociale / l'assistente sociale; il cantante / la cantante; il dentista / la dentista; il dirigente / la dirigente; il farmacista / la farmacista; il giornalista / la giornalista; l'insegnante / l'insegnante; il manager / la manager; il musicista / la musicista; lo stilista / la stilista

Lessico (p. 232): 1. f 2. e 3. g 4. b 5. d 6. a 7. c

Strutture 9.1 (p. 234): 1. malat**a** 2. bell**a** 3. lung**hi** 4. castan**i** 5. magr**a** 6. alt**a** 7. lung**he** 8. tu**o** 9. bellissim**o** 10. ner**i** 11. verd**i** 12. simpatic**o** 13. intelligent**e** 14. timid**o** 15. mi**a** 16. mi**o**

Strutture 9.1 (p. 234), io: ero, ero, Soffrivo, avevo, dovevo, avevo, ero, Avevo, Ero, accettavo; **lui:** mi piaceva, era, Aveva, portava, Era, era, chiedeva, veniva; **loro:** chiedevano

Strutture 9.1, 1. (p. 235), a: molti ragazzi mi chiedevano di uscire; b: veniva a casa mia tutti i giorni; c: aveva i capelli neri, ero magra e alta; d: avevo 18 anni

Strutture 9.1, 2. (p. 235), accettare: accettavi, accettava, accettavamo, accettavate, accettavano; **prendere:** prendevo, prendevi, prendevamo, prendevate, prendevano; **venire:** venivo, venivi, veniva, venivamo, venivano

Strutture 9.1, 4. (p. 236), bere: bevevi, beveva, bevevamo, bevevano; **fare:** facevo, facevi, facevamo, facevate

Strutture 9.1, 5. (p. 236), essere: ero, eri, era, eravamo, eravate, erano

Strutture 9.2 (p. 239), Underline: (era), parlava, parlavo, conoscevo, Era, portava, Aveva, mangiavo, guardavo, ero, piaceva

Strutture 9.2, 3. (p. 239): 1. era alto, magro e portava una giacca nera; 2. aveva circa 25 o 26 anni, ero bambino; 3. mi piaceva guardare la TV in pigiama

Strutture 9.3 (p. 245): 1. stavo facendo 2. stavo guardando 3. stavo dormendo 4. stavamo facendo

Strutture 9.3, 2. (p. 245), stare: stava, stavamo, stavate, stavano; stavo guard**ando**; stavo prend**endo**; stavo dorm**endo**

CAPITOLO 10

Lessico (p. 257): 1. d 2. b 3. c 4. a

Strutture 10.1 (p. 259): nel futuro

Strutture 10.2 (p. 262): 1. lavorare 2. fumare 3. (trovare) 4. sentirsi 5. fare / studiare 6. (essere) 7. essere 8. avere 9. prendere / avere

Strutture 10.2, 1. (p. 263), lavorare: lavorerò, lavorerai, lavoreremo, lavorerete, lavoreranno; **risolvere:** risolverò, risolverai, risolverà, risolverete, risolveranno; **pulire:** pulirò, pulirai, pulirà, puliremo, pulirete

Strutture 10.2, 3. (p. 264), avere: avrò, avrai, avrà, avremo, avrete, avranno; **essere:** sarò, sarai, sarà, saremo, sarete, saranno

Strutture 10.2, 4. (p. 264), dare: darai, darà, darete, daranno; **fare:** farai, farà, faremo, faranno; **stare:** starai, starà, staremo, staranno

Lessico (p. 280): Condominio: esterno: 1. marciapiede 2. strada 3. giardino 4. bidone; **Appartamento: interno:** 5. balcone 6. cucina 7. camera (da letto) 8. bagno 9. soggiorno 10. sala da pranzo

Strutture 11.1, 2c. (p. 286): Complemento oggetto diretto: 2. La mangio. 3. Li compro. 4. Le vedo. **Complemento oggetto indiretto:** 2. Le parlo. 3. Gli scrivo. 4. Gli scrivo.

Strutture 11.2, 1. (p. 290): le persone: tutti, qualcuno; **le cose:** tutto, qualcosa

Strutture 11.3 (p. 292): 1. that/who 2. that/which 3. that/whom

Lessico (p. 305): Il centro urbano: i parchi pubblici, le banche, le librerie, le scuole superiori, molti abitanti; **Il paese di provincia:** poco caos, poco inquinamento, poco rumore, poco smog; **Il centro storico:** gli affitti alti, gli edifici antichi, il Duomo, il palazzo comunale, i mezzi pubblici, le strade strette; **La periferia:** gli affitti bassi, gli edifici moderni, meno prestigiosa

Lessico (p. 306): 1. in salumeria 2. in pescheria 3. nel negozio di frutta e verdura 4. al panificio / al forno 5. in gioielleria 6. in macelleria

Lessico, Regioni d'Italia (p. 306): 1. Marche 2. Valle d'Aosta 3. Abruzzo 4. Puglia 5. Emilia-Romagna 6. Sardegna 7. Molise 8. Calabria 9. Toscana 10. Liguria 11. Lombardia 12. Campania 13. Sicilia 14. Umbria 15. Basilicata 16. Lazio 17. Trentino–Alto Adige 18. Piemonte 19. Friuli–Venezia Giulia 20. Veneto

Lessico, Regioni d'Italia (p. 306): 1. a. il Tevere b. l'Adige c. l'Arno d. il Po 2. Ancona, Bari, Cagliari, Genova, Napoli, Palermo, Trieste, Venezia

Ripasso (p. 310): 1. sono nato/a 2. sono rimasto/a 3. ho vinto 4. ho perso 5. ho letto 6. ho visto 7. sono stato/a 8. ho preso 9. ho scritto 10. sono cresciuto/a; **Parte seconda / Parte terza.** *Answers will vary.*

Ripasso (p. 314): 1. ha preso 2. è arrivata 3. è andata 4. ha preso 5. ha deciso 6. guardava 7. ha visto 8. aveva 9. erano 10. era 11. aveva 12. andava 13. si è fermata 14. ha mangiato 15. guardava 16. era 17. è andata

Strutture 12.2 (p. 315), Parte seconda: 1. La crescita economica del commercio 2. I guelfi ed i ghibellini 3. Santa Maria Novella e Santa Croce; **Parte terza, Verbi al passato remoto:** aumentò, diventò, si trasferì, cominciò, si crearono, continuò, predominò; **Verbi all'imperfetto:** era, era, era; *Answers will vary.*

Ripasso (p. 318): 1. indiretto, diretto 2. diretto 3. indiretto 4. diretto 5. indiretto, diretto 6. diretto, indiretto

Strutture 12.4, 3. (p. 319): 1. vivere in città 2. i negozi del nostro quartiere 3. i biscotti 4. il cane di Maria 5. la nuova macchina

CAPITOLO 13

Strutture 13.1, 2. (p. 338): prenotare: prenoteresti, prenoterebbe, prenoteremmo, prenotereste, prenoterebbero; **prendere:** prenderei, prenderebbe, prenderemmo, prendereste, prenderebbero; **dormire:** dormirei, dormiresti, dormiremmo, dormireste, dormirebbero

Strutture 13.1, 3. (p. 338): andrei, dovrei, potrei, rimarrei, terrei, darei, farei, starei; pagherei, comincerei

Strutture 13.3, (page 346): Si acommodi. = *Make yourself comfortable.* It is used when you want to offer a seat to someone.

CAPITOLO 14

Lessico (pp. 358–359): 1. b 2. a 3. e 4. c 5. d

Strutture 14.2 (p. 366): sia/essere; faccia/fare; abbia/avere; sia/essere

Strutture 14.2, 3. (p. 367): lavorare: lavori, lavori, lavoriamo, lavoriate, lavorino; **prendere:** prenda, prenda, prendiamo, prendiate, prendano; **dormire:** dorma, dorma, dorma, dormiamo, dormiate; **capire:** capisca, capisca, capiate, capiscano

Strutture 14.2, 4. (pp. 367–368), a. cercare: cerchi, cerchi, cerchiamo, cerchiate, cerchino; **pagare:** paghi, paghi, paghiamo, paghiate, paghino; **b. cominciare:** cominci, cominci, cominciamo, cominciate, comincino; **mangiare:** mangi, mangi, mangi, mangiamo, mangino

Strutture 14.3 (p. 372): 1. b 2. e 3. a 4. c 5. f 6. d

CAPITOLO 15

Lessico (pp. 385–386): 1. b 2. b 3. c 4. b 5. a 6. a 7. b 8. a 9. a 10. c 11. c 12. b

Lessico, Regioni d'Italia (p. 386): L'italiano nazionale: con gli anziani, dalle donne, fuori casa, in città; **Il dialetto:** a casa, dagli uomini, in campagna, in contesti informali

Lessico, Regioni d'Italia (p. 387): il tedesco: 1; il francese: 3 il friulano: 8; lo sloveno: 12; il sardo: 4

Strutture 15.1 (p. 391): 1. d 2. f 3. g 4. a 5. b 6. c 7. e

Strutture 15.1 (p. 391): decidere, fare, prendere, andare, lasciarsi, licenziarsi, partire

Strutture 15.1, 1. (p. 392): avere: abbia, abbia, abbia, abbiamo, abbiate, abbiano; **essere:** sia, sia, sia, siamo, siate, siano

Strutture 15.1, 1. (p. 392): litigare: abbia litigato, abbia litigato, abbia litigato, abbiamo litigato, abbiate litigato, abbiano litigato; **partire:** sia partito/a, sia partito/a, sia partito/a, siamo partiti/e, siate partiti/e, siano partiti/e; **divertirsi:** mi sia divertito/a, ti sia divertito/a, si sia divertito/a, ci siamo divertiti/e, vi siate divertiti/e, si siano divertiti/e

Strutture 15.2 (p. 394): 1. (congiuntivo) 2. (indicativo) 3. congiuntivo 4. indicativo 5. congiuntivo 6. indicativo 7. congiuntivo

Strutture 15.3, 1. (p. 398): Se io vincessi un viaggio, andrei in un paese dove conosco bene la cultura. Se rimanessi in questo paese per un mese, scriverei tante cartoline perché avrei molta nostalgia di casa.

Strutture 15.3, 2. (p. 399): prendere: prendessi, prendesse; **dormire:** dormissi, dormisse

Strutture 15.3, 3. (p. 399): avessi, avessi, avesse

CAPITOLO 16

Lessico (p. 409): (*Answers may vary.*) 1. l'affresco, la chiesa, l'invenzione, la musica, la poesia, il quadro, la scultura 2. la musica, l'orchestra 3. invenzione 4. la Costituzione, i diritti, il dittatore, l'indipendenza, il Parlamento, la patria, la Repubblica 5. la chiesa, la musica, il papa, il Vaticano 6. l'invenzione, la poesia, il romanzo, il sonetto 7. il dittatore, il generale, la Guerra, l'indipendenza, il militare, la patria, la Repubblica, la vittoria

Lessico (p. 409): 1. Leonardo da Vinci 2. Cristoforo Colombo 3. Francesco d'Assisi 4. Galileo Galilei 5. Artemisia Gentileschi

Lessico, Un po' di cultura, (p. 410): Parte prima: 1. g 2. 3. 4. i 5. 6. d 7. f 8. c 9. h 10. a

Lessico, Un po' di cultura, (p. 411): Parte terza: 1. b 2. d 3. c 4. a

Lessico, Un po' di cultura (p. 411): Parte quarta: *Answers will vary but may include:* **combattere:** Garibaldi; **comporre:** Dante Alighieri, Alessandro Manzoni; **dimostrare:** Laura Bassi; **inventare:** Enrico Fermi, Guglielmo Marconi, Alessandro Volta; **liberare:** Giuseppe Garibaldi; **proteggere:** Francesco d'Assisi; **realizzare:** Leonardo da Vinci, Artemisia Gentileschi; **rischiare:** Cristoforo Colombo, Francesco d'Assisi; Galileo Galilei **scoprire:** Cristoforo Colombo, Galileo Galilei

Ripasso (pp. 413–414): Parte prima: dimostrare: dimostra, dimostrate, dimostrano; risolvere: risolve, risolvete, risolvono; scoprire: scopre, scoprite, scoprono; capire: capisci, capisce, capiamo, capite, capiscono; rilassarsi: si rilassa, vi rilassate, si rilassano; dimenticare: dimentico, dimentichi, dimentica, dimentichiamo, dimenticate, dimenticano; litigare: litigo, litighi, litiga, litighiamo, litigate, litigano; **Parte seconda:** 1. voglio 2. vanno 3. esci 4. deve 5. date 6. stiamo 7. puoi 8. beviamo 9. siete 10. sanno 11. ha 12. faccio

Ripasso (p. 416): Parte prima: 1. A 2. A 3. E 4. E 5. A 6. A 7. E 8. A 9. E 10. A 11. E 12. A 13. E 14. A 15. A 16. A 17. A 18. A; **Parte seconda:** 1. ho festeggiato 2. ho risolto 3. sono partito/a 4. mi sono fermato/a 5. ho vinto 6. ho rotto 7. sono nato/a 8. ho seguito 9. sono rimasto/a 10. ho protetto 11. sono venuto/a 12. ho bevuto 13. sono stato/a 14. ho scoperto 15. ho dipinto 16. ho combattuto 17. ho aperto 18. ho fatto

Ripasso (p. 419): 1. c 2. b 3. d 4. c 5. a 6. a

Ripasso (p. 421): 1. indiretto 2. indiretto 3. diretto 4. diretto 5. indiretto 6. diretto 7. diretto 8. indiretto

The Italian–English vocabulary contains contextual meanings of most words used in this book. Active vocabulary is indicated by the number of the chapter in which the word first appears (the designation PSP refers to **Per saperne di più**, the supplemental grammar section following Chapter 16). Geographical names are not included in this list. Exact cognates do not appear unless they have an irregular plural or irregular stress.

The gender of nouns is indicated by the form of the definite article, or by the abbreviation *m.* or *f.* if neither the article nor the final vowel reveals the gender. Adjectives are listed by their masculine form. Irregular stress is indicated by a dot under the stressed vowel. Idiomatic expressions are listed under the major word(s) in the phrase, usually a noun or a verb. An asterisk (*) before a verb indicates that the verb requires essere in compound tenses. Verbs ending in -si always require essere in compound tenses and therefore are not marked. Verbs preceded by a dagger (†) usually take essere in compound tenses unless followed by a direct object, in which case, they require avere. Verbs followed by (isc) are third-conjugation verbs that insert -isc- in the present indicative, present subjunctive, and in the imperative. The following abbreviations have been used:

abbr.	abbreviation	*form.*	formal	*p.p.*	past participle
adj.	adjective	*gram.*	grammar	*pl.*	plural
adv.	adverb	*inf.*	infinitive	*prep.*	preposition
art.	article	*inform.*	informal	*pron.*	pronoun
coll.	colloquial	*inv.*	invariable	*s.*	singular
conj.	conjunction	*lit.*	literally	*lit.*	literally
def.	definite article	*m.*	masculine	*subj.*	subjunctive
f.	feminine	*n.*	noun		

Glossario italiano-inglese

A

a at (5); to (5); in
a caso by chance; haphazardly
a condizione che on the condition that, as long as (PSP-15)
a destra di to the right of (11)
a mio parere in my opinion (12)
A più tardi! See you later! (3)
A presto! See you soon! (3)
a sinistra di to the left of (11)
a stento very slowly
a.C. (avanti Cristo) B.C. (before Christ) (12)
abbaiare to bark
abbandonare to abandon; to leave behind
l'abbandono abandonment; neglect (*of duty or responsibility*)
abbassare to lower
abbastanza *inv.* enough
abbellire (isc) to beautify
l'abbigliamento clothing
abbinare to match
l'abbinamento match
abbondante abundant, plentiful
abbracciare to hug; **abbracciarsi** to hug (*each other*) (8)
l'abbronzante *m.* suntan lotion
abile capable
l'abilità skill, ability
l'abilitazione *f.* certificate; **l'abilitazione per l'insegnamento** teaching certificate
l'abitante *m./f.* inhabitant; **gli abitanti** inhabitants (12)
abitare to live **Dove abiti? / Dove abita?** Where do you live? (*inform./form.*) (1); **abito a** I live in (*name of city*) (1); **abitare in** to live on (*name of street*) (1)
l'abito outfit; item of clothing; **gli abiti** clothes (6); **l'abito non fa il monaco** the clothes don't make the man (*lit.* the habit doesn't make the monk)
abituarsi a to get used to
l'abitudine *f.* habit
abolire to abolish
aborrire to abhor
l'abuso abuse
accademico academic
*accadere to take place; to happen
accanto a next to (11)
accendere (*p.p.* **acceso**) to turn on
l'accento accent
l'accesso access
l'accessorio (*pl.* **gli accessori**) accessory (6)
accettare to accept (10); **accettare di** (+ *inf.*) to accept to (*do something*) (PSP-14)
accogliere (*p.p.* **accolto**) to receive; to welcome
l'accoglienza reception
accomodarsi to make oneself comfortable (13); to have a seat
accompagnare to accompany
accontentare to please, to satisfy
l'accordo agreement; ***andare d'accordo** to get along; **d'accordo** OK; ***essere d'accordo** to agree (13); **mettersi d'accordo** to come to an agreement

l'accusa accusation
accusare to accuse
l'aceto vinegar (5); **l'aceto balsamico** balsamic vinegar
l'acqua water (1); **l'acqua minerale (naturale/gassata)** (still/sparkling) mineral water (5)
acquisire to acquire
adagio slowly
adattato adapted
adatto a suited to, appropriate for
addio good-bye
l'addio (*pl.* **gli addii**) farewell, good-bye
addirittura even
adesso now
l'adolescente *m./f.* adolescent
l'adolescenza adolescence
adoperare to use; to adopt
adorare to adore; to love
adottare to adopt
l'adozione *f.* adoption
adriatico *adj.* Adriatic
l'adulto adult
l'aereo plane (1); ***andare in aereo** to fly, to go by plane (8); **prendere l'aereo** to travel by plane (4)
l'aerobica aerobics; **fare aerobica** to do aerobics
l'aeroporto airport
affascinante charming
affascinato fascinated
affermare to claim, to assert; **affermarsi** to establish oneself
l'affermazione *f.* statement, claim
gli affettati misti (*m. pl.*) assortment of sliced meats and sausages (5)
l'affetto affection
affettuoso affectionate
affiancare to place side by side
affiancato placed side by side
affidato entrusted
affinché so that (PSP-15)
affittare to rent (*apartments, houses*) (13); **affittasi** for rent
l'affitto rent (12)
affollare to crowd
affollato crowded
affrescare to fresco
l'affresco (*pl.* **gli affreschi**) fresco (16)
affrontare to confront
affumicato smoked (5)
africano African
l'agenda agenda, appointment book
l'agente *m./f.* police officer
l'agenzia di viaggi travel agency (13)
l'aggettivo adjective
aggiornare to update
aggiungere (*p.p.* **aggiunto**) to add
aggiustare to fix, to repair
agile agile (PSP-4)
agitato agitated, restless, anxious, upset
l'aglio garlic
l'ago (*pl.* **gli aghi**) needle
l'agopuntura acupuncture
agosto August (1)
agroalimentare *adj.* food processing

agricolo agricultural
l'agricoltore/l'agricoltrice farmer
l'agricoltura agriculture
l'agriturismo farm vacation
agrituristico pertaining to a farm vacation
ahi! ow!, ouch! (7)
aiutare to help (9)
l'aiuto help
albanese *adj.* Albanian
alberghiero *adj.* hotel; **la scuola alberghiera** hotel-management school
l'albergo (*pl.* **gli alberghi**) hotel (13); **l'albergo a quattro stelle** four-star hotel
l'albero tree (8); **l'albero genealogico** family tree; **l'albero di Natale** Christmas tree (8)
l'album *m.* album
l'alcol *m.* alcohol
l'alcolico (*pl.* **gli alcolici**) alcoholic drink
alcuni/alcune some
l'aldilà *m.* afterlife
alieno alien
alimentare *adj.* food
gli alimentari grocery store
l'alimentazione *f.* nutrition
gli alimenti foods
all'anno each year
all'aperto outdoors
all'estero abroad
all'improvviso suddenly (9)
l'allarme *m.* alarm
l'alleanza alliance
allearsi con to form an alliance with
allegorico (*m. pl.* **allegorici**) allegoric
allegro happy, cheerful (2)
l'allenamento practice
l'allergia allergy (10)
allergico (*m. pl.* **allergici**) allergic
alloggiare to stay; to live
l'alloggio (*pl.* **gli alloggi**) lodging (13); **vitto e alloggio** room and board
allontanarsi to walk away
allora so; then
allungare to extend, to lengthen
almeno at least
l'alpinismo mountain climbing
alternarsi to take turns
alternativo alternate
l'altezza height
alto tall (2); high; **l'alta stagione** high season (13)
altrettanto same to you (8); likewise
altro other (PSP-2); **ci mancherebbe altro** not a problem, no big deal (5); **un altro** another; **l'uno dell'altro** one another, each other
altrove elsewhere
altruista altruistic, unselfish
l'alunno/l'alunna pupil
alzarsi to get up (6)
amalfitano *adj.* from Amalfi
amante (di) *adj.* enthusiastic, passionate (about something)
amare to love (5); **amarsi** to love (*each other*) (8)
amaro *adj.* bitter
l'amaro *n.* alcoholic beverage

ambedue *inv.* both
ambientale environmental
ambientare to set a story or film
l'ambiente *m.* environment
l'ambito area
americano *adj.* American (2)
l'amicizia friendship
l'amico/l'amica (*pl.* **gli amici / le amiche**) friend (1)
ammalarsi to get sick (10)
ammalato ill, sick (2)
amministrativo administrative
l'amministratore *m./f.* manager of an apartment building
l'amministrazione *f.* administration; management; government
l'ammirazione *f.* admiration
l'amore *m.* love; **l'amore a prima vista** love at first sight
l'analisi *f.* analysis
analitico (*pl.* **analitici**) analytical
analizzare to analyze
anche also; **anche se** even if
ancora still (PSP-6); yet; again
*andare to go (3); *andare a (+ *inf.*) to go (*to do something*) (3); *andare d'accordo to get along; *andare in aereo to fly, to go by plane (8); *andare avanti e indietro to go back and forth; *andare in bagno to go in the bathroom (8); *andare in banca to go to the bank (8); *andare bene to go well; to be ok; *andare in bicicletta to go by bicycle (8); *andare in camera da letto to go in the bedroom (8); *andare a casa to go home (PSP-5); *andare a cavallo to go horseback riding (10); *andare in centro to go downtown (8); *andare in chiesa to go to church (8); *andare al cinema to go to the movies (7); *andare ad un concerto to go to a concert; *andare in cucina to go in the kitchen (8); *andare da (*name of a person*) to go to (*person's*) house (PSP-5); *andare da (+ *name of professional*) to go to (*professional's office/place of business*) (PSP-5); *andare dal dentista to go to the dentist's (office) (PSP-5); *andare dal medico to go to the doctor's (office); *andare da Mirella to go to Mirella's (house); *andare all'opera to go to the opera; *andare dalla parrucchiera to go to the hairdresser's; *andare diritto to go straight (13); *andare in ferie to go on vacation; *andare in galera to go to jail; *andare in giro to go around; *andare in giro a piedi to go walk around; *andare a letto to go to bed (3); *andare al mare to go to the seaside; *andare in macchina to go by car (8); *andare di moda to be in style (6); *andare in montagna to go to the mountains (4); *andare in palestra to go to the gym (10); *andare in pensione to retire (14); *andare in piazza to go to the town square (8); *andare a piedi to walk, go on foot (8); *andare in salotto to go in the living room (8); *andare a teatro to go to the theater (7); *andare alle terme to go to the spa; *andare in treno to go by train (8); *andare a trovare to visit (*people*) (7); *andare in ufficio to go to the office (8); *andare all'università to go to college; *andare in vacanza to go on vacation (PSP-13); *andare via to go away; *andarsene to go away; to leave; to get out (PSP-16); Come va? How's it going? (2); Ti va di (+ *inf.*)? Do you feel like (*doing something*)? (3);

va bene okay (3); **Vattene!** Get out of here! (PSP-16)
l'anello ring (6)
l'anfiteatro amphitheater
l'angolo corner; **nell'angolo** in the corner (11)
l'anguria watermelon
l'animale *m.* animal; **l'animale domestico** domesticated animal; pet
l'animazione *f.* organized activities
annaffiare to water
l'anniversario (*pl.* **gli anniversari**) anniversary (8); **Buon anniversario!** Happy Anniversary! (8)
l'anno year (1); **all'anno-**each year; **l'anno prossimo** next year (10); **l'anno scorso** last year (PSP-13); **Buon anno!** Happy New Year! (8); **compiere gli anni** to have a birthday (8); **Quanti anni ha?** How old are you? (*form.*) (2); **Quanti anni hai?** How old are you? (*inform.*) (2)
annoiare to bore
annoiarsi to get bored (6)
annunciare to announce
l'annuncio (*pl.* **gli annunci**) announcement; ad; notice
annuo annual
anonimo anonymous
l'ansia anxiety; **in ansia** anxious, worried
ansioso anxious, worried
l'antenna antenna
l'anteprima film preview
l'antibiotico (*pl.* **gli antibiotici**) antibiotic
l'anticipo advance; **in anticipo** early; in advance
antico (*m. pl.* **antichi**) ancient, old
l'antipasto antipasto (5); appetizer
antipatico unpleasant (2)
l'antropologia anthropology (1)
anzi or rather
l'anziano/l'anziana elderly man/woman (14)
anziano old, elderly (2)
anziché instead of
l'apertura opening; **l'apertura mentale** open-mindedness
apparecchiare la tavola to set the table (5)
*apparire (*p.p.* apparso) to appear
l'appartamento apartment
†**appartenere (a)** to belong (to)
appena as soon as; just
appendere (*p.p.* **appeso**) to hang
l'appassionato *m./f.* fan
l'appetito appetite; **Buon appetito!** Enjoy your meal! (8)
applicarsi to apply
appoggiarsi to lean on
apposito proper
apprendere (*p.p.* **appreso**) to learn
l'apprendimento learning
l'apprendistato apprenticeship
l'apprezzamento appreciation
apprezzare to appreciate
l'approccio approach
appropriato appropriate
l'appuntamento appointment; date; **l'appuntamento al buio** blind date
l'appunto note; **prendere appunti** to take notes
aprile April (1)
aprire (*p.p.* **aperto**) to open (3)
arabo Arabic
l'arancia (*pl.* **le arance**) orange (*fruit*) (PSP-1); **il succo d'arancia** orange juice (1)
l'aranciata orange soda

arancione *adj. inv.* orange (2)
l'archeologo/l'archeologa (*pl.* **gli archeologi / le archeologhe**) archeologist
archeologico *adj.* archeological
l'architetto *m./f.* architect (9)
architettonico architectural
l'archivio archive
l'arcipelago archipelago
l'arco arch; **nell'arco di** in the span of
l'area area
argentato silvered
l'argento silver; **d'argento** *adj.* silver
l'argomentazione *f.* argument
l'argomento topic
l'aria air; aria; **l'aria condizionata** air conditioning (13)
aristocratico aristocratic
l'armadio (*pl.* **gli armadi**) armoire (11); wardrobe, closet
arrabbiarsi to get angry (6)
arrabbiato angry (2)
l'arrampicata *n.* climb
arrestare to arrest
*arrivare to arrive (3); **arrivarci** to get there (13)
arrivederci good-bye (1)
l'arrivo arrival
arroccato *p.p.* perched
arrosto *inv.* roast, roasted; **il pollo arrosto** roast chicken (5)
l'arte *f.* art; **la Commedia dell'arte** form of popular theater in 14th–18th-century Italy; **l'opera d'arte** work of art; **la storia dell'arte** art history
articolare to articulate
l'articolo article; **gli articoli sanitari** hygiene products; **l'articolo determinativo** definite article; **l'articolo indeterminativo** indefinite article
l'artificio (*pl.* **gli artifici**) device; **fuochi d'artificio** fireworks (8)
l'artista *m./f.* artist (9)
artistico artistic
l'ascensore *m.* elevator (11)
l'asciugamano towel
†**asciugare** to dry
ascoltare to listen to (3)
asiatico (*pl.* **asiatici**) *adj.* Asian
l'asilo preschool
l'asilo nido nursery school
l'asma asthma (10)
l'asparago (*pl.* **gli asparagi**) asparagus (PSP-1)
aspettare to wait for (6); **aspettare un attimo** to wait a moment (13)
l'aspetto appearance; look; aspect
l'aspirina aspirin
assaggiare to taste
l'asse *m.* axis
l'assegnazione placement
l'assenza absence
assicurare to assure; **assicurarsi** to make sure
assieme together; **assieme a** together with
l'assistentato assistantship
l'assistente *m./f.* assistant
l'assistente sociale *m./f.* social worker (9)
l'assistenza assistance; care; welfare
associare to associate
associativo associative
l'associazione *f.* association; society
assolutamente absolutely
assoluto absolute

assomigliare to resemble; to look like

l'assunzione *f.* hiring; staffing

assurdo absurd, ridiculous

astemio (*m. pl.* **astemi**) *adj.* teetotal (abstaining from alcohol)

l'astensione *f.* abstention

l'asterisco asterisk

astratto abstract

l'astrologo/l'astrologa (*pl.* **gli astrologi / le astrologhe**) astrologist (PSP-1)

l'atleta *m./f.* athlete (PSP-4)

l'atletica leggera track and field (10)

atletico (*pl.* **atletici**) athletic

l'atmosfera atmosphere

atomico (*pl.* **atomici**) atomic; **la bomba atomica** atomic bomb

attento careful

l'attenzione *f.* attention; **Attenzione!** Attention!, Note!, Careful!; **fare attenzione a** to pay attention to

atteso awaited; **in attesa** in anticipation

l'attimo moment; **aspettare un attimo** to wait a moment (13)

attirare to attract

l'attività *f.* activity; **l'attività fisica** physical activity; **l'attività sportiva** sports activity

l'atto act

attivo active (2)

l'attore/l'attrice actor (9)

attraente attractive

attraversare to cross

attraverso through; across; by way of

l'attualità *f.* current events

attualmente currently

attuare to put into effect

augurare to wish

l'augurio (*pl.* **gli auguri**) wish; **Auguri!** Best wishes! (8); **farsi gli auguri** to exchange good wishes (8)

l'aula classroom

*aumentare to increase; **aumentare di peso** to gain weight (10)

l'aumento increase (14)

l'ausiliare auxiliary (verb)

australiano *adj.* Australian (2)

austriaco (*m. pl.* **austriaci**) *adj.* Austrian (2)

l'auto *f.* car

l'autobus *m.* bus (3); **prendere l'autobus** to take the bus (4)

l'automobile, l'auto (*pl.* **le auto**) *f.* car (PSP-1)

automobilistico *adj.* car

autonomo autonomous, independent

l'autore/l'autrice author

l'autorità authority

l'autoscuola driving school

l'autostrada highway

autosufficiente self-sufficient

l'autosufficienza self-sufficiency

l'autunno autumn (1), fall; **in autunno** in the autumn

avanti before; ahead; **Avanti!** Come in! Go ahead! Keep moving! (11); **avanti Cristo (a.C.)** Before Christ (B.C.) (12); **più avanti** further ahead, further on, later

avaro stingy

avere (*p.p.* **avuto**) to have (2); **avere un altro impegno** to have something else to do (5); **avere… anni** to be . . . years old (PSP-12); **avere bisogno di** to need (PSP-2); **avere caldo** to be

hot (2); **avere entusiasmo** to be enthusiastic; **avere fame** to be hungry (2); **avere una fame da lupo** to be ravenously hungry; to be starving (*coll.*); **avere freddo** to be cold (2); **avere un incidente** to be in an accident; **avere l'influenza** to have the flu (10); **avere intenzione di** (+ *inf.*) to intend to (*do something*); **avere un intervento** to have an operation; **avere un intervento chirurgico** to have surgery; **avere luogo** to take place; **avere mal di gola** to have a sore throat (2); **avere mal di pancia** to have a stomachache (2); **avere mal di testa** to have a headache (2); **avere paura di** to be afraid (of) (2); **avere un raffreddore** to have a cold (10); **avere ragione** to be right (2); **avere sete** to be thirsty (2); **avere un sogno nel cassetto** to have a secret wish (*lit.* to have a dream in the drawer) (13); **avere sete** to be thirsty; **avere successo** to succeed; **avere torto** to be wrong (2); **avere voglia di** to want (PSP-2); **avercela con qualcuno** to hold a grudge against someone (PSP-16); to be angry with someone (PSP-16); **Abbi pazienza!** Have patience!, Be patient!; **Quanti anni ha?** How old are you? (*form.*) (2); **Quanti anni hai?** How old are you? (*inform.*) (2)

l'avvenimento event

*avvenire (*p.p.* **avvenuto**) to take place; to happen

l'avventura adventure

avventuroso adventurous

l'avverbio adverb

avviarsi to start (up)

avvicinarsi to draw near, to move closer

l'avvocato *m./f.* lawyer (9); **l'avvocatessa** *f.* lawyer (*rarely used form*)

l'azienda firm, business, company (9)

l'azione *f.* action

gli Azzurri Italian national soccer team

azzurro (sky) blue (2); **gli Azzurri** an Italian national sports team

B

il babbo dad; **Babbo Natale** Santa Claus (8)

il baccalà cod

baciare to kiss; **baciarsi** to kiss (*each other*) (8)

il bacio (*pl.* **i baci**) kiss

badare a to look after; to take care of

il/la badante *m./f.* caregiver

bagnato wet

il bagnino / la bagnina lifeguard

il bagno bathroom (11); ***andare in bagno** to go in the bathroom (8); **con bagno** with bath; **il costume da bagno** bathing suit (6); **fare il bagno** to take a bath; to go swimming; **la vasca da bagno** bathtub (11)

il balcone balcony (11)

ballare to dance (3)

la ballerina dancer

il ballo dance; **le lezioni di ballo** dance lessons

il bamboccione mama's boy

balneare *adj.* swimming; **lo stabilimento balneare** beach club

il balocco (*pl.* **i balocchi**) toy

balsamico (*m. pl.* **balsamici**) *adj.* balsamic; **l'aceto balsamico** balsamic vinegar

il bambino / la bambina child, little boy / little girl; **da bambino/a** as a child (9); **fin da bambino/a** since he/she was a child

la banca (*pl.* **le banche**) bank (12); ***andare in banca** to go to the bank (8)

la bancarella stall

il Bancomat ATM

la banconota bill (*money*)

la bandiera flag

il bando competitive exam

il bar bar; café

la barba beard

il barbiere barber

la barca (*pl.* **le barche**) boat; **la barca a vela** sail boat (13)

il/la barista bartender; café worker

il barocco Baroque period (17th–18th centuries) (12)

la barzelletta joke (15); **raccontare una barzelletta** to tell a joke (15)

basare su to base on

la base base; basis; **a base di** based on; **in base a** according to, based on; **sulla base di** based on

il basket basketball (10); **giocare a basket** to play basketball (10)

basso short (2); low; **la bassa stagione** low season (13); **lineetta bassa** underscore

il bastone cane, walking stick; club (*playing card*)

la battaglia battle

battere to beat (*heart*)

la battuta joke; **fare una battuta su** to make fun of

battersi contro to fight against

il battesimo baptism

la Befana Befana (*celebration of the Catholic feast of the Epiphany, January 6; the kindly old woman who brings gifts to children on Epiphany eve*) (8)

beige *inv.* beige (2)

la bellezza beauty

bello beautiful (PSP-2); good, nice (*thing*); **fare bello** to be beautiful weather (2); **Che bel ragazzo!** What a cute guy! (4); **Che bella ragazza!** What a cute girl! (4); **Che bello(a/i/e)!** How beautiful! (4); **Cosa fai di bello?** What fun (interesting) thing do you have planned? (*inform.*) (3); **fare bella figura** to make a good impression (6)

benché even though (PSP-15)

bene *adv.* well, fine (2); ***andare bene** to go well; to be ok; **benissimo** great (2); **è bene che** it's good that (14); **molto bene** very good; ***stare bene** to be well (2); ***stare benissimo** to be great (2); ***stare molto bene** to be very well (2); **va bene** ok (3); **volere bene** to love; **volersi bene** to love each other (8)

benedetto blessed

beneducato well-mannered, well-brought-up

il beneficio benefit

il benessere *m. inv.* wellness (10)

i beni goods, commodities; **i Beni Culturali** cultural assets (archeological, historical, artistic, environmental, or archival treasures)

benissimo terrific; great (3)

la benzina gasoline

bere (*p.p.* **bevuto**) to drink (3); **qualcosa da bere** something to drink; **niente da bere** nothing to drink

il berretto cap (6)

la bestia beast, animal

la bevanda drink (5)

la biancheria linen; underwear

bianco (*m. pl.* **bianchi**) white (2); **la settimana bianca** a week-long skiing vacation

la bibita soft drink

la biblioteca (*pl.* **le biblioteche**) library (3); ***andare in biblioteca** to go to the library; **studiare in biblioteca** to study in the library

il bibliotecario / la bibliotecaria librarian
il bicchiere glass (1)
la bicicletta bicycle (1); la bici (pl. le bici) bike (PSP-1); *andare in bicicletta to go by bicycle (8); fare un giro in bici to go for a bike ride (7)
il bidè bidet (11)
il bidone trash bin (11)
la biglietteria ticket booth
il biglietto ticket (7); card (greeting card, written note)
bilingue adj. bilingual
la bimba baby girl, toddler
il bimbo baby boy
la biodiversità biodiversity
la biografia biography
la biologia biology (1)
il biologo / la biologa (pl. i biologi / le biologhe) biologist (PSP-1)
biondo blond; i capelli biondi blond hair (2)
il birichino rascal
la birra beer (1)
bis encore
il biscotto cookie (PSP-12)
i bisi peas
bisognare (che) to be necessary (that) (14); bisogna (+ inf.) one needs to (3)
il bisogno need; avere bisogno di to need (PSP-2)
la bistecca (pl. le bistecche) steak (5)
blu inv. blue (2)
la bocca (pl. le bocche) mouth (6); aprire bocca to say a word; In bocca al lupo! Good luck!; Break a leg! (lit. In the mouth of the wolf!) (8); parlare a bocca piena to talk with one's mouth full
il boccone mouthful (PSP-10); mangiare un boccone to grab a bite to eat
boh! I dunno! (7)
bollire to boil
bolognese adj. Bolognese; alla bolognese with meat sauce (5)
la bomba bomb; la bomba atomica atomic
la bomboniera party favor
la borghesia middle class; la piccola borghesia lower middle class
il borgo hamlet
la borsa purse (6); bag; la borsa di studio scholarship (9); la borsetta di soldi money purse
la bottega (pl. le botteghe) shop
il botteghino box office
la bottiglia bottle (1)
il bozzetto sketch
il braccio (pl. le braccia) arm (6)
alla brace charcoal grilled (5)
la braciola cutlet (5)
il brano excerpt; piece
bravo good, capable; *essere bravo in to be good at
breve brief, short
la briciola crumb
il brindisi (pl. i brindisi) toast (PSP-1)
la brioche (pl. le brioche) type of sweet roll, danish
il brodo broth (5)
bruno. agg. dark-haired
la bruschetta toasted bread with chopped tomato, onion, and garlic topping
brutto ugly; fare brutto to be bad weather (2)
il bucato laundry; fare il bucato to do laundry (7)
la bufala buffalo; la mozzarella di bufala buffalo-milk mozzarella
buffo funny (2)

la bugia lie
il buio darkness; l'appuntamento al buio blind date
buono good (2); Buon anniversario! Happy Anniversary! (8); Buon anno! Happy New Year! (8); Buon appetito! Enjoy your meal! (8); Buon compleanno! Happy Birthday! (8); buon giorno good morning, good day (1); Buon lavoro! Work well! (8); Buon Natale! Merry Christmas! (8); Buon proseguimento! Keep on going!; Buon viaggio! Have a good trip! (8); Buona giornata! Have a nice day!; buona notte good night (1); Buona Pasqua! Happy Easter! (8); buona sera good evening (1); Buone feste! Happy Holidays! (8); Buone vacanze! Have a good vacation! (8)
il burattino puppet
il burro butter (5)
la bussola compass
la busta envelope; bag
buttare to throw; buttare via to throw away

C
la caccia hunting
*cadere to fall
la caduta fall
il caffè coffee (1); prendere un caffè to have a coffee (3)
il calamaro squid
calare to drop (14); to fall, to reduce; *calare di peso to lose weight (10)
il calcetto fussball; giocare a calcetto to play fussball
il calciatore soccer player
il calcio soccer; giocare a calcio to play soccer (3); la partita di calcio soccer game
calcolare to calculate
caldo hot; avere caldo to be hot (2); fare caldo to be hot weather (2); la tavola calda cafeteria (lit. hot table)
il caldo heat; la tavola calda cafeteria
calmo calm
il calo drop, reduction (14); in calo falling
le calze stockings (8)
i calzini socks (6)
i calzerotti socks; anklets
†cambiare to change (15); †cambiare casa to move (to a different residence) (12); cambiare discorso to change topic; cambiare idea to change one's mind
in cambio di in exchange for
la camera bedroom (8); room; la camera singola single room (13); la camera doppia double room (13); *andare in camera da letto to go in the bedroom (8); prenotare una camera to reserve a room
il cameriere / la cameriera waiter/waitress (5)
la camicia (pl. le camicie) shirt (6)
il camiciotto shirt
il/la camionista m./f. truck driver
il cammeo cameo
camminare to walk (10); camminare a testa alta to walk proudly
la camminata walk
la campagna country; campaign
la campana bell
il campanile bell tower
il campeggio camping; fare campeggio to camp; la tenda da campeggio camping tent

il campionato championship
il campo field; il campo di studi field of studies; il campo da tennis tennis court
canadese adj. Canadian (2)
il canale channel
il cancro cancer
la candelina small candle
candidarsi to present oneself as a candidate
il candidato / la candidata candidate
il cane dog (1)
il canestro basket
canonico canonical, established
canonizzare to canonize
il/la cantante singer (9)
cantare to sing
il cantautore / la cantautrice songwriter
il cantiere construction site (9)
la canzone song (7)
il caos chaos (12)
caotico (m. pl. caotici) chaotic
la capacità skill, ability
i capelli hair (2); i capelli biondi blond hair (2); i capelli castani brown hair (2); i capelli lisci straight hair (2); lavarsi i capelli to wash one's hair (6)
capillare widespread
capire (isc) to understand (3)
la capitale capital
*capitare to happen
il capitolo chapter
il capo head; boss; top; da capo from the beginning
il Capodanno New Year's Day (8)
il capolavoro masterpiece
il capoluogo (pl. i capoluoghi) administrative center (12)
capoverdiano adj. from Cape Verde
la cappella chapel
il cappello hat
il cappotto coat
Cappuccetto Rosso Little Red Riding Hood
il cappuccino cappuccino (1); il Cappuccino Capuchin (monk)
il/la carabiniere military police officer
il carattere personality
la caratteristica (pl. le caratteristiche) characteristic
caratterizzare to characterize
i carboidrati carbohydrates
il carbone coal (8)
cardiovascolare cardiovascular
a carico di at the expense of; care of
carino cute
la carnagione skin tone (4); la carnagione chiara/scura light/dark skin tone
la carne meat (5)
il Carnevale Carnival, Mardi Gras
caro dear, sweetie; expensive
la carota carrot
il carrello shopping cart
la carriera career
la carrozza carriage
la carrozzina baby carriage
la carta paper; card; la carta di credito credit card; la carta di identità identity card; la carta igienica toilet paper; il foglio di carta sheet of paper
le carte (playing) cards; le carte da gioco playing cards; giocare a carte to play cards (3)
il cartello placard, sign

la cartina map

la cartoleria stationery store; office supply store

la cartolina postcard

il cartone cardboard

la casa house, home (1); dynasty; ***andare a casa** to go home (PSP-5); †**cambiare casa** to move (11); **la casa popolare** public housing; **il compagno di casa** housemate; **le faccende di casa** housework; **la padrona di casa** female head of house; ***tornare a casa** to go home; **il vicino di casa** neighbor

casalingo *adj.* homemade; homeloving; **la casalinga** housewife (4); **la cucina casalinga** homestyle cooking; ***essere casalingo** to be a homemaker

il casco helmet

il caso case; **a caso** by chance; uphazardly; **farci caso** to take notice; **per caso** by chance

la cassa checkout

il cassetto drawer; **avere un sogno nel cassetto** to have a secret wish (*lit.* to have a dream in the drawer) (13)

il cassiere / la cassiera cashier

castano brown (*color*); **i capelli castani** brown hair (2)

il castello castle

casuale casual

catalano Catalan

il catalogo (*pl.* **i cataloghi**) catalogue (PSP-1)

la categoria category

la catena range (*mountains*)

la cattedrale cathedral

cattivo bad, naughty, mean (2); **di cattivo umore** in a bad mood

cattolico (*m. pl.* **cattolici**) Catholic

causare to cause

la causa cause; **a causa di** because of

il cavallo horse; ***andare a cavallo** to go horseback riding (10); **la corsa di cavalli** horse race

il CD CD-ROM (1); CD (PSP-8)

c'è there is (2); **c'era una volta…** once upon a time . . . (9)

celebrare to celebrate; to honor

la celebrazione celebration

celebre famous

celeste celestial, heavenly; light blue

celibe (*m.*) single, unmarried (4)

il cellulare cell phone

la cena dinner

cenare to have dinner, to eat dinner (3)

il cenone large, important dinner (for a special occasion, such as New Year's Eve)

il centenario centenarian

il centesimo cent

il centinaio hundred

cento hundred; **per cento** percent

centrale central (15)

centro central; **centro-meridionale** Central-Southern (15)

il centro town center (6); **il centro amministrazione** management office; **il centro commerciale** large shopping center, mall (6); **il centro storico** historical center (of a city) (12); **il centro urbano** city (12); ***andare in centro** to go downtown (8)

in cerca di in search of

cercare to look for (3); **cercare casa** to look for a home; **cercare di** (+ *inf.*) to try to (*do something*) (PSP-14); **cercare lavoro** to look for work (9); **cercasi** wanted

il cerchio circle

i cereali cereal

la cerimonia ceremony; **la cerimonia civile** civil ceremony

il cero candle

la certezza certainty; **con certezza** with certainty

il certificato certificate

certo certain; **Certo!** Of course! (6); ***essere certo che** to be certain that (15)

il cespuglio (*pl.* **i cespugli**) shrub, bush

il ceto social class

che what (4); **che cosa** what (4); **Che bel ragazzo!** What a cute guy! (4); **Che bella ragazza!** What a cute girl! (4); **Che bello(a/i/e)!** How beautiful! (4); **Che disastro!** What a disaster! (4); **Che furbo!** How clever! (4); **Che genio!** What a genius! (4); **Che giorno è oggi?** What day is today? (3); **Che mattone!** What a bore! (4); **Che ora è? / Che ore sono?** What time is it? (3); **A che ora… ?** At what time . . . ? (3); **Che ore saranno?** What time must it be? (PSP-13); **Che scemo(a/i/e)!** What a moron/idiot! (4); **Che schifo!** How gross/disgusting! (4)

chi who (4); **Chi è?** Who is it? (4)

la chiacchiera chit-chat; **fare due chiacchiere** to chat (15)

chiacchierare to chat (15)

chiamare to call; **chiamarsi** to call oneself, to be named; **Come si chiama?** What's your name? (*form.*) (1); **Come ti chiami?** What's your name? (*inform.*) (1); **Mi chiamo…** My name is . . . (1)

chiaro clear; light; ***essere chiaro che** to be clear that (15); **la carnagione chiara** light skin tone (4)

la chiave key

chiedere (*p.p.* **chiesto**) to ask (15); **chiedere di** (+ *inf.*) to ask to (*do something*) (PSP-14)

la chiesa church (8); ***andare in chiesa** to go to church (8)

il chilo kilogram

il chilometro kilometer (PSP-5)

la chimica chemistry (1)

la chiocciola snail

la chioma foliage; hair

chirurgico (*m. pl.* **chirurgici**) surgical; **avere un intervento chirurgico** to have surgery (10)

chissà who knows

la chitarra guitar (3)

il/la chitarrista guitarist

chiudere (*p.p.* **chiuso**) to close (3)

chiunque whoever

la chiusura closing

ci *pron.* us; there (PSP-5)

ci mancherebbe altro not a problem, no big deal (5)

ci sono there are (2)

Ci vediamo! See you later! (8)

il ciak clapperboard (*film*); **Ciak, si gira!** Action, rolling!

ciao hi; bye (1)

ciascuno each, every

il cibo food

il ciclismo cycling (10); **fare ciclismo** to bike ride (10)

il/la ciclista bike rider

ciclistico related to bicycles

il ciclomotore motor scooter

il cicloturismo cyclotourism

cieco (*pl.* **ciechi**) blind

il cielo sky

la cifra figure (*number*)

la ciliegia (*pl.* **le ciliegie**) cherry (PSP-1)

il cinema (*pl.* **i cinema**) movie theater (1); film (*industry*) (3); ***andare al cinema** to go to the movies (7)

il cinematografo movie theater (PSP-1)

cinese *adj.* Chinese (2)

il Cinquecento the 1500s

la cintura belt (6); **la cintura di sicurezza** seatbelt, safety belt

ciò che what

la cioccolata hot chocolate

il cioccolatino chocolate; **la scatola di cioccolatini** box of chocolates

il cioccolato chocolate (5); **al cioccolato** chocolate (*flavored*)

cioè that is to say

la cipolla onion (5)

circa about, approximately

circondare to surround

circondato surrounded

la circostanza circumstance

il citofono speakerphone (11)

la città city (1); **la città di origine/provenienza** hometown

il cittadino / la cittadina city dweller (14); citizen

civico civic (12)

civile civil; **i paesi civili** civilized countries; **lo stato civile** marital status

il/la clarinettista clarinet player

il clarinetto clarinet (PSP-7)

la classe group (*of students*) (1); classroom (1); **il compagno di classe** classmate

classico classic, classical; **il liceo classico** high school with a focus on literature (humanities); **la musica classica** classical music

la classifica rating

cliccare to click; **clicca qui** click here

il/la cliente client; customer

il clima climate

la clinica clinic

clonare to clone

la coabitazione to live in shared quarters

il cocomero watermelon

il codice code

il coetaneo peer

il cognome last name

coincidere to coincide

il coinquilino housemate

coinvolgere to involve

la colazione breakfast; **fare colazione** to eat breakfast (3)

collaborare (con) to work (with)

la collana necklace (6)

il/la collega colleague

il collegamento connection

collegare to link, to connect

collettivo *adj.* collective

la collezione collection

il collo neck; **il collo a "v"** v-neck

collocarsi to place oneself

il colloquio (*pl.* **i colloqui**) interview; **il colloquio di lavoro** job interview

la colomba dove (8); traditional Easter cake (*in the shape of a dove*) (8)

la colonia colony

la colonna column; **la colonna sonora** sound track

colorare to color

il colore color (2); **una persona di colore** person of color (4)

la colpa fault; guilt; **è tutta colpa mia** it's all my fault

colpito da hit, struck by

il colpo di vento gust of wind

il coltello knife (5)

coltivare to cultivate, to farm

combattere to fight (16)

combinare to combine; to do; to be up to

la combinazione combination

come how (4); like; **Come ti chiami? / Come si chiama?** (*inform./form.*) What is your name?; **Com'è… ?** What is she/he/it like? (2); **Com'era… ?** What was he/she/it like? (9); **Come no!** Of course!; **Come si dice… in italiano?** How do you say . . . in Italian?; **Come si fa?** How is it done? How do people do it? (14); **Come si scrive… ?** How do you write . . . ?; **Come sono… ?** What are they like? (2); **Come sta?** How are you? (*form.*) (2); **Come stai?** How are you? (*inform.*) (2); **Come va?** How's it going? (2)

la cometa comet

comico (*m. pl.* **comici**) comic, funny

†**cominciare** to begin; †**cominciare a** (+ *inf.*) to start to (*do something*) (PSP-14)

la commedia comedy; **la Commedia dell'arte** form of popular theater in 14th–18th-century Italy; **le maschere della Commedia** masked characters of the Commedia dell'arte

commentare to comment

il commento comment; commentary

commerciale *adj.* commercial, trade; **il centro commerciale** large shopping center, mall (6)

il/la commerciante shopkeeper

il commercio (*pl.* **i commerci**) commerce; business; **l'economia e commercio** business administration

il commesso / la commessa store clerk (9)

la comodità comfort, amenity

comodo comfortable; **fare comodo** to be convenient

la compagnia company; firm; **fare compagnia a** to keep someone company

il compagno / la compagna (di classe) classmate; **il compagno / la compagna di casa** housemate/roommate (PSP-15)

il comparativo comparative

compatibile compatible

comperare (*p.p.* **comprato**) to buy (PSP-13)

la competenza competence

la competizione competition

compiere (*p.p.* **compiuto**) to complete; **compiere gli anni** to have a birthday (8)

il compito homework assignment; **fare i compiti** to do homework (3)

il compleanno birthday (7); **Buon compleanno!** Happy Birthday! (8); **la festa di compleanno** birthday party

complessivo total

completamente completely

completare to complete

completo complete; **la pensione completa** bed-and-breakfast with breakfast, lunch, and dinner included (13)

complicato complicated, complex

il complimento compliment; **fare i complimenti** to pay compliments

il componimento composition (PSP-6)

comporre (*p.p.* **composto**) to compose (16)

il comportamento behavior; conduct; **le regole di comportamento** rules of etiquette

comportarsi to behave

il compositore / la compositrice composer (16)

la composizione composition

composto di composed of, made up of

comprare to buy

comprendere (*p.p.* **compreso**) to include; to comprise

la comprensione comprehension

compreso di composed of, made up of; **tutto compreso** all-inclusive

il compromesso compromise

il computer computer (1); **giocare al computer** to play on the computer; **studiare con il computer** to study on the computer

comunale *adj.* city, community

comune common; normal; **il Comune** city government; **in comune** in common; **il palazzo del comune** city hall (12)

comunicare to communicate

comunicativo communicative

il comunicatore communicator

la comunicazione communication

la comunione communion; **la prima comunione** first communion

la comunità community

con with (5)

concentrarsi to concentrate

concentrato concentrated, focused

il concerto concert (7); ***andare ad un concerto** to go to a concert

il concetto concept

concludere (*p.p.* **concluso**) to end

la conclusione end, ending

concreto concrete, tangible

la condanna penalty

la concordanza agreement

condividere (*p.p.* **condiviso**) to share

il condizionale conditional (*gram.*) **condizionato** conditioned; **l'aria condizionata** air conditioning (13)

la condizione condition

condominiale *adj.* belonging to an apartment building

il condominio apartment building (11)

la condotta chapter of the Slow Food movement

il condottiero soldier of fortune; captain

condurre (*p.p.* **condotto**) to lead, to guide; to anchor

la conferma confirmation

confermare to confirm

i confetti sugared almonds

confinare to border

il conflitto conflict

confortante comforting

confrontare to confront; to compare

il confronto comparison

nei confronti di in regard to

la confusione confusion

confuso confused

il congiuntivo subjunctive (*gram.*)

congruo a relative to

il coniglio (*pl.* **i conigli**) rabbit

coniugare to conjugate

il/la coniuge *m./f.* spouse

la conoscenza knowledge

conoscere (*p.p.* **conosciuto**) to know (*a person or place*) (4); to meet (*in the past tense*); to be familiar with a person, place, or thing (PSP-6)

conquistare to attain, to achieve

la consapevolezza awareness

consegnare to deliver; to turn in

la conseguenza conclusion; consequence

conseguire to attain; to acquire

consentire to allow

conservare to save, to keep

conservato preserved; **ben conservato** well-preserved

considerare to consider

considerato considered

il consiglio (*pl.* **i consigli**) (*piece of*) advice (16); **dare consigli** to give advice; **il Presidente del Consiglio** Prime Minister

***consistere di** to consist of

consolidare to consolidate

la consonante consonant

consultare to consult

il consultorio doctor's office

il consumo consumption, use; **il mercato dei consumi** consumer market

il contadino farmer

la contaminazione contamination

contare to count

contattare to contact

il contatto contact; **a contatto con** in contact with; **le lenti a contatto** contact lenses (2); **mettersi in contatto** to contact, to get into contact

il conte count

contemporaneo contemporary (15)

contenere to contain

contento happy (2); ***essere contento di** to be happy about

il contesto context

il continente continent

†**continuare** to continue; †**continuare a** (+ *inf.*) to continue to (*do something*); to keep on (*doing something*)

continuato continuous; **l'orario continuato** continuous hours, all-day hours (*shops, businesses*)

continuativo *adj.* continuous

la continuazione continuation; **in continuazione** in continuation

continuo continuous

il conto bill (5); count

il contorno side dish (5)

contrario (*m. pl.* **contrari**) *adj.* opposite

il contrario (*pl.* **i contrari**) opposite

il contrasto contrast, difference

contribuire (a) (isc) to contribute (to)

il contributo contribution

contro against

controllare to control; to check

il controllo control

il controllore conductor

convalidare to validate

la conversazione conversation

convincere (*p.p.* **convinto**) to convince; **convincersi** to convince oneself

convivere con (*p.p.* **convissuto**) to live with

la cooperativa cooperative

coordinato coordinated

la coperta blanket

la copertina book cover

coperto covered

il coperto cover charge (*in a restaurant*) (5)

la copia copy

copiare to copy
la coppa cup; heart (*playing card*)
la coppia couple, pair
il coprifuoco curfew
coprire (*p.p.* **coperto**) to cover
il coraggio courage; **Su, coraggio!** Cheer up!
coraggioso courageous, brave
il corallo coral
i coriandoli confetti (*paper*)
il coro chorus; choir
il corpo body (6)
corpulento burly
correggere (*p.p.* **corretto**) to correct
correlato correlated
†**correre** (*p.p.* **corso**) to run (4)
corretto correct
la correzione correction
corrispondere a to correspond to
la corsa race; **la corsa di cavalli** horse race
corsivo *adj.* italicized
il corsivo italics; **in corsivo** in italics
il corso course (*of study*) (1); avenue; **lo studente fuori corso** "super senior"
la corte court
il cortile courtyard
corto short
cosa what; **Cosa c'è?** What's the matter? (2); **Cos'è?** What is it? (4); **Cosa fai di bello?** What fun (interesting) thing do you have planned? (*inform.*) (3); **Cosa vuoi fare?** (*inform.*) / **Cosa vuole fare?** (*form.*) What do you want to do in the future? (9)
la cosa thing; **qualsiasi cosa** anything
così so (PSP-16); **così così** so-so (2)
così… come as . . . as (PSP-4)
i cosmetici cosmetics
la costa coast
la costanza perseverance
*****costare** to cost; **Quanto costa?** How much does it cost?; **Quanto costano?** How much do they cost?
la Costituzione Constitution (16)
il costo cost; **il costo della vita** cost of living
costoso expensive (12)
costruire (isc) to construct (12); to amount to
la costruzione construction; building
il costume costume; outfit; habit; custom; **il costume da bagno** bathing suit (6)
il cranio (*pl.* **i crani**) (*coll.*), brainiac, intelligent person
la cravatta tie (6)
creare to create
creativo creative
la creatività creativity
la creazione creation
la credenza belief
credere to believe (14); to think; **credere a/in** to believe in (*something/someone*) (14); **credere che** to believe that (14); **credere di** (+ *inf.*) to believe or think about (*doing something*) (PSP-15)
il credito credit; **la carta di credito** credit card
la crema cream; lotion
*****crepare** to die; **Crepi!** Thanks! (*lit.* May the wolf die!) (8)
crescente increasing
†**crescere** (*p.p.* **cresciuto**) to grow (up) (12); to increase (14)
la crescita growth (14), increase; **in crescita** growing, on the rise

la cresima Confirmation
la criminalità crime
il crisantemo crysanthemum
la crisi (*pl.* **le crisi**) crisis (PSP-1)
il cristallo glass
cristiano *adj.* Christian
il cristiano / la cristiana Christian
Cristo Christ; **avanti Cristo, a.C.** before Christ, B.C. (12); **dopo Cristo, d.C.** anno domini, A.D. (12)
i criteri criteria
la critica (*pl.* **le critiche**) criticism
croato Croatian
la croce cross
*****crollare** to collapse
il crollo collapse
cronico (*m. pl.* **cronici**) chronic
cronologico (*m. pl.* **cronologici**) chronological; **l'ordine cronologico** chronological order
il cruciverba crossword
crudo raw; **il prosciutto crudo** cured ham
cubano *adj.* Cuban (2)
la cuccagna earthly paradise
il cucchiaio (*pl.* **i cucchiai**) spoon (5)
la cucina kitchen (11); stove (11); cuisine, cooking; *****andare in cucina** to go in the kitchen (8); **la cucina a gas** gas stove; **la cucina italiana** Italian cuisine, Italian cooking
cucinare to cook (4)
le cuffie headphones
il cugino / la cugina cousin (4)
cui whom; which (PSP-9)
culinario culinary
il culto cult
il cultore devotee
la cultura culture
culturale cultural; **i Beni culturali** cultural assets (archeological, historical, artistic, environmental, or archival treasures)
il culturismo bodybuilding (10); **fare culturismo** to bodybuild (10)
il cuoco / la cuoca (*pl.* **i cuochi / le cuoche**) cook; chef
il cuore heart
la cura treatment, care; cure; doctor's instructions for care; **prendersi cura di** to take care of
curioso curious (2)
il curricolo career; resumé, curriculum vitae
la curva curve
curvo curved; bent over, hunched

D

d.C. (dopo Cristo) A.D. (anno domini) (12)
da from (5); to (*a place*); at (PSP-5); **da bambino/a** as a child (9); **da dio** awesome; **da leggere** "must read" (5); **da matti** crazy, like crazy (5); **da vedere** "must see" (5); *****andare da** (*name of a person*) to go to (*person's*) house (PSP-5); *****andare da** (+ *name of professional*) to go to (*professional's office/place of business*) (PSP-5); *****andare dal dentista** to go to the dentist's (office) (PSP-5); *****andare dal medico** to go to the doctor's (office); *****andare dalla parrucchiera** to go to the hairdresser's; **dal vivo** live
dai! come on! (7)
il danno damage
la danza dance (10); **fare danza** to dance (10)
dappertutto everywhere
dapprima at first

dare to give (4); **dare consigli** to give advice; **dare fastidio** to bother (10); **dare lezioni private** to teach private lessons
la data date
il dato datum
davanti a in front of (11)
davvero really
il debito debt; **pagare i debiti** to pay one's debts
debole weak (2)
il decennio decade
decidere (*p.p.* **deciso**) to decide (12); **decidere di** (+ *inf.*) to decide to (*do something*) (PSP-14)
decifrare to decipher; to decode
decimo tenth (1)
la decisione decision; **prendere una decisione** to make a decision
decollare to take off, to get off the ground (*airplane*)
decorativo decorative
dedicare to dedicate (PSP-12); **dedicarsi (a)** to dedicate oneself (to)
definire (isc) to define
definitivamente finally; definitively
definitivo final
la definizione definition
i defunti dead, deceased (*persons*); **la Commemorazione dei Defunti** Commemoration of the Dead
la degustazione tasting
la delinquenza crime (*in general*) (14)
la delusione disappointment
democratico (*m. pl.* **democratici**) democratic
la demografia demography
demografico *adj.* demographic, population
il denaro money; diamond (*playing card*)
il dente tooth (2); **al dente** cooked al dente, firm (*lit.* to the tooth); **lavarsi i denti** to brush one's teeth (6); **lo spazzolino da denti** toothbrush
il/la dentista dentist (9); *****andare dal dentista** to go to the dentist's (office); **dal dentista** at the dentist's (office)
dentistico (*m. pl.* **dentistici**) dental
dentro inside
la denuncia charge
depresso depressed
il deputato / la deputata representative (*in government*); member of Parliament
*****derivare** to derive (15)
derubare to rob
descrittivo descriptive
descritto described
descrivere (*p.p.* **descritto**) to describe
la descrizione description
deserto deserted; desert; **l'isola deserta** deserted island
desiderare to want, to desire; to wish
il desiderio (*pl.* **i desideri**) desire; wish
destinare to destine; to assign
la destinazione destination (13)
destra right (*direction*); **a destra di** to the right of (11); **di destra** right-wing; **girare a destra** to turn right (13); **sulla destra** on the right (13)
detenere to hold
determinare to determine
determinato particular, certain
il deterrente deterrent
il detersivo detergent
detestare to detest
il dettaglio (*pl.* **i dettagli**) detail; **in dettaglio** in detail

il dettato dictation

devastante devastating

di of (5); about (5); *****ęssere di** to be from

dialettale dialectal

il dialetto dialect (15)

il diạlogo (*pl.* **i diạloghi**) dialogue (PSP-1)

il diario (*pl.* **i diari**) diary, journal

il dibạttito debate

dicembre December (1)

dichiarare to declare; to state

diciottęsimo eighteenth

didạttico educational

la dieta diet; **la dieta mediterrạnea** Mediterranean diet; **ęssere a dieta / fare la dieta** to be on a diet (10)

dietro behind (11)

difęndere (*p.p.* **difeso**) to defend

differente different

la differenza difference

differenziarsi da to be different from; to distinguish oneself from

diffịcile difficult (2)

la difficoltà difficulty

diffọndersi (*p.p.* **diffuso**) to spread (15)

la diffusione circulation (*of books and papers*)

diffuso widespread; common (15)

la dignità dignity

la diluizione dilution

*****dimagrire (isc)** to lose weight (10)

la dimensione dimension

dimenticare to forget (3); **dimenticarsi** to forget

†**diminuire (isc)** to reduce, to decrease; to lessen

dimostrare to demonstrate (16)

il dinamismo dynamism

il dio (*pl.* **gli dei**) god; **da dio** awesome (5)

*****dipęndere** (*p.p.* **dipeso**) **da** to depend on

dipịngere (*p.p.* **dipinto**) to paint (4)

dipinto painted; **lo stendardo dipinto** colored banner

il diploma diploma (9)

diplomarsi to graduate (*from high school*)

diplomạtico diplomatic

il diplomạtico / la diplomạtica (*pl.* **i diplomạtici / le diplomạtiche**) diplomat

dire (*p.p.* **detto**) to say, to tell (3); **Come si dice… in italiano?** How do you say . . . in Italian?; **dire di no** to say no; **dire di sì** to say yes; **voler dire** to mean

diretto direct

il direttore / la direttrice director (PSP-15), manager

il/la dirigente executive, manager (9)

dirịgere (*p.p.* **diretto**) to manage, to run (9); **dirịgere a** to direct to

i diritti rights (*legal*) (16)

diritto straight; *****andare diritto** to go straight (13)

il disastro disaster; **Che disastro!** What a disaster! (4)

la disciplina discipline

disciplinare to discipline

il disco record

il discopub pub with dancing

il discorso speech; **cambiare discorso** to change the subject

la discoteca (*pl.* **le discoteche**) discotheque (3)

discụtere (*p.p.* **discusso**) to discuss (15)

disegnare to draw (9)

il disegno design; drawing

disinteressato disinterested

disoccupato unemployed

la disoccupazione unemployment (14); **il tasso di disoccupazione** unemployment rate (14)

disordinato messy, untidy; disorganized (2)

il disọrdine disorder, mess, untidiness; **in disọrdine** in disorder, in a mess, untidy

disorientato disoriented

dịspari odd

dispensare to dispense

disperatamente desperately

*****dispiacere** (*p.p.* **dispiaciuto**) to be sorry; **mi dispiace** I'm sorry (5); **Ti/Le dispiace… ?** Do you mind . . . ? (*inform./form.*) (11)

disponibile *adj,* available

a disposizione available

disposto a willing to

dissestato ruined

il distacco separation

distante distant

la distanza distance

distare to be distant

distịnguere (*p.p.* **distinto**) to distinguish; **distịnguersi** to distinguish oneself

distintivo *adj.* distinctive

distinto distinct

la distinzione distinction

distrarre (*p.p.* **distratto**) to distract

distratto distracted

distribuire (isc) to distribute; to hand out

la distribuzione distribution

distrutto destroyed

disturbare to bother; to disturb

disturbato bothered, disturbed

il disturbo disturbance

il dito (*pl.* **le dita**) finger (6)

la ditta company (9)

il dittatore / la dittatrice dictator (16)

il divano couch (11); **il divano letto** sofa-bed

*****diventare** to become (9)

la diversità diversity

diverso different

divertente fun

il divertimento fun; good time

divertire to entertain; **divertirsi** to have fun (6); to have a good time; to enjoy oneself

divịdere, divịdersi (*p.p.* **diviso**) to divide; to split up

divino divine

la divisa uniform

divorziare to divorce

divorziato divorced (4)

il divorzio (*pl.* **i divorzi**) divorce (14)

divulgare to divulge

il dizionario (*pl.* **i dizionari**) dictionary (1)

la doccia (*pl.* **le docce**) shower (11); **fare la doccia** to take a shower (8)

il docente teacher

docile *adj.* docile

documentare to document

il documentario (*pl.* **i documentari**) documentary

il documento document; paper

dodicęsimo twelfth; **il dodicęsimo sęcolo** the 12th century

dolce sweet; **il mais dolce** sweet corn

il dolce dessert (5); *adj.* sweet

il dolciume candy

il dọllaro dollar

il dolore pain; ache

la domanda question; **fare domanda** to apply (9); **fare una domanda** to ask a question (3)

domandare (a) to ask (*someone*)

domani tomorrow (6); **Ci vediamo domani!** See you tomorrow!; **dopodomani** the day after tomorrow (10); **meglio un uovo oggi che una gallina domani** better an egg today than a chicken tomorrow

domęnica Sunday (3)

domęstico (*m. pl.* **domęstici**) domestic; **l'animale domęstico** domestic animal; pet; **il lavoro domęstico** housework; **le faccende domęstiche** house chores

dominare to dominate

il dominio (*pl.* **i domini**) rule, dominion

il donatore / la donatrice donor

la donna woman (PSP-12)

dopo after (7); **dopo aver mangiato** after having eaten; **dopo Cristo (d.C.)** anno domini (A.D.) (12); **dopo di che** after (7); **dopodomani** the day after tomorrow (10)

doppio (*m. pl.* **doppi**) double; **la cạmera doppia** double room (13)

dorato gilded

dormire to sleep (3)

dotato di equipped with

dotto learned

il dottorando PhD student

il dottorato PhD

il dottore / la dottoressa doctor (PSP-1)

dove where (4); **Di dove sei?** Where are you from? (*inform.*) (1); **Di dov'è?** Where are you from? (*form.*) (1)

†**dovere** to have to, must (5); to be supposed to (*in the imperfect*)

il dramma drama

drammạtico (*m. pl.* **drammạtici**) dramatic

la droga drugs (14)

il drogato / la drogata drug addict

drogarsi to take drugs (14)

il dụbbio (*pl.* **i dubbi**) doubt; **non c'è dụbbio che** there's no doubt that (15)

dubitare (che) to doubt (that) (14)

il duca (*pl.* **duchi**) duke

ducale *adj.* ducal

la duchessa duchess

il Duecento the 1200s (12)

dunque so; therefore

il duomo cathedral (12)

duramente hard; **lavorare duramente** to work hard

durante during

durare to last

E

e, ed (*before vowels*) and

eccętera etcetera

eccezionale exceptional

l'eccezione *f.* exception

ecco here is, here are (6); here it is, here they are; **ęccolo/la/li/le** Here it is / they are (11)

ecologico (*m. pl.* **ecologici**) ecological

l'ecologia ecology

l'economia economy, economics (1); **l'economia e commercio** business administration

economico (*m. pl.* **economici**) economic; inexpensive; **il liceo economico** high school with a focus on economics

l'economista *m./f.* economist

l'edicola newsstand (12); **in edicola** at the newsstand

l'edificio (*pl.* **gli edifici**) building

l'edizione *f.* edition

educare to bring up, to rear

educativo educational

l'educazione *f.* politeness

l'effetto effect

efficiente *adj.* efficient

egli he

egoista selfish

eguale *adj.* equal

ehi! hey

ehilà! hey! (7)

l'elefante *m.* elephant

elegante elegant

elementare elementary; **la scuola elementare** elementary school (9)

l'elemento element; item

elencare to list

l'elenco (*pl.* **gli elenchi**) list

elettrico (*m. pl.* **elettrici**) electrical; **la pila elettrica** battery; **la torcia elettrica** flashlight

elevato elevated, high

eliminare to eliminate

elogiare to praise

l'eloquenza eloquence

l'e-mail (*pl.* **le e-mail**) *f.* e-mail (3)

emergente emerging

l'emergenza emergency

†emigrare to emigrate (14)

l'emigrato/l'emigrata emigrant (14)

l'emigrazione *f.* emigration (14)

emozionante exciting, thrilling

l'emozione *f.* emotion

emulare to emulate

l'energia energy; **l'energia nucleare** nuclear energy

l'enigmistica puzzles; puzzle-solving

enigmistico (*m. pl.* **enigmistici**) *adj.* puzzle; **La settimana enigmistica** Puzzle Week

enogastronomico (*pl.* **enogastronomici**) pertaining to food and wine

enorme enormous, huge; tremendous

*entrare to enter (7)

l'entrata entrance

entro within, by (*a certain time*) (PSP-14)

entusiasmante thrilling

l'entusiasmo enthusiasm, excitement; **avere entusiasmo** to be enthusiastic; to be excited

l'Epifania Epiphany (Catholic holiday on January 6th)

l'episodio episode

l'epoca era

l'equitazione *f.* horseback riding; **fare equitazione** to go horseback riding (10)

l'equiturismo vacation at a dude ranch

equivalente equivalent, equal

equo equitable; fair

l'erba grass; **tosare l'erba** to mow the lawn; **le erbe** *pl.* spices

l'erboristeria herbalist's shop

l'eroe *m.* hero

l'errore *m.* error, mistake (1)

l'eruzione *f.* eruption

esagerato exaggerated

l'esame *m.* exam (1), test; **l'esame orale** oral exam; **l'esame scritto** written exam; **dare un esame** to take an exam; **fare un esame** to take an exam; **superare un esame** to pass an exam

esaminare to examine

esattamente exactly

esatto exact

esaurito sold out

l'esclusività exclusivity

escluso not included

l'escursione *f.* excursion (13)

eseguire to carry out; to perform

l'esempio (*pl.* **gli esempi**) example

esemplare *adj.* exemplary

esercitare to exert

l'esercito army

esibire to show

l'esigenza need

l'esilio exile

esistente existing

l'esistenza existence

*esistere (*p.p.* **esistito**) to exist

esotico (*m. pl.* **esotici**) exotic

espandersi to expand

l'espansione *f.* expansion

l'esperienza experience

l'esperimento experiment

l'esperto/l'esperta expert

l'esploratore/l'esploratrice explorer

esporre (*p.p.* **esposto**) to present

l'esportazione *f.* export

l'espressione *f.* expression

l'espresso espresso (coffee)

esprimere (*p.p.* **espresso**) to express

essa *f.* it

esse *f.* they

essenziale essential; ***essere essenziale che** to be essential that (14)

*essere (*p.p.* **stato**) to be (2); ***essere** (+ *nationality*) to be (*nationality*) (2); ***essere d'accordo** to agree (13); ***essere di** (+ *city*) to be from (*city*) (2); **essere a dieta** to be on a diet (10); ***essere in ritardo** to be late; ***essere ricoverato all'ospedale** to be admitted to the hospital (10); ***essere in vacanza** to be on vacation; **Che ora è? / Che ore sono?** What time is it? (3); **Com'è… ?** What is (he/she/it) like? (2); **Come sono… ?** What are (they) like? (2); **è mezzogiorno** it's noon (3); **è mezzanotte** it's midnight (3); **è presto** it's early (3); **è tardi** it's late (3); **saranno le tre** it's probably about 3:00 (PSP-13); **se fossi in te** if I were you (15)

l'essere *m.* being; **l'essere umano** human being

essi *m.* they

esso *m.* it

l'Est East; **il Nord-Est** Northeast

l'estate *f.* summer (1); **d'estate** in the summer; **in estate** in the summer, during the summer

esterno exterior

estero *adj.* abroad (13); **all'estero** *n.* abroad

esteso wide

estetico (*m. pl.* **estetici**) aesthetic

l'estinzione *f.* extinction; **in via d'estinzione** dying-out

estivo *adj.* summer; **le vacanze estive** summer vacation

l'estremità *f.* extremity; end

estremo extreme

estroverso outgoing (2)

l'esuberanza exuberance

l'età *f.* age; **la terza età** the "golden years" (14)

etnico *adj.* ethnic

l'euro euro (currency of the European Union)

europeo European

l'evento event

evidente evident

evidenziato highlighted; indicated

evitare to avoid (10)

evolversi (*p.p.* **evoluto**) to evolve (15)

evviva hurrah

l'extracomunitario/l'extracomunitaria (*pl.* **gli extracomunitari / le extracomunitarie**) resident from outside the European community

F

fa ago (7)

la fabbrica (*pl.* **le fabbriche**) factory

la faccenda chore; **le faccende di casa** housework

la faccia (*pl.* **le facce**) face

facile easy

facilmente easily

la facoltà department (*college*)

il factotum jack of all trades

i fagioli beans

i fagiolini green beans (5)

il falegname carpenter

falso false

la fama fame

la fame hunger (14); **avere fame** to be hungry

la famiglia family (4); **l'albero della famiglia** family tree; **mettere su famiglia** to start a family

familiare familiar; *adj.* family

famoso famous

la fantascienza science fiction

la fantasia imagination; fantasy

fantastico (*m. pl.* **fantastici**) imaginary; fantastic

fare (*p.p.* **fatto**) to do (3); to make (3); to do for a living (4); to study (*a subject*); **fa per te** perfect/ideal for you; **fare atletica leggera** to do track and field (10); **fare attenzione a** to pay attention to; **fare il bagno** to take a bath; **fare una battuta su** to make fun of; **fare bella figura** to make a good impression (6); **fare bello** to be beautiful weather (2); **fare brutto** to be bad weather (2); **fare il bucato** to do laundry (7); **fare caldo** to be hot weather (2); **fare campeggio** to camp; **fare due chiacchiere** to chat (15); **fare ciclismo** to bike ride (10); **fare colazione** to eat breakfast (3); **fare i compiti** to do homework (3); **fare i complimenti** to pay compliments; **fare conversazione** to have a conversation; **fare culturismo / fare bodybuilding** to bodybuild (10); **fare danza** to dance (10); **fare la dieta** to be on a diet (10); **fare la doccia** to take a shower (8); **fare domanda** to apply (9); **fare una domanda** to ask a question (3); **fare equitazione** to go horseback riding (10); **fare equiturismo** to vacation at a dude ranch (10); **fare un esame** to take an exam; **fare le ferie** to go on vacation; **fare una foto** to take a photo (3); **fare foto** to take photos; **fare freddo** to be cold weather (2); **fare ginnastica** to do gymnastics (10); **fare un giro in bici** to go for a bike ride (6); **fare un giro in macchina** to go for a car ride (7); **fare un giro in moto** to go for a motorcycle ride (7); **fare una gita** to go on a trip; **fare la lavatrice** to do laundry; **fare il letto** to make the bed (PSP-6); **fare male** to hurt (*a body part*) (10); **fare la multa** to give a parking/traffic ticket (9); **fare nuoto** to swim (10); **fare le ore piccole** to stay up late (3); **fare paracadutismo** to go parachuting/skydiving;

fare un paragone to make a comparison; **fare una passeggiata** to take a walk (3); **fare pattinaggio** to skate (10); **fare la parte di** to play the role of; **fare il pendolare** to commute; **fare il ponte** to take an extra day off (8); **fare una prenotazione** to make a reservation (13); **fare un regalo** to give a present; **fare una riunione** to have a meeting; **fare alla romana** to split the bill; to pay one's share of the bill (5); **fare un salto** to stop by (12) **fare le scale** to take the stairs; **fare shopping** to go shopping; **fare skateboard** to skateboard (10); **fare sollevamento pesi** to lift weights; **fare la spesa** to go grocery shopping, to grocery shop (7); **fare spese/shopping** to go shopping, to shop (12); **fare sport** to play sports (3); **fare uno spuntino** to have a snack (3); **fare una telefonata** to make a phone call; **fare in tempo a** to have enough time to; **fare il tifo per** to be a fan of; **fare trekking** to go hiking (13); **fare l'università** to attend college; **fare una vacanza** to take a vacation; **fare vedere** to show; **fare un viaggio** to take a trip; **fare volontariato** to volunteer; **fare yoga** to do yoga (10); **farsi gli auguri** to exchange good wishes (8); **farcela** to manage, to cope (PSP-16); **Che tempo fa?** What's the weather like?; **Come si fa?** How are things done? (14); **Cosa fai di bello?** What fun (interesting) thing do you have planned? (*inform.*) (3); **Cosa si fa?** What do people do? (14); **Cosa vuoi fare?** (*inform.*) / **Cosa vuole fare?** (*form.*) What do you want to do in the future? (9); **mi fa male…** my (body part, *sing.*) hurts (3); **mi fanno male…** my (body part, *pl.*) hurt (3); **niente da fare** nothing to do; **qualcosa da fare** something to do
la farfalla butterfly
la farmacia (*pl.* **le farmacie**) pharmacy (10); **la farmacia di turno** pharmacy whose turn it is to remain open in case of an emergency
il/la farmacista (9) pharmacist
il farmaco (*pl.* **i farmaci**) medicine, drug
la fascia group
il fascismo fascism
il fastidio bother; **dare fastidio** to bother (10)
il fatto fact; *essere un fatto che** to be a fact that (15)
il fattore farmer
la favola fable; fairy tale
il favore favor; **a favore di** in favor of; **per favore** please (1)
favorire (isc) to favor
favorito favorite
la fazione faction
febbraio February (1)
la febbre fever (10)
la fede faith
il fegato liver (5)
felice happy (2)
la felicità happiness
la felpa sweatshirt (6)
la femmina female; girl
femminile feminine
il fenomeno phenomenon (14)
le ferie vacation; **fare le ferie** to go on vacation; **in ferie** on vacation
ferito wounded; injured
il fermaglio (*pl.* **i fermagli**) hair clip
fermarsi to stop oneself (*from moving*); **fermarsi a** (+ *inf.*) to stop to (*do something*) (PSP-14)

stare fermo to stay still
il Ferragosto Catholic feast of the Assumption (August 15)
il ferro iron
la ferrovia railroad
fertile fertile
la fertilità fertility
la festa party (1); holiday (1); **Buone feste!** Happy Holidays! (8); **fare una festa** to have a party; **la festa di compleanno** birthday party; **la festa patronale** feast/celebration of a patron saint; **la festa di San Silvestro** feast of San Silvestro (New Year's Eve) (8)
il festeggiamento celebration
festeggiare to celebrate (7)
festivo *adj.* holiday; **i giorni festivi** Sundays and public holidays
la fiaba fairy tale
i fiammiferi matches
il fico (*pl.* **i fichi**) fig; cute guy (*coll.*)
fidanzarsi to get engaged
il fidanzato / la fidanzata fiancé/fiancée
la fiducia (*pl.* **le fiducie**) trust
fiducioso *adj.* confident
fiero *adj.* proud; **andare fiero** to be proud
il figlio / la figlia (*pl.* **i figli / le figlie**) son/daughter (4); **la figlia unica** only daughter; **il figlio unico** only son
la figura image; character; **fare bella figura** to make a good impression (6)
figurarsi to imagine; **Figurati!** Imagine that!, Would you believe it?!
la fila line
il film film, movie (1); **un film da vedere** a "must-see" film
il filmato film clip; short film
il filo thread; wire; **senza fili** wireless
la filosofia philosophy
il filosofo philosopher (1)
finalmente finally
finché until
la fine end, ending; **il fine settimana** weekend (7)
la finestra window (11)
la finestrina little window (PSP-10)
il finestrino window (*train, bus, car*) (PSP-10)
fingere di (*p.p.* **finto**) to pretend to
†**finire (isc)** to finish, to end; to end up; †**finire di** (+ *inf.*) to finish (*doing something*) (PSP-14)
fino a until; **fin quando** until
finora till now
il fiore flower (1); **il mazzo di fiori** bouquet of flowers
fiorentino *adj.* Florentine
il fiorentino Florentine dialect (15)
la firma signature
firmare to sign
la fisica physics (1)
fisico (*m. pl.* **fisici**) physical; **l'aspetto fisico** physical appearance; **l'attività fisica** physical activity
fissare to set; to arrange
fisso fixed; regular
la fitoterapia therapy that uses medicinal plants
il fiume river (12)
flagellare to lash, to whip
il flusso flux
il foglio (*pl.* **i fogli**) sheet; **il foglio di carta** sheet of paper
fondamentale fundamental
fondare to found (16)

la fondazione foundation
il fondo bottom; end
la fontana fountain
la forchetta fork (5)
la forma form; shape; **mantenersi in forma** to stay in shape (10)
il formaggio (*pl.* **i formaggi**) cheese (5)
formale formal
formare to form, to create
formativo educational
la formazione formation; training; **la formazione professionale** vocational training
la formula formula; form
formulare to formulate
il formulario form
fornire (isc) to provide
il forno oven (11); bread shop, bakery (12); **il forno a microonde** microwave oven (11)
forse maybe; perhaps (4)
forte strong (2)
la fortuna fortune; luck; **per fortuna** luckily
fortunato lucky; fortunate
la forza force; **le forze lavoro** workforce; **Forza!** Go! (in sports)
fotocopiare to photocopy
la fotografia photograph (1); **la foto** photo (PSP-1); photography; **fare una foto** to take a photo (3); **fare foto** to take photos
fotografico (*m. pl.* **fotografici**) photographic; **la macchina fotografica** camera
il fotografo / la fotografa photographer (9)
il/la fotoreporter press photographer
fra between (5); within; among; **fra due giorni** in two days (10); **fra un mese** in a month (10); **fra un'ora** in an hour (10)
fradicio rotten
la fragola strawberry; **la macchia di fragola** beauty mark (*lit.* spot of strawberry)
francese *adj.* French (2)
il francese French (*language*)
il francobollo stamp
la frase sentence; phrase
il fratellino little brother
il fratello brother (4)
freddo cold; **avere freddo** to be cold (2); **fare freddo** to be cold weather (2); **il tè freddo** iced tea
il freddo cold
fregarsene to not give a damn
la frenesia frenzy
frenetico (*m. pl.* **frenetici**) hectic
frequentare to attend (3); **frequentare l'università** to attend college
frequente frequent
frequentemente frequently (6)
la frequenza frequency
fresco (*m. pl.* **freschi**) fresh
la fretta hurry; haste; **avere fretta** to be in a hurry; **in/di fretta** in a hurry
il frigorifero refrigerator (11); **il frigo** fridge
fritto fried; **le patate fritte** french fries (5)
friulano from the region of Friuli
frizzante: l'acqua frizzante sparkling water (5)
di fronte a facing
le frontiere borders
frustrato frustrated
la frutta fruit (5); **il negozio di frutta e verdura** fruit and vegetable shop (12); **un succo di frutta** fruit juice
fumare to smoke; **vietato fumare** no smoking

il fumatore / la fumatrice smoker
il/la fumettista comic strip writer
il fumetto comic strip
il fumo smoke
il funerale funeral
i funghi mushrooms (5)
funzionare to work, to function
la funzione function; **avere funzione di** to function as
il fuoco (*pl.* **i fuochi**) fire; **i fuochi d'artificio** fireworks (8)
fuorché except
fuori out; outside; **lo studente fuori corso** "super senior"; **fuori sede** non-resident
furbo sly; **furbacchione** sly person; **Che furbo!** How clever! (4)
il furto robbery
futuro *adj.* future
il futuro future

G

il galateo etiquette
la galera jail
la galleria gallery (*architecture*); arcade
la gallina chicken; **meglio un uovo oggi che una gallina domani** better an egg today than a chicken tomorrow
la gamba leg (3); **rompersi una gamba** to break a leg (10)
la gara competition
garantire (isc) to guarantee
il gas gas; **la cucina a gas** gas stove
la gastronomia gastronomy
gastronomico gastronomic
gassato sparkling; **l'acqua gassata** sparkling water
il gatto cat (1)
la gelateria ice cream parlor
il gelato ice cream (1); **prendere un gelato** to get an ice cream
gemello *adj.* twin; **il fratello gemello** twin brother
il gemello/la gemella twin brother/sister; **i gemelli** twins
generale general
il generale general (16)
la generalizzazione generalization
generalmente generally
generare to generate
la generazione generation
il genere kind, type; **in genere** in general, generally
i generi alimentari food
generico (*m. pl.* **generici**) generic
generoso generous (2)
genetico genetic
il genio (*pl.* **i geni**) genius; **Che genio!** What a genius!
il genitore parent; **i genitori** parents (4)
gennaio January (1)
la gente people (9)
gentile kind
gentilmente nicely, kindly (6)
il gentiluomo gentleman
la geografia geography
geografico (*m. pl.* **geografici**) geographic
germanico Germanic
il gerundio gerund (*gram.*)
gesticolare to gesture
la gestione management; **la gestione domestica** home management
il gesto gesture

gettare to throw
gettonare to select
il ghiaccio (*pl.* **i ghiacci**) ice
già already
la giacca (*pl.* **le giacche**) jacket (6)
giallo yellow (2)
il giallo detective story, mystery novel
giapponese *adj.* Japanese (2)
il giapponese Japanese (*language*)
il giardino garden (11)
la ginnastica exercise; gymnastics; **fare ginnastica** to do gymnastics (10); **le scarpe da ginnastica** sneakers; **la tuta da ginnastica** sweats, sweatsuit
il ginocchio (*pl.* **le ginocchia / i ginocchi**) knee (6)
giocare to play (*game, sport*) (3); **giocare a calcio/pallone** to play soccer (10); **giocare a calcetto** to play fussball; **giocare a carte** to play cards (3); **giocare a golf** to play golf (3); **giocare a pallacanestro** to play basketball (10); **giocare a pallavolo** to play volleyball (10); **giocare a tennis** to play tennis (3); **giocare al computer** to play on the computer
il giocatore / la giocatrice player
il giocattolo toy
il gioco (*pl.* **i giochi**) game; **le carte da gioco** playing cards
la gioia joy
la gioielleria jewelry store (12)
il gioiello piece of jewelry; jewel
il giornale newspaper (14)
il/la giornalista journalist (9)
la giornata day, the whole day; **Buona giornata!** Have a nice day! (8)
il giorno day (PSP-9); **al giorno** each day, per day; **buon giorno** good morning, good day (1); **Che giorno è oggi?** What day is today? (3); **di giorno** during the day; **fra due giorni** in two days (10); **il giorno lavorativo** workday; **un giorno** one day; **ogni giorno** every day (3); **tutti i giorni** every day (3); **tutto il giorno** all day
giovane young (2)
il/la giovane youth; young person
giovedì Thursday (3)
il giovincello young man
la gioventù youth
la giovinezza youth
la giraffa giraffe
girare to turn (13); to film; **girare a destra** to turn right (13); **girare a sinistra** to turn left (13)
il giro tour; trip; *andare in giro** to go around; **fare un giro in bici** to go for a bike ride (7); **fare un giro in macchina** to go for a car ride (7); **fare un giro in moto** to go for a motorcycle ride (7); **in giro** around
la gita trip; **la gita scolastica** school trip
il giubbotto winter jacket (6)
il giudizio (*pl.* **i giudizi**) judgment; **il Giudizio Universale** the Last Judgment
giugno June (1)
il giullare jester
il giurato juror
giuridico (*m. pl.* **giuridici**) legal
la giurisprudenza law
giustificare to justify
la giustificazione justification; excuse
la giustizia justice
giusto right, correct; **l'ora giusta** the right time; **Giusto!** That's right!; **Non è giusto!** It is not fair!
la globalizzazione globalization

il glossario (*pl.* **i glossari**) glossary
gli gnocchi gnocchi (potato dumplings) (5)
godere to enjoy; **godersi** to enjoy (13)
la gola throat; **avere mal di gola** to have a sore throat (2)
il golf golf; **giocare a golf** to play golf (3)
il gomito elbow
la gomma gum; **la gomma da masticare** chewing gum
la gonna skirt (6)
governare to govern (16)
il governo government (14)
il grado degree
la graduatoria ranking
il grafico graphic designer
la grammatica grammar
grande big, great (2)
grandioso grand, majestic
grasso fat (2)
grassottello chubby
gratis free of charge
gratuito free of charge
grave serious
grazie thank you (1); **grazie a** thanks to; **Grazie, altrettanto!** Thanks, same to you! (8); **grazie tanto** thanks a lot; **Mille grazie!, Tante grazie!** Thanks a lot!
grazioso gracious, charming
greco (*m. pl.* **greci**) *adj.* Greek
il greco Greek (*language*)
grigio (*m. pl.* **grigi**) gray (2)
la griglia grill; grid; **alla griglia** grilled
il grillo cricket; **il Grillo parlante** the Talking Cricket
grosso big
il gruppo group; **il gruppo musicale** musical group, band
guadagnare to earn money, to make money (9); **guadagnarsi da vivere** to earn a living
il guanciale pillow; lard
guardare to look at (3); to watch; **guardare la televisione** to watch television; **guardare la TV** to watch TV; **guardare le vetrine** to window-shop (12); **guardarsi** to look at oneself
la guardia guard
il guasto mechanical problem
la guerra war (14); **la guerra civile** civil war; **la Seconda Guerra Mondiale** Second World War (WWII)
la guida guide; **l'esame di guida** driving test; **la patente di guida** driver's license
guidare to drive
guidato guided; **la visita guidata** guided tour
il gusto taste
gustoso tasty

H

l'hamburger hamburger (1)
l'hobby *m.* hobby (10)

I

l'idea idea; **non ho la minima idea** I don't have the slightest idea; **sarebbe una buon'idea** it would be a good idea (13)
ideale ideal, perfect
identico identical
identificare to identify
l'identità identity; **la carta d'identità** identity card
idoneità fitness; aptitude

l'idraulico/l'idraulica (*pl.* **gli idraulici / le idrauliche**) plumber

l'idromassaggio (*pl.* **gli idromassaggi**) hydromassage; whirlpool tub

ieri yesterday (7); **ieri sera** yesterday evening, last night

igienico (*m. pl.* **igienici**) hygienic, sanitary; **la carta igienica** toilet paper

ignorare to ignore

illogico (*m. pl.* **illogici**) illogical

l'illustratore illustrator

l'illustrazione *f.* illustration

illustre renowned, famous

imbarazzato embarassed

l'imbarazzo embarrassment

imboccare una strada to take a road

imbottire (isc) to stuff

immaginare to imagine; **immaginare che** to imagine that (14)

immaginario (*m. pl.* **immaginari**) imaginary

l'immagine *f.* image

immediatamente immediately (6)

immenso immense

immerso immersed

***immigrare** to immigrate (14)

l'immigrato/l'immigrata immigrant (14)

l'immigrazione *f.* immigration (14)

immobile motionless

l'immondizia trash, garbage (11)

imparare to learn (PSP-14); **imparare a** (+ *inf.*) to learn to (*do something*) (PSP-14)

l'impatto impact

impazzire to go crazy

impegnare to engage

impegnato busy (2)

l'impegno: avere un altro impegno to have something else to do (5)

impensabile *adj.* unthinkable

l'imperativo imperative (*gram.*)

l'imperatore/l'imperatrice emperor/ empress

l'imperfetto imperfect (*gram.*)

l'impermeabile *m.* raincoat (6)

l'impero empire

impersonale impersonal

l'impiegato/l'impiegata employee (9)

imponente imposing, grand, stately

imporre (*p.p.* **imposto**) to impose

importante important; ***essere importante che** to be important that (14)

l'importanza importance

importare to matter; **non importa** it does not matter

importarsene to care about

impossibile impossible; ***essere impossibile che** to be impossible that (14)

impostare to set up

l'impresa company; firm

l'impressione *f.* impression

improvviso sudden; **all'improvviso** suddenly (9)

in in (5); to (5); at (5)

l'inattività inactivity

incartare to wrap

l'incentivo incentive

incerto uncertain

l'incidente *m.* accident

incidere (*p.p.* **inciso**) to record (music)

l'inclinazione *f.* inclination

includere (*p.p.* **incluso**) to include

incominciare to start

incompleto incomplete

incontaminato unspoiled, uncontaminated

incontrare to meet; to meet with; to run into; **incontrare per strada** to meet, to run into on the street; **incontrarsi** to meet (*each other*) (8)

l'incontro meeting

incoraggiare to encourage

incorporare to incorporate

incrementare to increase

l'incremento increase

incuriosire (isc) to intrigue

l'indagine *f.* survey, poll

indefinito indefinite

indeterminativo indefinite

indicare to indicate

l'indicativo indicative (*gram.*)

l'indicatore *m.* indicator

l'indicazione *f.* indication; direction; sign

l'indice *m.* index

indietro backward

indifferente indifferent

indimenticabile unforgettable

indipendente independent

l'indipendenza independence (16)

indiretto indirect

indirizzare to address

l'indirizzo address

indispensabile *adj.* indispensable

indiviso undivided

l'indizio (*pl.* **gli indizi**) clue

indossare to wear (6)

indovinare to guess

l'indumento article of clothing

l'industria industry (14)

industriale industrial

l'industriale *m./f.* industrialist, manufacturer

industrializzato industrialized

inesistente *adj.* nonexistent

inevitabile *adj.* inevitable

infantile *adj.* infant; **l'assistenza materno-infantile** mother-infant care

l'infanzia childhood

infatti in fact

l'infermiere/l'infermiera nurse (9)

l'inferno hell

infilare to stick

infine finally

l'infinito infinitive (*gram.*)

l'inflazione *f.* inflation

l'influenza flu; (10)

influenzare to influence

influire to influence

informale informal

l'informatica computer science

l'informazione *f.* information; **un'informazione** piece of information

l'infortunio accident

l'ingegnere *m./f.* engineer (9)

l'ingegneria engineering (1)

inglese *adj.* English (2); **la zuppa inglese** English trifle (dessert of sponge cake soaked in liqueur with custard)

l'inglese English (*language*)

***ingrassare** to gain weight (10)

l'ingrediente ingredient

l'ingresso foyer (11); entry (admission)

l'inimicizia animosity

†iniziare to begin (3)

l'iniziativa initiative

l'iniziazione *f.* initiation

l'inizio (*pl.* **gli inizi**) beginning

innamorarsi to fall in love (8)

innamorato in love (2); **innamorato di** in love with

innovare to renew

innovativo *adj.* innovative

innovatore innovator

innumerevole *adj.* countless

inoltre besides; moreover

l'inquilino/l'inquilina tenant

l'inquinamento pollution (12)

l'insalata salad (5); **l'insalata mista** mixed salad

l'insegnamento teaching; **l'abilitazione per l'insegnamento** teaching certificate

l'insegnante *m./f.* teacher (9)

insegnare to teach (9); **insegnare a** (+ *inf.*) to teach to (*do something*) (PSP-14)

inseguire to chase, to run after

inserire (isc) to insert

l'insetto insect

insieme together; **insieme a** together with; **mettersi insieme** to be a couple (8)

l'insieme *m.* the whole

insignificante insignificant

insistere (*p.p.* **insistito**) to insist

insoddisfatto unsatisfied, disappointed

insolito unusual

insomma not very well (2); well . . . (10)

l'insonorizzazione *f.* soundproofing

insopportabile intolerable

insulare *adj.* insular

l'integrazione *f.* integration

intellettuale intellectual

intelligente intelligent (2)

l'intelligenza intelligence

intendere (*p.p.* **inteso**) to intend

intenso intense

intento a intent on

l'intenzione *f.* intention; **avere intenzione di** (+ *inf.*) to intend to (*do something*)

interamente entirely

interessante interesting (2)

interessato a interested in

l'interesse *m.* interest

l'interiezione *f.* interjection

internazionale international

interno interior (11)

intero entire; **il costume da bagno intero** one-piece bathing suit

interpretare to interpret

l'interpretazione interpretation

interregionale inter-regional; **il treno interregionale (IR)** train that connects different regions in Italy

l'interrogativo interrogative

l'interrogazione *f.* interrogation

interrompere (*p.p.* **interrotto**) to interrupt

l'interruzione *f.* interruption

l'interscambio interchange

l'intervento intervention; operation; **l'intervento chirurgico** surgery; **avere un intervento** to have an operation; **avere un intervento chirurgico** to have surgery (10)

l'intervista interview

intervistare to interview

intitolare to entitle; to title

intitolato entitled

intonarsi con to harmonize with

intorno a around
intrecciare to interweave
intristire to sadden
introdurre (*p.p.* **introdotto**) to introduce
introverso introverted (2)
intuitivo intuitive
l'invecchiamento aging (14)
***invecchiare** to get old (14)
invece instead; on the other hand; **invece di** instead of
inventare to invent (16)
l'inventore/l'inventrice inventor (16)
l'invenzione *f.* invention (16)
invernale *adj.* winter
l'inverno winter (1); **d'inverno** in the winter, during the winter; **in inverno** in the winter
inviare to send
invidiabile enviable
invisibile invisible
invitare to invite
l'invito invitation
io I
l'ipermercato superstore
ipnotizzare to hypnotize
l'ipotesi (*pl.* **le ipotesi**) *f.* hypothesis
ipotetico hypothetical
irlandese *adj.* Irish
irregolare irregular
iscritto enrolled
l'iscrizione *f.* enrollment; membership
l'isola island (13); **l'isola deserta** deserted island
l'isolamento isolation
ispirare to inspire
l'istituto institute
l'istituzione *f.* institution
l'istruzione *f.* direction, instruction; education; **dare istruzioni** to give directions/instructions
italiano *adj.* Italian (2)
l'italiano Italian (*language*) (1); **l'italiano/l'italiana** Italian (*person*); **l'italiano regionale** regional variation of standard Italian (15)
l'itinerario (*pl.* **gli itinerari**) itinerary

L

il labbro (*pl.* **le labbra**) lip (2)
la lacrima tear
lacuale *adj.* lake
il ladino Ladin
il ladro / la ladra thief
il lago (*pl.* **i laghi**) lake (13)
la laguna lagoon
lamentarsi to complain (13)
la lampada lamp (11)
la lana wool; **il maglione di lana** wool sweater
lanciare to throw; **lanciare l'allarme** to sound the alarm; **lanciare una carriera** to launch a career
la larghezza width
largo (*m. pl.* **larghi**) wide, broad
le lasagne lasagna (PSP-12)
lasciare to leave; **lasciarsi** to break up (8)
il latino Latin (*language*)
il latte milk (5)
il latticino dairy product
la laurea degree (*college*) (9); graduation; **la laurea triennale** three-year college degree
il laureato / la laureata college graduate
laurearsi to graduate (*college*) (9)
la lavagna (black)board

il lavandino sink (11)
lavare to wash (3); **lavarsi** to wash oneself (6); **lavarsi i denti** to brush one's teeth (6); **lavarsi i capelli** to wash one's hair (6)
la lavastoviglie dishwasher (11)
la lavatrice washing machine; **fare la lavatrice** to the laundry
lavorare to work (3); **lavorare a tempo pieno** to work full-time (9); **lavorare part-time** to work part-time (9); **lavorare sodo** to work hard (9); **lavorare duramente** to work hard; **smettere di lavorare** to stop working (9)
lavorativo *adj.* work; **il giorno lavorativo** workday
il lavoratore / la lavoratrice worker
la lavorazione manufacturing
il lavoro job (PSP-15); work (PSP-15); **Buon lavoro!** Work well! (8); **cercare lavoro** to look for work (9); **il colloquio di lavoro** job interview; **le forze lavoro** workforce; **il mercato del lavoro** job market; **trovare un lavoro** to find a job
leale *adj.* loyal
la Lega/la Lega Nord ultra-conservative political party with anti-immigrant policies and a recessionist platform
legale *adj.* legal; **studio legale** law firm
Legambiente Italian environmentalist group
legare to link, to connect; to tie
la legge law; **per legge** by law
la leggenda legend
leggendario legendary
leggere (*p.p.* **letto**) to read (3); **leggere nel pensiero** to mindread; **un libro da leggere** a "must-read" book (5)
leggero light; **musica leggera** popular music
lei she; her; **Lei** you (*form.*) (PSP-16)
lentamente slowly (6)
la lente lens; **le lenti a contatto** contact lenses (2)
la lenticchia lentil
lento slow (2)
il lessico (*pl.* **i lessici**) vocabulary
lesso boiled
la lettera letter (PSP-12); **le lettere** letters, humanities
letterario (*m. pl.* **letterari**) literary; **la tradizione letteraria** literary tradition (15)
la letteratura literature; **la letteratura inglese** English literature (1)
il lettino beach lounge chair (13); cot
il letto bed (11); **la camera da letto** bedroom (11); ***andare in camera da letto** to go in the bedroom (8); ***andare a letto** to go to bed (3); **fare il letto** to make the bed; **il letto a castello** bunk bed; **rifare il letto** to make the bed
il lettore / la lettrice reader
la lettura reading
la lezione lesson, individual class period (1); ***andare a lezione** to go to class; **dare lezioni private** to tutor; **prendere lezioni di** to take lessons in (4)
liberamente freely
liberare to liberate, to free (16)
libero free (2); available; **il tempo libero** free time
la libertà freedom; liberty
la libreria bookstore (12)
il/la librettista writer of a libretto (*opera*)
il libro book (1); **un libro da leggere** a "must read" book
il librone big book (PSP-10)
licenziare to fire (9)

licenziarsi to quit a job (9)
il liceo high school (9); **il liceo classico** high school with a focus on literature (humanities); **il liceo economico** high school with a focus on economics; **il liceo scientifico** high school with a focus on the sciences
ligure *adj.* Ligurian
il limite limit
limitato limited
la limonata lemonade
il limone lemon
la linea line
la lineetta hyphen, dash (-); **la lineetta bassa** underscore (_)
la linfa sap
la lingua language (1); **la Lingua Italiana dei Segni** Italian Sign Language; **la lingua nazionale** standard Italian (15); **la lingua romanza** Romance language (15); **la lingua parlata** spoken language (15); **la lingua scritta** written language (15); **la lingua straniera** foreign language
il linguaggio (*pl.* **i linguaggi**) language; jargon; special language
il/la linguista linguist
linguistico linguistic; **il liceo linguistico** high school with a focus on foreign languages
il liquido liquid
la lira lira (*former Italian currency*)
lirico (*m. pl.* **lirici**) operatic, lyrical; **l'opera lirica** opera
liscio (*m. pl.* **lisci**) smooth; straight (*hair*); **i capelli lisci** straight hair (2)
la lista list
litigare to argue (15)
il litigio quarrel
il litro liter (5); **il mezzo litro** half liter (5)
il livello level
il locale place, spot
locale *adj.* local
la località place; **la località di villeggiatura** vacation resort
la locandina film poster
la lode honors
logico (*m. pl.* **logici**) logical
lontano far, distant (2)
loro they; their (2); them (PSP-16); **Loro** you (*pl. form.*) (PSP-16); your (*pl. form.*) (2)
la lotteria lottery
la luce light; **spegnere le luci** to turn off the lights
luglio July (1)
lui he (PSP-16); him
luminoso bright
lunedì Monday (3)
lungo (*m. pl.* **lunghi**) long; **a lungo** for a long time, for a while
il luogo (*pl.* **i luoghi**) place; **avere luogo** to take place
il lupo wolf; **avere una fame da lupo** to be ravenously hungry, to be starving (*coll.*); **In bocca al lupo!** Good luck! (*lit.* In the mouth of the wolf!) (8)
il lusso luxury; **di lusso** luxury, deluxe

M

ma but (PSP-13)
macché! no way! (7)
la macchia spot; **la macchia di fragola** beauty mark (*lit.* spot of strawberry)

la macchina car (1); *****andare in macchina** to go by car (8); **fare un giro in macchina** to go for a car ride (6); **la macchina fotografica** camera; **noleggiare una macchina** to rent a car

la macchinona big car (PSP-10)

la macelleria butcher shop (12)

la madre mother (4); **madre natura** Mother Nature

il/la madrelingua native speaker

il maestro / la maestra elementary school teacher (9)

magari! I wish! (7)

maggio May (1)

la maggioranza majority

maggiore *adj.* older (4); greater, larger; **il/la maggiore** greatest, largest; **il maggior numero di** the majority of; **la maggior parte di** the majority of

maggiorenne of legal age

magico (*m. pl.* **magici**) magical

la maglia shirt; **la maglia nera** last place

la maglietta t-shirt (6)

il maglione sweater (6); **il maglione di lana** wool sweater

magro thin (2)

mai ever (7), never (3); **non… mai** never (3)

il maiale pig

la maionese mayonnaise

il mais corn; **il mais dolce** sweet corn

malandato in disrepair

malato ill, sick

la malattia illness, disease

la malavita underworld

il male harm; pain; **il mal di pancia** stomachache; **il mal di testa** headache; **avere mal di gola** to have a sore throat (2); **avere mal di pancia** to have a stomachache (2); **avere mal di testa** to have a headache (2); **Meno male!** Thank goodness; **non c'è male** not bad (2)

male *adv.* badly (6); **fare male** to hurt (*a body part*) (3); **mi fa male…** my (body part, *sing.*) hurts (3); **mi fanno male…** my (body part, *pl.*) hurt (3); *****stare male** to not feel well, to feel unwell

maleducato ill-mannered

la malinconia melancholy

malinconico melancholic

la mamma mom

mamma mia! omigosh! (7)

il mammismo momism (excessive dependence on one's mother)

il/la manager executive, manager (9)

la mancanza di lack of

†**mancare** to not have, to be missing

ci mancherebbe altro not a problem, no big deal (5)

la mancia (*pl.* **le mance**) tip

mandare to send (e-mail/letter)

mangiare to eat (3); **mangiare un boccone** to grab a bite to eat; **mangiare sano** to eat healthy food (10); **niente da mangiare** nothing to eat; **qualcosa da mangiare** something to eat

la manica (*pl.* **le maniche**) sleeves; **rimboccarsi le maniche** to roll up one's sleeves

il manico (*pl.* **i manici** or **manichi**) handle

la maniera way; **le belle maniere** *pl.* good manners

manifestare to protest; to show

la manifestazione demonstration, protest; **la manifestazione sportiva** sports event

la manina (cute) little hand (PSP-10)

la manipolazione manipulation

la mano (*pl.* **le mani**) hand (6); **dare una mano** to help

la mantellina cape

il mantello cloak

mantenere to maintain; **mantenersi in forma** to stay in shape (10)

il manuale handbook

il marchese marquis

il marciapiede sidewalk (11)

il mare sea (13); *****andare al mare** to go to the seaside; **telo da mare** beach towel

alla marinara with seafood (5)

marinare la scuola to play hooky, cut school (6)

marino *adj.* seaside; **la località marina** seaside resort

il marito husband (4)

la marmellata jam (5)

il marmo marble

marocchino *adj.* Moroccan

marrone brown (2)

martedì Tuesday (3)

marzo March (1)

la maschera mask; masquerade (*costume or party*); masquerade character; **le maschere italiane / le maschere della Commedia** masked characters of the Commedia dell'arte

il maschietto baby boy

maschile masculine

il maschio (*pl.* **i maschi**) male

la massa mass; **di massa** *adj.* mass

massiccio massive

il massimo dei voti top grade

masticare to chew; **la gomma da masticare** chewing gum

la matematica mathematics (1)

il materasso mattress

la materia (di studio) subject matter (1)

il materiale material

materno *adj.* mother; **l'assistenza materno-infantile** mother-infant care; **la scuola materna** nursery school

la matita pencil (PSP-4)

il matrimonio (*pl.* **i matrimoni**) marriage

la mattina morning; **di mattina** in the morning (3)

matto crazy; **da matti** crazy, like crazy (5); **una cosa da matti** a crazy thing/situation; **prezzi da matti** crazy prices; **ridere da matti** to laugh like crazy

il mattone brick; **Che mattone!** What a bore! (*lit.* What a brick!) (4)

i matusa parents (*coll.*); elderly people

il mazzo bunch; **il mazzo di fiori** bouquet of flowers

me me (PSP-16); **secondo me** in my opinion

meccanico *adj.* mechanical

la media average; **in media** on average

la medicina medicine (16)

medicinale healing

medico (*m. pl.* **medici**) *adj.* medical

il medico (*pl.* **i medici**) *m./f.* doctor (9); *****andare dal medico** to go to the doctor's (office)

medievale medieval

medio (*m. pl.* **medi**) average; middle; medium; **la città media** medium-sized city; **la scuola media** middle school (9); **la vita media** average life span

il Medioevo the Middle Ages (12)

mediterraneo Mediterranean; **la dieta mediterranea** Mediterranean diet

meglio *adv.* better; **meglio di** better than (12); **meglio un uovo oggi che una gallina domani** better an egg today than a chicken tomorrow; **il mio meglio** my best (PSP-14)

la mela apple

melodico melodic

il melone melon (5)

il membro member

la memoria memory; **in memoria di** in memory of; **raccontare a memoria** to tell by heart

meno less, fewer; minus; **il/la meno** least, fewest; **meno… che** less . . . than (PSP-4); **meno… di** less . . . than (PSP-4); **meno + *adj.* + di** less . . . than (4); **Meno male!** Thank goodness!

la mensa cafeteria (3)

mensile monthly

mentale mental; **l'apertura mentale** open-mindedness

la mentalità mentality

la mente mind; **tenere in mente** to keep in mind

mentre while (9)

il menu menu

menzionare to mention

la meraviglia wonder; **il paese delle Meraviglie** Wonderland

meraviglioso wonderful

il/la mercante shopkeeper, merchant

il mercato market; **il mercato dei consumi** consumer market

la merce merchandise

mercoledì Wednesday (3)

meridionale Southern (15); **centro-meridionale** Central-Southern (15)

la mescolanza mixture

mescolare to mix

il mese month; **fra un mese** in a month (10)

il messaggino text message

il messaggio (*pl.* **i messaggi**) message

messicano *adj.* Mexican (2)

il mestiere trade (14); occupation (14)

la meta destination

la metà half; **a metà** halfway

il metallurgico / la metallurgica (*pl.* **i metallurgici / le metallurgiche**) metalworker

il metodo method

il metro meter; **il metro quadrato** square meter

la metropoli big city (12)

la metropolitana subway (12)

mettere (*p.p.* **messo**) to put; (6) **mettere su famiglia** to start a family (9); **mettere in ordine** to arrange; **mettersi** to put on (*clothes*) (6); **mettersi d'accordo** to come to an agreement; **mettersi insieme** to become a couple (8)

mezzanotte midnight; **è mezzanotte** it's midnight (3)

mezzo *adj.* half; **mezz'ora** half an hour; **la mezza età** middle age; **la mezza pensione** bed-and-breakfast with breakfast and lunch or dinner included (13); **il mezzo litro** half liter (5)

il mezzo means; middle; **i mezzi pubblici** public transportation (12); **i mezzi di trasporto** means of transportation (12); **in mezzo a** among, in the midst of

mezzogiorno noon; **è mezzogiorno** it's noon (3)

mi to/for me

la microonda microwave; **il (forno a) microonde** microwave oven (11)

i miei my parents (*coll.*) (PSP-15)

il miele honey (5)

migliorare to improve

migliorato improved

migliore *adj.* better; **migliore di** better than (12); **il/la migliore** best

migratorio migratory

la migrazione migration

i miliardi billions

il milione million

il militare military (16)

mille (*pl.* **mila**) a thousand

il millennio (*pl.* **i millenni**) millennium

mimare to mime

la mimosa mimosa (flower)

minacciare to threaten

minerale mineral; **l'acqua minerale (naturale/ frizzante)** (still/sparkling) mineral water (5)

la minestra soup

il minestrone vegetable soup

minimo smallest, least; **non ne ho la minima idea** I don't have the slightest idea

il ministero ministry

il ministro *m./f.* minister (*government*); **il primo ministro** prime minister

la minoranza minority

minore *adj.* younger (4)

minuscolo minuscule; **la lettera minuscola** lowercase letter

il minuto minute

mio my (2); **a mio parere** in my opinion

mirare to aim

la miseria poverty

misterioso mysterious

misto mixed; assorted; **gli affettati misti** assortment of sliced meats and sausages (5); **l'antipasto misto** assorted appetizer; **l'insalata mista** mixed salad

la misura measure; **in egual misura** equally; **su misura** customized

misurare to measure

mite mild

la mitologia mythology

i mobili furniture

il mocassino loafer

la moda fashion (6); style; **alla moda / di moda** fashionable, in style; ***andare di moda** to be in style (6); **l'ultima moda** latest trend

la modalità procedure

il modello / la modella model

moderato moderate

moderno modern (12)

il modo way; **in modo che** in a way that, so that; **in qualunque modo** whatever way

il modulo form

la moglie wife (4)

molto *adj.* many, a lot of (2); *adv.* very (6); a lot, frequently (6); **molto bene** very good; ***stare molto bene** to be very well (2)

il momento moment

il monaco (*pl.* **i monaci**) monk; **l'abito non fa il monaco** the clothes don't make the man (*lit.* the habit doesn't make the monk)

la monarchia monarchy

mondiale global, worldwide; **la Seconda Guerra Mondiale** Second World War (WWII)

il mondo world; **del mondo** in the world; **in tutto il mondo** all over the world

la moneta coin

monolingue monolingual

monotono dull, tedious

la montagna mountain (13); ***andare in montagna** to go to the mountains (4)

montano *adj.* mountain; **la località montana** mountain resort

montuoso mountainous

monumentale monumental

la monumentalità monumentality

il monumento monument

la morale *f.* morale, spirits; **tirarsi su di morale** to raise one's spirits

***morire** (*p.p.* **morto**) to die (7)

la mortadella bologna

la mortalità mortality rate, death rate

la morte death (14)

morto dead

il morto / la morta dead person

il mosaico mosaic

la mosca fly

la mostarda mustard

la mostra exhibit, exhibition

il mostro monster

la motivazione motivation

motivato motivated

il motivo reason

il moto movement; exercise

la motocicletta motorcycle (PSP-1); **la moto** motorcycle (PSP-1); **fare un giro in moto** to go for a motorcycle ride (7)

il motore motor

il motorino moped

il movimento movement

la mozzarella mozzarella (5)

il mulino windmill (PSP-10)

il mulo mule (PSP-10)

la multa fine; **fare la multa** to give a parking/ traffic ticket (9)

multicolore *adj.* multicolor

multietnico multiethnic

multimediale *adj.* multimedia

la multinazionale multinational

muovere (*p.p.* **mosso**) to move; **muoversi** to exercise; to move (*oneself*), to get around (12)

le mura *pl.* walls (*of a city*)

il muro wall

il muscolo muscle

muscoloso muscular

il museo museum (12)

la musica music (16); **la musica classica** classical music

musicale musical; **il gruppo musicale** musical group, band

il/la musicista musician (9)

musulmano *adj.* Muslim

il musulmano / la musulmana Muslim (*person*)

le mutande underwear

N

il nano dwarf

napoletano *adj.* Neapolitan (*from Naples*)

il napoletano Neapolitan dialect (15); **il napoletano / la napoletana** Neapolitan (*person from Naples*)

***nascere** (*p.p.* **nato**) to be born (7); **Sono nato/a a…** I was born in (*name of city*) (2)

la nascita birth (14)

nascondersi (*p.p.* **nascosto**) to hide oneself

il nasino (*cute*) little nose (PSP-10)

il naso nose (2)

il Natale Christmas (8); **l'albero di Natale** Christmas tree (8); **Babbo Natale** Santa Claus (8); **Buon Natale!** Merry Christmas! (8)

la natura nature; **madre natura** Mother Nature

naturale natural; **l'acqua minerale naturale** still mineral water (5)

la nausea nausea

navigare to navigate; **navigare in Internet** to surf the web

il navigatore / la navigatrice navigator (16)

nazionale national; **la lingua nazionale** standard Italian (15); **l'italiano nazionale** standard Italian

la nazionalità nationality

la nazione nation

ne of it, of them (PSP-8); about it, about them (PSP-8)

necessario (*m. pl.* **necessari**) necessary; ***essere necessario che** to be necessary that (14)

la necessità necessity

la necropoli necropolis (*lit.* city of the dead)

negativo negative

il negozio (*pl.* **i negozi**) store, shop (9); **il negozio di frutta e verdura** fruit and vegetable shop (12)

il nemico / la nemica (*pl.* **i nemici / le nemiche**) enemy (PSP-12)

nemmeno not even

neoclassico neoclassic

il neolaureato / la neolaureata recent graduate

la neonatologia neonatology

il neretto boldface

nero black (2); **la maglia nera** last place; **pagare in nero** to pay illegally

nervoso nervous (2)

nessuno, non… nessuno no one, nobody (7)

netto clear; marked

la neve snow

†nevicare to snow

il nido nest; **l'asilo nido** nursery school

niente nothing; anyway . . . , that's all (11) (**non…**) **niente** nothing (7); **niente da** + *inf.* nothing to + *inf.* (11); **niente da bere** nothing to drink; **niente da fare** nothing to do (11); **niente da mangiare** nothing to eat; **(Di) niente.** It's nothing. No problem! (11)

il/la nipote grandchild, grandson/ granddaughter (4); nephew/niece (4)

il nipotino / la nipotina little nephew/niece; little grandson/granddaughter

nobile noble

il nobiluomo nobleman

noi we; us (PSP-16)

la noia boredom (14); **Che noia!** How boring!

noioso boring

noleggiare to rent (*bikes, cars, videos*) (13)

il noleggio (*pl.* **i noleggi**) rental; **prendere a noleggio** to rent (*cars, bikes, videos*)

il nome noun; name

nominare to name

non no, not; **non… ancora** not yet (PSP-6); **non c'è male** not bad (2); **non… mai** never (3); **non… né… né** neither . . . nor (PSP-6); (**non…**) **nessuno** no one, nobody (7); (**non…**) **niente** nothing (6); **non… più** not anymore, no longer (7)

il non-fumatore non-smoker

il nonno / la nonna grandfather/ grandmother (4)

nono ninth (1)

nonostante despite

il Nord North; **la Lega Nord** ultra-conservative political party with anti-immigrant policies and a recessionist platform

nordico Nordic

la norma norm

normale normal

la nostalgia nostalgia; **la nostalgia di casa** homesickness

nostalgico nostalgic

nostro our (2)

il notaio *m./f.* notary

notare to note; to notice

la notorietà notoriety

notevole notable, noteworthy

la notizia piece of news

noto known; **rendere noto** to make known

notoriamente notoriously, well known (*for a particular quality*)

il nottambulo night owl

la notte night; **Buona notte!** Good night! (1)

notturno overnight

il Novecento the 1900s

la novella short story

novembre November (1)

la novità news

le nozze wedding (8); marriage; **le nozze d'argento / d'oro** silver/golden anniversary (8)

nubile *f.* single, unmarried (4)

nucleare nuclear; **l'energia nucleare** nuclear energy

nulla nothing

il numero number (1); issue (1); **il maggior numero di** the majority of; **il numero di telefono** phone number (1); **il numero verde** toll-free number; **Che numero porta?** What size (*shoe*) do you wear? (*form.*) (6)

numeroso numerous

nuotare to swim (4); **nuotare in piscina** to swim in the pool (4)

il nuoto swimming (10); **fare nuoto / nuotare** to swim (10)

nuovamente again

nuovo new (2); **di nuovo** again; **la Nuova Zelanda** New Zealand

nutriente nutritious

la nutrizione nutrition

O

obbligare to mandate

obbligato obligatory, required

l'obbligo obligation; **la scuola dell'obbligo** compulsory education

obbligatorio mandatory

l'obesità *f.* obesity

l'obiettivo objective, goal, target

l'occasione *f.* occasion; **in occasione di** on the occasion of

l'occhio (*pl.* **gli occhi**) eye (2); **gli occhi azzurri** blue eyes (2); **gli occhi verdi** green eyes (2); **sognare a occhi aperti** to daydream

gli occhiali eyeglasses (2); **gli occhiali da sole** sunglasses (6)

***occorrere** (*p.p.* **occorso**) to be necessary

occupare to take up (*time*)

occupato occupied, busy; employed

l'occupazione *f.* employment (14); occupation (14)

oddio! omigosh! (7)

odiare to hate (5)

l'odore *m.* smell; odor

offendersi (*p.p.* **offeso**) to take offense

l'offerta sale, bargain, discount (13); offer

offrire (*p.p.* **offerto**) to offer (7)

l'oggetto object

oggi today (6); **meglio un uovo oggi che una gallina domani** better an egg today than a chicken tomorrow; **Che giorno è oggi?** What day is today? (3)

ogni *inv.* each, every (PSP-9); **ogni giorno** every day (3); **ogni tanto** sometimes (3); every now and then

ognuno *adj.* each one; *pron.* everyone, each one

le Olimpiadi Olympics

l'olio (*pl.* **gli oli**) oil; **l'olio di mais** corn oil; **l'olio di oliva** olive oil

l'oliva olive; **l'olio d'oliva** olive oil

oltre more than; **oltre che** besides, in addition to, as well as

omaggio *adj.* complimentary

l'ombelico navel

l'ombra shadow; shade

l'ombrello umbrella

l'ombrellone *m.* beach umbrella (13)

l'omeopatia homeopathic treatments

l'omologazione *f.* approval, recognition

l'onda wave

onesto honest

l'onomastico (*pl.* **gli onomastici**) the feast day of one's namesake saint

l'onore *m.* honor; **in onore di** in honor of; **la piazza d'onore** second place (*in sports*)

l'opera opera; work (*artistic, literary, musical, etc.*); **l'opera d'arte** work of art

l'operaio/l'operaia blue-collar worker (9)

l'operazione *f.* operation

l'opinione *f.* opinion

l'opportunità *f.* opportunity, occasion, chance

opportuno suitable, appropriate

l'oppositore/l'oppositrice opponent

l'opposizione *f.* opposition

l'opposto opposite

l'oppresso/l'oppressa oppressed person

oppure or

l'opzione *f.* option

ora now

l'ora hour; time; **fare le ore piccole** to stay up late (3); **A che ora... ?** At what time . . . ? (3); **Che ora è? / Che ore sono?** What time is it? (3); **fra un'ora** in an hour (10); **mezz'ora** half an hour; **non vedere l'ora di** (+ *inf.*) to not be able to wait (to do something); **l'ora di pranzo** lunchtime, lunch hour

orale oral; **l'esame orale** oral exam

l'orario (*pl.* **gli orari**) schedule; **l'orario continuato** all-day/continuous hours; **l'orario dei treni** train schedule

l'orchestra orchestra (16)

ordinale ordinal

ordinare to order

ordinato neat, tidy (2)

l'ordine *m.* order; **dare ordini** to give orders; **mettere in ordine** to arrange; **l'ordine cronologico** chronological order

le orecchiette pasta (*in the shape of ears*)

gli orecchini earrings (6)

l'orecchio (*pl.* **gli orecchi** or **le orecchie**) ear (2)

l'orefice goldsmith

organizzare to organize (13)

l'organo organ

orgoglioso/a proud

gli ori diamonds (*playing cards*)

orientale Oriental

l'origano oregano

l'originalità *f.* originality

l'origine *f.* origin; **la città di origine** hometown

orizzontale horizontal

ormai by now

l'oro gold; **d'oro** gold, golden; **le nozze d'oro** golden anniversary; **le regole d'oro** golden rules

l'orologio (*pl.* **gli orologi**) clock, watch (1)

l'oroscopo horoscope

orribile horrible

l'orsacchiotto teddy bear

l'orso bear

l'ortaggio (*pl.* **gli ortaggi**) vegetable

ortodosso orthodox

l'ospedale *m.* hospital (9); ***essere ricoverato all'ospedale** to be admitted to the hospital (10)

ospedaliero *adj.* hospital

l'ospitalità hospitality

ospitare to host

l'ospite *m./f.* guest

osservare to observe

l'osservazione observation

l'ostello hostel

l'osteria pub

ottantenne eighty-year old

ottavo eighth (1)

ottenere to obtain, to get

ottimista optimistic

ottimo excellent

ottobre October (1)

l'Ottocento the 1800s

l'Ovest West

ovvero or, or rather

ovvio (*m. pl.* **ovvi**) obvious; ***essere ovvio che** to be obvious that (15)

P

il pacchetto pack, packet

il pacco package (12)

la pace peace

il padre father (4)

il padrone / la padrona di casa head of the house

il paesaggio landscape

il paese town (12); land, country; **il Paese dei Balocchi** the Land of Toys; **i paesi civili** civilized countries; **il paese delle Meraviglie** Wonderland; **il paese di provincia** small town (12); **il paese straniero** foreign country

la paga pay

il pagamento payment

pagare to pay (3); **pagare in nero** to pay illegally

la paghetta allowance

la pagina page; **a pagina...** on page . . . ; **la pagina internet** web page

il pagliaio pile of straw; haystack

il paio (*pl.* **le paia**) pair (6)

la pala shovel

il palazzo building; apartment building (11); **il palazzo del comune** city hall (12)

palermitano from Palermo

la palestra gym; ***andare in palestra** to go to the gym (10)

il Palio traditional horse race of Siena

la palla ball (10); **la palla da tennis** tennis ball

la pallacanestro basketball (game) (10); **giocare a pallacanestro** to play basketball (10)

la pallavolo volleyball (game) (10); **giocare a pallavolo** to play volleyball (10)

la pallina ball (10)

il pallone soccer ball; **giocare a pallone** to play soccer (10)

la pancetta bacon

la pancia stomach (10); **avere mal di pancia** to have a stomachache (2)

il pandoro traditional Christmas cake

il pane bread (5)

il panettone traditional Christmas cake (8)

il panificio (*pl.* **i panifici**) bread shop, bakery (12)

il panino sandwich (1)

il panorama panorama

i pantaloncini shorts (6)

i pantaloni pants (6)

il papa pope (16)

il pappagallo parrot

il paracadutismo parachuting, skydiving; **fare paracadutismo** to go parachuting/ skydiving

il paradiso paradise; heaven

paragonare to compare

il paragone comparison; **fare un paragone** to make a comparison

il paragrafo paragraph

il parapendio paragliding

il parassita parasite

parcheggiare to park (12); **vietato parcheggiare** no parking

il parcheggio (*pl.* **i parcheggi**) parking; parking lot/space (12)

il parco (*pl.* **i parchi**) park (12)

parecchio (*m. pl.* **parecchi**) quite a lot of

il/la parente relative

la parentesi parenthesis; **tra parentesi** in parentheses

i parenti relatives (4)

*parere (*p.p.* **parso**) **(che)** to seem (that) (14)

il parere opinion; **a mio parere** in my opinion (12)

la parete wall

pari equal; **il numero pari** even number; **di pari passo** at the same rate/pace; **pari a** equal to

il/la paria (*inv.*) pariah, outcast

la parità equality

il Parlamento Parliament (16)

parlare to talk (3); to speak (3); **parlare a bocca piena** to talk with one's mouth full; **parlare di** to talk about; **parlare con** to talk to

parlato spoken; **la lingua parlata** spoken language (15)

il parmigiano Parmesan cheese (5)

la parola word (PSP-10); **la parola simile** cognate

la parolaccia (*pl.* **le parolacce**) dirty word (PSP-10)

la parrucca (*pl.* **le parrucche**) wig

il parrucchiere / la parrucchiera hairdresser (9); ***andare dal parrucchiere / dalla parrucchiera** to go to the hairdresser's

la parte part; role; **fare la parte di** to play the part/ role of; **la maggior parte di** the majority of; **le parti del corpo** parts of the body

partecipare a to participate in, to take part in

la partecipazione participation; wedding, birth, funeral announcement

la partenza departure

il participio (*pl.* **i participi**) participle; **il participio passato** past participle

particolare particular; **in particolare** in particular

particolarmente particularly

*partire to leave (7); to depart; **a partire da** starting with

la partita game, match (7)

il partito political party

il partitivo partitive (*gram.*)

part-time: lavorare part-time to work part-time (9)

la Pasqua Easter (8); **Buona Pasqua!** Happy Easter! (8); **l'uovo di Pasqua** Easter egg (8)

la Pasquetta Easter Monday, the day after Easter

il passaporto passport

*passare to stop by; **passare davanti a** to cut in front of; **passare il tempo** to spend time

il passaggio ride; **dare un passaggio** to offer a ride

il passatempo pastime

il passato past; **il passato prossimo** present perfect (*gram.*); **il passato progressivo** past progressive (*gram.*); **il passato remoto** past absolute (*gram.*)

il passeggero / la passeggera passenger

la passeggiata walk, stroll; **fare una passeggiata** to take a walk (3)

la passione passion

passivo passive

il passo (foot)step; pace; **a pochi passi da** close to; **di pari passo** at the same rate/pace; **segnare il passo** to lag behind

la pasta pasta; pastry (1)

la pasticceria pastry shop

il pasticcio pie; pudding

il pasto meal

la patata potato; **le patate fritte** french fries (5); **le patate lesse** boiled potatoes

la patatina potato chip

il paté pâté (5)

la patente di guida driver's licence

paterno paternal

la patria homeland (16)

il patrimonio (*pl.* **i patrimoni**) heritage

la patrona patron; **la santa patrona** patron saint

patronale patronal; **la festa patronale** feast/ celebration of a patron saint

il patrono patron; **il santo patrono** patron saint

il pattinaggio skating (10); **fare pattinaggio** to skate (10)

pattinare to skate (10)

i pattini skates

il patto pact, agreement

la paura fear; **avere paura (di)** to be afraid (of) (2); **da paura** extraordinary

la pausa break

il pavimento floor

paziente *adj.* patient; ***essere paziente** to be patient

il/la paziente patient

la pazienza patience; **avere pazienza** to be patient; **Abbi pazienza!** Be patient!

pazzesco crazy

peccato! too bad! (7)

il pedalino sock

peggio *adv.* worse; **peggio di** worse than (12)

*peggiorare to worsen

peggiore *adj.* worse; **peggiore di** worse than (12)

il peluche stuffed animal

pendere to hang

il pendolare commuter; **fare il pendolare** to commute

la penicillina penicillin

la penisola peninsula

la penna pen (1)

pensare to think; **pensare (a)** to think (about) (14); **pensare di** (+ *inf.*) to think about (*doing something*) (10)

il pensiero thought; **leggere nel pensiero** to mindread

il pensionato / la pensionata retiree (14)

la pensione small hotel (13); pension, bed-and-breakfast (13); retirement; **la mezza pensione** bed-and-breakfast with breakfast and lunch or dinner included (13); **la pensione completa** bed-and-breakfast with breakfast, lunch, and dinner included (13); ***andare in pensione** to retire (14)

pensionistico *adj.* pension

pentirsi to regret

la pentola cooking pot

il pepe pepper

il peperone bell pepper (5)

per for (5); **per favore / per piacere** please (1)

la percentuale percentage (14)

percepire to perceive; to receive

perché why (4); because (4); so that (PSP-15)

perciò therefore

il percorso route

perdere (*p.p.* **perso** or **perduto**) to lose (7)

perfetto perfect

perfezionare to perfect

la perfezione perfection

perfino even

il pericolo danger

pericoloso dangerous

la periferia periphery (12); outskirts

periferico *adj.* peripheral

periodico (*m. pl.* **periodici**) recurring

il periodo period

il peristilio (*pl.* **i peristili**) internal courtyard in ancient homes; internal courtyard that served as a private garden in Pompeii homes

la perla pearl

la permanenza stay

permeare to permeate

il permesso permission (PSP-15); **il permesso di soggiorno** permission to stay in Italy as a foreigner; **Permesso?** Can I come in? (11)

permettere (*p.p.* **permesso**) to allow; **permettersi** to allow oneself; to afford

il pernottamento overnight stay

però but

la persona person; **a persona** per person; **una persona di colore** person of color (4)

il personaggio (*pl.* **i personaggi**) character

personale personal; **il personale** staff

la personalità personality

personalmente personally

peruviano Peruvian

pesante heavy

†pesare (*p.p.* **peso**) to weigh

la pesca fishing

il pesce fish (5); **il pesce spada** swordfish

la pescheria fish shop (12)

il peso weight; **aumentare di peso** to gain weight (10); **calare di peso** to lose weight (10); **sollevare i pesi** to lift weights

pestare to step on

il pettegolezzo piece of gossip

il petto chest

*piacere (*p.p.* **piaciuto**) to like (PSP-14); **mi piace** (+ *inf.*) I like (*to do something*) (3); **ti piace** (+ *inf.*) you (*inform.*) like (*to do something*) (3);

le/gli piace (+ *inf.*) she/he likes to (*do something*) (3); **(Non) ti/Le piace/piacciono… ?** Do (Don't) you like . . . ? (*inform./form.*) (1)

il piacere pleasure; **Piacere!** Pleased to meet you! (1); **mi fa piacere** I am glad; **per piacere** please (1)

piacevole pleasing

piangere (*p.p.* **pianto**) to cry

pianificare to plan

il/la pianista pianist

il piano plan; piano; floor (*of a building*); **piano piano** very slowly; **il primo piano** the first floor; **il secondo piano** the second floor; **il terzo piano** the third floor; **al primo piano** on the first floor; **al secondo piano** on the second floor; **al terzo piano** on the third floor

il pianoforte piano (3)

la pianta city map; plant

il pianterreno ground floor (*first floor in the United States*); **a pianterreno** on the ground floor

il piatto plate, dish (3); **il primo piatto** first course (5); **il secondo piatto** second course (5)

la piazza town square (1); **la piazza d'onore** second place (*in sports*); *andare in piazza to go to the town square (8)

picchiare to tap

piccolo small, little (2); **fare le ore piccole** to stay up late (3); **la piccola borghesia** lower middle class

il pidocchio (*pl.* **i pidocchi**) lice

il piede foot (3); **a piedi** on foot; *andare a piedi to walk, to go on foot (8)

pieno full; **lavorare a tempo pieno** to work full-time (9); **parlare a bocca piena** to talk with one's mouth full

la pietra stone

il pigiama pajamas

la pigione *coll.* rent; **dare a pigione** to rent out

pignolo picky

la pigrizia laziness

pigro lazy (2)

la pila elettrica battery (16)

la pinacoteca (*pl.* **le pinacoteche**) art gallery

il pinguino penguin

la pioggia (*pl.* **le piogge**) rain

la pipa pipe

la piramide pyramid

la piscina swimming pool; **andare in piscina** to go to the pool; **nuotare in piscina** to swim in the pool (4)

i piselli peas (5)

la pistola pistol, handgun

il pittore / la pittrice painter (PSP-1)

più more; **di più** more; **il/la più** the most; **più… che** more . . . than (PSP-4); **più… di** more . . . than (PSP-4); **più + adj. + di** more . . . than (4); **non… più** not anymore, no longer (7)

la pizza pizza; **la pizza al taglio** pizza by the slice

il pizzaiolo pizza maker

il pizzo lace

la pizzeria pizzeria

il platino platinum

pleonastico *adj.* pleonastic

il plurale plural

la pluralità plurality

poco (*m. pl.* **pochi**) *adj.* few, not much (2); *adj.* not very (7); *adv.* little, rarely (6); **un po' di** a bit of (5)

il poema poem

la poesia poetry (16); poem (PSP-12)

il poeta / la poetessa poet (PSP-12)

poetico (*m. pl.* **poetici**) poetic

il poggiolo balcony

poi then (7); **prima o poi** sooner or later

poiché since

la politica politics (16)

politico (*m. pl.* **politici**) political; **le scienze politiche** political science

il politico (*pl.* **i politici**) politician (16)

la polizia police

il poliziotto / la poliziotta police officer (9)

poliziesco *adj.* police; **il romanzo poliziesco** detective story

il pollo chicken; **il pollo arrosto** roast chicken (5)

il polsino cuff

la poltrona armchair (11)

pomeridiano *adj.* afternoon

il pomeriggio (*pl.* **i pomeriggi**) afternoon; **nel pomeriggio** in the afternoon (3)

il pomodorino cherry tomato (5)

il pomodoro tomato

il ponte bridge; **fare il ponte** to take an extra day off (8)

popolare popular; **la casa popolare** public housing

la popolarità popularity

popolato populated

la popolazione population (14)

il popolo people

il porco (*pl.* **i porci**) pig

porgere (*p.p.* **porto**) to hand

porre (*p.p.* **posto**) to put; **porre una domanda** to ask a question

la porta door (1)

il portafoglio (*pl.* **i portafogli**) wallet

portare to bring, to carry (6); to take; to wear (6); **Che taglia/numero porta?** What size (*clothing/shoe*) do you wear? (*form.*) (6); **portare a** to lead to; **portare sfortuna** to bring bad luck

portatile portable; **il computer portatile** laptop

il porto port (12)

portoghese *adj.* Portuguese (2)

il portone front door (11); main entrance

posare to place

le posate silverware

positivamente positively

positivo positive

la posizione position

possedere to possess

possessivo *adj.* possessive

possibile possible; *essere possibile che to be possible that (14)

la possibilità possibility

la posta post office (12)

postale postal; **l'ufficio postale** post office (12)

il posto place; position (*employment*); **il posto di lavoro** job position; **il posto a sedere** seat; **tutto a posto** everything's OK

potente powerful

la potenza power

†**potere** to be able, can, may (5); **potere** (+ *inf.*) to be able to (*do something*) (6)

il potere power

i poveri the poor

povero poor (2); **Povero/a!** Poor (thing/you)!

la povertà poverty (14)

pragmatico pragmatic

pranzare to eat lunch (3)

il pranzo lunch (7); **l'ora di pranzo** lunchtime, lunch hour; **la sala da pranzo** dining room (11)

la pratica practice

praticare to practice (3)

il precario temporary worker

precedente previous

precedere to precede, to come before

precipitare to precipitate

precisare to point out

preciso precise

predicare to preach

la predicazione preaching

prediletto favorite

predominare to prevail

la preferenza preference

preferibile preferable

preferire (isc) to prefer (3)

preferito favorite (2)

pregare to pray (3)

pregiato of high quality

il pregiudizio bias

prego you're welcome; come in; please sit down; make yourself comfortable; after you / you first; go ahead; help yourself; by all means; **prego?** may I help you? (1)

preistorico (*m. pl.* **preistorici**) prehistoric

prelevare (soldi) to withdraw (money)

preliminare preliminary

premere to press

il premio (*pl.* **i premi**) prize; **il Gran Premio** Grand Prix

prendere (*p.p.* **preso**) to take (4); to have (*food or drink*); *andare a prendere to pick up (in a car); **prendere l'abilitazione** to earn a teaching certificate; **prendere l'aereo** to travel by plane (4); **prendere appunti** to take notes; **prendere l'autobus** to take the bus (3); **prendere un caffè** to have a coffee (3); **prendere consapevolezza** to become aware; **prendere una decisione** to make a decision; **prendere lezioni di** to take lessons in (4); **prendere a noleggio** to rent (*cars, bikes, videos*); **prendere il sole** to sunbathe (4); **prendere vitamine** to take vitamins (10)

prenotare to reserve (13); **prenotare una camera** to reserve a room

la prenotazione reservation (13); **fare una prenotazione** to make a reservation (13)

preoccupare to worry

preoccupato worried

la preoccupazione worry

preparare to prepare; **preparare la cena** to prepare dinner, to get dinner ready; **prepararsi** to prepare oneself, to get oneself ready (PSP-12); **prepararsi a** (+ *inf.*) to prepare to (*do something*) (PSP-14)

la preparazione preparation

la preposizione preposition

prescrivere (*p.p.* **prescritto**) to prescribe

presentare to present; to introduce; **presentarsi al lavoro** to show up at work

la presentazione presentation

il presente present tense (*gram.*); **il presente progressivo** present progressive (*gram.*)

la presenza presence

la prestazione performance; **prestazioni pensionistiche** pension payments

il preside school principal

il/la presidente *m./f.* president

presso near; at

prestare to loan, to lend (PSP-15)

prestigioso prestigious (12)

presto early (6); **A presto!** See you soon! (3); **è presto** it's early (3); **troppo presto** too early (3)

il presupposto assumption
il prete priest
prevalentemente chiefly, mainly
prevedere (*p.p.* **previsto** or **preveduto**) to predict
prevenire (*p.p.* **prevenuto**) to prevent
la previsione prediction; **le previsioni del tempo** weather forecast
il prezzo price (13); **prezzi da matti** crazy prices
la prigione prison
il prigioniero / la prigioniera prisoner
prima before (7); first; **prima che** before (PSP-15); **prima di** before; **prima o poi** sooner or later
primario primary
il primato supremacy
la primavera spring (1); **in primavera** in the spring
primeggiare to excel
primo first (1); **il primo ministro** *m./f.* prime minister; **il primo piano** first floor (*second floor of an Italian building*); **al primo piano** on the first floor (*second floor of an Italian building*); **il primo (piatto)** first course (5)
il primogenito / la primogenita first born son/ daughter
principale main, principal
il principe prince
privato private
privilegiare to favor
probabile probable
il problema (*pl.* **i problemi**) problem (PSP-1)
la processione procession
il prodotto product
produrre (*p.p.* **prodotto**) to produce
produttivo productive
il produttore / la produttrice producer
la produzione production
professionale professional
la professione profession; **di professione** as a profession, professionally
il/la professionista professional
il professore / la professoressa professor (1)
il profilo profile
la profondità depth
profondo deep
il profumo perfume
progettare to plan
il/la progettista designer
il progetto project; **i progetti** plans
il programma program (PSP-1); **il programma alla TV** TV program; **i programmi** plans
la programmazione programming
progressivo progressive; **il passato progressivo** past progressive (*gram.*); **il presente progressivo** present progressive (*gram.*)
la promessa promise
promesso promised; **i promessi sposi** betrothed
promettere (*p.p.* **promesso**) (**di** + *inf.*) to promise (*to do something*) (PSP-14)
promozionale promotional
promuovere (*p.p.* **promosso**) to promote
il pronome pronoun
pronto ready; hello (*on the telephone*) (3); **il pronto soccorso** emergency room
la pronuncia (*pl.* **le pronunce**) pronunciation (15)
proporre (*p.p.* **proposto**) to propose, to suggest
la proporzione proportion
a proposito di with regard to
la proposta proposition, suggestion; proposal
la proprietà property
il proprietario / la proprietaria owner

proprio (*adj.*) (*m. pl.* **propri**) one's own; proper; peculiar; real; **il nome proprio** proper noun; **vero e proprio** actual; **proprio** (*adv.*) really
la prosa prose
il prosciutto ham (5); **il prosciutto crudo** smoked/cured ham
il proseguimento continuation; **Buon proseguimento!** Keep on going!
prospero prosperous
prossimo next; **l'anno prossimo** next year (10); **il passato prossimo** present perfect (*gram.*); **la settimana prossima** next week (10)
il/la protagonista protagonist
proteggere (*p.p.* **protetto**) to protect (16)
la proteina protein
la prova proof; **dare prova di** to demonstrate, to show
provare to try; to try on (6); to feel; **provare a** to try to; **provarci con** to make a pass at
proveniente (da) originating (from), coming (from)
la provenienza place of origin
*****provenire da** to be originally from
il proverbio (*pl.* **i proverbi**) proverb
la provincia (*pl.* **le province**) province; **il paese di provincia** small town (12)
provocare to bring on, to provoke
prudente careful
la prudenza carefulness; **con prudenza** carefully (6)
lo/la psicanalista psychoanalyst
lo/la psichiatra psychiatrist
la psicologia psychology (1)
psicologico psychological
lo psicologo / la psicologa (*pl.* **gli psicologi / le psicologhe**) psychologist (9)
pubblicare to publish
la pubblicazione publication
la pubblicità ad
pubblico (*m. pl.* **pubblici**) public; **i mezzi pubblici** public transportation (12); **l'ordine pubblico** law and order
il pubblico audience, public
pulire (isc) to clean (3)
pulito clean (PSP-15)
la pulizia cleaning
il pullman bus, tour bus (13)
il pullover pullover (6)
la punta top; **ora di punta** rush hour
il puntale tip (*of an object*)
puntare to aim
il punteggio score
il punto period (*gram.*) (.); point; **il punto di vista** point of view
puntuale punctual
puntualmente punctually (6)
purché on the condition that, as long as (PSP-15)
pure even; by all means (*with imperatives*) (13)
la purezza purity
puro pure
purtroppo unfortunately (10)
la puzza stink, bad smell; **Che puzza!** What a stink!

Q

il quaderno notebook (1)
quadrangolare *adj.* square
quadrato square; **il metro quadrato** square meter
il quadro picture (11), painting (*individual piece*) (16)
il quadruplo four times as much
qualche some (PSP-9); **qualche volta** sometimes

qualcosa something (11); **qualcosa da** + *inf.* something to + *inf.* (11); **qualcosa da bere** something to drink; **qualcosa da fare** something to do (11); **qualcosa da mangiare** something to eat
qualcuno someone (11)
quale which (4); **qual è** what is (4)
qualificarsi to qualify
la qualità quality; **la qualità della vita** quality of life
qualsiasi any; **qualsiasi cosa** anything
qualunque any
quando when (3); **fin quando** until
la quantità quantity
quanto how much (4); how many (4); **Quant'è?** How much is it? (1) **Quanti anni ha?** How old are you? (*form.*) (2); **Quanti anni hai?** How old are you? (*inform.*) (2); **Quanti ne abbiamo oggi?** What is today's date? (*lit.* How many of them do we have today?) (1); **Quanto costa?** How much does it cost?; **Quanto costano?** How much do they cost?; **ogni quanto** how often
il quartiere neighborhood (12)
quarto fourth (1)
il quarto one quarter; **Sono le sette e un quarto.** It's 7:15. / It's a quarter past 7:00.; **Sono le sette e tre quarti.** It's 7:45. / It's a quarter to 8:00.
quasi almost
il Quattrocento the 1400s
quello that (2); **quello che** what; that which
la questione question; issue
questo this (2)
qui here; **clicca qui** click here; **qui vicino** nearby, near here
la quiete quiet
quindi therefore
quinto fifth (1)
il quiz *inv.* quiz
la quota fee; amount, level; **la quota associativa** membership fee; **la quota di partecipazione** program fee
quotidianamente *adv.* daily, everyday
quotidiano *adj.* daily, everyday
il quotidiano daily newspaper (14)

R

la rabbia anger; **mi fa rabbia** it makes me angry
la racchetta racket; **la racchetta da neve** snowshoe
raccogliere (*p.p.* **raccolto**) to collect, to gather
la raccolta collection
raccontare to tell (15); **raccontare di** to tell about; **raccontare una storia** to tell a story (15); **raccontare una barzelletta** to tell a joke (15)
il racconto short story ; **il racconto rosa** romantic story
raddoppiato doubled
radersi to shave (6)
la radice root
radio *adj. inv.* radio; **la stazione radio** radio station
la radio (*pl.* **le radio**) radio (PSP-1)
la radiofonia radiotelephony (transmission of information via radiowaves)
radunare to gather
raffigurare to represent
rafforzato reinforced
il raffreddore cold (*infection*); (10)
il ragazzino / la ragazzina little boy/girl, kid (PSP-10)

il ragazzo / la ragazza boy/girl, guy/girl (1); boyfriend/girlfriend (PSP-15); **Che bel ragazzo!** What a cute guy! (4); **Che bella ragazza!** What a cute girl! (4)

il ragazzone big boy (PSP-10)

raggiùngere (*p.p.* **raggiunto**) to reach, to arrive at

la ragione reason (14); **avere ragione** to be right (2)

ragionevole reasonable

il ragù meat sauce

il rammàrico sorrow

il rapporto relationship; report

il/la rappresentante representative

rappresentare to represent; to perform (*play, opera, etc.*)

la rappresentazione performance; representation

raramente rarely (6)

raro rare

il razzismo racism (14)

il re (*pl.* **i re**) king (16); **i tre Re** the Wise Men

*reagire (**isc**) to react

reale royal; real

realìstico (*m. pl.* **realìstici**) realistic

realizzare to realize (16); to carry out, to bring about (16)

la realtà reality; **in realtà** really, actually

la reazione reaction

il rebus word and picture puzzle

recente recent

recìproco (*m. pl.* **recìproci**) reciprocal

recitare to act, to perform

la recitazione acting

il rèddito income

la redenzione redemption

regalare to give as a gift

il regalo gift (7)

reggiano from Reggio Emilia

la regina queen (16)

regionale regional; **l'italiano regionale** regional variation of standard Italian (15); **il treno regionale** train that travels within one region of Italy

la regione region (1)

il/la regista director (*film*)

registrare to record

la registrazione recording

regnare to rule

il regno kingdom

la règola rule; **le règole di comportamento** rules of conduct; **le règole d'oro** golden rules

regolare regular; **l'immigrato regolare** legal immigrant

regolare to regulate

regolarmente regularly (6)

relativamente relatively

relativo respective; relative

la religione religion (1)

religioso religious (12)

il religioso / la religiosa monk/nun (16); member of a religious order (16)

remoto remote; **il passato remoto** past absolute (*gram.*)

rèndere (*p.p.* **reso**) to make; **rendere noto** to make known

il rene kidney

il reparto section

il repertorio repertoire

la repùbblica (*pl.* **le repùbbliche**) republic (16)

il requisito qualification

residente *adj.* resident

il/la residente resident

la residenza residence (1)

residenziale residential

respirare to breathe

*restare to stay, to remain

restituire (**isc**) to give back (PSP-15)

il resto rest, remainder

la rete net; radio/TV channel

retribuire to pay

la revisione revision

riaprire (*p.p.* **riaperto**) to reopen

il riassetto tidying up

riassùmere (*p.p.* **riassunto**) to summarize

il riassunto synopsis, summary

ricaricare to recharge

la ricchezza wealth

riccio (*m. pl.* **ricci**) curly; **i capelli ricci** curly hair

ricco (*m. pl.* **ricchi**) rich (2)

la ricerca (*pl.* **le ricerche**) research; **fare ricerca** to do research

il ricercatore / la ricercatrice researcher

la ricetta prescription; recipe

ricettivo receptive

ricèvere to receive (PSP-5)

il ricevimento reception

richiamare to call back

richièdere (*p.p.* **richiesto**) to require

la richiesta request

†ricominciare to start over, to start again

riconòscere (*p.p.* **riconosciuto**) to recognize

riconoscìbile recognizable

il riconoscimento recognition

riconsegnare to give back

riconsiderare to reconsider

ricordare to remember; to remind; **ricordarsi di** (+ *inf.*) to remember to (*do something*)

*ricòrrere (*p.p.* **ricorso**) **a** to turn to

ricreare to recreate

ricreativo recreational

ricurvo curved

rìdere (*p.p.* **riso**) to laugh; **rìdere da matti** to laugh like crazy

ridurre (*p.p.* **ridotto**) to reduce

*rientrare to come home (3)

rifare (*p.p.* **rifatto**) to redo; **rifare il letto** to make the bed

il riferimento reference

riferire (**isc**) to report; to refer to

rifiutare to refuse

i rifiuti garbage

riflessivo reflexive

riflèttere to reflect

rifondare to found again

la riforma reform

il rifugio (*pl.* **i rifugi**) refuge

la riga (*pl.* **le righe**) line

riguardare to concern

rilassarsi to relax (13)

rilèggere to reread

rilevare to emphasize; **rilevare dati** to obtain data

la rima rhyme, verse

rimandare to postpone; to put off until later

*rimanere (*p.p.* **rimasto**) to stay (7); to remain (7); ***rimanere aperto** to stay open; ***rimanere a casa** to stay home (PSP-3)

rimboccarsi le maniche to roll up one's sleeves

il rimborso reimbursement

rimediare to remedy

rinascimentale *adj.* Renaissance

il Rinascimento Renaissance (12)

il ringraziamento thanks; **il giorno del Ringraziamento** Thanksgiving Day

il rinnovamento renewal

rinnovare to renew

la rinuncia (*pl.* **le rinunce**) renunciation

rinunciare to give up

riparare to repair

la riparazione repair

il riparo respite

ripassare to review

il ripasso review

il ripensamento change of mind, second thought

ripètere to repeat

riportare to bring back (PSP-15); to report

riposarsi to rest

riprèndere (*p.p.* **ripreso**) to take again; to shoot (a film)

risalire (a) to date back (to) (15)

il riscaldamento heating

rischiare to risk (16)

il rischio (*pl.* **i rischi**) risk

rischioso risky

riscrìvere (*p.p.* **riscritto**) to rewrite

riscuotere (*p.p.* **riscosso**) to obtain; **riscuotere partecipazione** to elicit participation

riservato reserved

il riso rice

risòlvere (*p.p.* **risolto**) to resolve (*an issue*), to solve a problem (9)

il Risorgimento movement for Italian unification

la risorsa resource

il risotto rice dish (5)

risparmiare to save (*money*) (9)

rispettare to respect; to follow (rules)

rispettivo respective

rispetto a compared to, respective to

il rispetto respect; **rispetto a** compared with

rispettoso respectful

rispòndere (*p.p.* **risposto**) to respond (7); to answer; **rispondere a una domanda** to answer a question

*risposarsi to remarry

la risposta response; answer

ristampare to reprint

il ristorante restaurant (1)

il ristoratore / la ristoratrice restaurateur

la ristorazione restaurant management

il risultato result

il ritaglio (*pl.* **i ritagli**) clipping

il ritardo delay; ***èssere in ritardo** to be late; **in ritardo** late (6)

ritenere to believe; to hold; to maintain

il ritmo rhythm (12); pace; **il ritmo della vita** rhythm of life (12); pace of life

*ritornare to return

il ritorno return

il ritratto portrait

ritrovare to discover, to find

la riunione meeting; **fare una riunione** to have a meeting

*riuscire to succeed; ***riuscire a** (+ *inf.*) to succeed in (*doing something*) (PSP-14); to be able (*to do something*)

rivelare to reveal

la rivelazione revelation

la rivista magazine (3)

rivolgere to turn (to), to direct; **rivolgersi** (*p.p.* **rivolto**) (**a**) to turn (to), to address (oneself) (to); to consult

la rivoltella revolver

la roba stuff

la roccia rock

romano *adj.* Roman

il romano / la romana Roman (*person from Rome*); **fare alla romana** to split the bill; to pay one's share of the bill (5)

romantico (*m. pl.* **romantici**) romantic

romanzo *adj.* Romance; **la lingua romanza** Romance language (15)

il romanzo novel (16)

rompere (*p.p.* **rotto**) to break (7); **rompersi la gamba / il braccio** to break a leg/arm (10)

rosa *inv.* pink (2); **il racconto rosa** romantic story

rosso red (2); **la Croce Rossa** Red Cross

rovinare to ruin; to spoil

rubare to rob, to steal

la ruga (*pl.* **le rughe**) wrinkle

il rumeno Romanian (*language*) (15)

il rumore noise (12)

rumoroso noisy

il ruolo role

russo *adj.* Russian

S

sabato Saturday (3); on Saturday; **il sabato** every Saturday

il sacchetto bag

il sacco (*pl.* **i sacchi**) bag; **il sacco a pelo** sleeping bag; **un sacco di** a whole lot of

il/la saggista essayist, non-fiction writer

la sala hall; **la sala da pranzo** dining room (11)

il sale salt (5)

saliente salient, important

*****salire** to climb

il salmone salmon (5)

saltare to skip (*something*)

saltuario occasional

la salumeria delicatessen (12)

i salumi *pl.* cold cuts

salutare to greet; **salutarsi** to greet (*each other*) (8)

la salute health (10); **Salute!** Bless you! / Gesundheit! (10)

il saluto greeting; **tanti saluti** best regards, all the best

la salvaguardia protection; **la salvaguardia ambientale** protection of the environment

i sandali sandals (6)

il sangue blood

la sanità health

sanitario (*m. pl.* **sanitari**) *adj.* health; **gli articoli sanitari** hygiene products; **il sistema sanitario** healthcare system

sano healthful; **mangiare sano** to eat healthy food

il santo / la santa saint (16); **Santa Cleopatra!** Good grief!; **il santo patrono / la santa patrona** patron saint

sapere to know (*a fact*) (4); to find out (*in the past tense*); **sapere + inf.** to know how to (*do something*) (4); **non si sa mai** one never knows; **si sa che** everyone knows that (15)

il sapone soap

il sapore taste

saporito tasty

la sarda sardine

sardo Sardinian

il sasso stone

il sassofono saxophone

satellitare *adj.* satellite

sbagliarsi to be wrong (6)

lo sbaglio (*pl.* **gli sbagli**) error; **per sbaglio** by accident

lo sballo fun

la scacchiera chessboard; **lo sciopero a scacchiera** strike affecting alternating groups of workers

lo scacco (*pl.* **gli scacchi**) checker, square; **a scacchi** plaid

scadente mediocre

la scadenza deadline

lo scaffale bookcase (11)

scaglionare to stagger

le scale stairs; **fare le scale** to take the stairs

scalzare to undermine

scambiare to exchange

lo scambio (*pl.* **gli scambi**) exchange

gli scampi prawns

lo scandalo scandal

*****scappare** to run away

scaricare to download (3)

le scarpe shoes (6); **le scarpe da ginnastica** sneakers (6)

la scarpetta child's shoe; **le scarpette di cristallo** glass slippers

lo scarpone boot, hiking boot

scatenarsi to let loose (*lit.* to unchain oneself)

la scatola box; **la scatola di cioccolatini** box of chocolates

lo scavo excavation site

scegliere (*p.p.* **scelto**) to choose (7)

la scelta choice

lo scemo / la scema moron; **Che scemo/ scema!** What a moron!

la scena scene

*****scendere** (*p.p.* **sceso**) to go down, to descend

scenico (*m. pl.* **scenici**) *adj.* stage, theatrical

scenografico (*m. pl.* **scenografici**) *adj.* stage; spectacular

lo sceriffo sheriff

la scheda chart; form; **la scheda telefonica** prepaid phone card

lo scheletro skeleton

scherzare to joke (15); to kid (15)

la schiena back; **schiena contro schiena** back to back

lo schifo disgust; **Che schifo!** How gross! (4)

lo sci (*pl.* **gli sci**) ski (PSP-1)

sciare to ski (4)

la sciarpa scarf (6)

scientifico (*m. pl.* **scientifici**) scientific; **il liceo scientifico** high school with a focus on the sciences

la scienza science; **le scienze della comunicazione** communications (*subject matter*) (1); **le scienze politiche** political science (1)

lo scienziato / la scienziata scientist (9)

la scimmia monkey

sciocco (*m. pl.* **sciocchi**) foolish

sciogliere (*p.p.* **sciolto**) to melt; to dissolve

scioperare to strike

lo sciopero strike (14); **lo sciopero a scacchiera** strike affecting alternating groups of workers; **lo sciopero selvaggio** wild (unannounced) strike; **lo sciopero a singhiozzo** strike scheduled for various periods during the day (i.e., morning and evening rush hour)

la scogliera cliff, reef

scolastico (*m. pl.* **scolastici**) *adj.* school; **l'anno scolastico** school year; **la gita scolastica** school trip; **il sistema scolastico** school system

*****scomparire** (*p.p.* **scomparso**) to disappear (15)

sconfitto defeated

scontento unhappy

lo sconto discount

lo scooter motorscooter

la scoperta discovery

lo scopo purpose; goal

scoppiare to explode

scoprire (*p.p.* **scoperto**) to discover (16)

scorrere to flow

scorretto bad, incorrect

scorso last (7)

scritto written; **l'esame scritto** written exam; **la lingua scritta** written language (15)

lo scrittore / la scrittrice writer (16)

la scrivania desk (11)

scrivere (*p.p.* **scritto**) to write (3); **Come si scrive… ?** How do you write . . . ?

lo scudetto Italian Soccer Cup

la scultura sculpture (16)

la scuola school (9); **frequentare la scuola** to attend school; **marinare la scuola** to play hooky, cut school (6); **la scuola alberghiera** hotel-management school; **la scuola elementare** elementary school (9); **la scuola materna** nursery school; **la scuola media** middle school (9); **la scuola superiore** secondary school (9)

scuro dark; **la carnagione scura** dark skin tone (4)

scusa (*inform.*) excuse me (3); sorry (10)

la scusa excuse

scusi (*form.*) excuse me (3); sorry (10)

sdraiarsi to lay down

se if; **anche se** even if; **se fossi in te** if I were you

sé oneself (PSP-16); herself, himself (PSP-16); themselves (PSP-16)

sebbene even though (PSP-15)

il secolo century; **l'undicesimo secolo** the 11th century (12); **il dodicesimo secolo** the 12th century (12)

a seconda di according to; depending on

secondo *adj.* second (1); **la Seconda Guerra Mondiale** Second World War (WWII); **il secondo piano** second floor (*third floor of an Italian building*); **al secondo piano** on the second floor (*third floor of an Italian building*); **il secondo (piatto)** second course (5)

secondo *prep.* according to; **secondo me** in my opinion (12); **secondo te/Lei** in your opinion (*inform./form.*) (12)

il secondo second (*unit of time*)

la sede residence; **lo studente fuori sede** non-resident student

la sedentarietà sedentariness

sedentario (*m. pl.* **sedentari**) sedentary (10)

sedersi to sit (11)

la sedia chair (11)

la seggiola chair

il segmento segment

segnalare to indicate; to point out

segnare to mark; **segnare il passo** to lag behind

il segno sign; **la Lingua Italiana dei Segni** Italian Sign Language

il segretario / la segretaria (*pl.* **i segretari / le segretarie**) secretary, assistant

la segreteria telefonica answering machine

segreto *adj.* secret

il segreto secret
seguente following
seguire to follow; to take (a course) (1)
il Seicento the 1600s
la selezione selection
selvaggio (m. pl. selvaggi) wild; lo sciopero selvaggio wild (unannounced) strike
*sembrare to seem; sembrare che to seem that (14)
il seme seed
il semestre semester
il seminario (pl. i seminari) seminary; seminar
semplice simple
sempre always (3)
la senape mustard
il senatore / la senatrice senator (16)
senese Sienese
il senso way; sense; a senso unico adj. one-way; il senso unico one way
senta (form.) listen (3)
senti (inform.) listen (3)
il sentimento feeling
sentire to hear, to listen; to smell; sentirsi to feel (6)
senza without; senza che without (PSP-15); senza di me without me; senza fili wireless
separarsi to separate (from each other) (8)
separato separated (4)
la sera evening; alla/di sera in the evening (3); buona sera good evening (1); da sera adj. evening; ieri sera yesterday evening, last night; le scarpe da sera evening shoes; il vestito da sera evening dress
la serata evening, the whole evening
la serenità serenity
seriamente seriously
la serie series
serio (m. pl. seri) serious (2); sul serio seriously
il serpente snake, serpent
servire to serve (3); to help; to be useful, to be of use; to need; A cosa servono? What are they used for?
il servizio (pl. i servizi) service charge; service; i servizi service industry
il servo / la serva servant
il sesso sex
sesto sixth (1)
la seta silk
la sete thirst; avere sete to be thirsty
il Settecento the 1700s
settembre September (1)
settentrionale Northern (15)
la settimana week; il fine settimana weekend (7); la settimana bianca a week-long skiing vacation; la settimana prossima next week (9); la settimana scorsa last week
il settimanale weekly magazine; weekly publication
settimo seventh (1)
il settore sector
la sezione section
sfidare to challenge
la sfilata fashion show (6)
sfiorare to come close to; to skim over; to brush against
la sfortuna bad luck; portare sfortuna to bring bad luck
lo sguardo glance
lo shopping shopping (3); fare shopping to go shopping (3)

gli short shorts (6)
sicuro safe (14); sure (5); di sicuro certainly; *essere sicuro che to be sure that (15)
la sigaretta cigarette
significare to mean; Che significa… ? What does . . . mean?
significativo significant
il significato meaning
il signore / la signora gentleman/lady; sir / madam, ma'am; Mr. / Mrs., Ms.
il silenzio silence
silenzioso quiet
simboleggiare to symbolize
simbolico (m. pl. simbolici) symbol
simile similar
la simpatia friendliness
simpatico (m. pl. simpatici) nice, likeable (PSP-2)
sinceramente sincerely, honestly (6)
sincero sincere, honest (2)
il sindacato labor union
il sindaco mayor
il singhiozzo hiccup; lo sciopero a singhiozzo strike scheduled for various periods during the day (i.e., morning and evening rush hour)
singolare singular
singolo single; la camera singola single room (13)
la sinistra left (direction); a sinistra on the left; a sinistra di to the left of (11); di sinistra leftist, left-wing; girare a sinistra to turn left (13); sulla sinistra on the left (13)
sino a up to
la sintassi syntax
il sintomo symptom
la sirena siren
la siringa syringe
il sistema system (PSP-1); il sistema d'istruzione educational system; il sistema sanitario healthcare system; il sistema scolastico school system
il sito Web web site
sistemare to arrange; to set up; to put in order
la sistemazione arrangement
il sito Internet web site
la situazione situation
lo skateboard skateboarding (10); fare skateboard to skateboard (10)
sloveno Slovenian
smarrito lost
smettere (p.p. smesso) (di + inf.) to quit (doing something), to stop (doing something) (PSP-14); smettere di fumare to quit smoking; smettere di lavorare to stop working (9)
lo smog smog (12)
l'sms m. text message
il soccorso emergency care; il pronto soccorso emergency room (10)
sociale social
la società society
la socievolezza sociability
la sociologia sociology (1)
il sociologo / la sociologa (pl. i sociologi / le sociologhe) sociologist
soddisfacente satisfying
soddisfatto di satisfied with, happy with
la soddisfazione satisfaction; provare soddisfazione to be happy, to feel happy
sodo hard; lavorare sodo to work hard (9)
soffiare to blow
soffice soft

soffrire (p.p. sofferto) to suffer; soffrire di to suffer from (an illness) (10)
il soggetto subject
il soggiorno living room (11); *andare in soggiorno to go to the living room (8); stay (period of time) (13); il permesso di soggiorno permission to stay in Italy as a foreigner
sognare to dream; sognare di (+ inf.) to dream of (doing something) (10)
il sogno dream; avere un sogno nel cassetto to have a secret wish (lit. to have a dream in the drawer) (13)
solamente only
il soldato / la soldatessa soldier (16)
i soldi m. pl. money (3); prelevare soldi to withdraw money
il sole sun; gli occhiali da sole sunglasses (6); prendere il sole to sunbathe (4)
solidale supportive
la solidarietà solidarity, sympathy
il/la solista soloist
solito usual, same; di solito usually
la solitudine loneliness, isolation (14)
sollevamento pesi weight lifting; fare sollevamento pesi to lift weights
sollevare to lift
solo adj. sole, only, alone; adv. only, alone; da solo adj./adv. alone; una sola volta just one time, just once
soltanto only, just
la soluzione answer, solution
il somaro donkey
somigliare a to resemble; to look like
la somiglianza similarity
la somma sum
sommato added up, totaled; tutto sommato all things considered, all in all
il sondaggio (pl. i sondaggi) poll, survey
il sonetto sonnet (16)
il sonno sleep; avere sonno to be sleepy (2); mi fa venire sonno it makes me sleepy
sopportare to tolerate
sopra above; stare sopra to stay on top
il soprannome nickname
soprattutto above all; especially
*sopravvivere (p.p. sopravvissuto) to survive
la sorella sister (4)
la sorellina little sister
sorprendente surprising
sorprendere (p.p. sorpreso) to surprise
la sorpresa surprise
sorridere (p.p. sorriso) to smile
il sorriso smile
la sorte fortune
sospettare to suspect
il sostantivo noun
sostenere to maintain; to support
il sostenitore supporter
sostituire (isc) to substitute
sotto under, below; qui sotto here below
sottolineare to underline
sottolineato underlined
sottoporsi (p.p. sottoposto) (a) to undergo
il sottotitolo subtitle
la sottoveste vest
la spada sword; il pesce spada swordfish
gli spaghetti spaghetti (5)
spagnolo adj. Spanish (2)
lo spagnolo Spanish (language) (PSP-6)

la spalla shoulder (6)

sparecchiare to clear; **sparecchiare la tavola** to clear the table

sparito disappeared

lo spasso amusement, entertainment; **portare il cane a spasso** to take the dog for a walk

lo spazio (*pl.* **gli spazi**) space

lo spazzolino small brush; **lo spazzolino da denti** toothbrush

lo specchio (*pl.* **gli specchi**) mirror (11); **allo specchio** in the mirror; **guardarsi allo specchio** to look at oneself in the mirror

speciale special

lo/la specialista specialist

specialistico specialized

la specialità specialty

specifico specific

specializzarsi to specialize

specializzato specialized

la specializzazione graduate degree, specialization

la specie species; sort

specifico (*m. pl.* **specifici**) specific

spedire (isc) to send (12)

spegnere (*p.p.* **spento**) to turn off; **spegnere le luci** to turn off the lights

spendere (*p.p.* **speso**) to spend money

la speranza hope

sperare to hope (14); **sperare che** to hope that (14); **sperare di** (+ *inf.*) to hope to (*do something*) (10)

la spesa grocery shopping; **fare la spesa** to go grocery shopping, to grocery shop (7)

le spese costs; **a sue spese** at one's own expense; **fare spese** to go shopping (3)

spesso often (3)

lo spettacolo show (7)

la spiaggia (*pl.* **le spiagge**) beach (13)

spiccare to stand out

spiegare to explain (3)

la spiegazione explanation

gli spinaci spinach

spingere (*p.p.* **spinto**) to push; to drive

lo spirito ghost; spirit

spiritoso witty, clever (2)

splendido splendid, magnificent

spolverare to dust

sporadico (*m. pl.* **sporadici**) occasional, sporadic

sporco (*m. pl.* **sporchi**) dirty

sporgente sticking out

lo sport sport (1); **fare sport** to play sports (3); **gli sport estremi** extreme sports

sportivo *adj.* sports; athletic; **l'attività sportiva** sports activity

sposarsi to marry (8); **sposarsi con una cerimonia civile** to marry in a civil ceremony; **sposarsi in chiesa** to marry in a church

sposato married (4)

lo sposo / la sposa spouse; **la Camera degli Sposi** Wedding Chamber; **i promessi sposi** betrothed; **gli sposi** newlyweds

spostare to move (something)

spostarsi to move

sprecare to waste

lo spumante sparkling wine

lo spuntino snack; **fare uno spuntino** to have a snack (3)

la squadra team

†squillare to ring

sradicare to uproot

stabile steady, stable

lo stabilimento establishment; **lo stabilimento balneare** beach club

stabilire to establish

stabilirsi (isc) to settle (oneself)

staccare to take a break

lo stadio (*pl.* **gli stadi**) stadium

la stagione season; **l'alta stagione** high season (13); **la bassa stagione** low season (13)

lo/la stagista intern

stamattina this morning

stampare to print

stanco (*m. pl.* **stanchi**) tired (2)

la stanza room

*stare to be (4); to stay (4); to remain (4); ***stare bene** to be well (2); ***stare benissimo** to be great (2); ***stare così così** to be so-so (2); ***stare molto bene** to be very well (2); **stare sopra** to stay on top; **Come sta?** How are you? (*form.*) (2); **Come stai?** How are you? (*inform.*) (2)

stasera tonight (PSP-3), this evening

statale *adj.* state

la statistica (*pl.* **le statistiche**) statistic; statistics course

statistico (*m. pl.* **statistici**) statistical

lo stato state; **gli Stati Uniti** the United States; **lo stato civile** marital status

la statua statue

statunitense American

la stazione station; train station; **la stazione radio** radio station

la stella star; **a quattro stelle** *adj.* four-star

stellato starry

lo stendardo banner; **lo stendardo dipinto** colored banner

a stento very slowly

stereotipico stereotypical

lo stereotipo stereotype

stesso same (PSP-2); -self; **noi stessi** ourselves; **me stesso** myself; **te stesso** yourself

lo stile style

lo/la stilista designer (9)

la stima estimate

stimolante stimulating

lo stipendio (*pl.* **gli stipendi**) salary (9)

stirare to iron

gli stivali boots (6)

la storia story; history (1); **raccontare una storia** to tell a story (15)

storico (*m. pl.* **storici**) historical; **il centro storico** historical center (of a city) (12)

lo straccio rag

la strada street (11); **per (la) strada** on the street

stradale *adj.* road

straniero *adj.* foreign

lo straniero / la straniera foreigner

strano strange; ***essere strano che** to be strange that

straordinario extraordinary

la strategia strategy

stravincere to triumph

stressante stressful

stressato stressed (2)

stretto narrow; **a stretto contatto** in close contact

la striscia (*pl.* **le strisce**) stripe

lo strumento instrument; **suonare uno strumento** to play an instrument

la struttura structure

lo studente / la studentessa student (1)

studiare to study (3); **studiare in biblioteca** to study in the library; **studiare con il computer** to study on the computer

lo studio (*pl.* **gli studi**) study; study, office; practice; **la borsa di studio** scholarship (9); **il campo di studi** field of studies; **il corso di studi** curriculum; **finire gli studi** to complete one's studies; **la materia di studio** subject matter (1); **gli studi** studies; **gli studi internazionali** International Studies (1); **lo studio medico-dentistico** medical-dental practice

studioso studious, diligent (2)

lo studioso / la studiosa scholar, researcher

stupendo wonderful, marvelous

stupido stupid (2)

lo stuzzicadente *inv.* toothpick

su on (5); out of; **20 su 30** 20 out of 30; **Su, coraggio!** Cheer up!; **su misura** customized; **sul serio** seriously; **sulla destra** on the right; **sulla sinistra** on the left

subire to undergo

Subito! Right away! (6); ***tornare subito** to be right back, to come right back

*succedere (*p.p.* **successo**) to happen; **Cos'è successo?** What happened?

successivo following

il successo success

il succo (*pl.* **i succhi**) juice; **il succo d'arancia** orange juice (1); **il succo di frutta** fruit juice

succulento succulent

il Sud South

sufficiente sufficient

il suffisso suffix

il suggerimento suggestion

suggerire to suggest

il sugo (*pl.* **i sughi**) sauce (5)

suo her/his (2); its (2); **Suo** your (*sing. form.*) (2)

suonare to play (*an instrument*) (3); ***suonare l'allarme** to sound the alarm

il suono sound

superare to pass; **superare un esame** to pass an exam (PSP-15)

superiore higher; better; **il piano superiore** upper floor; **la scuola superiore** secondary school (9)

il superlativo superlative

il supermercato supermarket (PSP-15)

il supplemento supplement

sussurrare to whisper

lo svantaggio disadvantage

svariato different, varied

svegliare to wake up; **svegliarsi** to wake (oneself) up (6)

lo sviluppo development

svizzero Swiss

svolgere (*p.p.* **svolto**) to carry out, to do; **svolgersi** to take place

T

il tabaccaio (*pl.* **i tabaccai**) tobacco shop (12), tobacconist

la tabaccheria tobacco store

la tabella table; chart

il tacco (*pl.* **i tacchi**) heel; **i tacchi alti** high heels (6)

la taglia size (*clothing*); **Che taglia porta?** What size do you take? (*form.*) (6)

le tagliatelle noodles

il taglio cut; **la pizza al taglio** pizza by the slice

il talismano talisman

il tango (*pl.* **i tanghi**) tango

tanto *adj.* many, a lot (PSP-15); *adv.* very; **ogni tanto** sometimes (3); every now and then; **tanto… quanto** as . . . as (PSP-4)

il tappeto rug (11)

tardi late (6); **è tardi** it's late (3); **A più tardi!** See you later! (3); **troppo tardi** too late (3)

la targa license plate (PSP-1)

la tasca (*pl.* **le tasche**) pocket

la tassa tax (14); fee (14); **le tasse universitarie** university fees

il tasso rate (14); **il tasso di disoccupazione** unemployment rate (14)

il tatuaggio tattoo

la tavola table; **apparecchiare la tavola** to set the table (5); **il galateo a tavola** table manners; **la tavola calda** cafeteria (*lit.* hot table)

il tavolino small table

il tavolo table (11)

te you (PSP-16)

il tè tea (1)

teatrale *adj.* theater

il teatro theater (7); **andare a teatro** to go to the theater (7)

la tecnica (*pl.* **le tecniche**) technology; technique

tecnico technical

la tecnologia (*pl.* **le tecnologie**) technology

tedesco (*m. pl.* **tedeschi**) *adj.* German (2)

il tedesco German (*language*)

la tela cloth; canvas

il telecomando TV remote

le telecomunicazioni telecommunications

telefonare (a) to call, to telephone

la telefonata phone call; **fare una telefonata** to make a phone call

telefonico (*m. pl.* **telefonici**) *adj.* telephone; **la segreteria telefonica** answering machine

il telefonino cellular phone (3)

il telefono telephone (3); **il numero di telefono** phone number (1); **al telefono** on the phone

il telegiornale TV news

la televisione television (1); **alla televisione** on television; **guardare la televisione** to watch television; **lavorare alla televisione** to work in television

televisivo *adj.* television; **il programma televisivo** television program

il televisore television set (11)

il telo da mare beach towel

il tema (*pl.* **i temi**) theme; essay

temere (che) to fear (that) (14)

il tempaccio (*pl.* **i tempacci**) bad weather (PSP-10)

la tempera tempera painting

la temperatura temperature

il tempo time; weather (PSP-10); **allo stesso tempo** at the same time; **che tempo fa?** what's the weather like? (2); **lavorare a tempo pieno** to work full-time (9); **passare tempo** to spend time; **il tempo libero** free time

temporaneamente temporarily

la tenda tent; **la tenda da campeggio** camping tent

la tendenza trend

tendere (*p.p.* **teso**) **a** to tend to

tenere to have; to keep (10); to hold; **tenere a** to care about

il tennis tennis; **giocare a tennis** to play tennis (3)

la tensione tension

tentare di to attempt to

il teologo theologian

la teoria theory

termale *adj.* spa; thermal

le terme *pl.* baths; spa

il termine word, term (15)

la terra earth; ground; land; **per terra** on the ground

la terrazza terrace

il terremotato / la terremotata earthquake victim

il terremoto earthquake

terreno earthly; **i beni terreni** worldly goods

terrestre *adj.* earth; **il paradiso terrestre** earthly paradise

terrificante terrifying

il territorio (*pl.* **i territori**) territory

terzo third (1); **la terza età** the "golden years" (14); **il terzo piano** third floor (*fourth floor of an Italian building*); **al terzo piano** on the third floor (*fourth floor of an Italian building*)

il terzo third

la tesi (*pl.* **le tesi**) *inv.* thesis (PSP-1)

tesoro honey (*term of endearment; lit.* treasure)

la tessera card

tessile textile

la testa head (2); **avere mal di testa** to have a headache (2)

la testata heading

la testimonianza evidence

testimoniare to attest

il testo text

il tetto roof

il tifo support; **fare il tifo per** to be a fan of

il tifoso / la tifosa fan

la timidezza shyness

timido shy

tipico (*m. pl.* **tipici**) typical

il tipo type, kind; **il tipo / la tipa** guy/girl

il tiramisù dessert of ladyfingers soaked in espresso and layered with mascarpone cheese, whipped cream, and chocolate

il tirocinio internship; apprenticeship; **fare il tirocinio** to do one's training

tirare to pull; to blow (*wind*); **tirare vento** to be windy; **tirarsela** to be a snob; **tirarsi su di morale** to raise one's spirits

il titolo title

toccare to touch; **toccare a** to be the turn of; **Tocca a te!** It's your turn!

togato well dressed (*coll.*)

togliere to take away

tollerare to tolerate, to stand

il tono tone

la torcia (*pl.* **le torce**) torch; **la torcia elettrica** flashlight

***tornare** to return (3); ***tornare a casa** to go home; ***tornare subito** to be right back

la torre tower

il torrone nougat

la torta cake (5); **la torta al cioccolato** chocolate cake

i tortellini tortellini (5)

i tortelloni large tortellini

il torto wrong, error; **avere torto** to be wrong (2)

tosare l'erba to mow the lawn

toscano Tuscan (15)

il toscano Tuscan dialect (15)

il/la tossicodipendente drug addict (14)

tossire (isc) to cough

totale total

il tovagliolo napkin (5)

tra between (5); **tra parentesi** in parentheses

il tradimento betrayal

tradizionale traditional

la tradizione tradition; **la tradizione letteraria** literary tradition (15)

la traduzione translation

tradurre (*p.p.* **tradotto**) to translate

il traffico (*pl.* **i traffici**) traffic (12)

tramite through

il tramonto sunset

tranne except

tranquillamente calmly

la tranquillità calm

tranquillo *adj.* calm (2)

trarre (*p.p.* **tratto**) to get out

***trascorrere** (*p.p.* **trascorso**) to spend time

trascurabile unimportant, irrelevant

trasferirsi (isc) to relocate (11); to move

trasformare to transform (16); **trasformarsi** to transform (14); **trasformarsi in** to change into

la trasformazione change, transformation

il trasporto transport; **i mezzi di trasporto** means of transportation

il trattamento treatment

trattarsi di to be a matter of

il trattato treatise; treaty

il trattino dash, hyphen (-)

tratto da taken from

il triplo three times as much

la trattoria casual restaurant

travolgere (*p.p.* **travolto**) to overturn

il Trecento the 1300s (12)

tredicesimo thirteenth

il trekking hiking; **fare trekking** to hike

tremendo awful, terrible

il trench raincoat (6)

il treno train; ***andare in treno** to go by train (8); **prendere il treno** to take the train; **viaggiare in treno** to travel by train

il triangolo triangle

il tribunale courtroom (9)

il triclinio (*pl.* **i triclini**) chaise lounge the people of Pompeii reclined on while eating

triste sad (2)

il triumvirato the group of three magistrates which was the highest governing body in ancient Rome

il triumviro member of the triumvirate

troppo too much; too many; **troppo presto** too early (3); **troppo tardi** too late (3)

trovare to find (12); **trovare lavoro** to find a job **trovarsi** to find oneself (*in a place*); ***andare a trovare** to visit (*people*) (7)

truccarsi to put on makeup (6)

la t-shirt t-shirt (6)

il tumore tumor; cancer

tuo your (*s. inform.*) (2)

i tuoi your parents (*coll.*); your family

turco (*m. pl.* **turchi**) *adj.* Turkish

il turismo tourism

il/la turista tourist

turistico (*m. pl.* **turistici**) *adj.* tourist

il turno turn; **a turno** in turns; **di turno** on duty; **la farmacia di turno** pharmacy whose turn it is to remain open in case of an emergency

la tuta: la tuta da ginnastica sweats, sweatsuit

la tutela protection

tuttavia nevertheless

tutti everyone (11)

tutto everything (11); all; **tutta la notte** all night; **tutta la sera** all evening; **tutti e due** both; **tutti i giorni** every day (3); **tutto il giorno** all day; **in tutto il mondo** all over the world; **tutto a posto** everything's ok; **tutto sommato** all things considered, all in all

la TV TV; **alla TV** on TV; **guardare la TV** to watch TV

U

l'uccello bird

ucciso killed

uffa! oh man!, geez! (7)

ufficiale *adj.* official

l'ufficio (*pl.* **gli uffici**) office (9); ***andare in ufficio** to go to the office (8); **l'ufficio postale** post office (12); **in ufficio** in/at the office

l'UFO *inv.* UFO

uguale equal, same

ulteriore additional, further

ultimo last

umano *adj.* human; **il corpo umano** human body; **l'essere umano** human being

umile humble

l'umore *m.* mood; **di cattivo umore** in a bad mood

umoristico comic

un po' di a bit of (5)

undicesimo eleventh; **l'undicesimo secolo** the 11th century

unico (*m. pl.* **unici**) sole, only (4); **la figlia unica** only daughter; **il figlio unico** only son; **a senso unico** *adj.* one-way; **il senso unico** one way

unifamiliare *adj.* one-family

l'unificazione *f.* unification (16)

uniformare to make uniform, to spread evenly

l'unione *f.* union

unire (**isc**) to join; to unite

unità unity

unito united; **gli Stati Uniti** the United States

universale universal; **il Giudizio Universale** The Last Judgment

l'università university (1)

universitario (*m. pl.* **universitari**) *adj.* university; **l'esame universitario** university exam; **lo studente universitario** college student; **le tasse universitarie** university fees

l'universo universe

uno one; a/an; **l'un l'altro** one another, each other

l'uomo (*pl.* **gli uomini**) man (PSP-1)

l'uovo (*pl.* **le uova**) egg (5); **meglio un uovo oggi che una gallina domani** better an egg today than a chicken tomorrow; **l'uovo di Pasqua** Easter egg (8)

l'urbanizzazione *f.* urbanization

urbano *adj.* city, urban; **il centro urbano** city (12)

gli USA the U.S., the United States of America

usare to use

*uscire to leave a place (3); to exit (3); ***uscire (con)** to go out (with others) (3)

l'uso use

l'ustione *f.* burn

utile useful

l'utilità *f.* usefulness

utilizzare to utilize

V

la vacanza vacation (13); ***andare in vacanza** to go on vacation; ***essere in vacanza** to be on vacation; **fare una vacanza** to take a vacation

le vacanze vacation (3); **Buone vacanze!** Have a good vacation! (8); **passare le vacanze** to spend a vacation

*valere (*p.p.* **valso**) to be worth

valido effective

la valigia (*pl.* **le valigie**) suitcase

il valore value

la valorizzazione development

valutare to evaluate

la valutazione evaluation

vanitoso vain

il vantaggio (*pl.* **i vantaggi**) advantage, benefit; **a vantaggio di** to the benefit of

vantare to boast

variare to vary

la variazione variation

la varietà variety

vario (*m. pl.* **vari**) various

variopinto colorful

la vasca tub; **la vasca da bagno** bathtub (11)

il vaso vase

vasto wide

la vecchiaia old age (14)

vecchio (*m. pl.* **vecchi**) old (2)

il vecchio / la vecchia (*pl.* **i vecchi / le vecchie**) old man/woman

vedere (*p.p.* **visto** or **veduto**) to see (7); **Ci vediamo!** See you! (8); **da vedere** "must see" (5); **far vedere** to show; **un film da vedere** a "must see" film; **non vedere l'ora (di** + *inf.*) to not be able to wait (*to do something*) (3); **si vede che** you can tell that / it's clear that (14); **vedersi** to see each other (8)

vegetariano vegetarian

la vela sail; **la barca a vela** sailboat (13)

veloce fast (2)

velocemente quickly, fast (6)

la velocità speed

la vendemmia grape harvest

vendere to sell

vendesi for sale

il venditore / la venditrice vendor

venerdì Friday (3)

*venire (*p.p.* **venuto**) to come (3); ***venire a** (+ *inf.*) to come to (*do something*) (PSP-14); **mi fa venire sonno** it makes me sleepy

il vento wind; **il colpo di vento** gust of wind; **tirare vento** to be windy

veramente really, actually (10); truly

il verbo verb

verde green (2); **i Verdi** Green Party; **il numero verde** toll-free number

la verdura vegetable (5); vegetables; **il negozio di frutta e verdura** fruit and vegetable shop (12)

la vergine virgin; **l'olio d'oliva extra vergine** extra virgin olive oil

vergognarsi to be ashamed

vergognoso shameful

verificare to check; **verificarsi** to occur

la verità truth

vero true; **vero?** right?

veronese from Verona

versare to pour; to spill

la versione version

verso toward; around, about

verticale vertical

il vertice top

il vestiario clothes, clothing

vestire to dress; **vestirsi** to get dressed (6); **vestire alla moda** to dress fashionably

i vestiti clothes (6)

il vestito dress (6); suit (6)

il veterinario / la veterinaria (*pl.* **i veterinari / le veterinarie**) veterinarian (9)

il vetraio glass blower

la vetrina shop window (PSP-14)

il vetro glass

via away; ***andare via** to go away; **buttare via** to throw away; **cacciare via** to throw out

la via street (1)

viaggiare to travel (4); **viaggiare in treno** to travel by train

il viaggiatore / la viaggiatrice traveler

il viaggio (*pl.* **i viaggi**) trip; **Buon viaggio!** Have a good trip! (8); **fare un viaggio** to take a trip

il viale avenue, boulevard

vicino (a) near; **da vicino** closely; **qui vicino** nearby, near here

il vicino / la vicina di casa neighbor

il vicolo alley

il video (*pl.* **i video**) video

vietato prohibited; **vietato fumare** no smoking; **vietato parcheggiare** no parking

il vigile / la vigilessa *m./f.* traffic cop (12)

la vigilia (*pl.* **le vigilie**) eve (8)

la vignetta cartoon

la villa villa, large house

il villaggio village

la villeggiatura vacation; **la località di villeggiatura** resort

vincere (*p.p.* **vinto**) to win (7)

il vincitore / la vincitrice winner

il vino wine (5)

viola *inv.* violet, purple (2)

violento violent

la violenza violence (14)

il/la violinista violinist

il violino violin (3)

il/la violoncellista cellist

la virgola comma

la virtù virtue

la visita visit (PSP-15); **la visita guidata** guided tour; **la visita medica** medical examination

visitare to visit (*places*) (7)

il visitatore visitor

il viso face

la vista view; eyesight; **l'amore a prima vista** love at first sight; **il punto di vista** point of view

la vita life (10); life span, lifetime; **le condizioni di vita** life conditions; **il costo della vita** cost of living; **dar vita a** to originate; **la doppia vita** double life; **le esperienze di vita** life experiences; **la qualità della vita** quality of life; **il ritmo della vita** rhythm of life (12); pace of life; **la vita media** average life span

la vitaccia (*pl.* **le vitacce**) crazy, hectic life

la vitamina vitamin (10)

il vitello veal (5)

vitruviano Vitruvian

il vitto food; **vitto e alloggio** room and board

la vittoria victory (16)

Viva! Hooray!; **Viva . . . !** Long live . . . !

vivace lively

*vivere (*p.p.* **vissuto**) to live (10); **guadagnarsi da vivere** to earn a living

vivo living, live; **dal vivo** live

il vizio vice

il vocabolario (*pl.* **i vocabolari**) vocabulary

la vocale vowel

la voce voice; **lẹggere ad alta voce** to read aloud; **parlare a voce alta** to talk in a loud voice

la voga vogue, style; **in voga** in style

la voglia desire, wish; **avere voglia di** to want

voi you (*pl. inform.*), you all (PSP-16)

†**volare** to fly (10)

volentieri willingly, gladly (5)

†**volere** to want (5); **volersi bene** to love (*each other*) (8); **vorrei…** I would like … (2); **Ci vuole (un'ora) / Ci vogliono (due ore)** It takes (one hour/two hours); **Cosa vuol dire…?** What does … mean?; **Cosa vuoi fare?** What do you want to be?

volgare vulgar

la volontà will; **la buona volontà** goodwill

il volontariato volunteer work (14)

il volontario / la volontaria (*pl.* **i volontari / le volontarie**) volunteer

la volta time (*occasion*); **c'era una volta…** once upon a time … (9); **qualche volta** sometimes; **una volta** once; **un'altra volta** another time (5)

vorrei I would like (9)

vostro your (*pl. inform.*) (2)

votare to vote

il voto vote (1); grade; **il mạssimo dei voti** top grades

vulcạnico volcanic

W

il water toilet (11)

il weekend weekend (7)

X

lo/la xilofonista xylophonist

Y

lo yoga yoga (10); **fare yoga** to do yoga (10)

lo yogurt yogurt

Z

lo zaino backpack (1)

la zebra zebra

lo zero zero

lo zio (*pl.* **gli zii**) uncle (4)

la zia aunt (4)

la zona area, zone

lo zoo (*pl.* **gli zoo**) zoo

lo zụcchero sugar (5)

le zucchine zucchini (5)

la zuppa soup; **la zuppa inglese** English trifle (dessert of sponge cake soaked in liqueur with custard)

Glossario inglese-italiano

This glossary contains the translations of all of the words and expressions from the end-of-chapter vocabularies.

A

a lot **tanto** *adj.* (PSP-15)

A.D. (anno domini) **d.C. (dopo Cristo)** (12)

to be able, can, may †**potere** (5); to be able to (*do something*) †**potere** (+ *inf.*) (6)

about **di** (5); about it **ne** (PSP-8); about them **ne** (PSP-8)

abroad **all'estero** (13)

to accept **accettare** (10); to accept to (*do something*) **accettare di** (+ *inf.*) (PSP-14)

accessory **l'accessorio** (*pl.* **gli accessori**) (6)

active **attivo** (1)

actor/actress **l'attore/l'attrice** (9)

actually **veramente** (10)

administrative center **il capoluogo** (12)

adventurous **avventuroso** (4)

advice (*piece of*) **il consiglio** (16)

to be afraid of **avere paura di** (2)

after **dopo** (7); **dopo di che** (7)

in the afternoon **nel pomeriggio** (3)

agile **agile** (PSP-4)

aging **l'invecchiamento** (14)

ago **fa** (7)

to agree *****essere d'accordo** (13)

air conditioning **l'aria condizionata** (13)

airplane **l'aereo** (1)

all: that's all . . . **niente…** (11)

allergy **l'allergia** (10)

always **sempre** (3)

American (*nationality*) **americano** (2)

angry **arrabbiato** (2)

to get angry **arrabbiarsi** (6); to be angry with someone **avercela con qualcuno** (PSP-16)

anniversary **l'anniversario** (8); Happy Anniversary! **Buon anniversario!** (8); silver/golden anniversary **le nozze d'argento/d'oro** (8)

anthropology **l'antropologia** (1)

antipasto **l'antipasto** (5)

not anymore **non… più** (7)

anyway . . . **niente…** (11)

apartment **l'appartamento** (11)

apartment building **il condominio, il palazzo** (11)

appetizer **l'antipasto** (5)

to apply **fare domanda** (9)

April **aprile** (1)

architect **l'architetto** *m./f.* (9)

to argue **litigare** (15)

arm **il braccio** (6); arms *pl.* **le braccia** (6)

armchair **la poltrona** (11)

armoire **l'armadio** (11)

to arrive *****arrivare** (13)

artist **l'artista** *m./f.* (9)

as . . . as **così… come** (PSP-4); **tanto… quanto** (PSP-4); as long as **a condizione che** (PSP-15); **purché** (PSP-15)

to ask **chiedere** (15); to ask to (*do something*) **chiedere di** (+ *inf.*) (PSP-14); to ask a question **fare una domanda** (3)

asparagus **l'asparago** (PSP-1)

aspirin **l'aspirina** *f.* (10)

assortment of sliced meats and sausages **gli affettati misti** (5)

asthma **l'asma** (10)

astrologist **l'astrologo/l'astrologa** (PSP-1)

at **a** (5); **da** (PSP-5)

athlete **l'atleta** *m./f.* (PSP-4)

to attend **frequentare** (3)

August **agosto** (1)

aunt **la zia** (4)

Australia **l'Australia** (2)

Australian (*nationality*) **australiano** (2)

Austria **l'Austria** (2)

Austrian (*nationality*) **austriaco** (2)

autumn **l'autunno** (1)

to avoid **evitare** (10)

to go away *****andarsene** (PSP-16)

B

B.C. (before Christ) **a.C. (avanti Cristo)** (12)

backpack **lo zaino** (1)

bad **cattivo** (2); to be bad weather **fare brutto** (2); not bad **non c'è male** (2); too bad! **peccato!** (7)

badly **male** *adv.*

bakery **il forno** (12); **il panificio** (12)

balcony **il balcone** (11)

ball **la pallina** (10); **la palla** (10)

bank **la banca** (12); to go to the bank *****andare in banca** (8)

bargain **l'offerta** (13)

Baroque period **il Barocco** (12)

baseball cap **il berretto** (6)

basketball (*game, ball*) **il basket** (10); to play basketball **giocare a pallacanestro** (10)

bathing suit **il costume da bagno** (6)

bathroom **il bagno** (11); to go in the bathroom *****andare in bagno** (8)

bathtub **la vasca da bagno** (11)

battery **la pila elettrica** (16)

to be *****essere** (2); *****stare** (4); to be (*nationality*) *****essere** (+ *nationality*) (2); to be from (*city*) *****essere di** (+ *city*) (2); to be great *****stare benissimo** (2); to be so-so *****stare così così** (2); to be very well *****stare molto bene** (2); to be well *****stare bene** (2)

beach **la spiaggia** (13); beach lounge chair **il lettino** (13); beach umbrella **l'ombrellone** *m.* (13)

beautiful **bello** (PSP-2); to be beautiful weather **fare bello** (2); How beautiful! **Che bello/a/i/e!** (4)

because **perché** (4)

to become *****diventare** (9)

bed **il letto** (11); to go to bed *****andare a letto** (3); to make the bed **fare il letto** (PSP-6)

bed-and-breakfast **la pensione** (13); bed-and-breakfast with breakfast and lunch or dinner included **la mezza pensione** (13); bed-and-breakfast with breakfast, lunch, and dinner included **la pensione completa** (13)

bedroom **la camera da letto** (11); to go in the bedroom *****andare in camera da letto** (8)

beer **la birra** (1)

Befana (*celebration of the Catholic feast of the Epiphany, January 6; the kindly old woman who brings gifts to children on Epiphany eve*) **la Befana** (8)

before **prima** (6); **prima che** (PSP-15); before Christ (B.C.) **avanti Cristo (a.C.)** (12)

to begin **cominciare;** †**iniziare** (3)

behind **dietro** (11)

beige **beige** *inv.* (2)

to believe **credere** (14); to believe in (*something/someone*) **credere a/in** (14); to believe in (*doing something*) **credere di** (+ *inf.*) (PSP-15); to believe that **credere che** (14)

belt **la cintura** (6)

my best **il mio meglio** (PSP-14)

better than *adv.* **meglio di** (12); *adj.* **migliore di** (12)

between **fra** (5); **tra** (5)

bicycle **la bicicletta** (1); to go by bicycle *****andare in bicicletta** (8)

bidet **il bidè** (11)

big **grande** (2)

bike **la bici** (PSP-1); to bike ride **fare ciclismo** (10); to go for a bike ride **fare un giro in bici** (7)

bill **il conto** (5); to split the bill **fare alla romana** (5)

biologist **il biologo / la biologa** (PSP-1)

biology **la biologia** (1)

birth **la nascita** (14)

birthday **il compleanno** (6); Happy Birthday! **Buon compleanno!** (8); to have a birthday **compiere gli anni** (7)

a bit of **un po' di** (5)

black **nero** (2)

blond **biondo/a;** blond hair **i capelli biondi** (2)

blue **blu** *inv.* (2); (sky) blue **azzurro** (2); blue-collar worker **l'operaio/l'operaia** (9)

body **il corpo** (6)

bodybuilding **il culturismo** (10); to bodybuild **fare culturismo** (10)

book **il libro** (1); big book **il librone** (PSP-10)

bookcase **lo scaffale** (11)

bookstore **la libreria** (12)

boots **gli stivali** (6)

What a bore! **Che mattone!** (4)

to get bored **annoiarsi** (6)

boredom **la noia** (14)

boring **noioso** (2)

to be born *****nascere** (7); I was born in (*name of city*) **Sono nato/a a…** (2)

to bother **dare fastidio** (10)

bottle **la bottiglia** (1)

boy **il ragazzo** (PSP-2); big boy **il ragazzone** (PSP-10); little boy **il ragazzino** (PSP-10)

bread **il pane** (5); bread shop **il forno** (12); **il panificio** (12)

Break a leg! **In bocca al lupo!** (8)

to break **rompere** (6); to break one's leg/arm **rompersi la gamba / il braccio** (10); to break up **lasciarsi** (8)

to eat breakfast **fare colazione** (3)

to bring **portare** (6); to bring about **realizzare** (16); to bring back **riportare** (PSP-15)

broth **il brodo** (5)

brother **il fratello** (4)

brown **marrone** (2); brown hair **i capelli castani** (2)

to brush one's teeth **lavarsi i denti** (6)

bus **l'autobus** *m.* (3); (tour) bus **il pullman** (13); to take the bus **prendere l'autobus** (4)

business **l'occupazione** *f.* (14)

busy **impegnato** (2)

but **ma** (PSP-13)

butcher shop **la macelleria** (12)

butter **il burro** (5)

to buy **comprare** (PSP-13)

by (*a certain time*) **entro** (PSP-14); by all means **pure** (*with imperatives*) (13)

bye **ciao** (1)

C

cafeteria **la mensa** (3)

cake **la torta** (5); traditional Easter cake (*in the shape of a dove*) **la colomba** (8); traditional Christmas cake **il panettone** (8)

calm **tranquillo** (2)

can, may, to be able to †**potere** (5)

Canada **il Canada** (2)

Canadian (*nationality*) **canadese** (2)

cappuccino **il cappuccino** (1)

car **l'automobile, l'auto** (PSP-1); **la macchina** (1); big car **la macchinona** (PSP-10); to go by car ***andare in macchina** (8); to go for a car ride **fare un giro in macchina** (7)

to play cards **giocare a carte** (3)

care **la gestione** (14)

carefully **con prudenza** (6)

to carry **portare** (6); to carry out **realizzare** (16)

cat **il gatto** (1)

catalogue **il catalogo** (PSP-1)

cathedral **il duomo** (12)

CD **il CD** (PSP-8)

CD-ROM **il CD** (1)

to celebrate **festeggiare** (7)

cell phone **il telefonino** (3)

(town) center, downtown **il centro** (6); administrative center **il capoluogo** (*pl.* **i capoluoghi**) (12); to go downtown ***andare in centro** (8); historical center (of a city) **il centro storico** (12); (large) shopping center, mall **il centro commerciale** (7)

central **centrale** (15); Central-Southern **centro-meridionale** (15)

century: **il secolo**; the 11th century **l'undicesimo secolo** (12); the 12th century **il dodicesimo secolo** (12); the 1200s **il Duecento** (12); the 1300s **il Trecento** (12)

to be certain that ***essere certo che** (15)

chair **la sedia** (11)

to change †**cambiare** (15)

chaos **il caos** (12)

charcoal grilled **alla brace** (5)

to chat **chiacchierare** (15), **fare due chiacchiere** (15)

cheese **il formaggio** (5)

chemistry **la chimica** (1)

cherry **la ciliegia** (PSP-1)

(roast) chicken **il pollo (arrosto)** (5)

as a child **da bambino/a** (9)

China **la Cina** (2)

chocolate **il cioccolato** (5)

to choose **scegliere** (7)

Christmas **il Natale** (8); Christmas tree **l'albero di Natale** (8); Merry Christmas! **Buon Natale!** (8); traditional Christmas cake **il panettone** (8)

church **la chiesa** (8); to go to church ***andare in chiesa** (8)

city **la città** (1); **il centro urbano** (12); big city **la metropoli** (12); city dweller **il cittadino / la cittadina** (14); city hall **il palazzo del comune** (12)

civic **civico** (12)

clarinet **il clarinetto** (PSP-7)

class (*group of students*) **la classe** (1)

class period **la lezione** (1)

classroom **la classe** (1)

clean **pulito** (PSP-15)

to clean **pulire** (3)

to be clear that ***essere chiaro che** (15); it's clear that **si vede che** (14)

clerk (*in a store*) **il commesso / la commessa** (9)

How clever! **Che furbo!** (4)

clock **l'orologio** (1)

to close **chiudere** (3)

closet **l'armadio** (*pl.* **gli armadi**) (11)

clothes **gli abiti** (6)

coal **il carbone** (8)

coffee **il caffè** (1); to have a coffee **prendere un caffè** (3)

cold (*virus*) **il raffreddore** (10); to be cold **avere freddo** (2); to be cold weather **fare freddo** (2)

color **il colore** (2)

to come ***venire** (PSP-3); Can I come in? **Permesso?** (11); come here **vieni/venga qui** (*inform./form.*) (13); Come in! **Prego!** (1), **Avanti!** (11); to come to (*do something*) ***venire a** (+ *inf.*) (PSP-14); come on! **dai!** (6)

to make oneself comfortable **accomodarsi** (13)

company **l'azienda** (*f.*), **la ditta** (9)

to complain **lamentarsi** (13)

to compose **comporre** (16)

composer **il compositore / la compositrice** (16)

composition **il componimento** (PSP-6)

computer **il computer** (1)

concert **il concerto** (7)

Constitution **la Costituzione** (16)

to construct **costruire** (12)

construction site **il cantiere** (9)

contact lenses **le lenti a contatto** (2)

contemporary **contemporaneo** (15)

content **contento** (2)

to cook **cucinare** (4)

cookie **il biscotto** (PSP-12)

to cope **farcela** (PSP-16)

in the corner **nell'angolo** (11)

couch **il divano** (11)

to be a couple **mettersi insieme** (8)

course (*of study*) **il corso** (1); first course (*meal*) **il primo (piatto)** (5); second course **il secondo (piatto)** (5); to take a course **seguire un corso** (1); Of course! **Certo!** (6)

courtroom **il tribunale** (9)

cousin **il cugino / la cugina** (4)

cover charge **il coperto** (5)

like crazy **da matti** (5)

creative **creativo** (4)

crime (*in general*) **la delinquenza** (14)

crisis **la crisi** (PSP-1)

Cuba **Cuba** (2)

Cuban (*nationality*) **cubano** (2)

curious **curioso** (2)

to cut school **marinare la scuola** (6)

What a cute girl! **Che bella ragazza!** (4); What a cute guy! **Che bel ragazzo!** (4)

cutlet **la braciola** (5)

cycling **il ciclismo** (10)

D

daily **quotidiano** (14)

dance **la danza** (10); to dance **fare danza** (10), **ballare** (3)

to date back (to) **risalire (a)** (15); What is today's date? **Quanti ne abbiamo oggi?** (1)

daughter **la figlia** (4)

day **il giorno** (PSP-9); everyday **ogni giorno** (3); **tutti i giorni** (3); good day **buon giorno** (1); Have a nice day! **Buona giornata!** (8); in two days **fra due giorni** (10); New Year's Day **il Capodanno** (8); to take an extra day off **fare il ponte** (8); What day is today? **Che giorno è oggi?** (3)

no big deal **ci mancherebbe altro** (5)

death **la morte** (14)

December **dicembre** (1)

to decide **decidere** (12); to decide to (*do something*) **decidere di** (+ *inf.*) (PSP-14)

to dedicate **dedicare** (PSP-12)

degree (*college*) **la laurea** (9)

delicatessen **la salumeria** (12)

to demonstrate **dimostrare** (16)

dentist **il/la dentista** (9); to go to the dentist's (office) ***andare dal dentista** (PSP-5)

to derive ***derivare** (15)

to design **disegnare** (9)

designer **lo/la stilista** (9)

desk **la scrivania** (11)

dessert **il dolce** (5)

destination **la destinazione** (13)

dialect **il dialetto** (15)

dialogue **il dialogo** (PSP-1)

dictator **il dittatore / la dittatrice** (16)

dictionary **il dizionario** (1)

to die ***morire** (7)

to be on a diet ***essere a dieta / fare la dieta** (10)

difficult **difficile** (2)

dining room **la sala da pranzo** (11)

dinner **la cena** (7)

diploma **il diploma** (1)

director **il direttore / la direttrice** (PSP-15)

to disappear ***scomparire** (15)

What a disaster! **Che disastro!** (4)

discotheque **la discoteca** (3)

discount **l'offerta** (13)

to discover **scoprire** (16)

to discuss **discutere** (15)

dish **il piatto** (3); side dish **il contorno** (5)

dishwasher **la lavastoviglie** (11)

disorganized **disordinato** (2)

divorce **il divorzio** (14)

divorced **divorziato** (4)

to do **fare** (3); to do for a living **fare** (4); How are things done? **Come si fa?** (14); What do people do? **Cosa si fa?** (14); What do you want to do (in the future)? (9) **Cosa vuoi fare?** (*inform.*) / **Cosa vuole fare?** (*form.*)

doctor **il dottore / la dottoressa** (PSP-1); **il medico** *m./f.* (9); doctor's instructions for care **la cura** (10)

dog **il cane** (1)

door **la porta** (1); front door **il portone** (11)

double room **la camera doppia** (13)

to doubt (that) **dubitare (che)** (14); there's no doubt that **non c'è dubbio che** (15)

dove **la colomba** (8)

to download **scaricare** (3)

to go downtown ***andare in centro** (8)

to draw **disegnare** (9)

to dream **sognare** (14); to dream of (*doing something*) **sognare di** (+ *inf.*) (10)

dress **il vestito** (6)

to get dressed **vestirsi** (6)

drink **la bevanda** (5)

to drink **bere** (3)

drop **il calo** (14)

to drop **calare** (14)

drug addict **il/la tossicodipendente** (14)

drugs **la droga** (14); to take drugs **drogarsi** (14)

I dunno! **boh!** (7)

E

each **ogni** *inv.* (PSP-9)

ear **l'orecchio** (2); ears *pl.* **le orecchie** (2)

early **presto** (6); it's early **è presto** (3); too early **troppo presto** (3)

to earn money **guadagnare** (9)

earrings **gli orecchini** (6)

Easter **la Pasqua** (8); Easter egg **l'uovo di Pasqua** (8); Happy Easter! **Buona Pasqua!** (8)

to eat **mangiare** (3); to eat breakfast **fare colazione** (3); to eat dinner **cenare** (3); to eat healthy food **mangiare sano** (10); to eat lunch **pranzare** (3)

economics **l'economia** (1)

economy **l'economia** (1)

egg **l'uovo** (8); Easter egg **l'uovo di Pasqua** (8)

eighth **ottavo** (1)

elderly **anziano** (2)

elderly man/woman **l'anziano/ l'anziana** (14)

elementary school **la scuola elementare** (9); elementary school teacher **il maestro / la maestra** (9)

elevator **l'ascensore** *m.* (11)

e-mail **l'e-mail** *f.* (3)

emigrant **l'emigrato/l'emigrata** (14)

to emigrate †**emigrare** (14)

emigration **l'emigrazione** *f.* (14)

employee **l'impiegato / l'impiegata** (9)

employment **l'occupazione** *f.* (14)

enemy **il nemico / la nemica** (PSP-12)

engineer **l'ingegnere** *m./f.* (9)

engineering **l'ingegneria** (1)

England **l'Inghilterra** (2)

English (*nationality*) **inglese** (2)

to enjoy **godersi** (13); Enjoy your meal! **Buon appetito!** (8)

to enter ***entrare** (7)

error **l'errore** *m.* (1)

to be essential that ***essere essenziale che** (14)

eve **la vigilia** (8); New Year's Eve (feast of San Silvestro) **(la festa di) San Silvestro** (8)

even though **benché** (PSP-15); **sebbene** (PSP-15)

in the evening **di sera** (3); good evening **buona sera** (1)

ever **mai** (7)

every **ogni** *inv.* (PSP-9); every day **ogni giorno** (3); **tutti i giorni** (3)

everyone **tutti** (11); everyone knows that **si sa che** (15)

everything **tutto** (11)

to evolve **evolversi** (15)

exam **un esame** *m.* (1); to pass an exam **superare l'esame** (PSP-15)

to exchange good wishes **farsi gli auguri** (8)

excited **agitato** (4)

excursion **l'escursione** *f.* (13)

excuse me **scusa** (*inform.*) (3); **scusi** (*form.*) (3)

executive **il/la dirigente** (9); **il/la manager** (9)

to exercise **muoversi** (12)

exile (*person*) **l'emigrato/l'emigrata** (14)

to exit ***uscire** (3)

expensive **costoso** (12)

to explain **spiegare** (3)

exterior **esterno** (11)

extroverted **estroverso** (2)

eye **l'occhio** (2); eyes *pl.* **gli occhi** (2); blue eyes **gli occhi azzurri** (2); green eyes **gli occhi verdi** (2)

eyeglasses **gli occhiali** (2)

F

to be a fact that ***essere un fatto che** (15)

to be familiar with (*person, place, or thing*) **conoscere** (PSP-6)

family **la famiglia** (4); to start a family **mettere su famiglia** (9)

to be a fan of **fare il tifo per** (4)

far **lontano** (2)

fashion **la moda** (6); fashion show **la sfilata** (6)

fast **veloce** *adj.* (2); **velocemente** *adv.* (6)

fat **grasso** (2)

father **il padre** (4)

favorite **preferito** (2)

to fear (that) **temere (che)** (14)

feast of San Silvestro (New Year's Eve) **(la festa di) San Silvestro** (8)

February **febbraio** (1)

fee **la tassa** (14)

to feel **sentirsi** (6); Do you feel like (*doing something*)? **Ti va di** (+ *inf.*)? (3)

fever **la febbre** (10)

few **poco** (2)

fifth **quinto** (1)

to fight **combattere** (16)

film **il film** (1); film (*industry*) **il cinema** (3)

fine *adv.* **bene** (2)

finger **il dito** (6); fingers *pl.* **le dita** (6)

to finish **finire (isc)** (3); to finish (*doing something*) †**finire di** (+ *inf.*) (PSP-14)

to fire **licenziare** (9)

fireworks **i fuochi d'artificio** (8)

first **primo** (1); first course **il primo (piatto)** (5)

fish **il pesce** (5); fish shop **la pescheria** (12)

floor (of a building) **il piano** (11); ground floor **il pianterreno** (11)

Florentine dialect **il fiorentino** (15)

flower **il fiore** (1)

flu **l'influenza** (10); to have the flu **avere l'influenza** (10)

to fly **volare** (10); to fly, take a flight **andare in aereo** (8)

foot **il piede** (3); feet *pl.* **i piedi** (3); to go on foot ***andare a piedi** (8)

for **per** (5)

to forget **dimenticare** (3)

fork **la forchetta** (5)

to found **fondare** (16)

fourth **quarto** (1)

foyer **l'ingresso** (11)

France **la Francia** (2)

free **libero** (2)

to free **liberare** (16)

French (*nationality*) **francese** (2)

french fries **le patate fritte** (5)

frequently **frequentemente** (6); **molto** (6)

fresco **l'affresco** (16)

Friday **venerdì** (3)

friend **l'amico/l'amica** (1)

from **da** (5)

in front of **davanti a** (11)

fruit **la frutta** (5); fruit and vegetable shop **il negozio di frutta e verdura** (12)

to work full-time **lavorare a tempo pieno** (9)

fun **divertente** (2); to have fun **divertirsi** (6); What fun thing do you have planned? **Cosa fai di bello?** (*inform.*) (3)

G

to gain weight ***aumentare di peso**, ***ingrassare** (10)

game **il gioco; la partita** (6)

garbage **l'immondizia** (11)

garden **il giardino** (11)

geez! **uffa!** (7)

general **il generale** (16)

generous **generoso** (4)

What a genius! **Che genio!** (4)

German (*nationality*) **tedesco** (1)

Germany **la Germania** (2)

get outta here! **macché!** (7)

to get around **muoversi** (12)

to get there ***arrivarci** (13)

gift **il regalo** (7)

girl **la ragazza** (PSP-2); little girl **la ragazzina** (PSP-10); What a cute girl! **Che bella ragazza!** (4)

to give **dare** (4); to give back **restituire** (PSP-15); give me **dammi / mi dia** (*inform./form.*) (13); to give a parking/traffic ticket **fare la multa** (9)

gladly **volentieri** (5)

glass **il bicchiere** (1)

gnocchi (potato dumplings) **gli gnocchi** (5)

to go ***andare** (3); to go (*to do something*) ***andare** (**a** + *inf.*) (3); to go to (*professional's office/place of business*) ***andare da** (*name of professional*) (PSP-5); to go away ***andarsene** (PSP-16); to go to the bank ***andare in banca** (8); to go in the bathroom ***andare in bagno** (8); to go to bed ***andare a letto** (3); to go in the bedroom ***andare in camera da letto** (8); to go by bicycle ***andare in bicicletta** (8); to go for a bike ride **fare un giro in bici** (7); to go by car ***andare in macchina** (8); to go to church ***andare in chiesa** (8); to go to the dentist's (office) ***andare dal dentista** (PSP-5); to go downtown ***andare in centro** (8); to go on foot ***andare a piedi** (8); to go grocery shopping **fare la spesa** (7); to go to the gym ***andare in palestra** (10); to go home ***andare a casa** (PSP-5); to go horseback riding ***andare a cavallo** (10), **fare equitazione** (10); to go to (*person's*) house ***andare da** (*name of person*) (PSP-5); to go in the kitchen ***andare in cucina** (8); to go in the living room ***andare in salotto** (8); to go to the movies ***andare al cinema** (7); to go to the mountains ***andare in montagna** (4); to go to the office ***andare in ufficio** (8); to go out (with others) **uscire (con)** (3); to go by plane ***andare in aereo** (8); to go to the (town) square ***andare in piazza** (8); to go straight ***andare diritto** (13); to be in style ***andare di moda** (6); to go to the theater *andare a teatro (7); to go by train *andare in treno (8); to go on vacation *andare in vacanza (PSP-13); How's it going? Come va? (2)

"golden years" la terza età (14)

golf il golf (10); to play golf giocare a golf (3)

good buono (2); good day buon giorno (1); good evening buona sera (1); Good luck! In bocca al lupo! (8); good morning buon giorno (1); good night buona notte (1); Have a good trip! Buon viaggio! (8); Have a good vacation! Buone vacanze! (8); it's good that è bene che (14)

good-bye arrivederci (1)

to govern governare (16)

government il governo (14)

grade il voto (1)

to graduate (college) laurearsi (9)

grandchild il/la nipote (4)

grandfather il nonno (4)

grandmother la nonna (4)

gray grigio (2)

great grande (2); to be great *stare benissimo (2)

green verde (2)

green beans i fagiolini (5)

grilled alla brace (5)

to greet (each other) salutarsi (8)

to go grocery shopping fare la spesa (7)

How gross! Che schifo! (4)

ground floor il pianterreno (11)

to grow †crescere (12)

growth la crescita (14)

to hold a grudge against someone avercela con qualcuno (PSP-16)

guitar la chitarra (3)

guy il ragazzo (PSP-2); What a cute guy! Che bel ragazzo! (4)

gymnastics la ginnastica (10); to do gymnastics fare ginnastica (10)

H

hair i capelli (2); blond hair i capelli biondi (2); brown hair i capelli castani (2); straight hair i capelli lisci (2); to wash one's hair lavarsi i capelli (6)

hairdresser il parrucchiere / la parrucchiera

half liter il mezzo litro (5)

ham il prosciutto (5)

hamburger l'hamburger (1)

hand la mano (6); hands pl. le mani (6); (cute) little hand la manina (PSP-10)

handsome bello (2)

happy felice; allegro (2); Happy Anniversary! Buon anniversario! (8); Happy Birthday! Buon compleanno! (8); Happy Easter! Buona Pasqua! (8); Happy Holidays! Buone feste! (8); Happy New Year! Buon anno! (8)

to work hard lavorare sodo (9)

to hate odiare (5)

to have avere (2); to have to, must †dovere (5); to have a cold avere il raffreddore (10); to have the flu avere l'influenza (10); to have a headache avere mal di testa (10); to have a secret wish avere un sogno nel cassetto (lit. to have a dream in the drawer) (13); to have a stomachache avere mal di pancia (10); to have surgery avere un intervento chirurgico (10)

he lui (PSP-16)

head la testa (10); to have a headache avere mal di testa (10)

health la salute (10)

to eat healthy food mangiare sano (10)

hello (on the telephone) pronto! (3)

to help aiutare (9)

her lei (PSP-16); suo (2)

here is ecco (6); here are ecco (6); Here it is / they are. Eccolo/la/li/le. (11)

herself sé (PSP-16)

hey! ehilà ! (7)

hi ciao (1)

high heels i tacchi alti (6)

high school il liceo (9); la scuola superiore

high season l'alta stagione (13)

to go hiking fare trekking (13)

himself sé (PSP-16)

his suo (2)

history la storia (1)

hobby l'hobby (m.) (10)

to hold a grudge against someone avercela con qualcuno (PSP-16)

holiday la festa (1); Happy Holidays! Buone feste! (8)

home la casa (1); to come home *rientrare (3); to go home *andare a casa (PSP-5); to stay home *rimanere a casa (PSP-3)

homeland la patria (16)

to do homework fare i compiti (3)

honey il miele (5); (term of endearment) caro, tesoro

to play hooky (cut school) marinare la scuola (6)

to hope sperare (14); to hope that sperare che (14); to hope to (do something) sperare di (+ inf.) (10)

horseback riding l'equitazione (10); to go horseback riding *andare a cavallo (10)

hospital l'ospedale m.

to be hot avere caldo (2); to be hot weather fare caldo (2)

hotel l'albergo (13); hotel stay with breakfast and lunch/dinner included la mezza pensione (13); hotel stay with breakfast, lunch, and dinner included la pensione completa (13); small hotel la pensione (13)

in an hour fra un'ora (10)

house la casa (1); housemate il compagno / la compagna (di casa) (PSP-15); housewife la casalinga (4)

how come (4); How are you? Come sta? / Come stai? (form./inform.) (2); How's it going? Come va? (2); how much quanto (4); How is it done? / How do people do it? Come si fa? (14); How much is it? Quant'è? (1); how many quanto (4); How old are you? Quanti anni ha? / Quanti anni hai? (form./inform.) (2); How was it? Com'era? (9)

to hug (each other) abbracciarsi (8)

hunger la fame (14)

to be hungry avere fame (2)

to hurt (a body part) fare male (10) My feet/legs hurt Mi fanno male (i piedi / le gambe) (pl.) My foot/ leg hurts. Mi fa male il piede / la gamba (sing.).

husband il marito (4)

I

if I were you se fossi in te (15)

ice cream il gelato (1)

it would be a good idea sarebbe una buon'idea (13); Would (Wouldn't) it be a good idea . . . ? (Non) sarebbe meglio… ? (13)

What an idiot! Che scemo! (4)

ill ammalato (2); to get ill ammalarsi (10)

to imagine that immaginare che (14)

immediately immediatamente (6); subito (6)

immigrant l'immigrato/l'immigrata (14)

to immigrate *immigrare (14)

immigration l'immigrazione f. (14)

to be important that *essere importante che (14)

to be impossible that *essere impossibile che (14)

to make a good impression fare bella figura (7)

in in, a (5)

increase l'aumento (14)

to increase aumentare (14)

independence l'indipendenza (16)

industry l'industria (14)

information l'informazione (f.) (1)

inhabitants gli abitanti (12)

intelligent intelligente (PSP-4)

interesting interessante (PSP-9); What interesting thing do you have planned? Cosa fai di bello? (inform.) (3)

interior interno (11)

International Studies gli studi internazionali (1)

introverted introverso (2)

to invent inventare (16)

invention l'invenzione f. (16)

inventor l'inventore/l'inventrice (16)

Ireland l'Irlanda (2)

Irish (nationality) irlandese (2)

island l'isola (13)

isolation la solitudine (14)

issue il numero (1)

Italian (nationality) italiano (1); (language) l'italiano (1); regional variation of standard Italian l'italiano regionale (15); standard Italian la lingua nazionale (15)

Italy l'Italia (2)

its suo (2)

J

jacket la giacca (6); winter jacket il giubbotto (6)

jam la marmellata (5)

January gennaio (1)

Japan il Giappone (2)

Japanese (nationality) giapponese (12)

jewelry store la gioielleria (2)

job il lavoro (PSP-15); to quit a job licenziarsi (9)

joke la barzelletta (15); to tell a joke raccontare una barzelletta (15)

to joke scherzare (15)

journalist il/la giornalista (9)

July luglio (1)

June giugno (1)

K

to keep tenere (10)

to kid scherzare (15)

kilometer il chilometro (PSP-5)

kindly gentilmente (6)

king il re (16)

to kiss (each other) baciarsi (8)

kitchen la cucina (11); to go in the kitchen *andare in cucina (8)

knee il ginocchio (6); knees pl. le ginocchia / i ginocchi (6)

knife il coltello (5)

to know (a fact) sapere (4); Do you know (English)? Sai/Sa (inform./form.) (l'inglese)? (15); to know (a person or place) conoscere (4); to know how to do something sapere + inf. (4); everyone knows that si sa che (15); I dunno! boh! (7)

L

lake **il lago** (13)

lamp **la lampada** (11)

language **la lingua** (1); Romance language **la lingua romanza** (15); spoken language **la lingua parlata** (15); written language **la lingua scritta** (15)

lasagna **le lasagne** (PSP-12)

last **scorso** (7)

late *adv.* **tardi** (6); **in ritardo** (6); it's late **è tardi** (3); to stay up late **fare le ore piccole** (3); too late **troppo tardi** (3)

to do laundry **fare il bucato** (6)

lawyer **l'avvocato** *m./f.* (9)

lazy **pigro** (2)

to learn **imparare** (PSP-14); to learn to (*do something*) **imparare a** (+ *inf.*) (PSP-14)

to leave **partire (6); **andarsene (PSP-16); to leave a place **uscire (3)

on the left **sulla sinistra** (13); to the left of **a sinistra di** (11); to turn left **girare a sinistra** (13)

leg **la gamba** (10); to break a leg **rompersi una gamba** (10)

to lend **prestare** (PSP-15)

less . . . than **meno… che** (PSP-4); **meno… di** (PSP-4); **meno + adj. + di** (4)

lesson **la lezione** (1); to take lessons in **prendere lezioni di** (4)

letter **la lettera** (PSP-12)

to liberate **liberare** (16)

library **la biblioteca** (3)

license plate **la targa** (PSP-1)

life **la vita** (10); rhythm of life **il ritmo della vita** (12)

to like **piacere (PSP-14); Do (Don't) you like . . . ? **(Non) ti/Le piace/piacciono… ?** (*inform./form.*) (1); I like (*to do something*) **mi piace** (+ *inf.*) (3); I would like **vorrei** (9); I would like to (*do something*) **mi piacerebbe** (+ *inf.*) (13) s/he likes to (*do something*) **le/gli piace** (+ *inf.*) (3); you (*inform.*) like (*to do something*) **ti piace** (+ *inf.*) (3)

What is (she/he/it) like? **Com'è… ?** (2); What are (they) like? **Come sono… ?** (2)

likeable **simpatico** (PSP-2)

lip **il labbro** (2); lips *pl.* **le labbra** (2)

to listen to **ascoltare** (3); listen **senti/senta** (*inform/form.*) (3)

liter **il litro** (5); half liter **il mezzo litro** (5)

literary tradition **la tradizione letteraria** (15)

(English) literature **la letteratura (inglese)** (1)

little **piccolo** (2); *adv.* **poco** (7)

to live **vivere (10); to live in (*name of city*) **abitare a** (1); to live on (*name of street*) **abitare in** (1); I live in (*name of city*) **abito a…** (1); Where do you live? (*inform./form.*) **Dove abiti? / Dove abita?** (1)

liver **il fegato** (5)

living room **il soggiorno** (11); to go in the living room **andare in soggiorno (8)

to loan **prestare** (PSP-15)

lodging **l'alloggio** (13)

loneliness **la solitudine** (14)

no longer **non… più** (7)

to look at **guardare** (3); to look for **cercare** (3); to look for work **cercare lavoro** (9)

to lose **perdere** (7); to lose weight **calare di peso, **dimagrire (10)

a lot *adv.* **molto** (6); a lot of **molto** (2)

to love **amare** (5); to love (*each other*) **amarsi** (8); **volersi bene** (8); to fall in love **innamorarsi** (8); in love **innamorato** (2)

low season **la bassa stagione** (13)

Good luck! **In bocca al lupo!** (*lit.* In the mouth of the wolf!) (8)

lunch **il pranzo** (7); to eat lunch **pranzare** (3)

M

magazine **la rivista** (3)

to make **fare** (3); to make the bed **fare il letto** (PSP-6); to make a good impression **fare bella figura** (6); to make money **guadagnare** (9)

to put on makeup **truccarsi** (6)

man **l'uomo** (PSP-1); oh man! **uffa!** (7)

to manage **dirigere** (9); to manage (*to do something*) **farcela** (PSP-16)

manager **il/la dirigente** (9); **il/la manager** (9)

many **molto** (2); **tanto** (PSP-15)

March **marzo** (1)

married **sposato** (4)

to marry **sposarsi** (8)

match **la partita** (7)

mathematics **la matematica** (1)

May **maggio** (1)

may, to be able to, can *†potere (5)

maybe **forse** (4)

me **me** (PSP-16)

Enjoy your meal! **Buon appetito!** (8)

mean **cattivo** (2)

by all means **pure** (*with imperatives*)

meat **la carne** (5); assortment of sliced meats and sausages **l'affettato misto** (5); with meat sauce **alla bolognese** (5)

medicine **la medicina** (16)

to meet (*each other*) **incontrarsi** (8); Pleased to meet you! **Piacere!** (1)

melon **il melone** (5)

member of a religious order **il religioso / la religiosa** (16)

Merry Christmas! **Buon Natale!** (8)

Mexican (*nationality*) **messicano** (2)

Mexico **il Messico** (2)

microwave oven **il (forno a) microonde** (11)

Middle Ages **il Medioevo** (12)

middle school **la scuola media** (9); middle school teacher **il maestro / la maestra** (9)

it's midnight **è mezzanotte** (3)

military **il militare** (16)

milk **il latte** (5)

Do you mind . . . ? **Ti/Le dispiace… ?** (*inform./form.*) (11)

(still/sparkling) mineral water **l'acqua minerale (naturale/frizzante)** (5)

mirror **lo specchio** (11)

mistake **l'errore** *m.* (1)

modern **moderno** (12)

Monday **lunedì** (3)

money **i soldi** (3); to earn money **guadagnare** (9); to make money **guadagnare** (9)

monk

in a month **fra un mese** (10)

more . . . than **più… che** (PSP-4); **più… di** (PSP-4); **più + adj. + di** (4)

in the morning **di mattina** (3); good morning **buon giorno** (1)

What a moron! **Che scemo!** (4)

mother **la madre** (4)

motorcycle **la motocicletta** (PSP-1); **la moto** (PSP-1); to go for a motorcycle ride **fare un giro in moto** (6)

mountain **la montagna** (13); to go to the mountains **andare in montagna (4)

mouth **la bocca** (6)

mouthful **il boccone** (PSP-10)

to move (*to a different residence*) *†cambiare casa (12); to move (*oneself*) **muoversi** (12)

movie **il film** (1); movie theater **il cinema** (1); **il cinematografo** (PSP-1); to go to the movies **andare al cinema (7)

mozzarella **la mozzarella** (5)

not much **poco** (2)

mule **il mulo** (PSP-10)

museum **il museo** (12)

mushrooms **i funghi** (5)

musician **il/la musicista** (9)

must, to have to *†dovere (5)

my **mio** (2); my parents **i miei** (*coll.*) (PSP-15)

N

My name is . . . **Mi chiamo…** (1); What's your name? **Come si chiama? / Come ti chiami?** (*form./inform.*) (1)

napkin **il tovagliolo** (5)

naughty **cattivo** (2)

navigator **il navigatore / la navigatrice** (16)

Neapolitan dialect **il napoletano** (15)

near **vicino** (2)

to be necessary (that) **bisognare (che)** (14); **essere necessario (che) (14)

neck **il collo** (10)

necklace **la collana** (6)

to need **avere bisogno di** (PSP-2); one needs to (*do something*) **bisogna** (+ *inf.*) (3)

neighborhood **il quartiere** (12)

neither . . . nor **non… né… né** (PSP-6)

nephew **il nipote** (4)

nervous **nervoso** (2)

never **non… mai** (3)

new **nuovo** (2)

newspaper **il giornale** (14); daily newspaper **il quotidiano** (14)

newsstand **l'edicola** (12)

next to **accanto a** (11)

next week **la settimana prossima** (10); next year **l'anno prossimo** (10)

nice **simpatico** (2)

nicely **gentilmente** (6)

niece **la nipote** (4)

good night **buona notte** (1)

ninth **nono** (1)

no one **nessuno, non… nessuno** (7)

no way! **macché!** (7)

nobody **nessuno, non… nessuno** (7)

noise **il rumore** (12)

it's noon **è mezzogiorno** (3)

Northern **settentrionale** (15)

nose **il naso** (2); (cute) little nose **il nasino** (PSP-10)

not anymore **non… più** (7); not bad **non c'è male** (2); no longer **non… più** (7); not yet **non… ancora** (PSP-6)

not bad **non c'è male** (2)

notebook **il quaderno** (1)

nothing **(non…) niente** (7); It's nothing **(Di) niente** (11); nothing to + *inf.* **niente da + inf.** (9); nothing to do **niente da fare** (9)

novel **il romanzo** (16)

November **novembre** (1)

number **il numero** (1); phone number **il numero di telefono** (1)

nun **la religiosa** (16)

nurse **l'infermiere/l'infermiera** (9)

O

to be obvious that *****essere ovvio che** (15)

occupation **il mestiere** (9)

October **ottobre** (1)

of **di** (5); of it **ne** (PSP-8); of them **ne** (PSP-8)

to offer **offrire** (7)

office **l'ufficio** (9); to go to the office *****andare in ufficio** (8); post office **l'ufficio postale** (12)

often **spesso** (3)

old **anziano** (2); **vecchio** (2); older **maggiore** (4); How old are you? **Quanti anni ha? / Quanti anni hai?** (*form./ inform.*) (2)

to get old *****invecchiare** (14)

old age **la vecchiaia** (14)

older **maggiore** (4)

omigosh! **mamma mia!** (7); **oddio!** (7)

on **su** (5); on the condition that **a condizione che** (PSP-15); **purché** (PSP-15)

Once upon a time . . . **C'era una volta…** (9)

oneself **sé** (PSP-16)

onion **la cipolla** (5)

only **unico** (4)

to open **aprire** (3)

in my opinion **a mio parere; secondo me** (12)

orange (*fruit*) **l'arancia** (PSP-1); orange juice **il succo d'arancia** (1)

orange *adj.* **arancione** (2)

orchestra **l'orchestra** (16)

orderly, organized **ordinato** (2)

to organize **organizzare** (13)

other **altro** (PSP-2)

ouch! **ahi!** (7)

our **nostro** (2)

to get out *****andarsene** (PSP-16); Get out of here! **Vattene!** (PSP-16)

oven **il forno** (11); microwave oven **il (forno a) microonde** (11)

ow! **ahi!** (7)

P

package **il pacco** (12)

to paint **dipingere** (4)

painter **il pittore / la pittrice** (PSP-1)

painting **il quadro** (*individual piece*) (11)

pair **il paio** (6)

pants **i pantaloni** (6)

parents **i genitori** (4); my parents **i miei** (*coll.*) (PSP-15)

park **il parco** (12)

to park **parcheggiare** (12)

parking lot/space **il parcheggio** (12)

Parliament **il Parlamento** (16)

Parmesan cheese (5) **il parmigiano**

to work part-time **lavorare part-time** (9)

party **la festa** (1)

to pass an exam **superare un esame** (PSP-15)

pastry **la pasta** (1)

to pay **pagare** (2); to pay one's share of the bill **fare alla romana** (5)

peas **i piselli** (5)

pen **la penna** (1)

pencil **la matita** (PSP-4)

pension **la pensione** (13)

people **la gente** (9)

pepper **il pepe** (5); (bell) pepper **il peperone** (5)

percentage **la percentuale** (14)

perhaps **forse** (4)

periphery **la periferia** (12)

permission **il permesso** (PSP-15)

pharmacist **il/la farmacista** (9)

pharmacy **la farmacia** (10)

phenomenon **il fenomeno** (14)

philosophy **la filosofia** (1)

phone number **il numero di telefono** (1)

photograph **la fotografia** (1); photo **la foto** (PSP-1); to take a photo **fare una foto** (3)

photographer **il fotografo / la fotografa** (9)

physics **la fisica** (1)

piano **il pianoforte** (3)

picture **il quadro** (11)

pink **rosa** *inv.* (2)

plane **l'aereo** (1); to fly, to go by plane *****andare in aereo** (8); to travel by plane **prendere l'aereo** (4)

plate **il piatto** (3)

to play (*an instrument*) **suonare** (3)

to play (*game, sport*) **giocare** (3); to play (*an instrument*) **suonare** (3); to play basketball **giocare a pallacanestro** (10); to play cards **giocare a carte** (3); to play golf **giocare a golf** (3); to play hooky **marinare la scuola** (6); to play soccer **giocare a calcio/pallone** (10); to play sports **fare sport** (3); to play tennis **giocare a tennis** (3); to play volleyball **giocare a pallavolo** (10)

please **per favore** (1); **per piacere** (1)

Pleased to meet you! **Piacere!** (1)

poem **la poesia** (PSP-12)

poet **il poeta / la poetessa** (PSP-12)

poetry **la poesia** (16)

police officer **il poliziotto / la poliziotta** (9)

political science **le scienze politiche** (1)

politician **il politico** (16)

politics **la politica** (16)

pollution **l'inquinamento** (12)

poor **povero** (2)

pope **il papa** (16)

population **la popolazione** (14)

port **il porto** (12)

Portugal **il Portogallo** (2)

Portuguese **portoghese** (2)

to be possible that *****essere possibile che** (14)

post office **la posta** (12); **l'ufficio postale** (12)

poverty **la povertà** (14)

to practice **praticare** (3)

to pray **pregare** (3)

to prefer **preferire** (3)

to prepare (*something*) for oneself **prepararsi** (PSP-12)

president **il presidente** (14)

prestigious **prestigioso** (12)

price **il prezzo** (13)

Prime Minister **il Primo Ministro** (14)

problem **il problema** (PSP-1); No problem! **(Di) niente!** (11); not a problem **ci mancherebbe altro** (5)

professor **il professore / la professoressa** (1)

program **il programma** (PSP-1)

to promise (*to do something*) **promettere** (**di** + *inf.*) (PSP-14)

pronunciation **la pronuncia** (15)

to protect **proteggere** (16)

psychologist **lo psicologo / la psicologa** (9)

psychology **la psicologia** (1)

public transportation **i mezzi pubblici** (12)

pull-over **il pullover** (6)

punctually **puntualmente** (6)

purse **la borsa** (6)

to put **mettere** (6); to put on (*clothes*) **mettersi** (6)

Q

queen **la regina** (16)

to ask a question **fare una domanda** (3)

quickly **velocemente** (6)

to quit (*doing something*) **smettere** (**di** + *inf.*) (PSP-14); to quit a job **licenziarsi** (9)

R

racism **il razzismo** (14)

radio **la radio** (PSP-1)

raincoat **l'impermeabile** *m.* (6); **il trench** (6)

rarely **poco** (6); **raramente** (6)

rate **il tasso** (14)

to read **leggere** (3); "must read" **da leggere** (5)

to realize **realizzare** (16)

really **veramente** (10)

reason **la ragione** (14)

to receive **ricevere** (PSP-5)

red **rosso** (2)

reduction **il calo** (14)

refrigerator **il frigorifero** (11)

region **la regione** (1)

regularly **regolarmente** (6)

relatives **i parenti** (4)

to relax **rilassarsi** (13)

religion **la religione** (1)

religious **religioso** (12); member of religious order **il religioso / la religiosa** (16)

to relocate **trasferirsi** (11)

to remain *****rimanere** (7); *****stare** (4)

Renaissance **il Rinascimento** (12)

rent **l'affitto** (12)

to rent (*apartments, houses*) **affittare** (13); to rent (*bikes, cars, videos*) **noleggiare** (13)

republic **la repubblica** (16)

reservation **la prenotazione** (13); to make a reservation **fare una prenotazione** (13)

to reserve **prenotare** (13)

residence **la residenza** (1)

to resolve **risolvere** (9)

to respond **rispondere** (1)

restaurant **il ristorante** (1)

to retire *****andare in pensione** (14)

retiree **il pensionato / la pensionata** (14)

to return *****tornare** (3)

rhythm **il ritmo** (12); rhythm of life **il ritmo della vita** (12)

rice dish **il risotto** (5)

rich **ricco** (2)

to go for a bike ride **fare un giro in bici** (7); to go for a car ride **fare un giro in macchina** (7); to go for a motorcycle ride **fare un giro in moto** (7)

right away **subito** (6)

on the right **sulla destra** (13); to the right of **a destra di** (11); to turn right **girare a destra** (13)

to be right **avere ragione** (PSP-2)

rights (*legal*) **i diritti** (16)
ring **l'anello** (6)
to risk **rischiare** (16)
river **il fiume** (12)
roast chicken **il pollo arrosto** (5)
Romance language **la lingua romanza** (15)
Romanian (*language*) **il rumeno** (15)
room **la camera** (13); double room **la camera doppia** (13); single room **la camera singola** (13)
roommate **il compagno / la compagna (di casa)** (PSP-15)
rug **il tappeto** (11)
to run †**correre** (4); (*manage*) **dirigere** (9)

S

sad **triste** (2)
safe **sicuro** (14)
sailboat **la barca a vela** (13)
saint **il santo / la santa** (16)
salad **l'insalata** (5)
salary **lo stipendio** (9)
sale **l'offerta** (13)
salmon **il salmone** (5)
salt **il sale** (5)
same **stesso** (PSP-2); same to you **altrettanto** (8)
sandals **i sandali** (6)
sandwich **il panino** (1)
Santa Claus **Babbo Natale** (8)
Saturday **sabato** (3)
sauce **il sugo, la salsa** (5); with meat sauce **alla bolognese** (5)
to save (*money*) **risparmiare** (9)
to say **dire** (PSP-15); Can you say something? **Puoi/Può dire qualcosa?** (*inform./form.*) (15)
scarf **la sciarpa** (6)
scholarship **la borsa di studio** (9)
school **la scuola** (9); elementary school **la scuola elementare** (9); middle school **la scuola media** (9); secondary school **la scuola superiore** (9)
scientist **lo scienziato / la scienziata** (9)
sculpture **la scultura** (16)
sea **il mare** (13)
with seafood **alla marinara** (5)
high season **l'alta stagione** (13); low season **la bassa stagione** (13)
to have a seat **accomodarsi** (13)
second **secondo** (1); second course **il secondo (piatto)** (5)
secondary school **la scuola superiore, il liceo** (9)
to have a secret wish **avere un sogno nel cassetto** (*lit.* to have a dream in the drawer) (13)
sedentary **sedentario** (10)
to see **vedere** (7); "must see" **da vedere** (5); to see each other **vedersi** (8); See you later! (3), **Ci vediamo!** (8); See you soon! **A presto!** (3), **A più tardi!** (3)
to seem (that) *****parere (che)** (14); *****sembrare (che)** (14)
senator **il senatore / la senatrice** (16)
to send **mandare, spedire**
to separate (*from each other*) **separarsi** (8)
separated **separato** (4)
September **settembre** (1)
serious **serio** (2)
to serve **servire** (3)
server **il cameriere / la cameriera** (5)
to set the table **apparecchiare la tavola** (5)
seventh **settimo** (1)

to shave **radersi** (6)
shirt **la camicia** (6)
shoes **le scarpe** (6)
shop **il negozio** (9)
shopping **lo shopping** (3); to shop **fare shopping/ spese** (3); to go grocery shopping **fare la spesa** (12)
short **basso** (2)
shorts **i pantaloncini** (6); **gli short** (6)
shoulder **la spalla** (6)
show **lo spettacolo** (7)
shower **la doccia** (11); to take a shower **fare la doccia** (8)
sick **ammalato** (10); to get sick **ammalarsi** (10)
side dish **il contorno** (5)
sidewalk **il marciapiede** (11)
sincere **sincero** (2)
sincerely **sinceramente** (6)
singer **il/la cantante** (9)
single (*unmarried*) **celibe** (*m.*) (4); **nubile** (*f.*) (4)
single room **la camera singola** (13)
sink **il lavandino** (11)
sister **la sorella** (4)
to sit **sedersi** (11)
sixth **sesto** (1)
What size (*clothing/shoe*) do you wear? **Che taglia/ numero porti/porta?** (*inform./ form.*) (6)
to skate **fare pattinaggio / pattinare** (10)
to skateboard **fare skateboard** (10)
skateboarding **lo skateboard** (10)
skating **il pattinaggio** (10)
ski **lo sci** (PSP-1)
to ski **sciare** (4)
skin tone **la carnagione** (4); light/dark skin tone **la carnagione chiara/scura**
skirt **la gonna** (6)
to sleep **dormire** (3)
to be sleepy **avere sonno** (2)
slow **lento** (2)
slowly **lentamente** (6)
small **piccolo** (2)
smog **lo smog** (12)
smoked **affumicato** (5)
to have a snack **fare uno spuntino** (3)
sneakers **le scarpe da ginnastica** (6)
so **così** (PSP-16); so-so **così così** (2); **insomma** (2); so that **affinché** (PSP-15); **perché** (PSP-15)
soccer (*game, ball*) **il pallone, il calcio** (10); to play soccer **giocare a calcio/pallone** (3)
social worker **l'assistente sociale** *m./f.* (9)
sociology **la sociologia** (1)
socks **i calzini** (4)
soldier **il soldato / la soldatessa** (16)
sole **unico** (4)
some **qualche** (PSP-9)
someone **qualcuno** (11)
something **qualcosa** (11); something to + *inf.* **qualcosa da** + *inf.* (11); something to do **qualcosa da fare** (9)
sometimes **ogni tanto** (3)
son **il figlio** (4)
song **la canzone** (7)
sonnet **il sonetto** (16)
sorry **scusa** (*inform.*) (10); **scusi** (*form.*) (10); I'm sorry **Mi dispiace** (5)
Southern **meridionale** (15); Central-Southern **centro-meridionale** (15)
spaghetti **gli spaghetti** (5)
Spain **la Spagna** (2)

Spanish (*nationality*) **spagnolo** (1); (*language*) **lo spagnolo** (PSP-6)
to speak **parlare** (3)
speakerphone **il citofono** (11)
spoken language **la lingua parlata** (15)
spoon **il cucchiaio** (5)
sport **lo sport** (1); to play sports **fare sport** (3)
to spread **diffondersi** (15)
spring **la primavera** (1)
(town) square **la piazza** (1); to go to the (town) square *****andare in piazza** (8)
stamp (*postage*) **il francobollo** (12)
to start to (*do something*) †**cominciare a** (+ *inf.*) (PSP-14); to start a family **mettere su famiglia** (9)
stay (*period of time*) **il soggiorno** (13); to stay *****rimanere** (7); *****stare** (2); to stay home *****rimanere a casa** (PSP-3); to stay up late **fare le ore piccole** (3); to stay in shape **mantenersi in forma** (10)
steak **la bistecca** (5)
still **ancora** (PSP-6)
stockings **le calze** (8)
stomach **la pancia** (10)
to have a stomachache **avere mal di pancia** (10)
to stop (*doing something*) **smettere** (**di** + *inf.*) (PSP-14); to stop by **fare un salto** (12); to stop to (*do something*) **fermarsi a** (+ *inf.*) (PSP-14); to stop working **smettere di lavorare** (9)
store **il negozio** (9)
stove **la cucina** (11)
straight hair **i capelli lisci** (2)
to go straight *****andare diritto** (13)
it's strange that **è strano che** (14)
street **la strada** (11); **la via** (1)
stressed **stressato** (2)
strike **lo sciopero** (14)
strong **forte** (2)
student **lo studente / la studentessa** (1)
studious **studioso** (2)
to study **studiare** (3)
stupid **stupido** (2)
to be in style *****andare di moda** (6)
subject matter **la materia (di studio)** (1)
subway **la metropolitana** (12)
to succeed in (*doing something*) *****riuscire a** (+ *inf.*) (PSP-14)
suddenly **all'improvviso** (9)
to suffer from (*an illness*) **soffrire di** + (*noun*) (10)
suit **il vestito** (6)
sugar **lo zucchero** (5)
summer **l'estate** *f.* (1)
to sunbathe **prendere il sole** (4)
Sunday **domenica** (3)
sunglasses **gli occhiali da sole** (7)
supermarket **il supermercato** (PSP-15)
sure **sicuro** (5); to be sure that *****essere sicuro che** (15)
to have surgery **avere un intervento chirurgico** (10)
sweater **il maglione** (6)
sweatshirt **la felpa** (6)
to swim **nuotare, fare nuoto** (10); to swim in the pool **nuotare in piscina** (4)
swimming **il nuoto** (10)
swordfish **il pesce spada** (5)
system **il sistema** (PSP-1)

T

to set the table **apparecchiare la tavola** (5); dining table **il tavolo** (11)
to take **prendere** (4); to take vitamins / an aspirin **prendere vitamine / un'aspirina** (10)

to talk **parlare** (3)

tall **alto** (2)

tax **la tassa** (14)

tea **il tè** (1)

to teach **insegnare** (9); to teach to (*do something*) **insegnare a** (+ *inf.*) (PSP-14)

teacher **l'insegnante** *m./f.* (9); elementary/ middle school teacher **il maestro / la maestra** (9)

telephone **il telefono** (3); phone number **il numero di telefono** (1)

television **la televisione** (1); television set **il televisore** (11)

to tell **dire** (PSP-15); **raccontare** (15); to tell a joke **raccontare una barzelletta** (15); to tell a story **raccontare una storia** (15); tell me **dimmi / mi dica** (*inform./form.*) (13); you can tell that **si vede che** (14)

tennis **il tennis** (10); to play tennis **giocare a tennis** (3)

tenth **decimo** (1)

term **il termine** (15)

thank you **grazie** (1); Thanks! **Crepi!** (*in response to* **In bocca al lupo!**) (8); Thanks, but I can't. I have something else I have to do **Grazie, ma non posso, ho un altro impegno** (5); Thanks, same to you! **Grazie, altrettanto!** (8)

that **quello** (2)

theater **il teatro** (7); to go to the theater *****andare a teatro** (7)

their **loro** (2)

them **loro** (PSP-16)

themselves **sé** (PSP-16)

then **poi** (7)

there **ci** *pron.* (PSP-5); there is **c'è** (2); there are **ci sono** (2)

thesis **la tesi** *inv.* (PSP-1)

thin **magro** (2)

to think **pensare** (14); to think about (*doing something*) **pensare di** (+ *inf.*) (10); **pensare a** (14)

third **terzo** (1)

to be thirsty **avere sete** (2)

this **questo** (2)

to have a sore throat **avere mal di gola** (2)

Thursday **giovedì** (3)

ticket **il biglietto** (7); to give a parking/ traffic ticket **fare la multa** (9)

tie **la cravatta** (6)

At what time? **A che ora… ?** (3); another time (*occasion*) **un'altra volta** (4); What do you like to do in your free time? **Nel tempo libero cosa ti/Le piace fare?** (*inform./form.*) (3); What time is it? **Che ora è? / Che ore sono?** (3); What time must it be? **Che ore saranno?** (PSP-13); it's probably about 3:00 **saranno le tre** (PSP-13)

tired **stanco** (2)

to **a** (5); **in** (5)

toast **il brindisi** (PSP-1)

tobacco shop **il tabaccaio** (12)

today **oggi** (6); What day is today? **Che giorno è oggi?** (3); What is today's date? **Quanti ne abbiamo oggi?** (1)

toilet **il water** (11)

tomato **il pomodoro** (5)

tomorrow **domani** (6); the day after tomorrow **dopodomani** (10)

tonight **stasera** (PSP-3)

too bad! **peccato!** (7); too early **troppo presto** (3); too late **troppo tardi** (3)

tooth **il dente** (2); teeth *pl.* **i denti** (2); to brush one's teeth **lavarsi i denti** (6)

tortellini **i tortellini** (5)

town **il paese** (12); town square **la piazza** (1); small town **il paese di provincia** (12)

track and field **l'atletica leggera** (10); to do track and field **fare atletica leggera** (10)

trade **il mestiere** (14)

literary tradition **la tradizione letteraria** (15)

traffic **il traffico** (12)

to go by train *****andare in treno** (8)

to transform **trasformare** (16); **trasformarsi** (14)

transformation **la trasformazione** (14)

means of transportation **i mezzi di trasporto** (12); public transportation **i mezzi pubblici** (12)

trash **l'immondizia** (11); trash bin **il bidone** (11)

to travel **viaggiare** (4)

travel agency **l'agenzia di viaggi** (13)

tree **l'albero** (8); Christmas tree **l'albero di Natale** (8)

Have a good trip! **Buon viaggio!** (8)

to try to (*do something*) **cercare di** (+ *inf.*) (PSP-14); to try on **provare** (6)

t-shirt **la maglietta** (6); **la t-shirt** (6)

Tuesday **martedì** (3)

Turkey **la Turchia** (2)

Turkish (*nationality*) **turco/a** (2)

to turn **girare** (13); to turn left **girare a sinistra** (13); to turn right **girare a destra** (13)

Tuscan **toscano** (15)

Tuscan dialect **il toscano** (15)

U

ugly **brutto** (2)

beach umbrella **l'ombrellone** *m.* (13)

uncle **lo zio** (4)

to understand **capire** (3)

unemployment **la disoccupazione** (14); unemployment rate **il tasso di disoccupazione** (14)

unfortunately **purtroppo** (10)

unification **l'unificazione** *f.* (16)

United States **gli Stati Uniti** (2)

university **l'università** (1)

unpleasant **antipatico** (2)

unmarried **celibe** (*m.*) (4); **nubile** (*f.*) (4)

to get up **alzarsi** (6)

us **ci** *pron.* (PSP-5); **noi** (PSP-16)

V

vacation **la vacanza** (13); **le vacanze** (3); to go on vacation *****andare in vacanza** (PSP-13); Have a good vacation! **Buone vacanze!** (8); to vacation at a dude ranch **fare equiturismo** (10)

veal **il vitello** (5)

vegetable **la verdura** (5); fruit and vegetable shop **il negozio di frutta e verdura** (12)

very *adv.* **molto** (6); not very *adj.* **poco** (6)

veterinarian **il veterinario / la veterinaria** (9)

victory **la vittoria** (16)

vinegar **l'aceto** (5)

violence **la violenza** (14)

violet **viola** *inv.* (2)

violin **il violino** (3)

visit **la visita** (PSP-15)

to visit (*people*) *****andare a trovare** (7); to visit (*places*) **visitare** (7)

volleyball (*game*) **la pallavolo** (10); to play volleyball **giocare a pallavolo** (10)

volunteer work **il volontariato** (14)

W

to wait for **aspettare** (6); to wait a moment **aspettare un attimo** (13); to not be able to wait (*to do something*) **non vedere l'ora** (**di** + *inf.*) (3)

waiter **il cameriere** (5)

waitress **la cameriera** (5)

to wake (oneself) up **svegliarsi** (6)

to walk *****andare a piedi** (8) / **camminare** (10); to take a walk **fare una passeggiata** (3)

to want **avere voglia di** (PSP-2); †**volere** (5); I would like … **vorrei…** (2)

war **la guerra** (14)

to wash **lavare** (3); to wash oneself **lavarsi** (6); to wash one's hair **lavarsi i capelli** (6)

watch **l'orologio** (1)

water **l'acqua** (1); (still/sparkling) mineral water **l'acqua minerale (naturale/frizzante)** (5)

weak **debole** (2)

to wear **indossare** (6); **portare** (6)

weather **il tempo** (PSP-10); bad weather **il tempaccio** (PSP-10); to be bad weather **fare brutto** (2); to be beautiful weather **fare bello** (2); to be cold weather **fare freddo** (2); to be hot weather **fare caldo** (2); What's the weather like? **Che tempo fa?** (2)

wedding **le nozze, il matrimonio** (8)

Wednesday **mercoledì** (3)

next week **la settimana prossima** (9)

weekend **il fine settimana** (6); **il weekend** (7)

to gain weight *****aumentare di peso / *****ingrassare** (10); to lose weight *****calare di peso / *****dimagrire** (**-isc**) (10)

You're welcome. **Prego.** (1)

well *adv.* **bene** (2); to be well *****stare bene** (2); to be very well *****stare molto bene** (2); well-being **il benessere** (10)

well … **insomma** (10)

what **che** (4); (**che**) **cosa** (4); What day is today? **Che giorno è oggi?** (3); What do people do? **Cosa si fa?** (14); What do you do (for a living)? **Cosa fai? / Cosa fa?** (*inform./form.*) (4); What is? **Qual è?** (4); What is it? **Cos'è?** (4); What's the matter? **Cosa c'è?** (2); What is today's date? **Quanti ne abbiamo oggi?** (1); What size (*clothing/shoe*) do you wear? **Che taglia/ numero porti/porta?** (*inform./form.*) (6); What was he/she/it like? **Com'era… ?** (9)

when **quando** (3)

where **dove** (4); Where are you from? **Di dov'è?** (*form.*) (1); **Di dove sei?** (*inform.*) (1); Where do you live? **Dove abiti? / Dove abita?** (*inform./ form.*) (1)

which **cui** (PSP-9); **quale** (4)

while **mentre** (9)

white **bianco** (2)

who **chi** (4); Who are you? **Chi sei? / Chi è?** (*inform./form.*) (4); Who is it? **Chi è?** (4)

why **perché** (4)

widespread **diffuso** (15)

wife **la moglie** (4)

willingly **volentieri** (5)

to win **vincere** (6)

windmill **il mulino** (PSP-10)

window **la finestra** (11); (*train, bus, car*) **il finestrino** (PSP-10); little window **la finestrina** (PSP-10); shop window **la vetrina** (PSP-14); to window shop **guardare le vetrine** (12)

wine **il vino** (5)

winter **l'inverno** (1); winter jacket **il giubbotto** (6)

to have a secret wish **avere un sogno nel cassetto** (*lit.* to have a dream in the drawer) (13); Best wishes! **Auguri!** (8); to exchange good wishes **farsi gli auguri** (8); I wish! **magari!** (7)

with **con** (5)

within (*a certain time*) **entro** (PSP-14)

without **senza che** (PSP-15)

witty **spiritoso** (2)

woman **la donna** (PSP-12)

word **la parola** (PSP-10); **il termine** (15); dirty word **la parolaccia** (PSP-10)

work **il lavoro** (PSP-15); to look for work **cercare lavoro** (9); Work well! **Buon lavoro!** (8)

to work **lavorare** (3); to stop working **smettere di lavorare** (9); to work full-time **lavorare a tempo pieno** (9); to work hard **lavorare sodo** (9); to work part-time **lavorare part-time** (9); Work well! **Buon lavoro!** (8)

blue-collar worker **l'operaio/l'operaia** (9)

don't worry **non ti preoccupare / non si preoccupi** (*inform./form.*) (13)

worse than *adv.* **peggio di** (12); *adj.* **peggiore di** (12)

to write **scrivere** (3)

writer **lo scrittore / la scrittrice** (16)

written language **la lingua scritta** (15)

to be wrong **avere torto** (PSP-2); **sbagliarsi** (6)

Y

year **l'anno** (1); to be . . . years old **avere… anni** (PSP-12); Happy New Year! **Buon anno!** (8); the "golden years" **la terza età** (14); last year **l'anno scorso** last year (PSP-13); next year **l'anno prossimo** (10); New Year's Day **il Capodanno** (8)

yellow **giallo** (2)

yesterday **ieri** (7)

not yet **non… ancora** (PSP-6)

yoga **lo yoga** (10); to do yoga **fare yoga** (10)

you **Lei** (*form.*) (PSP-16); **Loro** (*pl. form.*) (PSP-16); **te** (PSP-16); **voi** (*pl. inform.*) (PSP-16); you all **voi** (PSP-16)

young **giovane** (2)

younger **minore** (4)

your **Loro** (*pl. form.*) (2); **Suo** (*sing. form.*) (2); **tuo** (*sing. inform.*) (2); **vostro** (*pl. form./inform.*) (2)

Z

zucchini **le zucchine** (5)

Photo Credits

Chapter 1

Opener: Alfredo Dagli Orti/The Art Archive at Art Resource, NY; p. 2: TruthFunction; p. 12: © Demetrio Carrasco/AWL Images/Getty Images; p. 15: Courtesy of Arrigo Carlan; p. 17: Courtesy of Diane Musumeci; p. 20: © Purestock/SuperStock RF; p. 22: Klic Productions, Los Angeles; p. 23 (Marconi and Pirandello): © Bettmann/Corbis; p. 23 (Levi-Montalcini): © AP Photo/Riccardo De Luca; p. 23 (Fo): © Photo by Stefania D'Alessandro/Getty Images.

Chapter 2

Opener: © Archive Timothy McCarthy/Art Resource, NY; p. 31: TruthFunction; p. 46: TruthFunction; p. 52: Courtesy of Arrigo Carlan; p. 53: © Miramax/Courtesy Everett Collection.

Chapter 3

Opener: Scala/Art Resource, NY; p. 59 (all): Courtesy of Diane Musumeci; p. 60: TruthFunction; p. 62: TruthFunction; p. 79: Courtesy of Janice Aski; p. 81: Courtesy of Diane Musumeci; p. 84: © McGraw-Hill Companies, Inc., Ashley Zellmer, photographer.

Chapter 4

Opener: Galleria Palatina, Palazzo Pitti, Florence, Italy/© Erich Lessing/Art Resource, NY; p. 88: TruthFunction; p. 98: © Giorgio Benvenuti/AFP/Getty Images/Newscom; p. 101: © Joe Atlas/Brand X Pictures; p. 103 (1): © The Annunciation, 1474–75 (oil on panel), Antonello da Messina (c. 1414–1493) (after)/Galleria Regionale della Sicilia, Palermo, Sicily, Italy/Giraudon/The Bridgeman Art Library; p. 103 (2): © yannick luthy/Alamy; p. 103 (3): © Andia/Alamy; p. 103 (4): Courtesy of Janice Aski; p. 103 (5): Courtesy of Arrigo Carlan; p. 107: Courtesy of Arrigo Carlan; p. 108 (top): Palazzo Ducale, Mantua, Italy/Alinari/Bridgeman Art Library; p. 108 (bottom): © Elio Ciol/Corbis; p. 111 (top left): © Author's Image/PunchStock RF; p. 111: Klic Video Productions, Los Angeles.

Chapter 5

Opener: © Renato Guttuso; p. 114: TruthFunction; p. 119: Patrick Clenet, Wikimedia Commons; p. 120 (top): Courtesy of Arrigo Carlan; p. 120 (bottom): Courtesy of Diane Musumeci; p. 121: © C Squared Studios/Getty Images RF; p. 124 (1): Courtesy of Solo Per Due, Italy; p. 124 (2): Courtesy of Il Peperino, Matteo Rocchi, www.flickr.com/photos/matteorocchi; p. 124 (3): © Carlo Cerchioli; p. 124 (4): © Brian Tolbert/Corbis RF; p. 126: © Frank Chmura/Photolibrary/Getty Images; p. 127: Courtesy of Brian Heston; p. 130 (place setting): © Grace Clementine/The Image Bank/Getty Images; p. 130 (iPhone): © McGraw-Hill Companies; p. 135: Courtesy of Diane Musumeci; p. 136: Courtesy of Arrigo Carlan; p. 139 (top): Cosima Scavolini/ZUMA Press/Newscom; p. 139 (bottom left): Courtesy of La BING, Artusi 1st edition, Casa Artusi; p. 139 (bottom right): Courtesy of Giunti Editore SPA; p. 140: © Scala/Art Resource NY.

Chapter 6

Opener: *Venus of the Rags,* 1967 by Michelangelo Pistoletto, Tate Modern, London/© John Harper/Corbis; p. 145: TruthFunction; p. 146: TruthFunction; p. 150 (top): Ken Karp/McGraw-Hill Companies; p. 150 (bottom): © Ernesto Ruscio/FilmMagic; p. 152: Courtesy of Arrigo Carlan; p. 153: Courtesy of Arrigo Carlan; p. 154: Courtesy of Arrigo Carlan; p. 156: © Tibor Bognár/Corbis; p. 157 (1): Courtesy of Arrigo Carlan; p. 157 (2): © Blend Images/Getty Images RF; p. 157 (3): Courtesy of Arrigo Carlan; p. 161: TruthFunction; p. 164: Courtesy of Diane Musumeci; p. 166: Courtesy of Arrigo Carlan; p. 167 (all): Set of six vignettes depicting characters from the Commedia dell'Arte, c.1900 (colour litho), Bertelli, (fl. 1900)/Bibliothèque des Arts Décoratifs, Paris, France/Archives Charmet/The Bridgeman Art Library; p. 168: © Photodisc/Getty Images RF; p. 170 (1): © Stockbyte/Punchstock RF; p. 170 (2): Courtesy of Arrigo Carlan; p. 170 (3): © Banana Stock/Punchstock RF; p. 170 (4): © Steve Wisbauer/Stockbyte/Getty Images RF; p. 170 (5): Courtesy of Arrigo Carlan.

Chapter 7

Opener: © Kimbell Art Museum, Fort Worth, TX/Art Resource, NY; p. 174: TruthFunction; p. 176 (left): Rufus F. Folkks/Corbis; p. 176 (right): JupiterImages/ThinkStock; p. 179: © Stéphane Cardinale/People Avenue/Corbis; p. 180 (Ligabue): Photo by Vittorio Zunino Celotto/Getty Images; p. 180 (Daniele): Photo by Morena Brengola/Getty Images; p. 180 (Bocelli): Bruno Bebert/EPA/Landov; p. 181 (left): Rufus F. Folkks/Corbis; p. 181 (right): JupiterImages/ThinkStock; p. 185: © Bo Zaunders/Corbis; p. 192: © Reuters/Stringer; p. 193: Courtesy of Arrigo Carlan; p. 194: © Karin Cooper; p. 195: © Justin Kasezninez/Alamy; p. 196: © Mario Mariotti e Francesca Mariotti, photographed by Roberto Marchiori; p. 197 (currency): Getty Images RF; p. 197 (CDs): © Pixtal/SuperStock; p. 198: © Mario Mariotti e Francesca Mariotti, photographed by Roberto Marchiori.

Chapter 8

Opener: © National Gallery, London/Art Resource, NY; p. 201: © Marco Bucco/epa/Corbis; p. 202: © Cesare Gerolimetto/Grand Tour/Corbis; p. 203 (top): Courtesy of Enzo Marcolini; p. 203 (1): © Bob Handelman/Stone/Getty Images; p. 203 (2, 3): Courtesy of Arrigo Carlan; p. 203 (4): © Comstock/PunchStock RF; p. 204 (1): © Corbis RF/Alamy; p. 204 (2): Courtesy of Arrigo Carlan; p. 204 (3): Alamy; p. 204 (4): Courtesy of Arrigo Carlan; p. 204 (5): David Buffington/Photodisc; p. 204 (6): REUTERS/Daniele La Monaca/Landov; p. 204 (7): © Studio Photogram/Alamy; p. 204 (8): Spectrum Colour Library/Heritage-Images; p. 205: Courtesy of Diane Musumeci; p. 206: © Melissa Gerr; p. 207 (1, 2): TruthFunction; p. 211: Courtesy of Arrigo Carlan; p. 214: Courtesy of Arrigo Carlan; p. 220: Courtesy of Diane Musumeci; p. 222: Courtesy of Antonino Musumeci; p. 223: Klic Video Productions, Los Angeles.

Chapter 9

Opener: Courtesy of Lorenzo Pizzanelli and Fariba Ferdosi; p. 228: TruthFunction; p. 230 (all): Melissa Gerr; p. 233: Courtesy of Diane Musumeci; p. 241: Courtesy of Arrigo Carlan; p. 243: © Keith Levit/Alamy; p. 247 (top): Courtesy of Arrigo Carlan; p. 247 (bottom): Courtesy of Diane Musumeci; p. 248: © Miramax/Courtesy Everett Collection.

Chapter 10

Opener: © Summerfield Press/Corbis; p. 256: © Ingram Publishing/SuperStock RF; p. 257: Courtesy of Arrigo Carlan; p. 258: Courtesy of Diane Musumeci; p. 268: © Royalty Free/Corbis; p. 269: © Vision/Grazia Neri/LUZphoto Agency; p. 270: © Luk Beines/AFP/Getty Images; p. 271: Pixtal/Age fotostock RF; p. 272: Courtesy of Diane Musumeci.

Chapter 11

Opener: Upper Church, S. Francesco, Assisi, Italy/Scala/Art Resource, NY; p. 279: © Apis/Abramis/Alamy; p. 287 (left): © makico/Alamy; p. 287 (right): © Stock Italia/Alamy; p. 294 (left): Private Collection/Accademia Italiana, London/The Bridgeman Art Library; p. 294 (middle): © GoodSportHD.com/Alamy; p. 297 (left): Courtesy of Diane Musumeci; p. 297 (right): MELAMPO CINEMATOGRAFICA/The Kobal Collection/Art Resource, NY.

Chapter 12

Opener: © Scala/Art Resource, NY; p. 300: TruthFunction; p. 301 (top and right): © Pixtal/age footstock RF; p. 301 (bottom): © Scala/Art Resource, NY; p. 303: © Bill Hatcher/Getty Images RF; p. 304 (all): © Melissa Gerr; p. 305 (a): © Alex Segre/Alamy; p. 305 (b, c): Courtesy of Diane Musumeci; p. 306 (d, e, f): Courtesy of Diane Musumeci; p. 307: Courtesy of Diane Musumeci; p. 311: Courtesy of Arrigo Carlan; p. 312: © Eurasia/Robert Harding World Imagery/Getty Images; p. 313: © Royalty Free/Corbis; p. 314 (all): © Pixtal/age fotostock RF; p. 317: Courtesy of Arrigo Carlan; p. 320: Courtesy of Brian Heston; p. 321: Courtesy of Marzena Poniatowska at marzenaphotography.com; p. 325: Klic Video Productions, Los Angeles.

Chapter 13

Opener: © Erich Lessing/Art Resource, NY; p. 328: TruthFunction; p. 329: TruthFunction; p. 331 (sea): Author's Image/PunchStock; p. 331 (mountains): Massimo Borchi/Atlantide Phototravel; p. 331 (hotel): Alfio Garozzo/Cuboimages; p. 331 (building): © Steven May/Alamy; p. 333: © Jon Arnold Images Ltd/Alamy; p. 334: © Digital Vision/Getty Images RF; p. 335: © Sebastian Wasek/age fotostock; p. 341: © Camelia Maier/Flickr/Getty Images RF; p. 345: © Glow Images/Getty Images RF; p. 349: Courtesy of Melissa Demos; p. 352: © Patrizio Del Duca/SOPA/Corbis.

Chapter 14

Opener: CNAC/MNAM/Dist. Réunion des Musées Nationaux/Art Resource, NY; p. 356: TruthFunction; p. 358 (1): © Andre Jenny/Alamy; p. 358 (2): © Carlo Cerchioli; p. 358 (3): Courtesy of Arrigo Carlan; p. 358 (4): Courtesy of Janice Aski; p. 361: © Melissa Gerr; p. 364: Courtesy of Diane Musumeci; p. 365: Christine Webb/Alamy; p. 369: © Simona Granati/Demotix/Corbis; p. 370: Fabio Massimo Aceto; p. 378: Tony Cardoza/Getty Images RF.

Chapter 15

Opener: © Scala/Art Resource, NY; p. 381: TruthFunction; p. 382: TruthFunction; p. 384 (1): Courtesy of Diane Musumeci; p. 384 (2): Comstock/Jupiter Images RF; p. 384 (3): Courtesy of Diane Musumeci; p. 384 (4) © Digital Vision/Getty Images RF; p. 384 (5, 6): Courtesy of Arriso Carlan; p. 384 (7): Courtesy of Diane Musumeci; p. 385 (7): © Digital Vision/Getty Images RF; p. 387: © Graziano Arici/Graziano Arici; p. 391 (left): © Stockbyte/Getty Images RF; p. 391 (right): © Photodisc/Getty Images RF.

Chapter 16

Opener: © Scala/Art Resource, NY; p. 409 (1, 2): © Gianni Dagli Orti/The Art Archive at Art Resource, NY; p. 409(3): © Alinari/Regione Umbria/Art Resource, NY; p. 409 (4): © Scala/Art Resource, NY; p. 409 (5): The Royal Collection © 2011 Her Majesty Queen Elizabeth II/The Bridgeman Art Library; p. 410: Courtesy of Marzena Poniatowska at marzenaphotography.com; p. 418 (top): © Scala/Art Resource, NY; p. 418 (bottom): © The Trustees of the British Museum/Art Resource, NY; p. 421: © Archives Larousse, Paris, France/Giraudon/The Bridgeman Art Library; p. 423: Courtesy of Diane Musumeci; p. 424: Courtesy of Diane Musumeci; p. 425: © iStockphoto.com/hocus-focus; p. 427 (top): Courtesy of Enrica Viparelli; p. 427 (bottom): Klic Video Productions, Los Angeles.

Culture Icons

Leggiamo!: istockphoto © Andrzej Tokarski; Scriviamo!: istockphoto © malerapaso; Parliamo!: istockphoto © Yuri Arcurs.

Text Credits

24 Used by permission of Facebook. All rights reserved. Facebook Ref. BPR460919; *37* Based on an advertisement by the Consorzio Produttori Latte; *51 I confini invisibili,* text from Focus, Italy and illustration by Patrizio Croci; used by permission; *61* http://edicola.corriere.it. Copyright © 2010 RCS Digital Spa; *69* Istat: "abitudini culturali dei giovani italiani", http://creativecommons.org/licenses/by/3.0; *70 upper left* "Quanto dormono?," Text: Mirko Mottin/FOCUS—Gruner+Jahr/Mondadori Spa; *72 center* "Sei consigli per dormire bene," Text based on Margherita Fronte/FOCUS—Gruner+Jahr/Mondadori Spa; *82* "Di giorno lavoro al museo," Text and photo from *Donna Moderna* No. 25, June 25, 2003, p. 37. Used courtesy of the publisher; *85* Bloomberg Businessweek, February 14, 2011. Copyright © 2011 by YGS Group. Reprinted by permission; *106* Sondaggio Demos & Piper Intesa Sanpaolo, Marzo 2011 (base: 1044 casi). *109* Istat: "abitudini culturali dei giovani italiani", http://creativecommons.org/licenses/by/3.0; *121* "La piramide della dieta mediterranea" based on "Traditional Healthy Mediterranean Diet Pyramid," Old Ways Preservation & Exchange Trust, www.oldwayspt.org (7/7/2008); *130* FOCUS, July, 2011. Copyright © Gruner + Jahr/Mondadori S.p.A-P.IVA 09440000157. Reprinted by permission; *139* www.casartusi.it. Used by permission of Casa Artusi; *195* http://www.ideamagazine.net/it/mostre_design/mario_mariotti_animani.htm, © Francesca Mariotti, 2012; *203* Buon compleanno © Second Nature Limited; *211* http://www.bridallassociationofamerica.com/Wedding_Statistics. Used by permission; *211* U.S. Census Bureau: "Table MS-2. Estimated Median Age at First Marriage, by Sex: 1890 to the Present." Release date: May 2011; *221* General Directorate of Management and Promotion of Cultural Heritage. Used by permission; *229* General Directorate of Management and Promotion of Cultural Heritage. http://www.venetolavoro.it/sopralamediaweb/web/cms/node/id/1;9/page/21. Used by permission; *233–234* Istat: "statistics on school subjects," http://creativecommons.org/licenses/by/3.0; *255* "Ma quanto bevanno i britannici!" Fabrizio Dalia/FOCUS—Gruner+Jahr/Mondadori Spa; *266* Oroscopo.it © 1999–2012; *266* Istat: "statistics on Italians and astrology," http://creativecommons.org/licenses/by/3.0; *269* Istat: "statistics on Italian sports," http://creativecommons.org/licenses/by/3.0; *271* FOCUS, November 25, 2010. Copyright © 2010 Gruner + Jahr/Mondadori S.p.A-P.IVA 09440000157. Reprinted by permission; *278* Istat: "L'Italia: una terapia della scelta", http://creativecommons.org/licenses/by/3.0; *284* Cartoon courtesy of Pat Carra; *295* MeglioMilano, "Prendi in casa uno studente". Text and image used by permission; *296* "Pensionato autosufficiente?," "Studente pendolare o fuori sede?" from website of Politiche sociali Città di Viterbo, http://www.informagiovani.vt.it; *309* Istat: "La soddisfazione dei cittadini

Note: Page numbers in italics indicate illustrations.

CULTURE

A

Amarcord, 250
art, *1, 28, 56, 87, 108, 113, 140, 144, 172, 196,*
    200, 221, *225, 252, 257, 275, 299, 301,*
    327, 355, 380, 407, 409, 418, 421
Artusi, Pellegrino, *139*

B

bars, *15,* 26
Bassi, Laura, 411
beaches (**spiagge**), *335*
Benigni, Roberto, 170, 273, *297*
Big Night, 142
Bocelli, Andrea, *180*
Boetti, Alighiero, *355*
Bologna, 223
Bondone, Giotto di, *275*
Botticelli, Sandro, 1

C

cafés, *15*
Canaletto, Giovanni Antonio, *299*
Canova, Antonio, *28*
carabinieri, *242*
Caravaggio, Michelangelo Merisi da, 172
Carrà, Carlo, *380*
Carra, Pat, *284*
Carracci, Annibale, 140
cartoons, *284*
Caterina da Siena, Santa, 411
celebrities, *23*
cellphones, *84*
Ciao, professore!, 223, 405
cinema
    Amarcord, 250
    Big Night, 142
    Ciao, professore!, 223, 405
    Maccheroni, 85
    Mimì metallurgico ferito nell'onore, 25
    Il mostro, 170, 273
    My Name is Tanino, 353
    Nuovo Cinema Paradiso, 43, 426
    Il postino, 324
    Pranzo di Ferragosto, 378
    Ricordati di me, 110
    Sole mani, 198
    La vita è bella, 297
cities (**città**), *126, 304–307, 322,* 326
Collodi, Carlo, 248
Colombo, Cristoforo, *409*
Colonna, Vittoria, *418*
Commedia dell'arte, *166–167*

cookbooks, *139*
cooking shows, *138*
costumes (**maschere**), *166–167*
countries (**paesi**), 54

D

dancing, 273
Daniele, Pino, *180*
Dante Alighieri, *418*
d'Assisi, Francesco, *409*
dating, 213
da Vinci, Leonardo, *257, 409*
De Chirico, Giorgio, *327*
Della Casa, Giovanni, 138
di Gregorio, Gianni, 378
di Michelino, Domenico, *418*

E

eating, 66, 81, *119–121. see also* foods (**cibi**);
    restaurants (**ristoranti**)
education, 26, *229,* 230–231. *see also*
    universities (**università**)
ERASMUS (European Community Action
    Scheme for the Mobility of University
    Students), 230
etiquette (**galateo**), 138
euro, 17
Europe, 50

F

family (**famiglia**), 90–92, 94, 95, *107–109,*
    112, 289
fashion (**moda**), 151, 152. *see also* costumes
    (**maschere**)
Fellini, Federico, 250
Filippi, Michele, 170, 273
film. *see* **cinema**
Firenze, *195–196, 313, 315*
foods (**cibi**), 81, *119–121,* 143. *see also*
    eating; restaurants (**ristoranti**)
    cookbooks, *139*
    cooking shows, *139*
    food pyramid (**piramide della dieta**), *121*
    Italian cuisine, *121*
    Mediterranean diet (**dieta mediterranea**),
        121
    pasta, *121,* 122n

G

Galileo Galilei, *409*
Galleria Vittorio Emanuele, *156*
Gentileschi, Artemisia, *409,* 411

geography, 105, 306, *322, 341. see also* cities
    (**città**); countries (**paesi**); Italy; towns
    (**paesi di provincia**)
gestures, *22*
Guttuso, Renato, *113*

H

Hayez, Francesco, *407*
horoscope (**oroscopo**), *266*
housework, 278

I

immigration, 376
Italian language
    history of, 402
    regional varieties of, 383, 405
Italian society, 358–359, 379
Italy. *see* cities (**città**); countries (**paesi**);
        specific cities; towns (**paesi di provincia**);
    demographics of, 211, 255, 269, 278, 359
    dialects spoken in, 383, 386, 405
    geography of, 105, 306, *322, 341*
    government of, *370*
    heritage of, 83
    history of, 402
    immigration in, 376
    Italian society, 358–359, 379
    languages spoken in, 383, 385–387, 400

L

Ligabue, *180*
literature, *248, 418*
Lorenzetti, Ambrogio, *301*
Lorenzini, Carlo. *see* Collodi, Carlo

M

Maccheroni, 85
Mantegna, Andrea, *108*
Mariotti, Mario, *196, 198*
marriage, 211
meals, 66, 81, *119–121. see also* foods (**cibi**);
    restaurants
Mediterranean diet (**dieta mediterranea**), *121*
Michelangelo Buonarroti, *252, 418*
military, *242*
Mimì metallurgico ferito nell'onore, 25
Montessori, Maria, *421*
Il mostro, 170, 273
Muccino, Gabriele, 110
Murano glass, *287*
music (**musica**), *179–180, 185*
My Name is Tanino, 353

I-1

GRAMMAR

Note: PSP refers to the **Per saperne di più** *section.*

VOCABULARY